KB275461

大品

摩訶般若波羅蜜經

불광출판부

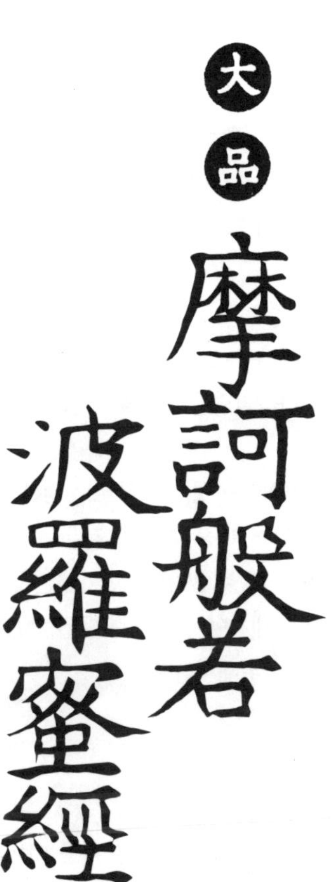

大品

摩訶般若波羅蜜經

1. 경명(經名)에 대하여

여기 번역한 대품반야경(大品般若經)의 본래 이름은 마하반야바라밀경(摩訶般若波羅蜜經)이다. 그리고 산스크리트어(梵語)의 이름은 Pancavimsatisa hasrika Prajnaparamita이며, 흔히 이만오천송반야경(二萬五千頌般若經)이라 부른다.

보통 반야경이라 불리는 경전은 단일경전이 아니고, 동일계통에 속하는 다수 경전의 총칭이다. 따라서 많은 대부(大部)의 반야경전을 몇 가지 종류로 분류하고 있는데, 이 마하반야바라밀경은 대품계(大品系 혹은 放光系)의 대표적인 경전이다.

이 마하반야바라밀경을 대품반야경이라 부르는 것은 이 경을 번역한 구마라집(Kumarajiva. 344-413)이 다른 계통의 같은 이름의 경전으로 마하반야바라밀경(摩訶般若波羅蜜經) 10권 29품을 번역했는데, 이것을 소품반야경(小品般若經)이라 부르는 것에 대하여 본 경이 27권 90품의 대부(大部)로 되어 있기 때문에 이것과 구별하기 위해서이다.

2. 반야경과 대승불교

대승경전 중에서 가장 먼저 성립된 경전은 다름 아닌 반야경이고, 이 반야경이 문자화된 것은 대승불교의 발생과 거의 같은 시기인 서력기원 전후라고 알려져 있다. 그런데 불교사(佛敎史)의 입장에서 볼 때, 그 당시의 인도불교는 소위 대승불교운동이라고 하는 새로운 불교사상이 일어나서 변혁의 국면을 맞고 있던 시기였다. 이렇게 불교가 새롭게 변모되어 가는 데는 여러 가지 요인이 있었겠지만, 무엇보다도 대승불교 이전에 고정화되어 있었던 부파불교 소위 소승불교의 교의(教義)와 수습(修習)이 일반대중의 신앙과 동떨어진 전문적인 것이 되었고, 또 출가 후에 승원(僧院)에서 집단 생활을 하고있던 스님들이 사실상 일반신도들의 구제에 대해서는 무관심한 경향이 농후했다는 것도 하나의 중요한 원인이었다.

대승불교는 이렇게 소승교단이 부처님의 근본정신을 망각하고 있다는 것을 전제로해서 소승교단이 안고있는 여러 모순을 지적하면서 부처님의 근본정신으로 돌아가자라고 하는 새로운 불교운동에서 비롯되었고, 이러한 새로운 불교운동의 선구경전이 반야경인 것이다. 다시 말해서 대승불교는 반야경의 성립과 함께 그 걸음마를 시작했다고 할 수 있다.

3. 대품반야경의 내용과 사상

반야경이 대승불교에 있어서 중요하다고 하는 것은 단지 반야경과 함께 대승불교가 걸음마를 시작했다든가 혹은 반야경이 대승불교운동의 선구경전(先驅經典)이라든가 하는 것에만 있는 것은 아니다. 반야경이 대승불교에 있어서 중요하다는 것은 무엇보다도 반야경이 설하고 있는 공사상(空思想)이 대승불교의 가장 기본적인 교학(教學)이 되어있을 뿐만 아니라, 반야경이 중요한 대승불교의 사상을 전부 포함하고 있기 때문이다.

이러한 반야경 가운데 특히 대품반야경은 원시반야경(原始般若經)에서부터 설해진 반야바라밀·공(空)·무자성(無自性)·보살마하살·육바라밀·대승·이타행·재가적(在家的) 성격·경전의 독송 및 타인을 위해서 설하는 공덕·반야바라밀 염송의 공덕·경전공양의 공덕·삼매 등에 관해서 그 내용을 완성하고 있다. 또한 대품반야경은 분량에 있어서 600권이나 되는 대반야바라밀다경보다 훨씬 적은 27권이지만, 대반야바라밀다경이 가지고 있는 모든 사상을 빠짐없이 설하고 있기 때문에 수지·독송하거나 공부하기에 가장 적당한 반야경전이라고 할 수 있다.

4. 국역에 즈음하여

대품반야경 대명품 제32에는, 선남자·선여인이 반야바라밀을 염송하면, 독약냄새를 맡게해도 혹은 사악한 요술을 사용해도, 혹은 불구덩이에 떨어뜨려도, 혹은 물속에 빠뜨려도, 혹은 칼로 죽일려고 해도, 혹은 독약을 먹여도 이와 같은 온갖 나쁜 것들이 다치게 할 수 없다. 왜냐하면 반야바라밀은 크게 밝은 주문〔大明呪〕이고 위없이 밝은 주문〔無上明呪〕이기 때문이다 라고 설하고 있다. 그리고 또 반야바라밀을 단지 글로 써서 책으로 만들어 집에서 공양만 하고 기억도 하지 않고 읽지도 않으며, 외우지도 않고 설하지도 않으며 바르게 사유하지 않는다 하더라도, 이곳에서는 사람이나 혹은 사람이 아닌 것이 해로움을 끼칠려고 해도 그 기회를 얻을 수 없다 라고 설하고 있다.

이렇게 우리 중생들에게 많은 이익을 안겨주는 대품반야경을 번역하여 유포하고자 하는 뜻은 여러 해 전에 세웠으나, 그동안 시절인연이 오지 않아 미루고 있었다. 이번에 은사이시고 불광회 법주이신 광덕 큰스님의 크신 배려와 격려에 힘입어 번역을 마치게 되었으니, 지면을 통해 큰스님의 은혜에 감사드린다.

그리고 2년여의 번역기간동안 불광사의 제반사를 맡아서 정진해준 정암 스님과 송암 스님 및 대중스님들, 그동안 혜담원(慧潭院)을 마련하는 등 번역에 물심양면으로 도움을 주신 최혜정심 보살님과 장대혜심 보살님을 비롯한 불광의 모든 거사님과 보살님들께 합장하여 감사드린다. 이 인연으로 모두가 함께 성불하기를 발원한다.

나무마하반야바라밀.

불기 2535년 12월 8일
부처님 성도하신 날
용문산 혜담원에서

혜담 지상 삼가 적음

1 번역으로 사용한 경전은 大正新修大藏經 제8권에 수록된 摩訶般若波羅蜜經이다.

2 어휘의 통일을 기하기 위하여 음사어(音寫語) 및 인명(人名)은 일반적으로 널리 사용되는 단어로 번역했다.

예) 薩婆若→일체지〔薩婆若〕· 阿惟越致→보살의 물러나지 않는 경지〔不退轉〕· 檀那→보시 · 尸羅→지계 · 菩提→깨달음.

3 그러나 아뇩다라삼먁삼보리 혹은 반야바라밀 등과 같은 일반화된 술어는 번역하지 않았다.

4 현재 일반화되어 있는 한문술어는 가능한 번역하고, 혼동을 막기 위하여 괄호하여 한문을 넣었다.

예: 四聖諦→네 가지 성스러운 진리〔四聖諦〕·四念處→네 가지 관찰법〔四念處〕.

5 삼매(三昧)의 이름은 번역하지 않았다.

6 문장이 애매한 부분의 해석을 위해서 大般若波羅蜜多經 의 해당 부분을 참고하여 첨삭(添削)했다.

7 번역에 즈음하여 일본의 國譯大藏經 경전부 제3권 및 제4권. 國譯一切經의 大智度論을 참고했다.

차 례

해제(解題)
일러두기

上 권

下 권

大品

摩訶般若波羅蜜經

上

제1 서품(序品 第一)

이와 같이 내가 들었다. 한때 부처님께서 왕사성의 기사굴산(山)에서 큰 비구승 5천 명과 더불어 함께 계셨다. 그들은 모두 아라한(阿羅漢)이어서 온갖 더러움〔漏〕을 여의었고, 또한 번뇌도 없었다. 그 마음에 걸림이 없고 지혜에 부족함이 없었으며, 고귀한 성품은 마치 큰 용(龍)과 같았다. 온갖 훌륭한 법〔善法〕을 닦아서 망념을 끊었고, 번뇌의 무거운 짐을 벗고 불법대사(佛法大事)를 책임져 온갖 공덕을 갖추었다. 생존의 모든 굴레를 완전히 끊었고, 바른 지혜로 마음은 해탈을 얻었다. 다만 아난(阿難)만은 배움의 지위에 있어 수다원(須陀洹)을 얻을 뿐이었다. 또 5백 명의 비구니와 남자신도〔優婆塞〕와 여자신도〔優婆夷〕가 있었으니, 이들도 모두 네 가지 성스러운 진리〔四聖諦〕의 법문을 이해하고 있었다. 또 보살마하살이 있었으니, 이들도 모두 다라니(陀羅尼) 및 삼매(三昧)를 얻어 모든 것이 공〔空〕·어떤 특징도 없음〔無相〕·원할 것이 없음〔無作〕을 행하여, 이미 평등의 진리〔等忍〕를 얻었고 최상의 다라니를 얻었다. 모두가 다섯 가지 신통력을 갖추었고, 하는 말에 거짓이 없어 누구나가 믿고 받들었다. 또한 게으른 마음이 없었고, 이미 자신의 이익과 명성을 버렸기에 법을 설함에 사사로운 욕심이 없었다. 깊은 진리의 피안(彼岸)에 머물러 두려움 없는 힘을 얻었으며 일체의 번뇌에 얽힌 행위를 초월하였고, 모든 업장을 낱낱이 다 여의었다. 교묘하게 인연법을 설하고 한량없는 겁(劫) 이전부터 큰 서원을 세워서, 얼굴은 미소에 차 있고 언제나 먼저 인사하였으며 말하는 바가 부드러웠고, 대중의 가운데 있을 때도 두려워하는 바가 없었다.

헤아릴 수 없는 겁 이전부터 법문을 교묘하게 베풀었으며, 모든 법이 허깨비 같고 아지랑이같으며 물속에 비친 달과 같고 허공과 같으며 메아리 같고 건달바성(犍闥婆城)같으며 꿈과 같고 그림자 같으며 거울에 비친 상과 같고 요술쟁이가 만든 존재와 같음을 명료하게 이해하여, 걸림없고 두려움없는 마음에 머물렀다. 모든 중생들의 마음가짐이나 소망하는 바를 낱낱이 알아 미묘한 지혜로서 그들을 구제하고, 마음에 일체의 장애가 없으며 크나큰 법[大忍]을 성취하여 진실로 정교하게 제도했다. 한량없는 모든 불국토를 원하여 받고, 헤아릴 수 없는 국토의 모든 부처님의 삼매가 항상 현전(現前)함을 염(念)했다. 한량없는 모든 부처님이 중생을 제도하실 것을 간청하였으며, 훌륭하게 온갖 소견의 얽힘과 모든 번뇌를 끊고 백천의 삼매중에 노닐면서 출입이 자재했다. 모든 보살들이 한결같이 이와 같은 가지가지 무량공덕을 성취했다.

그들의 이름은 현호(賢護)보살·보적(寶積)보살·도사(導師)보살·인수(人授)보살·성득(星得)보살·수천(水天)보살·주천(主天)보살·대의(大意)보살·익의(益意)보살·증의(增意)보살·불허견(不虛見)보살·선진(善進)보살·세승(勢勝)보살·상근(常勤)보살·불사정진(不捨精進)보살·일장(日藏)보살·불결의(不缺意)보살·관세음(觀世音)보살·문수사리(文殊師利)보살·집보인(執寶印)보살·상거수(常擧手)보살·미륵(彌勒)보살 등이었다. 이와 같은 한량없는 백천만억 나유타(那由他)의 보살마하살은 모두가 부처님의 지위를 이을 만한 이들이었다.

그때 세존께서는 몸소 사자좌(師子座)에 자리를 펴고 결가부좌(結跏趺坐)하여 몸을 바로 하고 생각을 가다듬어 삼매왕삼매(三昧王三昧)에 드시었으니, 일체의 삼매는 모두 그 가운데 있었다.

이때 세존께서는 삼매에서 조용히 일어나서 모든 것을 다 보는 눈[天眼]으로 세계를 관찰하고 온 몸으로 미소(微笑) 지으셨다. 발바닥에 있는 천둘레의 바퀴몸매[千輻相輪]에서 육백 만억의 광명을 놓고, 열 발가락과 양쪽 복사뼈·두

발뒤꿈치·두 무릎·두 넙적다리·허리·배·겨드랑이·등·배꼽·가슴·가슴의 만(卍)자 상·어깨·팔·열 손가락·목·입·마흔 개의 치아·두 콧구멍·두 눈·두 귀·백호상(白毫相)·육계(肉髻)에서 각각 육백 만억의 광명을 놓으셨다. 이 모든 광명에서 대광명을 내어 널리 삼천대천국토를 비추고, 삼천대천국토에서 다시 항하〔갠지스강〕의 모래알같이 많은 동방의 모든 부처님의 국토를 비추었으며, 남·서·북방과 네 간방(間方)과 상·하도 마찬가지로 비추었다. 만약 어떤 중생이 이 광명을 만나면 반드시 아뇩다라삼먁삼보리를 얻게 되고, 광명은 항하의 모래알같이 많은 동방의 모든 부처님의 국토를 지나가며, 남·서·북방과 네 간방과 상·하도 또한 마찬가지였다.

이때 세존의 온 몸의 털구멍이 다 미소하고 가지가지 광명을 놓으시니 널리 삼천대천국토를 비추고, 다시 항하의 모래알같이 많은 시방의 모든 부처님의 국토에 다다랐으며, 만약 어떤 중생이 이 광명을 만나면 반드시 아뇩다라삼먁삼보리를 얻었다. 그때 세존께서 상광명(常光明)으로 널리 삼천대천국토를 비추고 다시 항하의 모래알같이 많은 동방의 모든 부처님의 국토에 이르게 하고 내지 시방세계도 같게 하시니, 만약 어떤 중생이 이 광명을 만나면 반드시 아뇩다라삼먁삼보리를 얻었다.

이때 세존께서 넓고 긴 혀를 내어 널리 삼천대천국토를 덮으시고 잔잔한 미소를 지으셨다. 그리고 그 혀에서 한량없는 천만억의 빛을 놓으시니, 이 낱낱의 빛이 변하여 잎이 천 개나 되는 금색의 보배연꽃이 되었고, 그 모든 연꽃 위에는 모두 변화한 부처님〔化佛〕이 결가부좌로 앉아서 육바라밀(六波羅蜜)을 설하고 계셨다. 이 법문을 들은 중생은 반드시 아뇩다라삼먁삼보리를 얻었고, 이것은 또한 항하의 모래알같이 많은 시방의 모든 부처님의 국토에 있어서 다 마찬가지였다.

그때 세존께서 짐짓 사자좌에서 사자유희삼매(師子遊戲三昧)에 드시어 신통력으로 삼천대천국토로 하여금 여섯 종류로 진동케하시니, 동쪽에서 솟구쳐 서쪽으로 잠기고 서쪽에서 솟구쳐 동쪽으로 잠기며, 남쪽에서 솟구쳐 북쪽으로 잠기고 북쪽에서 솟구쳐 남쪽으로 잠기며, 변두리에서 솟구쳐 중앙으로 잠기고 중앙에서 솟구쳐 변두리로 잠겼다. 그 토지가 부드럽고 기름져서 중생으로 하여금 온화하고 기쁘게 하였으며, 이 삼천대천국토 가운데의 지옥(地獄)·아귀(餓鬼)·축생(畜生) 및 불법을 듣지 못하는 여덟 곳〔八難處〕의 중생은 바로 해탈을 얻고 사천왕천처(四天王天處) 내지 타화자재천처(他化自在天處)의 천상(天上)에 태어났다. 이 모든 천인(天人)들은 스스로 지난 생의 일을 알고 모두 크게 기뻐하면서 부처님 계시는 곳에 나아가, 부처님 발 아래 머리를 조아리면서 예배하고 옆으로 물러섰다. 이와 같이 항하의 모래알같이 많은 시방 국토의 모든 땅이 여섯 종류로 진동하고, 일체의 지옥·아귀·축생 및 불법을 듣지 못하는 여덟 곳의 중생들이 즉시 해탈하여 타화자재천에 오르는 등 천상에 이르렀다.

이때 이 삼천대천국토의 중생 중에 눈이 먼 이는 보게 되고, 귀먹은 이는 듣게 되며, 벙어리는 말하게 되고, 미친 이는 정신이 들며, 어지러운 이는 안정을 얻고, 헐벗은 이는 옷을 얻으며, 주리고 목마른 이는 포만(飽滿)을 얻고, 병자는 나았으며, 남루한 형상·불구의 몸을 한 이는 구족(具足)함을 얻고, 일체중생들이 모두 평등한 마음을 내며, 서로가 부모같이·형제같이·자매같이 그리고 친족 및 선지식같이 보았다. 그 중생들 모두는 열 가지 착한 행위의 길〔十善業道〕을 행하고 청정한 행〔梵行〕을 깨끗이 닦아 일체에 더러움이 없었으며 편안하고 쾌락하여서, 마치 셋째 선정에 든 모든 비구(比丘)가 스스로 계(戒) 가짐을 지켜 중생을 어지럽히지 않는다는 호혜(好慧)를 얻음과 같았다.

이때에 사자좌에 앉아계시는 세존은 삼천대천국토 안에서 그 덕이 특별히 높고 광명과 모습·위덕이 뛰어나서 널리 시방의 항하의 모래알같이 많은 여러 부처님의 국토에 다다름이, 마치 수미산왕(須彌山王)의 빛과 색깔이 특별히 뛰어나서 모든 산이 능히 미칠 바가 없는 것과 같았다.

그때 세존께서 본래의 몸을 이 삼천대천국토의 일체중생들에게 보이시니, 이때에 정거천(淨居天)·범중천(梵衆天)·타화자재천·화락천(化樂天)·도솔천(兜率天)·야마천(夜摩天)·삼십삼천(三十三天)·사천왕천 및 삼천대천국토의 사람과 사람이 아닌 것〔非人〕이 가지가지 하늘 꽃·하늘 장신구·바르는 하늘 향·하늘 향수·하늘의 푸른 연꽃·붉은 연꽃·흰 연꽃·분홍 연꽃·하늘 수엽향

(樹葉香)을 가지고 부처님 계신 곳에 나아가 그 모든 하늘 꽃 내지 하늘 수엽향을 부처님 위에 흩으니, 흩어진 그 보배와 꽃이 이 삼천대천국토 윗쪽 허공에서 큰 좌대로 변하였다. 이 꽃 좌대의 둘레에는 갖가지 보석이 드리워졌고 여러 색깔의 꽃 일산이 오색(五色)으로 휘황찬란하였으며, 이 갖가지 꽃양산과 보석이 널리 삼천대천국토에 가득하고 이처럼 장엄한 장식에 의해 이 삼천대천국토가 전부 금색이 되었으며, 항하의 모래알같이 많은 시방의 모든 부처님의 세계도 또한 이와 같았다.

이때 삼천대천국토 및 시방의 중생들은 각자 생각하기를, '부처님께서는 오직 나만을 위해 법을 설하시고, 다른 사람에게는 설하시지 않으신다'고 했다.

그때에 세존께서 사자좌에 앉으신 채 잔잔한 미소를 머금으시고, 입에서 광명을 내어 널리 삼천대천국토를 비추시니, 이 광명으로 이쪽 삼천대천국토 중생들이 전부 동방에 있는 모래알같이 많은 여러 부처님과 스님들을 보고, 항하의 모래알같이 많은 저쪽 국토의 중생들이 이쪽 삼천대천국토에 계시는 석가모니 부처님과 모든 대중을 보았으며, 남·서·북방과 네 간방과 상하의 세계도 또한 이와 같았다.

이때 항하의 모래알같이 많은 동방의 여러 부처님의 국토를 지나, 그 나라의 가장 끝에 다보(多寶)라는 나라가 있었다. 그리고 그 곳에 호를 보적(寶積)이라고 하는 부처님이 계셨는데, 회중의 모든 보살마하살들을 위하여 반야바라밀(般若波羅蜜)을 설하셨다. 그 나라에 보명(普明)이라는 보살이 있었는데, 대광명과 땅이 크게 움직이는 것을 보고, 또한 부처님 몸을 친견하고는 보적불께 나아가 여쭈었다.

"세존이시여, 지금 무슨 인연으로 이렇게 광명이 세간을 비추고 땅이 크게 진동하며, 부처님의 몸이 보입니까?"

보적불께서 보명에게 대답하셨다.

"선남자야, 항하의 모래알같이 많은 서방의 국토를 지나 사바(娑婆)라는 세계가 있는데, 그 곳에 호를 석가모니(釋迦牟尼)라 하는 부처님이 계신다. 지금 회중의 모든 보살마하살들을 위해서 반야바라밀을 설하려고 하시는데, 이것은 그 위신력 때문이다."

이때 보명보살이 보적불께 사루어 말씀드렸다.

"세존이시여, 제가 지금 그 곳에 가서 석가모니불을 친견하여 예배·공양하고, 부처님의 지위를 이을 만하고 모든 다라니와 삼매를 얻었으며, 모든 삼매에 있어서 자재를 얻으신 저 모든 보살마하살들을 뵙고자 합니다."

부처님께서 보명에게 이르셨다.

"가고 싶으면 그대의 뜻대로 가거라. 지금이야말로 바로 그때다."

그때에 보적불께서 잎이 천 개인 금색의 연꽃을 보명보살에게 주면서 분부하셨다.

"선남자야, 그대는 이 꽃을 석가모니불의 위에 흩어라. 그리고 저 사바세계에 태어난 모든 보살들은 매우 수승하여 따르기가 어려우니, 그대는 마땅히 경건한 마음으로 그들을 대해야 한다."

보명보살은 보적불에게서 잎이 천 개인 금색의 연꽃을 받아서, 수많은 출가(出家)·재가(在家)의 보살 및 많은 동남동녀(童男童女)와 함께 하직인사를 하고, 지나는 동방의 여러 부처님들에게 꽃·향·장신구·갖가지 향료·의복·깃발·일산으로 공양하고, 공경·존중·찬탄하면서 석가모니불이 계신 곳으로 향했다. 부처님의 처소에 이르러서는, 부처님 발 아래 머리 조아려 예배하고 옆으로 물러서서 부처님께 사루어 말씀드렸다.

"보적여래께서 문안을 여쭈라고 하셨습니다. 세존이시여, 걱정이 없으시고 병환은 없으시며, 거처하심에 경쾌하고 편리하며, 기력은 안락하십니까? 그리고 이 천엽금색(千葉金色)의 연꽃을 세존께 공양올리라 하셨습니다."

그때 석가모니불께서 이 잎이 천 개인 금색의 연꽃을 받아서 동방의 항하의 모래알같이 많은 여러 국토의 부처님께 흩으니, 흩어진 그 보배 연꽃이 항하의 모래알같이 많은 동방의 여러 부처님의 국토에 가득하였으며, 낱낱의 연꽃 위에는 변화한 보살이 결가부좌하고서 육바라밀을 설하였다. 그리고 이 법을 듣는 이는 반드시 아뇩다라삼먁삼보리를 얻게 되었다.

모든 출가·재가의 보살 및 동남·동녀들이 석가모니불의 발 아래에 머리를 조아려 예배하고, 각각 공양구로서 석가모니불께 공양올리고 공경·존중·찬탄하였다. 이 모든 출가·재가의 보살 및 동남·동녀들은 각자가 전생에 심은 착한 뿌리〔善根〕와 복덕(福德)의 힘이 있었기 때문에 석가모니 불(佛)·여래(如來)·응공(應供)·정변지(正徧知)를 공양할 수 있었던 것이다.

항하의 모래알같이 많은 남방의 여러 부처님의 국토를 지나, 그 나라의 가장 끝에 이일체우(離一切憂)라는 나라가 있었고, 그 곳에 호를 무우덕(無憂德)이라고 하는 부처님과 이우(離憂)라는 보살이 계셨다. 항하의 모래알같이 많은 서방의 모든 부처님의 국토를 지나, 그 나라의 가장 끝에 멸악(滅惡)이라는 나라가 있었고, 그 곳에 호를 보산(寶山)이라고 하는 부처님과 의의(儀意)라는 보살이 계셨다. 항하의 모래알같이 많은 북방의 여러 부처님의 국토를 지나, 그 나라의 가장 끝에 승(勝)이라는 나라가 있었고, 그 곳에 호를 승왕(勝王)이라고 하는 부처님과 덕승(德勝)이라는 보살이 계셨다. 항하의 모래알같이 많은 하방(下方)의 여러 부처님의 국토를 지나, 그 나라의 가장 끝에 선(善)이라는 나라가 있었고, 그 곳에 호를 선덕(善德)이라고 하는 부처님과 화상(華上)이라는 보살이 계셨다. 항하의 모래알같이 많은 상방(上方)의 여러 부처님의 국토를 지나, 그 나라의 가장 끝에 희(喜)라는 나라가 있었고, 그 곳에 호를 희덕(喜德)이라고 하는 부처님과 덕희(德喜)라는 보살이 계셨다. 이러한 세계의 모든 것이 동방과 똑같았다.

그때 이 삼천대천국토가 전부 보배 꽃으로 변하고 땅 전체가 연꽃으로 덮혔으며, 아름다운 깃발과 일산이 걸리고 향나무와 꽃나무로 모든 것이 장엄되어 마치 화적세계(華積世界)의 보화불국(普華佛國)과 같았으며, 묘덕(妙德)보살·선주의(善住意)보살 및 그 밖의 수많은 큰 위덕이 있는 보살들이 전부 거기에 있었다.

이때 부처님께서 일체의 세계인 하늘 세계나 마귀 세계·혹은 범(梵)세계 등과 사문·바라문·하늘〔天〕·건달바·인간·아수라 등과 부처님의 지위를 이을 만한 여러 보살마하살들이 전부 모인 것을 아셨다.

부처님께서 대중이 전부 모인 것을 아시고는 사리불에게 말씀하셨다.

"보살마하살이 일체종지(一切種智)를 얻어 온갖 법〔一切法〕을 알려고 하면 반드시 반야바라밀을 배워 익혀 행해야 한다."

사리불이 부처님께 사루어 말씀드렸다.

"세존이시여, 보살마하살이 일체종지를 얻어 온갖 법을 알려고 하면, 어떻게 반야바라밀을 익히고 행해야 하겠습니까?"

부처님께서 사리불에게 말씀하셨다.

"보살마하살은 머묾이 없는 법〔不住法〕으로써 반야바라밀에 머물러야 하고, 버릴 바가 없는 법〔無所捨法〕으로써 보시바라밀을 원만히 갖추어야 하니 베푸는 이와 받는 이, 베푸는 재물을 붙잡을 수가 없기 때문이며, 죄(罪)와 죄 아님〔不罪〕이 붙잡을 수 없는 것으로 지계바라밀을 원만히 갖추고, 마음에 움직임이 없는 것으로 인욕바라밀을 원만히 갖추어야 한다. 부지런하여 몸과 마음에 게으름이 없는 것으로 정진바라밀을 원만히 갖추고, 산란함도 없고 산란하지 않음을 즐기는 것도 없는 것으로 선정바라밀을 원만히 갖추며, 일체 모든 것에 집착하지 않는 것으로 반야바라밀을 원만히 갖추어야 한다.

보살마하살은 머묾이 없는 법으로써 반야바라밀 가운데 머물러야 하고, 나지 않는〔不生〕 것으로 네 가지 관찰법〔四念處〕·네 가지 바른 노력〔四正勤〕·네 가지 자재를 얻는 것〔四如意足〕·다섯 가지 뛰어난 능력〔五根〕·다섯 가지 악을 부수는 힘〔五力〕·일곱 가지 깨닫는 지혜를 도와주는 힘〔七覺分〕·여덟 가지 바른 깨달음에 이르는 길〔八聖道分〕·모든 것이 공이라는 삼매〔空三昧〕·어떤 특징도 없다는 삼매〔無相三昧〕·원할 것이 없다는 삼매〔無作三昧〕·네 가지 선정〔四禪〕·네 가지 한량없는 이타(利他)의 마음〔四無量心〕·네 가지 형상을 떠난 선정〔四無色定〕·여덟 가지 탐착심을 버림〔八背捨〕·여덟 가지 수승한 곳〔八勝處〕·아홉 가지 차례차례의 선정〔九次第定〕·열 가지 온갖 대상의 관법〔十一切處〕·아홉 가지 부정을 관하는 법인, 시체가 부풀어 오른다는 생각·시체가 무너진다는 생각·시체에 피고름이 가득하다는 생각·시체가 곪아터진다는 생각·시체가 푸른 어혈이라는 생각·시체를 새가 쪼아먹는다는 생각·시체가 흩어진다는 생각·해골이라는 생각·시체가 불에 탄다는 생각·부처님을 생각하는 것·법을 생각하는 것·스님네를 생각하는 것·계를 생각하는 것·평등을 생각하는 것〔念捨〕·하늘을 생각하는 것·들어가고 나가는 호흡을 생각하는 것·죽음을 생각하는 것·열 가지 생각인, 덧없다는 생각·괴롭다는 생각·실체가 없다는 생각·음식은 더럽다는 생각·일체 세간은 즐겁지 못하다는 생각·죽는다는 생각·깨끗하지 못하다는 생각·아주 없다는 생각·욕심을 여읜다는 생각·사라진다는 생각·열한 가지 지혜인, 법을 아는 지혜〔法智〕·비슷한 지혜〔比智〕·다른 이의 마음을 아는 지혜〔他心智〕·세속 일에 대한 지혜〔世智〕·고통이라는 지혜〔苦智〕·고통의 원인이라는 지혜〔集智〕·고통을 제거한다는 지혜〔滅智〕·고통을 제거한 곳에 이르는 길이라는 지혜〔道智〕·번뇌를 다한 지혜〔盡智〕·생멸변화를 여읜 지혜〔無生智〕·참다운 실상을 아는 지혜〔如實智〕·세 가지 삼매인 각이 있고 관이 있는 삼매〔有覺有觀三昧〕·각은 없고 관은 있는 삼매〔無覺有觀三昧〕·각도 없고 관도 없는 삼매〔無覺無觀三昧〕·세 가지 근본인 알지 못한 것을 마땅히 알아야 하는 근본·이미 아는 근본·전부 아는 근본을 원만히 갖추어야 한다.

사리불아, 보살마하살이 널리 부처님의 열 가지 지혜의 힘〔十力〕·네 가지 두려움 없는 자신〔四無所畏〕·네 가지 걸림없는 지혜〔四無碍智〕·열여덟 가지 부처님만이 갖는 특성〔十八不共法〕·큰 인자함과 크게 가엾이 여김〔大慈大悲〕을 알려고 하면 반드시 반야바라밀을 익혀 행해야 한다. 보살마하살이 도혜(道慧)를 원만히 갖추려고 하면 반드시 반야바라밀을 익혀 행해야 하고, 도혜로써 도종혜(道種慧)를 원만히 갖추려고 하면 반드시 반야바라밀을 익혀 행해야 하며, 도종혜로써 일체지(一切智)를 원만히 갖추려고 하면 반드시 반야바라밀을 익혀 행해야 하고, 일체지로써 일체종지(一切種智)를 원만히 갖추려고 하면 반드시 반야바라밀을 익혀 행해야 하며, 일체종지로써 번뇌의 습기를 끊으려고 하면 반드시 반야바라밀을 익혀 행해야 한다. 사리불아, 보살마하살은 이와 같이 반야바라밀을 배워야 한다.

또한 사리불아, 보살마하살이 보살의 지위에 오르려고 하면 반드시 반야바라밀을 배워야 하고, 성문(聲聞)이나 벽지불의 경지〔辟支佛地〕를 지나 보살의 물러나지 않는 지위〔不退轉地〕에 머물고자 하면 반드시 반야바라밀을 배워야한

28

다.

보살마하살이 여섯 가지 신통〔六神通〕에 머물고자 하면 반드시 반야바라밀을 배워야 하고, 일체중생들이 뜻하는 바 마음을 알려고 하면 반드시 반야바라밀을 배워야 한다.

보살마하살이 일체 성문이나 벽지불보다 수승한 지혜를 원한다면 반드시 반야바라밀을 배워야 하고, 모든 다라니문과 모든 삼매문을 얻고자 하면 반드시 반야바라밀을 배워야 하며, 모든 성문이나 벽지불을 구하는 사람이 보시를 할 때 함께 기뻐하는 마음을 가지면서 그것보다 뛰어나고자 하면 반드시 반야바라밀을 배워야 하고, 모든 성문이나 벽지불을 구하는 사람이 계를 가질 때 함께 기뻐하는 마음을 가지면서 그것보다 뛰어나고자 하면 반드시 반야바라밀을 배워야 하며, 모든 성문이나 벽지불을 구하는 사람이 삼매·지혜·해탈·해탈지견〔解脫知見〕을 행할 때 함께 기뻐하는 마음을 가지면서 그것보다 뛰어나고자 하면 반드시 반야바라밀을 배워야 하고, 모든 성문이나 벽지불을 구하는 사람이 모든 선정(禪定)·해탈삼매(解脫三昧)를 행할 때 함께 기뻐하는 마음을 가지면서 그것보다 뛰어나고자 하면 반드시 반야바라밀을 배워야 한다.

보살마하살이 적은 보시·행하기 쉬운 지계·외형상의 인욕·눈에 보이는 정진·함이 있는 선정·함이 있는 지혜를 행하고도, 방편의 힘으로 회향(廻向)함에 의해서 한량없고 가없는 공덕을 얻으려고 한다면 반드시 반야바라밀을 배워야 한다.

보살마하살이 보시바라밀·지계바라밀·인욕바라밀·정진바라밀·선정바라밀을 행하고자 하면 반드시 반야바라밀을 배워야 한다.

보살마하살이 태어날 적마다 신체가 부처님과 닮기를 원하고, 서른두 가지 거룩한 모습〔三十二相〕과 여든 가지 잘 생긴 모습〔八十隨形好〕을 원만히 갖추고자 하면 반드시 반야바라밀을 배워야 한다. 보살의 집에 태어나 동진의 지위〔童眞地〕에 머물러 모든 부처님을 여의지 않기를 원하면 반드시 반야바라밀을 배워야 하고, 온갖 착한 뿌리〔善根〕와 공양으로 모든 부처님을 공양·공경·존중·찬탄하되 생각한 대로 성취하고자 하면 반드시 반야바라밀을 배워야 하며,

일체중생들이 원하는 음식·의복·침구·수레·좌구(坐具)·등불 등을 만족하고
자 하면 반드시 반야바라밀을 배워야 한다.

　또한 사리불아, 보살마하살이 항하의 모래알같이 많은 모든 부처님 국토의 중
생들을 보시·지계·인욕·정진·선정·반야바라밀에 머물게 하고자 하면 반드시
반야바라밀을 배워야 하고, 하나의 착한 뿌리를 부처님의 복전(福田)에 심어서
아뇩다라삼먁삼보리를 이룰 때까지 다함이 없으려면 반드시 반야바라밀을 배워
야 한다.

　또 사리불아, 보살마하살이 시방의 모든 부처님으로부터 칭찬받기를 원하면
반드시 반야바라밀을 배워야 한다. 그리고 보살마하살이 한번 세운 뜻이 항하의
모래알같이 많은 시방의 모든 부처님 국토에 다다르게 하고자 하면 반드시 반야
바라밀을 배워야 하고, 한번 소리를 내어 그 음성이 항하의 모래알같이 많은 시
방의 모든 부처님 국토에 들리게 하고자 하면 반드시 반야바라밀을 배워야 하
며, 보살이 모든 부처님의 국토가 끊이지 않게 하고자 하면 반드시 반야바라밀
을 배워야 한다.

　또한 사리불아, 보살마하살이 여섯 가지 감각기관은 공[內空]·여섯 가지 감
각기관의 여섯 가지 대상은 공[外空]·여섯 가지 감각기관과 여섯 가지 대상이
같이 공[內外空]·공 그 자체는 공[空空]·시방세계가 공[大空]·실상의 진리
도 공[第一義空]·함이 있는 공[有爲空]·함이 없는 공[無爲空]·하나도 남김
이 없는 공[畢竟空]·비롯함이 없이 나고 죽는 모든 것은 공[無始空]·모든 것
을 분리하는 공(散空)·모든 것의 본질은 공[性空]·사물의 고유형태가 공[自
相空]·모든 존재가 공[諸法空]·사물에 사로잡힘이 없는 공[不可得空]·사물
이 존재하지 않는다는 견해가 공[無法空]·사물이 존재한다는 견해가 공[有法
空]·사물이 존재하지 않는다는 견해와 존재한다는 견해가 같이 공[無法有法
空]에 머물고자 한다면 반드시 반야바라밀을 배워야 하고, 보살마하살이 결과
를 낳는 바로 그 원인의 연[因緣]·끊어짐이 없는 연[次第緣]·반연하는 연[緣
緣]·다른 법이 생기는 연[增上緣]을 알고자 하면 반드시 반야바라밀을 배워야
한다.

또한 사리불아, 보살마하살이 사물의 진실된 모습〔如〕·진실의 본성〔法性〕·참된 실상〔實際〕을 알고자 하면 반드시 반야바라밀을 배워야 한다. 사리불아, 보살마하살은 이와 같이 반야바라밀에 머물러야 한다.

또한 사리불아, 보살마하살이 삼천대천국토의 대지와 모든 산의 티끌 수를 알고자 하면 반드시 반야바라밀을 배워야 하고, 보살마하살이 한 터럭을 쪼개어 백 개로 나누고, 그 하나를 가지고 삼천대천국토의 큰 바다·강·하천·못·우물에 있는 모든 물을 흔들림 없이 들어올리고자 원하면 반드시 반야바라밀을 배워야 하며, 삼천대천국토의 모든 불이 일시에 타올라 마치 세계의 존속기간이 끝나서 전부가 타버릴 때와 같을 때, 보살마하살이 한번 불어서 그 불을 꺼버리고자 하면 반드시 반야바라밀을 배워야 하고, 삼천대천국토에 큰 바람이 일어나서 썩은 풀을 꺾어버리듯 삼천대천국토 및 모든 수미산을 휩쓸 때, 보살마하살이 손가락 하나로 그 바람을 막아 일어나지 않게 하고자 하면 반드시 반야바라밀을 배워야 한다.

보살마하살이 한번 결가부좌를 해서 삼천대천국토의 허공에 가득히 차고자 하면 반드시 반야바라밀을 배워야 하고, 보살마하살이 한 개의 터럭으로 삼천대천국토의 모든 수미산왕을 들어서 한량없고 헤아릴 수조차 없는 다른 곳의 여러 부처님 국토에 던지되, 중생을 해치지 않고자 하면 반드시 반야바라밀을 배워야 하며, 일식(一食)으로 항하의 모래알같이 많은 시방의 여러 부처님과 스님들을 공양하고자 하면 반드시 반야바라밀을 배워야 한다. 한 벌의 옷·한 개의 꽃·향 장신구·가루 향·바르는 향·태우는 향·등불·깃발·꽃 일산으로 모든 부처님과 스님들을 공양하고자 하면 반드시 반야바라밀을 배워야 한다.

또한 사리불아, 보살마하살이 항하의 모래알같이 많은 시방의 모든 국토 중생들로 하여금 전부 계·삼매·지혜·해탈·해탈지견을 갖추게 하고, 수다원과·사다함과〔斯陀含果〕·아나함과〔阿那含果〕·아라한과를 얻게 하며, 내지 번뇌의 여진까지 없는 열반〔無餘涅槃〕을 얻게 하고자 하면 반드시 반야바라밀을 배워야 한다.

또 사리불아, 보살마하살은 반야바라밀을 행해서 보시를 할 때, '이러한 보시는 큰 과보를 얻고, 이러한 보시는 왕족이나 귀족[刹利大姓]·바라문[婆羅門大姓]·대부호[居士大家]의 집에 태어나게 되며, 이러한 보시는 사왕천처·삼십삼천·야마천·도솔천·화락천·타화자재천에 태어나게 되고, 이같은 보시에 의해서 첫째 선정[初禪]·둘째 선정[二禪]·셋째 선정[三禪]·넷째 선정[四禪]과 무변공처(無邊空處)·무변식처(無邊識處)·무소유처(無所有處)·비유상비무상처[非有想非無想處]에 들어가게 되고, 이같은 보시에 의해서 능히 여덟 가지 바른 깨달음의 길에 마음을 내며, 이같은 보시에 의해서 능히 수다원도 내지 불도(佛道)를 성취하려고 하면 반드시 반야바라밀을 배워야 한다'고 이렇게 분별해야 한다.

또한 사리불아, 보살마하살은 반야바라밀을 행해서 보시를 할 때, 지혜의 방편력[慧方便力]으로써 능히 보시바라밀·지계바라밀·인욕바라밀·정진바라밀·선정바라밀·반야바라밀을 원만히 갖추게 된다.

사리불이 부처님께 사루어 말씀드렸다.

"세존이시여, 보살마하살이 보시를 할 때, 어찌해서 지혜의 방편력으로써 보시바라밀 내지 반야바라밀을 원만히 갖추게 됩니까?"

부처님께서 사리불에게 말씀하셨다.

"베푸는 이와 받는 이, 베푸는 재물은 붙잡을 수 없는 것으로 능히 보시바라밀을 원만히 갖추고, 죄와 죄 아님은 붙잡을 수 없는 것으로 지계바라밀을 원만히 갖추며, 마음에 움직임이 없는 것으로 인욕바라밀을 원만히 갖추고, 부지런하여 몸과 마음에 게으름이 없는 것으로 정진바라밀을 원만히 갖추며, 산란함도 없고 산란하지 않음을 즐기는 것도 없는 것으로 선정바라밀을 원만히 갖추고, 온갖 법이 붙잡을 수 없는 것을 아는 것으로 반야바라밀을 원만히 갖추어야 한다.

또한 사리불아, 보살마하살이 과거·미래·현재의 모든 부처님의 공덕을 얻으려고 하면 반드시 반야바라밀을 배워야 하고, 보살마하살이 함이 있고 함이 없는 법[有爲無爲法]의 저 언덕에 다다르고자 하면 반드시 반야바라밀을 배워야 하며, 보살마하살이 과거·미래·현재 모든 사물의 진실된 모습·진실의 본성

〔法相〕·참된 실상〔無生際〕을 알려고 하면 반드시 반야바라밀을 배워야 한다.

또한 사리불아, 보살마하살이 일체 성문이나 벽지불의 앞에 있고자 하고, 모든 부처님을 모시고자 하며, 모든 부처님의 내권속(內眷屬)이 되고자 하고, 대권속(大眷屬)이 되고자 하며, 보살의 권속이 되고자 하고, 큰 보시를 깨끗이 받고자 하면 반드시 반야바라밀을 배워야 한다.

또한 사리불아, 보살마하살이 아끼는 마음·계를 범하는 마음·성내는 마음·게으른 마음·어지러운 마음·어리석은 마음을 일으키지 않으려고 하면 반드시 반야바라밀을 배워야 한다.

또한 사리불아, 보살마하살이 일체중생들을 보시의 복이 있는 곳·지계의 복이 있는 곳·수정(修定)의 복이 있는 곳·권도(勸導)의 복이 있는 곳〔勸導福處〕에 있게 하고자 하고, 중생을 재복(財福)과 법복(法福)이 있는 곳에 있게 하고자 하면 반드시 반야바라밀을 배워야 한다.

또한 사리불아, 보살마하살이 다섯 가지 눈〔五眼〕을 얻고자 하면 반드시 반야바라밀을 배워야 하니, 무엇이 다섯 가지 눈인가? 육안(肉眼)·천안(天眼)·혜안(慧眼)·법안(法眼)·불안(佛眼)이다. 보살마하살이 모든 것을 다 보는 눈으로서 항하의 모래알같이 많은 시방의 국토에 계시는 모든 부처님을 친견하고자 하고, 모든 소리를 전부 듣는 귀〔天耳〕로서 시방의 모든 부처님께서 설하시는 법을 듣고자 하며, 모든 부처님의 마음을 알고자 하면 반드시 반야바라밀을 배워야 한다. 그리고 시방의 모든 부처님께서 설하시는 법을 다 듣고는 아뇩다라삼먁삼보리에 이를 때까지 잊지 않고자 하면 반드시 반야바라밀을 배워야 한다.

또한 사리불아, 보살마하살이 과거·미래의 모든 부처님의 국토와 시방의 현재 모든 부처님의 국토를 보고자 하면 반드시 반야바라밀을 배워야 한다.

또한 사리불아, 보살마하살이 시방의 모든 부처님께서 설하신 십이부경(十二部經)인 계경(契經)·중송(重頌)·수기경(受記經)·송(頌)·자설경(自說經)·인연경(因緣經)·비유경(譬喻經)·여시어경(如是語經)·본생경(本生經)·방광경(方廣經)·미증유경(未曾有經)·논의경(論議經)을 듣고자 하고, 모든 성문들이 들은 것도 듣지 못한 것도 전부 받아 지녀 외우기를 원하면 반드시 반야바라밀을 배워야 하며, 항하의 모래알같이 많은 시방세계의 모든 부처님께서 설하시는 법은 이미 설하셨고 지금 반드시 설하실 것을 전부 듣고, 일체를 믿어 지니고 스스로 행하며, 또한 다른 사람을 위하여 설하려고 하면 반드시 반야바라밀을 배워야 한다.

또한 사리불아, 보살마하살이 과거의 모든 부처님께서 이미 설하셨고, 미래의 모든 부처님께서 반드시 설하실 것을 듣기를 원하고, 다 듣고는 스스로를 이롭게 하고 또 다른 사람을 이롭게 하고자 하면 반드시 반야바라밀을 배워야 한다. 항하의 모래알같이 많은 시방의 모든 세계의 중간인 어두운 곳, 해와 달이 비추지 않는 곳을 광명을 가지고 널리 비추고자 하면 반드시 반야바라밀을 배워야 한다. 항하의 모래알같이 많은 시방세계 가운데 부처님 명호와 법의 이름과 스님이라는 말이 없는 곳의 일체중생들로 하여금 전부 올바른 견해를 얻게 하여 삼보(三寶)의 이름을 듣게 하고자 하면 반드시 반야바라밀을 배워야 한다. 항하의 모래알같이 많은 시방의 모든 세계 중생들에게 자기 힘으로써 눈이 먼 사람은 보게 하고, 귀먹은 사람은 듣게 하며, 미친 사람은 바른 정신이 들게 하고, 벌거벗은 사람에게 옷이 있게 하며, 굶주리고 목마른 사람을 포만하게 하고자 하면 반드시 반야바라밀을 배워야 한다.

또한 사리불아, 보살마하살이 만약 항하의 모래알같이 많은 시방세계 가운데 세 갈래 나쁜 곳〔三惡趣〕에 있는 중생들로 하여금 자기 힘으로 전부 사람의 몸을 얻게 하고자 하면 반드시 반야바라밀을 배워야 하고, 항하의 모래알같이 많은 시방세계 중생들을 자기 힘으로써 계·삼매·지혜·해탈·해탈지견에 머물게 하여 수다원과 내지 아뇩다라삼먁삼보리를 얻게 하고자 하면 반드시 반야바라밀을 배워야 한다.

또한 사리불아, 보살마하살이 모든 부처님의 위의를 배우고자 하면 반드시 반야바라밀을 배워야 하고, 보살마하살이 코끼리 왕처럼 보는 자세를 얻고자 하면 반드시 반야바라밀을 배워야 한다. 보살마하살은 '내가 땅을 밟지 않고 발이 땅에서 네 손가락 만큼 떨어져 갈 수 있게, 그리고 내가 마땅히 사천왕천 내지 색구경천(色究竟天)과 함께 한량없는 천만억 모든 하늘〔諸天〕들에게 둘러싸여 공경받으며 보리수 아래에 다다르기 위하여는 반드시 반야바라밀을 배워야 한다. 내가 마땅히 보리수 아래에 앉음에 사천왕천 내지 색구경천의 옷을 자리로 삼기 위하여는 반드시 반야바라밀을 배워야 하고, 내가 아뇩다라삼먁삼보리를 얻을 때 가고·머물고·앉고·눕는 곳을 전부 금강(金剛)으로 하기 위해서는 반드시 반야바라밀을 배워야 한다’는 원을 세운다.

　또한 사리불아, 보살마하살이 출가하는 날 바로 아뇩다라삼먁삼보리를 이루고, 바로 그날 진리의 수레바퀴를 굴리며, 진리의 수레바퀴를 굴릴 때 한량없고 헤아릴 수 없는 중생들이 번뇌의 티끌과 때를 멀리 여의고 모든 법문을 들어 그 진리를 이해함〔法眼淨〕을 얻고, 한량없고 헤아릴 수 없는 중생들이 일체 모든 것을 받지 않는 것으로 모든 번뇌의 마음이 해탈을 얻으며, 한량없고 헤아릴 수 없는 중생들이 아뇩다라삼먁삼보리에서 물러서지 않음을 얻게 하고자 하면 반드시 반야바라밀을 배워야 한다. 내가 아뇩다라삼먁삼보리를 얻을 때 한량없고 헤아릴 수 없는 성문들이 스님이 되고, 내가 한 번 법을 설함에 바로 그 자리에서 전부가 아라한이 되게 하고자 하면 반드시 반야바라밀을 배워야 한다. 내가 마땅히 한량없고 헤아릴 수 없는 보살마하살로서 스님을 삼고, 내가 한번 법을 설함에 한량없고 헤아릴 수 없는 보살이 전부 불퇴전의 경계를 얻고 수명이 무량하며 광명을 원만히 갖추게 하고자 하면 반드시 반야바라밀을 배워야 한다. 내가 아뇩다라삼먁삼보리를 이룰 때, 그 세계에는 음욕과 성냄과 어리석음이 없을 뿐만 아니라 세 가지 독소〔三毒〕라는 말조차 없으며, 일체중생들에게 이와 같은 지혜가 있게 하여 훌륭한 보시·훌륭한 지계·훌륭한 선정·훌륭하고 청정한 행·훌륭하게 중생을 어지럽히지 않음을 성취하게 하고자 하면 반드시 반야바라밀을 배워야 한다. 내가 입멸한 후에도 법이 멸해 없어지지 않고, 없어진다는 말조차 없기를 원하면 반드시 반야바라밀을 배워야 한다. 내가 아뇩다라삼먁삼보리를 얻을 때, 항하의 모래알같이 많은 시방세계의 중생들 중에 내 이름을 듣는 이는 반드시 아뇩다라삼먁삼보리를 얻는 등 이와 같은 공덕을 얻고자 하면 반드시 반야바라밀을 배워야 한다.”

제2 봉발품(奉鉢品 第二)

부처님께서 사리불에게 말씀하셨다.

"만약 보살마하살이 반야바라밀을 행하여 이렇게 좋은 공덕을 지으면, 이 때에 사천왕이 모두 크게 기뻐하면서 마음속으로, '우리들은 마땅히 과거의 천왕이 과거 부처님께 발우를 올린 것처럼, 이 보살에게 네 개의 발우를 올려야 한다'고 생각한다. 삼십삼천 내지 타화자재천도 또한 전부 크게 기뻐하면서 마음속으로, '우리들은 마땅히 보살을 받들어 모시고 공양하여, 아수라(阿修羅)의 무리를 줄이고 모든 하늘〔諸天〕의 권속을 늘려야 한다'고 생각한다. 삼천대천국토의 사천왕천 내지 색구경천도 전부 크게 기뻐하면서 마음속으로, '우리들은 마땅히 이 보살에게 법문을 설해주실 것을 청해야 한다'고 생각한다. 사리불아, 이 보살마하살이 반야바라밀을 행하여 육바라밀을 더할 때 모든 선남자(善男子)·선여인(善女人)은 각자, '우리들은 마땅히 이 사람을 위해서 부모·처자·친족·좋은 벗이 되어야 한다'고 생각한다.

이때 사천왕천 내지 색구경천이 전부 크게 기뻐하면서 각자가 스스로, 우리들은 마땅히 방편을 써서 이 보살이 음욕을 여의어 처음 뜻을 세울 때부터 항상 동진(童眞)이 되게 하고, 육체적 욕망과 함께 하지 않게 해야 한다'고 생각한다. 만약 다섯 가지 욕락〔五欲〕을 받아들이면 범천에 나기도 어려운데 어찌 하물며 아뇩다라삼먁삼보리일까 보냐. 이 때문에 사리불아, 보살마하살의 음욕을 끊는 출가는 아뇩다라삼먁삼보리를 이루지만, 끊지 못하면 이루지 못한다.”

사리불이 부처님께 사루어 말씀드렸다.

“세존이시여, 보살마하살에게는 반드시 부모·처자·친족·좋은 벗이 있습니까?”

부처님께서 사리불에게 말씀하셨다.

“어떤 보살에게는 부모·처자·친족·좋은 벗이 있고, 어떤 보살은 처음 마음을 세울 때부터 음욕을 끊어 동진의 행을 닦으며 내지 아뇩다라삼먁삼보리를 얻고, 육체적 욕망을 범하지 않는다. 그리고 어떤 보살은 방편의 힘으로 다섯 가지 욕락을 받아들인 후에 출가해서 아뇩다라삼먁삼보리를 얻는다. 마치 요술쟁이나 그 제자가 교묘한 요술법을 알아, 다섯 가지 욕망을 요술로써 만들어 놓고 그 가운데서 서로 즐기는 것과 같다. 너는 어떻게 생각하느냐, 이 사람이 그 다섯 가지 욕망을 진실로 받아들였느냐 그렇지 않느냐?”

사리불이 부처님께 말씀드렸다.

“아닙니다, 세존이시여.”

부처님께서 사리불에게 말씀하셨다.

“보살마하살이 방편의 힘으로 다섯 가지 욕락을 만들어 놓고, 그 가운데서 즐거움을 누리며 중생의 염원을 이루어 주게 하는 것도 이와 같다. 이 보살마하살은 욕락에 물듦이 없이 갖가지 방법으로 다섯 가지 욕망을 좋은 것이 아니라고 꾸짖는다. 욕락을 사나운 불꽃이라 여기고, 욕락을 더러운 것이라 여기며, 욕락을 망치는 것이라고 여기고, 욕락을 원수같이 여긴다. 사리불아, 이러한 이유에서 보살은 중생을 위해서 다섯 가지 욕락을 받아들인다고 알아야 한다.”

사리불이 부처님께 사루어 말씀드렸다.

“보살마하살은 어떻게 반야바라밀을 행해야 합니까?”

부처님께서 사리불에게 말씀하셨다.

“보살마하살이 반야바라밀을 행할 때 보살을 보지 않고 보살이란 이름을 보지 않으며, 반야바라밀을 보지 않고 내가 반야바라밀 행함을 보지 않으며, 또한 내가 반야바라밀을 행하지 않음을 보지 않는다. 왜냐하면 보살이란 것도 보살이란

이름도 본성이 공(空)이고, 공 가운데는 물질적 존재[色]도 없고 감각[受]·
표상[想]·의지[行]·인식[識]도 없으며, 물질적 존재를 여의고 또한 공이 없
고 감각·표상·의지·인식을 여의고 공이 없기 때문이다. 물질적 존재는 바로 공
이고 공은 바로 물질적 존재며, 감각·표상·의지·인식은 바로 공이고 공이 바로
인식이다. 왜냐하면 사리불아, 단지 이름만을 가지고 깨달음[菩提]이라 하기
때문이며, 단지 이름만을 가지고 보살이라 하기 때문이며, 단지 이름만을 가지
고 공이라 하기 때문이다. 그 이유는 모든 사물의 실다운 성품은 생김도 없고 없
어짐도 없으며, 더러움도 없고 깨끗함도 없기 때문이다. 보살마하살은 이와 같
이 행하되, 또한 생김도 보지 않고 없어짐도 보지 않으며, 더러움도 보지 않고
깨끗함도 보지 않는다. 왜냐하면 이름이란 것은 인연의 화합으로 된 것이어서,
단지 분별과 생각으로 거짓되게 이름을 붙인 때문이며, 이 때문에 보살마하살은
반야바라밀을 행할 때 일체의 이름을 보지 않고, 보지 않기 때문에 집착하지 않
는다."

제3 습응품(習應品 第三)

부처님께서 사리불에게 말씀하셨다.

"보살마하살은 반야바라밀을 행할 때에 이와 같이 사유해야 한다. 보살이란 단지 이름만 있고, 부처님이란 것도 단지 이름만 있으며, 반야바라밀도 또한 단지 이름만 있고, 물질적 존재도 단지 이름만 있고, 감각·표상·의지·인식도 단지 이름만 있다.

사리불아, 나〔我〕라는 것도 또한 마찬가지로 이름만 있고, 일체의 나라는 것은 결코 잡을 수가 없는 것이다·중생·나이·생명·태어남·양육(養育)·숫자의 구성요소·개아(個我)·행위·일을 시키는 것·후세의 업을 짓는 것·업을 짓게 하는 것·과보를 받는 것·과보를 받게 하는 것·아는 것·보는 것, 이러한 모든 것은 잡을 수가 없는 것이다. 이렇게 잡을 수가 없는 공인 까닭에 단지 이름만을 가지고 말할 뿐이다.

보살마하살도 또한 이와 같이 반야바라밀을 행해서 나를 보지 않고 중생을 보지 않으며, 내지 아는 것·보는 것도 보지 않고, 말해지는 이름도 또한 보지 않아야 한다. 보살마하살이 이와 같이 반야바라밀의 행을 닦으면, 모든 것은 잡을 수가 없는 공인 까닭에, 부처님의 지혜를 제하고는 일체의 성문이나 벽지불의 그것보다도 훨씬 뛰어나다. 왜냐하면 이 보살마하살은 세속의 모든 것의 이름도 법도 그리고 집착하는 바도 잡을 수가 없다고 하기 때문이다.

사리불아, 보살마하살이 이렇게 훌륭하게 행하는 것을 반야바라밀을 행한다고 한다. 예를 들어 염부제(閻浮堤)에 대·삼·벼·잔디가 가득 차 있는 것처럼, 스님들의 수가 그만큼 많고, 그리고 지혜가 사리불이나 목건련(目犍連) 등과 같다고 해도, 보살이 반야바라밀을 행하는 지혜에 비교하면 백분의 일에도 미치지 못하고, 천분의 일·백천억분의 일 내지 숫자로 나타낸다든가 비교한다든가 하는 것으로는 미치지 못한다. 왜냐하면 보살마하살은 이 지혜로써 일체중생들을 제도하기 때문이다.

사리불아, 염부제에 가득 찰 정도의 사리불이나 목건련 등이 있다고 해도, 혹은 삼천대천국토에 가득 찰 정도의 지혜있는 사리불이나 목건련 등이 있다고 해도, 혹은 항하의 모래알같이 많은 시방세계에 가득 찰 정도의 지혜있는 사리불이나 목건련 등이 있다고 해도 보살이 반야바라밀을 행하는 지혜에 비교하면 백분의 일에도 미치지 못하고, 천분의 일·백천억분의 일 내지 숫자로 나타낸다든가 비교한다든가 하는 것으로는 미치지 못한다. 또한 사리불아, 보살마하살이 반야바라밀을 행해서, 가령 하루만이라도 지혜를 닦으면 일체의 성문이나 벽지불보다 훨씬 뛰어나다.”

사리불이 부처님께 사루어 말씀드렸다.

“세존이시여, 성문의 모든 지혜, 혹은 수다원·사다함·아나함·아라한·벽지불의 지혜, 부처님의 지혜, 이러한 모든 지혜는 차별이 없고 서로간에 모순되지 않으며, 생김도 없어서 그 자체가 공인 것입니다. 만약 법(法)이 서로간에 모순되지 않고 생김도 없어서 그 자체가 공이라면, 이 법에는 차별이나 모순이 있을 리 없습니다. 그렇다면 세존이시여, 어찌해서 보살마하살이 반야바라밀을 행해서 불과 하루만의 수행으로 성문이나 벽지불보다 훨씬 뛰어나다고 말씀하십니까?”

부처님께서 사리불에게 말씀하셨다.

“너는 어떻게 생각하느냐. 보살마하살이 반야바라밀을 행해서 하루만이라도 수행하면서 마음속으로, ‘나는 도혜(道慧)를 수행해서 일체중생들을 이익되게 하고, 마땅히 일체종지(一切種智)로써 일체 모든 것을 알아 일체중생들을 제도해야 한다'고 생각하겠느냐? 모든 성문이나 벽지불들의 지혜에도 이러한 보살의 마음이 있겠느냐?"

사리불이 말씀드렸다.

"그렇지 않습니다, 세존이시여."

"사리불아, 너는 어떻게 생각하느냐. 성문이나 벽지불들이 마음속으로, 나는 마땅히 아뇩다라삼먁삼보리를 얻어, 일체중생들을 제도하여 번뇌의 여진까지도 없는 열반을 얻게 해야 한다고 생각하겠느냐?"

사리불이 말씀드렸다.

"그렇지 않습니다, 세존이시여."

부처님께서 사리불에게 말씀하셨다.

"이러한 이유에서 성문이나 벽지불들의 지혜가 보살마하살의 지혜에 비교하면 백분의 일에도 미치지 못하고, 천분의 일·백천억분의 일 내지 숫자로 나타낸다든가 비교한다든가 하는 것으로는 도저히 미치지 못하는 것이라고 알아야 한다. 사리불아, 너는 어떻게 생각하느냐. 성문이나 벽지불들이 마음속으로, '나는 육바라밀을 행해서 중생을 제도하여 해탈시키고 부처님의 국토를 맑히며, 부처님의 열 가지 지혜의 힘·네 가지 두려움 없는 자신·네 가지 걸림없는 지혜·열여덟 가지의 부처님만이 갖는 특성을 갖추어 한량없고 헤아릴 수조차 없는 중생을 제도하고, 열반을 얻게 하겠다'고 생각하겠느냐?

사리불이 말씀드렸다.

"그렇지 않습니다, 세존이시여."

부처님께서 사리불에게 말씀하셨다.

"보살마하살은 이러한 생각을 한다. 나는 마땅히 육바라밀 내지 열여덟 가지의 부처님만이 갖는 특성을 수행하여 아뇩다라삼먁삼보리를 성취하고, 한량없고 헤아릴 수조차 없는 중생을 제도하여 열반을 얻게 해야 한다. 그러나 가령 반딧불이, 나의 힘으로 염부제를 비추어 구석구석까지 밝히리라고 생각하지 않는 것처럼, 모든 아라한이나 벽지불들도 마찬가지로, 우리들은 육바라밀 내지 열여덟 가지의 부처님만이 갖는 특성을 수행하여 아뇩다라삼먁삼보리를 얻고, 한량없고 헤아릴 수조차 없는 중생을 제도하여 열반을 얻게 하리라'고 생각하지 않는다.

사리불아, 예를 들어 해가 솟으면 광명이 구석구석까지 염부제를 비추고 그 빛을 받지 않는 것이 없는 것처럼, 보살마하살도 또한 마찬가지로 육바라밀 내지 열여덟 가지의 부처님만이 갖는 특성을 수행하여 아뇩다라삼먁삼보리를 얻고, 한량없고 헤아릴 수조차 없는 중생을 제도하여 열반을 얻게 한다."

사리불이 부처님께 사루어 말씀드렸다.

"보살마하살은 어떻게 성문이나 벽지불의 경지를 초월하여 보살의 물러나지 않는 경지〔不退轉地〕에 도달하고, 불도를 맑게 합니까?"

부처님께서 사리불에게 말씀하셨다.

"보살마하살은 처음 마음을 내어서부터 육바라밀을 수행하여 모든 것이 공〔空〕·어떤 특징도 없음〔無相〕·원할 것이 없다〔無作〕는 법에 머물고, 모든 성문이나 벽지불들의 경지를 초월하여 보살의 물러나지 않는 경지에 머물러 불도를 맑게 한다."

사리불이 부처님께 사루어 말씀드렸다.

"보살마하살은 어떤 경지에 머물러야 모든 성문이나 벽지불들을 위한 복전이 되겠습니까?"

부처님께서 사리불에게 말씀하셨다.

"보살마하살은 처음 마음을 내어서부터 육바라밀을 수행하여 최후에 깨달음의 장소에 앉을 때까지, 그 중간에 항상 성문이나 벽지불들을 위한 복전이 된다. 왜냐하면 보살마하살이 마음을 낸 그 인연에 의해서 세간에 가지가지 훌륭한 법〔善法〕이 생기기 때문이다. 훌륭한 법이란 무엇인가, 소위 열 가지 착한 행위〔十善道〕·다섯 가지 계율〔五戒〕·여덟 가지 심신을 맑히는 계율〔八分成就齊〕·네 가지 선정·네 가지 한량없는 이타의 마음·네 가지 형상을 떠난 선정·다섯 가지 악을 부수는 힘·네 가지 관찰법·네 가지 바른 노력·네 가지 자재를 얻는 것·다섯 가지 뛰어난 능력·일곱 가지 깨닫는 지혜를 도와주는 힘·여덟 가지 바른 깨달음에 이르는 길로서, 이러한 것이 세상에 나타나는 것이다.

보살이 마음을 낸 그 인연에 의해서 육바라밀·열여덟 가지 공〔十八空〕·부처님의 열 가지 지혜의 힘·네 가지 두려움 없는 자신·네 가지 걸림없는 지혜·열여덟 가지 부처님만이 갖는 특성·큰 인자함과 크게 가엾이 여김·일체종지라는 훌륭한 법이 모두 세상에 나타나는 것이다.

보살이 마음을 낸 그 인연에 의해서 왕족이나 귀족·바라문·대부호·사천왕천 내지 비유상비무상천이 전부 세상에 나타나는 것이다.

보살이 마음을 낸 그 인연에 의해서 수다원·사다함·아나함·아라한·벽지불이 전부 세상에 나타나는 것이다."

사리불이 부처님께 사루어 말씀드렸다.

"보살마하살은 복을 베풀어 청정한 과보를 다하는 것입니까?"

부처님께서 말씀하셨다.

"그렇지 않다. 왜냐하면 원래부터 불도는 맑혀져 있기 때문이다. 사리불아, 보살마하살은 큰 시주(施主)가 되어서 무엇을 베푸는가 하면, 모든 훌륭한 법을 베푸는 것이다. 무엇이 훌륭한 법인가, 열 가지 착한 행위·다섯 가지 계율 내지 열여덟 가지 부처님만이 갖는 특성·일체종지이다. 이러한 것을 베풀어 주는 것이다."

사리불이 부처님께 사루어 말씀드렸다.

"세존이시여, 보살마하살이 어떻게 반야바라밀을 닦아야, 반야바라밀에 상응합니까?"

부처님께서 사리불에게 말씀하셨다.

"보살마하살이 물질적 존재는 공이라고 닦으면, 이것을 반야바라밀과 상응하는 것이라 한다. 감각·표상·의지·인식은 공이라고 닦으면, 이것을 반야바라밀과 상응하는 것이라 한다.

또한 사리불아, 보살마하살이 눈은 공이라고 닦으면, 이것을 반야바라밀과 상응하는 것이라 한다. 귀·코·혀·신체·마음은 공이라고 닦으면, 이것을 반야바라밀과 상응하는 것이라 한다. 형태는 공이라고 닦으면, 이것을 반야바라밀과 상응하는 것이라 한다. 음성·냄새·맛·촉각·마음의 대상은 공이라고 닦으면, 이것을 반야바라밀과 상응하는 것이라 한다. 눈의 영역(領域)은 공이고 형태의 영역도 공이며, 눈으로 인식하는 것도 공이라고 닦으면, 이것을 반야바라밀과 상응하는 것이라 한다. 귀로 음성을 듣는 것·코로 냄새를 맡는 것·혀로 맛을 보는 것·신체로 촉각을 인식하는 것·마음으로 대상을 인식하는 것이 공이라고 닦으면, 이것을 반야바라밀과 상응하는 것이라 한다.

고통〔苦〕은 공이라고 닦으면, 이것을 반야바라밀과 상응하는 것이라 한다. 고통의 원인〔集〕·고통을 제거하는 것〔滅〕·고통을 제거한 곳에 이르는 길〔道〕은 공이라고 닦으면, 이것을 반야바라밀과 상응하는 것이라 한다. 근원적 무지〔無明〕는 공이라고 닦으면, 이것을 반야바라밀과 상응하는 것이라 한다. 잠재적인 행위와 습관력〔行〕·잠재적인 의식〔識〕·개념과 물질적 존재〔名色〕·여섯 가지 감각기관〔六入〕·감관과 대상의 접촉〔觸〕·느낌〔受〕·욕망〔愛〕·집착〔取〕·생존〔有〕·생김〔生〕·늙고 죽음〔老死〕이 공이라고 닦으면, 이것을 반야바라밀과 상응하는 것이라 한다. 일체의 존재는 공이어서 변화하는 것도 변화하지 않는 것도 공이라고 닦으면, 이것을 반야바라밀과 상응하는 것이라 한다.

또한 사리불아, 보살마하살이 사물의 본질은 공이라고 닦으면, 이것을 반야바라밀과 상응하는 것이라 한다.

이와 같이 사리불아, 보살마하살은 반야바라밀을 행하여 일곱 가지 공, 즉 모든 것의 본질은 공·사물의 고유 형태가 공·모든 존재가 공·사물에 사로잡힘이 없는 공·사물이 존재하지 않는다는 견해가 공·사물이 존재한다는 견해가 공·사물이 존재하지 않는다는 견해와 존재한다는 견해가 같이 공이라고 닦으면, 이것을 반야바라밀과 상응하는 것이라 한다.”

부처님께서 사리불에게 말씀하셨다.

“보살마하살이 일곱 가지 공을 준수하고 익힐 때는 물질적 존재와 상응한다든가 하지 않는다든가 하는 생각을 갖지 않고, 감각·표상·의지·인식과 상응한다든가 하지 않는다든가 하는 생각을 갖지 않는다. 물질적 존재가 생긴다든가 없어진다든가 하는 생각을 갖지 않고, 감각·표상.의지·인식이 생긴다든가 없어진다든가 하는 생각을 갖지 않는다. 물질적 존재가 더럽다든가 깨끗하다든가 하는 생각을 갖지 않고, 감각·표상·의지·인식이 더럽다든가 깨끗하다든가 하는 생각을 갖지 않는다. 물질적 존재와 감각이 합한다는 생각을 갖지 않고, 감각과 표상이 합한다는 생각을 갖지 않으며, 표상과 의지가 합한다는 생각을 갖지 않고, 의지와 인식이 합한다는 생각을 갖지 않는다. 왜냐하면 법과 법이 합한다는 것은 있을 수 없고, 그 본질은 공이기 때문이다.

사리불아, 물질적 존재가 공일 때에 물질적 존재가 있을 수 없고, 감각·표상의지·인식이 공일 때에 인식 등도 있을 수 없다. 사리불아, 물질적 존재가 공이기 때문에 변화하고 허물어짐이 없고, 감각이 공이기 때문에 받아들임도 없으며, 표상이 공이기 때문에 아는 것도 없고, 의지가 공이기 때문에 작용하는 것도 없으며, 인식이 공이기 때문에 깨달음도 없다. 왜냐하면 사리불아, 물질적 존재는 공과 다르지 않고 공은 물질적 존재와 다르지 않기 때문이며, 물질적 존재가 바로 공이고 공이 바로 물질적 존재이기 때문이다. 감각·표상·의지·인식도 또한 이와 같다.

사리불아, 이 모든 존재는 공이어서 나지도 않고 없어지지도 않으며, 더럽지도 않고 깨끗하지도 않으며, 늘지도 않고 줄지도 않는다. 이 공인 모든 존재는 과거도 아니고 미래도 아니며 현재도 아니다. 따라서 공가운데는 물질적 존재도 없고, 감각. 표상·의지·인식도 없으며, 눈·귀·코·혀·신체·마음도 없고, 형태·음성·냄새·맛·촉각·마음의 대상도 없고, 눈의 영역도 없고, 내지 의식의 영역도 없다. 또한 근원적인 무지도 없고 근원적인 무지가 다한다는 것도 없으며, 내지 늙고 죽음도 없고 늙고 죽음이 다한다는 것도 없다. 고통·고통의 원인고통을 제거하는 것·고통을 제거하는 것에 이르는 길도 없고, 슬기〔智〕도 없고 또한 얻을 것도 없다. 또한 수다원도 없고 수다원과도 없으며, 사다함도 없고 사다함과도 없으며, 아나함도 없고 아나함과도 없으며, 아라한도 없고 아라한과도 없으며, 벽지불도 없고 벽지불도도 없으며, 부처님도 없고 또한 불도(佛道)도 없다.

사리불아, 보살마하살이 이와 같이 닦으면 반야바라밀과 상응한다고 하는 것이다. 사리불아, 이 보살마하살은 반야바라밀을 행하고 있어도, 반야바라밀과 상응하고 있다든가 있지 않다든가 하는 생각을 갖지 않는다. 보시바라밀·지계바라밀·인욕바라밀·정진바라밀·선정바라밀과 상응한다든가 하지 않는다든가 하는 생각을 갖지 않는다. 또한 물질적 존재와 상응해 있다든가 상응해 있지 않다든가 하는 생각을 갖지 않고, 감각. 표상·의지·인식과 상응해 있다든가 상응해 있지 않다든가 하는 생각을 갖지 않는다. 눈 내지 마음, 형태 내지 마음의 대상, 눈으로 물질적 존재를 인식하는 것 내지 마음으로 대상을 인식하는 것과 상응해 있다든가 상응해 있지 않다든가 하는 생각을 갖지 않는다. 네 가지 관찰법 내지 여덟 가지 바른 깨달음에 이르는 길, 부처님의 열 가지 지혜의 힘 내지 일체종지와 상응해 있다든가 상응해 있지 않다든가 하는 생각을 갖지 않는다. 사리불아, 마땅히 알지니 보살마하살이 이와 같이 닦으면, 이것을 반야바라밀과 상응한다고 하는 것이다.

또한 사리불아, 보살마하살이 반야바라밀을 행할 때에 공(空:실체가 없다는 것)과 공이 합하지 않고, 무상(無相:어떤 특질이 없다는 것)과 무상이 합하지 않으며, 무작(無作:아무 원할 것이 없다는 것)과 무작이 합하지 않는다. 왜냐하면 공도 없고 무상도 없고 무작도 없으며, 합한다든가 합하지 않는다든가 하는 것이 없기 때문이다. 사리불아, 보살마하살이 이와 같이 닦으면, 이것을 반야바라밀과 상응하는 것이라 한다.

또한 사리불아, 보살마하살이 반야바라밀을 행할 때에 모든 존재가, 사물의 고유형태가 공이라는 것에 들어가고, 들어가버리면 물질적 존재와 합하는 것이 없고 합하지 않는다는 것도 없다. 감각·표상·의지·인식과 합하는 것이 없고 합하지 않는다는 것도 없다. 물질적 존재는 과거와 합하는 것이 없다. 왜냐하면 과거는 볼 수가 없기 때문이다. 물질적 존재는 미래와 합하는 것이 없다. 왜냐하면 볼 수가 없기 때문이다. 물질적 존재는 현재와 합하는 것이 없다. 왜냐하면 현재는 볼 수가 없기 때문이다. 감각·표상·의지·인식도 또한 이와 같다.

또한 사리불아, 보살마하살이 반야바라밀을 행할 때에 과거는 미래와 합하지 않고 미래와 과거는 합한다는 것이 없으며, 현재와 과거·미래는 합한다는 것이 없고 과거와 미래도 또한 현재와 합한다는 것이 없다. 삼세(三世)는 다만 이름뿐이어서 실체가 없고 공이기 때문이다. 사리불아, 보살마하살이 이와 같이 닦으면, 이것을 반야바라밀과 상응하는 것이라 한다.

또한 사리불아, 보살마하살이 반야바라밀을 행할 때에 일체지〔薩婆若〕는 과거와 합한다는 것이 없다. 왜냐하면 과거는 볼 수가 없기 때문이다. 그런데 어떻게 일체지와 과거가 합할 수 있으랴. 일체지는 미래와 합한다는 것이 없다. 왜냐하면 미래는 볼 수가 없기 때문이다. 그런데 어떻게 일체지와 미래가 합할 수 있으랴. 일체지는 현재와 합한다는 것이 없다. 왜냐하면 현재는 볼 수가 없기 때문이다. 그런데 어떻게 일체지와 현재가 합할 수 있으랴. 사리불아, 보살마하살이 이와 같이 닦으면, 이것을 반야바라밀과 상응하는 것이라 한다.

또한 사리불아, 보살마하살이 반야바라밀을 행할 때에 물질적 존재는 일체지와 합한다는 것이 없다. 물질적 존재는 볼 수가 없기 때문이다. 감각·표상·의지·인식도 또한 이와 같다. 눈은 일체지와 합한다는 것이 없다. 눈은 볼 수가 없기 때문이다. 귀·코·혀·신체·마음도 또한 이와 같다. 형태는 일체지와 합한다는 것이 없다. 형태는 볼 수가 없기 때문이다. 음성·냄새·맛·촉각·마음의 대상도 또한 이와 같다. 사리불아, 보살마하살이 이와 같이 닦으면 이것을 반야바라밀과 상응하는 것이라 한다.

또한 사리불아, 보살마하살이 반야바라밀을 행할 때에 보시바라밀은 일체지와 합하지 않으니, 보시바라밀은 볼 수가 없기 때문이다. 나아가 반야바라밀도 또한 이와 같다. 네 가지 관찰법은 일체지와 합하지 않으니, 네 가지 관찰법은 볼 수가 없기 때문이다. 나아가 여덟 가지 바른 깨달음에 이르는 길도 또한 이와 같다. 부처님의 열 가지 지혜의 힘 내지 열여덟 가지의 부처님만이 갖는 특성은 일체지와 합하지 않으니, 부처님의 열 가지 지혜의 힘 내지 열여덟 가지의 부처님만이 갖는 특성은 볼 수가 없기 때문이다. 사리불아, 이와 같이 닦으면 이것을 반야바라밀과 상응하는 것이라 한다.

또한 사리불아, 보살마하살이 반야바라밀을 행할 때에 부처님은 일체지와 합하지 않고 일체지도 부처님과 합하지 않으며, 깨달음〔苦提〕은 일체지와 합하지 않고 일체지도 깨달음과 합하지 않는다. 왜냐하면 부처님이 바로 일체지고 일체지가 바로 부처님이며, 깨달음이 바로 일체지고 일체지가 바로 깨달음이기 때문이다. 사리불아, 보살마하살이 반야바라밀을 행할 때 이와 같이 닦으면 이것을 반야바라밀과 상응하는 것이라 한다.

또한 사리불아, 보살마하살은 반야바라밀을 행할 때에 물질적 존재가 있다고 배우지 않고, 물질적 존재가 없다고도 배우지 않는다. 감각·표상·의지·인식에 관해서도 또한 이와 같다. 물질적 존재가 항상된다고 배우지 않고, 물질적 존재가 항상됨이 없다고도 배우지 않는다. 감각·표상.의지·인식에 관해서도 또한 이와 같다. 물질적 존재가 고통이라고 배우지 않고 물질적 존재를 즐거움이라고도 배우지 않는다. 감각·표상·의지·인식에 관해서도 또한 이와 같다. 물질적 존재가 나[我]라고도 배우지 않고 물질적 존재가 내가 아니라고도 배우지 않는다. 감각·표상·의지·인식에 관해서도 또한 이와 같다. 물질적 존재가 영원한 평안[寂滅]이라고 배우지 않고 물질적 존재가 영원한 평안이 아니라고도 배우지 않는다. 감각·표상·의지·인식에 관해서도 또한 이와 같다. 물질적 존재가 공이라고 배우지 않고 물질적 존재가 공이 아니라고도 배우지 않는다. 감각·표상·의지·인식에 관해서도 또한 이와 같다. 물질적 존재가 어떤 특질이 있다고 배우지 않고 물질적 존재가 어떤 특질이 없다고도 배우지 않는다. 감각·표상·의지·인식에 관해서도 또한 이와 같다. 물질적 존재가 원할 것이 있다고 배우지 않고 물질적 존재가 원할 것이 없다고도 배우지 않는다. 감각·표상·의지·인식에 관해서도 또한 이와 같다.

이 보살마하살은 반야바라밀을 행할 때, '나는 반야바라밀을 행하고 있다, 반야바라밀을 행하고 있지 않다, 반야바라밀을 행하고 있는 것도 아니고 행하고 있지 않는 것도 아니다'라는 생각을 갖지 않는다. 사리불아, 보살마하살이 이와 같이 닦으면, 이것을 반야바라밀과 상응하는 것이라 한다.

또한 사리불아, 보살마하살은 반야바라밀을 위해서 반야바라밀을 행하는 것이 아니고, 보시바라밀·지계바라밀·인욕바라밀·정진바라밀·선정바라밀을 위해서 반야바라밀을 행하는 것이 아니며, 보살의 물러나지 않는 경지를 위해서 반야바라밀을 행하는 것이 아니다. 중생을 제도하여 해탈시키기 위해서 반야바라밀을 행하는 것이 아니고, 부처님의 국토를 맑히기 위해서 반야바라밀을 행하는 것이 아니며, 부처님의 열 가지 지혜의 힘·네 가지 두려움 없는 자신·네 가지 걸림 없는 지혜·열여덟 가지 부처님만이 갖는 특성을 위해서 반야바라밀을 행하는 것이 아니다.

여섯 가지 감각기관을 공으로 하기 위해서 반야바라밀을 행하는 것이 아니고, 여섯 가지 감각기관의 여섯 가지 대상을 공으로 하기 위해서·여섯 가지 감각기관과 여섯 가지 대상을 같이 공으로 하기 위해서·공 그 자체를 공으로 하기 위해서·시방세계를 공으로 하기 위해서·실상의 진리를 공으로 하기 위해서·함이 있는 것을 공으로 하기 위해서·함이 없는 것을 공으로 하기 위해서·하나도 남김이 없이 공으로 하기 위해서·비롯함이 없이 나고 죽는 모든 것을 공으로 하기 위해서·모든 것을 분리하여 공으로 하기 위해서·모든 것의 본질을 공으로 하기 위해서·모든 존재를 공으로 하기 위해서·사물의 고유 형태를 공으로 하기 위해서·사물에 사로잡힐 수 없다는 견해를 공으로 하기 위해서·사물이 존재하지 않는다는 견해를 공으로 하기 위해서·사물이 존재한다는 견해를 공으로 하기 위해서·사물이 존재하지 않는다는 견해와 사물이 존재한다는 견해를 같이 공으로 하기 위해서 반야바라밀을 행하는 것이 아니며, 사물의 진실된 모습·진실의 본성 참된 실상을 위해서 반야바라밀을 행하는 것이 아니다. 왜냐하면 이 보살마하살은 반야바라밀을 행할 때, 모든 존재의 모습을 분별하지 않기 때문이다. 이와 같이 닦으면, 이것을 반야바라밀과 상응하는 것이라 한다.

또한 사리불아, 보살마하살이 반야바라밀을 행할 때에 모든 것을 뜻대로 얻는 신통(神通)을 위해서 반야바라밀을 행하는 것이 아니고, 모든 소리를 전부 듣는 귀〔天耳〕를 위해서가 아니며, 타인의 마음을 전부 아는 지혜〔他心智〕를 위해서가 아니고, 모든 사람의 전생의 일을 전부 아는 능력〔宿命智〕을 위해서가 아니며, 모든 것을 다 보는 눈〔天眼〕을 위해서가 아니고, 번뇌를 전부 다 끊는 신통〔漏盡神通〕을 위해서 반야바라밀을 행하는 것이 아니다. 왜냐하면 보살마하살은 반야바라밀을 행할 때 반야바라밀까지도 집착하지 않기 때문이니, 어찌 보살의 신통에 집착할까 보냐. 사리불아, 보살마하살이 이와 같이 행하면, 이것을 반야바라밀과 상응하는 것이라 한다.

또한 사리불아, 보살마하살은 반야바라밀을 행할 때, '나는 모든 것을 뜻대로 얻는 신통을 얻어 동방(東方)으로 날아가서, 항하의 모래알같이 많은 여러 부처님을 공양하고 공경해야지, 남·서·북방과 네 간방(間方)과 상·하의 부처님께도 물론 같이 해야지'하는 생각을 갖지 않는다. 또한 사리불아, 보살마하살은 반야바라밀을 행할 때, '나는 모든 소리를 전부 듣는 귀를 얻어 시방의 모든 부처님께서 설하시는 법을 들어야지'하는 생각을 갖지 않는다. '나는 타인의 마음을 전부 아는 지혜를 얻어 시방의 중생들이 마음으로 생각하는 것을 알아야지'하는 생각을 갖지 않는다. '나는 모든 사람의 전생의 일을 전부 아는 능력을 얻어 시방 중생들의 운명을 알아야지'하는 생각을 갖지 않는다. '나는 모든 것을 다 보는 눈을 얻어 시방의 중생들이 이곳저곳에서 나고 죽는 것을 다 보아야지'하는 생각을 갖지 않는다. 사리불아, 보살마하살이 이와 같이 행하면 이것을 반야바라밀과 상응하는 것이라 하고, 이것이야말로 한량없고 헤아릴 수조차 없는 중생들을 제도할 수 있는 것이다.

사리불아, 보살마하살이 능히 이와 같이 반야바라밀을 행하면 악마도 해칠 기회를 얻지 못하고, 세간의 모든 하고자 하는 일이 뜻대로 된다. 시방 각각의 항하의 모래알같이 많은 여러 부처님들이 전부 이 보살을 옹호하여 성문이나 벽지불의 경지에 떨어지지 않게 하며, 사천왕천 내지 색구경천이 전부 이 보살을 옹호하여 장애가 없게 한다. 이 보살은 과거세에 어떠한 큰 죄를 지었더라도 현세에 과보를 가볍게 받게 된다. 왜냐하면 이 보살마하살은 큰 자비심으로 중생들을 보살폈기 때문이다. 사리불아, 보살마하살이 이와 같이 행하면 이것을 반야바라밀과 상응하는 것이라 한다.

또한 사리불아, 보살마하살은 반야바라밀을 행할 때에 바로 모든 다라니문(陀羅尼門)과 모든 삼매문(三昧門)을 얻고, 태어나는 곳마다 항상 부처님을 섬기며 내지 아뇩다라삼먁삼보리를 얻을 때까지 결코 부처님을 여의지 않는다. 사리불아, 보살마하살이 이와 같이 닦으면, 이것을 반야바라밀과 상응하는 것이라 한다.

또한 사리불아, 보살마하살이 반야바라밀을 행할 때, '사물과 사물이 어떤 때는 일체이고 어떤 때는 일체가 아니다, 어떤 때는 평등하고 어떤 때는 평등하지 않다'라는 생각을 갖지 않는다. 왜냐하면 이 보살마하살은 이것과 저것이 어떤 때는 일체이고 어떤 때는 일체가 아니다, 어떤 때는 평등하고 어떤 때는 평등하지 않다라는 견해가 없기 때문이다. 사리불아, 보살마하살이 이와 같이 닦으면, 이것을 반야바라밀과 상응하는 것이라 한다.

또한 사리불아, 보살마하살이 반야바라밀을 행할 때, '나는 반드시 사물의 진실한 본성〔法性〕을 얻어야 한다'든가 '얻지 않는다'든가 하는 생각을 갖지 않는다. 왜냐하면 사물의 진실한 본성은 얻는다는 모양이 없기 때문이다. 사리불아, 보살마하살이 이와 같이 닦으면, 이것을 반야바라밀과 상응하는 것이라 한다.

또한 사리불아, 보살마하살이 반야바라밀을 행할 때, '어떠한 것이든 사물의 진실한 본성에서 나오는 것이 있다'고 보지 않는다. 이와 같이 닦으면, 이것을 반야바라밀과 상응하는 것이라 한다.

또한 사리불아, 보살마하살이 반야바라밀을 행할 때, '사물의 진실한 본성위에 모든 사물이 성립된다'고 생각하지 않는다. 이와 같이 닦으면, 이것을 반야바라밀과 상응하는 것이라 한다.

또한 사리불아, 보살마하살이 반야바라밀을 행할 때, '반야바라밀에 의해서 사물의 진실한 본성을 얻을 수 있다'든가 '얻을 수 없다'든가 하는 생각을 갖지 않는다. 왜냐하면 이 보살은 반야바라밀에 의해서 사물의 진실한 본성을 얻을 수 있다든가 없다든가 하는 견해가 없기 때문이다. 사리불아, 보살마하살이 이와 같이 닦으면, 이것을 반야바라밀과 상응하는 것이라 한다.

또한 사리불아, 보살마하살이 반야바라밀을 행할 때에 사물의 진실한 본성은 공과 합하지 않고, 공은 사물의 진실한 모습과 합하지 않는다. 이와 같이 닦으면, 이것을 반야바라밀과 상응하는 것이라 한다.

또한 사리불아, 보살마하살이 반야바라밀을 행할 때에 눈의 영역〔眼界〕은 공과 합하지 않고, 공은 눈의 영역과 합하지 않는다. 형태의 영역〔色界〕은 공과 합하지 않고, 공은 형태의 영역과 합하지 않는다. 눈으로 인식하는 것〔眼識界〕

은 공과 합하지 않고, 공은 눈으로 인식하는 것과 합하지 않는다. 또한 마음[意界]은 공과 합하지 않고, 공은 마음과 합하지 않는다. 마음의 대상이라는 것[法界]은 공과 합하지 않고, 공은 마음의 대상이라는 것과 합하지 않는다. 마음으로 대상을 인식하는 것[意識界]은 공과 합하지 않고, 공은 마음으로 대상을 인식하는 것과 합하지 않는다. 이 때문에 사리불아, 이 공과 상응하는 것을 제일의 상응이라고 하는 것이다.

사리불아, 공을 수행하는 보살마하살은 성문이나 벽지불의 경지에 떨어지지 않으며, 훌륭하게 부처님 국토를 맑히고 중생을 제도하여 해탈시키며, 속히 아뇩다라삼먁삼보리를 얻는다. 사리불아, 많은 상응 가운데 반야바라밀과 상응하는 것이 가장 으뜸이고, 가장 존귀하며, 가장 수승하고, 가장 묘하여 그 이상의 것이 없다. 왜냐하면 이 보살마하살이 반야바라밀과 상응하는 것을 수행함은 곧 어떠한 실체도 인정하지 않고, 어떠한 특질도 인정하지 않으며, 원할 어떤 것도 없는 것이기 때문이다. 따라서 이 보살마하살은 반드시 부처님이 되리라는 보증을 받는 것[受記]과 같고, 혹은 멀지 않아 부처님이 되리라는 보증을 받을 것이라고 알아야 한다. 사리불아, 보살마하살이 이와 같이 상응하면 능히 한량없고 헤아릴 수조차 없는 중생들에게 큰 이익을 줄 수 있는 것이다.

이 보살마하살은 마음속으로, '나는 반야바라밀과 상응해 있다, 모든 부처님은 나에게 부처님이 되리라는 보증을 반드시 주실 것이다, 나는 멀지 않아 부처님이 되리라는 보증을 받을 것이다, 나는 반드시 부처님의 국토를 맑히리라, 나는 아뇩다라삼먁삼보리를 얻어 반드시 부처님의 가르침을 설할 것이다' 하는 생각을 갖지 않는다. 왜냐하면 이 보살마하살은 어떤 것이든 사물의 진실한 본질에서 나오는 것이 있다고 보지 않으며, 어떤 것이든 반야바라밀을 행하는 것이 있다고 보지 않으며, 또한 어떤 것이든 모든 부처님이 반드시 부처님이 되리라는 보증을 줌이 있다고 보지 않으며, 어떤 것이든 아뇩다라삼먁삼보리를 얻을 수가 있다고 보지 않기 때문이다.

왜냐하면 보살마하살이 반야바라밀을 행할 때, 나라고 하는 관념[我相]·중생이라는 관념[衆生相] 내지 아는 것이라는 관념[知者]·보는 것이라는 관념[見

者相]을 내지 않기 때문이다. 그것은 왜냐하면 중생은 본래 나지도 않고 없어지도 않기 때문이다. 이처럼 중생은 나는 것도 없고 없어지는 것도 없으며, 아울러 어떤 것이든 난다는 모습도 없고 없어진다는 모습도 없는 것이다. 어찌 법에 반야바라밀을 행함이 있겠느냐! 이처럼 사리불아, 보살마하살이 중생을 보지 않는 것이 바로 반야바라밀을 행함이 된다. 본래 중생은 감각이 없고 실체가 없으며, 중생은 붙잡을 수 없고 고유의 특질을 여의어 있기 때문에 반야바라밀을 행함이 된다.

사리불아, 보살마하살이 모든 상응 가운데 가장 으뜸의 상응으로 하는 것은 바로 이 공과의 상응이다. 이 공과의 상응은 다른 어떤 상응보다 수승하다. 보살마하살은 이와 같이 공을 익히고, 큰 인자함과 크게 가엾이 여기는 마음을 내는 것이다. 보살마하살은 이와 같이 상응하고 익히는 까닭에 아끼는 마음을 내지 않고 바른 생활을 해치는 마음을 내지 않으며, 성내는 마음을 내지 않고 게으른 마음을 내지 않으며, 산만한 마음을 내지 않고 지혜 없는 마음을 내지 않는 것이다."

제
2
권

제4 왕생품(往生品 第四)

사리불이 부처님께 사루어 말씀드렸다.

"세존이시여, 반야바라밀을 행하여 능히 이와 같이 익히고 합치〔相應〕하는 보살마하살은 어느 곳에서 죽어서 이 세상에 태어났고, 이 세상에서 죽어서는 어느 곳에 태어나겠습니까?"

부처님께서 사리불에게 말씀하셨다.

"반야바라밀을 행하여 능히 이와 같이 익히고 합치하는 보살마하살 중에 어떤 이는 다른 부처님 국토에서 이 세상에 와 태어났고, 또 어떤 이는 도솔천에서 이 세상에 와 태어났으며, 혹은 사람〔人道〕으로 있다가 이 세상에 와 태어났다. 사리불아, 다른 부처님 국토에서 온 이는 빨리 반야바라밀과 합치하게 된다. 반야바라밀과 합치되었기 때문에 죽어서 이 세상에 태어났으며, 깊고 묘한 모든 법문이 전부 앞에 나타나고 이후에도 반야바라밀과 합치하여 태어나는 곳마다 항상 모든 부처님을 뵙게 된다.

사리불아, 도솔천에서 죽어 이 세상에 태어난 이는 한 생 동안만 번뇌에 얽매어 있는〔一生補處〕 보살로서, 이 보살은 육바라밀을 잃지 않고 태어나는 곳마다 일체의 다라니문과 모든 삼매문이 빨리 앞에 나타난다.

사리불아, 사람으로 있다가 죽어서 다시 사람으로 태어난 보살은 보살의 물러나지 않음〔不退轉〕을 제하고는 근기가 둔해서 빨리 반야바라밀과 합치할 수 없고, 모든 다라니문과 삼매문이 빨리 앞에 나타나지 않는다.

사리불아, 너는 반야바라밀과 합치한 보살마하살이 이 세상에서 죽어 어느 곳에 태어나느냐고 물었다. 사리불아, 이 보살마하살은 한 부처님 국토로부터 다른 부처님 국토에 이르며, 그 사이에 항상 모든 부처님을 뵙고 결코 부처님을 여의지 않는다.

사리불아, 어떤 보살마하살은 방편을 쓰지 않고 첫째 선정〔初禪〕 내지 넷째 선정〔第四禪〕에 들며, 또한 육바라밀을 수행한다. 이 보살마하살은 선정을 얻은 까닭에 장수천(長壽天)에 태어나고, 그 곳의 수명이 다하고 나면 이 세상에서 사람으로 태어나 부처님을 만난다. 그러나 이 보살은 모든 근기가 밝지는 못하다.

사리불아, 어떤 보살마하살은 첫째 선정 내지 넷째 선정에 들며, 또한 반야바라밀을 행한다. 방편을 쓰지 않는 까닭에 모든 선정을 버리고 애욕의 세계〔欲界〕에 태어나니, 이 보살 또한 모든 근기가 둔하다.

사리불아, 어떤 보살은 첫째 선정 내지 넷째 선정에 들고, 즐거움을 주는 마음〔慈心〕 내지 온갖 집착을 버리는 마음〔捨心〕에 들며, 허공처(虛空處) 내지 비유상비무상처(非有想非無想處)에 들고, 네가지 관찰법〔四念處〕 내지 여덟 가지 바른 깨달음에 이르는 길〔八聖道分〕을 수행하며, 부처님의 열 가지 지혜의 힘〔十力〕 내지 큰 인자함과 크게 가엾이 여김〔大慈大悲〕을 수행한다. 이 보살은 방편의 힘을 가지는 까닭에 선정(禪定)을 따라서 태어나지 않고, 한량 없는 이타(利他)의 마음〔無量心〕을 따라서 태어나지 않으며, 네 가지 형상을 떠난 선정〔四無色定〕을 따라서 태어나지 않고, 모든 부처님이 계시는 곳에 태어나서 항상 반야바라밀 행을 여의지 않는다. 이러한 보살은 현재의 겁〔賢劫〕 중에 반드시 아뇩다라삼먁삼보리를 얻게 된다.

사리불아, 어떤 보살마하살은 첫째 선정 내지 넷째 선정에 들고, 즐거움을 주는 마음 내지 온갖 집착을 버리는 마음에 들며, 허공처 내지 비유상비무상처에 들지만, 그러나 이 보살은 방편의 힘을 가지는 까닭에 선정을 따라서 태어나지 않고, 오히려 애욕의 세계에서 왕족이나 귀족·바라문·대부호로 태어나니, 중생을 제도하여 해탈시키기 위함이다.

사리불아, 어떤 보살마하살은 첫째 선정 내지 넷째 선정에 들고, 즐거움을 주는 마음 내지 온갖 집착을 버리는 마음에 들며, 허공처 내지 비유상비무상처에 들지만, 방편의 힘을 가지는 까닭에 선정을 따라서 태어나지 않고, 사천왕천처(四天王天處)나 혹은 삼십삼천(三十三千)·야마천(夜摩天)·도솔천(兜率天)·화락천(化樂天)·타화자재천(他化自在天)에 태어나서, 그 곳의 중생을 제도하여 해탈시키고 또한 부처님의 국토를 맑히며, 항상 모든 부처님을 뵙는다.

사리불아, 어떤 보살마하살은 반야바라밀을 행하되 방편의 힘을 가지는 까닭에 첫째 선정에 들며, 이 세상에서 목숨을 마치고는 범천처(梵天處)에 태어나 대범왕(大梵王)이 되고, 범천처로부터 두루 부처님 국토에 다니되, 다 다른 한 부처님 국토에 계시는 여러 부처님이 아뇩다라삼먁삼보리를 얻었음에도 불구하고 아직 법문을 설하지 않는 분에게는 정중히 청하여 설하시게 한다.

사리불아, 어떤 보살마하살은 한 생 동안만 번뇌에 얽매어 있는 보살로서 반야바라밀을 행하되 방편의 힘을 가지는 까닭에 첫째 선정 내지 넷째 선정에 들며, 즐거움을 주는 마음 내지 온갖 집착을 버리는 마음에 들고, 허공처 내지 비유상비무상처에 들며, 네 가지 관찰법 내지 여덟 가지 바른 깨달음에 이르는 길을 닦고, 모든 것은 공이라는 삼매〔空三昧〕·어떤 특징도 없다는 삼매〔無相三昧〕·원할 것이 없다는 삼매〔無作三昧〕에 들지만, 선정을 따라서 태어나지 않고 부처님이 계신 곳에 태어나서 청정한 행〔梵行〕을 닦는다. 혹은 도솔천에 태어나서 목숨이 다할 때까지 착한 뿌리〔善根〕를 원만히 갖추어 올바른 생각을 잃지 않고, 백천만억의 무수한 여러 하늘〔諸天〕에게 둘러싸여 공경받으며, 이 세상에 태어나서 아뇩다라삼먁삼보리를 얻는다.

또한 사리불아, 어떤 보살마하살은 여섯 가지 신통〔六神通〕을 얻어 애욕의 세계〔欲界〕·물질의 세계〔色界〕·정신만의 세계〔無色界〕에 태어나지 않고, 부처님 국토를 두루 다니면서 모든 부처님을 공양·공경·존중·찬탄한다.

사리불아, 어떤 보살마하살은 신통으로 여러 부처님의 국토에 노닐면서 중생을 제도하니, 그 보살이 다녀간 부처님 국토에는 성문승(聲聞乘)과 벽지불승

58

(辟支佛乘)이 없고 내지 이승(二乘)이라는 이름도 없다. 사리불아, 보살마하살이 신통으로 여러 부처님의 국토에 노닐면서 중생을 제도한 여러 부처님 국토에는 중생의 수명이 한량이 없다.

사리불아, 어떤 보살마하살은 신통으로 여러 부처님의 국토에 노닐면서 중생을 제도하니, 여러 국토를 다니다가 도달한 곳에 불(佛)·법(法)·승(僧)이 없으면 불·법·승의 공덕을 찬탄하여 모든 중생들로 하여금 부처님의 명호와 가르침의 내용과 스님이라는 말을 듣게 한다. 그 보살은 거기서 목숨을 마치고는 여러 부처님이 계신 곳에 태어난다.

사리불아, 어떤 보살마하살은 처음으로 마음을 낼 때에 첫째 선정 내지 넷째 선정을 얻고, 네 가지 한량없는 이타의 마음을 얻으며, 네 가지 형상을 떠난 선정을 얻고, 네 가지 관찰법 내지 열여덟 가지 부처님만이 갖는 특성〔十八不共法〕을 닦는다. 이 보살은 애욕의 세계·물질의 세계·정신만의 세계에 태어나지 않고, 항상 중생을 이롭게 할 수 있는 곳에 태어난다.

사리불아, 어떤 보살마하살은 처음으로 마음을 낼 때에 육바라밀을 수행하여 보살의 지위에 오르며, 보살의 물러나지 않는 경지를 얻는다.

사리불아, 어떤 보살마하살은 처음으로 마음을 낼 때에 바로 아뇩다라삼먁삼보리를 얻어 법문을 설하며, 한량없고 헤아릴 수조차 없는 많은 중생들에게 수많은 이익을 준 후에 번뇌의 여진까지 없는 열반〔無餘涅槃〕에 든다. 이 부처님이 반열반(般涅槃)하신 뒤에 남긴 교법은 일겁(一劫) 정도 머문다.

사리불아, 어떤 보살마하살은 처음으로 마음을 낼 때에 반야바라밀과 합치하여, 수없이 많은 백천억의 보살들과 함께 부처님의 국토를 맑히기 위해서 한 부처님 국토에서 다른 부처님 국토로 다닌다.

사리불아, 어떤 보살마하살은 반야바라밀을 행할 때에 네 가지 선정〔四禪〕·네 가지 한량없는 이타의 마음·네 가지 형상을 떠난 선정을 얻고, 그 가운데 노닐면서 첫째 선정에 든다. 첫째 선정에서 깨어나 모든 의식이 사라져 고요한 선정〔滅盡定〕에 들고, 모든 의식이 사라져 고요한 선정에서 깨어나 넷째 선정까지 들며, 넷째 선정에서 깨어나 모든 의식이 사라져 고요한 선정에 든다. 모든 의식이 사라져 고요한 선정에서 깨어나 허공처에 들고, 허공처에서 깨어나 모든 의식이 사라져 고요한 선정에 들며, 모든 의식이 사라져 고요한 선정에서 깨어나 비유상비무상처까지 들고, 비유상비무상처에서 깨어나 모든 의식이 사라져 고요한 선정에 든다. 이와 같이 사리불아, 보살마하살이 반야바라밀을 행하여 방편의 힘을 가지는 까닭에 모든 것을 초월하여 자재로 출입하는 선정〔超越定〕에 든다.

사리불아, 어떤 보살마하살은 반야바라밀을 행할 때에 네 가지 관찰법 내지 열여덟 가지 부처님만이 갖는 특성을 닦지만 수다원과·사다함과·아나함과·아라한과·벽지불도를 취하지 않는다. 다만 방편의 힘을 가지고 중생을 제도하기 위해서 여덟 가지 바른 깨달음에 이르는 길〔八聖道分〕을 닦게하고, 이 여덟 가지 바른 깨달음에 이르는 길을 가지고 수다원과 내지 벽지불도를 얻게 한다.”

부처님께서 사리불에게 말씀하셨다.

“일체의 아라한이나 벽지불이 깨달은 자리나 지혜는 이것이 보살마하살이 진실한 이치를 깨달아 평온한 마음〔無生法忍〕이 된 그것이다. 사리불아, 보살마하살이 이와 같이 반야바라밀을 행하면, 이것을 보살의 물러나지 않는 경지에 머물고 있는 것이라고 알아야 한다.

사리불아, 어떤 보살마하살은 육바라밀에 머물러 도솔천을 화려하게 장식하니, 이 보살이 바로 현재의 겁〔賢劫〕에 있는 분이라고 알아야 한다.

사리불아, 어떤 보살마하살은 넷째 선정 내지 열여덟 가지 부처님만이 갖는 특성을 닦지만 아직 네 가지 성스러운 진리〔四諦〕를 증득하고 있지 않을 수도 있으니, 이 보살이 바로 한 생 동안만 번뇌에 얽매어 있는 보살이라고 알아야 한다.

사리불아, 어떤 보살마하살은 한량없고 헤아릴 수조차 없는 세월동안 수행하여 아뇩다라삼먁삼보리를 얻는다.

사리불아, 어떤 보살마하살은 육바라밀에 머물러 항상 힘써 정진하고 중생을 이롭게 하며, 이롭지 않은 것을 말하지 않는다.

사리불아, 어떤 보살마하살은 육바라밀을 수행하여 항상 힘써 정진하고 중생을 이롭게 하며, 여러 부처님 국토를 다니면서 중생이 세 갈래 나쁜 길(三惡道)에 떨어지지 않게 한다.

사리불아, 어떤 보살마하살은 육바라밀에 머물되 보시로써 으뜸을 삼아 일체 중생들을 편안하고 즐겁게 하니, 음식을 구하면 음식을 주고 의복·침구·보석·꽃·향·거처·등불을 구하면 그들의 뜻을 따라 전부를 준다.

사리불아, 어떤 보살마하살은 반야바라밀을 행할 때에 몸을 부처님처럼 나투어서 지옥에 있는 중생을 위하여 법을 설하고, 축생이나 아귀중생을 위하여 법을 설한다.

사리불아, 어떤 보살마하살은 반야바라밀을 행할 때에 몸을 부처님처럼 나투어서 널리 항하의 모래알같이 많은 시방의 모든 부처님 국토에 가서 중생을 위하여 법을 설함과 동시에 모든 부처님을 공양하고, 그 국토를 맑히며 모든 부처님의 설법을 듣는다. 그리고 미묘하고 맑은 시방국토의 모양을 남김없이 보고 스스로 수승한 국토를 건립하니, 그 국토의 보살마하살은 전부가 한 생 동안만 번뇌에 얽매어 있는 보살(一生補處菩薩)들이다.

사리불아, 어떤 보살마하살은 육바라밀을 행할 때에 서른두 가지 거룩한 모습〔三十二相〕을 성취하니, 모든 감각기관이 밝고 영리하다. 모든 감각기관이 밝고 영리하기 때문에 많은 사람들이 사랑하고 존경하며, 사랑과 존경을 받기 때문에 성문·연각·보살의 삼승법(三乘法)으로 그들을 차츰차츰 제도해 해탈시킨다. 사리불아, 보살마하살은 반야바라밀을 행할 때에 몸의 청정과 말의 청정을 이와 같이 배워야 한다.

사리불아, 어떤 보살마하살은 육바라밀을 행할 때에 모든 감각기관이 밝게되지만, 이 밝게된 감각기관을 가지고 스스로를 높이고 타인을 가벼이 여기지 않는다.

사리불아, 어떤 보살마하살은 처음으로 마음을 낼 때부터 보시바라밀·지계바라밀 등에 머물고, 마침내 보살의 물러나지 않는 경지에 도달할 때까지 세 갈래 나쁜 길에 떨어지지 않는다.

사리불아, 어떤 보살마하살은 처음으로 마음을 낼 때부터 보살의 물러나지 않는 경지에 도달할 때까지 항상 열 가지 착한 행위〔十善行〕을 버리지 않는다.

사리불아, 어떤 보살마하살은 보시바라밀·지계바라밀에 머물며 전륜성왕〔轉輪聖王〕이 되어, 중생을 열 가지 착한 길〔十善道〕에 있게 하고 중생에게 재물을 보시한다.

사리불아, 어떤 보살마하살은 보시바라밀·지계바라밀에 머물며 한량없는 천만의 생애 동안 전륜성왕이 되어, 한량없는 백천의 부처님들을 뵙고 공양·공경·존중·찬탄한다.

사리불아, 어떤 보살마하살은 항상 중생들을 위하여 법의 등불〔照明〕이 되어 주고, 또한 그것으로 자신을 비추며 마침내 아뇩다라삼먁삼보리에 이를 때까지 등불을 여의지 않는다. 사리불아, 이 보살마하살은 부처님의 가르침을 언제나 존중한다. 사리불아, 이러한 까닭에 보살마하살은 반야바라밀을 행할 때에 부정한 몸과 말과 생각을 망령되게 일으키지 않아야 한다.”

사리불이 부처님께 사루어 말씀드렸다.

“세존이시여, 무엇이 보살이 몸으로 짓는〔身業〕 부정이고, 입으로 짓는〔口業〕 부정이며, 생각으로 짓는〔意業〕 부정입니까?”

부처님께서 사리불에게 말씀하셨다.

“만약 보살마하살이 생각하기를, ‘이것은 몸이다, 이것은 입이다, 이것은 생각이다’라고 하여, 이와 같이 모양을 짓고 그것을 취하면 사리불아, 이것을 몸과 말과 생각이 부정한 것이라 한다. 사리불아, 보살마하살은 반야바라밀을 행할 때에 몸이 있다고 하지 않고, 입이 있다고 하지 않으며, 생각이 있다고 하지 않는다. 사리불아, 보살마하살이 반야바라밀을 행할 때에 만약 몸이 있다고 하고, 입이 있다고 하며, 생각이 있다고 한다면, 이것은 몸과 입과 생각이 있음을 가지는 까닭에 아끼는 마음과 바른 생활을 해치는 마음과 성내는 마음과 게으른 마음과 산란한 마음과 어리석은 마음을 내게 된다. 마땅히 알아라, 이 보살은 육바라밀을 행할 때에 몸과 말과 생각의 더러운 행위를 없앨 수 없게 된다.”

사리불이 부처님께 사루어 말씀드렸다.

“세존이시여, 보살마하살이 어떻게 하면 몸과 말과 생각의 더러운 행위를 없앨 수 있겠습니까?”

부처님께서 사리불에게 말씀하셨다.

“만약 보살마하살이 몸과 입과 생각이 있다고 하지 않으면, 이와 같은 보살마하살은 능히 몸과 말과 생각의 더러운 행위를 없앤다.

또한 사리불아, 만약 보살마하살이 처음으로 마음을 낼 때부터 열 가지 착한 행위를 수행하여, 성문의 마음을 내지 않고 벽지불의 마음을 내지 않으면, 이와 같은 보살마하살은 능히 몸과 말과 생각의 더러운 행위를 없앤다.

또한 사리불아, 어떤 보살마하살이 반야바라밀을 행하고 불도(佛道)를 맑힐 때에 보시바라밀·지계바라밀·인욕바라밀·정진바라밀·선정바라밀을 수행하면, 이 보살을 몸과 말과 생각의 더러움을 없앤다고 한다.”

사리불이 부처님께 사루어 말씀드렸다.

“세존이시여, 어떤 것이 보살마하살의 불도(佛道)입니까?”

부처님께서 사리불에게 말씀하셨다.

“불도란 보살마하살이 몸이 있다고 하지 않고 입이 있다고 하지 않으며 뜻이 있다고 하지 않고, 보시바라밀을 얻지 않고 지계바라밀을 얻지 않으며, 인욕바라밀을 얻지 않고 정진바라밀을 얻지 않으며, 선정바라밀을 얻지 않고 반야바라밀을 얻지 않으며, 성문을 얻지 않고 벽지불을 얻지 않으며, 보살을 얻지 않고 부처님을 얻지 않는다. 사리불아, 이것을 보살마하살의 불도라고 한다. 왜냐하면 일체의 모든 것은 붙잡을 수가 없기 때문이다. 사리불아, 보살마하살이 육바라밀을 수행할 때는 능히 무너뜨리는 자가 없다.”

사리불이 부처님께 사루어 말씀드렸다.

“세존이시여, 무슨 까닭에 보살마하살이 육바라밀을 수행할 때는 능히 무너뜨리는 자가 없습니까?”

부처님께서 사리불에게 말씀하셨다.

“보살마하살이 육바라밀을 수행할 때는 물질적 존재〔色〕 내지 인식〔識〕을 생각하지 않고, 눈〔眼〕 내지 마음〔意〕을 생각하지 않으며 형상〔色〕 내지 마음의 대상〔法〕을 생각하지 않고, 눈의 영역〔眼界〕 내지 마음으로 대상을 인식하는 것〔意識界〕을 생각하지 않으며 네 가지 관찰법 내지 여덟 가지 바른 깨달음에 이르는 길을 생각하지 않고, 보시바라밀 내지 반야바라밀을 생각하지 않으며 부처님의 열 가지 지혜의 힘 내지 열여덟 가지 부처님만이 갖는 특성을 생각하지 않고, 수다원과 내지 아라한과가 있음을 생각하지 않으며 아뇩다라삼먁삼보리가 있음을 생각하지 않는다. 사리불아, 보살마하살이 이와 같이 육바라밀을 수행하여 더욱 성장하기 때문에 능히 무너뜨리는 자가 없는 것이다.

사리불아, 어떤 보살마하살은 반야바라밀에 머물러 지혜를 원만히 갖추어, 이 지혜로써 결코 나쁜 길〔惡道〕에 떨어지지 않고 하천한 집안에 태어나지 않으며, 빈궁한 사람이 되지 않고 타고난 신체가 사람이나 하늘·아수라의 증오하는 바가 되지 않는다."

사리불이 부처님께 사루어 말씀드렸다.

"세존이시여, 무엇이 이 보살마하살의 지혜입니까?"

부처님께서 사리불에게 말씀하셨다.

"보살마하살은 이 지혜를 성취함으로 시방의 항하의 모래알같이 많은 모든 부처님을 뵙고, 그 가르침을 들으며, 스님들을 보고 또한 화려하고 깨끗한 부처님의 국토를 본다. 보살마하살은 이 지혜로써 부처님이라는 생각을 짓지 않고 보살이라는 생각을 짓지 않으며, 성문이나 벽지불이라는 생각을 짓지 않고 나라는 생각을 짓지 않으며, 부처님의 국토라는 생각을 짓지 않는다. 이 지혜로써 보시바라밀을 수행하되 보시바라밀을 얻지 않고, 내지 반야바라밀을 수행하되 반야바라밀을 얻지 않는다. 네 가지 관찰법을 수행하되 네 가지 수행법을 얻지 않고, 내지 열여덟 가지 부처님만이 갖는 특성을 수행하되 열여덟 가지 부처님만이 갖는 특성을 얻지 않는다. 사리불아, 이것을 보살마하살의 지혜라고 하고, 이 지혜로써 능히 온갖 법을 원만히 갖추되 또한 온갖 법을 얻지 않는다.

사리불아, 어떤 보살마하살은 반야바라밀을 행할 때에 다섯 가지 눈〔五眼〕인 육안(肉眼)·천안(天眼)·혜안(慧眼)·법안(法眼)·불안(佛眼)을 밝힌다."

사리불이 부처님께 사루어 말씀드렸다.

"세존이시여, 무엇이 보살마하살의 밝혀진 육안입니까?"

부처님께서 사리불에게 말씀하셨다.

"어떤 보살은 육안으로 백 유순(由旬)을 보고, 어떤 보살은 육안으로 이백 유순을 본다. 어떤 보살은 육안으로 한 염부제(閻浮堤)를 보고, 어떤 보살은 육안으로 두 개의 천하(天下)·세 개의 천하·네 개의 천하를 본다. 어떤 보살은 육안으로 소천국토(小千國土)를 보고, 어떤 보살은 육안으로 중천국토(中千國土)를 보며, 어떤 보살은 육안으로 삼천대천국토(三千大千國土)를 본다. 사리불아, 이것을 보살마하살이 육안을 맑혔다고 한다."

사리불이 부처님께 사루어 말씀드렸다.

"세존이시여, 무엇이 보살마하살의 맑혀진 천안입니까?"

부처님께서 사리불에게 말씀하셨다.

"어떤 보살마하살은 천안으로 모든 사천왕천이 보는 곳을 보고, 삼십삼천·야마천·도솔천·화락천·타화자재천이 보는 곳을 보며, 범천왕 내지 색구경천이 보는 곳을 본다. 보살이 천안으로 본다는 것은 사천왕천 내지 색구경천이 알지 못하고 보지 못하는 것이다. 사리불아, 이 보살마하살의 천안이란 항하의 모래 알같이 많은 시방의 모든 국토의 중생들이 이곳에서 죽어 저곳에서 태어남을 보는 것이다. 사리불아, 이것을 보살마하살이 천안을 맑혔다고 한다."

사리불이 부처님께 사루어 말씀드렸다.

"세존이시여, 무엇이 보살마하살의 맑혀진 혜안입니까?"

부처님께서 사리불에게 말씀하셨다.

"혜안의 보살은, '법에 함이 있다〔有爲〕든가 함이 없다〔無爲〕든가, 혹은 세간(世間)이라든가 세간 밖〔出世間〕이라든가, 혹은 번뇌가 있다〔有漏〕든가 번뇌가 없다〔無漏〕' 하는 생각을 짓지 않는다. 이 혜안의 보살은 또한 법으로서 보지 않음이 없고 듣지 않음이 없으며, 알지 못함이 없고 인식하지 못함이 없다. 사리불아, 이것을 보살마하살이 혜안을 맑혔다고 한다."

사리불이 부처님께 사루어 말씀드렸다.

"세존이시여, 무엇이 보살마하살의 맑혀진 법안입니까?"

부처님께서 사리불에게 말씀하셨다.

"보살마하살은 법안으로써, '이 사람은 들은 대로 믿고 수행〔隨信行〕하는 이고, 이 사람은 부처님의 가르침대로 수행〔隨法行〕하는 이며, 이 사람은 모든 상을 취하지 않는 수행〔無相行〕을 하는 이다.

이 사람은 모든 것이 공이라는 해탈문〔空解脫門〕을 수행하고, 이 사람은 어떤 특징도 없다는 해탈문〔無相解脫門〕을 수행하며, 이 사람은 원할 것이 없다는 해탈문〔無作解脫門〕을 수행하여 다섯 가지 뛰어난 능력〔五根〕을 얻고, 다섯 가지 뛰어난 능력을 얻었기 때문에 무간삼매(無間三昧)를 얻으며, 무간삼매를 얻었기 때문에 해탈의 지혜〔解脫智〕를 얻고, 해탈의 지혜를 얻었기 때문에 세 가지 번뇌〔三結〕인 내가 있다는 견해〔我見〕와 불법(佛法)을 의심하는 것〔疑〕과 계율에 대한 잘못된 고집〔戒取〕을 끊으니, 이 사람을 수다원이라 한다.

이 사람은 수다원이 된 후 계속 수행하여 음욕과 성냄과 어리석음을 적게하여 반드시 사다함이 되고, 수다원이 된 후 더욱 더 정진하여 음욕과 성냄과 어리석음을 끊어서 아나함이 되며, 수다원이 된 후 더욱 더 정진하여 물질 세계의 물듦〔色染〕과 정신 세계의 물듦〔無色染〕과 근원적 무지〔無明〕와 잘난 체함〔慢〕과 마음의 들뜸〔掉〕을 끊어서 아라한이 된다.

이 사람은 모든 것은 공·어떤 특징도 없음·원할 것이 없다는 세 가지 해탈문을 수행하여 다섯 가지 뛰어난 능력을 얻고, 다섯 가지 뛰어난 능력을 얻었기 때문에 무간삼매를 얻으며, 무간삼매를 얻었기 때문에 해탈의 지혜를 얻고, 해탈의 지혜를 얻었기 때문에 모든 원인의 진리〔集法〕가 전부 열반의 진리〔滅法〕인 것을 알아서 벽지불이 된다'고 안다. 이것을 보살마하살이 법안을 밝혔다고 한다.

또한 사리불아, 보살마하살은, '이 보살은 처음으로 마음을 낼 때부터 보시바라밀 내지 반야바라밀을 수행하고 믿음의 능력〔信根〕과 정진의 능력〔精進根〕을 성취하여, 오로지 착한 뿌리를 튼튼히 하고 방편의 힘을 가지는 까닭에 중생들을 위해서 왕족이나 귀족·바라문·대부호의 몸을 받아 태어나고, 혹은 사천왕천처 내지 타화자재천처에 태어난다. 이 보살은 그 곳에서 중생을 제도하여 해탈시키고, 그들이 즐기는 것을 전부 준다. 또한 부처님의 국토를 맑히며, 모든 부처님을 뵙고 공양·공경·존중·찬탄하며, 내지 아뇩다라삼먁삼보리를 이루고, 성문이나 벽지불의 지위에 떨어지지 않는다'고 안다. 이것을 보살마하살이 법안을 맑혔다고 한다.

또한 사리불아, 보살마하살이 이 보살은 아뇩다라삼먁삼보리에서 물러선다고 알고, 이 보살은 아뇩다라삼먁삼보리에서 물러나지 않음을 알며, 이 보살은 아뇩다라삼먁삼보리의 수기 받음을 알고, 이 보살은 아직 아뇩다라삼먁삼보리의 수기를 받지 못함을 안다.

이 보살은 보살의 물러나지 않는 경지에 도달했음을 알고, 이 보살은 아직 보살의 물러나지 않는 경지에 도달되지 않았음을 안다. 이 보살은 신통을 원만히 갖추었음을 알고, 이 보살은 아직 신통을 원만히 갖추지 못했음을 안다. 이 보살은 신통을 원만히 갖추어서 항하의 모래알같이 많은 시방세계에 날아가서 모든 부처님을 뵙고 공양·공경·존중·찬탄함을 알고, 이 보살은 아직 신통을 얻지 못했지만 반드시 신통을 얻을 것을 안다. 이 보살이 부처님의 국토를 반드시 맑힐 것인가 맑히지 않을 것인가를 안다. 이 보살이 중생을 제도하여 해탈시키는가 아직은 중생을 제도하여 해탈시키지 못하는가, 이 보살이 모든 부처님께 칭찬을 받는가 칭찬을 받지 못하는가, 이 보살이 모든 부처님을 가까이 모시는가 모든 부처님을 가까이 모시지 않는가, 이 보살의 수명이 한량이 있는가 한량이 없는가, 이 보살이 부처님이 되었을 때에 스님들이 한량이 있는가 한량이 없는가, 이 보살이 아뇩다라삼먁삼보리를 얻었을 때에 보살로서 스님이 되는가 되지 않는가, 이 보살이 반드시 고행(苦行)·난행(難行)을 닦는가 닦지 않는가, 이 보살이 한 생 동안만 번뇌에 얽매어 있는 보살인가 아직 그렇지 않은 보살인가, 이 보살이 육체생활의 최후의 몸을 받았는가 아직 최후의 몸을 받지 않았는가, 이 보살이 훌륭하게 성도의 도량(道場)에 앉는가 앉지 못하는가, 이 보살에게 마(魔)가 시험을 하는가 시험을 하지 않는가를 안다. 이와 같은 것을 사리불아, 보살마하살이 법안을 맑혔다고 한다."

사리불이 부처님께 사루어 말씀드렸다.

"세존이시여, 무엇이 보살마하살의 맑혀진 불안입니까?"

부처님께서 사리불에게 말씀하셨다.

"어떤 보살마하살은 불도(佛道)를 구하는 마음을 차례로 하여 금강 같은 삼매〔如金剛三昧〕에 들어 일체종지(一切種智)를 얻는다. 그때, 부처님의 열 가지 지혜의 힘〔十力〕·네 가지 두려움 없는 자신〔四無所畏〕·네 가지 걸림없는 지혜〔四無碍智〕·열여덟 가지 부처님만이 갖는 특성〔十八不共法〕·큰 인자함과 크게 가엾이 여김〔大慈大悲〕을 성취한다. 이 보살마하살은 일체종지를 가지고 법으로써 온갖 것에 대하여 보지 않음이 없고 듣지 않음이 없으며, 알지 못함이 없고 인식하지 못함이 없다. 사리불아, 이것을 보살마하살이 아뇩다라삼먁삼보리를 얻을 때의 맑혀진 불안이라고 한다.

이와 같이 사리불아, 보살마하살이 다섯 가지 눈을 얻으려고 하면 반드시 육바라밀을 배워야 한다. 왜냐하면 사리불아, 이 육바라밀 가운데 온갖 훌륭한 법인 성문의 법·벽지불의 법·보살의 법·부처님의 법이 포섭되어 있기 때문이다.

사리불아, 진실로 말해서 능히 온갖 훌륭한 법을 포섭하는 것은 반야바라밀뿐이다. 사리불아, 반야바라밀은 능히 다섯 가지 눈을 낳고, 보살의 다섯 가지 눈을 배우는 이는 아뇩다라삼먁삼보리를 얻는다.

사리불아, 어떤 보살마하살은 반야바라밀을 행할 때에 신통바라밀을 닦는다. 이 신통바라밀로써 뜻과 같이 모든 것을 얻고 능히 대지를 움직이며, 한 몸을 변화하여 무수한 몸이 되고 무수한 몸을 도리어 한 몸으로 만든다. 자유롭게 몸을 숨기기도 하고 나타내기도 하며, 산이나 절벽·나무 사이를 통과함에 걸림이 없어서 마치 공중을 가는 것과 같고, 물위를 걷되 땅처럼하고 허공을 날되 새처럼 하며, 땅 속으로 들어갔다 나오는 것이 물이 하는 것과 같고, 마치 큰 불이 난 것처럼 몸에서 연기를 내고 설산에 물이 흐르듯이 몸에서 물을 내며, 해와 달의 덕과 위력으로도 감당하기 어려운 빛을 문질러서 없애고 내지 범천까지 몸을 나툰다. 그러나 이 뜻대로 가는 신통에 집착하지 않고, 신통이라는 것에도 그리고 몸이라는 것에도 전혀 붙잡히지 않는다. 그리고 제 성품〔自性〕이 공인 까닭에, 제 성품이 일체를 여읜 까닭에, 제 성품이 남이 없는 까닭에 일체지〔薩婆若〕외에, '나는 뜻대로 가는 신통을 얻었다'는 생각을 짓지 않는다. 이와 같이 사리불아, 보살마하살은 반야바라밀을 행할 때에 뜻대로 가는 신통의 지혜〔如意神通智〕를 증득한다.

이 보살은 모든 소리를 전부 듣는 귀〔天耳〕를 깨끗이 하여 사람이 듣는 한계를 벗어남으로써, 두 가지 소리인 하늘의 소리와 사람의 소리를 듣지만, 또한 모든 소리를 전부 듣는 신통〔天耳神通〕에 집착하지 않고, 모든 소리를 전부 듣는 귀와 소리와 몸에 전혀 붙잡히지 않는다. 제 성품〔自性〕이 공인 까닭에, 제 성품이 일체를 여읜 까닭에, 제 성품이 남이 없는 까닭에 일체지〔薩婆若〕 외에, '나는 모든 소리를 전부 듣는 귀가 있다'는 생각을 짓지 않는다. 이와 같이 사리불아, 보살마하살이 반야바라밀을 행할 때에 모든 소리를 전부 듣는 신통의 지혜〔天耳神通智〕를 증득한다.

이 보살은 사실대로 다른 중생의 마음을 안다. 만약 욕심이 있으면 사실대로 욕심이 있다고 알고 욕심을 여의었으면 사실대로 욕심을 여의었다고 알며, 성내는 마음이 있으면 사실대로 성내는 마음이 있다고 알고 성내는 마음을 여의었으면 사실대로 성내는 마음을 여의었다고 알며, 어리석은 마음이 있으면 사실대로 어리석은 마음이 있다고 알고 어리석은 마음을 여의었으면 사실대로 어리석은 마음을 여의었다고 안다. 애욕에 목말라 하는 마음〔渴愛心〕이 있으면 사실대로 애욕에 목말라 하는 마음이 있다고 알고 애욕에 목말라 하는 마음이 없으면 사실대로 애욕에 목말라 하는 마음이 없다고 알며, 고락(苦樂)을 느끼는 마음〔有受心〕이 있으면 사실대로 고락을 느끼는 마음이 있다고 알고 고락을 느끼는 마음이 없으면 사실대로 고락을 느끼는 마음이 없다고 알며, 산란심을 거두는 마음은 사실대로 산란심을 거두는 마음이라고 알고 산란심은 사실대로 산란심이라고 알며, 자기만을 보는 작은 마음은 사실대로 작은 마음이라고 알고 큰 마음은 사실대로 큰 마음이라고 알며, 고요한 마음은 사실대로 고요한 마음이라고 알고 어지러운 마음은 사실대로 어지러운 마음이라고 알며, 해탈한 마음은 사실대로 해탈한 마음이라고 알고 해탈하지 못한 마음은 사실대로 해탈하지 못한 마음이라고 알며, 위가 있는 마음〔有上心〕은 사실대로 위가 있는 마음이라고 알고 위가 없는 마음은 사실대로 위가 없는 마음이라고 안다. 그러나 이 마음에 집착하지 않으니, 왜냐하면 이 마음이 마음이라는 것이 아니고 불가사의한 것이기 때문이다.

그리고 제 성품〔自性〕이 공인 까닭에, 제 성품이 일체를 여읜 까닭에, 제 성품이 남이 없는 까닭에 일체지〔薩婆若〕 외에, '나는 타인의 마음을 전부 아는 지혜를 증득했다'는 생각을 짓지 않는다. 이와 같이 사리불아, 보살마하살이 반야바라밀을 행할 때에 타인의 마음을 전부 아는 신통의 지혜〔他心神通智〕를 증득한다.

이 보살은 모든 사람의 전생의 일을 전부 아는 지혜의 신통〔宿命智證通〕으로써 한 마음 내지 백 마음을 기억하고, 일 일 내지 백 일을 기억하며 일 년 내지 백 년을 기억하고, 일 겁 내지 백 겁·수많은 백 겁·수많은 천 겁·수많은 백천 겁·수많은 백천 만억 겁의 세월을 기억한다. 자신이 이러한 곳에, 이러한 성과 이름으로, 이러한 몸으로, 이러한 음식을 먹으며, 이렇게 머물며, 이러한 수명으로, 이러한 긴 수명으로, 이러한 고통과 즐거움을 받았음을 기억한다. 자신이 이곳에서 죽어서 저곳에 태어나고, 저곳에서 죽어서 이곳에 태어나며, 모습과 여러 인연을 기억한다. 그러나 사람의 전생을 전부 아는 신통〔宿命神通〕에 집착하지 않고, 사람의 전생을 전부 아는 신통이라는 것에도 그리고 자기 몸이라는 것에도 전혀 붙잡히지 않는다.

그리고 제 성품〔自性〕이 공인 까닭에, 제 성품이 일체를 여읜 까닭에, 제 성품이 남이 없는 까닭에 일체지〔薩婆若〕 외에, '나는 모든 사람의 전생의 일을 전부 아는 신통을 가졌다'는 생각을 짓지 않는다. 이와 같이 사리불아, 보살마하살이 반야바라밀을 행할 때에 모든 사람의 전생의 일을 전부 아는 신통의 지혜〔宿命神通智〕를 증득한다.

이 보살은 모든 것을 다 보는 눈〔天眼〕으로써 중생의 죽는 때와 태어나는 때, 몸의 단정함과 더러움, 나쁜 곳과 좋은 곳, 몸이 큰지 작은지를 본다. 중생이 업(業)의 인연을 따르는 것을 보아서, 많은 중생이 몸으로 나쁜 업을 짓고, 말로 나쁜 업을 지으며, 생각으로 나쁜 업을 짓기 때문에, 그리고 성현(聖賢)들을 비방하고 욕하여 삿된 소견의 인연을 받기 때문에 몸이 무너져서는 나쁜

70

길〔惡道〕에 떨어져서 지옥에 태어남을 안다. 많은 중생들이 몸으로 착한 업〔善業〕을 성취하고, 말로 착한 업을 성취하며, 생각으로 착한 업을 성취하고, 성현을 비방하지 않아 바른 소견의 인연을 받기 때문에 목숨을 마치고는 착한 길〔善道〕에 들어 천상에 태어남을 안다. 그러나 이 모든 것을 다 보는 신통〔天眼通〕에 집착하지 않고, 모든 것을 다 보는 신통이라는 것에도 그리고 자기 몸이라는 것에도 전혀 붙잡히지 않는다.

그리고 제 성품〔自性〕이 공인 까닭에, 제 성품이 일체를 여읜 까닭에, 제 성품이 남이 없는 까닭에 일체지〔薩婆若〕 외에, '나는 모든 것을 다 아는 신통이 있다'는 생각을 짓지 않는다. 이와 같이 사리불아, 보살마하살이 반야바라밀을 행할 때에 모든 것을 다 아는 신통의 지혜〔天眼神通智〕를 증득한다. 또한 항하의 모래알같이 많은 시방세계의 중생들이 나고 죽으며 내지 천상에 태어남을 본다. 네 가지 신통도 이와 같다.

이 보살마하살은 번뇌를 전부 다 끊는 신통〔漏盡神通〕이 있지만, 이 신통을 얻었다고 해서 성문이나 벽지불의 지위에 떨어지지 않고, 아뇩다라삼먁삼보리에 이를 때까지 다른 법을 의지하지 않는다. 그리고 이 번뇌를 전부 다 끊는 신통에 집착하지 않고, 번뇌를 전부 다 끊는 신통이라는 것과 자기 몸이라는 것에 전혀 붙잡히지 않는다.

그리고 제 성품〔自性〕이 공인 까닭에, 제 성품이 일체를 여읜 까닭에, 제 성품이 남이 없는 까닭에 일체지〔薩婆若〕 외에, '나는 번뇌를 전부 다 끊는 신통을 얻었다'는 생각을 짓지 않는다. 이와 같이 사리불아, 보살마하살이 반야바라밀을 행할 때에 번뇌를 전부 다 끊는 신통의 지혜〔漏盡神通智〕를 증득한다. 이와 같이 사리불아, 보살마하살이 반야바라밀을 행할 때에 신통바라밀을 원만히 갖추고, 신통바라밀을 원만히 갖춘 후에 아뇩다라삼먁삼보리를 더욱 이롭게 한다.

사리불아, 어떤 보살마하살은 반야바라밀을 행할 때에 보시바라밀에 머물러서 일체지〔薩婆若〕의 도를 맑히니, 하나도 남김이 없이 공〔畢竟空〕이어서 아끼는 마음을 내지 않기 때문이다.

사리불아, 어떤 보살마하살은 반야바라밀을 행할 때에 지계바라밀에 머물러서 일체지의 도를 맑히니, 하나도 남김이 없이 공이어서 죄와 죄 아님〔不罪〕에 집착하지 않기 때문이다.

사리불아, 어떤 보살마하살은 반야바라밀을 행할 때에 인욕바라밀에 머물러서 일체지의 도를 맑히니, 하나도 남김이 없이 공이어서 성내지 않기 때문이다.

사리불아, 어떤 보살마하살은 반야바라밀을 행할 때에 정진바라밀에 머물러서 일체지의 도를 맑히니, 하나도 남김이 없이 공이어서 심신(心身)의 정진에 게으르지 않기 때문이다.

사리불아, 어떤 보살마하살은 반야바라밀을 행할 때에 선정바라밀에 머물러서 일체지의 도를 맑히니, 하나도 남김이 없이 공이어서 산란하지도 않고 고요하지도 않기 때문이다.

사리불아, 어떤 보살마하살은 반야바라밀을 행할 때에 반야바라밀에 머물러서 일체지의 도를 맑히니, 하나도 남김이 없이 공이어서 어리석은 마음을 내지 않기 때문이다.

이와 같이 사리불아, 보살마하살은 반야바라밀을 행할 때에 육바라밀에 머물러서 일체지의 도를 맑히니, 하나도 남김이 없이 공인 까닭이요, 오지도 않고 가지도 않는 까닭이며, 주는 것도 아니고 받는 것도 아닌 까닭이요, 계를 지킴도 아니고 범함도 아닌 까닭이며, 참음도 아니고 성냄도 아닌 까닭이요, 정진도 아니고 게으름도 아닌 까닭이며, 고요함도 아니고 산란함도 아닌 까닭이요, 지혜로움도 아니고 어리석음도 아닌 까닭이다.

그때 보살마하살은 보시와 보시 아님·지계와 파계·인욕과 성냄·정진과 게으름·고요한 마음과 산란한 마음·지혜와 어리석음을 분별하지 않고, 비방과 해침과 업신여김과 공경함을 분별하지 않는다. 왜냐하면 사리불아, 원래 남이 없는 법〔無生〕 가운데는 비방을 받는 이가 있을 수 없고, 해침을 받는 이가 있을 수 없으며, 업신여김과 공경함을 받는 이가 있을 수 없기 때문이다.

사리불아, 보살마하살이 반야바라밀을 행하면 이와 같은 온갖 공덕을 얻게되니 성문이나 벽지불은 얻을 수 없는 것이며, 이 공덕을 원만히 갖추어서 중생을 제도하여 해탈시키고 부처님의 국토를 맑히며, 일체종지를 얻는다.

또한 사리불아, 보살마하살은 반야바라밀을 행할 때에 모든 중생들에 대하여 평등한 마음〔等心〕을 내고, 모든 중생들에 대하여 평등한 마음을 내고나서 일체의 모든 법이 평등한 것을 얻으며, 일체의 모든 법이 평등한 것을 얻고 나서 모든 중생들을 모든 법이 평등한 곳에 머물게 한다. 이 보살마하살은 현세에 시방의 모든 부처님으로부터 사랑을 받으며, 또한 모든 보살과 성문·벽지불로부터 사랑을 받는다. 이 보살은 태어난 곳에서 언제까지나 눈으로 사랑스럽지 않는 형상은 보지 않게 되고, 내지 마음으로 사랑스럽지 않은 대상은 느끼지 않게 된다. 이와 같이 사리불아, 보살마하살은 반야바라밀을 행하여 아뇩다라삼먁삼보리를 줄지 않게 한다.”

이 반야바라밀품을 설하실 때, 삼백 명의 스님〔比丘〕들이 자리에서 일어나 입고 있던 옷을 벗어 부처님께 올리고, 아뇩다라삼먁삼보리의 마음을 내었다. 부처님께서는 그때, 미소를 머금으시고 갖가지 색의 광명을 입에서 내었다.

그때 혜명 아난(慧命阿難)이 자리에서 일어나 옷맵시를 가다듬고는, 합장하고 오른쪽 무릎을 땅에 꿇으며 부처님께 사루어 말씀드렸다.

“부처님께서는 무슨 이유로 미소를 머금으십니까?”

부처님께서 아난에게 말씀하셨다.

“이 삼백 명의 스님들은 이제부터 육십일 겁 후에 반드시 부처를 이루어, 전부가 호를 대상(大相)이라 할 것이다. 이 삼백 명의 스님들은 이 몸을 버리고는 반드시 아촉불국(阿閦佛國)에 태어날 것이다. 그리고 육만(六萬)의 애욕의 세계 천자〔欲天子〕가 전부 아뇩다라삼먁삼보리의 마음을 내어서 미륵불(彌勒佛)의 법에 출가하여 불도를 수행할 것이다.”

그때 부처님의 위신력을 입어 그 곳의 네 부류 대중〔四部衆〕이 시방(十方)에서 각각 천불(千佛)을 보았으며, 그 시방 국토의 깨끗하게 장식됨은 사바세계로서는 도저히 미칠 수 없는 것이었다.

그때 일만 명이 서원을 세웠다.

“저희들은 깨끗한 서원의 행을 닦겠습니다. 깨끗한 서원의 행을 닦음으로서 반드시 저 부처님의 세계에 태어나겠습니다."

그때 부처님께서 이 선남자들의 깊은 마음을 아시고, 다시 미소를 머금으시고 갖가지 색의 광명을 입에서 내었다. 아난이 옷맵시를 가다듬고는 합장하여 부처님께 말씀드렸다.

"부처님께서는 무슨 이유로 미소를 머금으십니까?"

부처님께서 아난에게 말씀하셨다.

"너에게는 이 일만 명이 보이는가, 보이지 않는가?"

아난이 말씀드렸다.

"보입니다."

부처님께서 말씀하셨다.

"이 일만 명은 이곳에서 수명을 다한 후, 반드시 저 세계에 태어나 언제까지나 모든 부처님을 여의지 않고, 후세에 반드시 부처님이 되어 전부가 호를 장엄왕불(莊嚴王佛)이라 할 것이다."

제5 탄도품(歎度品 第五)

그때 혜명 사리불·혜명 목건련(目犍連)·혜명 수보리(須菩提)·혜명 마하가
섭(摩訶迦葉) 등과 같은 많은 지식을 가진 모든 스님〔比丘〕들 및 모든 보살마
하살, 그리고 남자신도〔優婆塞〕와 여자신도〔優婆夷〕가 자리에서 일어나 합장
하고, 부처님께 사루어 말씀드렸다.

 "세존이시여, 마하바라밀〔摩訶波羅蜜〕은 이것이 보살마하살의 반야바라밀입
니다·높은 바라밀〔尊波羅蜜〕·첫째 바라밀〔第一波羅蜜〕·뛰어난 바라밀〔勝波
波羅蜜〕·묘한 바라밀〔妙波羅蜜〕·위없는 바라밀〔無上波羅蜜〕·같음이 없는 바라
밀〔無等波羅蜜〕·같음이 없이 같은 바라밀〔無等等波羅蜜〕·허공 같은 바라밀
〔如虛空波羅蜜〕은 이것이 보살마하살의 반야바라밀입니다. 세존이시여, 사물의
고유형태가 공인 바라밀〔自相空波羅蜜〕은 이것이 보살마하살의 반야바라밀입
니다. 세존이시여, 사물의 성품이 공인 바라밀〔自性空波羅蜜〕은 이것이 보살마
하살의 반야바라밀입니다. 모든 존재가 공인 바라밀〔諸法空波羅蜜〕·사물이 존
재하지 않는다는 견해와 존재한다는 견해가 같이 공인 바라밀〔無法有法空波羅
蜜〕·모든 공덕을 여는 바라밀〔開一切功德波羅蜜〕·모든 공덕을 성취하는 바라
밀〔成就一切功德波羅蜜〕·무너뜨릴 수 없는 바라밀〔不可壞波羅蜜〕은 이것이
모든 보살마하살의 반야바라밀입니다.

 모든 보살마하살은 이 반야바라밀의 같음이 없이 같은 보시를 행하여 같음이

없이 같은 보시바라밀을 원만히 갖추며, 같음이 없이 같은 몸을 얻고 같음이 없이 같은 법을 얻으니, 말하자면 아뇩다라삼먁삼보리입니다. 지계바라밀·인욕바라밀·정진바라밀·선정바라밀·반야바라밀도 또한 이와 같습니다.

세존이시여, 원래로 이 반야바라밀을 행하여 같음이 없이 같은 육바라밀을 원만히 갖추며, 같음이 없이 같은 법을 얻고 같음이 없이 같은 물질적 존재를 얻으며, 같음이 없이 같은 감각·표상·의지·인식을 얻어서 부처님께서는 같음이 없이 같은 법문을 설하십니다.

과거의 부처님께서도 또한 마찬가지로 이 반야바라밀을 행하여 같음이 없이 같은 보시를 원만히 갖추고, 내지 같음이 없이 같은 법문을 설하십니다.

미래의 부처님께서도 또한 이 반야바라밀을 행하여 반드시 같음이 없이 같은 보시를 하고, 내지 같음이 없이 같은 법문을 설하실 것입니다.

이러한 까닭에 세존이시여, 보살마하살이 일체 모든 것을 깨달음의 언덕〔彼岸〕으로 제도하고자 하면 반드시 반야바라밀을 익히고 행해야 합니다. 세존이시여, 이 반야바라밀을 행하는 보살마하살을 온갖 세상의 하늘과 인간과 아수라들이 반드시 예경하고 공양합니다·”

부처님께서 모든 제자들과 보살마하살들에게 말씀하셨다.

“말한 그대로다, 이 반야바라밀을 행하는 모든 선남자들을 온갖 세상의 하늘과 인간과 아수라들이 예배하고 공경·공양한다. 왜냐하면 이 보살이 있음으로 해서 인간의 세계〔人道〕와 하늘의 세계〔天道〕에 왕족이나 귀족·바라문·대부호·전륜성왕·사천왕천 내지 색구경천이 출생하고, 수다원 내지 아라한·벽지불 모든 부처님이 출생하기 때문이며, 이 보살이 있음으로 해서 세상에 음식·의복 침구·주택·등불·여의주(如意珠)·진주·파리·유리·산호·금·은 등의 온갖 보물이 생기기 때문이다.

사리불아, 인간이나 천상의 세상에 있는 온갖 즐거움 혹은 해탈의 즐거움〔離欲樂〕 등 이 모든 즐거움은 전부 이 보살이 있기 때문이니, 왜냐하면 사리불아, 보살마하살이 보살도(菩薩道)를 행할 때에 육바라밀에 머물러서 스스로 보시를 행하고, 또한 보시로서 중생의 소망을 이루어주며, 내지 스스로 반야바라밀을 행하고, 또한 반야바라밀로서 중생의 소망을 이루어주기 때문이다. 사리불아, 이러한 까닭에 보살마하살은 일체중생들을 안락케 하기 위하여 세상에 출현한다고 하는 것이다."

제6 설상품(舌相品 第六)

그때 세존께서 혀를 밖으로 나타내시니 널리 삼천대천세계가 덮혔고, 그 혀에서 수없이 많은 빛이 나와 광명이 항하의 모래알같이 많은 시방의 모든 부처님 세계를 빠짐없이 비추었다.

이때 동쪽에 있는 항하의 모래알같이 많은 세계의 한량없이 많은 모든 보살들이 이 큰 광명을 보고는 모두가 그들의 부처님께 사루어 말씀드렸다.

"세존이시여, 어느 분의 힘으로 이렇게 큰 광명이 모든 부처님의 세계를 빠짐없이 비춥니까?"

모든 부처님께서 보살들에게 말씀하셨다.

"여러 선남자들아, 서쪽에 사바(娑婆)라는 세계가 있고, 거기에 석가모니라는 부처님이 계신다. 지금 그분이 혀에서 큰 광명을 내어 이렇게 동쪽에 있는 항하의 모래알같이 많은 모든 부처님의 세계를 빠짐없이 비추고 계시며, 이러한 것은 남쪽과 서쪽·북쪽 그리고 네 간방과 상·하의 세계도 마찬가지이니, 여러 보살마하살들을 위하여 반야바라밀을 설하시기 때문이다."

그때 모든 보살들이 각자 그들의 부처님께 사루어 말씀드렸다.

"저희들도 그곳에 가서 석가모니 부처님과 모든 보살마하살들을 공양하고, 아울러 반야바라밀을 듣고 싶습니다."

모든 부처님께서 보살들에게 말씀하셨다.

"선남자들아, 너희들 스스로가 때를 알 것이다."

이때 모든 보살마하살들이 온갖 공양물인 꽃·일산·깃발·보석·갖가지 향·금은·보배꽃을 한량없이 가지고, 사바세계에 가서 석가모니 부처님의 처소에 이르렀다.

그때 사천왕의 모든 하늘 내지 색구경의 모든 하늘도 각각 천상에 있는 하늘향·가루향·바르는 향·하늘나무향·잎향, 푸르고·붉고·흰 갖가지 하늘 연꽃을 가지고 석가모니 부처님의 처소로 향했다.

이 모든 보살마하살들 및 여러 하늘〔諸天〕들이 부처님 위에 흩은 온갖 꽃이 삼천대천세계의 허공에서 변하여 네 기둥을 가진 큰 보배 상〔臺〕처럼 되고, 갖가지 특이한 색으로 밝고 화려하게 장식되었다.

이때 석가모니 부처님의 회중에 있던 십만억의 사람들이 전부 자리에서 일어나서 합장하여 부처님께 사루어 말씀드렸다.

"세존이시여, 저희들도 오는 세상에 반드시 이와 같은 법을 얻어서, 지금 석가모니 부처님의 제자들이나 시종(侍從), 그리고 대중에게 설법하시는 것과 같이 되겠습니다."

이때 부처님께서는 선남자들의 지극한 마음이, 일체 모든 사물에 대하여 생기지도 않고 없어지지도 않으며, 나오는 것도 아니고 짓는 것도 아니라는, 법인(法忍)을 얻었음을 아셨으며, 바로 미소를 머금으시고 갖가지 색의 광명을 입에서 내었다.

아난이 부처님께 말씀드렸다.

"세존이시여, 무슨 이유로 미소를 머금으십니까?"

부처님께서 아난에게 말씀하셨다.

"이 회중에 있는 십만억의 사람들이 모든 사물에 대하여 원래 남이 없는 진리〔無生忍〕를 얻었고, 이 사람들은 오는 세상에 육십 팔억 겁을 지나 반드시 부처님을 이루어서, 겁〔劫〕을 화적(華積)이라 하고 전부가 부처님의 명호를 각화(覺華)라고 할 것이다."

제7 삼가품(三假品 第七)

그때 부처님께서 혜명 수보리에게 말씀하셨다.

"네가 마땅히 모든 보살마하살들에게 반야바라밀을 가르쳐서, 보살마하살들이 반야바라밀에서 성취하게 해라."

그 순간 모든 보살마하살들 및 성문인 큰 제자들, 그리고 여러 하늘〔諸天〕들이 이렇게 생각했다.

"혜명 수보리는 스스로의 지혜의 힘으로써 모든 보살마하살들을 위하여 반야바라밀을 설하는가, 이것이 부처님의 위신력 때문인가?"

혜명 수보리가 모든 보살마하살들과 큰 제자들과 여러 하늘들의 생각하는 바를 알고, 혜명 사리불에게 말했다.

"모든 부처님의 제자들이 설하는 법과 가르치는 것은 전부가 부처님의 위신력입니다. 부처님께서 설하신 법과 법의 작용〔法相〕은 서로 위배되지 않아서 선남자가 이 법을 배우고, 이 법을 증득하니, 부처님의 말씀은 등불과 같은 것입니다. 사리불이여, 모든 성문이나 벽지불에게는 이같은 힘이 없는데, 어찌 보살마하살을 위하여 반야바라밀을 설할 수 있겠습니까!"

그때 혜명 수보리가 부처님께 사루어 말씀드렸다.

"세존께서는 보살과 보살이란 이름을 말씀하셨습니다만, 어떠한 것〔法〕을 보살이라고 이름합니까? 세존이시여, 저희들은 이 법에 보살이라고 이름하는 것을 보지 못하였는데, 어떻게 보살에게 반야바라밀을 가르치라고 하십니까?”

부처님께서 수보리에게 말씀하셨다.

“반야바라밀은 단지 이름뿐이니, 이름하여 반야바라밀이라 한다. 보살과 보살이라는 이름도 단지 이름뿐이며, 이 이름은 안에 있는 것도 아니고, 밖에 있는 것도 아니며, 중간에 있는 것도 아니다.

수보리야, 마치 나〔我〕라고 이름을 말하는 것과 같다. 여러 가지 요소가 모인 것이 있어서 나〔我〕라고는 하지만, 이 나라는 것은 나는 것도 아니고 없어지는 것도 아니며, 다만 세간의 이름을 빌려서 이렇게 부를 뿐이다. 중생이라는 것〔衆生者〕·오래 산다는 것〔壽者〕·목숨이라는 것〔命者〕·난다는 것〔生者〕·기른다는 것〔養育者〕·많은 사람이라는 것〔衆數人〕·짓는 것〔作者〕·짓게 하는 것〔使作者〕·일어나는 것〔起者〕·일어나게 하는 것〔使起者〕·받는 것〔受者〕·받게하는 것〔使受者〕·아는 것〔知者〕·보는 것〔見者〕 등도 마찬가지로 여러 가지 요소가 모인 것이어서, 이 모든 이름은 나는 것도 아니고 없어지는 것도 아니며, 단지 세간의 이름을 가지고 그렇게 부를 뿐이다. 반야바라밀과 보살과 보살이란 이름도 마찬가지로 모두가 여러 가지 요소가 모인 것이어서, 이것 또한 나는 것도 아니고 없어지는 것도 아니며, 단지 세간의 이름을 가지고 그렇게 부를 뿐이다.

수보리야, 마치 몸이란 것이 여러 가지 요소가 모여서 된 것이어서, 나는 것도 아니고 없어지는 것도 아닌 데도 불구하고 세간의 이름을 가지고 몸이라 하는 것과 같다.

수보리야, 마치 물질적 존재·감각·표상·의지·인식도 여러 가지 요소가 모여서 된 것이어서, 나는 것도 아니고 없어지는 것도 아닌데도 불구하고 세간의 이름을 가지고 말하는 것과 같다.

수보리야, 반야바라밀과 보살과 보살이란 말도 전부가 여러 가지 요소가 모여서 된 것이기 때문에 나는 것도 아니고 없어지는 것도 아니지만, 단지 세간의 이름을 가지고 그렇게 부를 뿐이다.

수보리야, 예를 들어 눈 같은 것도 여러 가지 요소가 모여서 된 것이어서, 나는 것도 아니고 없어지는 것도 아닌 데도 불구하고 세간의 이름을 가지고 그렇게 부를 뿐이니, 이 눈은 안에 있는 것도 아니고, 밖에 있는 것도 아니며, 중간에 있는 것도 아니다. 귀·코·혀·몸·마음도 여러 가지 요소가 모여서 된 것이어서, 나는 것도 아니고 없어지는 것도 아닌 데도 불구하고 세간의 이름을 가지고 그렇게 부를 뿐이다. 형태 내지 마음의 대상도 마찬가지이다. 눈의 영역도 여러 가지 요소가 모여서 된 것이어서, 나는 것도 아니고 없어지는 것도 아닌 데도 불구하고 세간의 이름을 가지고 그렇게 부를 뿐이고, 내지 마음으로 대상을 인식하는 것도 마찬가지이다.

수보리야, 반야바라밀과 보살과 보살이란 말도 전부가 여러 가지 요소가 모여서 된 것이어서, 나는 것도 아니고 없어지는 것도 아닌 데도 불구하고 세간의 이름을 가지고 그렇게 부를 뿐이니, 이 말이란 것은 안에 있는 것도 아니고, 밖에 있는 것도 아니며, 중간에 있는 것도 아니다.

수보리야, 예를 들어 신체의 한 부분을 머리라고 하지만 이것 역시 이름만 있는 것처럼, 목덜미·어깨·팔·등·겨드랑이·넙적다리·종아리·발뒤꿈치도 전부가 여러 가지 요소가 모여서 된 것이어서, 이러한 부분 및 이름은 나는 것도 아니고 없어지는 것도 아닌 데도 불구하고 세간의 이름을 가지고 그렇게 부를 뿐이니, 이 이름은 안에 있는 것도 아니고, 밖에 있는 것도 아니며, 중간에 있는 것도 아니다.

수보리야, 반야바라밀과 보살과 보살이란 말도 마찬가지로 전부가 여러 가지 요소가 모여서 된 것이어서, 세간의 이름을 가지고 부를 뿐이고, 이것은 나는 것도 아니고 없어지는 것도 아니며, 안에 있는 것도 아니고, 밖에 있는 것도 아니며, 중간에 있는 것도 아니다.

수보리야, 밖에 있는 풀이나 나무·가지나 잎·줄기나 마디같은 온갖 것도 단지 세간의 이름을 가지고 부를 뿐이고, 이러한 사물 및 이름은 나는 것도 아니고 없어지는 것도 아니며, 안에 있는 것도 아니고, 밖에 있는 것도 아니며, 중간에 있는 것도 아니다.

수보리야, 반야바라밀과 보살과 보살이란 말도 마찬가지로 전부가 여러 가지 요소가 모여서 된 것이어서, 이 개념 및 이름은 나는 것도 아니고 없어지는 것도 아니며, 안에 있는 것도 아니고, 밖에 있는 것도 아니며, 중간에 있는 것도 아니면서 있다.

수보리야, 과거의 모든 부처님이란 말도 마찬가지로 여러 가지 요소가 모여서 된 것이어서, 이것은 나는 것도 아니고 없어지는 것도 아닌 데도 불구하고 세간의 이름을 가지고 그렇게 부를 뿐이니, 이것은 안에 있는 것도 아니고, 밖에 있는 것도 아니며, 중간에 있는 것도 아니면서 있다. 반야바라밀과 보살과 보살이란 말도 마찬가지이다.

수보리야, 예를 들어 꿈·메아리·그림자·허깨비·아지랑이·부처님이 변화하신 것과 같은 것은 전부가 여러 가지 요소가 모여서 된 것이어서, 단지 이름만 가지고 부를 뿐이고, 이러한 개념과 이름은 나는 것도 아니고 없어지는 것도 아니며, 안에 있는 것도 아니고, 밖에 있는 것도 아니며, 중간에 있는 것도 아니면서 있다. 반야바라밀과 보살과 보살이란 말도 마찬가지이다.

수보리야, 이러한 까닭에 보살마하살은 반야바라밀을 행할 때에, 온갖 것의 이름은 거짓으로 시설(施設)된 것이고, 받는다는 것도 거짓으로 시설된 것이며, 모든 것이 거짓으로 시설된 것이라고 이렇게 반드시 배워야 한다.

또한 사리불아, 보살마하살은 반야바라밀을 행할 때에 물질적 존재[色]라는 이름이 항상하다[常]고 보지 않고, 감각[受]·표상[想]·의지[行]·인식[識]이라는 이름이 항상하다고 보지 않으며, 물질적 존재라는 이름이 덧없다[無常]고 보지 않고, 감각·표상·의지·인식이라는 이름이 덧없다고 보지 않으며, 물질적 존재라는 이름에서 즐거움을 보지 않고, 물질적 존재라는 이름에서 고통을 보지 않으며, 물질적 존재라는 이름에 내[我]가 있다고 보지 않고, 물질적 존재라는 이름에 내가 없다[無我]고 보지 않으며, 물질적 존재라는 이름은 모두가 공[空]이라고 보지 않고, 물질적 존재라는 이름은 어떤 특징도 없다[無相]고 보지 않으며, 물질적 존재라는 이름에서는 원할 것이 없다[無作]고 보지 않고, 물질적 존재라는 이름에서 영원한 평안[寂滅]을 보지 않으며, 물질적 존재라는 이름에서 더러움을 보지 않고, 물질적 존재라는 이름에서 깨끗함을 보지 않으며, 물질적 존재라는 이름이 난다고 보지 않고, 물질적 존재라는 이름이 없어진다고 보지 않으며, 물질적 존재라는 이름에서 안〔內〕을 보지 않고, 물질적 존재라는 이름에서 밖〔外〕을 보지 않으며, 물질적 존재라는 이름에서 중간을 보지 않으니, 감각·표상·의지·인식도 이와 같다.

눈이라는 물질적 존재·눈으로 인식하는 것·눈앞의 상황·눈앞에 전개되는 모든 것에 대한 느낌, 내지 마음이라는 것·마음으로 인식하는 것·마음속에 있는 것·마음속에 있는 모든 것들에 대한 느낌도 또한 이와 같다. 왜냐하면 보살마하살은 반야바라밀을 행할 때에 반야바라밀이라는 말과 보살과 보살이라는 말을 함이 있는 일체현상〔有爲性〕에서도 보지 않고, 함이 없는 진리〔無爲性〕에서도 보지 않기 때문이다.

보살마하살은 반야바라밀을 행함에 이처럼 모든 것에 분별을 짓지 않는다. 이 보살은 반야바라밀을 행하여 무너지지 않는 참된 진리〔不壞法〕에 머물고 네 가지 관찰법〔四念處〕을 닦을 때에 반야바라밀을 보지 않고, 보살을 보지 않으며, 보살이라는 말을 보지 않는다. 내지 열여덟 가지 부처님만이 갖는 특성을 닦을 때에 반야바라밀을 보지 않고, 보살을 보지 않으며, 보살이라는 말을 보지 않는다. 보살마하살은 이와 같이 반야바라밀을 행할 때에 단지 제법실상(諸法實相)만을 알 뿐이니, 제법실상이란 것은 더럽지도 않고 깨끗하지도 않다.

이와 같이 사리불아, 보살마하살은 반야바라밀을 행할 때에, 반드시 '이름이라는 것은 거짓으로 시설된 것이다'라고 알아야 한다. 이름이라는 것이 거짓임을 알아서 물질적 존재에 집착하지 않고 감각·표상·의지·인식에 집착하지 않으며, 눈 내지 마음에 집착하지 않고 형상 내지 마음의 대상에 집착하지 않으며, 눈으로 인식하는 것에 집착하지 않고 내지 마음으로 인식하는 것에 집착하지 않으며, 눈앞의 상황에 집착하지 않고 내지 마음속에 있는 것에 집착하지 않으며, 눈앞에 전개되는 모든 것에 대한 느낌 즉 고통이나 즐거움 혹은 고통도 아니고 즐거움도 아닌 것에 집착하지 않고 내지 마음속에 있는 모든 것들에 대한 느낌 즉 고통이나 즐거움 혹은 고통도 아니고 즐거움도 아닌 것에 집착하지 않으며, 함이 있는 일체현상에도 집착하지 않고 함이 없는 진리에도 집착하지 않으며,

보시바라밀·지계바라밀·인욕바라밀·정진바라밀·선정바라밀·반야바라밀에 집착하지 않고, 서른두 가지 거룩한 모습〔三十二相〕에 집착하지 않으며, 보살의 몸에 집착하지 않고 보살의 육신의 눈〔肉眼〕에 집착하지 않으며, 내지 부처님의 눈〔佛眼〕에 집착하지 않고, 지바라밀(智波羅蜜)에 집착하지 않고 신통바라밀(神通波羅蜜)에 집착하지 않으며, 여섯 가지 감각기관의 공〔內空〕에 집착하지 않고 내지 사물이 존재하지 않는다는 견해와 존재한다는 견해가 같이 공함〔無法有法空〕에 집착하지 않으며, 중생을 제도하여 해탈시키는 것〔成就衆生〕에 집착하지 않고 부처님의 국토를 맑히는 것〔淨佛國土〕에 집착하지 않으며, 방편의 진리〔方便法〕에 집착하지 않는다. 왜냐하면 이 모든 것에는 집착할 사물이 없고 집착할 개념〔法〕이 없으며, 집착할 장소가 없어서 전부가 없는 것이기 때문이다.

이와 같이 사리불아, 보살마하살은 반야바라밀을 행할 때에 일체 모든 것〔一切法〕에 집착하지 않음으로 보시바라밀·지계바라밀·인욕바라밀·정진바라밀·선정바라밀·반야바라밀을 더욱 이롭게 하고, 보살의 지위〔菩薩位〕에 들어 보살의 물러나지 않는 경지〔不退轉地〕를 얻는다.

보살의 신통을 원만히 갖추어서 한 부처님 국토에서 다른 부처님 국토로 다니면서 중생을 제도해 해탈시키고, 모든 부처님을 공경·존중·찬탄하여 부처님의 국토를 맑히며, 모든 부처님을 뵙고 공양한다.

착한 뿌리〔善根〕를 성취했기 때문에 공양물이 생각대로 전부 얻어지고, 모든 부처님께서 설하시는 법문을 들을 수 있으며, 법문을 듣고서는 아뇩다라삼먁삼보리에 이를 때까지 결코 잊지 않고, 모든 다라니문(陀羅尼門)과 삼매문(三昧門)을 얻는다.

이와 같이 사리불아, 보살마하살은 반야바라밀을 행할 때에 마땅히 모든 것의 이름은 거짓으로 시설된 것이라고 알아야 한다.

사리불아, 너는 어떻게 생각하느냐. 물질적 존재는 이것이 보살인가 아닌가? 감각·표상·의지·인식은 이것이 보살인가 아닌가?”

“아닙니다, 세존이시여.”

"눈·귀·코·혀·몸·마음은 이것이 보살인가 아닌가?"

"아닙니다, 세존이시여."

"형상·소리·냄새·맛·촉각·마음의 대상은 이것이 보살인가 아닌가?"

"아닙니다, 세존이시여."

"눈의 인식 내지 마음에 의한 대상의 인식은 이것이 보살인가 아닌가?"

"아닙니다, 세존이시여."

"수보리야, 너는 어떻게 생각하느냐. 땅의 성질〔地種〕은 이것이 보살인가 아닌가?"

"아닙니다, 세존이시여."

"물·불·바람·허공·인식의 성질〔識種〕은 이것이 보살인가 아닌가?"

"아닙니다, 세존이시여."

"수보리야, 너는 어떻게 생각하느냐. 근원적 무지〔無明〕는 이것이 보살인가 아닌가?"

"아닙니다, 세존이시여."

"내지 늙고 병들고 죽는 이것이 보살인가 아닌가?"

"아닙니다, 세존이시여."

"수보리야, 너는 어떻게 생각하느냐. 물질적 존재를 여의고, 감각·표상·의지·인식을 여의고, 내지 늙고 죽음을 여윈 이것이 보살인가 아닌가?"

"아닙니다, 세존이시여."

"수보리야, 너는 어떻게 생각하느냐. 형상을 형상답게 하는 것〔色如相〕은 이것이 보살인가 아닌가?"

"아닙니다, 세존이시여."

"내지 늙고 죽음을 늙고 죽음답게 하는 것〔老死如相〕은 이것이 보살인가 아닌가?"

"아닙니다, 세존이시여."

"형상을 형상답게 하는 것을 여의고, 내지 늙고 죽음을 늙고 죽음답게 하는 것을 여윈 이것이 보살인가 아닌가?"

“아닙니다, 세존이시여.”

“부처님께서 수보리에게 말씀하셨다.”

“너는 무슨 이치를 보았기〔觀〕에 물질적 존재가 보살이 아니고 내지 늙고 죽음이 보살이 아니며, 물질적 존재를 여읨이 보살이 아니고 내지 늙고 죽음을 여읨이 보살이 아니며, 형상을 형상답게 하는 것이 보살이 아니고 내지 늙고 죽음을 늙고 죽음답게 하는 것이 보살이 아니며, 형상을 형상답게 하는 것을 여읨이 보살이 아니고 내지 늙고 죽음을 늙고 죽음답게 하는 것을 여읨이 보살이 아니라고 말하는가?”

수보리가 말씀드렸다.

“세존이시여, 중생은 결코 붙잡을 수 없습니다. 어찌 하물며 이 보살이겠습니까! 물질적 존재는 결코 붙잡을 수 없습니다. 어찌 하물며 물질적 존재와 물질적 존재를 여읨과 형상다운 것과 형상다움을 여읜 것이 이 보살이겠습니까! 내지 늙고 죽음은 결코 붙잡을 수 없습니다. 어찌 하물며 늙고 죽음과 늙고 죽음을 여읨과 늙고 죽음답게 하는 것과 늙고 죽음답게 함을 여읜 것이 이 보살이겠습니까!”

부처님께서 수보리에게 말씀하셨다.

“옳다, 옳은 말이다. 네 말처럼 수보리야, 보살마하살은, ‘중생이 결코 붙잡을 수 없기 때문에 반야바라밀도 결코 붙잡을 수 없다’고 이렇게 마땅히 배워야 한다. 수보리야, 너는 어떻게 생각하느냐. 물질적 존재는 이것이 보살이라는 의미인가 아닌가?”

“아닙니다, 세존이시여.”

“감각·표상·의지·인식은 이것이 보살이라는 의미인가 아닌가?”

“아닙니다, 세존이시여.”

“수보리야, 너는 어떻게 생각하느냐. 물질적 존재가 항상〔常〕하다는 것 이것이 보살이라는 의미인가 아닌가?”

“아닙니다, 세존이시여.”

“감각·표상·의지·인식이 항상하다는 것 이것이 보살이라는 의미인가 아닌가?”

“아닙니다, 세존이시여.”

“물질적 존재가 덧없다〔無常〕는 것 이것이 보살이라는 의미인가 아닌가?”

“아닙니다, 세존이시여.”

“감각·표상·의지·인식이 덧없다는 것 이것이 보살이라는 의미인가 아닌가?”

“아닙니다, 세존이시여.”

“물질적 존재가 즐거움이라는 것 이것이 보살이라는 의미인가 아닌가?”

“아닙니다, 세존이시여.”

“감각·표상·의지·인식이 즐거움이라는 것 이것이 보살이라는 의미인가 아닌가?”

“아닙니다, 세존이시여.”

“물질적 존재가 고통이라는 것 이것이 보살이라는 의미인가 아닌가?”

“아닙니다, 세존이시여.”

“감각·표상·의지·인식이 고통라는 것 이것이 보살이라는 의미인가 아닌가?”

“아닙니다, 세존이시여.”

“물질적 존재가 나〔我〕라는 것 이것이 보살이라는 의미인가 아닌가?”

“아닙니다, 세존이시여.”

“감각·표상·의지·인식이 나라는 것 이것이 보살이라는 의미인가 아닌가?”

“아닙니다, 세존이시여.”

“물질적 존재가 내가 아니라는 것〔非我〕 이것이 보살이라는 의미인가 아닌가?”

“아닙니다, 세존이시여.”

“감각·표상·의지·인식이 내가 아니라는 것 이것이 보살이라는 의미인가 아닌가?”

“아닙니다, 세존이시여.”

 “수보리야, 너는 어떻게 생각하느냐. 물질적 존재가 공이라는 것 이것이 보살이라는 의미인가 아닌가?”

 “아닙니다, 세존이시여.”

 “감각·표상·의지·인식이 공이라는 것 이것이 보살이라는 의미인가 아닌가?”

 “아닙니다, 세존이시여.”

 “물질적 존재가 공이 아니라는 것〔非空〕 이것이 보살이라는 의미인가 아닌가?”

 “아닙니다, 세존이시여.”

 “감각·표상·의지·인식이 공이 아니라는 것 이것이 보살이라는 의미인가 아닌가?”

 “아닙니다, 세존이시여.”

 “물질적 존재에 어떤 특징이 있다는 것〔相〕 이것이 보살이라는 의미인가 아닌가?”

 “아닙니다, 세존이시여.”

 “감각·표상·의지·인식에 어떤 특징이 있다는 것 이것이 보살이라는 의미인가 아닌가?”

 “아닙니다, 세존이시여.”

 “물질적 존재에 어떤 특징도 없다는 것〔無相〕 이것이 보살이라는 의미인가 아닌가?”

 “아닙니다, 세존이시여.”

 “감각·표상·의지·인식에 어떤 특징도 없다는 것 이것이 보살이라는 의미인가 아닌가?”

 “아닙니다, 세존이시여.”

 “물질적 존재에 원할 것이 있다는 것〔作〕 이것이 보살이라는 의미인가 아닌가?”

 “아닙니다, 세존이시여.”

감각·표상·의지·인식에 원할 것이 있다는 것 이것이 보살이라는 의미인가 아닌가?"

"아닙니다, 세존이시여."

"물질적 존재에 원할 것이 없다는 것〔無作〕 이것이 보살이라는 의미인가 아닌가?"

"아닙니다, 세존이시여."

"감각·표상·의지·인식에 원할 것이 없다는 것 이것이 보살이라는 의미인가 아닌가?"

"아닙니다, 세존이시여. 그리고 내지 늙고 죽음도 마찬가지입니다."

부처님께서 수보리에게 말씀하셨다.

"너는 어떤 이치를 보았기에 물질적 존재가 보살이 아니고, 감각·표상·의지 인식이 보살이 아니며, 내지 물질적 존재·감각·표상·의지·인식에 원할 것이 없음이 보살이 아니며, 늙고 죽음도 마찬가지라고 말하는가?"

수보리가 부처님께 사루어 말씀드렸다.

세존이시여, 물질적 존재는 결코 붙잡을 수 없습니다. 어찌 하물며 물질적 존재가 이것이 보살의 의미이겠습니까! 감각·표상·의지·인식도 마찬가지입니다.

세존이시여, 물질적 존재가 항상함은 결코 붙잡을 수 없습니다. 어찌 하물며 물질적 존재가 덧없음이 이것이 보살의 의미이겠습니까! 내지 인식도 마찬가지입니다.

세존이시여, 물질적 존재가 즐겁다는 것은 결코 붙잡을 수 없습니다. 어찌 하물며 물질적 존재가 괴롭다는 것 이것이 보살의 의미이겠습니까! 내지 인식도 마찬가지입니다.

세존이시여, 물질적 존재가 나라는 것은 결코 붙잡을 수 없습니다. 어찌 하물며 물질적 존재가 공이라는 것 이것이 보살의 의미이겠습니까! 내지 인식도 마찬가지입니다.

세존이시여, 물질적 존재에 어떤 특징이 있다는 것은 결코 붙잡을 수 없습니다. 어찌 하물며 물질적 존재에 어떤 특징도 없다는 것 이것이 보살의 의미이겠습니까! 내지 인식도 마찬가지입니다.

세존이시여, 물질적 존재에 원할 것이 있다는 것은 결코 붙잡을 수 없습니다. 어찌 하물며 물질적 존재에 원할 것이 없다는 것 이것이 보살의 의미이겠습니까! 내지 인식도 마찬가지입니다.”

부처님께서 수보리에게 말씀하셨다.

“옳다, 옳은 말이다. 네 말과 같이 수보리야, 보살마하살이 반야바라밀을 행할 때에 물질적 존재라는 의미는 결코 붙잡을 수 없는 것이고, 감각·표상·의지·인식이라는 의미는 결코 붙잡을 수 없는 것이며, 내지 원할 것이 없다는 의미가 결코 붙잡을 수 없다고 하면, 이것을 반야바라밀을 배운다고 한다.”

수보리야, 너는 ‘나는 이 법에 보살이라 이름하는 것을 보지 못했다’고 말했다. 수보리야, 모든 법은 모든 법을 보지 못하고, 모든 법은 진실의 본성〔法性〕을 보지 못하며, 진실의 본성은 모든 법을 보지 못하고, 진실의 본성은 땅의 성질을 보지 못하며, 땅의 성질은 진실의 본성을 보지 못하고, 내지 인식의 성질〔識種〕은 진실의 본성을 보지 못하며, 진실의 본성은 인식의 성질을 보지 못하고, 진실의 본성은 눈이라는 물질적 존재와 눈으로 인식하는 성질을 보지 못하며, 눈이라는 물질적 존재와 눈으로 인식하는 성질은 진실의 본성을 보지 못하고, 내지 진실의 본성은 마음의 대상과 마음이 인식하는 성질을 보지 못하며, 마음의 대상과 마음이 인식하는 성질은 진실의 본성을 보지 못한다.

수보리야, 함이 있는 일체현상은 함이 없는 진리를 보지 못하고, 함이 없는 진리는 함이 있는 일체현상을 보지 못한다. 왜냐하면 함이 있음〔有爲〕을 여의고 함이 없음〔無爲〕을 말할 수 없고, 함이 없음을 여의고 함이 있음을 말할 수 없기 때문이다. 이와 같이 수보리야, 보살마하살은 반야바라밀을 행하여 모든 것에 있어서 보는 바가 없다. 그리고 이때, 놀라지도 않고 두려워하지도 않고 겁먹지도 않으며, 마음이 침몰하지도 않고 뉘우치지도 않는다. 왜냐하면 이 보살마하살은 물질적 존재·감각·표상·의지·인식을 보지 않는 까닭에 눈 내지 마음을 보지 않고, 형상 내지 마음의 대상을 보지 않으며, 음욕·성냄·어리석음을 보지 않고, 근원적 무지 내지 늙고 죽음을 보지 않으며, 나〔我〕 내지 아는 자〔知者〕 보는 자〔見者〕를 보지 않고, 애욕의 세계·물질의 세계·정신만의 세계를 보지 않으며, 성문의 마음과 벽지불의 마음을 보지 않고, 보살을 보지 않으며, 보살의 법을 보지 않고, 부처님을 보지 않으며 불법을 보지 않기 때문이다. 그리고 이 보살은 온갖 것을 보지 않기 때문에 놀라지도 않고 두려워하지도 않으며, 겁먹지도 않고 침몰하지도 않으며, 뉘우치지도 않는다.”

수보리가 부처님께 사루어 말씀드렸다.

“세존이시여, 무슨 까닭으로 이 보살은 마음에 침몰함이 없고 뉘우치지도 않습니까?”

부처님께서 수보리에게 말씀하셨다.

“보살마하살의 일체의 마음과 마음에 작용하는 갖가지 정신작용〔心數法〕은 붙잡을 수도 없고 볼 수도 없기 때문이다. 이 때문에 보살마하살은 마음에 침몰함이 없고 뉘우치지도 않는 것이다.”

“세존이시여, 무슨 까닭에 보살의 마음은 놀라지도 않고 두려워하지도 않으며, 겁먹지도 않습니까?”

부처님께서 수보리에게 말씀하셨다.

“이 보살의 마음과 마음의 대상은 붙잡을 수도 없고 볼 수도 없기 때문이다. 이 때문에 놀라지도 않고 두려워하지도 않으며, 겁먹지도 않는 것이다. 이와 같이 수보리야, 보살마하살은 온갖 것을 붙잡을 수 없는 것으로 마땅히 반야바라밀을 행해야 한다.

수보리야, 보살마하살은 언제 어느 때든 반야바라밀을 붙잡지 않고, 보살을 붙잡지 않으며, 보살이라는 이름을 붙잡지 않고 또한 보살의 마음을 붙잡지 않는 것으로써 보살마하살을 가르쳐야 한다.”

# 제3권

제8 권학품(勸學品 第八)

그때 수보리가 부처님께 사루어 말씀드렸다.

"세존이시여, 보살마하살이 보시바라밀을 원만히 갖추려고 하면 반드시 반야바라밀을 배워야 합니다. 지계바라밀·인욕바라밀·정진바라밀·선정바라밀·반야바라밀을 원만히 갖추려고 하면 반드시 반야바라밀을 배워야 합니다.

보살마하살이 물질적 존재〔色〕를 알려고 하면 반드시 반야바라밀을 배워야 합니다. 내지 인식〔識〕을 알려고 하면 반드시 반야바라밀을 배워야 합니다. 눈 내지 마음을 알려고 하면, 형상〔色〕 내지 마음의 대상〔法〕을 알려고 하면, 눈에 의한 인식〔眼識〕 내지 마음에 의한 대상의 인식〔意識〕을 알려고 하면, 눈앞의 상황〔眼觸〕 내지 마음속에 있는 것〔意觸〕을 알려고 하면, 눈앞에 전개되는 모든 것에 대한 느낌 내지 마음속에 있는 모든 것들에 대한 느낌을 알려고 하면 반드시 반야바라밀을 배워야 합니다. 음욕과 성냄과 어리석음을 끊으려고 하면 반드시 반야바라밀을 배워야 합니다.

보살마하살이 나의 몸이 있다는 견해〔身見〕·계율에 대한 잘못된 고집〔戒取〕 불법을 의심하는 것〔疑〕·음욕·성냄·물질세계의 애착〔色愛〕·정신세계의 애착〔無色愛〕·마음의 들뜸〔掉〕·잘난 체함〔慢〕·근원적 무지〔無明〕 등의 온갖 번뇌의 결박〔結使〕을 끊으려고 하면 반드시 반야바라밀을 배워야 합니다.

중생을 결박하는 네 가지 번뇌〔四縛四結〕·네 가지 뒤바뀐 소견〔四顚倒〕을 끊으려고 하면 반드시 반야바라밀을 배워야 하고, 열 가지 착한 행위〔十善道〕를 알고자 하고, 네 가지 선정〔四禪〕을 알고자 하며, 네 가지 한량없는 이타의 마음〔四無量心〕·네 가지 형상을 떠난 선정〔四無色定〕·네 가지 관찰법〔四念處〕 내지 열여덟 가지 부처님만이 갖는 특성〔十八不共法〕을 알고자 하면 반드시 반야바라밀을 배워야 합니다.

보살마하살이 각의삼매(覺意三昧)에 들고자 하면 반드시 반야바라밀을 배워야 하고, 여섯 가지 신통·아홉 가지 차례차례의 선정〔九次第定〕·초월삼매(超越三昧)에 들고자 하면 반드시 반야바라밀을 배워야 하며, 사자유희삼매(師子遊戲三昧)를 얻고자 하면 반드시 반야바라밀을 배워야 하고, 사자분신삼매(師子奮迅三昧)를 얻고자 하고 온갖 다라니문을 얻고자 하면 반드시 반야바라밀을 배워야 합니다.

보살마하살이 수능엄삼매(首楞嚴三昧)·보인삼매(寶印三昧)·묘월삼매(妙月三昧)·월당삼매(月幢三昧)·일체법인삼매(一切法印三昧)·관인삼매(觀印三昧)·필법성삼매(畢法性三昧)·필주상삼매(畢住相三昧)·여금강삼매(如金剛三昧)·입일체법삼매(入一切法三昧)·삼매왕삼매(三昧王三昧)·왕인삼매(王印三昧)·정력삼매(淨力三昧)·고출삼매(高出三昧)·필입일체변재삼매(畢入一切辯才三昧)·입제법명삼매(入諸法名三昧)·관시방삼매(觀十方三昧)·제다라니문인삼매(諸陀羅尼門印三昧)·일체법불망삼매(一切法不忘三昧)·섭일체법취인삼매(攝一切法聚印三昧)·허공주삼매(虛空住三昧)·삼분청정삼매(三分清淨三昧)·불퇴신통삼매(不退神通三昧)·출발삼매(出鉢三昧)·제삼매당상삼매(諸三昧幢相三昧)를 얻고자 하고, 이와 같은 모든 삼매문을 얻고자 하면 반드시 반야바라밀을 배워야 합니다.

또한 세존이시여, 보살마하살이 일체중생들의 소원을 이루어 주기를 원하면 반드시 반야바라밀을 배워야 하고, 이와 같은 착한 뿌리를 원만히 갖추어 항상 나쁜 곳〔惡趣〕에 떨어지지 않고, 비천한 집안에 태어나지 않으며, 성문이나 벽지불의 경지에 머물지 않고, 보살의 정수리〔頂〕에 떨어지지 않으려고 하면 반드시 반야바라밀을 배워야 합니다.”

그때 혜명 사리불이 수보리에게 물었다.

"보살마하살의 정수리에 떨어진다는 것이 무엇입니까?"

수보리가 사리불에게 말했다.

"만약 보살마하살이 방편없이 육바라밀을 행하고, 모든 것이 공〔空〕·어떤 특징도 없음〔無相〕·원할 것이 없음〔無作〕의 세 가지 삼매에 들면 성문이나 벽지불의 경지에 떨어지지는 않지만, 보살의 지위에는 들어가지 못합니다. 이는 보살마하살이 법이라는 생각을 낸 까닭이니, 이것을 정수리에 떨어진다고 합니다."

사리불이 수보리에게 물었다.

"보살이 법이라는 생각을 낸다는 것이 무엇입니까?"

수보리가 사리불에게 대답했다.

"생각을 낸다는 말은 법에 대한 애착심을 낸다는 것입니다."

사리불이 말했다.

"무엇이 법에 대한 애착심입니까?"

수보리가 말했다.

"보살마하살이 반야바라밀을 행하면서 물질적 존재는 모두가 공이라고 하는 집착의 생각을 품고, 감각·표상·의지·인식은 모두가 공이라고 하는 집착의 생각을 품습니다. 사리불이여, 이러한 것을 보살마하살이 도(道)를 따르긴 하지만 법에 애착심을 낸다고 합니다.

또한 사리불이여, 보살마하살이 물질적 존재는 이것이 어떤 특징도 없다는 집착의 생각을 품고, 감각·표상·의지·인식은 이것이 어떤 특징도 없다는 집착의 생각을 품으며, 물질적 존재에는 원할 것이 없다고 하는 집착의 생각을 품고, 감각·표상·의지·인식에는 원할 것이 없다고 하는 집착의 생각을 품으며, 물질적 존재는 영원한 평안이라는 집착의 생각을 품고, 감각·표상·의지·인식은 영원한 평안이라는 집착의 생각을 품으며, 물질적 존재는 덧없다 내지 인식은 덧없다, 물질적 존재는 고통이다 내지 인식은 고통이다, 물질적 존재는 이것이 나〔我〕라는 것이 없다 내지 인식은 이것이 나라는 것이 없다는 집착의 생각을 품습니다. 이러한 것을 보살이 도(道)를 따르긴 하지만 법에 애착심을 낸다고 합니다.

이것이 고통이라고 알아야 하고, 고통의 원인인 집착을 반드시 끊어야 하며, 고통이 없어진 곳을 반드시 깨달아야 하고, 바른 길을 반드시 닦아야 한다, 이것은 더러운 것이고 이것은 깨끗한 것이다, 이것은 가까이 해야 하고 이것은 가까이 해서는 안 된다, 이것은 보살이 마땅히 행할 바고 이것은 보살이 행할 바가 아니다, 이것은 보살도이고 이것은 보살도가 아니다, 이것은 보살이 배워야 하고 이것은 보살이 배워서는 안 된다, 이것은 보살의 보시바라밀 내지 반야바라밀이고 이것은 보살의 보시바라밀 내지 반야바라밀이 아니다, 이것은 보살의 방편이고 이것은 보살의 방편이 아니다, 이것은 보살의 참된 삶〔熟〕이고 이것은 보살의 참된 삶이 아니다라고 한다면, 사리불이여, 보살마하살이 반야바라밀을 행하면서 이렇게 모든 것에 집착의 생각을 품는다면, 이러한 것을 보살마하살이 도(道)를 따르긴 하지만 법에 애착심을 낸다고 합니다."

사리불이 수보리에게 물었다.

"무엇을 보살마하살이 법이라는 생각을 내지 않았다고 말합니까?"

수보리가 말했다.

"보살마하살이 반야바라밀을 행할 때에 여섯 가지 감각기관이 공〔內空〕한 가운데서 그것의 여섯 가지 대상이 공〔外空〕함을 보지 않고, 여섯 가지 감각기관의 여섯 가지 대상이 공한 가운데서 여섯 가지 감각기관이 공함을 보지 않으며, 여섯 가지 감각기관의 여섯 가지 대상이 공한 가운데서 여섯 가지 감각기관과 그것의 여섯 가지 대상이 같이 공〔內外空〕함을 보지 않고, 여섯 가지 감각기관과 그것의 여섯 가지 대상이 같이 공한 가운데서 여섯 가지 감각기관과 그것의 여섯 가지 대상이 공함을 보지 않으며, 여섯 가지 감각기관과 그것의 여섯 가지 대상이 같이 공한 가운데서 공 그 자체가 공〔空空〕함을 보지 않고, 공 그 자체가 공한 가운데서 여섯 가지 감각기관과 그것의 여섯 가지 대상이 같이 공함을 보지 않으며, 공 그 자체가 공한 가운데서 시방세계가 공〔大空〕함을 보지 않고, 시방세계가 공한 가운데서 공 그 자체가 공함을 보지 않으며, 시방세계가 공한 가운데서 실상의 진리가 공〔第一義空〕함을 보지 않고, 실상의 진리가 공한 가운데서 시방세계가 공함을 보지 않으며, 실상의 진리가 공한 가운데서 함이 있는 공〔有爲空〕을 보지 않고, 함이 있는 공 가운데서 실상의 진리가 공함을 보지 않으며, 함이 있는 공 가운데서 함이 없는 공〔無爲空〕을 보지 않고, 함이 없는 공 가운데서 함이 있는 공을 보지 않으며, 함이 없는 공 가운데서 하나도 남김이 없는 공〔畢竟空〕을 보지 않고, 하나도 남김이 없는 공 가운데서 함이 없는 공을 보지 않으며, 하나도 남김이 없는 공 가운데서 비롯함이 없이 나고 죽는 모든 것이 공〔無始空〕함을 보지 않고, 비롯함이 없이 나고 죽는 모든 것이 공인 가운데서 하나도 남김없이 공함을 보지 않으며, 비롯함이 없이 나고 죽는 모든 것이 공한 가운데서 모든 것을 분리하는 공〔散空〕을 보지 않고, 모든 것을 분리하는 공 가운데서 비롯함이 없이 나고 죽는 모든 것이 공함을 보지 않으며, 모든 것을 분리하는 공 가운데서 모든 것의 본질이 공〔性空〕함을 보지 않고, 모든 것의 본질이 공한 가운데서 모든 것을 분리하는 공을 보지 않으며, 모든 것의 본질이 공한 가운데서 모든 존재가 공〔諸法空〕함을 보지않고, 모든 존재가 공인 가운데서 모든 것의 본질이 공함을 보지 않으며, 모든 존재가 공인 가운데서 사물의 고유형태가 공〔自相空〕인 것을 보지 않고, 사물의 고유형태가 공인 가운데서 모든 존재가 공임을 보지 않으며, 사물의 고유형태가 공인 가운데서 사물에 사로잡힘이 없는 공〔不可得空〕을 보지 않고, 사물에 사로잡힘이 없는 공 가운데서 사물의 고유형태가 공함을 보지 않으며, 사물에 사로잡힘이 없는 공 가운데서 사물이 존재하지 않는다는 견해가 공〔無法空〕함을 보지 않고, 사물이 존재하지 않는다는 견해가 공한 가운데서 사물에 사로잡힘이 없는 공을 보지 않으며, 사물이 존재하지 않는다는 견해가 공한 가운데서 사물이 존재한다는 견해가 공〔有法空〕함을 보지 않고, 사물이 존재한다는 견해가 공한 가운데서 사물이 존재하지 않는다는 견해가 공함을 보지 않으며, 사물이 존재한다는 견해가 공한 가운데서 사물이 존재하지 않는다는 견해와 존재한다는 견해가 같이 공〔無法有法空〕함을 보지 않고, 사물이 존재하지 않는다는 견해와 존재한다는 견해가 같이 공한 가운데서 사물이 존재한다는 견해가 공함을 보지 않습니다. 사리불이여, 보살마하살이 반야바라밀을 행하면 보살의 지위에 들어감을 얻습니다.

또한 사리불이여, 보살마하살이 반야바라밀을 배우고자 하면 이와 같이 배워야 합니다. 물질적 존재·감각·표상·의지·인식을 생각하지 않고, 눈 내지 마음을 생각하지 않으며, 형상 내지 마음의 대상을 생각하지 않고, 보시바라밀·지계바라밀·인욕바라밀·정진바라밀·선정바라밀·반야바라밀 내지 열여덟 가지 부처님만이 갖는 특성을 생각하지 않습니다.

이와 같이 사리불이여, 보살마하살은 반야바라밀을 행하여서 깨달음의 마음을 두지 않아 스스로를 높이지 않고, 부처님과 같은 마음〔無等等心〕을 두지 않아 스스로를 높이지 않으며, 일체에 통하는 마음〔大心〕을 두지 않아 스스로를 높이지 않음을 얻습니다. 왜냐하면 이 마음은 마음이 아니고, 마음이란 것은 언제나 청정한 것이기 때문입니다.”

사리불이 수보리에게 말했다.

“무엇을 마음이 언제나 청정한 것이라 합니까?”

수보리가 말했다.

“만약 보살이 이 마음에 음욕과 성냄과 어리석음을 두지도 않고 여의지도 않으며, 온갖 번민과 속박 그리고 일체의 번뇌와 결박을 두지도 않고 여의지도 않으며, 성문이나 벽지불의 마음과 합치하지도 않고 여의지도 않음을 알면, 사리불이여, 이것을 보살의 마음이 언제나 청정한 것이라 합니다.”

사리불이 수보리에게 말했다.

“마음이 없다는 것〔無心相〕에 마음이 있습니까 없습니까?”

수보리가 사리불에게 대답했다.

“마음이 없다는 것 가운데 마음이라는 것과 마음이 없다는 것을 얻을 수가 있습니까 없습니까?”

사리불이 말했다.

“얻을 수 없습니다.”

수보리가 말했다.

“만약 얻을 수 없다면, 이 마음이 없다는 것에 마음이 있는가 없는가를 물을 수 없습니다.”

사리불이 다시 물었다.

“어떤 것이 마음이 없다는 것입니까?”

수보리가 말했다.

“모든 것〔諸法〕은 무너지지 않고 분별되지 않으니, 이것을 마음이 없는 것이라 합니다.”

사리불이 다시 수보리에게 물었다.

“단지 이 마음만이 무너지지 않고 분별되지 않습니까, 아니면 물질적 존재도 무너지지 않고 분별되지 않으며, 내지 불도(佛道)도 마찬가지로 무너지지 않고 분별되지 않습니까?”

수보리가 말했다.

“만약 능히 마음이라는 것이 무너지지 않고 분별되지 않는다고 알면, 이 보살은 또한 능히 물질적 존재 내지 불도가 무너지지 않고 분별되지 않는다고 압니다.”

그때 혜명 사리불이 수보리를 찬탄하여 말했다.

“옳습니다, 정말 옳은 말입니다. 그대는 바로 부처님의 아들이고, 부처님의 입에서 태어났으며, 법을 봄을 따라 태어났고, 법의 변화로부터 태어났으며, 법의 몫을 받았고 재물의 몫을 받지 않았으며, 법문속에서 스스로 믿어 몸으로 깨달음을 얻었습니다. 부처님께서는 다툼이 없는 삼매〔無諍三昧〕를 얻은 사람 중에 그대가 가장 으뜸이라 말씀하셨습니다만, 진실로 부처님께서 말씀하신 그대로입니다.

수보리여, 보살마하살은 이와 같이 반야바라밀을 배워야 합니다. 이 가운데서 또한 마땅히 분별해서 알아야 합니다. 보살이 그대가 말한 것처럼 행하면 곧 반야바라밀을 여의지 않게 됩니다.

수보리여, 선남자·선여인이 성문의 경지를 배우고자 해도 또한 반드시 반야바라밀을 듣고 가지며, 독송하고 바르게 사유하며, 설한 것처럼 행해야 합니다.

벽지불의 경지를 배우고자 해도 또한 반드시 반야바라밀을 듣고 가지며, 독송하고 바르게 사유해야 하며, 설한 것처럼 행해야 합니다. 보살의 경지를 배우고자 해도 또한 반드시 반야바라밀을 듣고 가지며, 독송하고 바르게 사유하며, 설한 것처럼 행해야 합니다. 왜냐하면 이 반야바라밀 가운데 널리 삼승(三乘)을 설하는 까닭에, 이 가운데서 보살마하살과 성문과 벽지불이 반드시 배워야 하기 때문입니다."

제9 집산품(集散品 第九)

그때 혜명 수보리가 부처님께 사루어 말씀드렸다.

"세존이시여, 저는 이 보살이 반야바라밀을 행하는 것을 알지도 못하고 얻지도 못하는데, 누구를 위해서 반야바라밀을 설하라고 하십니까?

세존이시여, 저는 모든 사물〔諸法〕이 모이고 흩어짐을 얻지 못하는데, 만약 제가 보살을 위해서 이름을 지어 보살이라고 한다면 반드시 뉘우치게 될 것입니다.

세존이시여, 이 이름이라는 것은 머무는 것도 아니고, 머물지 않는 것도 아닙니다. 왜냐하면 이 이름은 있는 곳이 없기 때문입니다. 이 까닭에 이름이라는 것은 머무는 것도 아니고, 머물지 않는 것도 아닙니다.

세존이시여, 저는 물질적 존재의 모임과 흩어짐 내지 인식의 모임과 흩어짐을 얻지 못합니다. 얻을 수가 없는데 어떻게 이름을 짓겠습니까! 세존이시여, 이러한 인연 때문에 이름이라는 것은 머무는 것도 아니고, 머물지 않는 것도 아닙니다. 왜냐하면 이 이름은 있는 곳이 없기 때문입니다.

세존이시여, 저는 또한 눈의 모임과 흩어짐 내지 마음의 모임과 흩어짐을 얻지 못합니다. 얻을 수가 없는데 어떻게 이름을 지어서, 이것을 보살이라고 말하겠습니까!

세존이시여, 눈이라는 이름 내지 마음이라는 이름은 머무는 것도 아니고, 머물지 않는 것도 아닙니다. 왜냐하면 이 이름은 있는 곳이 없기 때문입니다. 이 까닭에 이름이라는 것은 머무르는 것도 아니고, 머물지 않는 것도 아닙니다.

세존이시여, 저는 형상의 모임과 흩어짐 내지 마음의 대상의 모임과 흩어짐을 얻지 못합니다. 얻을 수가 없는데 어떻게 이름을 지어서, 이것을 보살이라 하겠습니까! 세존이시여, 형상의 모임과 흩어짐 내지 마음의 대상의 모임과 흩어짐은 머무르는 것도 아니고, 머물지 않는 것도 아닙니다. 왜냐하면 이 이름은 있는 곳이 없기 때문입니다. 이 까닭에 이 이름이라는 것은 머무르는 것도 아니고, 머물지 않는 것도 아닙니다.

눈으로 인식하는 것〔眼識〕내지 마음으로 인식하는 것〔意識〕·눈앞의 상황〔眼觸〕내지 마음속에 있는 것〔意觸〕·눈앞에 전개되는 모든 것에 대한 느낌 내지 마음속에 있는 모든 것들에 대한 느낌도 이와 같습니다.

세존이시여, 저는 근원적 무지〔無明〕의 모임과 흩어짐을 얻지 못하고, 내지 늙고 죽음의 모임과 흩어짐을 얻지 못합니다. 세존이시여, 저는 근원적 무지가 다한 모임과 흩어짐을 얻지 못하고, 내지 늙고 죽음이 다한 모임과 흩어짐을 얻지 못합니다.

세존이시여, 제가 음욕과 성냄과 어리석음의 모임과 흩어짐을 얻지 못하고, 온갖 삿된 소견의 모임과 흩어짐을 얻지 못함도 모두 이와 같습니다.

세존이시여, 저는 육바라밀의 모임과 흩어짐, 네 가지 관찰법〔四念處〕의 모임과 흩어짐, 내지 여덟 가지 바른 깨달음에 이르는 길〔八聖道分〕의 모임과 흩어짐, 모든 것은 공〔空〕·어떤 특징도 없음〔無相〕·원할 것이 없음〔無作〕의 모임과 흩어짐, 네 가지 선정〔四禪〕·네 가지 한량없는 이타의 마음〔四無量心〕·네 가지 형상을 떠난 선정〔四無色定〕의 모임과 흩어짐, 부처님을 생각하는 것〔念佛〕·법을 생각하는 것〔念法〕·스님네를 생각하는 것〔念僧〕·계율을 생각하는 것〔念戒〕·평등을 생각하는 것〔念捨〕·하늘을 생각하는 것〔念天〕·착함을 생각하는 것〔念善〕·호흡의 출입을 생각하는 것〔念入出息〕·몸을 생각하는 것〔念身〕·죽음을 생각하는 것〔念死〕의 모임과 흩어짐을 얻지 못하고, 저는 또한 부처님의 열 가지 지혜의 힘〔十力〕내지 열여덟 가지 부처님만이 갖는 특성

〔十八不共法〕의 모임과 흩어짐을 얻지 못합니다.

세존이시여, 제가 육바라밀 내지 열여덟 가지 부처님만이 갖는 특성의 모임과 흩어짐을 얻지 못하는데, 어떻게 이름을 지어서 이것을 보살이라고 말하겠습니까! 세존이시여, 이 이름이라는 것은 머무는 것도 아니고, 머물지 않는 것도 아닙니다. 왜냐하면 이 이름은 있는 곳이 없기 때문입니다. 이 까닭에 이 이름이라는 것은 머무는 것도 아니고, 머물지 않는 것도 아닙니다.

세존이시여, 제가 꿈과 같은 다섯 가지 모임〔五陰〕의 모임과 흩어짐을 얻지 못하고, 제가 메아리 같고 그림자 같으며, 아지랑이와 같고 허깨비 같은 다섯 가지 모임〔五受陰〕의 모임과 흩어짐을 얻지 못함도 위에서 말씀드린 것과 같습니다.

세존이시여, 저는 여읨의 모임과 흩어짐을 얻지 못하고, 저는 영원한 평안〔寂滅〕·나지 않음〔不生〕·없어지지 않음〔不滅〕·볼 수 없음〔不示〕·더럽지 않음〔不垢〕·깨끗하지 않음〔不淨〕의 모임과 흩어짐을 얻지 못합니다.

세존이시여, 제가 사물의 진실된 모습〔如〕·진실의 본성〔法性〕·참된 실상〔實際〕·있는 그대로의 모양〔法相〕·모든 것의 변하지 않는 위치〔法位〕의 모임과 흩어짐을 얻지 못함도 위에서 말씀드린 것과 같습니다.

저는 모든 착함과 착하지 않는 법의 모임과 흩어짐을 얻지 못하고, 저는 함이 있음과 함이 없는 법〔有爲·無爲法〕·번뇌가 있음과 번뇌가 없는 법〔有漏·無漏法〕의 모임과 흩어짐을 얻지 못하며, 과거·미래·현재법의 모임과 흩어짐, 과거도 아니고·미래도 아니고·현재도 아닌 법의 모임과 흩어짐을 얻지 못합니다. 어떤 것이 과거도 아니고, 미래도 아니며, 현재도 아닙니까! 이른바 함이 없는 법입니다.

세존이시여, 저는 또한 함이 없는 법의 모임과 흩어짐을 얻지 못합니다.

세존이시여, 저는 또한 부처님의 모임과 흩어짐을 얻지 못합니다.

세존이시여, 저는 또한 항하의 모래알같이 많은 시방세계의 모든 부처님 및 보살과 성문의 모임과 흩어짐을 얻지 못합니다. 세존이시여, 제가 모든 부처님의 모임과 흩어짐을 얻지 못하는데, 어떻게 보살마하살에게 반야바라밀을 가르칩니까!

세존이시여, 이 보살이라는 이름은 머무는 것도 아니고, 머물지 않는 것도 아닙니다. 왜냐하면 이 이름은 있는 곳이 없기 때문입니다. 이 까닭에 이 이름이라는 것은 머무는 것도 아니고, 머물지 않는 것도 아닙니다.

세존이시여, 제가 제법실상(諸法實相)의 모임과 흩어짐을 얻지 못하는데, 어떻게 보살을 위해서 이름을 짓고 이것을 보살이라 하겠습니까! 세존이시여, 이 제법실상이라는 이름은 머무르는 것도 아니고, 머물지 않는 것도 아닙니다. 왜냐하면 이 이름은 있는 곳이 없기 때문입니다. 이 까닭에 이 이름이라는 것은 머무르는 것도 아니고, 머물지 않는 것도 아닙니다.

세존이시여, 모든 사물은 인연이 모여서 이루어진 거짓 이름의 시설입니다. 이른바 보살이라고 하는 이 이름은 다섯 가지 모임〔五陰〕을 가지고는 말할 수 없고, 열두 가지 영역〔十二入〕·열여덟 가지 요소〔十八界〕·열여덟 가지 부처님만이 갖는 특성 안에서는 말할 수 없으며, 모여서 이루어진 것으로는 말할 수 없습니다.

세존이시여, 마치 꿈을 모든 현상을 가지고 말할 수 없고, 메아리·그림자·아지랑이·허깨비를 모든 현상을 가지고 말할 수 없는 것과 같습니다. 마치 허공이라는 이름도 또한 법 안에서는 말할 수 없는 것과 같습니다.

세존이시여, 땅·물·불·바람이라는 이름도 법 안에서는 말할 수 없는 것과 같고, 계(戒)·삼매(三昧)·지혜(智慧)·해탈(解脫)·해탈지견(解脫知見)이라는 이름도 또한 법 안에서는 말할 수 없습니다. 수다원이라는 이름 내지 아라한·벽지불이라는 이름도 마찬가지로 또한 법안에서는 말할 수 없고, 부처님이라는 이름·법이라는 이름도 마찬가지로 법 안에서는 말할 수 없습니다. 소위 착함이나 착하지 않음·항상됨이나 덧없음·괴로움이나 즐거움·나(我)가 있다는 것과 없다는 것·영원한 평안·여읨·있다든가 혹은 없다는 것도 마찬가지입니다.

세존이시여, 저는 이러한 의미에서 마음으로 뉘우칠 것이라 했습니다. 일체 모든 것의 모임과 흩어지는 모양을 얻을 수 없는데, 어떻게 보살이라는 이름을 지어 이것이 보살이라고 말하겠습니까!

세존이시여, 이 이름이라는 것은 머무르는 것도 아니고, 그렇다고 머물지 않는 것도 아닙니다. 왜냐하면 이 이름은 있는 곳이 없기 때문입니다. 이 까닭에 이 이름이라는 것은 머무르는 것도 아니고, 머물지 않는 것도 아닙니다.

세존이시여, 만약 보살마하살이 이 반야바라밀의 모양과 뜻이 이와 같음을 듣고 마음에 침몰하거나 놀라지 않고 두려워하거나 떨지 않으면, 이 보살은 틀림없이 보살의 물러나지 않는 성품 중에 머물고 있다고 알아야 합니다. 바로 머묾이 없는 법에 머물러 있기 때문입니다.

또한 세존이시여, 보살마하살이 반야바라밀을 행하고자 하면 물질적 존재에 머물지 않아야 하고 감각·표상·의지·인식에 머물지 않아야 하며, 눈·귀·코·혀·신체·생각에 머물지 않아야 하고 형상·소리.냄새·맛·촉각·마음의 대상에 머물지 않아야 하며, 눈으로 인식하는 것 내지 마음으로 인식하는 것에 머물지 않아야 하고 눈앞의 상황 내지 마음속에 있는 것에 머물지 않아야 하며, 눈앞에 전개되는 모든 것에 대한 느낌 내지 마음속에 있는 모든 것들에 대한 느낌에 머물지 않아야 하고, 땅의 성질·물·불·바람의 성질·허공이라는 성질에 머물지 않아야 하며, 근원적 무지 내지 늙고 죽음에 머물지 않아야 합니다. 왜냐하면 세존이시여, 물질적 존재는 그것의 모양이 공이고 감각·표상·의지·인식도 그것의 모양이 공이기 때문입니다.

세존이시여, 물질적 존재가 공이라면 이름을 물질적 존재라 할 수 없고 공을 여의고 또한 물질적 존재가 없으니, 물질적 존재가 바로 공이요 공이 바로 물질적 존재입니다. 감각·표상·의지·인식에 있어서도 인식이 공이라면 이름을 인식이라 할 수 없고 공을 여의고 또한 인식이 없으니, 인식이 바로 공이요 공이 바로 인식입니다. 내지 늙고 죽음에 있어서도 늙고 죽음의 모양은 공입니다.

세존이시여, 늙고 죽음이 공이라면 늙고 죽음이라 할 수 없고 공을 여의고 또한 늙고 죽음이 없으니, 늙고 죽음이 바로 공이요 공이 바로 늙고 죽음입니다. 세존이시여, 이러한 인연의 까닭으로 보살마하살이 반야바라밀을 행하고자 하면 물질적 존재에 머물지 않아야 하고, 내지 늙고 죽음에 머물지 않아야 합니다.

또한 세존이시여, 보살마하살이 반야바라밀을 행하고자 하면 네 가지 관찰법

중에 머물지 않아야 합니다. 왜냐하면 네 가지 관찰법은 그것의 모양이 공이기 때문입니다. 세존이시여, 네 가지 관찰법이 공이라면 네 가지 관찰법이라고 이름할 수 없고 공을 여의고 또한 네 가지 관찰법이 없으니, 네 가지 관찰법이 바로 공이요 공이 바로 네 가지 관찰법입니다. 내지 열여덟 가지 부처님만이 갖는 특성도 이와 마찬가지입니다. 세존이시여, 이러한 인연의 까닭으로 보살마하살이 반야바라밀을 행하고자 하면 네 가지 관찰법 내지 열여덟 가지 부처님만이 갖는 특성에 머물지 않아야 합니다.

또한 세존이시여, 보살마하살이 반야바라밀을 행하고자 하면 보시바라밀 중에 머물지 않아야 하고, 지계바라밀·인욕바라밀·정진바라밀·선정바라밀·반야바라밀 중에 머물지 않아야 합니다. 왜냐하면 보시바라밀은 그것의 모양이 공이고, 내지 반야바라밀도 그것의 모양이 공이기 때문입니다.

세존이시여, 보시바라밀이 공인 까닭에 보시바라밀이라 이름할 수 없고 공을 여의고 또한 보시바라밀이 없으니, 보시바라밀이 바로 공이요 공이 바로 보시바라밀입니다. 내지 반야바라밀도 이와 마찬가지입니다. 세존이시여, 이러한 인연의 까닭으로 보살마하살이 반야바라밀을 행하고자 하면 육바라밀 중에 머물지 않아야 합니다.

또한 세존이시여, 보살마하살이 반야바라밀을 행하고자 하면 문자(文字) 중에 머물지 않아야 하니, 한 글자로 된 말〔一字門〕이나 두 글자로 된 말〔二字門〕 혹은 이와 같은 갖가지 글자 중에 머물지 않아야 합니다. 왜냐하면 이 모든 문자는 그것의 모양이 공이기 때문이니, 또한 위에서 말씀드린 것과 같습니다.

또한 세존이시여, 보살마하살이 반야바라밀을 행하고자 하면 갖가지 신통 중에 머물지 않아야 합니다. 왜냐하면 갖가지 신통은 그것의 모양이 공이고, 신통이 공이라면 신통이라 이름할 수 없고 공을 여의고 또한 신통이 없으니, 신통이 바로 공이요 공이 바로 신통이기 때문입니다. 세존이시여, 이러한 인연의 까닭으로 보살마하살이 반야바라밀을 행하고자 하면 온갖 신통 중에 머물지 않아야 합니다.

또한 세존이시여, 보살마하살이 반야바라밀을 행하고자 하면 물질적 존재가 덧없음에 머물지 않아야 하고 감각·표상·의지·인식이 덧없음에 머물지 않아야 합니다. 왜냐하면 덧없음은 그것의 모양이 공이기 때문입니다.

세존이시여, 덧없음이 공이라면 덧없음이라 이름할 수 없고 공을 여의고 또한 덧없음이 없으니, 덧없음이 바로 공이요 공이 바로 덧없음입니다. 세존이시여, 이러한 인연의 까닭으로 보살마하살이 반야바라밀을 행하고자 하면 물질적 존재가 덧없음에 머물지 않아야 하고 감각·표상·의지·인식이 덧없음에 머물지 않아야 하며, 물질적 존재가 괴로움에 머물지 않아야 하고 감각·표상·의지·인식이 괴로움에 머물지 않아야 하며, 물질적 존재가 내〔我〕가 없음에 머물지 않아야 하고 감각·표상·의지·인식이 내가 없음에 머물지 않아야 하며, 물질적 존재가 공함에 머물지 않아야 하고 감각·표상·의지·인식이 공함에 머물지 않아야 하며, 물질적 존재가 영원히 평안함에 머물지 않아야 하고 감각·표상·의지·인식이 영원히 평안함에 머물지 않아야 하며, 물질적 존재가 일체를 여읨에 머물지 않아야 하고 감각·표상·의지·인식이 일체를 여읨에 머물지 않아야 하니, 또한 위에서 말씀드린 것과 같습니다.

또한 세존이시여, 보살마하살이 반야바라밀을 행하고자 하면 사물의 진실된 모습〔如〕 중에 머물지 않아야 합니다. 왜냐하면 사물의 진실된 모습은 그것의 모양이 공이기 때문입니다. 세존이시여, 사물의 진실된 모습이 공이라면 사물의 진실된 모습이라 이름할 수 없고 공을 여의고 또한 사물의 진실된 모습이 없으니, 사물의 진실된 모습이 바로 공이요 공이 바로 사물의 진실된 모습입니다.

세존이시여, 보살마하살이 반야바라밀을 행하고자 하면 진실의 본성〔法性〕·있는 그대로의 모양〔法相〕·모든 것의 변하지 않는 위치〔法位〕·참된 실상〔實際〕 중에 머물지 않아야 합니다. 왜냐하면 참된 실상은 그것의 모양이 공이기 때문입니다. 세존이시여, 참된 실상은 공인 까닭에 참된 실상이라 이름할 수 없고 공을 여의고 또한 참된 실상이 없으니, 참된 실상이 바로 공이요 공이 바로 참된 실상입니다.

또한 세존이시여, 보살마하살이 반야바라밀을 행하고자 하면 일체의 다라니문(陀羅尼門)에 머물지 않아야 하고 일체의 삼매문(三昧門)에 머물지 않아야 합니다. 왜냐하면 다라니문은 그것의 모양이 공이고, 삼매문은 그것의 모양이 공이기 때문입니다. 세존이시여, 다라니문과 삼매문이 공인 까닭에 다라니문·삼매문이라 이름할 수 없고 공을 여의고 또한 다라니문·삼매문이 없으니, 다라니문·삼매문이 바로 공이요 공이 바로 다라니문·삼매문입니다. 세존이시여, 이러한 인연의 까닭으로 보살마하살이 반야바라밀을 행하고자 하면, 내지 다라니문 삼매문에 머물지 않아야 합니다.

세존이시여, 반야바라밀을 행하고자 하는 보살마하살이 방편이 없는 까닭에 나라는 것〔有我〕에 집착하는 마음으로 물질적 존재에 머뭄이 되니, 이 보살은 물질적 존재에 온갖 업(業)을 짓습니다. 나라는 것에 집착하는 마음으로 감각·표상·의지·인식에 머무르니, 이 보살은 인식에 온갖 업을 짓습니다. 만약 보살로서 온갖 업을 짓는 이는 반야바라밀을 받아 들이지도 못하고 반야바라밀을 원만히 갖추지도 못하며, 반야바라밀을 원만히 갖추지 못하는 까닭에 일체지(一切智)를 능히 성취할 수 없습니다.

세존이시여, 반야바라밀을 행하고자 하는 보살마하살이 이처럼 방편이 없는 까닭에 나라는 것에 집착하는 마음으로 열두 가지 영역〔十二入〕 내지 다라니문 삼매문 중에 머뭄이 되니, 이 보살은 열두 가지 영역에 온갖 업을 짓고 내지 다라니문·삼매문에 온갖 업을 짓습니다. 만약 보살로서 온갖 업을 짓는 이는 반야바라밀을 받아 들이지도 못하고 반야바라밀을 원만히 갖추지도 못하며, 반야바라밀을 원만히 갖추지 못하는 까닭에 일체지를 능히 성취할 수 없습니다. 왜냐하면 물질적 존재라는 것은 받아 들여지지 않는 것이고 감각·표상·의지·인식이라는 것도 받아 들여지지 않는 것이기 때문이며, 물질적 존재가 받아 들여지지 않는 것이라면 이것은 물질적 존재가 아니니 본래의 성품이 공한 까닭이며, 감각·표상·의지·인식이 받아 들여지지 않는 것이라면 이것은 인식이 아니니 본래의 성품이 공한 까닭입니다.

열두 가지 영역이라는 것은 받아 들여지지 않는 것이고, 내지 다라니문·삼매문이라는 것도 받아 들여지지 않는 것이며, 열두 가지 영역이 받아 들여지지 않는 것이라면 이것은 열두 가지 영역이 아니고, 내지 다라니문·삼매문이 받아 들여지지 않는 것이라면 이것은 다라니문·삼매문이 아니니 본래의 성품이 공한 까닭입니다. 반야바라밀도 또한 받아 들여지지 않는 것이니, 반야바라밀이 받아 들여지지 않는 것이라면 이것은 반야바라밀이 아니니 본래의 성품이 공한 까닭입니다.

이와 같이 보살마하살이 반야바라밀을 행하고자 하면 모든 것의 본래 성품이 공함을 보아야 하고, 이와 같이 보면 마음이 움직이는 곳이 없으니 이것을 보살마하살의 받아 들임이 없는 삼매〔不受三昧〕라 합니다. 이 삼매의 넓고 큰 작용은 성문이나 벽지불은 함께 하지 못합니다. 그리고 일체지의 지혜도 또한 받아 들여지지 않는 것이니 여섯 가지 감각기관이 공〔內空〕한 까닭이며, 여섯 가지 감각기관의 여섯 가지 대상이 공〔外空〕·여섯 가지 감각기관과 여섯 가지 대상이 같이 공〔內外空〕·공 그 자체가 공〔空空〕·시방세계가 공〔大空〕·실상의 진리가 공〔第一義空〕·함이 있는 공〔有爲空〕·함이 없는 공〔無爲空〕·하나도 남김이 없이 공〔畢竟空〕·비롯함이 없이 나고 죽는 모든 것이 공〔無始空〕·모든 것을 분리하는 공〔散空〕·모든 것의 본질이 공〔性空〕·사물의 고유형태가 공〔自相空〕·모든 존재가 공〔諸法空〕·사물에 사로잡힘이 없는 공〔不可得空〕·사물이 존재하지 않는다는 견해가 공〔無法空〕·사물이 존재한다는 견해가 공〔有法空〕·사물이 존재하지 않는다는 견해와 존재한다는 견해가 같이 공〔無法有法空〕한 까닭입니다. 왜냐하면 이 일체지는 모습〔相〕이 있는 모든 업(業)으로서는 얻을 수 없는 까닭이니, 모습이 있는 모든 업은 번뇌가 있기 때문입니다. 무엇을 번뇌라고 하는가 하면, 물질적 존재의 모습 내지 다라니문과 삼매문의 모습을 번뇌라고 이름하니, 모습이라는 것은 받아 들인다든가 닦음에 의해서 일체지를 얻는다고 하는 것입니다.

선니범지(先尼梵志)는 일체지 중에서 마침내 믿음을 내지 못했을 것이니, 믿음이라는 것은 반야바라밀을 믿어 분별하고 이해하여 알며, 헤아리고 사유함에 모습이 있는 것으로도 하지 않고 모습이 없는 것으로도 하지 않는 것입니다. 이와 같이 선니범지는 모습을 취함이 없이 믿고 행함에 머물렀습니다. 본래의 성품이 공한 지혜로써 모든 것〔諸法〕의 모습 가운데 들어가서 물질적 존재를 받아 들이지 않고 감각·표상·의지·인식을 받아 들이지 않았습니다. 왜냐하면 모든 사물의 고유형태가 공인 까닭에 받아 들일 것을 얻을 수 없었기 때문입니다.

이 선니범지는 안을 보아서〔內觀〕 얻었기 때문에 지혜를 본 것이 아니고, 밖을 보아서〔外觀〕 얻었기 때문에 지혜를 본 것이 아니며, 안팎을 보아서〔內外觀〕 얻었기 때문에 지혜를 본 것이 아니고, 지혜가 없음을 보아서〔無智慧觀〕 얻었기 때문에 지혜를 본 것이 아니었습니다. 왜냐하면 범지는 이 법과 지혜와 법을 아는 것과 아는 장소를 보지 않았기 때문입니다.

이 범지는 안의 물질적 존재〔內色〕 가운데서 이 지혜를 본 것이 아니고, 안의 감각·표상·의지·인식 가운데서 이 지혜를 본 것이 아니며, 밖의 물질적 존재〔外色〕 가운데서 이 지혜를 본 것이 아니고, 밖의 감각·표상·의지·인식 가운데서 이 지혜를 본 것이 아니며, 안팎의 물질적 존재〔內外色〕 가운데서 이 지혜를 본 것이 아니고, 안팎의 감각·표상·의지·인식 가운데서 이 지혜를 본 것이 아니며, 또한 물질적 존재·감각·표상·의지·인식을 여의고 이 지혜를 본 것이 아니니, 안팎이 공인 까닭입니다.

선니범지는 이 가운데서 마음에 일체지에 있어서 믿어 아는 것을 얻었습니다. 이러한 까닭으로 범지는 제법의 실상을 믿게 되었습니다. 일체 모든 것은 붙잡을 수 없는 까닭에 이와 같이 믿어 알아 마치면 법으로써 받아 들일 것이 없습니다. 모든 것은 모양이 없고 생각할 것이 없기 때문입니다. 이 범지는 모든 것에 있어서 또한 얻을 바가 없었습니다. 취함도 없었고 버림도 없었으니, 취하고 버림을 얻을 수 없기 때문입니다. 이 범지는 또한 지혜를 생각하지 않았으니, 제법은 모양을 생각할 수 없기 때문입니다.

세존이시여, 이것을 보살마하살의 반야바라밀이라 이름하니, 이 언덕과 저 언덕을 건너지 않기 때문입니다. 이 보살은 물질적 존재·감각·표상·의지·인식을 받아 들이지 않으니, 일체 모든 것은 받아 들일 수 없기 때문입니다. 내지 모든 다라니문과 삼매문을 또한 받아 들이지 않으니, 일체 모든 것은 받아 들일 수 없기 때문입니다.

이 보살은 이 가운데서 또한 열반을 취하지 않으니, 아직 네 가지 관찰법〔四

念處〕 내지 여덟 가지 바른 깨달음에 이르는 길〔八聖道分〕을 원만히 갖추지 않았고, 아직 부처님의 열 가지 지혜의 힘〔十力〕 내지 열여덟 가지 부처님만이 갖는 특성〔十八不共法〕을 원만히 갖추지 않았기 때문입니다. 왜냐하면 이 네 가지 관찰법은 네 가지 관찰법이 아니고, 내지 열여덟 가지 부처님만이 갖는 특성은 열여덟 가지 부처님만이 갖는 특성이 아니며, 이 온갖 법은 법이 아니고 또한 법 아님도 아니기 때문입니다. 이것을 보살마하살의 반야바라밀이라 이름하니, 물질적 존재는 받아 들일 수 없고, 내지 열여덟 가지 부처님만이 갖는 특성은 받아 들일 수가 없기 때문입니다.

또한 세존이시여, 보살마하살이 반야바라밀을 행하고자 하면 마땅히 이와 같이 사유해야 합니다. 무엇이 반야바라밀인가? 무슨 까닭에 반야바라밀이라 이름하는가? 이것이 누구의 반야바라밀인가? 그리고 반야바라밀을 행하는 보살마하살은 '만약 법에 있어서 있는 바 없고 붙잡을 수 없으면 이것이 반야바라밀이다'라고 이와 같이 생각해야 합니다.

그때 사리불이 수보리에게 물었다.

"무슨 법이 있는 바 없고 붙잡을 수 없는 것입니까?"

수보리가 말했다.

"반야바라밀이라는 법은 있는 바 없고 붙잡을 수 없습니다. 선정바라밀·정진바라밀·인욕바라밀·지계바라밀·보시바라밀이라는 법은 있는 바 없고 붙잡을 수 없습니다. 여섯 가지 감각기관이 공〔內空〕한 까닭이며, 여섯 가지 감각기관의 여섯 가지 대상이 공〔外空〕·여섯 가지 감각기관과 여섯 가지 대상이 같이 공〔內外空〕·공 그 자체가 공〔空空〕·시방세계가 공〔大空〕·실상의 진리가 공〔第一義空〕·함이 있는 공〔有爲空〕·함이 없는 공〔無爲空〕·하나도 남김이 없이 공〔畢竟空〕·비롯함이 없이 나고 죽는 모든 것이 공〔無始空〕·모든 것을 분리하는 공〔散空〕·모든 것의 본질이 공〔性空〕·사물의 고유형태가 공〔自相空〕·모든 존재가 공〔諸法空〕·사물에 사로잡힘이 없는 공〔不可得空〕·사물이 존재하지 않는다는 견해가 공〔無法空〕·사물이 존재한다는 견해가 공〔有法空〕·사물이 존재하지 않는다는 견해와 존재한다는 견해가 같이 공〔無法有法空〕한 까닭입니다.

사리불이여, 물질적 존재라는 것은 있는 바 없고 붙잡을 수 없으며, 감각·표상·의지·인식이라는 것은 있는 바 없고 붙잡을 수 없습니다. 여섯 가지 감각기관이 공하다는 것은 있는 바 없고 붙잡을 수 없으며, 내지 사물이 존재하지 않는다는 견해와 존재한다는 견해가 같이 공한 것은 있는 바 없고 붙잡을 수 없습니다.

사리불이여, 네 가지 관찰법이라는 것은 있는 바 없고 붙잡을 수 없으며, 내지 열여덟 가지 부처님만이 갖는 특성이라는 것은 있는 바 없고 붙잡을 수 없습니다.

사리불이여, 모든 신통이라는 것은 있는 바 없고 붙잡을 수 없으며, 사물의 진실된 모습〔如〕이라는 것은 있는 바 없고 붙잡을 수 없으며, 진실된 본성〔法性〕·있는 그대로의 모양〔法相〕·모든 것의 변하지 않는 위치〔法位〕·참된 이치의 머무름〔法住〕·참된 실상〔實際〕이라는 것은 있는 바 없고 붙잡을 수 없습니다.

사리불이여, 부처님은 있는 바 없고 붙잡을 수 없으며, 일체지라는 것은 있는 바 없고 붙잡을 수 없으며, 일체종지(一切種智)라는 것은 있는 바 없고 붙잡을 수 없으니, 여섯 가지 감각기관이 공하고 내지 사물이 존재하지 않는다는 견해와 존재한다는 견해가 같이 공하기 때문입니다.

사리불이여, 만약 보살마하살이 이와 같이 사유하고, 이와 같이 관(觀)할 때, 마음이 침몰하지 않고 뉘우치지 않으며, 놀라지 않고 두려워하지 않으며 떨지 않게 되면, 이 보살은 반야바라밀행을 여의지 않는다고 마땅히 알아야 합니다.”

사리불이 수보리에게 물었다.

“무슨 인연의 까닭으로 마땅히 보살이 반야바라밀행을 여의지 않는다고 알겠습니까?”

수보리가 말했다.

“물질적 존재는 물질적 존재의 성품을 여의었고 감각·표상·의지·인식은 인

식의 성품을 여의었으며, 육바라밀은 육바라밀의 성품을 여의고 내지 참된 실상
은 참된 실상의 성품을 여의었기 때문입니다.”

사리불이 다시 수보리에게 물었다.

“무엇이 물질적 존재의 성품이고, 무엇이 감각·표상·의지·인식의 성품이며,
내지 무엇이 참된 실상의 성품입니까?”

수보리에게 말했다.

“있는 바가 없는 이것이 물질적 존재의 성품이고, 있는 바가 없는 이것이 감
각·표상·의지·인식의 성품이며, 내지 있는 바가 없는 이것이 참된 실상의 성품
입니다. 사리불이여, 이러한 인연을 가진 까닭에 물질적 존재는 물질적 존재의
성품을 여의었고, 감각·표상·의지·인식도 또한 인식의 성품을 여의었으며, 내
지 참된 실상은 참된 실상의 성품을 여의었음을 마땅히 알아야 합니다. 사리불
이여, 물질적 존재는 또한 물질적 존재의 모양을 여의었고 감각·표상·의지·인
식도 또한 인식의 모양을 여의었으며, 내지 참된 실상은 또한 참된 실상의 모양
을 여의었고, 모양은 또한 모양을 여의었으며, 성품은 또한 성품을 여의었습니
다.”

사리불이 수보리에게 물었다.

“보살마하살이 만약 이와 같이 배우면 일체지를 성취하겠습니까?”

수보리가 말했다.

“정말 그렇습니다. 사리불이여, 만약 보살마하살이 이와 같이 배우면 일체지
를 성취합니다. 왜냐하면 모든 것〔諸法〕은 나지도 않고 성취하지도 않기 때문
입니다.”

사리불이 수보리에게 물었다.

“무슨 인연의 까닭으로 모든 것은 나지도 않고 성취하지도 않습니까?”

수보리가 말했다.

“물질적 존재는 이것이 공이어서 물질적 존재의 생김이나 성취를 얻을 수 없
고 감각·표상·의지·인식은 인식이 공이어서 생김이나 성취를 얻을 수 없으며,
내지 참된 실상은 이것이 공이어서 생김이나 성취를 얻을 수 없기 때문입니다.

사리불이여, 보살마하살이 이와 같이 배우면 일체지에 차츰 가까와지고, 점점 몸의 청정과 마음의 청정과 형상의 청정을 얻으며, 점점 몸의 청정과 마음의 청정과 형상의 청정을 얻기 때문에 이 보살은 물드는 마음을 내지 않고 성내는 마음을 내지 않고 어리석은 마음을 내지 않으며, 교만한 마음을 내지 않고 아끼고 탐내는 마음을 내지 않고 삿된 소견의 마음을 내지 않습니다. 이 보살이 물드는 마음을 내지 않고, 내지 삿된 소견의 마음을 내지 않기 때문에 마침내 어머니의 태(胎) 중에서 태어나지 않고 항상 화생(化生)함을 얻으며, 한 부처님 국토에서 다른 부처님 국토에 이르러 중생을 제도하여 해탈시키고 부처님의 국토를 맑히며, 바로 아뇩다라삼먁삼보리에 이를 때까지 마침내 모든 부처님을 여의지 않습니다. 사리불이여, 보살마하살은 반드시 이 반야바라밀을 행해나가야 하고, 마땅히 이 반야바라밀을 배워나가야 합니다."

제10 상행품(相行品 第十)

그때 수보리가 부처님께 사루어 말씀드렸다.

“세존이시여, 만약 보살마하살이 방편이 없이 반야바라밀을 행하려고 하면 물질적 존재를 행해도 모양을 행함이 되고 감각·표상·의지·인식을 행해도 모양을 행함이 되며, 혹은 물질적 존재를 항상하다[常]고 행해도 모양을 행함이 되고 감각·표상·의지·인식을 항상하다고 행해도 모양을 행함이 되며, 혹은 물질적 존재를 덧없다[無常]고 행해도 모양을 행함이 되고 감각·표상·의지·인식을 덧없다고 행해도 모양을 행함이 되며, 혹은 물질적 존재를 즐거움[樂]이라고 행해도 모양을 행함이 되고 감각·표상·의지·인식을 즐거움이라고 행해도 모양을 행함이 되며, 혹은 물질적 존재를 괴로움[苦]이라고 행해도 모양을 행함이 되고 감각·표상·의지·인식을 괴로움이라고 행해도 모양을 행함이 되며, 혹은 물질적 존재를 유(有)라고 행해도 모양을 행함이 되고 감각·표상·의지·인식을 유라고 행해도 모양을 행함이 되며, 혹은 물질적 존재를 공(空)이라고 행해도 모양을 행함이 되고 감각·표상·의지·인식을 공이라고 행해도 모양을 행함이 되며, 혹은 물질적 존재에 내가 있다[我]고 행해도 모양을 행함이 되고 감각·표상·의지·인식에 내가 있다고 행해도 모양을 행함이 되며, 혹은 물질적 존재에 내가 없다[無我]고 행해도 모양을 행함이 되고 감각·표상·의지·인식에 내가 없다고 행해도 모양을 행함이 되며, 혹은 물질적 존재를 여읜다[離]고 행해도 모양을 행함이 되고 감각·표상·의지·인식을 여읜다고 행해도 모양을 행함이 되며, 혹은 물질적 존재를 영원한 평안〔寂滅〕이라고 행해도 모양을 행함이 되고 감각·표상·의지·인식을 영원한 평안이라고 행해도 모양을 행함이 됩니다.

세존이시여, 보살마하살이 방편이 없이 네 가지 관찰법을 행함을 모양을 행한다고 하고, 내지 열여덟 가지 부처님만이 갖는 특성을 행함을 모양을 행한다고 합니다.

세존이시여, 만약 보살마하살이 반야바라밀을 행할 때에 '나는 반야바라밀을 행한다'는 생각을 하면, 이것 또한 얻음이 있는 행이어서 모양을 행함입니다. 세존이시여, 만약 보살마하살이 '능히 이와 같이 행하면 이것이 반야바라밀을 수행함이다'라는 생각을 하면, 이것 또한 모양을 행함입니다. 이 보살마하살은 반야바라밀을 행함에 방편이 없다고 마땅히 알아야 합니다."

수보리가 사리불에게 말했다.

"만약 보살마하살이 반야바라밀을 행할 때, 물질적 존재를 받아 들일 수 있는 것이라고 생각하여 망령되게 알거나, 혹은 받아 들일 수 있는 것이라고 생각하여 망령되게 알고 있는 물질적 존재를 물질적 존재로 삼는 까닭에 행함을 짓거나, 혹은 물질적 존재라고 여기는 까닭에 행함을 지으면, 남과 늙음과 병듦과 죽음과 근심과 한탄과 고통과 고뇌 및 후세의 괴로움을 여읠 수가 없습니다."

만약 보살마하살이 반야바라밀을 행할 때, 눈〔眼〕을 받아 들일 수 있는 것이라고 생각하여 망령되게 알고, 내지 마음〔意〕과 형태〔色〕 내지 마음의 대상〔法〕과 눈으로 인식하는 것〔眼識界〕 내지 마음으로 대상을 인식하는 것〔意識界〕과 눈앞의 상황〔眼觸〕 내지 마음속에 있는 것〔意觸〕과 눈앞에 전개되는 모든 것에 대한 느낌 내지 마음속에 있는 모든 것들에 대한 느낌과 네 가지 관찰법 내지 열여덟 가지 부처님만이 갖는 특성을 받아 들일 수 있는 것이라고 생각하여 망령되게 앎을 열여덟 가지 부처님만이 갖는 특성으로 삼는 까닭에 행함을 짓거나 혹은 이것을 위해서 행함을 지으면, 이 보살은 남과 늙음과 병듦과 죽음과 근심과 한탄과 고통과 고뇌 및 후세의 괴로움을 여읠 수가 없습니다.

　이와 같은 보살은 역시 성문이나 벽지불의 경지를 증득할 수 없으니, 어찌 하물며 아뇩다라삼먁삼보리를 얻을 수 있겠습니까! 그러한 일은 있을 수 없습니다. 사리불이여, 이 보살마하살은 반야바라밀을 행함에 방편이 없다고 마땅히 알아야 합니다.”

　사리불이 수보리에게 물었다.

　“무엇이 마땅히 알아야 할 보살마하살이 반야바라밀을 행함에 방편이 있는 것입니까?”

　수보리가 사리불에게 말했다.

　“보살마하살이 반야바라밀을 행하고자 할 때 물질적 존재를 행하지 않고 감각·표상·의지·인식을 행하지 않으며, 물질적 존재의 모양을 행하지 않고 감각·표상·의지·인식을 행하지 않으며, 물질적 존재·감각·표상·의지·인식을 항상하다고 행하지 않고 물질적 존재·감각·표상·의지·인식을 덧없다고 행하지 않으며, 물질적 존재·감각·표상·의지·인식을 즐거움이라고 행하지 않고 물질적 존재·감각·표상·의지·인식을 괴로움이라고 행하지 않으며, 물질적 존재·감각·표상·의지·인식에 나라는 것이 있다고 행하지 않고 물질적 존재·감각·표상·의지·인식에 나라는 것이 없다고 행하지 않으며, 물질적 존재·감각·표상·의지·인식은 전부가 공[空]이라고 행하지 않고 물질적 존재·감각·표상·의지·인식에는 어떤 특징도 없다[無相]고 행하지 않고 물질적 존재·감각·표상·의지·인식에는 원할 어떤 것도 없다[無作]고 행하지 않으며, 물질적 존재·감각·표상·의지·인식을 여의어야 한다고 행하지 않고 물질적 존재·감각·표상·의지·인식을 영원한 평안[寂滅]이라고 행하지 않습니다.

　왜냐하면 사리불이여, 이 물질적 존재가 공하다고 함은 물질적 존재가 아니라는 것이며, 공을 여의고서 물질적 존재가 없고 물질적 존재를 여의고서 공이 없으니, 물질적 존재가 바로 공이요 공이 바로 물질적 존재입니다. 감각·표상·의지·인식이 공하다고 함은 인식이 아니라는 것이며, 공을 여의고서 인식이 없고 인식을 여의고서 공이 없으니, 인식이 바로 공이요 공이 바로 인식입니다. 내지 열여덟 가지 부처님만이 갖는 특성이 공하다고 함은 열여덟 가지 부처님만이 갖는 특성이 아니라는 것이며, 공을 여의고서 열여덟 가지 부처님만이 갖는 특성이 없고 열여덟 가지 부처님만이 갖는 특성을 여의고서 공이 없으니, 공이 바로 열여덟 가지 부처님만이 갖는 특성이요 열여덟 가지 부처님만이 갖는 특성이 바로 공입니다.

이와 같이 사리불이여, 이러한 것을 보살마하살이 반야바라밀을 행함에 방편이 있다고 마땅히 알아야 합니다. 보살마하살은 이처럼 반야바라밀을 행하여 능히 아뇩다라삼먁삼보리를 얻습니다. 이 보살마하살은 반야바라밀을 행할 때에 행함〔行〕을 또한 받아 들이지 않고 행하지 않음〔不行〕을 받아 들이지 않고 행함과 행하지 않음을 받아 들이지 않으며, 행함도 아니고 행함 아님도 아닌 것을 또한 받아 들이지 않고 받아 들이지 않는 것을 또한 받아 들이지 않습니다.”

사리불이 수보리에게 말했다.

“보살마하살이 반야바라밀을 행할 때에 무슨 인연의 까닭으로 받아 들이지 않습니까?”

수보리가 말했다.

“이 반야바라밀의 제 성품〔自性〕은 붙잡을 수 없는 까닭에 받아 들일 수 없습니다. 왜냐하면 성품이 있는 바가 없는 이것이 반야바라밀이기 때문입니다. 사리불이여, 이러한 까닭에 보살마하살은 반야바라밀을 행함에 행함을 또한 받아 들이지 않고 행하지 않음을 받아 들이지 않으며, 행하고 행하지 않음을 또한 받아 들이지 않고, 행함도 아니고 행함 아님도 아님을 받아 들이지 않으며, 받아 들이지 않음을 또한 받아 들이지 않습니다. 왜냐하면 일체의 법은 성품으로써 있는 바가 없고, 모든 행하는 것에 따르지 않으며, 모든 모양이라는 것을 받아 들이지 않기 때문입니다. 이것을 보살마하살의 온갖 것에 받아 들일 바가 없는 삼매〔諸法無所受三昧〕라고 하며, 넓고 큰 작용은 성문이나 벽지불이 같이하지 못합니다. 이 보살마하살이 이 삼매를 행하여 여의지 않으면 속히 아뇩다라삼먁삼보리를 얻습니다.”

사리불이 말했다.

“단지 이 삼매를 여의지 않을 때만이 보살마하살은 속히 아뇩다라삼먁삼보리를 얻습니까, 아니면 다른 삼매도 있습니까?”

수보리가 사리불에게 말했다.

“다른 더 많은 삼매가 있으니, 보살마하살은 그러한 삼매를 행하여 속히 아뇩다라삼먁삼보리를 얻습니다.”

사리불이 말했다.

“어떠한 삼매들을 보살마하살은 행하여 속히 아뇩다라삼먁삼보리를 얻습니까?”

수보리가 말했다.

“모든 보살마하살에게는 수능엄〔首楞嚴〕이라 이름하는 삼매(三昧)가 있으니, 이 삼매를 행하면 보살마하살로서 속히 아뇩다라삼먁삼보리를 얻습니다. 보인삼매(寶印三昧)·사자유희삼매(師子遊戱三昧)·묘월삼매(妙月三昧)·월당상삼매(月幢相三昧)·출제법인삼매(出諸法印三昧)·관정삼매(觀頂三昧)·필법성삼매(畢法性三昧)·필당상삼매(畢幢相三昧)·금강삼매(金剛三昧)·입법인삼매(入法印三昧)·삼매왕안립삼매(三昧王安立三昧)·왕인삼매(王印三昧)·방광삼매(放光三昧)·역진삼매(力進三昧)·고출삼매(高出三昧)·필입변재삼매(必入辯才三昧)·입명자삼매(入名字三昧)·관방삼매(觀方三昧)·다라니인삼매(陀羅尼印三昧)·불망삼매(不忘三昧)·섭제법해인삼매(攝諸法海印三昧)·변복허공삼매(徧覆虛空三昧)·금강륜삼매(金剛輪三昧)·보단삼매(寶斷三昧)·능조요삼매(能照耀三昧)·불구삼매(不求三昧)·삼매무허주삼매(三昧無虛住三昧)·무심삼매(無心三昧)·정등삼매(淨燈三昧)·무변명삼매(無邊明三昧)·능작명삼매(能作明三昧)·보변명삼매(普徧明三昧)·견정제삼매삼매(堅淨諸三昧三昧)·무구명삼매(無垢明三昧)·작락삼매(作樂三昧)·전광삼매(電光三昧)·무진삼매(無盡三昧)·위덕삼매(威德三昧)·이진삼매(離盡三昧)·부동삼매(不動三昧)·장엄삼매(莊嚴三昧)·일광삼매(日光三昧)·월정삼매(月淨三昧)·정명삼매(淨明三昧)·능작명삼매(能作明三昧)·작행삼매(作行三昧)·지상삼매(知相三昧)·여금강삼매(如金剛三昧)·심주삼매(心住三昧)·변조삼매(徧照三昧)·안립삼매(安立三昧)·보정삼매(寶頂三昧)·묘법인삼매(妙法印三昧)·법등삼매(法等三

昧)·생희삼매(生喜三昧)·도법정삼매(到法頂三昧)·능산삼매(能散三昧)·괴제법처삼매(壞諸法處三昧)·자등상삼매(字等相三昧)·이자삼매(離字三昧)·단연삼매(斷緣三昧)·불괴삼매(不壞三昧)·무종상삼매(無種相三昧)·무처행삼매(無處行三昧)·이암삼매(離暗三昧)·무거삼매(無去三昧)·부동삼매(不動三昧)·도연삼매(度緣三昧).집제덕삼매(集諸德三昧)·주무심삼매(住無心三昧)·묘정화삼매(妙淨華三昧)·각의삼매(覺意三昧)·무량변삼매(無量辯三昧)·무등등삼매(無等等三昧)·도제법삼매(度諸法三昧)·분별제법삼매(分別諸法三昧)·산의삼매(散疑三昧)·무주처삼매(無住處三昧)·일상삼매(一相三昧)·생행삼매(生行三昧)·일행삼매(一行三昧)·불일행삼매(不一行三昧)·묘행삼매(妙行三昧)·달일체유저산삼매(達一切有底散三昧)·입언어삼매(入言語三昧)·이음성자어삼매(離音聲字語三昧)·연거삼매(然炬三昧)·정상삼매(淨相三昧)·파상삼매(破相三昧)·일체종묘족삼매(一切種妙足三昧)·불희고락삼매(不喜苦樂三昧)·부진행삼매(不盡行三昧)·다다라니삼매(多陀羅尼三昧)·취제사정상삼매(取諸邪正相三昧)·멸증애삼매(滅憎愛三昧)·역순삼매(逆順三昧)·정광삼매(淨光三昧)·견고삼매(堅固三昧)·만월정광삼매(滿月淨光三昧)·대장엄삼매(大莊嚴三昧)·능조일체세삼매(能照一切世三昧)·등삼매(等三昧)·무쟁행삼매(無諍行三昧).무주처락삼매(無住處樂三昧)·여주정삼매(如住定三昧)·괴신삼매(懷身三昧)·괴어여허공삼매(壞吾如虛空三昧)·이착여허공불염삼매(離著如虛空不染三昧)라고 이름하는 것이 있습니다.

사리불이여, 이 보살마하살이 이러한 모든 삼매를 행하면 속히 아뇩다라삼먁삼보리를 얻습니다. 또한 한량없고 헤아릴 수 없는 삼매문과 다라니문이 있습니다. 보살마하살이 이 삼매문과 다라니문을 배우면 속히 아뇩다라삼먁삼보리를 얻습니다."

혜명 수보리가 부처님의 마음을 따라서 말했다.

"마땅히 알아야 합니다. 이 삼매를 행하는 모든 보살마하살은 이미 과거의 많은 부처님들께 수기(授記)를 받았고, 지금 현재에 계시는 시방의 모든 부처님들도 또한 이 보살에게 수기를 주십니다.

이 보살은 모든 삼매를 보지 않고 또한 이 삼매를 생각하지 않으며, 또한 내가 반드시 이 삼매에 들 것이다, 내가 지금 이 삼매에 든다, 내가 이미 이 삼매에 들었다는 생각을 하지 않습니다. 이 보살마하살은 모든 분별의 생각이 없습니다."

사리불이 수보리에게 물었다.

"보살마하살은 이 모든 삼매에 머물러 이미 과거의 부처님으로부터 수기를 받았습니까?"

수보리가 대답했다.

"아닙니다 사리불이여, 왜냐하면 반야바라밀은 모든 삼매와 다르지 않고 모든 삼매는 반야바라밀과 다르지 않으며, 보살은 반야바라밀 및 삼매와 다르지 않고 반야바라밀 및 삼매는 보살과 다르지 않으며, 반야바라밀이 바로 이 삼매이고 삼매가 바로 이 반야바라밀이며, 보살이 바로 이 반야바라밀 및 삼매이고 반야바라밀 및 삼매가 바로 이 보살이기 때문입니다."

사리불이 수보리에게 말했다.

"만약 삼매가 보살과 다르지 않고 보살이 삼매와 다르지 않으며, 삼매가 바로 이 보살이고 보살이 바로 이 삼매라면 보살은 무엇으로 일체의 온갖 것이 이 삼매라고 알 수 있겠습니까?"

수보리가 말했다.

"만약 보살이 이 삼매에 들면 이 때, '나는 이 법으로써 이 삼매에 든다'라는 생각을 하지 않습니다. 이러한 인연의 까닭에 사리불이여, 이 보살은 모든 삼매에 있어서 알지도 않고 생각지도 않습니다."

사리불이 말했다.

"무슨 까닭으로 알지도 않고 생각지도 않습니까?"

수보리가 말했다.

"모든 삼매는 있는 바가 없기 때문에 이 보살은 알지도 않고 생각지도 않습니다."

그때 부처님께서 칭찬하여 말씀하셨다.

"훌륭하다, 정말 훌륭하다 수보리야, 내가 말한 것처럼 너는 다툼이 없는 삼매〔無諍三昧〕를 행함에 제일이니, 이 뜻과 서로 합치하고 있다. 보살마하살은 이와 같이 반야바라밀을 배워야 한다. 선정바라밀·정진바라밀·인욕바라밀·지계바라밀·보시바라밀, 네 가지 관찰법 내지 열여덟 가지 부처님만이 갖는 특성도 또한 이와 같이 배워야 한다."

사리불이 부처님께 사루어 말씀드렸다.

"세존이시여, 보살마하살이 이와 같이 배움을 반야바라밀을 배운다고 합니까?"

부처님께서 사리불에게 이르셨다.

"보살마하살이 이와 같이 배움을 반야바라밀을 배운다고 하니, 이 법은 붙잡을 수 없는 까닭이다. 내지 보시바라밀을 배우니, 이 법은 붙잡을 수 없는 까닭이다. 네 가지 관찰법 내지 열여덟 가지 부처님만이 갖는 특성을 배우니, 이 법은 붙잡을 수 없는 까닭이다."

사리불이 부처님께 사루어 말씀드렸다.

"세존이시여, 이와 같이 보살마하살이 반야바라밀을 배움도 이 법은 붙잡을 수 없습니까?"

부처님께서 말씀하셨다.

"이 보살마하살은 이와 같이 반야바라밀을 배우되, 이 법은 붙잡을 수 없다."

사리불이 말씀드렸다.

"세존이시여, 무슨 법을 붙잡을 수 없습니까?"

부처님께서 말씀하셨다.

"나〔我〕라는 것은 붙잡을 수 없고 내지 아는 자〔知者〕·보는 자〔見者〕를 붙잡을 수 없으니, 본래가 청정하기 때문이다. 다섯 가지 모임〔五陰〕을 붙잡을 수 없고, 열두 가지 영역〔十二入〕을 붙잡을 수 없으며, 열여덟 가지 요소〔十八界〕를 붙잡을 수 없으니, 본래가 청정하기 때문이다. 근원적 무지〔無明〕를 붙잡을 수 없으니, 본래가 청정하기 때문이다. 내지 늙고 죽음을 붙잡을 수 없으니, 본래가 청정하기 때문이다. 고통이라는 진리〔苦諦〕를 붙잡을 수 없으니,

본래가 청정하기 때문이다. 고통의 원인·고통을 제거하는 것·고통을 제거한 곳에 이르는 길의 진리〔集滅道諦〕를 붙잡을 수 없으니, 본래가 청정하기 때문이다. 애욕의 세계〔欲界〕를 붙잡을 수 없으니, 본래가 청정하기 때문이다. 물질의 세계〔色界〕·정신만의 세계〔無色界〕를 붙잡을 수 없으니, 본래가 청정하기 때문이다. 네 가지 관찰법을 붙잡을 수 없으니, 본래가 청정하기 때문이다. 내지 열여덟 가지 부처님만이 갖는 특성을 붙잡을 수 없으니, 본래가 청정하기 때문이다. 육바라밀을 붙잡을 수 없으니, 본래가 청정하기 때문이다. 수다원을 붙잡을 수 없으니, 본래가 청정하기 때문이다. 사다함·아나함·아라한·벽지불을 붙잡을 수 없으니, 본래가 청정하기 때문이다. 보살을 붙잡을 수 없으니, 본래가 청정하기 때문이다. 부처님을 붙잡을 수 없으니, 본래가 청정하기 때문이다.

사리불이 부처님께 사루어 말씀드렸다.

"세존이시여, 무엇이 이 본래가 청정한 것〔畢竟淨〕입니까?"

부처님께서 말씀하셨다.

"나오지도 않고 생기지도 않으며, 얻음도 없고 지음도 없는 이것을 본래가 청정하다고 한다."

사리불이 부처님께 사루어 말씀드렸다.

"세존이시여, 보살마하살이 혹시 이와 같이 배움을 무슨 법을 배운다고 합니까?"

부처님께서 사리불에게 이르셨다.

"보살마하살은 이와 같이 모든 법을 배우되, 배우는 곳이 없다. 왜냐하면 사리불아, 모든 법의 모양은 범부가 집착하는 것과 같은 것이 아니기 때문이다."

사리불이 부처님께 사루어 말씀드렸다.

"세존이시여, 모든 법의 참된 모양은 어떻게 있습니까?"

부처님께서 말씀하셨다.

"모든 법은 있는 바 없이 이와 같이 있으니, 이와 같이 있는 바 없는 이 사실을 알지 못함을 이름하여 근원적 무지〔無明〕라 한다."

사리불이 부처님께 사루어 말씀드렸다.

"세존이시여, 무엇을 있는 바 없는 이 사실을 알지 못함을 이름하여 근원적 무지라고 합니까?"

부처님께서 사리불에게 이르셨다.

"물질적 존재·감각·표상·의지·인식은 있는 바가 없으니, 여섯 가지 감각기관이 공〔內空〕이고 내지 사물이 존재하지 않는다는 견해와 존재한다는 견해가 같이 공〔無法有法空〕인 까닭이다. 네 가지 관찰법 내지 열여덟 가지 부처님만이 갖는 특성은 있는 바가 없으니, 여섯 가지 감각기관이 공이고 내지 사물이 존재하지 않는다는 견해와 존재한다는 견해가 같이 공인 까닭이다. 이 중에서 범부들은 근원적 무지의 힘으로 말미암아 애욕을 목말라하는 까닭에 망령된 견해로 분별하니 이것을 근원적 무지라 말하고, 이것이 범부의 유(有)·무(無) 두 변두리에 묶인 바가 된다. 이들은 모든 법의 있는 바 없음을 알지 못하고 보지 못하여, 상상하고 분별하면서 물질적 존재 내지 열여덟 가지 부처님만이 갖는 특성에 집착한다. 이들이 집착하는 까닭에 있는 바 없는 법에 있어서 인식의 지견을 낸다. 이 범부들은 알지 못하고 보지 못한다."

"무엇을 알지 못하고 보지 못합니까?"

"물질적 존재를 알지 못하고 보지 못하며, 내지 열여덟 가지 부처님만이 갖는 특성도 또한 알지 못하고 보지 못한다. 이러한 까닭으로 범부의 숫자놀음에 떨어지니 마치 어린아이와 같다. 이 사람은 벗어나지 못한다."

"무엇으로부터 벗어나지 못합니까?"

"애욕의 세계를 벗어나지 못하고 물질의 세계를 벗어나지 못하고 정신만의 세계를 벗어나지 못하며, 성문이나 벽지불의 법가운데서 벗어나지 못한다. 이 사람은 또한 믿음이 없다."

"무엇을 믿지 않습니까?"

"물질적 존재가 공함을 믿지 않고 내지 열여덟 가지 부처님만이 갖는 특성이 공함을 믿지 않는다. 이 사람은 또한 머묾이 없다."

"무엇에 머물지 않습니까?"

"보시바라밀에 머물지 않고 내지 반야바라밀에 머물지 않으며, 보살의 물러나지 않는 경지에 머물지 않고 내지 열여덟 가지 부처님만이 갖는 특성에 머물지 않는다. 이 인연을 가진 까닭에 이름하여 범부라 하고 어린아이와 같다고 한다. 그리고 집착한 자라고 부른다.”

“무엇에 집착을 합니까?”

“물질적 존재 내지 인식에 집착하고, 눈으로 보는 것 내지 마음으로 생각하는 것에 집착하고, 눈으로 인식하는 것 내지 마음으로 대상을 인식하는 것에 집착하고, 음욕과 성냄과 어리석음에 집착하고, 온갖 삿된 견해에 집착하고, 네 가지 관찰법에 집착하고 내지 불도(佛道)에 집착한다.”

사리불이 부처님께 사루어 말씀드렸다.

“세존이시여, 보살마하살이 이와 같이 배우더라도 또한 반야바라밀을 배우지 않으면 일체지(一切智)는 얻지 못합니까?”

부처님께서 사리불에게 말씀하셨다.

“보살마하살이 이와 같이 배우더라도 또한 반야바라밀을 배우지 않으면 일체지는 얻지 못한다.”

사리불이 부처님께 사루어 말씀드렸다.

“세존이시여, 무슨 까닭에 보살마하살이 또한 반야바라밀을 배우지 않으면 일체지는 얻지 못합니까?”

부처님께서 사리불에게 이르셨다.

“보살마하살이 방편이 없는 까닭에 생각하고 분별하여 반야바라밀에 집착하고, 선정바라밀·정진바라밀·인욕바라밀·지계바라밀·보시바라밀 내지 열여덟 가지 부처님만이 갖는 특성과 일체종지(一切種智)에 집착하며, 생각을 따라서 분별하여 집착한다. 이러한 인연의 까닭으로 보살마하살이 이와 같이 배우더라도 또한 반야바라밀을 배우지 않으면, 일체지는 얻지 못한다.”

사리불이 부처님께 사루어 말씀드렸다.

“세존이시여, 만약 보살마하살은 이와 같이 배우더라도 반야바라밀을 배우지 않으면, 일체지는 얻지 못합니까?”

부처님께서 사리불에게 이르셨다.

“보살마하살은 이와 같이 배우더라도 반야바라밀을 배우지 않으면, 일체지를 얻지 못한다.”

사리불이 부처님께 사루어 말씀드렸다.

“세존이시여, 보살마하살은 이제 어떻게 반야바라밀을 배워서 일체지를 얻어야 합니까?”

부처님께서 사리불에게 이르셨다.

“만약 보살마하살이 반야바라밀을 배울 때에는 반야바라밀을 보지 않아야 한다. 사리불아, 보살마하살이 이와 같이 배우면 일체지를 얻을 수 있으니, 그것은 가히 얻을 수 없는 까닭이다.”

사리불이 부처님께 사루어 말씀드렸다.

“세존이시여, 무엇을 가히 얻을 수 없다〔不可得〕고 이름합니까?”

부처님께서 말씀하셨다.

“모든 법은 여섯 가지 감각기관이 공하고 내지 사물이 존재하지 않는다는 견해와 존재한다는 견해가 같이 공한 까닭이다.”

제11 환학품(幻學品 第十一)

그때 혜명 수보리가 부처님께 사루어 말씀드렸다.

"세존이시여, 만약 어떤 사람이 묻기를, '요술쟁이가 만든 사람〔幻人〕이 반야바라밀을 배워서 일체지(一切智)를 얻을 수 있겠습니까 없겠습니까, 요술쟁이가 만든 사람이 선정바라밀·정진바라밀·인욕바라밀·지계바라밀·보시바라밀을 배우고, 네 가지 관찰법〔四念處〕 내지 열여덟 가지 부처님만이 갖는 특성〔十八不共法〕 및 일체종지(一切種智)를 배워서 일체지를 얻을 수 있겠습니까 없겠습니까?'라고 한다면, 이 물음에 대하여 저는 마땅히 어떻게 답해야 하겠습니까?"

부처님께서 수보리에게 이르셨다.

"나는 도리어 너에게 묻겠다. 네가 생각하는 대로 나에게 대답해 다오. 수보리야, 너는 어떻게 생각하느냐. 물질적 존재와 환상〔幻〕은 다름이 있는가 아닌가, 감각·표상·의지·인식과 환상은 다름이 있는가 아닌가?"

수보리가 말씀드렸다.

"아닙니다, 세존이시여."

부처님께서 말씀하셨다.

"너는 어떻게 생각하느냐. 눈과 환상은 다름이 있는가 아닌가, 내지 마음과 환상은 다름이 있는가 아닌가, 형상〔色〕 내지 마음의 대상〔法〕과 환상은 다름이 있는가 아닌가, 눈의 영역〔眼界〕내지 마음으로 대상을 인식하는 것〔意識界〕은 다름이 있는가 아닌가, 눈앞의 상황〔眼觸〕내지 마음속에 있는 것〔意觸〕·눈앞에 전개되는 것에 대한 느낌 내지 마음속에 있는 것들에 대한 느낌과 환상은 다름이 있는가 아닌가?”

수보리가 말씀드렸다.

“아닙니다, 세존이시여.”

“너는 어떻게 생각하느냐. 네 가지 관찰법과 환상은 다름이 있는가 아닌가, 내지 여덟 가지 바른 깨달음에 이르는 길〔八聖道分〕과 환상은 다름이 있는가 아닌가?”

“아닙니다, 세존이시여.”

“너는 어떻게 생각하느냐. 모든 것이 공〔空〕·어떤 특징도 없음〔無相〕·원할 것이 없음〔無作〕과 환상은 다름이 있는가 아닌가?”

“아닙니다, 세존이시여.”

“수보리야, 너는 어떻게 생각하느냐. 보시바라밀과 환상은 다름이 있는가 아닌가, 내지 열여덟 가지 부처님만이 갖는 특성과 환상은 다름이 있는가 아닌가?”

“아닙니다, 세존이시여.”

“수보리야, 너는 어떻게 생각하느냐. 아뇩다라삼먁삼보리와 환상은 다름이 있는가 아닌가?”

“아닙니다, 세존이시여. 왜냐하면 물질적 존재는 환상과 다르지 않고 환상은 물질적 존재와 다르지 않으며, 물질적 존재가 바로 환상이고 환상이 바로 물질적 존재이기 때문입니다.

세존이시여, 감각·표상·의지·인식은 환상과 다르지 않고 환상은 감각·표상·의지·인식과 다르지 않으며, 인식이 바로 환상이고 환상이 바로 인식이기 때문입니다.

세존이시여, 눈은 환상과 다르지 않고 환상은 눈과 다르지 않으며, 눈이 바로 환상이고 환상이 바로 눈이며, 눈앞에 전개되는 것에 대한 느낌 내지 마음속에 있는 것들에 대한 느낌도 또한 이와 같기 때문입니다.

세존이시여, 네 가지 관찰법은 환상과 다르지 않고 환상은 네 가지 관찰법과 다르지 않으며, 네 가지 관찰법이 바로 환상이고 환상이 바로 네 가지 관찰법이기 때문이며, 내지 아뇩다라삼먁삼보리는 환상과 다르지 않고 환상은 아뇩다라삼먁삼보리와 다르지 않으며, 아뇩다라삼먁삼보리가 바로 환상이고 환상이 바로 아뇩다라삼먁삼보리이기 때문입니다."

부처님께서 수보리에게 이르셨다.

"너는 어떻게 생각하느냐. 환상에 더러움이 있고 깨끗함이 있는가 아닌가?"

"아닙니다, 세존이시여."

"수보리야, 너는 어떻게 생각하느냐. 환상에 생김이 있고 없어짐이 있는가 아닌가?"

"아닙니다, 세존이시여."

"만약 법에 생김도 없고 없어짐도 없을진대, 이 법으로써 훌륭하게 반야바라밀을 배우면 마땅히 일체지를 얻겠는가 아닌가?"

"아닙니다, 세존이시여."

"너는 어떻게 생각하느냐. 다섯 가지 모임〔五受陰〕의 거짓 이름을 보살이라 하겠는가 아닌가?"

"그렇습니다, 세존이시여."

"너는 어떻게 생각하느냐. 다섯 가지 모임의 거짓 이름에 생김과 없어짐·더러움과 깨끗함이 있는가 아닌가?"

"아닙니다, 세존이시여."

"만약 법에는 단지 이름만이 있어서 몸이 없고 몸으로 짓는 업(業)이 없으며, 입이 없고 입으로 짓는 업이 없으며, 생각이 없고 생각으로 짓는 업이 없으며, 생김이 없고 없어짐이 없으며, 더럽지도 않고 깨끗하지도 않을진대, 이와 같은 법으로써 훌륭하게 반야바라밀을 배우면 일체지를 얻겠는가 아닌가?"

"아닙니다, 세존이시여."

"보살마하살이 만약 능히 이와 같이 반야바라밀을 배우면 반드시 일체지를 얻게되니, 얻을 바 없는 까닭이다.”

수보리가 부처님께 사루어 말씀드렸다.

“세존이시여, 보살마하살이 마땅히 이와 같이 반야바라밀을 배우면 아뇩다라삼먁삼보리를 얻게되니, 요술쟁이가 만든 사람처럼 배움입니다. 왜냐하면 세존이시여, 마땅히 알아야 합니다. 다섯 가지 모임은 바로 요술쟁이가 만든 사람이고 요술쟁이가 만든 사람은 바로 다섯 가지 모임이기 때문입니다.”

부처님께서 수보리에게 이르셨다.

“너는 어떻게 생각하느냐. 이 다섯 가지 모임이 반야바라밀을 배우면 반드시 일체지를 얻겠는가 아닌가?”

“아닙니다, 세존이시여. 왜냐하면 이 다섯 가지 모임의 성품은 있는 바가 없기 때문이며, 있는 바 없는 성품도 또한 붙잡을 수 없기 때문입니다.”

부처님께서 수보리에게 이르셨다.

“너는 어떻게 생각하느냐. 꿈과 같은 다섯 가지 모임이 반야바라밀을 배우면 반드시 일체지를 얻겠는가 아닌가?”

“아닙니다, 세존이시여. 왜냐하면 꿈의 성품은 있는 바가 없기 때문이며, 있는 바 없는 성품도 또한 붙잡을 수 없기 때문입니다.”

“너는 어떻게 생각하느냐. 메아리와 같고 그림자와 같으며, 아지랑이와 같고 허깨비와 같은 다섯 가지 모임이 반야바라밀을 배우면 반드시 일체지를 얻겠는가 아닌가?”

“아닙니다, 세존이시여. 왜냐하면 메아리·그림자·아지랑이·허깨비의 성품은 있는 바가 없기 때문이며, 있는 바 없는 성품도 또한 붙잡을 수 없기 때문이니, 여섯 가지 감각기관〔六情〕도 마찬가지입니다. 세존이시여, 다섯 가지 모임이 바로 여섯 가지 감각기관이고 여섯 가지 감각기관이 바로 다섯 가지 모임입니다. 이와 같은 법은 모두가 여섯 가지 감각기관이 공〔內空〕한 까닭에 붙잡을 수 없고, 내지 사물이 존재하지 않는다는 견해와 존재한다는 견해가 같이 공〔無法有法空〕한 까닭에 붙잡을 수 없습니다.”

수보리가 부처님께 사루어 말씀드렸다.

“세존이시여, 처음 대승에 마음을 낸 보살〔新發大乘意菩薩〕이 반야바라밀 설함을 듣고는 혹시 놀라고 두려워함은 없겠습니까?”

부처님께서 수보리에게 이르셨다.

“만약 처음 대승에 마음을 낸 보살이 반야바라밀에 있어서 방편이 없고, 또한 선지식(善知識)을 만나지 못하면 이 보살은 혹은 놀라고 혹은 두려워하며 혹은 무서워한다.”

수보리가 부처님께 사루어 말씀드렸다.

“세존이시여, 방편이란 무엇이기에 보살이 이 방편을 행하면 놀라지 않고 무서워하지 않으며 두려워하지 않습니까?”

부처님께서 수보리에게 이르셨다.

“어떤 보살마하살이 반야바라밀을 행하고 일체지에 합치하는 마음으로 물질적 존재의 덧없는 모양을 관하여 이것을 또한 붙잡을 수 없는 것이라 여기며, 감각·표상·의지·인식의 덧없는 모양을 관하여 이것을 또한 붙잡을 수 없는 것이라 여긴다. 수보리야, 이것을 보살마하살이 반야바라밀을 행함에 있어 방편이 있다고 말한다.

또한 수보리야, 보살마하살이 일체지에 합치하는 마음으로 물질적 존재의 괴로운 모양을 관하여 이것을 또한 붙잡을 수 없는 것이라 여기니, 감각·표상·의지·인식도 또한 마찬가지이다. 일체지에 합치하는 마음으로 물질적 존재의 내가 없는〔無我〕 모양을 관하여 이것을 또한 붙잡을 수 없는 것이라 여기니, 감각·표상·의지·인식도 또한 마찬가지이다.

또한 수보리야, 보살마하살이 일체지에 합치하는 마음으로 물질적 존재가 전부 공한 모양을 관하여 이것을 또한 붙잡을 수 없는 것이라 여기고, 감각·표상·의지·인식도 또한 마찬가지이다. 물질적 존재에 어떤 특징도 없는 모양을 관하여 이것을 또한 붙잡을 수 없는 것이라 여기고, 감각·표상·의지·인식도 또한 마찬가지이다. 물질적 존재에 원할 어떤 것도 없는 모양을 관하여 이것을 또한 붙잡을 수 없는 것이라 여기고, 내지 인식도 또한 마찬가지이다. 물질적 존재의 영원히 평안〔寂滅〕한 모양을 관하여 이것을 또한 붙잡을 수 없는 것이라 여기고, 내지 인식도 또한 마찬가지이다. 물질적 존재의 여읜 모양을 관하여 이것을 또한 붙잡을 수 없는 것이라 여기고, 내지 인식도 또한 마찬가지이다. 이것을 보살마하살이 반야바라밀을 행함에 있어 방편이 있다고 말한다.

또한 수보리야, 보살마하살이 반야바라밀을 행하며 물질적 존재의 덧없는 모양을 관하여 이것을 또한 붙잡을 수 없는 것이라 여기고, 물질적 존재의 괴로운 모양·물질적 존재의 내가 없는 모양·모든 것이 공한 모양·어떤 특징도 없는 모양·원할 것이 없는 모양·영원히 평안한 모양·여읜 모양을 관하여 이것을 또한 붙잡을 수 없는 것이라 여기고, 감각·표상·의지·인식도 또한 마찬가지이다.

이때 보살은 이러한 생각을 짓는다 '내 마땅히 일체중생들을 위해서 이 덧없는 법을 설하지만, 이것은 붙잡을 수 없는 것이고, 일체중생들을 위해서 괴로운 모양을 설하고 내가 없는 모양·모든 것이 공한 모양·어떤 특징도 없는 모양·원할 것이 없는 모양·영원히 평안한 모양·여읜 모양을 설하지만, 이것은 붙잡을 수 없는 것이다'라고. 이것을 보살마하살의 보시바라밀이라 말한다.

또한 수보리야, 보살마하살이 성문이나 벽지불의 마음을 갖지 않고 물질적 존재의 덧없음을 관하지만 또한 붙잡을 수 없는 것이다. 성문이나 벽지불의 마음을 갖지 않고 인식의 덧없음을 관하지만 또한 붙잡을 수 없는 것이다. 성문이나 벽지불의 마음을 갖지 않고 물질적 존재의 괴로움·내가 없음·모든 것이 공·어떤 특징도 없음·원할 것이 없음·영원한 평안·여읨을 관하지만 또한 붙잡을 수 없는 것이다. 감각·표상·의지·인식도 또한 마찬가지이다. 이것을 보살마하살의 지계바라밀이라 말한다.

또한 수보리야, 보살마하살이 반야바라밀을 행하며, 이 모든 법의 덧없는 모양 내지 여읨의 모양에 있어서 인욕을 즐기는 이것을 보살마하살의 인욕바라밀이라 말한다.

또한 수보리야, 보살마하살이 반야바라밀을 행하며, 일체지에 합치하는 마음으로 물질적 존재의 덧없는 모양도 붙잡을 수 없고 내지 여읜 모양도 붙잡을 수 없으며, 감각·표상·의지·인식도 또한 마찬가지라고 관하지만, 일체지에 합치하는 마음으로 버리지도 않고 쉬지도 않는 이것을 보살마하살의 정진바라밀이라 말한다.

또한 수보리야, 보살마하살이 반야바라밀을 행하며, 성문이나 벽지불의 마음 및 다른 착하지 않은 마음을 일으키지 않는 이것을 보살마하살의 선정바라밀이라 말한다.

또한 수보리야, 보살마하살은 반야바라밀을 행하며 이와 같이 사유한다. 물질적 존재를 비우는 까닭에 물질적 존재가 공함이 아니고, 물질적 존재가 바로 공이요 공이 바로 물질적 존재이다. 감각·표상·의지·인식도 마찬가지이다. 눈을 비우는 까닭에 눈이 공함이 아니고, 눈이 바로 공이요 공이 바로 눈이다. 내지 마음속에 있는 것들에 대한 느낌도 느낌을 비우는 까닭에 느낌이 공함이 아니고, 느낌이 바로 공이요 공이 바로 느낌이다. 네 가지 관찰법을 비우는 까닭에 네 가지 관찰법이 공함이 아니고, 네 가지 관찰법이 바로 공이요 공이 바로 네 가지 관찰법이다. 내지 열여덟 가지 부처님만이 갖는 특성을 비우는 까닭에 열여덟 가지 부처님만이 갖는 특성이 공함이 아니고, 열여덟 가지 부처님만이 갖는 특성이 바로 공이요 공이 바로 열여덟 가지 부처님만이 갖는 특성이다. 이와 같이 수보리야, 보살마하살은 반야바라밀을 행하여 놀라지 않고 무서워하지 않으며 두려워하지 않는다.”

수보리가 부처님께 사루어 말씀드렸다.

“세존이시여, 무슨 까닭에 선지식에게 수호(守護)된 이 보살마하살은 반야바라밀 설함을 듣고서 놀라지 않고 무서워하지 않으며 두려워하지 않습니까?”

부처님께서 수보리에게 이르셨다.

“보살마하살의 선지식이란 물질적 존재의 덧없음을 붙잡을 수 없는 것이라 설하며, 이 착한 뿌리〔善根〕를 가지고 성문이나 벽지불의 길로 향하지 않고 오직 일체지에 나아간다. 이것을 보살마하살의 선지식이라 말한다. 감각·표상·의지·인식의 덧없음을 붙잡을 수 없는 것이라 설하며, 이 착한 뿌리를 가지고 성문이나 벽지불의 길로 향하지 않고 오직 일체지에 나아간다. 이것을 보살마하살의 선지식이라 말한다.

수보리야, 보살마하살에게는 다시 선지식이 있다. 물질적 존재의 괴로움을 붙잡을 수 없는 것이라 설하고 감각·표상·의지·인식의 괴로움을 붙잡을 수 없는 것이라 설하며, 물질적 존재에 내가 없음과 감각·표상·의지·인식에 내가 없음을 붙잡을 수 없는 것이라 설하며, 물질적 존재는 모두가 공·어떤 특징도 없음 원할 것이 없음·영원한 평안·여읨도 붙잡을 수 없고, 감각·표상·의지·인식은 모두가 공·어떤 특징도 없음·원할 것이 없음·영원한 평안·여읨을 붙잡을 수 없는 것이라 설하며, 이 착한 뿌리를 가지고 성문이나 벽지불의 길로 향하지 않고 오직 일체지에 나아간다. 수보리야, 이것을 보살마하살의 선지식이라 말한다.

수보리야, 보살마하살에게는 다시 선지식이 있다. 눈의 덧없음 내지 여읨도 붙잡을 수 없는 것이라 설하고, 내지 마음속에 있는 것들에 대한 느낌의 덧없음 내지 여읨도 붙잡을 수 없는 것이라 설하며, 이 착한 뿌리를 가지고 성문이나 벽지불의 길로 향하지 않고 오직 일체지에 나아간다. 이것을 보살마하살의 선지식이라 말한다.

수보리야, 보살마하살에게는 다시 선지식이 있다. 네 가지 관찰법을 닦는 것 내지 여읨을 붙잡을 수 없는 것이라 설하며, 이 착한 뿌리를 가지고 성문이나 벽지불의 길로 향하지 않고 오직 일체지에 나아간다. 수보리야, 이것을 보살마하살의 선지식이라 말한다. 내지 열여덟 가지 부처님만이 갖는 특성을 닦음과 일체지를 닦음도 붙잡을 수 없는 것이라 설하며, 이 착한 뿌리를 가지고 성문이나 벽지불의 길로 향하지 않고 오직 일체지에 나아간다. 이것을 보살마하살의 선지식이라 말한다.”

수보리가 부처님께 사뢰어 말씀드렸다.

“무엇을 보살마하살이 반야바라밀을 행하매 방편이 없고, 악지식(惡知識)을 따르므로 이 반야바라밀 설함을 듣고서 놀라고 무서워하며 두려워함이라 합니까?”

부처님께서 수보리에게 이르셨다.

“보살마하살이 일체지를 여읜 마음으로 반야바라밀을 닦고, 반야바라밀을 붙잡는다. 반야바라밀·선정바라밀·정진바라밀·인욕바라밀·지계바라밀·보시바라밀을 생각하여 모두를 붙잡고 전부를 생각한다.

또한 수보리야, 보살마하살이 일체지를 여읜 마음으로 물질적 존재의 여섯 가지 감각기관이 공함 내지 사물이 존재하지 않는다는 견해와 존재한다는 견해가 같이 공함을 관하고, 감각·표상·의지·인식의 여섯 가지 감각기관이 공함 내지 사물이 존재하지 않는다는 견해와 존재한다는 견해가 같이 공함을 관하며, 눈의 여섯 가지 감각기관이 공함 내지 사물이 존재하지 않는다는 견해와 존재한다는 견해가 같이 공함 내지 마음속에 있는 것들에 대한 느낌의 여섯 가지 감각기관이 공함 내지 사물이 존재하지 않는다는 견해와 존재한다는 견해가 같이 공함을 관하매, 이 모든 법의 공함에 있어서 생각하는 바가 있고 붙잡을 바가 있다.

또한 수보리야, 보살마하살이 반야바라밀을 행하매 일체지를 여읜 마음으로 네 가지 관찰법을 닦고, 또한 생각하며 붙잡는다. 내지 열여덟 가지 부처님만이 갖는 특성을 닦고, 또한 생각하며 붙잡는다. 이와 같이 수보리야, 보살마하살이 반야바라밀을 행함에 있어 방편이 없는 까닭에 이 반야바라밀을 듣고서 놀라고 무서워하며 두려워한다.”

수보리가 부처님께 사루어 말씀드렸다.

“세존이시여, 무엇을 보살마하살이 악지식을 따름으로 반야바라밀을 듣고서 놀라고 무서워하며 두려워함이라 합니까?”

부처님께서 수보리에게 이르셨다.

“보살마하살의 악지식은 반야바라밀을 여의게 하고, 선정바라밀·정진바라밀 인욕바라밀·지계바라밀·보시바라밀을 여읠 것을 가르친다. 수보리야, 이것을 보살마하살의 악지식이라 말한다.

수보리야, 보살마하살에게는 다시 악지식이 있으니, 그는 악마의 하는 일을 말하지 않고 악마의 죄를 말하지 않는다. 이런 말을 하지 않는다. 악마는 부처님의 모습을 하고 와서 보살에게 육바라밀을 여읠 것을 가르친다. 그리고 보살에게, ‘선남자여, 반야바라밀을 닦음에 무슨 소용이 있는가, 선정바라밀·정진바라밀·인욕바라밀·지계바라밀·보시바라밀을 닦음에 무슨 소용이 있는가!’라고 말한다. 마땅히 알아야 하니, 이것이 보살마하살의 악지식이다.

또한 수보리야, 악마는 다시 부처님의 모습을 하고 보살이 있는 곳에 와서, 그를 위해 소승의 경전인 계경(契經) 내지 논의(論議)를 설한다. 그리고 이와 같은 경을 가르치고 분별하며 연설함이 악마가 하는 일이며, 악마의 죄가 된다는 것을 말하지 않는다. 마땅히 알아야 하니, 이것이 보살마하살의 악지식이다.

또한 수보리야, 악마는 부처님의 모습을 하고 보살이 있는 곳에 와서, '선남자여, 그대는 참된 보살의 마음이 없고 또한 보살의 물러나지 않는 경지〔不退轉地〕에 있지도 않으며, 그대는 또한 아뇩다라삼먁삼보리를 결코 얻을 수 없다'라고 말을 건넨다. 이와 같은 말은 악마가 하는 짓이며, 악마의 죄가 된다는 것을 말하지 않는다. 마땅히 알아야 하니, 이것이 보살마하살의 악지식이다.

또한 수보리야, 악마는 부처님의 모습을 하고 보살이 있는 곳에 와서 보살에게, '선남자여, 물질적 존재는 공이어서 내〔我〕가 없고 나라는 곳이 없으며, 감각·표상·의지·인식은 공이어서 내가 없고 나라는 곳이 없다. 눈은 공이어서 내가 없고 나라는 곳이 없다. 내지 마음속에 있는 것들에 대한 느낌은 공이어서 내가 없고 나라는 곳이 없다. 보시바라밀은 공이고 내지 반야바라밀도 공이며, 네 가지 관찰법은 공이고 내지 열여덟 가지 부처님만이 갖는 특성도 공이다. 그대가 아뇩다라삼먁삼보리를 무슨 수로 얻겠는가!'라고 말한다. 이와 같은 말은 악마가 하는 짓이며, 악마의 죄가 된다고 말하지 않고 가르치지 않는다. 마땅히 알아야 하니, 이것이 보살마하살의 악지식이다.

또한 수보리야, 악마는 벽지불의 몸을 하고 보살이 있는 곳에 와서 보살에게, '선남자여, 시방(十方)의 전부가 공이어서, 이 가운데는 부처님도 없고 보살도 없으며 성문도 없다'라고 말한다. 이와 같은 말은 악마가 하는 짓이며, 악마의 죄가 된다고 말하지 않고 가르치지 않는다. 마땅히 알아야 하니, 이것이 보살마하살의 악지식이다.

또한 수보리야, 악마는 화상(和尙)이나 아사리(阿闍梨)의 몸을 하고 보살이 있는 곳에 와서 보살도(菩薩道)를 여윌 것을 가르치고, 일체종지를 여윌 것을 가르치며, 네 가지 관찰법 내지 여덟 가지 바른 깨달음에 이르는 길을 여윌 것을 가르치고, 보시바라밀을 여윌 것을 가르치며, 열여덟 가지 부처님만이 갖는 특성을 여읠 것을 가르치며, 모든 것이 공·어떤 특징도 없음·원할 것이 없음에 들어감을 가르치면서, '선남자여, 그대는 이 모든 법을 닦고 생각하여 성문을 증득하라. 아뇩다라삼먁삼보리가 무슨 소용이 있느냐!'라고 말한다. 이와 같은 말은 악마가 하는 짓이며, 악마의 죄가 된다고 말하지 않고 가르치지 않는다. 마땅히 알아야 하니, 이것이 보살마하살의 악지식이다.

또한 수보리야, 악마는 부모의 모습을 하고 보살이 있는 곳에 와서 보살에게, '아들아, 너는 수다원과의 증득을 위해서 열심히 정진하고, 내지 아라한과의 증득을 위해서 열심히 정진해라. 너에게 아뇩다라삼먁삼보리가 무슨 소용이 있느냐, 아뇩다라삼먁삼보리를 구하려면 마땅히 한량없고 헤아릴 수조차 없는 세월 동안 생사(生死)를 받고, 손을 끊고 발을 끊는 온갖 고통을 받아야 한다'라고 말한다. 이와 같은 말은 악마가 하는 짓이며, 악마의 죄가 된다고 말하지 않고 가르치지 않는다. 마땅히 알아야 하니, 이것이 보살마하살의 악지식이다.

또한 수보리야, 악마는 비구스님의 모습을 하고 보살이 있는 곳에 와서 보살에게, '눈의 덧없음은 붙잡을 수 있는 것이며, 내지 마음의 덧없음도 붙잡을 수 있는 것이다'라고 말하며, 눈의 괴로움·눈의 내가 없음·눈이라는 것이 공·어떤 특징도 없음·원할 것이 없음·영원한 평안·여읨도 붙잡을 수 있는 것이라고 설하고, 내지 마음도 마찬가지라고 하며, 붙잡을 바가 있는 법으로써 네 가지 관찰법을 설하고, 내지 붙잡을 바가 있는 법으로써 열여덟 가지 부처님만이 갖는 특성을 설한다. 수보리야, 이와 같은 말은 악마가 하는 짓이며, 악마의 죄가 된다고 말하지 않고 가르치지 않는다. 마땅히 알아야 하니, 이것이 보살마하살의 악지식이다. 알았으면 마땅히 이것을 멀리 여의어야 한다."

제12 구의품(句義品 第十二)

그때 수보리가 부처님께 사루어 말씀드렸다.

"세존이시여, 보살이란 말은 무슨 의미[句義]입니까?"

부처님께서 수보리에게 이르셨다.

"말의 의미가 없는 이것이 보살이란 말의 의미이다. 왜냐하면 아뇩다라삼먁삼보리에는 의미가 있을 곳이 없고 또한 나[我]라는 것도 없기 때문이다. 이러한 까닭에 말의 의미가 없는 이것을 보살이란 말의 의미라 한다. 수보리야, 비유컨대 새가 허공을 날되 발자취가 없는 것처럼, 보살이란 말의 의미가 있을 수 없음도 이와 같다. 수보리야, 꿈속에서 장소를 보되 처소가 없는 것처럼, 보살이란 말의 의미가 있을 수 없음도 이와 같다. 수보리야, 비유컨대 환상에 실재의 뜻이 없는 것처럼, 아지랑이 같고, 메아리 같고, 그림자 같고, 부처님의 변화한 모습 같은 것에 실재의 뜻이 없듯이, 보살이란 말의 의미가 있을 수 없음도 이와 같다.

수보리야, 비유컨대 사물의 진실된 모습[如]·진실의 본성[法性]·있는 그대로의 모양[法相]·모든 것의 변하지 않는 위치[法位]·참된 실상[實際]에 뜻이 없는 것처럼, 보살이란 말의 의미가 있을 수 없음도 이와 같다. 수보리야, 비유컨대 요술쟁이가 만든 사람[幻人]의 물질적 존재에 뜻이 없고, 요술쟁이가 만든 사람의 감각·표상·의지·인식에 뜻이 없는 것처럼, 보살마하살이 반야바라밀을 행할 때에 보살이란 말의 의미가 있을 수 없음도 이와 같다. 수보리야, 요술쟁이가 만든 사람의 눈에 뜻이 없고, 내지 마음에 뜻이 없는 것처럼 수보리야, 요술쟁이가 만든 사람의 형상에 뜻이 없고, 내지 생각에 뜻이 없는 것처럼, 눈앞에 전개되는 것에 대한 느낌 내지 마음속에 있는 것들에 대한 느낌에 뜻이 없는 것처럼, 보살마하살이 반야바라밀을 행할 때에 보살이란 말의 의미가 있을 수 없음도 이와 같다.

수보리야, 요술쟁이가 만든 사람이 여섯 가지 감각기관이 공〔內空〕함을 행할 때에 뜻이 없고, 내지 사물이 존재하지 않는다는 견해와 존재한다는 견해가 같이 공〔無法有法空〕함을 행함에 뜻이 없는 것처럼, 보살마하살이 반야바라밀을 행할 때에 보살이란 말의 의미가 있을 수 없음도 이와 같다.

수보리야, 요술쟁이가 만든 사람이 네 가지 관찰법〔四念處〕 내지 열여덟 가지 부처님만이 갖는 특성〔十八不共法〕을 행함에 뜻이 없는 것처럼, 보살마하살이 반야바라밀을 행할 때에 보살이란 말의 의미가 있을 수 없음도 이와 같다.

수보리야, 여래(如來)·응공(應供)·정변지(正徧知)의 물질적 존재에 뜻이 없는 것처럼, 이 물질적 존재는 있음이 없는 까닭에 보살마하살이 반야바라밀을 행할 때에 보살이란 말의 의미가 있을 수 없음도 이와 같다. 수보리야, 여래·응공·정변지의 감각·표상·의지·인식에 뜻이 없는 것처럼, 이 인식은 있음이 없는 까닭에 보살마하살이 반야바라밀을 행할 때에 보살이란 말의 의미가 있을 수 없음도 이와 같다.

수보리야, 부처님의 눈에 처소가 없고 내지 마음에 처소가 없으며, 형상에 처소가 없고 내지 생각에 처소가 없으며, 눈앞의 상황〔眼觸〕 내지 마음속에 있는 것들에 대한 느낌에 처소가 없는 것처럼, 보살마하살이 반야바라밀을 행할 때에 보살이란 말의 의미가 있을 수 없음도 이와 같다. 수보리야, 부처님의 여섯 가지 감각기관이 공함에 처소가 없고 내지 사물이 존재하지 않는다는 견해와 존재한다는 견해가 같이 공함에 처소가 없는 것처럼, 보살마하살이 반야바라밀을 행할 때에 보살이란 말의 의미가 있을 수 없음도 이와 같다. 수보리야, 부처님의 네 가지 관찰법에 처소가 없고 내지 열여덟 가지 부처님만이 갖는 특성에 처소가 없는 것처럼, 보살마하살이 반야바라밀을 행할 때에 보살이란 말의 의미가 있을 수 없음도 이와 같다.

수보리야, 함이 있는 일체현상〔有爲性〕중에 함이 없는 진리〔無爲性〕의 뜻이 없고 함이 없는 진리중에 함이 있는 일체현상의 뜻이 없는 것처럼, 보살마하살이 반야바라밀을 행할 때에 보살이란 말의 의미가 있을 수 없음도 이와 같다. 수보리야, 나지도 않고 없어지지도 않는 뜻에 처소가 없는 것처럼, 보살마하살이 반야바라밀을 행할 때에 보살이란 말의 의미가 있을 수 없음도 이와 같다. 수보리야, 지음도 아니고〔不作〕·나옴도 아니고〔不出〕·얻음도 아니고〔不得〕·더럽지도 않고·깨끗하지도 않음에 처소가 없는 것처럼, 보살이란 말의 의미가 있을 수 없음도 이와 같다.”

수보리가 부처님께 사루어 말씀드렸다.

“무슨 법이 나지도 않고 없어지지도 않는 까닭에 처소가 없고, 무슨 법이 지음도 아니고 나옴도 아니며 얻음도 아니고, 더럽지도 않고 깨끗하지도 않는 까닭에 처소가 없습니까?”

부처님께서 수보리에게 이르셨다.

“물질적 존재는 나지도 않고 없어지지도 않는 까닭에 처소가 없고, 감각·표상·의지·인식은 나지도 않고 없어지지도 않는 까닭에 처소가 없으며, 내지 더럽지도 않고 깨끗하지도 않음도 또한 마찬가지이다. 열두 가지 영역〔十二處〕과 열여덟 가지 요소〔十八界〕는 나지도 않고 없어지지도 않는 까닭에 처소가 없고, 내지 더럽지도 않고 깨끗하지도 않음도 또한 마찬가지이다. 네 가지 관찰법은 나지도 않고 없어지지도 않는 까닭에 처소가 없고, 내지 더럽지도 않고 깨끗하지도 않음도 또한 마찬가지이다. 열여덟 가지 부처님만이 갖는 특성은 나지도 않고 없어지지도 않는 까닭에 처소가 없고, 내지 더럽지도 않고 깨끗하지도 않음도 또한 마찬가지이다. 수보리야, 보살마하살이 반야바라밀을 행할 때에 보살이란 말의 의미가 있을 수 없음도 이와 같다.

수보리야, 네 가지 관찰법의 본래의 뜻〔淨義〕은 마침내 붙잡을 수 없는 것처럼 수보리야, 보살마하살이 반야바라밀을 행할 때에 보살이란 말의 의미가 있을 수 없음도 이와 같다. 수보리야, 네 가지 바른 노력〔四正勤〕 내지 열여덟 가지 부처님만이 갖는 특성의 본래의 뜻은 마침내 붙잡을 수 없는 것처럼, 보살마하살이 반야바라밀을 행할 때에 보살이란 말의 의미가 있을 수 없음도 이와 같다.

수보리야, 본래의 나〔我〕라는 것은 붙잡을 수 없는 것이니 나라는 것은 있는 바 없는 까닭이며, 내지 본래의 아는 자〔知者〕와 보는 자〔見者〕는 붙잡을 수 없는 것이니 알고 보는 것이 있는 바 없는 까닭이다. 수보리야, 보살마하살이 반야바라밀을 행할 때에 보살이란 말의 의미가 있을 수 없음도 이와 같다.

수보리야, 비유컨대 해가 솟으면 암흑이 있을 수 없는 것처럼, 보살마하살이 반야바라밀을 행할 때에 보살이란 말의 의미가 있을 수 없음도 이와 같다. 수보리야, 비유컨대 세계를 태우는 불꽃이 타오를 때에 일체의 사물이 없는 것처럼, 보살마하살이 반야바라밀을 행할 때에 보살이란 말의 의미가 있을 수 없음도 이와 같다.

수보리야, 부처님의 계〔戒〕 가운데서는 계를 파함이 없다. 수보리야, 보살마하살이 반야바라밀을 행할 때에 보살이란 말의 의미가 있을 수 없음도 이와 같다. 수보리야, 부처님의 선정〔定〕 가운데에 산란한 마음이 있을 수 없고, 부처님의 지혜〔慧〕 가운데에 어리석음이 있을 수 없으며, 부처님의 해탈(解脫) 가운데에 해탈 아님이 없고, 부처님의 해탈지견(解脫知見) 가운데에 해탈지견 아님이 없는 것처럼 수보리야, 보살마하살이 반야바라밀을 행할 때에 보살이란 말의 의미가 있을 수 없음도 이와 같다.

수보리야, 비유컨대 부처님의 광명안에서는 일월(日月)이 빛을 발하지 못하고, 부처님의 광명안에서는 사천왕천(四天王天)·삼십삼천(三十三天)·야마천(夜摩天)·도솔천(兜率天)·화락천(化樂天)·타화자재천(他化自在天) 범중천(梵衆天) 내지 색구경천(色究竟天)이 빛을 발하지 못하는 것처럼 수보리야, 보살마하살이 반야바라밀을 행할 때에 보살이란 말의 의미가 있을 수 없음도 이와 같다. 왜냐하면 이 아뇩다라삼먁삼보리·보살·보살이란 의미의 이 온갖 것은 모두가 합쳐진 것도 아니고 흩어진 것도 아니며, 빛깔도 없고 모양도 없으며, 마주할 수도 없는 한 모양〔一相〕이어서 소위 모양이 없기〔無相〕 때문이다. 이와 같이 수보리야, 보살마하살은 온갖 것에 걸림이 없는 모양 가운데서 마땅히 배워야 하고 또한 마땅히 알아야 한다.”

수보리가 부처님께 사루어 말씀드렸다.

“세존이시여, 무엇이 일체 모든 것〔一切法〕이고, 무엇이 일체 모든 것 가운데서 걸림이 없는 모양을 마땅히 배워야 하고 마땅히 알아야 함입니까?”

부처님께서 수보리에게 이르셨다.

“일체 모든 것이란 훌륭한 법〔善法〕·훌륭하지 않은 법〔不善法〕·선악(善惡)에 속해 있는 법〔記法〕·선악에 속해 있지 않은 법〔無記法〕·세간의 법〔世間法〕·세간 밖의 법〔出世間法〕·번뇌가 있는 법〔有漏法〕·번뇌가 없는 법〔無漏法〕·함이 있는 법〔有爲法〕·함이 없는 법〔無爲法〕·공통된 법〔共法〕·공통되지 않는 법〔不共法〕이다. 수보리야, 이것을 일체 모든 것이라 말한다. 보살마하살은 이 일체 모든 것에 걸림이 없는 모양 가운데서 배우고 알아야 한다.”

수보리가 부처님께 사루어 말씀드렸다.

“세존이시여, 무엇을 세간의 착한 법이라 말합니까?”

부처님께서 수보리에게 이르셨다.

“세간의 착한 법이란 부모에게 효순하고, 스님들이나 바라문(婆羅門)에게 공양하며, 어른을 받들어 모시고, 보시의 복이 있는 곳〔布施福處〕·지계의 복이 있는 곳〔持戒福處〕·수선의 복이 있는 곳〔修禪福處〕·권도의 복이 있는 곳〔勸導福處〕·방편으로 생기는 복덕〔方便生福德〕·세간의 열 가지 착한 행위〔十善道〕·아홉 가지 더럽다는 생각〔九相〕인, 시체가 부풀어 오른다는 생각·시체에 피고름이 가득하다는 생각·시체가 무너진다는 생각·시체가 곪아터진다는 생각·시체가 푸른 어혈이라는 생각·시체를 새가 쪼아먹는다는 생각·시체가 흩어진다는 생각·해골이라는 생각·시체가 불에 탄다는 생각·네 가지 선정〔四禪〕·네 가지 한량없는 이타의 마음〔四無量心〕·네 가지 형상을 떠난 선정〔四無色定〕·부처님을 생각하는 것·법을 생각하는 것·스님네를 생각하는 것·계를 생각하는 것·평등을 생각하는 것·하늘을 생각하는 것·착함을 생각하는 것·들어가고 나가는 호흡을 생각하는 것〔念安般〕·신체를 생각하는 것·죽음을 생각하는 것 이러한 것을 세간의 착한 법이라 말한다.

"무엇이 착하지 않은 법입니까?"

"다른 이의 목숨을 빼앗는 것·주지 않은 것을 취하는 것·삿된 음행·거짓말·이간 붙이는 말·나쁜 말·적절하지 않은 말·탐욕·성냄·삿된 견해인 열 가지 착하지 않은 법 등이니, 이것을 착하지 않은 법이라 말한다."

"무엇이 선악에 속해 있는 법입니까?"

"착한 법이나 혹은 착하지 않은 법, 이것을 선악에 속해 있는 법이라 말한다."

"무엇이 선악에 속해 있지 않은 법입니까?"

선악에 속해 있지 않는 몸으로 짓는 행위·말로 짓는 행위·마음으로 짓는 행위, 선악에 속해 있지 않은 네 가지 요소〔四大〕, 선악에 속해 있지 않은 다섯 가지 모임〔五陰〕·열두 가지 영역〔十二入〕·열여덟 가지 요소〔十八界〕, 선악에 속해 있지 않은 과보, 이것을 선악에 속해 있지 않은 법이라 말한다."

"무엇을 세간의 법이라 말합니까?"

"세간의 법이란 다섯 가지 모임·열두 가지 영역·열여덟 가지 요소·열 가지 착한 행위·네 가지 선정·네 가지 한량없는 이타의 마음·네 가지 형상을 떠난 선정, 이것을 세간의 법이라 말한다."

"무엇을 세간 밖의 법이라 말합니까?"

"네 가지 관찰법·네 가지 바른 노력·네 가지 자재를 얻는 것〔四如意足〕·다섯 가지 뛰어난 능력〔五根〕·다섯 가지 악을 부수는 힘〔五力〕·일곱 가지 깨닫는 힘을 도와주는 힘〔七覺支〕·여덟 가지 바른 깨달음에 이르는 길〔八聖道分〕·모든 것은 공이라는 해탈문〔空解脫門〕·어떤 특징도 없다는 해탈문〔無相解脫門〕·원할 것이 없다는 해탈문〔無作解脫門〕·세 가지 근본〔三無漏根〕인 알지 못한 것을 마땅히 알아야 하는 근본〔未知欲知根〕·이미 아는 근본〔知根〕·전부 아는 근본〔知己根〕·세 가지 삼매인 각이 있고 관이 있는 삼매〔有覺有觀三昧〕·각은 없고 관은 있는 삼매〔無覺有觀三昧〕·각도 없고 관도 없는 삼매〔無覺有覺三昧〕·세 가지 신통〔三明〕·해탈·마음을 집중하는 열 가지 생각〔十念〕·열한 가지 지혜〔十一智〕·바른 사유〔正憶〕·여덟 가지 탐착심을 버림〔八背捨〕이다.

무엇을 여덟 가지라 하는가? 물질적 존재에서 물질적 존재를 관하는 이것을 첫째 탐착심을 버림〔初背捨〕이라 한다. 안으로 물질적 존재의 상념은 없지만 밖으로 물질적 존재를 관하는 이것을 둘째 탐착심을 버림〔二背捨〕이라 한다. 탐착심을 버려 맑혀진 몸에 의해 증(證)함을 짓는 이것을 셋째 탐착심을 버림〔三背捨〕이라 한다. 일체의 물질적 존재의 상념을 벗어난 까닭에, 형체가 있다는 상념을 없앤 까닭에, 일체의 다른 모양을 생각하지 않는 까닭에 무변허공처(無邊虛空處)에 들어가는 이것을 넷째 탐착심을 버림〔四背捨〕이라 한다. 일체의 무변허공처를 벗어나 일체의 무변식처(無邊識處)에 들어가는 이것을 다섯째 탐착심을 버림〔五背捨〕이라 한다. 일체의 무변식처를 벗어나 무소유처(無所有處)에 들어가는 이것을 여섯째 탐착심을 버림〔六背捨〕이라 한다. 일체의 무소유처를 벗어나 비유상비무상처(非有想非無想處)에 들어가는 이것을 일곱째 탐착심을 버림〔七背捨〕이라 한다. 일체의 비유상비무상처를 벗어나 멸수상정(滅受想定)에 들어가는 이것을 여덟째 탐착심을 버림〔八背捨〕이라 한다.

그리고 아홉 가지 차례차례의 선정〔九次第定〕이 있다. 무엇이 아홉인가? 욕심을 여의고, 악하고 착하지 않은 법을 여의어 머트러운 생각도 있고 세밀한 생각도 있으면서 욕락을 여읜 기쁨과 즐거움을 내어 첫번째 선정〔初禪〕에 든다. 모든 머트러운 생각과 세밀한 생각을 없애 안으로 청정한 까닭에, 일심(一心)이 되어 머트러운 생각도 없고 세밀한 생각도 없는 선정에 기쁨과 즐거움을 내어 두번째 선정〔第二禪〕에 든다. 기쁨을 여의는 까닭에 평등을 행하여 몸의 즐거움을 누리고, 성인이 설한 대로 훌륭하게 생각을 평등히 하고 즐거움을 행하여 세번째 선정〔第三禪〕에 든다. 괴로움과 즐거움을 끊은 까닭에, 먼저 근심과 기쁨을 없앤 까닭에 괴롭지도 않고 즐겁지도 않아 평등한 생각이 맑아져 네번째 선정〔第四禪〕에 든다. 일체의 물질적 상념을 벗어난 까닭에, 대상이 있다는 상념을 없앤 까닭에, 일체의 다른 모양을 생각하지 않는 까닭에 무변허공처에 든다. 일체의 무변허공처를 벗어나 무변식처에 든다. 일체의 무변식처를 벗어나 무소유처에 든다. 일체의 무소유처를 벗어나 비유상비무상처에 든다. 일체의 비유상비무상처를 벗어나 멸수상정에 든다.

다시 세간 밖의 법이 있다. 여섯 가지 감각기관은 공〔內空〕 내지 사물이 존재하지 않는다는 견해와 존재한다는 견해가 같이 공〔無法有法空〕·부처님의 열 가지 지혜의 힘〔十力〕·네 가지 두려움 없는 자신〔四無所畏〕·네 가지 걸림없는 지혜〔四無碍智〕·열여덟 가지 부처님만이 갖는 특성·일체지, 이것을 세간 밖의 법이라 말한다.”

“무엇을 번뇌가 있는 법이라고 합니까?”

“다섯 가지 모임·열두 가지 영역·열여덟 가지 요소·여섯 가지 요소〔六種〕·여섯 가지 감각기관〔六觸〕·여섯 가지 받아 들임〔六受〕·네 가지 선정 내지 네 가지 형상을 떠난 선정, 이것을 번뇌가 있는 법이라 말한다.”

“무엇을 번뇌가 없는 법이라 합니까?”

“네 가지 관찰법 내지 열여덟 가지 부처님만이 갖는 특성 및 일체지, 이것을 번뇌가 없는 법이라 말한다.”

“무엇을 함이 있는 법이라 합니까?”

“만약 법에 나고 머물고 멸함과 애욕의 세계·물질의 세계·정신만의 세계가 있으면, 다섯 가지 모임 내지 마음속에 있는 것들에 대한 느낌·네 가지 관찰법 내지 열여덟 가지 부처님만이 갖는 특성 및 일체지, 이것을 함이 있는 법이라 말한다.”

“무엇을 함이 없는 법이라 합니까?”

“나지 않고 머물지 않고 멸하지 않으며, 혹은 물듦이 없고 성냄이 없으며 어리석음이 없고, 사물의 진실된 모습·다름이 없음〔不異〕·있는 그대로의 모양·진실된 본성·모든 것의 변하지 않는 위치·참된 실상, 이것을 함이 없는 법이라 말한다.”

“무엇을 공통된 법이라 합니까?”

“네 가지 선정·네 가지 한량없는 이타의 마음·네 가지 형상을 떠난 선정같은 것을 공통된 법이라 말한다.”

“무엇을 공통되지 않는 법이라 합니까?”

 "네 가지 관찰법 내지 열여덟 가지 부처님만이 갖는 특성, 이것을 공통되지 않는 법이라 말하니, 보살마하살은 이 사물의 고유형태가 공〔自相空〕인 법 가운데서 집착하지 않고 움직이지 않는 까닭이다. 보살은 또한 마땅히 온갖 것이 둘이 아닌〔不二〕 모양을 알아야 하니, 움직임이 없는 까닭이다. 이것을 보살의 뜻이라고 이름한다."

제13 금강품(金剛品 第十三)

그때 수보리가 부처님께 사루어 말씀드렸다.

"세존이시여, 무슨 까닭으로 이름을 마하살(摩訶薩)이라 합니까?"

부처님께서 수보리에게 이르셨다.

"이 보살은 반드시 열반에 드는〔必定〕 무리 중에서 우두머리가 되니, 이 까닭에 마하살이라 한다."

수보리가 부처님께 사루어 말씀드렸다.

"세존이시여, 무엇을 반드시 열반에 드는 무리라 하며, 이 보살마하살이 왜 우두머리가 됩니까?"

부처님께서 수보리에게 이르셨다.

"수행에 들어갈 수 있는 경지의 사람〔性地人〕·여덟 가지 인(忍)을 얻은 사람〔八人〕·수다원·사다함·아나함·아라한·벽지불·처음 마음을 낸 보살〔初發心菩薩〕 내지 보살의 물러나지 않는 경지〔不退轉地〕까지의 보살이다. 수보리야, 이들을 반드시 열반에 드는 무리라 하고, 보살이 우두머리이다. 보살마하살은 이들 가운데서 큰 마음〔大心〕을 내니 무너지지 않는 것이 금강(金剛)과 같고, 반드시 열반에 드는 무리들을 위해서 우두머리가 된다."

수보리가 부처님께 사루어 말씀드렸다.

"세존이시여, 무엇이 보살마하살이 큰 마음을 내어, 무너지지 않는 것이 금강과 같은 것입니까?"

부처님께서 수보리에게 이르셨다.

"보살마하살은 반드시 이와 같이 마음을 내어야 한다. '나는 마땅히 한량없는 생사(生死)에 있으면서 이 몸을 큰 서원으로써 화려하게 장식해야 한다. 나는 마땅히 모든 가진 것을 버려야 한다. 나는 마땅히 일체중생들에게 마음을 평등히 해야 한다. 나는 마땅히 삼승(三乘)으로써 일체중생들을 제도하여 번뇌의 여진까지 없는 열반[無餘涅槃]에 들게 해야 한다. 내가 일체중생들을 제도하여 마친다 해도, 그러나 한 사람도 열반에 드는 이 있을 수 없다. 나는 반드시 일체 모든 법의 남이 없는[不生] 모양을 알아야 한다. 나는 오로지 일체지(一切智)의 마음으로써 육바라밀을 행해야 한다. 나는 마땅히 지혜를 배워서 일체의 법을 요달해야 한다. 나는 마땅히 모든 법이 한 모양인 지혜의 문[一相智門]을 요달해야 하고, 내지 나는 한량없는 모양인 지혜의 문[無量相智門]을 요달해야 한다.'

수보리야, 이것을 보살마하살이 큰 마음을 내니, 무너지지 않는 것이 금강과 같다고 말한다. 이 보살마하살은 이러한 마음속에 머물러, 반드시 열반에 드는 모든 무리의 우두머리가 된다. 그것은 이 법이 얻을 바 없는 까닭이다.

수보리야, 보살마하살은 이와 같이 마음을 내어야 한다. '나는 마땅히 시방(十方)에 있는 온갖 중생인 혹은 지옥중생, 혹은 축생중생, 혹은 아귀중생을 대신하여 고통을 받고, 낱낱 중생을 위해서 한량없는 백천 억 겁(百千億劫) 동안 지옥의 고통을 대신 받으며, 마침내 이들 중생을 번뇌의 여진까지 없는 열반에 들도록 해야 한다. 이 법으로써 이들 중생을 위해 모든 고통을 받아야 한다. 이들 중생이 번뇌의 여진까지 없는 열반에 들고 난 뒤에, 자신도 착한 뿌리[善根]를 심어서 한량없고 헤아릴 수조차 없는 백천 만억 겁 후에 마땅히 아뇩다라삼먁삼보리를 얻어야 한다.'

수보리야, 이것을 보살마하살이 큰 마음을 내니, 무너지지 않는 것이 금강과 같다고 하고, 이러한 마음속에 머물러 반드시 열반에 드는 무리를 위해서 우두머리가 된다고 한다.

또한 수보리야, 보살마하살은 크게 흔쾌한 마음〔大快心〕을 내어서 이 크게 흔쾌한 마음속에 머물고, 반드시 열반에 드는 무리를 위해서 우두머리가 된다.”

수보리가 부처님께 사루어 말씀드렸다.

“세존이시여, 무엇이 보살마하살의 크게 흔쾌한 마음입니까?”

부처님께서 말씀하셨다.

“보살마하살이 처음 마음을 내어서부터 아뇩다라삼먁삼보리에 이를 때까지 물드는 마음·성내는 마음·어리석은 마음을 내지 않고 교만한 마음을 내지 않으며, 성문이나 벽지불의 마음을 내지 않는다. 이것을 보살마하살의 크게 흔쾌한 마음이라 말한다. 그리고 이 마음속에 머물러 반드시 열반에 드는 무리를 위해서 우두머리가 되지만, 그러나 이 마음이 있음을 생각하지 않는다.

또한 수보리야, 보살마하살은 마땅히 동요가 없는 마음〔不動心〕을 내어야 한다.”

수보리가 부처님께 사루어 말씀드렸다.

“무엇을 동요가 없는 마음이라 합니까?”

부처님께서 말씀하셨다.

“항상 일체종지(一切種智)의 마음을 생각하되 또한 이 마음이 있음을 생각하지 않는다. 이것을 보살마하살의 동요가 없는 마음이라 말한다.

또한 수보리야, 보살마하살은 일체의 중생 속에서 이익 안락의 마음〔利益安樂心〕을 내어야 한다.”

“무엇을 이익 안락의 마음이라 합니까?”

“일체중생들을 구제하여 일체중생들을 버리지 않는다. 그러나 이러한 일 속에서도 이 마음이 있음을 생각하지 않는다. 이것을 보살마하살이 일체의 중생 속에서 이익 안락의 마음을 낸다고 말한다. 이와 같이 수보리야, 이 보살마하살은 반야바라밀을 행하여 반드시 열반에 드는 무리 속에서 최고의 우두머리가 된다.

또한 수보리야, 보살마하살은 마땅히 법을 사랑하고〔欲法〕 법을 기꺼워 하며〔喜法〕 법을 즐거워하는 마음〔樂法心〕을 행해야 한다.”

"무엇이 이러한 법입니까?"

"소위 제법(諸法)의 실상(實相)이 파괴되지 않는 것, 이것을 이름하여 법이라 한다."

"무엇을 법을 사랑하고 법을 기꺼워한다고 합니까?"

"법을 믿고 법을 받들며 법을 받는 것, 이것을 법을 사랑하고 법을 기꺼워한다고 말한다."

"무엇을 법을 즐거워한다고 합니까?"

"항상 이 법을 수행하는 것, 이것을 법을 즐거워한다고 말한다. 이와 같이 수보리야, 보살마하살은 반야바라밀을 행하여 반드시 열반에 드는 무리 속에서 훌륭한 우두머리가 된다. 그것은 이 법이 붙잡을 수 없기 때문이다.

또한 수보리야, 보살마하살은 반야바라밀을 행할 때에 여섯 가지 감각기관이 공하고 내지 사물이 존재하지 않는다는 견해와 존재한다는 견해가 같이 공함에 머물러 능히 반드시 열반에 드는 무리를 위해서 우두머리가 되니, 이 법이 붙잡을 수 없기 때문이다.

또한 수보리야, 보살마하살은 반야바라밀을 행할 때에 네 가지 관찰법 속에 머물고, 내지 열여덟 가지 부처님만이 갖는 특성 속에 머물러 능히 반드시 열반에 드는 무리를 위해서 우두머리가 되니, 이 법이 붙잡을 수 없기 때문이다.

또한 수보리야, 보살마하살은 반야바라밀을 행할 때에 금강과 같은 삼매〔如金剛三昧〕에 머물고, 내지 허공처럼 집착을 여의고 물들지 않는 삼매〔離著虛空不染三昧〕 속에 머물러 반드시 열반에 드는 무리 속에서 우두머리가 되니, 이 법이 붙잡을 수 없기 때문이다. 이와 같이 수보리야, 보살마하살은 이 모든 법 속에 머물러 능히 반드시 열반에 드는 무리를 위해서 우두머리가 된다. 이러한 인연을 가진 까닭에 이름하여 마하살이라 한다."

제14 요설품(樂說品 第十四)

그때 혜명 사리불이 부처님께 사루어 말씀드렸다.

"세존이시여, 저도 또한 마하살(摩訶薩)이란 이유를 말하고 싶습니다."

부처님께서 사리불에게 이르셨다.

"그래, 말해 보아라."

사리불이 말씀드렸다.

"나라는 소견〔我見〕·중생이라는 소견〔衆生見〕·오래 산다는 소견〔壽見〕·목숨이라는 소견〔命見〕·난다는 소견〔生見〕·기른다는 소견〔養育見〕·많은 사람이라는 소견〔衆數見〕·사람이라는 소견〔人見〕·짓는다는 소견〔作見〕·짓게 한다는 소견〔使作見〕·일어난다는 소견〔起見〕·일어나게 한다는 소견〔使起見〕·받는다는 소견〔受見〕·받게 한다는 소견〔使受見〕·아는 것이라는 소견〔知者見〕·보는 것이라는 소견〔見者見〕·덧없다는 소견〔斷見〕·항상하다는 소견〔常見〕·있다는 소견〔有見〕·없다는 소견〔無見〕·다섯 가지 모임이라는 소견〔陰見〕·열두 가지 영역이라는 소견〔入見〕·열여덟 가지 요소라는 소견〔界見〕·네 가지 성스러운 진리라는 소견〔諦見〕·인연이라는 소견〔因緣見〕·네 가지 관찰법이라는 소견〔四念處見〕 내지 열여덟 가지 부처님만이 갖는 특성이라는 소견〔十八不共法見〕·불도라는 소견〔佛道見〕·중생을 제도하여 해탈시킨다는 소견〔成就衆生見〕·부처님의 국토를 맑힌다는 소견〔淨佛國土見〕·부처님이라는 소견〔佛見〕·진리의 수레바퀴를 굴린다는 소견〔轉法輪見〕, 이와 같은 모든 소견을 끊으면서 이것을 위해 법을 설하는 이것을 마하살이라고 말합니다.”

수보리가 사리불에게 말했다.

“무슨 인연의 까닭으로 물질적 존재라는 소견〔色見〕을 망령된 소견이라 하고, 무슨 인연의 까닭으로 감각·표상·의지·인식 내지 진리의 수레바퀴를 굴린다는 소견을 이름하여 망령된 소견이라 합니까?”

사리불이 수보리에게 말했다.

“보살마하살이 반야바라밀을 행할 때에 방편이 없는 까닭에 물질적 존재에 붙잡혀 소견을 내니, 얻을 바 있음을 가진 때문입니다. 감각·표상·의지·인식 내지 법륜을 굴린다는 것에 소견을 내니, 얻을 바 있음을 가진 때문입니다. 이러한 가운데서 보살마하살은 반야바라밀을 행하며, 방편의 힘을 가지고 모든 소견의 그물을 끊는 까닭에 이것을 위하여 법을 설하니, 얻을 바 없기 때문입니다.”

그때 수보리가 부처님께 사루어 말씀드렸다.

“세존이시여, 저도 또한 마하살이란 이유를 말하고 싶습니다.”

부처님께서 말씀하셨다.

“그래, 말해 보아라.”

수보리가 말씀드렸다.

“세존이시여, 이 아뇩다라삼먁삼보리의 마음과 부처님과 같은 마음〔無等等心〕은 성문이나 벽지불의 마음과는 같을 수 없습니다. 왜냐하면 이 일체지(一切智)의 마음은 번뇌가 없어서 얽매이지 않기 때문입니다. 이 일체지의 마음은 번뇌가 없어서 얽매지 않는다는 것에도 또한 집착하지 않으니, 이러한 인연의 까닭에 마하살이라 말합니다.”

사리불이 수보리에게 말했다.

“무엇을 보살마하살의 부처님과 같은 마음은 성문이나 벽지불의 마음과 같지 않다고 합니까?”

수보리가 말했다.

“보살마하살은 처음 마음을 낸 다음부터 마침내 법에 남〔生〕이 있고 없어짐이 있으며, 늘어남이 있고 줄어듦이 있으며, 더러움이 있고 깨끗함이 있음을 보지 않습니다. 사리불이여, 만약 법에 남이 없고 없어짐이 없으며, 내지 더러움이 없고 깨끗함이 없다면, 이 가운데에 성문의 마음도 없고 벽지불의 마음도 없으며, 아뇩다라삼먁삼보리의 마음도 없고 부처님의 마음도 없을 것입니다. 사리불이여, 이것을 보살마하살의 부처님과 같은 마음은 성문이나 벽지불의 마음과 같지 않다고 말합니다.”

사리불이 수보리에게 말했다.

“수보리의 말처럼 일체지의 마음은 번뇌가 없는 마음이어서 얽매이지 않는 마음에도 집착하지 않는다면 수보리여, 물질적 존재에도 또한 집착하지 않고 감각·표상·의지·인식에도 집착하지 않으며, 네 가지 관찰법에도 또한 집착하지 않고 내지 열여덟 가지 부처님만이 갖는 특성에도 집착하지 않을 것인데, 무엇 때문에 단지 이 마음에만 집착하지 않는다고 말합니까?”

수보리가 말했다.

“그렇습니다, 정말 그러합니다. 사리불이여, 물질적 존재에도 또한 집착하지 않고, 내지 열여덟 가지 부처님만이 갖는 특성에도 또한 집착하지 않습니다.”

사리불이 수보리에게 말했다.

“범부(凡夫)들의 마음도 또한 번뇌가 없어서 얽매이지 않으니, 성품이 공한 까닭입니다. 모든 성문이나 벽지불의 마음·모든 부처님의 마음도 또한 번뇌가 없어서 얽매이지 않으니, 성품이 공한 까닭입니다.”

수보리가 말했다.

“그렇습니다, 사리불이여.”

사리불이 수보리에게 말했다.

“물질적 존재도 또한 번뇌가 없어서 얽매이지 않으니, 성품이 공한 까닭입니다. 감각·표상·의지·인식도 또한 번뇌가 없어서 얽매이지 않으니, 성품이 공한 까닭입니다. 내지 마음속에 있는 것들에 대한 느낌도 또한 번뇌가 없어서 얽매이지 않으니, 성품이 공한 까닭입니다.”

수보리가 말했다.

"옳습니다."

사리불이 말했다.

"네 가지 관찰법도 또한 번뇌가 없어서 얽매이지 않으니, 성품이 공한 까닭입니다. 내지 열여덟 가지 부처님만이 갖는 특성도 또한 번뇌가 없어서 얽매이지 않으니, 성품이 공한 까닭입니다."

수보리가 말했다.

"옳습니다. 사리불이 말한 것처럼, 범부들의 마음도 번뇌가 없어서 얽매이지 않으니, 성품이 공한 까닭입니다. 내지 열여덟 가지 부처님만이 갖는 특성도 번뇌가 없어서 얽매이지 않으니, 성품이 공한 까닭입니다."

사리불이 수보리에게 말했다.

"공에는 마음이 없는 까닭에 이 마음에 집착하지 않습니다. 수보리여, 물질적 존재는 없는 까닭에 물질적 존재에 집착하지 않습니다. 감각·표상·의지·인식 내지 마음속에 있는 것들에 대한 느낌은 없는 까닭에 느낌에 집착하지 않습니다. 네 가지 관찰법은 없는 까닭에 네 가지 관찰법에 집착하지 않습니다. 내지 열여덟 가지 부처님만이 갖는 특성은 없는 까닭에 열여덟 가지 부처님만이 갖는 특성에 집착하지 않습니다."

수보리가 말했다.

"그렇습니다, 사리불이여, 물질적 존재는 없는 까닭에 물질적 존재에 집착하지 않고, 내지 열여덟 가지 부처님만이 갖는 특성은 없는 까닭에 열여덟 가지 부처님만이 갖는 특성에 집착하지 않습니다. 이와 같이 사리불이여, 보살마하살은 반야바라밀을 행할 때에 아뇩다라삼먁삼보리의 마음과 부처님과 같은 마음이 성문이나 벽지불의 마음과 같지 않음으로써 이 마음이 있음을 생각하지 않고 또한 이 마음에 집착하지 않으니, 온갖 것은 있는 바가 없기 때문입니다. 이러한 까닭으로 마하살이라고 말합니다."

제15 변재품(辯才品 第十五)

그때 부루나(富樓那)가 부처님께 사루어 말씀드렸다.

"세존이시여, 저도 마하살(摩訶薩)이란 이유를 말하고 싶습니다."

부처님께서 말씀하셨다.

"그래 말해 보아라."

부루나가 말씀드렸다.

"이 보살은 큰 서원으로써 화려하게 장식〔大誓莊嚴〕합니다. 이 보살은 대승(大乘)을 향해 나아갑니다. 이 보살은 큰 수레〔大乘〕에 오릅니다. 이러한 까닭에 이 보살을 마하살이라 부릅니다."

사리불이 부루나에게 말했다.

"무엇을 보살마하살의 큰 서원으로써 화려하게 장식함이라 합니까?"

부루나가 사리불에게 말했다.

"보살마하살은 분별하여 가까운 몇몇 사람을 위하여 보시바라밀에 머물며 보시바라밀을 행하는 것이 아니고, 일체중생들을 위하여 보시바라밀에 머물며 보시바라밀을 행합니다. 가까운 몇몇 사람을 위하여 지계바라밀에 머물며, 지계바라밀·인욕바라밀·정진바라밀·선정바라밀·반야바라밀을 행하는 것이 아니고, 일체중생들을 위하여 반야바라밀에 머물며 반야바라밀을 행합니다. 보살마하살의 큰 서원으로써 화려하게 장식함은 중생을 한계 지어서, 나는 약간의 사람을 제도하고 나머지 사람은 제도하지 않겠다, 나는 약간의 사람을 아뇩다라삼먁삼보리에 이르게 하고 나머지 사람은 이르게 하지 않겠다고 말하지 않습니다. 이 보살마하살은 널리 일체중생들을 위하여 큰 서원으로써 화려하게 장식합니다.

그리고 이러한 생각을 합니다. 나는 마땅히 보시바라밀을 원만히 갖추어서 일체중생들로 하여금 보시바라밀을 원만히 갖추게 하고, 스스로 지계바라밀·인욕바라밀·정진바라밀·선정바라밀을 원만히 갖추며, 스스로 반야바라밀을 원만히 갖추어 일체중생들로 하여금 반야바라밀을 원만히 갖추게 해야 한다.

또한 사리불이여, 보살마하살은 보시바라밀을 행할 때에 모든 보시를 일체지〔薩婆若〕에 합치하는 마음으로, 일체중생들과 함께 아뇩다라삼먁삼보리에 회향(廻向)합니다. 사리불이여, 이것을 보살마하살이 보시바라밀을 행할 때에 보시바라밀의 큰 서원으로써 화려하게 장식함이라 말합니다.

또한 사리불이여, 보살마하살이 보시바라밀을 행할 때에 일체지에 합치하는 마음으로 보시하고, 성문이나 벽지불의 경지로 나아가지 않습니다. 사리불이여, 이것을 보살마하살이 보시바라밀을 행할 때에 지계바라밀의 큰 서원으로써 화려하게 장식함이라 말합니다.

또한 사리불이여, 보살마하살이 보시바라밀을 행할 때에 일체지에 합치하는 마음으로 보시하고, 이 모든 베푸는 것에서 즐거이 참는 이것을 보시바라밀을 행할 때에 인욕바라밀의 큰 서원으로써 화려하게 장식함이라 말합니다.

또한 사리불이여, 보살마하살이 보시바라밀을 행할 때에 일체지에 합치하는 마음으로 보시하고, 정성을 다해 수행하여 쉬지 않으니, 이것을 보시바라밀을 행할 때에 정진바라밀의 큰 서원으로써 화려하게 장식함이라 말합니다.

또한 사리불이여, 보살마하살이 보시바라밀을 행할 때에 일체지에 합치하는 마음으로 보시하고, 마음을 오로지 하여 성문이나 벽지불의 뜻을 일으키지 않으니, 이것을 보시바라밀을 행할 때에 선정바라밀의 큰 서원으로써 화려하게 장식함이라 말합니다.

또한 사리불이여, 보살마하살이 보시바라밀을 행할 때에 일체지에 합치하는 마음으로 보시하고, 모든 것을 보기를 환상과 같이하여 베푸는 이를 붙잡지 않고 베푸는 물건을 붙잡지 않으며 받는 이를 붙잡지 않으니, 이것을 보시바라밀을 행할 때에 반야바라밀의 큰 서원으로써 화려하게 장식함이라 말합니다. 이와 같이 사리불이여, 보살마하살이 일체지에 합치하는 마음으로 모든 바라밀의 모양을 취하지 않고 붙잡지 않으면, 이것이 보살마하살의 큰 서원으로써 화려하게 장식함이라고 마땅히 알아야 합니다.

또한 사리불이여, 보살마하살은 지계바라밀을 행할 때에 일체지에 합치하는 마음으로 보시하고, 일체중생들과 함께 아뇩다라삼먁삼보리에 회향합니다. 이것을 보살마하살이 지계바라밀을 행할 때의 보시바라밀이라고 말합니다.

또한 사리불이여, 보살마하살은 지계바라밀을 행할 때에 이 모든 것에 즐거이 참는 이것을 보살마하살이 지계바라밀을 행할 때의 인욕바라밀이라고 말합니다.

또한 사리불이여, 보살마하살은 지계바라밀을 행할 때에 정성을 다해 수행하고 쉬지 않으니, 이것을 보살마하살이 지계바라밀을 행할 때의 정진바라밀이라 말합니다.

또한 사리불이여, 보살마하살은 지계바라밀을 행할 때에 성문이나 벽지불의 마음을 받지 않으니, 이것을 보살마하살이 지계바라밀을 행할 때의 선정바라밀이라고 말합니다.

또한 사리불이여, 보살마하살은 지계바라밀을 행할 때에 모든 것을 보기를 환상과 같이하고 또한 이런 계가 있음을 생각지 않으니, 붙잡을 수가 없음인 까닭입니다. 이것을 보살마하살이 지계바라밀을 행할 때의 반야바라밀이라고 말합니다. 이와 같이 사리불이여, 보살마하살이 지계바라밀을 행할 때에 모든 바라밀을 포섭합니다. 이러한 까닭에 큰 서원으로써 화려하게 장식한다고 말합니다.

또한 사리불이여, 보살마하살은 인욕바라밀을 행할 때에 일체지에 합치하는 마음으로 보시하고, 일체중생들과 함께 아뇩다라삼먁삼보리에 회향합니다. 이것을 보살마하살이 인욕바라밀을 행할 때의 보시바라밀이라고 말합니다.

또한 사리불이여, 보살마하살은 인욕바라밀을 행할 때에 성문이나 벽지불의 마음을 받지 않고, 단지 일체지의 마음만을 받습니다. 이것을 보살마하살이 인욕바라밀을 행할 때의 지계바라밀이라고 말합니다.

또한 사리불이여, 보살마하살은 인욕바라밀을 행할 때에 일체지에 합치하는 마음으로 몸과 마음을 정진하여 쉬지 않습니다. 이것을 보살마하살이 인욕바라밀을 행할 때의 정진바라밀이라고 말합니다.

또한 사리불이여, 보살마하살은 인욕바라밀을 행할 때에, 마음을 한 곳으로 포섭하여 괴로운 일이 있다고 해도 마음이 산란하지 않습니다. 이것을 보살마하살이 인욕바라밀을 행할 때의 선정바라밀이라고 말합니다.

또한 사리불이여, 보살마하살은 인욕바라밀을 행할 때에 일체지에 합치하는 마음으로, 모든 것은 공이어서 짓는 자도 없고 받는 자도 없다고 관찰하여, 만약 욕하고 꾸짖으며 육체를 절단함이 있다해도 마음은 환상과 같고, 꿈과 같습니다. 이것을 보살마하살이 인욕바라밀을 행할 때의 반야바라밀이라고 말합니다.

또한 사리불이여, 보살마하살은 정진바라밀을 행할 때에 일체지에 합치하는 마음으로 보시하고, 언제나 몸과 마음을 게을리 하지 않습니다. 이것을 보살마하살이 정진바라밀을 행할 때의 보시바라밀이라고 말합니다.

또한 사리불이여, 보살마하살은 정진바라밀을 행할 때에 일체지에 합치하는 마음으로 항상 원만하게 갖추어진 청정한 계를 지키니, 이것을 보살마하살이 정진바라밀을 행할 때의 지계바라밀이라고 말합니다.

또한 사리불이여, 보살마하살은 정진바라밀을 행할 때에 일체지에 합치하는 마음으로 인욕을 수행하니, 이것을 보살마하살이 정진바라밀을 행할 때의 인욕바라밀이라고 말합니다.

또한 사리불이여, 보살마하살은 정진바라밀을 행할 때에 일체지에 합치하는 마음으로 마음을 포섭하고 욕심을 여의며, 모든 선정에 듭니다. 이것을 보살마하살이 정진바라밀을 행할 때의 선정바라밀이라고 말합니다.

또한 사리불이여, 보살마하살은 정진바라밀을 행할 때에 일체지에 합치하는 마음으로 일체 모든 것의 모양을 취하지 않고, 취하지 않는 모양에도 또한 집착하지 않습니다. 이것을 보살마하살이 정진바라밀을 행할 때의 반야바라밀이라고 말합니다. 이와 같이 사리불이여, 보살마하살은 정진바라밀을 행할 때에 모든 바라밀을 포섭합니다.

또한 사리불이여, 보살마하살은 선정바라밀을 행할 때에 일체지에 합치하는 마음을 가지고 고요한 마음으로 보시하며, 마음을 어지럽히지 않습니다. 이것을 보살마하살이 선정바라밀을 행할 때의 보시바라밀이라고 말합니다.

또한 사리불이여, 보살마하살은 선정바라밀을 행할 때에 일체지에 합치하는 마음으로 계를 지키고, 선정의 힘으로 온갖 파계하는 곳에 들어가지 않습니다. 이것을 보살마하살이 선정바라밀을 행할 때의 지계바라밀이라고 말합니다.

또한 사리불이여, 보살마하살은 선정바라밀을 행할 때에 일체지에 합치하는 마음으로 자비의 선정에 머물러 온갖 번뇌의 피해를 참습니다. 이것을 보살마하살이 선정바라밀을 행할 때의 인욕바라밀이라고 말합니다.

또한 사리불이여, 보살마하살은 선정바라밀을 행할 때에 일체지에 합치하는 마음으로 선정을 즐기지 않고 집착하지 않으며, 항상 더 나은 정진을 구하여 하나의 선정에서 다른 선정에 이릅니다. 이것을 보살마하살이 선정바라밀을 행할 때의 선정바라밀이라고 말합니다.

또한 사리불이여, 보살마하살은 선정바라밀을 행할 때에 일체지에 합치하는 마음으로 온갖 것에 의지하는 바 없고, 또한 선정에 따라서 태어나지 않습니다. 이것을 보살마하살이 선정바라밀을 행할 때의 반야바라밀이라고 말합니다. 이와 같이 사리불이여, 보살마하살은 선정바라밀을 행할 때에 모든 바라밀을 포섭합니다.

또한 사리불이여, 보살마하살은 반야바라밀을 행할 때에 일체지에 합치하는 마음으로, 안팎의 가진 것을 보시하여 사랑하고 아끼는 것이 없되, 주는 이와 받는 이, 그리고 재물을 보지 않습니다. 이것을 보살마하살이 반야바라밀을 행할 때의 보시바라밀이라고 말합니다.

또한 사리불이여, 보살마하살은 반야바라밀을 행할 때에 일체지에 합치하는 마음으로 지계와 파계의 두 가지 일을 보지 않습니다. 이것을 보살마하살이 반야바라밀을 행할 때의 지계바라밀이라고 말합니다.

또한 사리불이여, 보살마하살은 반야바라밀을 행할 때에 일체지에 합치하는 마음으로 꾸짖는 자·욕하는 자·때리는 자·죽이는 자를 보지 않고, 또한 이것이 공이므로 능히 인욕함을 보지 않습니다. 이것을 보살마하살이 반야바라밀을 행할 때의 인욕바라밀이라고 말합니다.

또한 사리불이여, 보살마하살은 반야바라밀을 행할 때에 일체지에 합치하는 마음으로 모든 것이 마침내 공임을 보며, 대비심을 가지는 까닭에 온갖 착한 것을 행합니다. 이것을 보살마하살이 반야바라밀을 행할 때의 정진바라밀이라고 말합니다.

또한 사리불이여, 보살마하살은 반야바라밀을 행할 때에 일체지에 합치하는 마음으로 선정에 들고, 모든 선정의 여읜 모양〔離相〕·모든 것이 공이라는 모양〔空相〕·어떤 특징도 없다는 모양〔無相相〕·원할 것이 없다는 모양〔無作相〕을 관찰합니다. 이것을 보살마하살이 반야바라밀을 행할 때의 선정바라밀이라고 말합니다.

이와 같이 사리불이여, 보살마하살은 반야바라밀을 행할 때에 모든 바라밀을 포섭합니다. 사리불이여, 이와 같음을 이름하여 보살마하살의 큰 서원으로써 화려하게 장식함이라 합니다. 이렇게 큰 서원으로써 화려하게 장식한 보살을 시방(十方)의 모든 부처님께서는 환희하고, 대중 속에서 이름을 불러 '모(某) 국토에 있는 모(某) 보살마하살은 큰 서원으로써 화려하게 장식하여 중생을 제도하여 해탈시키고 부처님의 국토를 맑힌다'고 찬탄하십니다."

혜명 사리불이 부루나에게 물었다.

"무엇이 보살마하살이 대승을 향해 나아감입니까?"

부루나가 사리불에게 말했다.

"보살마하살이 육바라밀을 행할 때에 모든 욕망을 여의고 모든 악(惡)하고 착하지 않은 법을 여의며, 머트러운 생각도 있고 세밀한 생각도 있으면서〔有覺有觀〕 욕락을 여읜 기쁨과 즐거움을 내어, 첫번째 선정〔初禪〕에 들고 내지 네번째 선정〔第四禪〕에 듭니다. 즐거움을 줌〔慈〕이 광대하여 둘이 없고 한량이 없으며, 원한이 없고 번뇌롭게 하지 않는 마음으로써 행하여 한 방향, 둘·셋·네 방향, 네 간방(間方), 상·하에 변만하고 일체 세간에 가득합니다. 가엾이 여김〔悲〕·함께 기뻐함〔喜〕·온갖 집착을 버림〔捨〕의 마음도 이와 같습니다.

이 보살은 선정에 들 때나 일어날 때에 모든 선정의 한량없는 이타(利他)의 마음들을 일체중생들과 함께 일체지에 회향합니다. 이것을 보살마하살이 선정바라밀로 대승을 향해 나아간다고 말합니다.

이 보살마하살은 선정의 한량없는 이타의 마음에 머물면서 이러한 생각을 합니다. '나는 마땅히 일체종지(一切種智)를 얻어야 하고, 일체중생들의 번뇌를 끊게하기 위하여 반드시 법을 설해야 한다' 이것을 보살마하살이 선정바라밀을 행할 때의 보시바라밀이라고 말합니다.

만약 보살마하살이 일체지에 합치하는 마음으로써 첫째 선정을 닦아 거기에 머물며, 두번째·세번째·네번째 선정도 같이하여 나머지 마음인 소위 성문이나 벽지불의 마음을 받지 않는다면, 이것을 보살마하살이 선정바라밀을 행할 때의 지계바라밀이라고 말합니다.

만약 보살마하살이 일체지에 합치하는 마음으로써 모든 선정에 들고, '나는 일체중생들의 번뇌를 끊게하기 위하여 반드시 법을 설해야 하고, 이 모든 마음으로 즐거이 참는다'는 생각을 짓는다면, 이것을 보살마하살이 선정바라밀을 행할 때의 정진바라밀이라고 말합니다.

만약 보살마하살이 일체지에 합치하는 마음으로써 모든 선정에 들며, 모든 착한 뿌리[善根]를 전부 일체지에 회향하고 정성스럽게 수행하여 쉬지 않으면, 이것을 보살마하살이 선정바라밀을 행할 때의 정진바라밀이라고 말합니다.

만약 보살마하살이 일체지에 합치하는 마음으로써 네번째 선정 등에 들며, 덧없는 모양[無常相]·괴로운 모양[苦相]·내가 없는 모양[無我相]·모든 것이 공이라는 모양·어떤 특징도 없다는 모양·원할 것이 없다는 모양을 보고 일체중생들과 함께 일체지에 회향하면, 이것을 보살마하살이 선정바라밀을 행할 때의 반야바라밀이라고 말합니다. 사리불이여, 이것을 보살마하살이 대승을 향해 나아간다고 말합니다.

또한 보살마하살은 대승을 향해 나아가고, 즐거움을 주는 마음[慈心]을 행하며 이렇게 생각합니다. '나는 마땅히 일체중생을 안락케 해야 한다. 가엾이 여기는 마음[悲心]에 들어 나는 반드시 일체중생들을 구제해야 한다. 함께 기뻐하는 마음[喜心]에 들어 나는 반드시 일체중생들을 건져야 한다. 온갖 집착을 여의는 마음[捨心]에 들어 나는 반드시 일체중생들로 하여금 모든 번뇌가 다함을 얻게해야 한다.' 이것을 보살마하살이 한량없는 이타의 마음을 행할 때의 보시바라밀이라고 말합니다.

또한 보살마하살은 모든 선정의 한량없는 이타의 마음을 성문이나 벽지불의 경지에 향하지 않고, 오직 일체지에 회향합니다. 이것을 보살마하살이 한량없는 이타의 마음을 행할 때의 지계바라밀이라고 말합니다.

또한 사리불이여, 보살마하살은 네 가지 한량없는 이타의 마음[四無量心]을 행하여 성문이나 벽지불의 경지를 탐하지 않고, 오직 일체지에서 즐거이 참습니다. 이것을 보살마하살이 한량없는 이타의 마음을 행할 때의 인욕바라밀이라고 말합니다.

만약 보살마하살이 일체지에 합치하는 마음으로써 네 가지 한량없는 이타의 마음을 행하고 오직 청정행을 행하면, 이것을 보살마하살이 한량없는 이타의 마음을 행할 때의 정진바라밀이라고 말합니다.

또한 보살마하살은 선정에 들고 한량없는 이타의 마음에 들 때, 또한 선정에 따라서 한량없는 이타의 마음을 내지 않습니다. 이것을 보살마하살이 한량없는 이타의 마음을 행할 때의 방편 반야바라밀이라고 말합니다. 사리불이여, 이것을 보살마하살이 대승을 향해 나아간다고 말합니다.

또한 사리불이여, 보살마하살은 대승을 향해 나아가서 온갖 종류의 네 가지 관찰법[四念處]을 닦고 내지 온갖 종류의 여덟 가지 바른 깨달음에 이르는 길[八聖道分]을 닦으며, 온갖 종류의 세 가지 해탈문[三解脫門] 내지 열여덟 가지 부처님만이 갖는 특성[十八不共法]을 닦습니다. 이것을 보살마하살이 대승을 향해 나아간다고 말합니다.

또한 사리불이여, 보살마하살은 여섯 가지 감각기관은 공[內空]이라는 지혜가 있으니 붙잡을 것이 없음인 까닭이며, 내지 사물이 존재하지 않는다는 견해와 존재한다는 견해가 같이 공[無法有法空]이라는 지혜가 있으니 붙잡을 것이 없음인 까닭입니다. 이것을 보살마하살이 대승을 향해 나아간다고 말합니다.

　또한 사리불이여, 보살마하살은 온갖 것 속에서 산란하지도 않고 고요하지도 않는 지혜가 있으니, 이것을 보살마하살이 대승을 향해 나아간다고 말합니다.

　또한 사리불이여, 보살마하살은 대승을 향해 나아가매 항상됨도 아니고 덧없음도 아닌 지혜와 즐거움도 아니고 괴로움도 아니며, 실다움도 아니고 빈 것도 아니며, 내가 있다는 것〔我〕도 아니고 내가 없다는 것〔無我〕도 아닌 지혜가 있습니다. 이것을 보살마하살이 대승을 향해 나아간다고 말하니, 붙잡을 것이 없음인 까닭입니다.

　또한 사리불이여, 보살마하살의 지혜는 과거의 세상에서 행한 것도 아니고, 미래의 세상에서 행할 것도 아니고, 현재의 세상에서 행하고 있는 것도 아니며, 또한 삼세(三世)를 알지 못하는 것도 아닙니다. 이것을 보살마하살이 대승을 향해 나아간다고 말하니, 붙잡을 것이 없음인 까닭입니다.

　또한 사리불이여, 보살마하살은 대승의 지혜를 향해 나아가니 애욕의 세계〔欲界〕에서 행함도 아니고, 물질의 세계〔色界〕에서 행함도 아니고, 정신만의 세계〔無色界〕에서 행함도 아니며, 또한 애욕의 세계·물질의 세계·정신만의 세계를 알지 못하는 것도 아니니, 붙잡을 것이 없음인 까닭입니다.

　사리불이여, 이것을 보살마하살이 대승을 향해 나아간다고 말합니다.

　또한 보살마하살은 대승의 지혜를 향해 나아가니 세간의 법〔世間法〕을 행함도 아니고 세간 밖의 법〔出世間法〕을 행함도 아니며, 함이 있는 법〔有爲法〕을 행함도 아니고 함이 없는 법〔無爲法〕을 행함도 아니며, 번뇌가 있는 법〔有漏法〕을 행함도 아니고 번뇌가 없는 법〔無漏法〕을 행함도 아니며, 또한 세간의 법·세간 밖의 법·함이 있고 함이 없는 법·번뇌가 있고 번뇌가 없는 법을 알지 못하는 것도 아니니, 붙잡을 것이 없음인 까닭입니다. 사리불이여, 이것을 보살마하살이 대승을 향해 나아간다고 말합니다.”

제16 승승품(乘乘品 第十六)

그때 혜명 사리불이 부루나에게 물었다.

"무엇을 보살마하살이 대승(大乘)에 오른다고 말합니까?"

부루나가 사리불에게 대답했다.

"보살마하살은 반야바라밀을 행할 때에 보시바라밀에 오르지만 보시바라밀을 붙잡지 않습니다. 또한 보살을 붙잡지 않고 받는 이〔受者〕를 붙잡지 않으니, 이 법이 붙잡을 것이 없음인 까닭입니다. 이것을 보살마하살이 보시바라밀에 오른다고 말합니다. 보살마하살은 반야바라밀을 행할 때에 지계바라밀·인욕바라밀·정진바라밀·선정바라밀에 오르고, 반야바라밀에 오르지만 반야바라밀을 붙잡지 않고 또한 보살을 붙잡지 않으니, 이 법이 붙잡을 것이 없음인 까닭입니다. 이것을 보살마하살이 반야바라밀에 오른다고 말합니다. 이와 같이 사리불이여, 이것을 보살마하살이 대승에 오른다고 말합니다.

또한 사리불이여, 보살마하살의 대승〔摩訶衍〕은 일심으로 일체지〔薩婆若〕에 합치하여 네 가지 관찰법〔四念處〕을 닦으니, 법이 무너지는 까닭입니다. 내지 일심으로 일체지에 합치하여 열여덟 가지 부처님만이 갖는 특성〔十八不共法〕을 닦으니, 법이 무너지는 까닭이며 이것은 또한 붙잡을 수 없기 때문입니다. 이와 같이 사리불이여, 이것을 보살마하살이 대승에 오른다고 말합니다.

또한 사리불이여, 보살마하살은 이렇게 생각합니다. '보살이란 단지 이름만 있으니, 중생을 붙잡을 수 없기 때문이다.' 이것을 보살마하살이 대승에 오른다고 말합니다.

또한 사리불이여, 만약 보살마하살이 생각하기를, '물질적 존재[色]는 단지 이름만 있으니, 물질적 존재를 붙잡을 수 없는 까닭이다. 감각[受]·표상[想]·의지[行]·인식[識]은 단지 이름만 있으니, 인식을 붙잡을 수 없는 까닭이다. 눈은 단지 이름만 있으니, 눈을 붙잡을 수 없는 까닭이다. 내지 마음도 마찬가지이다. 네 가지 관찰법은 단지 이름만 있으니, 네 가지 관찰법을 붙잡을 수 없는 까닭이다. 내지 여덟 가지 바른 깨달음에 이르는 길[八聖道分]은 단지 이름만 있으니, 여덟 가지 바른 깨달음에 이르는 길을 붙잡을 수 없는 까닭이다. 여섯 가지 감각기관이 공[內空]임은 단지 이름만 있으니, 여섯 가지 감각기관이 공임을 붙잡을 수 없는 까닭이다. 내지 사물이 존재하지 않는다는 견해와 존재한다는 견해가 같이 공[無法有法空]임은 단지 이름만 있으니, 사물이 존재하지 않는다는 견해와 존재한다는 견해가 같이 공임을 붙잡을 수 없는 까닭이다. 내지 열여덟 가지 부처님만이 갖는 특성은 단지 이름만 있으니, 열여덟 가지 부처님만이 갖는 특성을 붙잡을 수 없는 까닭이다. 모든 사물의 진실된 모습[如]은 단지 이름만 있으니, 사물의 진실된 모습을 붙잡을 수 없는 까닭이다. 있는 그대로의 모양[法相]·진실의 본성[法性]·모든 것의 변하지 않는 위치[法位]·참된 실상[實際]도 단지 이름만 있으니, 참된 실상을 붙잡을 수 없는 까닭이다. 아뇩다라삼먁삼보리 및 부처님은 단지 이름만 있으니, 부처님을 붙잡을 수 없는 까닭이다'라고 한다면, 이와 같이 사리불이여, 이것을 보살마하살이 대승에 오른다고 말합니다.

또한 사리불이여, 보살마하살이 처음 마음을 내어서부터 줄곧 보살의 신통을 원만히 갖추어 중생을 제도하여 해탈시키고, 한 부처님 국토에서 다른 부처님 국토에 다니면서 모든 부처님을 공경·공양·존중·찬탄하며, 여러 부처님으로부터 교법(敎法)을 듣고 받는 것이 소위 보살의 대승입니다. 이 보살은 이러한 큰 수레를 타고 한 부처님 국토에서 다른 부처님 국토에 다니면서 부처님의 국토를 맑히고 중생을 제도하여 해탈시키지만, 처음부터 부처님의 국토라는 생각도 없고 또한 중생이라는 생각도 없습니다.

이 사람은 둘이 없는 법〔不二法〕 중에 머물러서 중생을 위해 몸을 받고, 그 마땅한 바를 따라 스스로 자신의 모습을 변화하여 그들을 교화합니다. 내지 일체지를 얻을 때까지 마침내 보살의 수레를 여의지 않으니, 이것을 보살승(菩薩乘)이라 말합니다. 이 보살승이 일체종지(一切種智)를 얻고 나서는 진리의 수레바퀴를 굴리니, 성문이나 벽지불 및 하늘〔天〕·용(龍)·귀신(鬼神)·아수라(阿修羅)·세간의 인민들의 굴림으로서는 미치지 못합니다.

그때 항하의 모래알같이 많은 시방의 모든 부처님께서 전부 환희하시며, 이름을 불러 찬탄하며 이렇게 말씀하십니다. ‘모(某) 방향의 모 국토에 있는 모 보살마하살이 대승에 올라 일체종지를 얻어서 진리의 수레바퀴를 굴린다.’

사리불이여, 이것을 보살마하살이 대승에 오른다고 말합니다.”

제
5
권

제17 장엄품(莊嚴品 第十七)

그때 수보리가 부처님께 사루어 말씀드렸다.

"세존이시여, 보살마하살이 크게 장엄〔大莊嚴〕하니, 무엇이 큰 장엄이며 어떤 보살이 크게 장엄합니까?"

부처님께서 수보리에게 말씀하셨다.

"보살마하살은 대승〔摩訶衍〕을 가지고 큰 장엄으로 삼는다. 소위 보시바라밀 내지 반야바라밀을 장엄이라 하고, 네 가지 관찰법〔四念處〕을 장엄이라 하며, 내지 여덟 가지 바른 깨달음에 이르는 길〔八聖道分〕·여섯 가지 감각기관이 공〔內空〕함을 장엄이라 하고, 내지 사물이 존재하지 않는다는 견해와 존재한다는 견해가 같이 공〔無法有法空〕함·부처님의 열 가지 지혜의 힘〔十力〕 내지 열여덟 가지 부처님만이 갖는 특성〔十八不共法〕 및 일체종지(一切種智)를 장엄이라 한다. 몸을 변화하여 부처님의 장엄과 같이하고, 광명은 널리 삼천대천국토(三千大千國土)와 항하의 모래알같이 많은 동방의 국토를 비춘다. 남·서·북방과 네 간방(間方)과 상·하의 국토도 역시 이와 같다. 삼천대천국토를 여섯 가지로 진동시키고 또한 항하의 모래알같이 많은 동방의 국토를 움직인다. 남·서·북방과 네 간방과 상·하의 국토도 역시 이와 같다.

이 보살마하살은 보시바라밀 대승의 큰 장엄에 머물러서 이 삼천대천국토를 변화시켜 유리(瑠璃)로 만들고, 몸을 변화하여 전륜성왕(轉輪聖王)이 되며,

밥을 구하면 밥을 주고 물을 구하면 물을 주며, 의복·침구·꽃·향·보석·바르는 향·향수·주택·등불·의약 등등을 구하면 그러한 것을 전부 급여해 주고, 다 주고 나서는 그들을 위해서 법을 설한다. 소위 육바라밀에 합치하는 것이니, 이 법을 들은 중생은 언제나 육바라밀을 여의지 않아 마침내 아뇩다라삼먁삼보리에 이른다. 이와 같이 수보리여, 이것을 보살마하살이 대승으로써 큰 장엄을 삼는다고 한다.

수보리야, 비유컨대 교묘한 요술쟁이나 그 제자가 사거리 가운데서 대중(大衆)을 만들어 내고, 그들이 밥을 구하면 밥을 주고 물을 구하면 물을 주며, 내지 갖가지 구하는 바를 전부 주는 것과 같다. 수보리야, 너는 어떻게 생각하느냐. 이 요술쟁이는 실로 중생이 있어서 주는 것인가 아닌가?"

수보리가 말씀드렸다.

"아닙니다, 세존이시여."

"수보리야, 보살마하살도 또한 이와 같이 전륜성왕으로 변화하여 가지가지를 원만히 갖추며, 밥을 구하면 밥을 주고 물을 구하면 물을 주며, 내지 구하는 갖가지를 전부 그들에게 준다. 그러나 베푸는 것이 있다고 해도 실재로 주는 것은 없다. 왜냐하면 수보리야, 모든 것의 모양은 환상과 같은 것이기 때문이다.

또한 수보리야, 보살마하살은 지계바라밀에 머물며, 전륜성왕의 집에 태어나 열 가지 착한 행위〔十善道〕로써 중생을 교화한다. 네 가지 선정〔四禪〕·네 가지 한량없는 이타의 마음〔四無量心〕·네 가지 형상을 떠난 선정〔四無色定〕·네 가지 관찰법 내지 열여덟 가지 부처님만이 갖는 특성으로 중생을 교화하니, 이 법을 듣는 중생은 아뇩다라삼먁삼보리에 이를 때까지 결코 이 법을 여의지 않는다. 비유컨대 요술쟁이나 그 제자가 사거리 가운데서 대중을 만들어 내고, 열 가지 착한 행위로써 교화하여 행하게 하고, 또 네 가지 선정·네 가지 한량없는 이타의 마음·네 가지 형상을 떠난 선정·네 가지 관찰법 내지 열여덟 가지 부처님만이 갖는 특성으로 교화하여 행하게 하는 것과 같다.

수보리야, 너는 어떻게 생각하느냐. 이 요술쟁이가 실로 중생이 있어서 교화하여 열 가지 착한 행위를 행하게 하고, 내지 열여덟 가지 부처님만이 갖는 특성을 행하게 하는가 아닌가?"

수보리가 말씀드렸다.

"아닙니다, 세존이시여."

수보리야, 보살마하살도 또한 이와 같이 열 가지 착한 행위로써 중생을 교화하고, 나아가 열여덟 가지 부처님만이 갖는 특성을 행하게 하지만, 실로 중생이 열 가지 착한 행위 내지 열여덟 가지 부처님만이 갖는 특성을 행함이 없다. 왜냐하면 이 모든 것의 모양은 환상과 같은 것이기 때문이다. 수보리야, 이것을 보살마하살의 큰 장엄이라고 말한다.

또한 수보리야, 보살마하살은 인욕바라밀에 머물며, 중생을 교화하여 인욕바라밀을 행하게 한다. 수보리야, 무엇이 보살마하살이 인욕바라밀에 머물며, 중생을 교화하여 인욕바라밀을 행하게 함인가! 수보리야, 보살마하살은 처음 마음을 내어서부터 줄곧 이와 같은 큰 장엄이 있기 때문에 혹시 일체중생들이 꾸짖고 욕하며 창·칼로 해치더라도, 보살마하살은 이 가운데서 한 생각도 일으키지 않으며, 또한 일체중생들을 교화하여 이 인욕을 행하게 한다.비유컨대 요술쟁이나 그 제자가 사거리 가운데서 대중을 만들어내고, 인욕을 행하게 함과 같다. 나머지는 위에서 설한 것과 같으니, 수보리야, 이것을 보살마하살의 큰 장엄이라고 말한다.

또한 수보리야, 보살마하살은 정진바라밀에 머물며, 일체중생들을 교화하여 정진바라밀을 행하게 한다. 수보리야, 무엇이 보살마하살이 정진바라밀에 머물며, 일체중생들을 교화하여 정진바라밀을 행하게 함인가! 수보리야, 보살마하살은 일체지에 합치하는 마음으로 몸과 마음을 정진하여 중생을 교화한다. 비유컨대 요술쟁이나 그 제자가 사거리 가운데서 대중을 만들어내고, 몸과 마음의 정진을 행하게 함과 같다. 나머지는 위에서 설한 것과 같으니,수보리야, 이것을 보살마하살의 큰 장엄이라고 말한다.

또한 수보리야, 보살마하살은 선정바라밀에 머물며, 일체중생들을 교화하여 정진바라밀을 행하게 한다. 수보리야, 무엇이 보살마하살이 선정바라밀에 머물며, 일체중생들을 교화하여 선정바라밀을 행하게 함인가! 수보리야, 보살마하살은 모든 법이 평등함에 머물러서 법의 어지러움과 고요함을 보지 않는다. 이와 같이 수보리야, 보살마하살은 선정바라밀에 머물며, 일체중생들을 교화하여 선정바라밀을 행하게 하고, 마침내 아뇩다라삼먁삼보리에 이를 때까지 항상 선정바라밀을 여의지 않는다. 비유컨대 교묘한 요술쟁이나 그 제자가 사거리 가운데서 대중을 만들어내고, 교화해서 선정바라밀을 행하게 함과 같다. 나머지는 위에서 설한 것과 같으니, 수보리야, 이것을 보살마하살의 큰 장엄이라고 말한다.

또한 수보리야, 보살마하살은 반야바라밀에 머물며, 일체중생들을 교화하여 반야바라밀을 행하게 한다. 수보리야, 무엇이 보살마하살이 반야바라밀에 머물며, 일체중생들을 교화하여 반야바라밀을 행하게 함인가! 수보리야, 보살마하살은 반야바라밀을 행할 때, 법의 이 언덕과 저 언덕을 붙잡음이 없다. 이와 같이 보살마하살은 반야바라밀에 머물며, 일체중생들을 교화하여 반야바라밀을 행하게 한다. 비유컨대 교묘한 요술쟁이나 그 제자가 사거리 가운데서 대중을 만들어내고, 교화하여 반야바라밀을 행하게 함과 같다.

수보리야, 이것을 보살마하살의 큰 장엄이라고 말한다.

또한 수보리야, 보살마하살의 큰 장엄은 항하의 모래알같이 많은 시방의 국토에 있는 중생들에게, 그들의 원하는 바를 따라서 스스로 그 몸을 변화하여 보시바라밀 내지 반야바라밀에 머물게 하고, 또한 중생들을 교화하여 보시바라밀 내지 반야바라밀을 행하게 한다. 이 중생들은 이 법을 수행하여 마침내 아뇩다라삼먁삼보리에 이를 때까지 언제나 이 법을 여의지 않는다.

수보리야, 비유컨대 교묘한 요술쟁이나 그 제자가 사거리 가운데서 대중을 만들어 내고, 교화하여 육바라밀을 행하게 함과 같다. 나머지는 위에서 설한 것과 같으니, 이처럼 수보리야, 이것을 보살마하살의 큰 장엄이라고 말한다.

또한 수보리야, 보살마하살의 큰 장엄은 일체지에 합치하는 마음으로써 이러한 생각을 내지 않는다. '나는 약간의 사람은 교화하여 보시바라밀에 머물게 하지만, 다른 약간의 사람은 교화하여 보시바라밀에 머물게 하지 않겠다' 내지 반야바라밀에 있어서도 이와 같다. 그리고 이러한 생각도 내지 않는다. '나는 약

간의 사람은 교화하여 네 가지 관찰법에 머물게 하지만, 다른 약간의 사람은 교
화하여 네 가지 관찰법에 머물게 하지 않겠다’ 내지 열여덟 가지 부처님만이 갖
는 특성에 있어서도 이와 같다. 또 이러한 생각도 내지 않는다. ‘나는 약간의
사람은 교화하여 수다원과·사다함과·아나함과·아라한과·벽지불도·일체종지
를 얻게 하지만, 다른 약간의 사람은 교화하여 수다원과 내지 일체종지를 얻게
하지 않겠다.’ 또 이러한 생각을 내지 않는다. ‘나는 반드시 한량없고 가없으며
헤아릴 수 없는 중생들로 하여금 보시바라밀 내지 반야바라밀에 머물게 하고,
중생들로 하여금 네 가지 관찰법 내지 열여덟 가지 부처님만이 갖는 특성에 세
우며, 한량없고 가없으며 헤아릴 수 없는 중생들로 하여금 수다원과 내지 일체
종지를 얻게 하겠다.’

  비유컨대 교묘한 요술쟁이나 그 제자가 사거리 가운데서 대중을 만들어 내고,
교화하여 육바라밀을 행하게 하고 내지 일체종지를 얻게 함과 같다.나머지는 위
에서 설한 것과 같으니 수보리야, 이것을 보살마하살의 큰 장엄이라고 말한다.”

  그때 수보리가 부처님께 사루어 말씀드렸다.

  “세존이시여, 제가 부처님께 들은 바 뜻대로라면, 보살마하살에게 큰 장엄이
없는 것을 큰 장엄이라 하니, 모든 사물은 고유형태가 공〔自相空〕인 까닭입니
다. 말하자면 물질적 존재〔色〕는 물질적 존재의 모양이 공이고, 감각·표상·의
지·인식은 인식의 모양이 공입니다. 눈은 눈의 모양이 공이고, 내지 생각〔意〕
도 생각의 모양이 공입니다. 형태〔色〕는 형태의 모양이 공이고 내지 마음〔法〕
도 마음의 모양이 공이며, 눈으로 인식하는 것〔眼識〕은 눈으로 인식하는 모양
이 공이고 내지 마음으로 인식하는 것〔意識〕도 마음으로 인식하는 모양이 공이
며, 눈앞의 상황〔眼觸〕은 눈앞의 상황인 모양이 공이고 내지 마음속에 있는 것
〔意觸〕도 마음속에 있는 것의 모양이 공이며, 눈앞에 전개되는 것들에 대한 느
낌은 눈앞에 전개되는 것들에 대한 모양이 공이고 내지 마음속에 있는 것들에
대한 느낌도 마음속에 있는 것들에 대한 느낌의 모양이 공입니다.

  세존이시여, 보시바라밀은 보시바라밀의 모양이 공이고 내지 반야바라밀도 반
야바라밀의 모양이 공이며, 여섯 가지 감각기관이 공함은 여섯 가지 감각기관이

공함의 모양이 공이고 내지 사물이 존재하지 않는다는 견해와 존재한다는 견해가 같이 공함도 사물이 존재하지 않는다는 견해와 존재한다는 견해가 같이 공함의 모양이 공이며, 네 가지 관찰법은 네 가지 관찰법의 모양이 공이고 내지 열여덟 가지 부처님만이 갖는 특성도 열여덟 가지 부처님만이 갖는 특성의 모양이 공이며, 보살도 보살의 모양이 공입니다.

세존이시여, 이러한 인연을 가진 까닭에, 보살마하살에게 큰 장엄이 없음이 큰 장엄이 된다고 마땅히 알아야 합니다.”

부처님께서 수보리에게 이르셨다.

“그렇다, 정말 그러하다. 네가 말한 그대로다. 수보리야, 일체지는 어떻게 만들어지는 것〔作法〕이 아니고, 중생도 또한 어떻게 만들어지는 것이 아니지만 보살은 이 중생을 위해서 크게 장엄한다.”

수보리가 부처님께 사루어 말씀드렸다.

“세존이시여, 무슨 인연의 까닭으로 일체지는 어떻게 만들어지는 것이 아니고, 이 중생도 또한 어떻게 만들어지는 것이 아닌데 보살은 이 중생을 위해서 크게 장엄합니까?”

부처님께서 수보리에게 말씀하셨다.

“짓는다는 것〔作者〕은 붙잡을 수 없는 까닭에, 일체지는 짓는 것이 아니고 어떻게 일으킴도 아니며, 이 모든 중생들도 또한 짓는 것이 아니고 어떻게 일으킴도 아니다. 왜냐하면 수보리야, 물질적 존재는 짓는 것도 아니고 짓지 않는 것도 아니며, 감각·표상·의지·인식도 짓는 것도 아니고 짓지 않는 것도 아니기 때문이다. 눈은 짓는 것도 아니고 짓지 않는 것도 아니며, 내지 생각도 짓는 것도 아니고 짓지 않는 것도 아니기 때문입니다. 형태 내지 마음·눈으로 인식하는 것 내지 마음으로 인식하는 것·눈앞의 상황 내지 마음속에 있는 것·눈앞에 전개되는 것들에 대한 느낌 내지 마음속에 있는 것들에 대한 느낌도 짓는 것도 아니고 짓지 않는 것도 아니기 때문입니다.

수보리야, 나〔我〕라는 것은 짓는 것도 아니고 짓지 않는 것도 아니며, 내지 아는 것〔知者〕·보는 것〔見者〕도 짓는 것도 아니고 짓지 않는 것도 아니다. 왜나하면 이 모든 것은 마침내 붙잡을 수 없기 때문이다.

수보리야, 꿈은 짓는 것도 아니고 짓지 않는 것도 아니다. 왜냐하면 이 모든 것은 마침내 붙잡을 수 없기 때문이다. 환상·메아리·그림자·아지랑이·변화의 몸도 짓는 것도 아니고 짓지 않는 것도 아니다. 왜냐하면 이 모든 것은 마침내 붙잡을 수 없기 때문이다.

수보리야, 여섯 가지 감각기관이 공함은 짓는 것도 아니고 짓지 않는 것도 아니니, 마침내 붙잡을 수 없기 때문이다. 내지 사물이 존재하지 않는다는 견해와 존재한다는 견해가 같이 공함도 짓는 것도 아니고 짓지 않는 것도 아니니, 마침내 붙잡을 수 없기 때문이다.

수보리야, 네 가지 관찰법은 짓는 것도 아니고 짓지 않는 것도 아니니, 마침내 붙잡을 수 없기 때문이다. 내지 열여덟 가지 부처님만이 갖는 특성은 짓는 것도 아니고 짓지 않는 것도 아니니, 왜냐하면 이 모든 것은 마침내 붙잡을 수 없기 때문이다.

수보리야, 모든 사물의 진실된 모습〔如〕·있는 그대로의 모양〔法相〕·진실의 본성〔法性〕·참된 이치의 머무름〔法住〕·모든 것의 변하지 않는 위치〔法位〕·참된 실상〔實際〕은 짓는 것도 아니고 짓지 않는 것도 아니니, 마침내 붙잡을 수 없기 때문이다.

수보리야, 보살은 짓는 것도 아니고 짓지 않는 것도 아니니, 마침내 붙잡을 수 없기 때문이다. 일체지 및 일체종지는 짓는 것도 아니고 짓지 않는 것도 아니니, 마침내 붙잡을 수 없기 때문이다. 이러한 인연을 가진 까닭에 수보리야, 일체지는 짓는 것이 아니고 어떻게 일으킴도 아니며, 이 중생도 또한 짓는 것도 아니고 어떻게 일으킴도 아니지만, 보살은 이 중생들을 위해서 크게 장엄하는 것이다.”

그때 수보리가 부처님께 사루어 말씀드렸다.

“제가 부처님께서 말씀하신 뜻을 본 대로라면, 물질적 존재는 속박도 없고 해탈도 없으며, 감각·표상·의지·인식은 속박도 없고 해탈도 없습니다.”

그때 부루나가 수보리에게 말했다.

“물질적 존재는 이것이 속박도 없고 해탈도 없으며, 감각·표상·의지·인식은 이것이 속박도 없고 해탈도 없다고 말씀하십니까?"

수보리가 말했다.

"그렇습니다, 정말 그러합니다. 물질적 존재는 이것이 속박도 없고 해탈도 없으며, 감각·표상·의지·인식은 이것이 속박도 없고 해탈도 없습니다."

부루나가 수보리에게 물었다.

"무엇이 물질적 존재가 속박도 없고 해탈도 없는 것이며, 무엇이 감각·표상·의지·인식이 속박도 없고 해탈도 없는 것입니까?"

수보리가 말했다.

"꿈과 같이 물질적 존재는 속박도 없고 해탈도 없으며, 꿈과 같이 감각·표상·의지·인식은 속박도 없고 해탈도 없습니다. 메아리와 같이·그림자와 같이·아지랑이와 같이·변화한 몸과 같이 물질적 존재·감각·표상·의지·인식은 속박도 없고 해탈도 없습니다.

부루나여, 과거의 물질적 존재는 속박도 없고 해탈도 없으며, 과거의 감각·표상·의지·인식은 속박도 없고 해탈도 없습니다. 미래의 물질적 존재는 속박도 없고 해탈도 없으며, 미래의 감각·표상·의지·인식은 속박도 없고 해탈도 없습니다. 현재의 물질적 존재는 속박도 없고 해탈도 없으며, 현재의 감각·표상·의지·인식은 속박도 없고 해탈도 없습니다. 무슨 까닭에 속박도 없고 해탈도 없는가! 이 물질적 존재는 있는 바가 없는 까닭에 속박도 없고 해탈도 없습니다. 감각·표상·의지·인식은 있는 바가 없는 까닭에 속박도 없고 해탈도 없습니다. 여읨〔離〕인 까닭에·영원한 평안〔寂滅〕인 까닭에·나지 않는〔不生〕 까닭에 속박도 없고 해탈도 없습니다.

부루나여, 착함〔善〕의 물질적 존재·감각·표상·의지·인식은 속박도 없고 해탈도 없으며, 착하지 않음〔不善〕의 물질적 존재·감각·표상·의지·인식은 속박도 없고 해탈도 없습니다. 착하지도 않고 착하지 않지도 않은〔無記〕 물질적 존재·감각·표상·의지·인식은 속박도 없고 해탈도 없습니다. 세간(世間)과 세간 밖〔出世間〕·번뇌가 있음〔有漏〕과 번뇌가 없음〔無漏〕의 물질적 존재는 속박도 없고 해탈도 없으며, 감각·표상·의지·인식도 속박도 없고 해탈도 없습니다.

왜냐하면 있는 바가 없기 때문입니다. 여읨인 까닭에·영원한 평안인 까닭에·나지 않는 까닭에 속박도 없고 해탈도 없습니다.

부루나여, 일체의 법도 또한 속박도 없고 해탈도 없습니다. 있는 바가 없는 까닭에·여읨인 까닭에·영원한 평안인 까닭에·나지 않는 까닭에 속박도 없고 해탈도 없습니다.

부루나여, 보시바라밀은 속박도 없고 해탈도 없습니다. 지계바라밀·인욕바라밀·정진바라밀·선정바라밀·반야바라밀은 속박도 없고 해탈도 없습니다. 있는 바가 없는 까닭에·여읨인 까닭에·영원한 평안인 까닭에·나지 않는 까닭에 속박도 없고 해탈도 없습니다.

부루나여, 여섯 가지 감각기관이 공함도 또한 속박도 없고 해탈도 없으며, 내지 사물이 존재하지 않는다는 견해와 존재한다는 견해가 같이 공함도 또한 속박도 없고 해탈도 없습니다. 네 가지 관찰법은 속박도 없고 해탈도 없으며, 내지 열여덟 가지 부처님만이 갖는 특성은 속박도 없고 해탈도 없습니다. 있는 바가 없는 까닭에·여읨인 까닭에·영원한 평안인 까닭에·나지 않는 까닭에 속박도 없고 해탈도 없습니다. 아뇩다라삼먁삼보리는 속박도 없고 해탈도 없습니다. 일체지·일체종지는 속박도 없고 해탈도 없습니다.

보살은 속박도 없고 해탈도 없습니다. 부처님도 또한 속박도 없고 해탈도 없습니다. 있는 바가 없는 까닭에·여읨인 까닭에·영원한 평안인 까닭에·나지 않는 까닭에 속박도 없고 해탈도 없습니다.

부루나여, 모든 사물의 진실된 모습·있는 그대로의 모양·진실의 본성·참된 이치의 머무름·모든 것의 변하지 않는 위치·참된 실상·함이 없는 법〔無爲法〕은 속박도 없고 해탈도 없습니다. 있는 바가 없는 까닭에·여읨인 까닭에·영원한 평안인 까닭에·나지 않는 까닭에 속박도 없고 해탈도 없습니다. 부루나여, 이것을 보살마하살의 속박도 없고 해탈도 없는 것이라고 말합니다.

보시바라밀 내지 반야바라밀·네 가지 관찰법 내지 일체종지는 속박도 없고 해탈도 없습니다. 이 보살마하살은 속박도 없고 해탈도 없는 보시바라밀 중에 머물고 내지 속박도 없고 해탈도 없는 반야바라밀 중에 머물며, 속박도 없고 해탈도 없는 네 가지 관찰법에 머물고 내지 속박도 없고 해탈도 없는 일체종지에 머물며, 속박도 없고 해탈도 없는 것으로 일체중생을 제도하여 해탈시키고 속박도 없고 해탈도 없는 것으로 부처님의 국토를 맑히며, 속박도 없고 해탈도 없는 것으로 모든 부처님을 공양하고 속박도 없고 해탈도 없는 것으로 법을 들으며, 속박도 없고 해탈도 없는 것으로 모든 부처님을 마침내 여의지 않고 속박도 없고 해탈도 없는 것으로 모든 신통을 마침내 여의지 않으며, 속박도 없고 해탈도 없는 것으로 다섯 가지 눈〔五眼〕을 마침내 여의지 않고, 속박도 없고 해탈도 없는 것으로 다라니문(陀羅尼門)을 마침내 여의지 않고 속박도 없고 해탈도 없는 것으로 모든 삼매문(三昧門)을 마침내 여의지 않으며, 속박도 없고 해탈도 없는 것으로 마땅히 도종지(道種智)를 내고 속박도 없고 해탈도 없는 것으로 마땅히 일체종지를 얻으며, 속박도 없고 해탈도 없는 것으로 진리의 수레바퀴를 굴리고 속박도 없고 해탈도 없는 것으로 중생을 삼승(三乘)에 편안히 세웁니다.

　이와 같이 부루나여, 보살마하살은 속박도 없고 해탈도 없는 육바라밀을 행합니다. 마땅히 알아야 하니, 일체의 법은 속박도 없고 해탈도 없습니다. 있는 바가 없는 까닭이며, 여읨인 까닭이며, 영원한 평안인 까닭이며, 나지 않는 까닭입니다. 부루나여, 이것을 보살마하살의 속박도 없고 해탈도 없는 큰 장엄이라고 말합니다.”

제18 문승품(問乘品 第十八)

그때 수보리가 부처님께 사루어 말씀드렸다.

"세존이시여, 무엇이 보살마하살의 대승이며, 어떻게 보살마하살이 대승을 향해 나아감을 알겠습니까? 이 수레〔乘〕는 어디에서 출발하여 어디에 도착하며, 어디에 머무는 것입니까? 누가 이 수레를 타고 벗어납니까?"

부처님께서 수보리에게 이르셨다.

"너는 무엇이 보살마하살의 대승이냐고 물었다. 수보리야, 육바라밀이 보살마하살의 대승이다. 무엇을 여섯이라 하는가? 보시바라밀·지계바라밀·인욕바라밀·정진바라밀·선정바라밀·반야바라밀이다.

무엇을 보시바라밀이라고 부르는가? 수보리야, 보살마하살은 일체지〔薩婆若〕에 합치하는 마음으로 안팎의 모든 것을 남에게 베풀고 일체중생들과 함께 아뇩다라삼먁삼보리에 회향하니, 붙잡을 것이 없음인 까닭이다. 수보리야, 이것을 보살마하살의 보시바라밀이라고 말한다.

무엇을 지계바라밀이라고 부르는가? 수보리야, 보살마하살은 일체지에 합치하는 마음으로 스스로 열 가지 착한 행위〔十善道〕를 행하고, 또한 타인으로 하여금 열 가지 착한 행위를 행하게 하니, 붙잡을 것이 없음인 까닭이다. 이것을 보살마하살의 지계바라밀이라고 말한다.

무엇을 인욕바라밀이라고 부르는가? 수보리야, 보살마하살은 일체지에 합치하는 마음으로 스스로 참음을 원만히 갖추고, 또한 타인으로 하여금 참음을 행하게 하니, 붙잡을 것이 없음인 까닭이다. 이것을 보살마하살의 인욕바라밀이라고 말한다.

무엇을 정진바라밀이라고 부르는가? 수보리야, 보살마하살은 일체지에 합치하는 마음으로 다섯 가지 바라밀〔五波羅蜜〕을 행하여 정성스럽게 닦아 쉬지 않으며, 또한 일체중생들을 다섯 가지 바라밀에 편안히 세우니, 붙잡을 것이 없음인 까닭이다. 이것을 보살마하살의 정진바라밀이라고 말한다.

무엇을 선정바라밀이라고 부르는가? 수보리야, 보살마하살은 일체지에 합치하는 마음으로 스스로 방편을 가지고 모든 선정에 들지만, 선정에 따라서 태어나지 않고, 또한 타인을 가르쳐서 선정에 들게 하니, 붙잡을 것이 없음인 까닭이다. 이것을 보살마하살의 선정바라밀이라고 말한다.

무엇을 반야바라밀이라고 부르는가? 수보리야, 보살마하살은 일체지에 합치하는 마음으로 온갖 것에 집착하지 않고, 또한 온갖 것의 성품을 관(觀)하니, 붙잡을 것이 없음인 까닭이다. 또한 타인으로 하여금 온갖 것에 집착하지 않게 하고, 온갖 것의 성품을 관하게 하니, 붙잡을 것이 없음인 까닭이다. 이것을 보살마하살의 반야바라밀이라고 말한다. 수보리야, 이것을 보살마하살의 대승이라고 한다.

또한 수보리야, 보살마하살에게는 다시 대승이 있다. 소위 여섯 가지 감각기관은 공〔內空〕·여섯 가지 감각기관의 여섯 가지 대상은 공〔外空〕·여섯 가지 감각기관과 여섯 가지 대상이 같이 공〔內外空〕·공 그 자체는 공〔空空〕·시방세계가 공〔大空〕·실상의 진리도 공〔第一義空〕·함이 있는 공〔有爲空〕·함이 없는 공〔無爲空〕·하나도 남김이 없는 공〔畢竟空〕·비롯함이 없이 나고 죽는 모든 것은 공〔無始空〕·모든 것을 분리하는 공〔散空〕·모든 것의 본질은 공〔性空〕·사물의 고유 형태가 공〔自相空〕·모든 존재가 공〔諸法空〕·사물에 사로잡힘이 없는 공〔不可得空〕·사물이 존재하지 않는다는 견해가 공〔無法空〕·사물이 존재한다는 견해가 공〔有法空〕·사물이 존재하지 않는다는 견해와 존재한다는 견해가 같이 공〔無法有法空〕이다.”

수보리가 부처님께 사루어 말씀드렸다.

"무엇을 여섯 가지 감각기관은 공〔內空〕이라 합니까?"

부처님께서 말씀하셨다.

"안〔內〕이란 것은 눈·귀·코·혀·신체·마음을 말한다. 눈을 눈이라고 함은 공이니, 항상하지도 않고 없어지지도 않는 까닭이다. 왜냐하면 본래의 성품이 그러하기 때문이다. 귀를 귀라고 함은 공이고, 코를 코라고 함은 공이며, 혀를 혀라고 함은 공이고, 신체를 신체라고 함은 공이며, 생각을 생각이라고 함은 공이니, 항상하지도 않고 없어지지도 않는 까닭이다. 왜냐하면 본래의 성품이 그러하기 때문이다. 이것을 여섯 가지 감각기관은 공이라고 말한다.

무엇을 여섯 가지 감각기관의 여섯 가지 대상은 공〔外空〕이라고 하는가? 밖〔外〕이란 것은 형상·소리·냄새·맛·느낌·마음의 대상을 말한다. 형상을 형상이라고 함은 공이니, 항상하지도 않고 없어지지도 않는 까닭이다. 왜냐하면 본래의 성품이 그러하기 때문이다. 소리를 소리라고 함은 공이고, 냄새를 냄새라고 함은 공이며, 맛을 맛이라고 함은 공이고, 느낌을 느낌이라 함은 공이며, 마음의 대상을 마음의 대상이라고 함은 공이니, 항상하지도 않고 없어지지도 않는 까닭이다. 왜냐하면 본래의 성품이 그러하기 때문이다. 이것을 여섯 가지 감각기관의 여섯 가지 대상은 공이라고 말한다.

무엇을 여섯 가지 감각기관과 여섯 가지 대상이 같이 공〔內外空〕이라고 하는가? 안팎〔內外〕이란 것은 안의 여섯 가지 감각기관〔六入〕과 밖의 여섯 가지 감각기관을 말한다. 안〔內〕이란 것을 안이라 함은 공이니, 항상하지도 않고 없어지지도 않는 까닭이다. 왜냐하면 본래의 성품이 그러하기 때문이다. 밖〔外〕이란 것을 밖이라 함은 공이니, 항상하지도 않고 없어지지도 않는 까닭이다. 왜냐하면 본래의 성품이 그러하기 때문이다. 이것을 여섯 가지 감각기관과 여섯 가지 대상이 같이 공이라고 말한다.

무엇을 공 그 자체가 공〔空空〕이라고 하는가? 모든 것은 공이며 이 공도 또한 공이니, 항상하지도 않고 없어지지도 않는 까닭이다. 왜냐하면 본래의 성품이 그러하기 때문이다. 이것을 공 그 자체가 공이라고 말한다.

무엇을 시방 세계가 공〔大空〕이라고 하는가? 동방(東方)을 동방이라고 하는 모양은 공이니, 항상하지도 않고 없어지지도 않는 까닭이다. 왜냐하면 본래의 성품이 그러하기 때문이다. 남·서·북방과 네 간방(間方)과 상·하를 남·서·북방과 네 간방과 상·하라고 함은 공이니, 항상하지도 않고 없어지지도 않는 까닭이다. 왜냐하면 본래의 성품이 그러하기 때문이다. 이것을 시방 세계가 공이라고 말한다.

무엇을 실상의 진리도 공〔第一義空〕이라고 하는가? 실상의 진리〔第一義〕란 열반을 말한다. 열반을 열반이라고 함은 공이니, 항상하지도 않고 없어지지도 않는 까닭이다. 왜냐하면 본래의 성품이 그러하기 때문이다. 이것을 실상의 진리도 공이라고 말한다.

무엇을 함이 있는 공〔有爲空〕이라고 하는가? 함이 있는 것이란 애욕의 세계〔欲界〕·물질의 세계〔色界〕·정신만의 세계〔無色界〕를 말한다. 애욕의 세계를 애욕의 세계라고 함은 공이고, 물질의 세계를 물질의 세계라고 함은 공이며, 정신만의 세계를 정신만의 세계라고 함은 공이니, 항상하지도 않고 없어지지도 않는 까닭이다. 왜냐하면 본래의 성품이 그러하기 때문이다. 이것을 함이 있는 공이라고 말한다.

무엇을 함이 없는 공〔無爲空〕이라고 하는가? 함이 없는 것이란 남이 없는 모양〔無生相〕·머뭄이 없는 모양〔無住相〕·없어짐이 없는 모양〔無滅相〕을 말한다. 함이 없는 것을 함이 없는 것이라고 함은 공이니, 항상하지도 않고 없어지지도 않는 까닭이다. 왜냐하면 본래의 성품이 그러하기 때문이다. 이것을 함이 없는 공이라고 말한다.

무엇을 하나도 남김이 없는 공〔畢竟空〕이라고 하는가? 하나도 남김이 없음이란 모든 것은 마침내 붙잡을 수 없음을 말하니, 항상하지도 않고 없어지지도 않는 까닭이다. 왜냐하면 본래의 성품이 그러하기 때문이다. 이것을 하나도 남김이 없는 공이라고 말한다.

무엇을 비롯함이 없이 나고 죽는 모든 것은 공〔無始空〕이라고 하는가? 법에 있어서는 처음으로 온 곳을 붙잡을 수 없으니, 항상하지도 않고 없어지지도 않는 까닭이다. 왜냐하면 본래의 성품이 그러하기 때문이다. 이것을 비롯함이 없이 나고 죽는 모든 것은 공이라고 말한다.

무엇을 모든 것을 분리하는 공〔散空〕이라고 하는가? 분리함이란 모든 것은 없어짐이 없음을 말하니, 항상하지도 않고 없어지지도 않는 까닭이다. 왜냐하면 본래의 성품이 그러하기 때문이다. 이것을 모든 것을 분리하는 공이라고 말한다.

무엇을 모든 것의 본질은 공〔性空〕이라고 하는가? 일체의 모든 것의 본질인 혹은 함이 있는 것들의 성품·혹은 함이 없는 것들의 성품은, 이것을 성문이나 벽지불이 만든 것이 아니고, 부처님이 만든 것이 아니며, 더구나 나머지 사람들이 만든 것이 아니다. 이 본질을 본질이라 함은 공이니, 항상하지도 않고 없어지지도 않는 까닭이다. 왜냐하면 본래의 성품이 그러하기 때문이다. 이것을 모든 것의 본질은 공이라고 말한다.

무엇을 사물의 고유형태가 공〔自相空〕이라고 하는가? 사물의 고유형태란 물질적 존재의 무너지는 모양·감각의 느끼는 모양·표상의 취하는 모양·의지의 작용하는 모양·인식의 인식하는 모양을 말한다. 이와 같은 함이 있고 함이 없는 것들은 각자의 고유형태가 공이니, 항상하지도 않고 없어지지도 않는 까닭이다. 왜냐하면 본래의 성품이 그러하기 때문이다. 이것을 사물의 고유형태가 공이라고 말한다.

무엇을 모든 존재가 공〔諸法空〕이라고 하는가? 모든 존재란 물질적 존재·감각·표상·의지·인식, 눈·귀·코·혀·신체·마음, 형상·소리·냄새·맛·느낌·마음의 대상, 눈의 영역·형태의 영역·눈으로 인식하는 것, 내지 마음의 영역·마음의 대상이라는 것·마음으로 대상을 인식하는 것을 말한다. 이 모든 존재를 모든 존재라 함은 공이니, 항상하지도 않고 없어지지도 않는 까닭이다. 왜냐하면 본래의 성품이 그러하기 때문이다. 이것을 모든 존재가 공이라고 말한다.

무엇을 사물에 사로잡힘이 없는 공〔不可得空〕이라고 하는가? 모든 것을 구하매 붙잡을 수가 없다. 이 붙잡을 수 없음은 공이니, 항상하지도 않고 없어지지도 않는 까닭이다. 왜냐하면 본래의 성품이 그러하기 때문이다. 이것을 사물에 사로잡힘이 없는 공이라고 말한다.

무엇을 사물이 존재하지 않는다는 견해가 공〔無法空〕이라고 하는가? 사물이 없다는 이것은 또한 공이니, 항상하지도 않고 없어지지도 않는 까닭이다. 왜냐하면 본래의 성품이 그러하기 때문이다. 이것을 사물이 존재하지 않는다는 견해가 공이라고 말한다.

무엇을 사물이 존재한다는 견해가 공〔有法空〕이라고 하는가? 사물이 있다는 것은 모든 것이 화합한 가운데, 본래 성품의 모양이 있음을 말한다. 이 사물이 존재한다는 것은 공이니, 항상하지도 않고 없어지지도 않는 까닭이다. 왜냐하면 본래의 성품이 그러하기 때문이다. 이것을 사물이 존재한다는 견해가 공이라고 말한다.

무엇을 사물이 존재하지 않는다는 견해와 존재한다는 견해가 같이 공〔無法有法空〕이라고 하는가? 모든 것 가운데는 어떤 것도 없다는 것과 모든 것이 화합한 가운데는 본래 성품의 모양이 있다는 것의 이 사물이 존재하지 않는다는 견해와 존재한다는 견해는 공이니, 항상하지도 않고 없어지지도 않는 까닭이다. 왜냐하면 본래의 성품이 그러하기 때문이다. 이것을 사물이 존재하지 않는다는 견해와 존재한다는 견해가 같이 공이라고 말한다.

또한 수보리야, 법(法)을 법 모양〔法相〕이라고 함은 공이고, 법이 없음〔無法〕을 법이 없는 모양〔無法相〕이라고 함은 공이며, 자신의 법〔自法〕을 자신의 법 모양〔自法相〕이라고 함은 공이고, 타인의 법〔他法〕을 타인의 법 모양〔他法相〕이라고 함은 공이다.

무엇을 법을 법 모양이라고 함은 공이라고 하는가? 법이란 다섯 가지 모임〔五陰〕을 말하니, 다섯 가지 모임이 공한 이것을 법을 법 모양이라고 함은 공이라고 말한다.

무엇을 법이 없음을 법이 없는 모양이라고 함은 공이라고 하는가? 법이 없음은 함이 없는 법을 말하니, 이것을 법이 없음을 법이 없음이 공이라고 말한다.

무엇을 자신의 법을 자신의 법 모양이라고 함은 공이라고 하는가? 모든 것의 자신의 법은 공이며, 이 공은 지혜로 지은 것이 아니고 소견으로 지은 것이 아니니, 이것을 자신의 법을 자신의 법 모양이 공함이라고 말한다.

　무엇을 타인의 법을 타인의 법이 공이라고 하는가? 혹은 부처님이 나오시든 혹은 부처님이 나오시지 않든 참된 이치의 머무름〔法住〕·있는 그대로의 모양〔法相〕·모든 것의 변하지 않는 위치〔法位〕·진실의 본성〔法性〕·사물의 진실된 모습〔如〕·참된 실상〔實際〕과 이것을 지나는 모든 법은 공이니, 이것을 타인의 법을 타인의 법 모양이 공이라고 말한다. 이것을 보살마하살의 대승이라고 말한다.

　또한 수보리야, 보살마하살의 대승이란 소위 수능엄삼매(首楞嚴三昧)·보인삼매(寶印三昧)·사자유희삼매(師子遊戲三昧)·묘월삼매(妙月三昧)·월당상삼매(月幢相三昧)·출제법삼매(出諸法三昧)·관정삼매(觀頂三昧)·필법성삼매(畢法性三昧)·필당상삼매(畢幢相三昧)·금강삼매(金剛三昧)·입법인삼매(入法印三昧)·삼매왕안립삼매(三昧王安立三昧)·방광삼매(放光三昧)·역진삼매(力進三昧)·고출삼매(高出三昧)·필인변재삼매(必人辯才三昧)·입명자삼매(入名字三昧)·관방삼매(觀方三昧)·다라니인삼매(陀羅尼印三昧)·무광삼매(無誑三昧)·섭제법해삼매(攝諸法海三昧)·변복허공삼매(徧覆虛空三昧)·금강륜삼매(金剛輪三昧)·보단삼매(寶斷三昧)·능조삼매(能照三昧)·불구삼매(不求三昧)·무주삼매(無住三昧)·무심삼매(無心三昧)·정등삼매(淨燈三昧)·무변명삼매(無邊明三昧)·능작명삼매(能作明三昧)·보조명삼매(普照明三昧)·견정제삼매삼매(堅淨諸三昧三昧)·무구명삼매(無垢明三昧)·환희삼매(歡喜三昧)·전광삼매(電光三昧)·무진삼매(無盡三昧)·위덕삼매(威德三昧)·이진삼매(離盡三昧)·부동삼매(不動三昧)·불퇴삼매(不退三昧)·일등삼매(日燈三昧)·월정삼매(月淨三昧)·정명삼매(淨明三昧)·능작명삼매(能作明三昧)·작행삼매(作行三昧)·지상삼매(知相三昧)·여금강삼매(如金剛三昧)·심주삼매(心住三昧)·보명삼매(普明三昧)·안립삼매(安立三昧)·보취삼매(寶聚三昧)·묘법인삼매(妙法印三昧)·법등삼매(法等三昧)·단희삼매(斷喜三昧)·도법정삼매(到法頂三昧)·능산삼매(能散三昧)·분별제법구삼매(分別諸法句三昧)·자등상삼매(字等相三昧)·이자삼매(離字三昧)·단연삼매(斷緣三昧)·불괴삼매(不壞三昧)·

무종상삼매(無種相三昧)·무처행삼매(無處行三昧)·이몽매삼매(離朦昧三昧)·무거삼매(無去三昧)·불변이삼매(不變異三昧)·도연삼매(度緣三昧)·집제공덕삼매(集諸功德三昧)·주무심삼매(住無心三昧)·묘정화삼매(妙淨華三昧)·각의삼매(覺意三昧)·무량변삼매(無量辯三昧)·무등등삼매(無等等三昧)·도제법삼매(度諸法三昧)·분별제법삼매(分別諸法三昧)·산의삼매(散疑三昧)·무주처삼매(無住處三昧)·일장엄삼매(一莊嚴三昧)·생행삼매(生行三昧)·일행삼매(一行三昧)·불일행삼매(不一行三昧)·묘행삼매(妙行三昧)·달일체유저산삼매(達一切有底散三昧)·입명어삼매(入名語三昧)·이음성자어삼매(離音聲字語三昧)·연거삼매(然炬三昧)·정상삼매(淨相三昧)·파상삼매(破相三昧)·일체종묘족삼매(一切種妙足三昧)·불희고락삼매(不喜苦樂三昧)·무진행삼매(無盡行三昧)·다다라니삼매(多陀羅尼三昧)·섭제사정상삼매(攝諸邪正相三昧)·멸증애삼매(滅憎愛三昧)·역순삼매(逆順三昧)·정광삼매(淨光三昧)·견고삼매(堅固三昧)·만월정광삼매(滿月淨光三昧)·대장엄삼매(大莊嚴三昧)·능조일체세삼매(能照一切世三昧)·삼매등삼매(三昧等三昧)·섭일체유쟁무쟁삼매(攝一切有諍無諍三昧)·불락일체주처삼매(不樂一切住處三昧)·여주정삼매(如住定三昧)·괴신쇠삼매(壞身衰三昧)·괴어여허공삼매(壞語如虛空三昧)·이착허공불염삼매(離著虛空不染三昧)를 말한다.

무엇을 수능엄삼매라고 하는가? 모든 삼매가 가는 곳을 아는, 이것을 수능엄삼매라고 한다. 무엇을 보인삼매라고 하는가? 이 삼매에 머물면 능히 모든 삼매를 인정하니, 이것을 보인삼매라고 한다. 무엇을 사자유희삼매라고 하는가? 이 삼매에 머물면 능히 모든 삼매 가운데서 유희함이 마치 사자와 같으니, 이것을 사자유희삼매라고 한다. 무엇을 묘월삼매라고 하는가?

이 삼매에 머물면 능히 모든 삼매를 비춤이 맑은 달과 같으니, 이것을 묘월삼매라고 한다. 무엇을 월당상삼매라고 하는가? 이 삼매에 머물면 능히 모든 삼매의 모양을 가지니, 이것을 월당상삼매라고 한다. 무엇을 출제법삼매라고 하는가? 이 삼매에 머물면 능히 모든 삼매가 출생하니, 이것을 출제법삼매라고 한다. 무엇을 관정삼매라고 하는가? 이 삼매에 머물면 능히 모든 삼매의 정수리를 보니, 이것을 관정삼매라고 한다. 무엇을 필법성삼매라고 하는가? 이 삼매에 머물면 결정된 법의 성품을 아니, 이것을 필법성삼매라고 한다. 무엇을 필당상삼매라고 하는가? 이 삼매에 머물면 능히 모든 삼매의 깃발을 가지니, 이것을 필당상삼매라고 한다. 무엇을 금강삼매라고 하는가? 이 삼매에 머물면 능히 모든 삼매를 가지니,이것을 금강삼매라고 한다.

무엇을 입법인삼매라고 하는가? 이 삼매에 머물면 모든 법을 인정함에 들어가니, 이것을 입법인삼매라고 한다. 무엇을 삼매왕안립삼매라고 하는가? 이 삼매에 머물면 일체의 모든 삼매 중에 편안하게 머묾이 마치 왕과 같으니, 이것을 삼매왕안립삼매라고 한다. 무엇을 방광삼매라고 하는가? 이 삼매에 머물면 능히 광명을 놓아 모든 삼매를 비추니, 이것을 방광삼매라고 한다. 무엇을 역진삼매라고 하는가? 이 삼매에 머물면 모든 삼매에 있어서 능히 세력을 떨치니, 이것을 역진삼매라고 한다. 무엇을 고출삼매라고 하는가? 이 삼매에 머물면 능히 모든 삼매를 증장하니, 이것을 고출삼매라고 한다.

무엇을 필입변재삼매라고 하는가? 이 삼매에 머물면 능히 모든 삼매를 말할 수 있으니, 이것을 필입변재삼매라고 한다. 무엇을 석명자삼매라고 하는가? 이 삼매에 머물면 능히 모든 삼매의 이름을 해석할 수 있으니, 이것을 석명자삼매라고 한다. 무엇을 관방삼매라고 하는가? 이 삼매에 머물면 능히 모든 삼매의 방향을 볼 수 있으니, 이것을 관방삼매라고 한다. 무엇을 다라니인삼매라고 하는가? 이 삼매에 머물면 모든 삼매의 도장을 가지니, 이것을 다라니인삼매라고 한다. 무엇을 무광삼매라고 하는가? 이 삼매에 머물면 모든 삼매에 있어서 속이지 않으니, 이것을 무광삼매라고 한다. 무엇을 섭제법해삼매라고 하는가? 이 삼매에 머물면 능히 모든 삼매를 포섭함이 마치 큰 바다의 물과 같으니, 이것을 섭제법해삼매라고 한다. 무엇을 편복허공삼매라고 하는가? 이 삼매에 머물면 모든 삼매를 두루 덮음이 마치 허공과 같으니, 이것을 편복허공삼매라고 한다. 무엇을 금강륜삼매라고 하는가? 이 삼매에 머물면 능히 모든 삼매의 요소를 다 가지니, 이것을 금강륜삼매라고 한다. 무엇을 단보삼매라고 하는가? 이 삼매에 머물면 모든 삼매의 번뇌의 때를 여의니, 이것을 단보삼매라고 한다. 무엇을 능조삼매라고 하는가? 이 삼매에 머물면 능히 광명으로써 모든 삼매를 현출하게 비추니, 이것을 능조삼매라고 한다. 무엇을 불구삼매라고 하는가? 이 삼매에 머물면 법에 구할 것이 없으니, 이것을 불구삼매라고 한다.

무엇을 무주삼매라고 하는가? 이 삼매에 머물면 일체 모든 것의 머무름을 보지 않으니, 이것을 무주삼매라고 한다. 무엇을 무심삼매라고 하는가? 이 삼매에 머물면 마음과 마음에 작용하는 갖가지 정신작용을 행하지 않으니, 이것을 무심삼매라고 한다. 무엇을 정등삼매라고 하는가? 이 삼매에 머물면 모든 삼매에 있어서 밝음을 냄이 마치 등불과 같으니, 이것을 정등삼매라고 한다. 무엇을 무변명삼매라고 하는가? 이 삼매에 머물면 모든 삼매를 변이 없이 밝히니, 이것을 무변명삼매라고 한다. 무엇을 능작명삼매라고 하는가?

이 삼매에 머물면 즉시에 능히 모든 삼매를 위해서 밝음을 내니, 이것을 능작명삼매라고 한다. 무엇을 보조명삼매라고 하는가? 이 삼매에 머물면 바로 능히 모든 삼매문을 밝히니, 이것을 보조명삼매라고 한다. 무엇을 견정제삼매라고 하는가? 이 삼매에 머물면 능히 모든 삼매의 모양을 깨끗하게 세우니, 이것을 견정제삼매라고 한다. 무엇을 무구명삼매라고 하는가? 이 삼매에 머물면 능히 모든 삼매의 때를 없애고, 또한 능히 일체의 삼매를 비추니, 이것을 무구명삼매라고 한다. 무엇을 환희삼매라고 하는가? 이 삼매에 머물면 능히 모든 삼매의 기쁨을 받으니, 이것을 환희삼매라고 한다. 무엇을 전광삼매라고 하는가? 이 삼매에 머물면 모든 삼매를 비춤이 마치 전광과 같으니, 이것을 전광삼매라고 한다. 무엇을 무진삼매라고 하는가? 이 삼매에 머물면 모든 삼매에 있어서 다함을 보지 않으니, 이것을 무진삼매라고 한다. 무엇을 위덕삼매라고 하는가? 이 삼매에 머물면 모든 삼매에 있어서 위덕이 빛나니, 이것을 위덕삼매라고 한다. 무엇을 이진삼매라고 하는가? 이 삼매에 머물면 모든 삼매의 다함을 보지 않으니, 이것을 이진삼매라고 한다.

무엇을 부동삼매라고 하는가? 이 삼매에 머물면 모든 삼매로 하여금 움직이지 않고 희롱하지 않게 하니, 이것을 부동삼매라고 한다. 무엇을 불퇴삼매라고 하는가? 이 삼매에 머물면 능히 모든 삼매의 물러남을 보지 않으니, 이것을 불퇴삼매라고 한다. 무엇을 일등삼매라고 하는가? 이 삼매에 머물면 광명을 놓아 모든 삼매문을 비추니, 이것을 일등삼매라고 한다. 무엇을 월정삼매라고 하는가? 이 삼매에 머물면 능히 모든 삼매의 어둠을 없애니, 이것을 월정삼매라고 한다. 무엇을 정명삼매라고 하는가? 이 삼매에 머물면 모든 삼매에 있어서 네 가지 걸림없는 지혜〔四無碍智〕를 얻으니, 이것을 정명삼매라고 한다. 무엇을 능작명삼매라고 하는가? 이 삼매에 머물면 모든 삼매문에 있어서 능히 밝음을 지으니, 이것을 능작명삼매라고 한다. 무엇을 작행삼매라고 하는가? 이 삼매에 머물면 능히 모든 삼매로 하여금 각각 짓는 바를 있게하니, 이것을 작행삼매라고 한다. 무엇을 지상삼매라고 하는가?

이 삼매에 머물면 모든 삼매의 지혜의 모양을 보니, 이것을 지상삼매라고 한다. 무엇을 여금강삼매라고 하는가? 이 삼매에 머물면 모든 것에 달관하되, 또한 달관함을 보지 않으니, 이것을 여금강삼매라고 한다. 무엇을 심주삼매라고 하는가? 이 삼매에 머물면 마음이 움직이지 않고 구르지 않으며 번뇌롭지 않고, 또한 이 마음이 있음을 생각하지 않으니, 이것을 심주삼매라고 한다. 무엇을 보명삼매라고 하는가? 이 삼매에 머물면 널리 모든 삼매의 밝음을 보니, 이것을 보명삼매라고 한다. 무엇을 안립삼매라고 하는가? 이 삼매에 머물면 모든 삼매에 있어서 편안히 서서 움직이지 않으니, 이것을 안립삼매라고 한다.

무엇을 보취삼매라고 하는가? 이 삼매에 머물면 널리 모든 삼매를 봄이 마치 보배를 봄과 같으니, 이것을 보취삼매라고 한다. 무엇을 묘법인삼매라고 하는가? 이 삼매에 머물면 능히 모든 삼매에 도장을 찍으니, 도장이 없음으로써 도장을 찍는 까닭이다. 이것을 묘법인삼매라고 한다. 무엇을 법등삼매라고 하는가? 이 삼매에 머물면 모든 것이 평등하여, 법에 평등하지 않음이 없음을 보니, 이것을 법등삼매라고 한다. 무엇을 단희삼매라고 하는가?

이 삼매에 머물면 일체의 모든 것 중에서 기쁨을 끊으니, 이것을 단희삼매라고 한다. 무엇을 도법정삼매라고 하는가? 이 삼매에 머물면 모든 것의 어둠을 없애고, 또한 모든 삼매의 위에 있게 되니, 이것을 도법정삼매라고 한다. 무엇을 능산삼매라고 하는가? 이 삼매에 머물면 능히 모든 것을 깨뜨려 흩으니, 이것을 능산삼매라고 한다. 무엇을 분별제법구삼매라고 하는가? 이 삼매에 머물면 모든 삼매의 온갖 법구(法句)를 분별하니, 이것을 분별제법구삼매라고 한다. 무엇을 자등상삼매라고 하는가? 이 삼매에 머물면 이름의 평등함을 얻으니, 이것을 자등상삼매라고 한다. 무엇을 이자삼매라고 하는가? 이 삼매에 머물면 모든 삼매 중에서 한 이름도 보지 않으니, 이것을 이자삼매라고 한다. 무엇을 단연삼매라고 하는가? 이 삼매에 머물면 모든 삼매의 인연을 끊으니, 이것을 단연삼매라고 한다.무엇을 불괴삼매라고 하는가? 이 삼매에 머물면 모든 것에 바뀜을 얻지 않으니, 이것을 불괴삼매라고 한다. 무엇을 무종상삼매라고 하는가? 이 삼매에 머물면 모든 것의 종류를 보지 않으니, 이것을 무종상삼매라고 한다.

무엇을 무처행삼매라고 하는가? 이 삼매에 머물면 모든 삼매가 있는 곳을 보지 않으니, 이것을 무처행삼매라고 한다. 무엇을 이몽매삼매라고 하는가? 이 삼매에 머물면 모든 삼매의 적은 어둠을 여의니, 이것을 이몽매삼매라고 한다. 무엇을 무거삼매라고 하는가? 이 삼매에 머물면 일체 삼매의 가는 모양을 보지 않으니, 이것을 무거삼매라고 한다. 무엇을 불변이삼매라고 하는가? 이 삼매에 머물면 모든 삼매의 바뀌는 모양을 보지 않으니, 이것을 불변이삼매라고 한다. 무엇을 도연삼매라고 하는가? 이 삼매에 머물면 일체 삼매가 인연한 경계를 건너니, 이것을 도연삼매라고 한다. 무엇을 집제공덕삼매라고 하는가? 이 삼매에 머물면 모든 삼매의 공덕을 모으니, 이것을 집제공덕삼매라고 한다. 무엇을 주무심삼매라고 하는가? 이 삼매에 머물면 모든 삼매에 있어서 마음이 들어가지 않으니, 이것을 주무심삼매라고 한다.

무엇을 정묘화삼매라고 하는가? 이 삼매에 머물면 모든 삼매로 하여금 맑고 묘한 꽃과 같음을 얻게 하니, 이것을 정묘화삼매라고 한다. 무엇을 각의삼매라고 하는가? 이 삼매에 머물면 모든 삼매 중에서 일곱 가지 깨닫는 지혜를 도와주는 힘〔七覺分〕을 얻으니, 이것을 각의삼매라고 한다. 무엇을 무량변삼매라고 하는가? 이 삼매에 머물면 모든 삼매 중에서 한량없는 변재를 얻으니, 이것을 물량변삼매라고 한다. 무엇을 무등등삼매라고 하는가? 이 삼매에 머물면 모든 삼매 중에서 비교할 수 없는 평등한 모양을 얻으니, 이것을 무등등삼매라고 한다. 무엇을 도제법삼매라고 하는가? 이 삼매에 머물면 일체의 삼계(三界)를 건너니, 이것을 도제법삼매라고 한다.

무엇을 분별제법삼매라고 하는가? 이 삼매에 머물면 모든 삼매 및 모든 것을 분별하여 보니, 이것을 분별제법삼매라고 한다. 무엇을 산의삼매라고 하는가? 이 삼매에 머물면 모든 것의 의심을 흩어버림을 얻으니, 이것을 산의삼매라고 한다. 무엇을 무주처삼매라고 하는가? 이 삼매에 머물면 모든 것의 머무는 곳을 보지 않으니, 이것을 무주처삼매라고 한다. 무엇을 일장엄삼매라고 하는가? 이 삼매에 머물면 마침내 모든 것의 두 가지 모양〔二相〕을 보지 않으니, 이것을 일장엄삼매라고 한다. 무엇을 생행삼매라고 하는가? 이 삼매에 머물면 모든 행위의 생김을 보지 않으니, 이것을 생행삼매라고 한다. 무엇을 일행삼매라고 하는가? 이 삼매에 머물면 모든 삼매의 이 언덕과 저 언덕을 보지 않으니, 이것을 일행삼매라고 한다. 무엇을 불일행삼매라고 하는가? 이 삼매에 머물면 모든 삼매의 한 모양〔一相〕을 보지 않으니, 이것을 불일행삼매라고 한다. 무엇을 묘행삼매라고 하는가? 이 삼매에 머물면 모든 삼매의 두 가지 모양을 보지 않으니, 이것을 묘행삼매라고 한다. 무엇을 달일체유저산삼매라고 하는가? 이 삼매에 머물면, 일체가 있음에 들어 일체 삼매의 지혜를 통달한다. 그러나 또한 통달한 바가 없으니, 이것을 달일체유저산삼매라고 한다. 무엇을 입명어삼매라고 하는가? 이 삼매에 머물면 일체 삼매의 이름에 드니, 이것을 입명어삼매라고 한다. 무엇을 이음성자어삼매라고 하는가? 이 삼매에 머물면 모든 삼매의 음성과 이름자를 보지 않으니, 이것을 이음성자어삼매라고 한다. 무잇을 연거삼매라고 하는가? 이 삼매에 머물면 위덕의 비춤이 마치 밝은 횃불과 같으니, 이것을 연거삼매라고 한다.

무엇을 정상삼매라고 하는가? 이 삼매에 머물면 모든 삼매의 모양을 맑히니, 이것을 정상삼매라고 한다. 무엇을 파상삼매라고 하는가? 이 삼매에 머물면 모든 삼매의 모양을 보지 않으니, 이것을 파상삼매라고 한다. 무엇을 일체종묘족삼매라고 하는가? 이 삼매에 머물면 일체 모든 삼매의 종류를 전부 원만히 갖추니, 이것을 일체종묘족삼매라고 한다. 무엇을 불희고락삼매라고 하는가? 이 삼매에 머물면 모든 삼매의 고통과 기쁨을 보지 않으니, 이것을 불희고락삼매라고 한다. 무엇을 무진상삼매라고 하는가? 이 삼매에 머물면 모든 삼매가 다함을 보지 않으니, 이것을 무진상삼매라고 한다. 무엇을 다다라니삼매라고 하는가? 이 삼매에 머물면 능히 모든 삼매를 가지니, 이것을 다다라니삼매라고 한다. 무엇을 섭제사정상삼매라고 하는가? 이 삼매에 머물면 모든 삼매에 있어서 삿됨과 바른 모양을 보지 않으니, 이것을 섭제사정상삼매라고 한다. 무엇을 멸증애삼매라고 하는가? 이 삼매에 머물면 모든 삼매의 미움과 사랑함을 보지 않으니, 이것을 멸증애삼매라고 한다. 무엇을 역순삼매라고 하는가? 이 삼매에 머물면 모든 것과 온갖 삼매의 거역함과 순종함을 보지 않으니, 이것을 역순삼매라고 한다. 무엇을 정광삼매라고 하는가? 이 삼매에 머물면 모든 삼매의 밝음과 더러움을 붙잡지 않으니, 이것을 정광삼매라고 한다. 무엇을 견고삼매라고 하는가? 이 삼매에 머물면 모든 삼매의 견고하지 않음을 붙잡지 않으니, 이것을 견고삼매라고 한다. 무엇을 만월정광삼매라고 하는가? 이 삼매에 머물면 모든 삼매의 만족함이 마치 보름날의 달과 같으니, 이것을 만월정광삼매라고 한다.

무엇을 대장엄삼매라고 하는가? 이 삼매에 머물면 크게 장엄하여 모든 삼매를 성취하니, 이것을 대장엄삼매라고 한다. 무엇을 능조일체세삼매라고 하는가? 이 삼매에 머물면 모든 삼매 및 일체의 모든 것을 능히 비추니, 이것을 능조일체세삼매라고 한다. 무엇을 삼매등삼매라고 하는가? 이 삼매에 머물면 모든 삼매에 있어서 고요함과 산란의 모양을 붙잡지 않으니, 이것을 삼매등삼매라고 한다. 무엇을 섭일체유쟁무쟁삼매라고 하는가? 이 삼매에 머물면 능히 모든 삼매로 하여금 다툼이 있고 다툼이 없음을 분별하지 않게하니, 이것을 섭일체유쟁무쟁삼매라고 한다. 무엇을 불락일체주처삼매라고 하는가? 이 삼매에 머물면 모든 삼매의 의지처를 보지 않으니, 이것을 불락일체주처삼매라고 한다. 무엇을 여주정삼매라고 하는가? 이 삼매에 머물면 모든 삼매의 그와 같은 모양을 벗어나지 않으니, 이것을 여주정삼매라고 한다. 무엇을 괴신쇠삼매라고 하는가? 이 삼매에 머물면 몸의 모양을 붙잡지 않으니, 이것을 괴신쇠삼매라고 한다. 무엇을 괴어여허공삼매라고 하는가? 이 삼매에 머물면 모든 삼매의 말로 짓는 행위를 보지 않음이 마치 허공과 같으니, 이것을 괴어여허공삼매라고 한다. 무엇을 이착허공불염삼매라고 하는가? 이 삼매에 머물면 모든 것을 허공과 같이 걸림이 없음을 보고, 또한 이 삼매에도 물들지 않으니, 이것을 이착허공불염삼매라고 한다. 수보리야, 이것을 보살마하살의 대승이라고 말한다.

제19 광승품(廣乘品 第十九)

부처님께서 수보리에게 이르셨다.

"보살마하살의 대승이란 소위 네 가지 관찰법〔四念處〕이다. 무엇을 네 가지라고 하는가? 수보리야, 보살마하살은 몸의 안쪽〔內身〕에 대하여 몸을 순차적으로 관찰하되 몸이라는 생각이 없으니, 붙잡을 수가 없는 까닭이다. 몸의 바깥쪽〔外身〕과 몸의 안팎〔內外身〕에 대하여 몸을 순차적으로 관찰하되 몸이라는 생각이 없으니, 붙잡을 수가 없는 까닭이다. 이렇게 오로지 정진하여 일심으로 세간의 탐욕과 근심을 없앤다.

안쪽의 느낌〔內受〕·안쪽의 마음〔內心〕·안쪽의 존재〔內法·바깥 쪽의 느낌〔外受〕·바깥 쪽의 마음〔外心〕·바깥 쪽의 존재〔外法〕·안팎의 느낌〔內外受〕·안팎의 마음〔內外心〕·안팎의 존재〔內外法〕에 대하여 사물〔法〕을 순차적으로 관찰하되 사물이라는 생각이 없으니, 붙잡을 수가 없는 까닭이다. 이렇게 오로지 정진하여 일심으로 세간의 탐욕과 근심을 없앤다.

수보리야, 보살마하살은 어떻게 몸의 안쪽에 대하여 몸을 순차적으로 관찰하는가? 수보리야, 보살마하살은 갈 때는 감을 알고 머물 때는 머묾을 알며, 앉을 때는 앉음을 알고 누울 때는 누움을 아니, 몸이 행하는 바를 그대로 안다. 수보리야, 보살마하살은 이와 같이 몸의 안쪽에 대하여 몸을 순차적으로 관찰해서, 오로지 정진하며 일심으로 세간의 탐욕과 근심을 없애니, 붙잡을 수가 없는 까닭이다.

또한 수보리야, 보살마하살은 오고 감을 일심으로 눈여겨 보고, 굽히고 펴며, 내려보고 쳐다보며, 승가리(僧伽梨)를 입고 의발(衣鉢)을 지니며, 먹고 마시며, 누워 쉬고 앉고 서며, 잠자고 깨며, 말하고 잠잠하며, 선정에 들고 남을 또한 일심으로 한다. 이와 같이 수보리야, 보살마하살은 반야바라밀을 행하고 몸의 안쪽에 대하여 몸을 순차적으로 관찰하니, 붙잡을 수가 없는 까닭이다.

또한 수보리야, 보살마하살은 몸의 안쪽에 대하여 몸을 순차적으로 관찰할 때, 일심으로 생각하여 숨을 들이 쉴 때 들어오는 쉼을 알고 내어 쉴 때 나가는 쉼을 알며, 숨을 길게 들이 쉴 때 들어오는 숨이 긴 것을 알고 길게 내어 쉴 때 나가는 숨이 긴 것을 알며, 숨을 짧게 들이 쉴 때 들어오는 숨이 짧음을 알고 짧게 내어 쉴 때 들어오는 숨이 짧음을 안다. 비유컨대 목수나 혹은 그의 제자가 먹줄이 길 때는 긴 것을 알고, 먹줄이 짧을 때는 짧음을 아는 것과 같다. 보살마하살도 이와 같이 일심으로 생각하여 숨을 들이 쉴 때 들어오는 쉼을 알고, 내어 쉴 때 나가는 쉼을 알며, 숨을 길게 들이 쉴 때 들어오는 숨이 긴 것을 알고 길게 내어 쉴 때 나가는 숨이 긴 것을 알며, 숨을 짧게 들이 쉴 때 들어오는 숨이 짧음을 알고 짧게 내어 쉴 때 들어오는 숨이 짧음을 안다. 이와 같이 수보리야, 보살마하살은 안쪽의 마음에 대하여 몸을 순차적으로 생각하고 오로지 정진하여서 일심으로 세간의 탐욕과 근심을 없애니, 붙잡을 수가 없는 까닭이다.

또한 수보리야, 보살마하살은 몸의 네 가지 요소〔四大〕를 관찰하여 이와 같이 생각한다. ‘이 몸은 땅의 성품〔地大〕과 물의 성품〔水大〕과 불의 성품〔火大〕과 바람의 성품〔風大〕으로 되어 있다.’ 비유컨대 백정이나 혹은 그의 제자가 칼을 가지고 소를 죽여 네 등분으로 나누고자 한다면, 서 있거나 앉아 있거나 이 네 등분을 관찰함과 같다. 보살마하살도 이와 같이 반야바라밀을 행할 때에 갖가지 몸의 네 가지 요소인 땅의 성품·물의 성품·불의 성품·바람의 성품을 관찰한다. 이와 같이 수보리야, 보살마하살은 몸의 안쪽에 대하여 몸을 순차적으로 관찰하니, 붙잡을 수가 없는 까닭이다.

또한 수보리야, 보살마하살은 몸의 안쪽을 관찰하여 발에서부터 정수리까지가 얇은 가죽으로 둘러싸였고, 여러 가지 더러운 것[不淨]이 몸 가운데 가득하다고 하며 이와 같이 생각한다. '몸에는 머리카락·털·손톱·이·얇은 가죽·두꺼운 가죽·근육·골수·비장·신장·심장·담·간장·폐·소장·대장·위장·방광·똥·오줌·때·땀·눈물·콧물·침·피고름·붉고 흰 가래·지방·뇌막이 있다.'

비유컨대 농부가 창고에 잡곡을 분리하여 쌓아둠에 갖가지 벼·참깨·수수·조·콩·보리가 가득하지만, 눈 밝은 사람은 창고를 열면 바로 이것은 벼·이것은 참깨·이것은 수수·이것은 조·이것은 콩·이것은 보리라고 분별하여 전부 아는 것과 같다. 보살마하살도 마찬가지로 이처럼 몸을 관찰하여 발에서부터 정수리까지가 얇은 가죽으로 둘러싸였고, 여러 가지 더러운 것이 몸 가운데 가득하여 머리카락·털·손톱·이 내지 뇌막이라고 안다.

이와 같이 수보리야, 보살마하살은 몸의 안쪽를 관찰하여, 오로지 정진하며 일심으로 세간의 탐욕과 근심을 없애니, 붙잡을 수가 없는 까닭이다.

또한 수보리야, 보살마하살은 만약 길에 버려진 시체가 하루나 이틀 혹은 닷새가 지나 볼이 터지고 푸른 어혈과 고름이 흘러나옴을 보게 되면, 자신의 몸도 마찬가지로 이와 같은 모양·이와 같은 법칙에 놓여있고, 아직도 이 법칙을 벗어나지 못했다고 생각해야 한다. 이와 같이 수보리야, 보살마하살은 몸의 안쪽에 대하여 몸을 순차적으로 관찰해서, 오로지 정진하며 일심으로 세간의 탐욕과 근심을 없애니, 붙잡을 수가 없는 까닭이다.

또한 수보리야, 보살마하살은 만약 길에 버려진 시체를 엿새나 혹은 이레가 지나 까마귀·올빼미·독수리·승냥이·이리·여우·개와 같은 여러 종류의 금수들이 그것을 움켜쥐고 찢어 먹는 것을 보면, 자신의 몸도 마찬가지로 이와 같은 모양·이와 같은 법칙에 놓여있고, 아직도 이 법칙을 벗어나지 못했다고 생각해야 한다. 이와 같이 수보리야, 보살마하살은 몸의 안쪽에 대하여 몸을 순차적으로 관찰해서, 오로지 정진하며 일심으로 세간의 탐욕과 근심을 없애니, 붙잡을 수가 없는 까닭이다.

또한 수보리야, 보살마하살은 만약 길에 버려진 시체를 여러 종류의 금수가 먹고난 뒤에 더러운 악취가 풍김을 보면, 자신의 몸도 마찬가지로 이와 같은 모양·이와 같은 법칙에 놓여있고, 아직도 이 법칙을 벗어나지 못했다고 생각해야 하고, 내지 세간의 탐욕과 근심을 없애야 한다.

또한 수보리야, 보살마하살은 만약 길에 버려진 시체가 뼈마디와 혈육으로 얼룩지고 힘줄과 뼈만 연결되어 있음을 보면, 자신의 몸도 마찬가지로 이와 같은 모양·이와 같은 법칙에 놓여있고, 아직도 이 법칙을 벗어나지 못했다고 생각해야 하고, 내지 세간의 탐욕과 근심을 없애야 한다.

또한 수보리야, 보살마하살은 만약 길에 버려진 시체가 뼈마디와 혈육은 이미 분리되고 힘줄과 뼈만 연결되어 있음을 보면, 자신의 몸도 마찬가지로 이와 같은 모양. 이와 같은 법칙에 놓여있고, 아직도 이 법칙을 벗어나지 못했다고 생각해야 하고, 내지 세간의 탐욕과 근심을 없애야 한다.

또한 수보리야, 보살마하살은 만약 길에 버려진 시체가 뼈마디도 이미 흩어져 땅에 있음을 보면, 자신의 몸도 마찬가지로 이와 같은 모양·이와 같은 법칙에 놓여있고, 아직도 이 법칙을 벗어나지 못했다고 생각해야 한다. 이와 같이 수보리야, 보살마하살은 몸의 안쪽을 관찰하고, 내지 세간의 탐욕과 근심을 없애야 한다.

또한 수보리야, 보살마하살은 만약 길에 버려진 시체가 흩어진 뼈는 땅에 있는데, 다리뼈는 다리뼈대로 발뒤꿈치뼈·넓적다리뼈·허리뼈·갈비뼈·등뼈·손뼈 정수리뼈·해골들은 각각 달리 있음을 보면, 자신의 몸도 마찬가지로 이와 같은 모양·이와 같은 법칙에 놓여있고, 아직도 이 법칙을 벗어나지 못했다고 생각해야 한다. 이와 같이 수보리야, 보살마하살은 몸의 안쪽을 관찰하고, 내지 탐욕과 근심을 없애야 한다.

또한 수보리야, 보살마하살은 만약 길에 버려진 시체의 뼈가 땅에 있기는 하되, 세월이 흘러 바람이 불고 햇빛이 쪼이면 색이 조개처럼 희어짐을 보면, 자신의 몸도 마찬가지로 이와 같은 모양·이와 같은 법칙에 놓여있고, 아직도 이 법칙을 벗어나지 못했다고 생각해야 한다. 이와 같이 수보리야, 보살마하살은 몸의 안쪽을 관찰하고, 내지 탐욕과 근심을 없애야 하니, 붙잡을 수가 없는 까닭이다.

또한 수보리야, 보살마하살은 만약 길에 버려진 시체의 뼈가 땅에 있기는 하되, 세월이 흘러 그 색이 비둘기와 같고, 썩어무너져서 땅과 합쳐진 것을 보면, 자신의 몸도 마찬가지로 이와 같은 모양·이와 같은 법칙에 놓여있고, 아직도 이 법칙을 벗어나지 못했다고 생각해야 한다. 이와 같이 수보리야, 보살마하살은 몸의 안쪽에 대하여 몸을 순차적으로 관찰해서, 오로지 정진하며 일심으로 세간의 탐욕과 근심을 없애니, 붙잡을 수가 없는 까닭이다. 바깥 쪽의 몸·안팎의 몸도 또한 이와 같다. 느낌의 관찰법〔受念處〕·마음의 관찰법〔心念處〕·존재의 관찰법〔法念處〕도 또한 이와 같이 넓게 말한다. 수보리야, 이것을 보살마하살의 대승이라고 말한다.

또한 수보리야, 보살마하살의 대승이란 소위 네 가지 바른 노력〔四正勤〕이니, 무엇을 네 가지라고 하는가? 수보리야, 보살마하살은 아직 생기지 않은 모든 악함과 착하지 않은 법을 나지 않게 하기 위하여 욕심을 내어 힘써 정진하고, 마음을 포섭하여 도를 행하며, 이미 생긴 모든 악함과 착하지 않은 것을 끊기 위하여 욕심을 내어 힘써 정진하고, 마음을 포섭하여 도를 행하며, 아직 생기지 않은 모든 착한 것을 나게 하기 위하여 욕심을 내어 힘써 정진하고, 마음을 포섭하여 도를 행하며, 이미 생긴 모든 착한 것을 머물게 하여 잃지 않고, 수행을 더욱 원만하고 넓히기 위하여 욕심을 내어 힘써 정진하고, 마음을 포섭하여 도를 행하니, 붙잡을 수가 없는 까닭이다. 수보리야, 이것을 보살마하살의 대승이라고 말한다.

또한 수보리야, 보살마하살의 대승이란 소위 네 가지 자재를 얻는 것〔四如意分〕이니, 무엇을 네 가지라고 하는가? 욕망의 선정〔欲定〕으로 끊음을 행하여 자재함을 성취하고 수행하며, 마음의 선정〔心定〕으로 끊음을 행하여 자재함을 성취하고 수행하며, 정진의 선정〔精進定〕으로 끊음을 행하여 자재함을 성취하고 수행하며, 사유의 선정〔思惟定〕으로 끊음을 행하여 자재함을 성취하고 수행하니, 붙잡을 수가 없는 까닭이다. 수보리야, 이것을 보살마하살의 대승이라고 말한다.

또한 수보리야, 보살마하살의 대승이란 소위 다섯 가지 뛰어난 능력〔五根〕이니, 무엇을 다섯 가지라고 하는가? 믿음의 능력〔信根〕·정진의 능력〔精進根〕·기억의 능력〔念根〕·선정의 능력〔定根〕·지혜의 능력〔慧根〕이다. 이것을 보살마하살의 대승이라고 말하니, 붙잡을 수가 없는 까닭이다.

또한 수보리야, 보살마하살의 대승이란 소위 다섯 가지 악을 부수는 힘〔五力〕이니, 무엇을 다섯 가지라고 하는가? 믿음의 힘〔信力〕·정진의 힘〔精進力〕·기억의 힘〔念力〕·선정의 힘〔定力〕·지혜의 힘〔慧力〕이다. 이것을 보살마하살의 대승이라고 말하니, 붙잡을 수가 없는 까닭이다.

또한 수보리야, 보살마하살의 대승이란 소위 일곱 가지 깨닫는 지혜를 도와주는 힘〔七覺分〕이니, 무엇을 일곱 가지라고 하는가? 보살마하살은 기억으로 깨닫는 지혜를 도와주는 힘〔念覺分〕을 닦아 여읨에 의지하고 물들지 않음에 의지하여 열반으로 향한다. 법을 가리어 깨닫는 지혜를 도와주는 힘〔擇法覺分〕·정진으로 깨닫는 지혜를 도와주는 힘〔精進覺分〕·기쁨으로 깨닫는 지혜를 도와주는 힘〔喜覺分〕·허위를 없앰으로 깨닫는 지혜를 도와주는 힘〔除覺分〕·선정으로 깨닫는 지혜를 도와주는 힘〔定覺分〕·버림으로 깨닫는 지혜를 도와주는 힘〔捨覺分〕의 여읨에 의지하고 물들지 않음에 의지하여 열반으로 향하니, 붙잡을 수가 없는 까닭이다. 이것을 보살마하살의 대승이라고 말한다.

또한 수보리야, 보살마하살의 대승이란 소위 여덟 가지 바른 깨달음에 이르는 길〔八聖道分〕이니, 무엇을 여덟 가지라고 하는가? 올바른 견해〔正見〕·올바른 생각〔正思惟〕·올바른 말〔正語〕·올바른 행위〔正業〕·올바른 생활〔正命〕·올바른 노력〔正精進〕·올바른 마음가짐〔正念〕·올바른 선정〔正定〕이다. 이것을 보살마하살의 대승이라고 말하니, 붙잡을 수가 없는 까닭이다.

또한 수보리야, 보살마하살의 대승이란 소위 세 가지 삼매이니, 무엇을 세 가지라고 하는가? 모든 것이 공〔空〕·어떤 특징도 없음〔無相〕·원할 것이 없음〔無作〕의 삼매이다. 모든 것이 공한 삼매〔空三昧〕란 모든 사물의 고유형태가 공인 것을 말하니, 이것을 공해탈문(空解脫門)이라고 한다. 어떤 특징도 없음이란 모든 것의 모양을 무너뜨려서 기억하지 않고 생각하지 않음을 말하니, 이것을 무상해탈문(無相解脫門)이라고 한다. 원할 것이 없음이란 모든 것에서 원할 것을 짓지 않음을 말하니, 이것을 무작해탈문(無作解脫門)이라고 한다. 이것을 보살마하살의 대승이라고 말하니, 붙잡을 수가 없는 까닭이다.

또한 수보리야, 보살마하살의 대승이란 소위 고지(苦智)·집지(集智)·멸지(滅智)·도지(道智)·진지(盡智)·무생지(無生智)·법지(法智)·비지(比智)·세지(世智)·타심지(他心智)·여실지(如實智)이다. 무엇을 고지라고 하는가? 고통이 생기지 않게 함을 아는 이것을 고지(苦智)라고 한다. 무엇을 집지라고 하는가? 고통의 원인을 끊어야 함을 아는 이것을 집지(集智)라고 한다. 무엇을 멸지라고 하는가? 고통을 제거함을 아는 이것을 멸지(滅智)라고 한다. 무엇을 도지라고 하는가? 여덟 가지 바른 깨달음에 이르는 길을 아는 이것을 도지(道智)라고 한다. 무엇을 진지라고 하는가? 모든 음욕과 성냄과 어리석음을 다함을 아는 이것을 진지(盡智)라고 한다. 무엇을 무생지라고 하는가? 온갖 중생〔諸有〕으로 태어남이 없음을 아는 이것을 무생지(無生智)라고 한다. 무엇을 법지라고 하는가? 다섯 가지 모임〔五陰〕의 모든 모습을 분별하여 아는 이것을 법지(法智)라고 한다. 무엇을 비지라고 하는가? 눈이 항상된 것이 아니고 내지 마음속에 있는 것들에 대한 느낌이 항상된 것이 아니라고 아는 이것을 비지(比智)라고 한다. 무엇을 세지라고 하는가? 모든 것이 인(因)과 연(緣)의 거짓된 이름임을 아는 이것을 세지(世智)라고 한다. 무엇을 타심지라고 하는가? 다른 중생의 마음을 아는 이것을 타심지(他心智)라고 한다. 무엇을 여실지라고 하는가? 모든 부처님의 일체종지(一切種智) 이것을 여실지(如實智)라고 한다. 수보리야, 이것을 보살마하살의 대승이라고 말하니, 붙잡을 수가 없는 까닭이다.

또한 수보리야, 보살마하살의 대승이란 소위 세 가지 근본〔三根〕인 알지 못한 것을 마땅히 알아야 하는 근본〔未知欲知根〕·이미 아는 근본〔知根〕·전부 아는 근본〔知者根〕이다. 무엇을 알지 못한 것을 마땅히 알아야 하는 근본이라 하는가? 모든 배울 것이 있는 사람〔學人〕이 아직 진리를 얻지 못했을 때 가지는 믿음의 능력〔信根〕·정진의 능력〔精進根〕·기억의 능력〔念根〕·선정의 능력〔定根〕·지혜의 능력〔慧根〕, 이것을 알지 못한 것을 마땅히 알아야 하는 근본이라 한다. 무엇을 이미 아는 근본이라 하는가? 모든 배울 것이 있는 사람이 진리를 얻었을 때 가지는 믿음의 능력 내지 지혜의 능력, 이것을 이미 아는 근본이라고 한다. 무엇을 전부 아는 근본이라 하는가? 모든 배울 것이 없는 사람〔無學人〕인 아라한이나 벽지불·모든 부처님의 믿음의 능력 내지 지혜의 능력, 이것을 전부 아는 근본이라고 한다. 수보리야, 이것을 보살마하살의 대승이라고 말하니, 붙잡을 수가 없는 까닭이다.

또한 수보리야, 보살마하살의 대승이란 소위 세 가지 삼매이니, 무엇을 세 가지라 하는가? 각이 있고 관이 있는 삼매〔有覺有觀三昧〕·각은 없고 관은 있는 삼매〔無覺有觀三昧〕·각도 없고 관도 없는 삼매〔無覺無觀三昧〕이다. 무엇을 각이 있고 관이 있는 삼매라고 하는가? 모든 욕망을 여의고 악하고 착하지 않은 것을 여의며, 머트러운 생각도 있고 세밀한 생각도 있으면서〔有覺有觀〕욕락을 여읜 기쁨과 즐거움을 내어 첫째 선정〔初禪〕에 드는, 이것을 각이 있고 관이 있는 삼매라고 한다. 무엇을 각은 없고 관은 있는 삼매라고 하는가? 첫째 선정과 둘째 선정〔二禪〕의 중간, 이것을 각은 없고 관은 있는 삼매라고 한다. 무엇을 각도 없고 관도 없는 삼매라고 하는가? 둘째 선정으로부터 내지 비유상비무상정(非有想非無想定), 이것을 각도 없고 관도 없는 삼매라고 한다. 수보리야, 이것을 보살마하살의 대승이라고 말하니, 붙잡을 수가 없는 까닭이다.

또한 수보리야, 보살마하살의 대승이란 소위 마음을 집중하는 열 가지 생각〔十念〕이니, 무엇을 열 가지라고 하는가? 부처님을 생각하는 것〔念佛〕·법을 생각하는 것〔念法〕·스님네를 생각하는 것〔念僧〕·계를 생각하는 것〔念戒〕·평등을 생각하는 것〔念捨〕·하늘을 생각하는 것〔念天〕·착함을 생각하는 것〔念善〕·들어가고 나가는 호흡을 생각하는 것〔念出入息〕·몸을 생각하는 것〔念身〕·죽음을 생각하는 것〔念死〕이다. 수보리야, 이것을 보살마하살의 대승이라고 말하니, 붙잡을 수가 없는 까닭이다.

또한 수보리야, 보살마하살의 대승이란 소위 네 가지 선정〔四禪〕·네 가지 한량없는 이타의 마음〔四無量心〕·네 가지 형상을 떠난 선정〔四無色定〕·여덟 가지 탐착심을 버림〔八背捨〕·아홉 가지 차례차례의 선정〔九次第定〕이다. 수보리야, 이것을 보살마하살의 대승이라고 말하니, 붙잡을 수가 없는 까닭이다.

또한 수보리야, 보살마하살의 대승이란 소위 부처님의 열 가지 지혜의 힘〔十力〕이니, 무엇을 열 가지라 하는가? 부처님은 여실하게 일체 모든 것의 옳은 곳과 옳지 않은 곳을 아니, 첫번째 힘이다. 여실하게 다른 중생의 과거·미래·현재의 모든 업(業)과 그것으로 받는 법을 알고, 업을 짓는 장소를 알며, 인연을 알고 과보를 아니, 두번째 힘이다. 여실하게 모든 선정과 해탈과 삼매와 정(定)의 더럽고 깨끗한 모양을 분별해 아니, 세번째 힘이다. 여실하게 다른 중생의 모든 근기가 높고 낮은 모양을 아니, 네번째 힘이다. 여실하게 다른 중생의 갖가지 욕망과 견해를 아니, 다섯번째 힘이다. 여실하게 세간의 수없이 많은 갖가지 성질을 아니, 여섯번째 힘이다. 여실하게 일체의 중생이 나아가는 길을 아니, 일곱번째 힘이다. 여러 종류의 전생의 형상과 인연이 있으니, 한 생애나 두 생애, 내지 백천 생애에 걸친 한량없는 세월동안 나는 저 중생의 세계에서 태어나서 이와 같은 성과 이와 같은 이름으로, 이와 같은 음식과 괴롭고 기쁨과 수명의 길고 짧음으로 그 곳에서 죽어 이 세간에 태어나고, 이 세간에서 죽어 다시 이 세간에 태어나서 성명과 음식과 괴롭고 기쁨과 수명의 길고 짧음을 또한 이와 같이 아니, 여덟번째 힘이다. 부처님의 모든 것을 전부 보는 눈〔天眼〕의 맑음은 온갖 보는 능력보다 뛰어나서, 중생들의 죽는 때와 태어나는 때·몸의 단정함과 추잡함·혹은 몸의 크고 작음·혹은 나쁜 길에 떨어지고 착한 길에 떨어지는 등의 업인연의 과보로써 이 모든 중생들이 몸으로 나쁜 업을 이루고, 말로 나쁜 업을 이루며, 마음으로 나쁜 업을 이루고, 성인을 비방하고 욕하며, 삿된 견해의 업인연을 받는 까닭으로 몸이 무너져 죽을 때에 악도에 들고 지옥에 태어남을 본다. 이 모든 중생들이 몸으로 착한 업을 이루고, 말로 착한 업을 이루며, 마음으로 착한 업을 이루고, 성인을 비방하고 욕하지 않으며, 바른 견해의 업인연을 받는 까닭으로 몸이 무너져 죽을 때에 선도에 들고 천상에 태어남을 보니, 아홉번째 힘이다. 부처님은 여실하게 모든 번뇌가 다함을 아는 까닭에 번뇌가 없는 마음의 해탈과 번뇌가 없는 지혜의 해탈을 하고, 현재의 법 가운데서 스스로 증득하여 이 법에 들어섬을 알아, 소위 나의 생사는 이미 다했으며 청정한 행을 지어마쳤고, 금세로부터 다시는 후생을 보지 않으니, 열번째 힘이다. 수보리야, 이것을 보살마하살의 대승이라고 말하니, 붙잡을 수가 없는 까닭이다.

　또한 수보리야, 보살마하살의 대승이란 소위 네 가지 두려움 없는 자신〔四無所畏〕이니, 무엇을 네 가지라고 하는가? 부처님은 진실된 말로, '나는 일체를 바르게 안 지혜의 사람〔一切正智人〕이다'라고 말하는데, 어떤 사문(沙門)이나 바라문·천(天)·마(魔)·범(梵) 혹은 나머지 대중이 바로 비난하여, '이 법은 아는 것이 아니다'라고 해도, 이러한 것에 어떤 두려움 같은 것을 느끼지 않는다. 이러한 까닭에 나는 편안을 얻고 두려움 없는 자신을 얻으며, 성인의 자리에 편안히 머물고 대중 가운데서 사자후(師子吼)를 하여 능히 하늘 법의 바퀴〔梵輪〕를 굴린다. 이것은 모든 사문이나 바라문·천·마·범 혹은 나머지 대중이 실로 미칠 수 없는 굴림이니, 첫번째의 두려움 없는 자신이다.

　부처님은 진실된 말로, '나는 일체의 번뇌를 다했다'라고 말하는데, 어떤 사문이나 바라문·천·마·범 혹은 나머지 대중이 바로 비난하여, '이 번뇌는 다하는 것이 아니다'라고 해도, 이러한 것에 어떤 두려움 같은 것을 느끼지 않는다. 이러한 까닭에 나는 편안을 얻고 두려움 없는 자신을 얻으며, 성인의 자리에 편안히 머물고 대중 가운데서 사자후를 하여 능히 하늘의 법의 바퀴를 굴린다. 이것은 모든 사문이나 바라문·천·마·범 혹은 나머지 대중이 실로 미칠 수 없는 굴림이니, 두번째의 두려움 없는 자신이다.

　부처님은 진실된 말로, '나는 도를 장애하는 법을 설한다'라고 말하는데, 어떤 사문이나 바라문·천·마·범 혹은 나머지 대중이 바로 비난하여, '이 법을 받아도 도를 장애하지 않는다'라고 해도, 이러한 것에 어떤 두려움 같은 것을 느끼지 않는다. 이러한 까닭에 나는 편안을 얻고 두려움 없는 자신을 얻으며, 성인의 자리에 편안히 머물고 대중 가운데서 사자후를 하여 능히 하늘의 법의 바퀴를 굴린다. 이것은 모든 사문이나 바라문·천·마·범 혹은 나머지 대중이 실로 미칠 수 없는 굴림이니, 세번째의 두려움 없는 자신이다.

　부처님은 진실된 말로, '내가 설하는 바 성스러운 도는 능히 세간을 벗어나고, 이 행에 의해서 능히 괴로움을 다한다'라고 말하는데, 어떤 사문이나 바라문·천·마·범 혹은 나머지 대중이 바로 비난하여, '이 도를 행하여 세간을 벗어날 수 없고, 괴로움을 다할 수 없다'라고 해도, 이러한 것에 어떤 두려움 같은 것을 느끼지 않는다. 이러한 까닭에 나는 편안을 얻고 두려움 없는 자신을 얻으며, 성인의 자리에 편안히 머물고 대중 가운데서 사자후를 하여 능히 하늘의 법의 바퀴를 굴린다. 이것은 모든 사문이나 바라문·천·마·범 혹은 나머지 대중이 실로 미칠 수 없는 굴림이니, 네번째의 두려움 없는 자신이다. 수보리야, 이것을 보살마하살의 대승이라고 말하니, 붙잡을 수가 없는 까닭이다.

또한 수보리야, 보살마하살의 대승이란 소위 네 가지 걸림없는 지혜〔四無碍智〕이니, 무엇을 네 가지라고 하는가? 뜻에 걸림이 없고〔義無碍〕·법에 걸림이 없고〔法無碍〕·말에 걸림이 없고〔辭無碍〕·즐겨 설함에 걸림이 없는〔樂說無碍〕 것이다. 수보리야, 이것을 보살마하살의 대승이라고 말하니, 붙잡을 수가 없는 까닭이다.

또한 수보리야, 보살마하살의 대승이란 소위 열여덟 가지 부처님만이 갖는 특성〔十八不共法〕이니, 무엇을 열여덟 가지라고 하는가? 첫째 모든 부처님의 몸에는 허물이 없다. 둘째 말씀에 허물이 없다. 셋째 생각에 허물이 없다. 넷째 모양을 따라 분별함이 없다. 다섯째 고요하지 않은 마음이 없다. 여섯째 안다고 버리지 않는 마음이 없다. 일곱째 뜻하는 일을 줄임이 없다. 여덟째 정진을 줄임이 없다. 아홉째 기억을 줄임이 없다. 열째 지혜를 줄임이 없다. 열한번째 해탈을 줄임이 없다. 열두번째 해탈의 지견을 줄임이 없다. 열세번째 일체의 몸의 행위〔身業〕를 지혜를 따라서 한다. 열네번째 일체의 말의 행위〔口業〕를 지혜를 따라서 한다. 열다섯번째 일체의 생각의 행위〔意業〕를 지혜를 따라서 한다. 열여섯번째 지혜로써 과거세를 보아 앎에 걸림이 없고 장애가 없다. 열일곱번째 지혜로써 미래세를 보아 앎에 걸림이 없고 장애가 없다. 열여덟번째 지혜로써 현재세를 보아 앎에 걸림이 없고 장애가 없다. 수보리야, 이것을 보살마하살의 대승이라고 말하니, 붙잡을 수가 없는 까닭이다.

또한 수보리야, 보살마하살의 대승이란 소위 글자의 평등과 말의 평등과 모든 글자의 문에 드는 것이니, 무엇을 글자의 평등·말의 평등·모든 글자의 문에 드는 것이라고 하는가? 아자의 문〔阿字門〕은 일체의 모든 것이 처음부터 나지 않는 까닭이다. 라(羅)자의 문은 일체의 모든 것이 더러움을 여읜 까닭이다. 파(波)자의 문은 일체 모든 것의 실상의 진리〔第一義〕인 까닭이다. 차(遮)자의 문은 일체 모든 것의 끝을 붙잡을 수 없는 까닭이며, 모든 것은 마침도 없고 생김도 없는 까닭이다. 나(那)자의 문은 모든 것이 이름을 여의어 성품의 모양을 얻을 수도 없고 잃을 수도 없는 까닭이다. 라(邏)자의 문은 세간의 모든 것을 건넌 까닭이며, 또한 애욕의 줄기〔愛支〕와 인연을 없앤 까닭이다. 타(陀)자의 문은 모든 것에 착한 마음이 나는 까닭이며, 또한 베풂의 모양인 까닭이다. 파(婆)자의 문은 모든 것이 파자(婆字)를 여읜 까닭이다. 다(茶)자의 문은 모든 것이 다자(茶字)를 맑히기 때문이다. 사(沙)자의 문은 모든 것의 여섯 가지 감각기관〔六自在王〕의 성품이 청정한 까닭이다. 화(和)자의 문은 모든 것의 말로 할 길이 끊어짐에 드는 까닭이다. 다(多)자의 문은 모든 것의 진실된 모양인 움직이지 않음에 드는 까닭이다. 야(夜)자의 문은 모든 것의 진실된 사실인 나지 않음에 드는 까닭이다. 탁(吒)자의 문은 모든 것을 꺾어 넘어뜨려 붙잡을 수가 없음에 드는 까닭이다. 가(迦)자의 문은 모든 것의 짓는 것을 붙잡을 수가 없음에 드는 까닭이다. 사(娑)자의 문은 모든 것의 시기를 붙잡을 수가 없음에 드는 까닭이며, 모든 것의 시기가 굴러오는 까닭이다. 마(磨)자의 문은 모든 것의 나〔我〕와 내 것을 붙잡을 수가 없음에 드는 까닭이다. 가(伽)자의 문은 모든 것의 가는 것을 붙잡을 수가 없음에 드는 까닭이다. 타(他)자의 문은 모든 것의 장소를 붙잡을 수가 없음에 드는 까닭이다. 사(闍)자의 문은 모든 것의 생김을 붙잡을 수가 없음에 드는 까닭이다. 파(簸)자의 문은 모든 것의 파(簸)자를 붙잡을 수가 없음에 드는 까닭이다. 태(駄)자의 문은 모든 것의 성품을 붙잡을 수가 없음에 드는 까닭이다. 사(賖)자의 문은 모든 것의 고요함을 붙잡을 수가 없음에 드는 까닭이다. 거(呿)자의 문은 모든 것의 허공을 붙잡을 수가 없음에 드는 까닭이다. 차(叉)자의 문은 모든 것의 다함을 붙잡을 수가 없음에 드는 까닭이다. 다(哆)자의 문은 모든 것이 있음을 붙잡을 수가 없음에 드는 까닭이다. 야(若)자의 문은 모든 것의 지혜를 붙잡을 수가 없음에 드는 까닭이다. 타(扡)자의 문은 모든 것의 타자(扡字)를 붙잡을 수가 없음에 드는 까닭이다. 파(婆)자의 문은 모든 것의 파괴를 붙잡을 수가 없음에 드는 까닭이다. 차(車)자의 문은 모든 것의 욕망을 붙잡을 수가 없음에 드는 까닭이며, 그림자와 같이 다섯 가지 모임도 또한 붙잡을 수가 없는 까닭이다. 마(摩)자의 문은 모든 것의 마자(摩字)를 붙잡을 수가 없음에 드는 까닭이다. 화(火)자의 문은 모든 것의 부름을 붙잡을 수가 없음에 드는 까닭이다. 차(醝)자의 문은 모든 것의 차자(醝字)를 붙잡을 수가 없음에 드는 까닭이다. 가(伽)자의 문은 모든 것의 두터움을 붙잡을 수가 없음에 드는 까닭이다. 타(他)자의 문은 모든 것의 장소를 붙잡을 수가 없음에 드는 까닭이다. 나(拏)자의 문은 모든 것의 오지않고·가지않고·서지않고·앉지않고·눕지않음에 드는 까닭이다. 파(頗)자의 문은 모든 것의 변두리를 붙잡을 수가 없음에 드는 까닭이다. 가(歌)자의 문은 모든 것의 취함을 붙잡을 수가 없음에 드는 까닭이다. 차(醝)자의 문은 모든 것의 차(醝)자를 붙잡을 수가 없음에 드는 까닭이다. 차(遮)자의 문은 모든 것의 행함을 붙잡을 수가 없음에 드는 까닭이다. 탁(吒)자의 문은 모든 것의 구부림을 붙잡을 수가 없음에 드는 까닭이다. 다(茶)자의 문은 모든 것의 변두리 장소에 드는 까닭이니, 마침이 없고 생김이 없으며, 다(茶)자를 지나서 글자를 설할 것이 없다. 왜냐하면 다시 글자가 없기 때문이니, 모든 글자에 걸림이 없고 이름이 없으며, 또한 멸함이 없다. 가히 설할 수도 없고 가히 보일 수도 없으며, 가히 볼 수도 없고 가히 글로 쓸 수도 없다. 수보리야, 마땅히 알아야 하니 일체의 모든 것이 허공과 같다.

수보리야, 이것을 다라니문(陀羅尼門)이라고 말한다. 소위 아(阿)자의 뜻에 대하여, 만약 보살마하살이 이 모든 글자의 문의 결인과 아자의 결인을 혹시 듣거나 받고, 염송하고 읽으며, 가지고 혹은 다른 사람에게 설하며, 그리고 이와 같이 알면 스무 가지 공덕을 얻게 된다. 무엇을 스무 가지라고 하는가? 훌륭한 기억력을 얻고 부끄러워함을 얻으며, 견고한 마음을 얻고 경의 취지를 얻으며, 지혜를 얻고 기쁘게 설함에 걸림이 없음을 얻으며, 모든 나머지 다라니문을 쉽게 얻고 의심과 후회가 없는 마음을 얻으며, 착함을 듣고도 기뻐하지 않고 악함을 듣고도 성내지 않음을 얻으며, 높지도 않고 낮지도 않음에 머물고, 마음에 더함도 없고 덜함도 없음을 얻으며, 훌륭하게 중생의 말을 들을 수 있음을 얻고, 훌륭하게 다섯 가지 모임〔五陰〕·열두 가지 영역〔十二入〕·열여덟 가지 요소〔十八界〕·열두 가지 인연〔十二因緣〕·네 가지 반연〔四緣〕·네 가지 성스러운 진리〔四諦〕를 분별함을 얻으며, 훌륭하게 중생의 모든 근기의 예리하고 둔함을 분별함을 얻고, 훌륭하게 다른 이의 마음을 앎을 얻으며, 훌륭하게 해와 달의 시절을 분별함을 얻고, 훌륭하게 모든 소리를 전부 듣는 신통〔天耳通〕을 분별함을 얻으며, 훌륭하게 모든 사람의 전생의 일을 전부 아는 신통〔宿命通〕을 분별함을 얻고, 훌륭하게 나고 죽음을 아는 신통〔生死通〕을 분별함을 얻으며, 훌륭하게 옳은 곳과 그른 곳을 설함을 얻고, 훌륭하게 가고 오고 앉고 서는 등의 몸의 위의를 앎을 얻는다. 수보리야, 이것이 다라니문·자문(字門)·아자문(阿字門)들이다. 이것을 보살마하살의 대승이라고 말한다.”

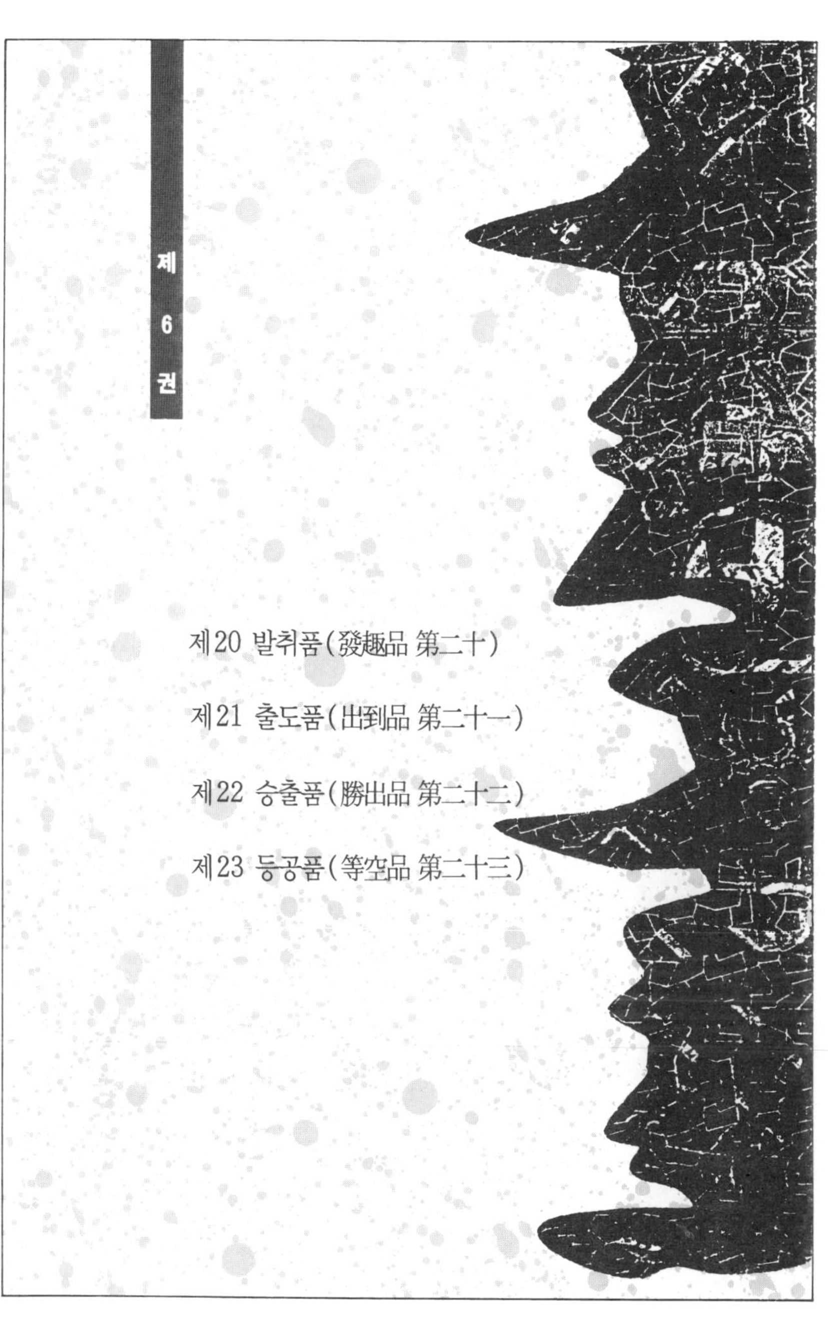

제20 발취품(發趣品 第二十)

부처님께서 수보리에게 이르셨다.

"너는 '무엇이 보살마하살이 대승을 향해 나아가는 것이냐'고 물었다. 만약 보살마하살이 육바라밀을 행할 때에 한 경지에서 다른 한 경지에 이른다면, 이 것을 보살마하살이 대승을 향해 나아간다고 말한다."

수보리가 부처님께 사루어 말씀드렸다.

"세존이시여, 무엇이 보살마하살이 한 경지에서 다른 한 경지에 이르는 것입니까?"

부처님께서 말씀하셨다.

"보살마하살은 일체의 모든 것〔法〕에는 오고 가는 모양이 없고, 또한 법에 혹은 오고 가며, 혹은 도달하고 노달하지 않는 것이 있음이 없음을 아니, 모든 것〔諸法〕의 모양이 없어지지 않는 까닭이다. 보살마하살은 모든 경지에서 기억 하지 않고 사유하지 않으면서 경지의 업〔地業〕을 닦고 다스리지만, 그러나 경 지를 보지 않는다. 무엇을 보살마하살이 경지의 업을 다스린다고 하는가?

보살마하살은 첫째 경지〔初地〕에 머물 때에 열 가지 일을 행한다. 첫째는 마 음이 깊고 견고하니, 얻을 바가 없음인 까닭이다. 둘째는 일체중생들에게 대하 여 마음을 평등하게〔等心〕 하니, 중생을 붙잡을 수가 없기 때문이다. 셋째는 보시를 하니, 주는 이와 받는 이를 붙잡을 수가 없기 때문이다. 넷째는 선지식

216

(善知識)에게 친근하고, 또한 스스로 잘난 체하지 않는다. 다섯째는 법을 구하니, 일체의 법을 붙잡을 수가 없기 때문이다. 여섯째는 항상 출가(出家)하니, 집을 붙잡을 수가 없기 때문이다. 일곱째는 부처님의 몸을 즐겨 사랑하니, 거룩한 모습〔相好〕을 붙잡을 수가 없기 때문이다. 여덟째는 교법(教法)을 널리 펴뜨리니, 모든 법의 분별을 붙잡을 수가 없기 때문이다. 아홉째는 교만을 부수니, 법과 중생과 지혜를 붙잡을 수가 없기 때문이다. 열째는 실답게 말하니, 모든 말을 붙잡을 수가 없기 때문이다. 보살마하살은 이와 같이 첫째 경지에 머물러 열 가지 일을 닦고 다스리며, 경지의 업을 다스린다.

또한 수보리야, 보살마하살은 둘째 경지〔二地〕에 머물러 항상 여덟 가지 법을 생각하니, 무엇을 여덟 가지라고 하는가? 첫째는 계율을 청정하게 함이요, 둘째는 은혜를 알아 그것을 갚음이요, 셋째는 인욕(忍辱)의 힘에 머묾이요, 넷째는 기쁨〔歡喜〕을 받음이요, 다섯째는 일체중생을 버리지 않음이요, 여섯째는 크게 가엾이 여기는 마음〔大悲心〕에 들어감이요, 일곱째는 스승을 믿고 공경하며 자문을 받음이요, 여덟째는 모든 바라밀을 힘써 구하는 것이다. 수보리야, 이것을 보살마하살이 둘째 경지에 머물러 두루 갖추어야 할 여덟 가지 법이라고 말한다.

또한 수보리야, 보살마하살은 셋째 경지〔三地〕에 머물러 다섯 가지 법을 행하니, 무엇을 다섯 가지라고 하는가? 첫째는 배우고 묻기를 즐겨하여 지겨워함이 없음이요, 둘째는 법문을 청정하게 베풀되 스스로 잘난 체하지 않음이요, 셋째는 부처님의 국토를 맑히되 스스로 잘난 체하지 않음이요, 넷째는 세간의 한량없는 고통을 받더라도 그것을 싫어하지 않음이요, 다섯째는 뉘우치고 부끄러워하는 곳에 머무르는 것이다. 수보리야, 이것을 보살마하살이 셋째 경지에 머물러 두루 갖추어야 할 다섯 가지 법이라고 말한다.

또한 수보리야, 보살마하살은 넷째 경지〔四地〕에 머물러 마땅히 열 가지 법의 행을 받아서 버리지 않아야 하니, 무엇을 열 가지라고 하는가? 첫째는 고요한 곳〔阿蘭若〕에 머물러 그곳을 버리지 말 것이요, 둘째는 욕심을 적게함이요, 셋째는 만족함을 알 것이요, 넷째는 두타(頭陀)의 공덕을 버리지 말 것이요,

다섯째는 계율을 버리지 말 것이요, 여섯째는 모든 애욕을 추악하다고 할 것이요, 일곱째는 세간의 마음을 싫어하고 열반의 마음에 따를 것이요, 여덟째는 일체의 소유를 버릴 것이요, 아홉째는 마음을 침몰하지 말 것이요, 열번째는 일체의 물건을 아끼지 않아야 한다. 수보리야, 이것을 보살마하살이 넷째 경지에 머물러 열 가지 법을 버리지 않는 것이라고 말한다.

또한 수보리야, 보살마하살은 다섯째 경지〔五地〕에 머물러 열두 가지 법을 멀리 여읨이니, 무엇을 열두 가지라고 하는가? 첫째는 세속에 친근함〔親白衣〕을 멀리 여읨이요, 둘째는 비구니(比丘尼)를 멀리 여읨이요, 셋째는 남의 집에 대해서 아까워함을 멀리 여읨이요, 넷째는 이익이 없는 담론(談論)의 장소를 멀리 여읨이요, 다섯째는 성냄을 멀리 여읨이요, 여섯째는 스스로 잘난 체함을 멀리 여읨이요, 일곱째는 사람을 멸시함을 멀리 여읨이요, 여덟째는 열 가지 착하지 않은 행위〔十不善道〕를 멀리 여읨이요, 아홉째는 크게 뛰어난 체함을 멀리 여읨이요, 열번째는 자기의 쓸쓸이를 멀리 여읨이요, 열한번째는 뒤바뀐 소견을 멀리 여읨이요, 열두번째는 음욕과 성냄과 어리석음을 멀리 여읨이다. 수보리야, 이것을 보살마하살이 셋째 경지에 머물러 열두 가지 일을 멀리 여읨이라고 한다.

또한 수보리야, 보살마하살은 여섯째 경지〔六地〕에 머물러 마땅히 여섯 가지 법을 원만히 갖추어야 하니, 무엇을 여섯 가지라고 하는가? 소위 육바라밀이다. 또한 하지 않아야 할 여섯 가지 법이 있으니, 무엇을 여섯 가지라고 하는가? 첫째는 성문이나 벽지불의 생각을 짓지 않음이요, 둘째는 보시하고 걱정하는 마음을 내지 않음이요, 셋째는 구하는 물건이 있음을 보고 마음을 빼앗기지 않음이요, 넷째는 소유한 물건을 보시함이요, 다섯째는 보시한 후에 마음으로 후회하지 않음이요, 여섯째는 진실된 법을 의심하지 않음이다. 수보리야, 이것을 보살마하살이 여섯째 경지에 머물러 여섯 가지 법을 원만히 갖추고, 여섯 가지 법을 멀리 여의는 것이라고 말한다.

또한 수보리야, 보살마하살은 일곱째 경지〔七地〕에 머물러 마땅히 스무 가지 법을 멀리 여의어 집착함이 없어야 하니, 무엇을 스무 가지라고 하는가? 첫째는 나〔我〕라는 것에 집착하지 않음이요, 둘째는 중생(衆生)이라는 것에 집착하지 않음이요, 셋째는 오래 산다는 것〔壽命〕에 집착하지 않음이요, 넷째는 많은 대중이라는 것〔衆數〕 내지 아는 것〔知者〕·보는 것〔見者〕에 집착하지 않음이요, 다섯째는 없어진다는 소견〔斷見〕에 집착하지 않음이요, 여섯째는 항상 존재한다는 소견〔常見〕에 집착하지 않음이요, 일곱째는 모양이라는 생각을 하지 않음이요, 여덟째는 인연이라는 소견〔因見〕을 짓지 않음이요, 아홉째는 이름과 물질적 존재〔名色〕에 집착하지 않음이요, 열번째는 다섯 가지 모임〔五陰〕에 집착하지 않음이요, 열한번째는 열여덟 가지 요소〔十八界〕에 집착하지 않음이요, 열두째는 열두 가지 영역〔十二入〕에 집착하지 않음이요, 열셋째는 삼계(三界)에 집착하지 않음이요, 열넷째는 집착된 곳을 만들지 않음이요, 열다섯째는 기약된 곳을 만들지 않음이요, 열여섯째는 의지할 곳을 만들지 않음이요, 열일곱째는 부처님을 의지한다는 소견에 집착하지 않음이요, 열여덟째는 가르침을 의지한다는 소견에 집착하지 않음이요, 열아홉째는 스님들을 의지한다는 소견에 집착하지 않음이요, 스무번째는 계율을 의지한다는 소견에 집착하지 않음이다. 이 스무 가지 법이 집착하지 않아야 할 것이다.

또한 원만히 갖추어야 할 스무 가지 법이 있으니, 무엇을 스무 가지라고 하는가? 첫째는 모든 것은 공〔空〕임을 원만히 갖춤이요, 둘째는 어떤 특징도 없음〔無相〕을 깨달음이요, 셋째는 원할 것이 없음〔無作〕을 앎이요, 넷째는 주는 이와 받는 이·베푸는 물건의 세 가지〔三分〕를 청정히 함이요, 다섯째는 일체중생 속에서 자비와 지혜를 원만히 갖춤이요, 여섯째는 일체중생을 기억하지 않음이요, 일곱째는 일체의 모든 것을 평등하게 관찰하되 그것에도 또한 집착하지 않음이요, 여덟째는 제법(諸法)의 실상(實相)을 알되 이것까지도 생각하지 않음이요, 아홉째는 진실한 이치를 깨달아 평온한 마음〔無生法忍〕이요, 열번째는 온갖 중생으로 태어남이 없음을 아는 지혜〔無生智〕요, 열한번째는 모든 것〔諸法〕이 한 모양〔一相〕임을 설함이요, 열두째는 분별의 모양을 부수는 것이요, 열셋째는 억척된 망상을 멀리함이요, 열넷째는 소견을 멀리함이요, 열다섯째는 번뇌를 멀리함이요, 열여섯째는 정학(定學)과 혜학(慧學)의 경지를 평등히 함이요, 열일곱째는 생각을 조정함이요, 열여덟째는 마음을 영원히 평안하게〔寂滅〕함이요, 열아홉째는 걸림이 없는 지혜요, 스무번째는 애욕에 물들지 않음이다. 수보리야, 이것을 보살마하살이 일곱째 경지에 머물러서 원만히 갖추어야 스무 가지 법이라고 한다.

또한 수보리야, 보살마하살은 여덟째 경지〔八地〕에 머물러 네 가지 법을 원만히 갖추어야 하니, 무엇을 네 가지라고 하는가? 중생의 마음을 잘 거두어 주고, 모든 신통에 노닐며, 모든 부처님의 국토를 보아서 그 부처님의 국토와 같이 스스로의 국토를 화려하게 장식하고, 여실하게 부처님의 몸을 관찰하여 스스로 부처님의 몸을 화려하게 장식한다. 이것을 네 가지 법을 원만히 갖춘다고 말한다.

또한 수보리야, 보살마하살은 여덟째 경지에 머물러 다시 다섯 가지 법을 원만히 갖추어야 하니, 무엇을 다섯 가지라고 하는가? 높고 낮은 모든 근기를 알고, 부처님의 국토를 맑히며, 환상과 같은 삼매〔如幻三昧〕에 들고, 항상 삼매에 들며, 중생들의 모든 근기에 상응함을 따라서 몸을 받는다. 이것을 보살마하살이 여덟째 경지에 머물러 다섯 가지 법을 원만히 갖춘다고 한다.

또한 수보리야, 보살마하살은 아홉째 경지〔九地〕에 머물러 열두 가지 법을 원만히 갖추어야 하니, 무엇을 열두 가지라고 하는가? 가없는〔無邊〕 세계를 제도하여 마친 분량이 보살이 원한 것과 같음을 얻음이요, 모든 하늘·용(龍)·야차(夜叉)·건달바(犍闥婆)의 말을 알아서 설법을 함이요, 태(胎) 안에 듦을 원만히 성취함이요, 집안을 원만히 성취함이요, 신분을 원만히 성취함이요, 성(姓)을 원만히 성취함이요, 권속을 원만히 성취함이요, 출생을 원만히 성취함이요, 출가를 원만히 성취함이요, 장엄한 깨달음의 나무를 원만히 성취함이요, 일체의 모든 착한 공덕을 두루 성취하여 원만히 갖추는 것이다. 수보리야, 이것을 보살마하살이 아홉째 경지에 머물러 열두 가지 법을 원만히 갖춘다고 말한다.

수보리야, 열번째 경지〔十地〕의 보살은 마땅히 부처님과 같다고 알아야 한다.”

그때 혜명 수보리가 부처님께 사뢰어 말씀드렸다.

"세존이시여, 무엇을 보살마하살은 깊은 마음〔深心〕으로 경지의 업을 다스린다고 합니까?"

부처님께서 말씀하셨다.

"보살마하살은 일체지〔薩婆若〕에 합치하는 마음으로 온갖 착한 뿌리〔善根〕를 모은다. 이것을 보살마하살이 깊은 마음으로 경지의 업을 다스린다고 말한다."

"무엇을 보살은 일체중생속에서 마음을 평등하게 한다고 합니까?"

부처님께서 말씀하셨다.

"보살마하살은 일체지에 합치하는 마음으로 네 가지 한량없는 이타〔利他〕의 마음〔四無量心〕인 즐거움을 주고〔慈〕·가엾이 여기고〔悲〕·함께 기뻐하고〔喜〕·온갖 집착을 버리는〔捨〕 마음을 낸다. 이것을 일체중생속에서의 평등한 마음이라고 말한다."

"무엇을 보살은 보시를 닦는다고 합니까?"

부처님께서 말씀하셨다.

"보살은 일체중생에게 분별함이 없이 베풀어 준다. 이것을 보시를 닦는다고 말한다."

"무엇을 보살은 선지식에게 친근한다고 합니까?"

부처님께서 말씀하셨다.

"능히 사람으로 하여금 일체지 가운데 들어 머물게 하고, 이러한 선지식을 가까이 하며 자문을 구하고 공경하며 공양한다. 이것을 선지식에게 친근한다고 말한다."

"무엇을 보살은 법을 구한다고 합니까?"

부처님께서 말씀하셨다.

"보살은 일체지에 합치하는 마음으로 법을 구하되, 성문이나 벽지불의 경지에 떨어지지 않아야 한다. 이것을 법을 구한다고 말한다."

"무엇을 보살마하살은 항상 출가하여 경지의 업을 다스린다고 합니까?"

부처님께서 말씀하셨다.

"보살은 태어날 적마다 번잡한 마음에서 집을 나오는 것이 아니라, 장애함이 없는 불법(佛法) 속에 출가한다. 이것을 항상 출가해서 경지의 업을 다스린다고 말한다."

"무엇을 보살은 부처님의 몸을 즐겨 사랑하여 경지의 업을 다스린다고 합니까?"

부처님께서 말씀하셨다.

"만약 보살이 부처님 몸의 상호를 친견하고는 아뇩다라삼먁삼보리에 이를 때까지 마침내 부처님의 생각을 여의지 않는다면, 이것을 부처님의 몸을 즐겨 사랑하여 경지의 업을 다스린다고 말한다."

"무엇을 보살은 교법을 널리 퍼뜨리어 경지의 업을 다스린다고 합니까?"

부처님께서 말씀하셨다.

"부처님께서 현재에 계실 때나 혹은 멸도하신 뒤에 중생을 위해서 법을 설하니, 처음과 중간과 뒤가 훌륭하고 뜻과 말은 교묘하며, 맑고 깨끗하며 순수하고 갖추어진 소위 계경(契經) 내지 논의경(論議經)이다. 이것을 교법을 널리 퍼뜨리어 경지의 업을 다스린다고 말한다."

"무엇을 보살은 교만을 부수어 경지의 업을 다스린다고 합니까?"

부처님께서 말씀하셨다.

"보살은 교만을 부수는 까닭에 하천(下賤)한 집안에 태어나지 않는다. 이것을 교만을 부수어 경지의 업을 다스린다고 말한다."

"무엇을 보살은 실답게 말함으로 경지의 업을 다스린다고 합니까?"

부처님께서 말씀하셨다.

"보살은 말한 대로 행동한다. 이것을 실답게 말함으로 경지의 업을 다스린다고 말한다. 이것을 보살마하살이 첫째 경지에 머물러 열 가지 일을 수행하고, 경지의 업을 다스린다고 한다."

"무엇을 보살은 계율을 청정하게 한다고 합니까?"

"만약 보살마하살이 성문이나 벽지불의 마음 및 모든 파계(破戒)나 불도를 장애하는 법을 생각하지 않으면, 이것을 계율을 청정하게 한다고 말한다.”

“무엇을 보살은 은혜를 알아 그것을 갚는다고 합니까?”

“보살마하살은 보살도(菩薩道)를 행하고 내지 작은 은혜라도 잊지 않으니, 어찌 하물며 큰 은혜일까 보냐. 이것을 은혜를 알아 그것을 갚음이라고 말한다.”

“무엇을 보살은 인욕의 힘에 머문다고 합니까?”

“만약 보살이 일체중생에 대하여 성냄이 없고 번뇌가 없으면, 이것을 인욕의 힘에 머문다고 말한다.”

“무엇을 보살은 기쁨을 받는다고 합니까?”

“중생을 제도하여 해탈시키고, 이것으로써 기쁨을 삼는다. 이것을 기쁨을 받는다고 말한다.”

“무엇을 보살은 일체중생들을 버리지 않는다고 합니까?”

“보살은 생각으로 일체중생들을 구제하겠다고 바라는 까닭에, 이것을 일체중생을 버리지 않는다고 말한다.”

“무엇을 보살은 크게 가엾이 여기는 마음에 든다고 합니까?”

“만약 보살이, ‘나는 낱낱 중생을 위하여 항하의 모래알같이 많은 세월에 걸쳐서 지옥의 힘든 고통을 받더라도, 이 사람들이 불도를 얻어 열반에 들도록 해야 한다’고 생각한다면, 이와 같은 것을 이름하여 시방의 일체 중생들을 위해서 고통을 참는다고 한다. 이것을 크게 가엾이 여기는 마음에 들어감이라고 말한다.”

“무엇을 보살은 스승을 믿고 공경하며 자문을 받는다고 합니까?”

“만약 보살이 모든 스승을 세존과 같이 생각한다면, 이것을 스승을 믿고 공경하며 자문을 받는다고 말한다.”

“무엇을 보살은 모든 바라밀을 힘써 구한다고 합니까?”

“만약 보살이 일심으로 모든 바라밀을 구하고 다른 일이 없으면, 이것을 모든 바라밀을 힘써 구한다고 말한다. 이것을 보살마하살이 둘째 경지에 머물러 여덟 가지 법을 두루 갖춘다고 한다.”

“무엇을 보살마하살은 배우고 묻기를 즐겨하여 지겨워하지 않는다고 합니까?”

“모든 부처님이 설하시는 모든 법인 이 세간의 세계나 혹은 시방세계의 모든 부처님이 설하시는 바 법을 전부 들어서 가지기를 원한다. 이것을 배우고 묻기를 즐겨하여 지겨워하지 않는다고 말한다.”

“무엇을 보살은 법문을 청정하게 베푼다고 합니까?”

“법을 베풂이 있지만, 그것으로 아뇩다라삼먁삼보리까지도 구하지 않음에 이르니, 어찌 하물며 일일까 보냐. 이것을 명리(名利)를 구하지 않는 법의 베풂이라고 말한다.”

“무엇을 보살은 부처님의 국토를 맑힌다고 합니까?”

“모든 착한 뿌리를 부처님의 국토를 맑히는 것으로 회향(廻向)한다. 이것을 부처님의 국토를 맑힌다고 말한다.”

“무엇을 보살은 세간의 한량없는 고통을 받더라도 그것을 싫어하지 않는다고 합니까?”

“모든 착한 뿌리를 구비한 까닭에 능히 중생을 제도하여 해탈시키고, 또한 부처님의 국토를 화려하게 장식하며, 내지 일체지를 원만히 갖출 때까지 마침내 지치거나 싫어하지 않는다. 이것을 세간의 한량없는 고통을 받더라도 그것을 싫어하지 않는다고 말한다.”

“무엇을 보살은 뉘우치고 부끄러워하는 곳에 머무는 것이라고 합니까?”

“모든 성문이나 벽지불의 마음을 부끄러워한다. 이것을 뉘우치고 부끄러워하는 곳에 머문다고 말한다. 이것을 보살마하살이 셋째 경지에 머물러 다섯 가지 법을 두루 갖춘다고 한다.”

“무엇을 보살은 아란야에 머물러 그곳을 버리지 않는다고 합니까?”

“능히 성문이나 벽지불의 경지를 지나니, 이것을 아란야에 머물러 그곳을 버리지 않는다고 말한다.”

“무엇을 보살은 욕심을 적게한다고 합니까?”

“아뇩다라삼먁삼보리까지도 원하지 않는데, 어찌 하물며 나머지 욕망일까 보냐. 이것을 욕심을 적게한다고 말한다."

"무엇을 보살은 만족함을 안다고 합니까?"

"일체종지(一切種智)만을 얻는다. 이것을 만족함을 안다고 말한다."

"무엇을 보살은 두타의 공덕을 버리지 않는다고 합니까?"

"진실한 이치를 깨달아 평온한 마음〔深法忍〕을 관찰한다. 이것을 두타의 공덕을 버리지 않는다고 말한다."

"무엇을 보살은 계율을 버리지 않는다고 합니까?"

"계율의 모양을 취하지 않는, 이것을 계율을 버리지 않는다고 말한다."

"무엇을 보살은 모든 애욕을 추악함이라 한다고 합니까?"

"애욕의 마음을 내지 않는 까닭에, 이것을 모든 애욕을 추악하다고 말한다."

"무엇을 보살은 세간의 마음을 싫어하고 열반의 마음에 따른다고 합니까?"

"일체법을 알아서 짓지 않는 까닭에, 이것을 세간의 마음을 싫어하고 열반의 마음을 따른다고 말한다."

"무엇을 보살은 일체의 소유를 버린다고 합니까?"

"안팎의 모든 것을 아끼지 않는 까닭에, 이것을 일체의 소유를 버린다고 말한다."

"무엇을 보살은 마음을 침몰하지 않아야 한다고 합니까?"

"대상을 인식하는 두 가지 요소〔二種識處〕에 마음을 내지 않는 까닭에, 이것을 마음을 침몰하지 않는다고 말한다."

"무엇을 보살은 일체의 물건을 아끼지 않아야 한다고 합니까?"

"일체의 물건에 대하여 집착하지 않고 생각하지 않는다. 이것을 일체의 물건을 아끼지 않는다고 말한다. 이것을 보살이 넷째 경지에 머물러 열 가지 법을 버리지 않는다고 한다."

"무엇을 보살은 세속에 친근함을 멀리 여의어야 한다고 합니까?"

"보살은 태어난 곳에서 출가하여 한 부처님 국토에서 다른 부처님 국토에 다다르며, 항상 출가하여 머리를 깎고 먹물 옷〔染衣〕을 입는다. 이것을 세속에 친근함을 멀리 여읜다고 말한다."

“무엇을 보살은 비구니를 멀리 여의어야 한다고 합니까?”

“비구니와 함께 머물지 않고, 내지 손가락을 튕기는 사이라도 생각하지 않는다. 이것을 비구니를 멀리 여읜다고 말한다.”

“무엇을 보살은 남의 집에 대해서 아까워함을 멀리 여의어야 한다고 합니까?”

“보살은 이와 같이 생각한다. ‘나는 마땅히 중생을 안락하게 해야 하고, 다른 사람들이 지금 나를 도와서 안락한데, 어찌 아까워할까 보냐.’ 이것을 남의 집에 대해서 아까워함을 멀리 여의어야 한다고 말한다.”

“무엇을 보살은 이익이 없는 담론(談論)의 장소를 멀리 여의어야 한다고 합니까?”

“담론하는 장소에서 혹시 성문이나 벽지불의 마음을 내게 하면, 나는 마땅히 멀리 여의어야 한다. 이것을 이익이 없는 담론의 장소를 멀리 여의어야 한다고 말한다.”

“무엇을 보살은 성냄을 멀리 여의어야 한다고 합니까?”

“성내는 마음·번뇌로운 마음·다투는 마음이 찾아들지 못하게 한다. 이것을 성냄을 멀리 여의어야 한다고 말한다.”

“무엇을 보살은 스스로 잘난 체함을 멀리 여의어야 한다고 합니까?”

“소위 안쪽의 존재〔內法〕를 보지 않는 까닭에, 이것을 스스로 잘난 체함을 멀리 여의어야 한다고 말한다.”

“무엇을 보살은 사람을 멸시함을 멀리 여의어야 한다고 합니까?”

“소위 바깥 쪽의 존재〔外法〕를 보지 않는 까닭에, 사람을 멸시함을 멀리 여의어야 한다고 말한다.”

“무엇을 보살은 열 가지 착하지 않은 행위를 멀리 여의어야 한다고 합니까?”

“이 열 가지 착하지 않은 행위는 바로 여덟 가지 바른 깨달음에 이르는 길〔八聖道〕을 장애하니, 어찌 하물며 아뇩다라삼먁삼보리일까 보냐. 이것을 열 가지 착하지 않은 행위를 멀리 여의어야 한다고 말한다.”

“무엇을 보살은 크게 뛰어난 체함을 멀리 여의어야 한다고 합니까?”

“이 보살은 진실된 이치에서 크게 뛰어난 체험을 일으키는 것을 보지 않는다. 이것을 크게 뛰어난 체험을 멀리 여의어야 한다고 말한다.”

“무엇을 보살은 자기의 쏨쏨이를 멀리 여의어야 한다고 합니까?”

“이 보살은 이 법에서 자신만 가져야할 것을 보지 않는다. 이것을 자기의 쏨쏨이를 멀리 여의어야 한다고 말한다.”

“무엇을 보살은 뒤바뀐 소견을 멀리 여의어야 한다고 합니까?”

“뒤바뀐 소견의 처소를 붙잡을 수가 없는 까닭에, 이것을 뒤바뀐 소견을 멀리 여의어야 한다고 말한다.”

“무엇을 보살은 음욕과 성냄과 어리석음을 멀리 여의어야 한다고 합니까?”

“음욕과 성냄과 어리석음의 처소를 붙잡을 수가 없는 까닭에, 이것을 음욕과 성냄과 어리석음을 멀리 여의어야 한다고 말한다. 이것을 보살이 다섯째 경지에 머물러 열두 가지 법을 멀리 여읜다고 한다.”

“무엇을 보살은 여섯째 경지에 머물러 여섯 가지 법인, 소위 육바라밀을 원만히 갖춘다고 합니까?”

“모든 부처님 및 성문이나 벽지불은 육바라밀 중에 머물러서 능히 깨달음의 언덕〔彼岸〕에 이른다. 이것을 여섯 가지 법을 원만히 갖춘다고 말한다.”

“무엇을 보살은 성문이나 벽지불의 마음을 짓지 않는다고 합니까?”

“보살은 이와 같이 생각한다. ‘성문이나 벽지불의 마음은 아뇩다라삼먁삼보리의 길이 아니다’라고.”

“무엇을 보살은 보시하고 걱정하는 마음을 내지 않는다고 합니까?”

“보살은 이와 같이 생각한다. ‘이것은 아뇩다라삼먁삼보리의 길이 아니다’라고.”

“무엇을 보살은 구하는 물건이 있음을 보고 마음을 빼앗기지 않는다고 합니까?”

“보살은 이와 같이 생각한다. ‘이것은 아뇩다라삼먁삼보리의 길이 아니다’라고.”

“무엇을 보살은 소유한 물건을 보시한다고 합니까?”

“보살은 처음 마음을 내어 보시할 때에 이것을 주어야 하는가, 이것을 주지 말아야 하는가 하는 말을 하지 않는다.”

“무엇을 보살은 보시한 후에 마음으로 후회하지 않는다고 합니까?”

“자비의 힘 때문이다.”

“무엇을 보살은 진실된 법〔深法〕을 의심하지 않는다고 합니까?”

“공덕의 힘을 믿기 때문이다. 이것을 보살이 여섯째 경지에 머물러 여섯 가지 법을 멀리 여읜다고 한다.”

“무엇을 보살은 나〔我〕라는 것에 집착하지 않는다고 합니까?”

“마침내 나라는 것이 없기 때문이다.”

“무엇을 보살은 중생이라는 것에 집착하지 않고, 오래 산다는 것에 집착하지 않으며, 많은 대중이라는 것 내지 아는 것·보는 것에 집착하지 않는다고 합니까?”

“이 모든 것을 마침내 붙잡을 수가 없기 때문이다.”

“무엇을 보살은 없어진다는 소견에 집착하지 않는다고 합니까?”

“온갖 것은 없어질 수가 없으니, 모든 것은 마침내 나지 않기〔不生〕 때문이다.”

“무엇을 보살은 항상 존재한다는 소견에 집착하지 않는다고 합니까?”

“만약 온갖 것이 생기지 않으면, 항상 존재한다고 할 수 없다.”

“무엇을 보살은 모양이라는 생각을 하지 않는다고 합니까?”

“모든 번뇌가 없기 때문이다.”

“무엇을 보살은 인연이라는 소견을 짓지 않는다고 합니까?”

“모든 소견은 볼 수가 없기 때문이다.”

“무엇을 보살은 이름과 물질적 존재에 집착하지 않는다고 합니까?”

“이름과 물질적 존재는 처소와 모양이 없기 때문이다.”

“무엇을 보살은 다섯 가지 모임에 집착하지 않고, 열여덟 가지 요소에 집착하지 않으며, 열두 가지 영역에 집착하지 않는다고 합니까?”

“이 모든 것은 성품이 없기 때문이다.”

“무엇을 보살은 삼계에 집착하지 않는다고 합니까?”

“삼계의 성품이 없기 때문이다.”

“무엇을 보살은 집착된 마음을 짓지 않는다고 합니까? 무엇을 보살은 바램
〔願〕을 짓지 않는다고 합니까? 무엇을 보살은 의지할 곳을 만들지 않는다고 합
니까?”

“이 모든 것은 성품이 없기 때문이다.”

“무엇을 보살은 부처님을 의지한다는 소견에 집착하지 않는다고 합니까?”

“의지한다는 소견을 지으면 부처님을 볼 수가 없기 때문이다.”

“무엇을 보살은 가르침에 의지한다는 소견에 집착하지 않는다고 합니까?”

“법을 볼 수가 없기 때문이다.”

“무엇을 보살은 스님들을 의지한다는 소견에 집착하지 않는다고 합니까?”

“스님이라는 모양은 함이 없는 것이어서 의지할 수가 없기 때문이다.”

“무엇을 보살은 계율에 의지한다는 소견에 집착하지 않는다고 합니까?”

“죄와 죄 없음을 집착하지 않기 때문이다. 이것을 보살이 일곱째 경지에 머물
러 스무 가지 법에 집착하지 않는 것이라고 한다.”

“무엇을 보살은 모든 것은 공임을 원만히 갖추어야 한다고 합니까?”

“모든 것은 사물의 고유형태가 공임을 원만히 갖추었기 때문이다.”

“무엇을 보살은 어떤 특징도 없음을 깨달아야 한다고 합니까?”

“온갖 모양을 생각하지 않기 때문이다.”

“무엇을 보살은 원할 것이 없음을 알아야 한다고 합니까?”

“삼계 가운데서 지을 수가 없기 때문이다.”

“무엇을 보살은 주는 이와 받는 이·베푸는 물건의 세 가지를 청정히 한다고
합니까?”

“열 가지 착한 행위〔十善道〕를 원만히 갖추기 때문이다.”

“무엇을 보살은 일체중생 속에서 자비와 지혜를 원만히 갖추어야 한다고 합니
까?”

“크게 가엾이 여김〔大悲〕을 얻기 때문이다.”

“무엇을 보살은 일체중생을 기억하지 않는다고 합니까?”
“국토의 맑힘을 원만히 갖추었기 때문이다.”
“무엇을 보살은 일체의 모든 것을 평등하게 관찰한다고 합니까?”
“모든 것에 있어서 줄지도 않고 늘지도 않기 때문이다.”
“무엇을 보살은 제법의 실상을 알아야 한다고 합니까?”
“제법의 실상은 앎이 없기 때문이다.”
“무엇을 보살의 진실한 이치를 깨달아 평온한 마음이라고 합니까?”
“모든 것은 나지 않고 없어지지 않으며, 지을 수도 없는 이치이다.”
“무엇을 보살의 온갖 중생으로 태어남이 없음을 아는 지혜라고 합니까?”
“이름과 물질적 존재가 나지 않음을 아는 것이다.”
“무엇을 보살은 모든 것이 한 모양임을 설한다고 합니까?”
“마음에 두 가지 모양을 행하지 않는 것이다.”
“무엇을 보살은 분별의 모양을 부순다고 합니까?”
“일체의 모든 것을 분별하지 않는 것이다.”
“무엇을 보살은 억척된 망상을 멀리한다고 합니까?”
“크고 작은 한량없는 망상을 멀리하는 것이다.”
“무엇을 보살은 소견을 멀리한다고 합니까?”
“성문이나 벽지불의 소견을 멀리하는 것이다.”
“무엇을 보살은 번뇌를 멀리한다고 합니까?”
“모든 번뇌를 끊는 것이다.”
“무엇을 보살은 정학과 혜학의 경지를 평등히 한다고 합니까?”
“소위 일체종지를 얻는 것이다.”
“무엇을 보살은 생각을 조정한다고 합니까?”
“삼계에 있어서 동요하지 않는 것이다”
“무엇을 보살은 마음을 영원히 평안하게 한다고 합니까?”
“여섯 가지 감각기관〔六根〕을 통제하는 것이다.”
“무엇을 보살의 걸림없는 지혜라고 합니까?”

“부처님의 눈〔佛眼〕을 얻는 것이다.”

“무엇을 보살은 애욕에 물들지 않는다고 합니까?”

“감각기관의 여섯 가지 대상〔六塵〕을 버리는 것이다. 이것을 보살이 일곱째 경지에 머물러 스무 가지 법을 원만히 갖춘다고 한다.”

“무엇을 보살은 중생의 마음을 잘 거두어 준다고 합니까?”

“보살이 일심으로써 일체중생의 마음 및 마음에 작용하는 갖가지 정신작용〔心數法〕을 아는 것이다.”

“무엇을 보살은 모든 신통에 노닌다고 합니까?”

“이 신통으로써 한 부처님 국토에서 다른 부처님 국토에 이르되, 또한 부처님 국토라는 생각을 짓지 않는 것이다.”

“무엇을 보살은 모든 부처님 국토를 본다고 합니까?”

“스스로 그 국토에 머물러 한량없는 모든 부처님의 국토를 보되, 또한 부처님의 국토를 생각하지 않는 것이다.”

“무엇을 보살은 본 바 부처님의 국토처럼 스스로 그 국토를 화려하게 장식한다고 합니까?”

“전륜성왕(轉輪聖王)의 지위에 머물러 널리 삼천대천세계에 이르고, 그것으로써 스스로 화려하게 장식한다.”

“무엇을 보살은 여실하게 부처님의 몸을 관찰한다고 합니까?”

“여실하게 법신(法身)을 관찰하는 것이다. 이것을 보살이 여덟째 경지에 머물러 네 가지 법을 원만히 갖춘다고 한다.”

“무엇을 보살은 높고 낮은 모든 근기를 안다고 합니까?”

“보살이 부처님의 열 가지 지혜의 힘〔十力〕에 머물러 일체중생의 높고 낮은 모든 근기를 아는 것이다.”

“무엇을 보살은 부처님의 국토를 맑힌다고 합니까?”

“중생을 맑히는 것이다.”

“무엇을 보살의 환상과 같은 삼매라고 합니까?”

“이 삼매에 머물러 능히 일체의 일을 이루고 판단하며, 또한 마음에 모양을 내지 않는다.”

“무엇을 보살은 항상 삼매에 든다고 합니까?”

“과보를 내는 삼매〔報生三昧〕을 얻는 것이다.”

“무엇을 보살은 중생들의 모든 근기에 상응함을 따라서 몸을 받는다고 합니까?”

“보살은 중생이 착한 뿌리〔善根〕를 내는 처소를 알아서, 그를 위해 몸을 받고 중생을 제도하여 해탈시킨다. 이것을 보살이 여덟째 경지에 머물러 다섯 가지 법을 원만히 갖춘다고 한다.”

“무엇을 보살은 가없는 세계를 제도한 분량을 얻는다고 합니까?”

“시방의 한량없는 세계에 있는 중생을 모든 부처님의 법을 따라 제도할 자는 모두 제도하여 해탈시킨다.”

“무엇을 보살은 원한 것과 같음을 얻는다고 합니까?”

“육바라밀을 원만히 갖춤을 얻는 것이다.”

“무엇을 보살은 모든 하늘·용·야차·건달바의 말을 안다고 합니까?”

“말을 판단하는 힘이다.”

“무엇을 보살은 태 안에 듦을 원만히 성취한다고 합니까?”

“보살이 태어날 적마다 화생(化生)하는 것이다.”

“무엇을 보살은 집안을 원만히 성취한다고 합니까?”

“항상 권세 있는 집안〔大家〕에 태어나는 것이다.”

“무엇을 보살은 신분을 원만히 성취한다고 합니까?”

“왕족이나 귀족의 집안에 태어나고, 혹은 바라문의 집안에 태어나는 것이다.”

“무엇을 보살은 성(姓)을 원만히 성취한다고 합니까?”

“과거에 보살이 타고난 성을 가지고 태어나는 것이다.”

“무엇을 보살은 권속을 원만히 성취한다고 합니까?”

“순수한 모든 보살마하살의 권속이다.”

“무엇을 보살은 출생을 원만히 성취한다고 합니까?”

"태어날 때에 광명이 널리 한량없고 가없는 세계를 비추되, 또한 모양을 취하지 않는 것이다."

"무엇을 보살은 출가를 원만히 성취한다고 합니까?"

"출가할 때에 한량없는 백천억의 모든 하늘이 시종으로 출가하고, 이 일체중생들이 반드시 삼승(三乘)에 이르는 것이다."

"무엇을 보살은 장엄한 깨달음의 나무를 원만히 성취한다고 합니까?"

"이 깨달음의 나무〔菩提樹〕는 황금으로 뿌리를 삼고, 일곱 가지 보배로 줄기와 마디와 가지와 잎을 삼으며, 줄기·마디·가지·잎의 광명이 널리 시방의 한량없는 삼천대천세계를 비추는 것이다."

"무엇을 보살은 일체의 모든 착한 공덕을 두루 성취하여 원만히 갖춘다고 합니까?"

"보살은 중생을 청정하게 하여 부처님의 국토도 또한 청정함을 얻는 것이다. 이것을 보살이 아홉째 경지에 머물러 열두 가지 법을 원만히 갖춘다고 한다."

"무엇을 보살은 열번째 경지에 머무르니, 마땅히 알아야 할 부처님과 같은 것이라고 합니까?"

"만약 보살마하살이 육바라밀·네 가지 관찰법〔四念處〕내지 열여덟 가지 부처님만이 갖는 특성〔十八不共法〕을 원만히 갖추고, 일체종지를 두루 원만히 갖추며, 일체의 번뇌 및 습기를 끊으면, 이것을 보살마하살이 열번째 경지에 머무르니 마땅히 알아야 할 부처님과 같은 것이다. 수보리야, 보살마하살은 이 열번째 경지에 머물러 방편의 힘으로써 육바라밀을 행하고, 네 가지 관찰법 내지 열여덟 가지 부처님만이 갖는 특성을 행하며, 진리에 다가서는 경지〔乾慧地〕·수행에 들어갈 수 있는 경지〔性地〕·여덟 가지 인(忍)을 얻은 경지〔八人地〕·물러나지 않는 경지〔見地〕·번뇌가 엷어진 경지〔薄地〕·욕심을 여읜 경지〔離欲地〕·이미 끝난 경지〔已作地〕·벽지불의 경지〔辟支佛地〕·보살의 경지〔菩薩地〕인 이 아홉 가지 경지를 지나서 부처님의 경지에 머문다. 이것을 보살의 열번째 경지〔十地〕라고 한다. 이와 같이 수보리야, 이것을 보살마하살이 대승을 향하여 나아간다고 말한다."

제21 출도품(出到品 第二十一)

부처님께서 수보리에게 이르셨다.

"너는 이 수레가 어디에서 나와서 어느 곳에 이르러 머무는가 하고 물었지!"

부처님께서 말씀하셨다.

"이 수레는 삼계(三界)로부터 나와 일체지〔薩婆若〕 중에 이르러 머무니, 둘이 없는〔不二〕 법인 까닭이다. 왜냐하면 대승〔摩訶衍〕과 일체지라는 이 두 가지 법은 모인 것도 아니고 흩어진 것도 아니며, 빛깔도 없고 형태도 없으며, 마주할 수도 없는 한 모양〔一相〕이어서 소위 모양이 없는〔無相〕 것이기 때문이다. 만약 사람이 참된 실상〔實際〕을 나오게 하고자 한다면, 이 사람은 모양이 없는 법을 나오게 하고자 함이 된다. 만약 사람이 사물의 진실된 모습〔如〕・진실의 본성〔法性〕・불가사의한 본성〔不可思議性〕을 나오게 하고자 한다면, 이 사람은 모양이 없는 법을 나오게 하고자 함이 된다. 만약 사람이 물질적 존재〔色〕의 공(空)을 나오게 하고자 한다면, 이 사람은 모양이 없는 법을 나오게 하고자 함이 된다. 만약 사람이 감각・표상・의지・인식을 나오게 하고자 한다면, 이 사람은 모양이 없는 법을 나오게 하고자 함이 된다. 왜냐하면 수보리야, 물질적 존재의 공한 모양은 삼계(三界)를 나오지도 않았고, 일체지에 머물지도 않기 때문이다. 감각・표상・의지・인식의 공한 모양은 삼계를 나오지도 않았고, 일체지에 머물지도 않기 때문이다. 이유가 무엇인가, 물질적 존재는 물질적 존재의 모양이 공이고, 감각·표상·의지·인식은 인식의 모양이 공인 까닭이다.

만약 사람이 눈〔眼〕의 공을 나오게 하고자 한다면, 이 사람은 모양이 없는 법을 나오게 하고자 함이 된다. 만약 사람이 귀·코·혀·신체·마음의 공을 나오게 하고자 한다면, 이 사람은 모양이 없는 법을 나오게 하고자 함이 된다. 만약 사람이 마음속에 있는 것들에 대한 느낌의 공을 나오게 하고자 한다면, 이 사람은 모양이 없는 법을 나오게 하고자 함이 된다. 왜냐하면 수보리야, 눈의 공함은 삼계를 나오지도 않았고 일체지에 머물지도 않기 때문이며, 내지 마음속에 있는 것들에 대한 느낌의 공함은 나오지도 않았고 일체지에 머물지도 않기 때문이다. 이유가 무엇인가, 눈은 눈의 모양이 공이고, 내지 마음속에 있는 것들에 대한 느낌은 마음속에 있는 것들에 대한 느낌의 모양이 공인 까닭이다.

만약 사람이 꿈을 나오게 하고자 한다면, 이 사람은 모양이 없는 법을 나오게 하고자 함이 된다. 만약 사람이 허깨비·아지랑이·메아리·그림자·변화한 몸을 나오게 하고자 한다면, 이 사람은 모양이 없는 법을 나오게 하고자 함이 된다. 왜냐하면 수보리야, 꿈의 모양은 삼계를 나오지도 않았고, 일체지에 머물지도 않기 때문이다. 허깨비·아지랑이·메아리·그림자·변화한 몸도 또한 삼계를 나오지도 않았고, 일체지에 머물지도 않기 때문이다.

수보리야, 만약 사람이 보시바라밀을 나오게 하고자 한다면, 이 사람은 모양이 없는 법을 나오게 하고자 함이 된다. 만약 사람이 지계바라밀·인욕바라밀·정진바라밀·반야바라밀을 나오게 하고자 한다면, 이 사람은 모양이 없는 법을 나오게 하고자 함이 된다. 왜냐하면 보시바라밀의 모양은 삼계를 나오지도 않았고, 일체지에 머물지도 않기 때문이다. 지계바라밀 내지 반야바라밀은 삼계를 나오지도 않았고, 일체지에 머물지도 않기 때문이다. 이유가 무엇인가, 보시바라밀은 보시바라밀의 모양이 공이고, 지계바라밀·인욕바라밀·정진바라밀·선정바라밀·반야바라밀은 반야바라밀의 모양이 공인 까닭이다.

만약 사람이 여섯 가지 감각기관의 공〔內空〕을 나오게 하고자 한다면, 내지 사물이 존재하지 않는다는 견해와 존재한다는 견해가 같이 공〔無法有法空〕을 나오게 하고자 한다면, 이 사람은 모양이 없는 법을 나오게 하고자 함이 된다.

왜냐하면 수보리야, 여섯 가지 감각기관의 공 내지 사물이 존재하지 않는다는 견해와 존재한다는 견해가 같이 공한 모양은 삼계를 나오지도 않았고, 일체지에 머물지도 않기 때문이다. 이유가 무엇인가, 여섯 가지 감각기관의 공은 여섯 가지 감각기관이 공한 성품이 공이고, 사물이 존재하지 않는다는 견해와 존재한다는 견해가 같이 공한 것은 사물이 존재하지 않는다는 견해와 존재한다는 견해가 같이 공한 성품이 공인 까닭이다.

만약 사람이 네 가지 관찰법〔四念處〕을 나오게 하고자 한다면, 이 사람은 모양이 없는 법을 나오게 하고자 함이 된다. 왜냐하면 네 가지 관찰법의 성품은 삼계를 나오지도 않았고, 일체지에 머물지도 않기 때문이다. 이유가 무엇인가, 네 가지 관찰법의 성품은 네 가지 관찰법의 성품이 공인 까닭이다.

만약 사람이 네 가지 바른 노력〔四正勤〕·네 가지 자재를 얻는 것〔四如意足〕· 다섯 가지 뛰어난 능력〔五根〕·다섯 가지 악을 부수는 힘〔五力〕·일곱 가지 깨닫는 지혜를 도와주는 힘〔七覺分〕·여덟 가지 바른 깨달음에 이르는 길〔八聖道分〕을 나오게 하고자 한다면, 이 사람은 모양이 없는 법을 나오게 하고자 함이 된다. 왜냐하면 여덟 가지 바른 깨달음에 이르는 길의 성품은 삼계를 나오지도 않았고, 일체지에 머물지도 않기 때문이다. 이유가 무엇인가, 여덟 가지 바른 깨달음에 이르는 길은 여덟 가지 바른 깨달음에 이르는 길의 성품이 공한 까닭이다. 내지 열여덟 가지 부처님만이 갖는 특성〔十八不共法〕도 이와 같다.

수보리야, 만약 사람이 아라한(阿羅漢)을 태어난 곳에서 나오게 하고자 한다면, 이 사람은 모양이 없는 법을 나오게 하고자 함이 된다. 만약 사람이 벽지불(辟支佛)을 태어난 곳에서 나오게 하고자 한다면, 이 사람은 모양이 없는 법을 나오게 하고자 함이 된다. 만약 사람이 여래(如來)·응공(應供)·정변지(正編知)를 태어난 곳에서 나오게 하고자 한다면, 이 사람은 모양이 없는 법을 나오게 하고자 함이 된다. 왜냐하면 아라한의 성품·벽지불의 성품·부처님의 성품은 삼계를 나오지도 않았고, 일체지에 머물지도 않기 때문이다. 이유가 무엇인가, 아라한의 성품은 아라한의 성품이 공이고, 벽지불의 성품은 벽지불의 성품이 공이며, 부처님의 성품은 부처님의 성품이 공인 까닭이다.

만약 수다원과(須陀洹果)·사다함과(斯陀含果)·아나함과(阿那含果)·아라한과(阿羅漢果)·벽지불도(辟支佛道)·불도(佛道)·일체종지(一切種智)를 나오게 하고자 한다면, 이 사람은 모양이 없는 법을 나오게 하고자 함이 되니, 위에서 말한 것과 같다.

만약 사람이 단지 언어뿐인 이름이나 거짓 이름으로 시설된 모양을 나오게 하고자 한다면, 이 사람은 모양이 없는 법을 나오게 하고자 함이 된다. 왜냐하면 이름의 공함은 삼계를 나오지도 않았고, 일체지에 머물지도 않기 때문이다. 이유가 무엇인가, 이름의 모양은 이름의 모양이 공인 까닭이다. 내지 시설된 것도 마찬가지이다.

만약 사람이 나지도 않고 없어지지도 않는 법과 더럽지도 않고 깨끗하지도 않으며 지음도 없는 법을 나오게 하고자 한다면, 이 사람은 모양이 없는 법을 나오게 하고자 함이 된다. 왜냐하면 나지 않는 법 내지 지음이 없는 법의 성품은 삼계를 나오지도 않았고, 일체지에 머물지도 않기 때문이다. 이유가 무엇인가, 나지 않는 성품 내지 지음이 없는 성품은 성품이 공인 까닭이다. 수보리야, 이러한 인연의 까닭으로 대승은 삼계로부터 나와서 일체지에 이르러 머무르니, 움직이지 않기 때문이다.

수보리야, 너는 이 수레가 어느 곳에 머무느냐고 물었지만, 수보리야, 이 큰 수레〔大乘〕는 머무는 곳이 없다. 왜냐하면 일체의 모든 것에는 머문다는 모양이 없기 때문이다. 이 수레가 만약 머물더라도 머뭄이 없는 법에 머문다. 수보리야, 비유컨대 진실의 본성〔法性〕은 나지도 않고 없어지지도 않으며, 더럽지도 않고 깨끗하지도 않으며, 모양도 없고 지음도 없으며, 머뭄도 아니고 머뭄 아님도 아닌 것처럼 수보리야, 이 수레도 또한 마찬가지여서 머뭄도 아니고 머뭄 아님도 아니다. 왜냐하면 진실한 본성의 모양 내지 지음이 없는 모양은 머뭄도 아니고 머뭄 아님도 아니기 때문이다. 이유가 무엇인가, 진실한 본성의 모양은 성품이 공인 까닭이며, 내지 지음이 없는 성품은 지음이 없는 성품이 공인 까닭이다. 모든 나머지 법도 또한 마찬가지이다. 수보리야, 이러한 인연의 까닭으로 이 수레는 머무는 데가 없으니, 머무는 것이 아니고 움직이는 것이 아닌 까닭이다.

　수보리야, 너는 이 수레를 타고 나오는 이가 누구냐고 물었지만, 이 수레는 타고서 나오는 사람이 있을 수 없다, 왜냐하면 이 수레 및 나오는 사람·사용하는 방법 및 나오는 시기 등 이러한 일체의 모든 것은 있는 바가 없기 때문이다. 만약 일체의 모든 것이 있을 바가 없다면, 무엇을 사용하여 나오겠느냐. 왜냐하면 나〔我〕라는 것은 붙잡을 수가 없고, 내지 아는 것〔知者〕·보는 것〔見者〕은 붙잡을 수가 없으니, 마침내 청정한 까닭이다.

　불가사의한 성품은 붙잡을 수가 없으니 마침내 청정한 까닭이다. 다섯 가지 모임〔五陰〕·열두 가지 영역〔十二入〕·열여덟 가지 요소〔十八界〕는 붙잡을 수가 없으니 마침내 청정한 까닭이다. 보시바라밀은 붙잡을 수가 없으니 마침내 청정한 까닭이다. 내지 반야바라밀은 붙잡을 수가 없으니 마침내 청정한 까닭이다. 여섯 가지 감각기관의 공함은 붙잡을 수가 없으니 마침내 청정한 까닭이다. 내지 사물이 존재하지 않는다는 견해와 존재한다는 견해가 같이 공함은 붙잡을 수가 없으니 마침내 청정한 까닭이다. 네 가지 관찰법은 붙잡을 수가 없고, 내지 열여덟 가지 부처님만이 갖는 특성은 붙잡을 수가 없으니 마침내 청정한 까닭이다. 수다원은 붙잡을 수가 없고, 내지 아라한·벽지불·보살·부처님도 붙잡을 수가 없으니 마침내 청정한 까닭이다. 수다원과 내지 아라한과·벽지불도·불도(佛道)·일체종지는 붙잡을 수가 없으니 마침내 청정한 까닭이다. 나지도 않고 없어지지도 않는 것·더럽지도 않고 깨끗하지도 않는 것·일어남도 없고 지음도 없는 것은 붙잡을 수가 없으니 마침내 청정한 까닭이다. 과거의 세상과 현재의 세상과 미래의 세상에서 생기고 머물고 없어짐은 붙잡을 수가 없으니 마침내 청정한 까닭이다. 늘어나고 줄어듦은 붙잡을 수가 없으니 마침내 청정한 까닭이다.

　무슨 법을 붙잡을 수가 없는 까닭에 붙잡을 수가 없다고 하는가? 진실의 본성은 붙잡을 수가 없는 까닭에 붙잡을 수가 없다고 한다. 사물의 진실된 본성·참된 실상·불가사의한 성품·진실의 본성·모든 것의 변하지 않는 위치〔法位〕·보시바라밀은 붙잡을 수가 없는 까닭에 붙잡을 수가 없다고 하고, 내지 반야바라밀은 붙잡을 수가 없는 까닭에 붙잡을 수가 없다고 한다. 여섯 가지 감각기관의 공함은 붙잡을 수가 없는 까닭에 붙잡을 수가 없다고 하고, 내지 사물이 존재하지 않는다는 견해와 존재한다는 견해가 같이 공함은 붙잡을 수가 없는 까닭에 붙잡을 수가 없다고 한다. 네 가지 관찰법은 붙잡을 수가 없는 까닭에 붙잡을 수가 없다고 하고, 내지 열여덟 가지 부처님만이 갖는 특성은 붙잡을 수가 없는 까닭에 붙잡을 수가 없다고 한다. 수다원은 붙잡을 수가 없는 까닭에 붙잡을 수가 없다고 하고, 내지 부처님도 붙잡을 수가 없는 까닭에 붙잡을 수가 없다고 한다. 수다원과는 붙잡을 수가 없는 까닭에 붙잡을 수가 없다고 하고, 내지 불도(佛道)도 붙잡을 수가 없는 까닭에 붙잡을 수가 없다고 한다. 나지도 않고 없어지지도 않는 것 내지 일어나지도 않고 지어짐도 아닌 것은 붙잡을 수가 없는 까닭에 붙잡을 수가 없다고 한다.

또한 수보리야, 보살의 첫째 경지〔初地〕는 붙잡을 수가 없는 까닭에 붙잡을 수가 없다고 하고, 나아가 열번째 경지〔十地〕는 붙잡을 수가 없는 까닭에 붙잡을 수가 없다고 하니, 마침내 청정한 까닭이다. 무엇을 첫째 경지 나아가 열번째 경지라고 하는가? 소위 진리에 다가서는 경지〔乾慧地〕·수행에 들어갈 수 있는 경지〔性地〕·여덟 가지 인을 얻은 경지〔八人地〕·물러나지 않는 경지〔見地〕·번뇌가 엷어진 경지〔薄地〕·욕심을 여윈 경지〔離欲地〕·이미 끝난 경지〔已作地〕·벽지불의 경지〔辟支佛地〕·보살의 경지〔菩薩地〕·부처님의 경지〔佛地〕이다.

여섯 가지 감각기관이 공한 속에서 첫째 경지는 붙잡을 수가 없고, 내지 사물이 존재하지 않는다는 견해와 존재한다는 견해가 같이 공한 속에서 첫째 경지는 붙잡을 수가 없으며, 내지 사물이 존재하지 않는다는 견해와 존재한다는 견해가 같이 공한 속에서 둘째 경지·셋째 경지·넷째 경지·다섯째 경지·여섯째 경지·일곱째 경지·여덟째 경지·아홉째 경지·열번째 경지는 붙잡을 수가 없다. 왜냐하면 수보리야, 첫째 경지는 붙잡는 것도 아니고 붙잡지 않는 것도 아니기 때문이며, 내지 열번째 경지는 붙잡는 것도 아니고 붙잡지 않는 것도 아니기 때문이니, 마침내 청정한 까닭이다.

　여섯 가지 감각기관의 공함 내지 사물이 존재하지 않는다는 견해와 존재한다는 견해가 같이 공한 속에서 중생을 제도하여 해탈시킴은 붙잡을 수가 없으니, 마침내 청정한 까닭이다. 여섯 가지 감각기관의 공함 내지 사물이 존재하지 않는다는 견해와 존재한다는 견해가 같이 공한 속에서 부처님의 국토를 맑히는 것은 붙잡을 수가 없으니, 마침내 청정한 까닭이다. 여섯 가지 감각기관의 공함 내지 사물이 존재하지 않는다는 견해와 존재한다는 견해가 같이 공한 속에서 다섯 가지 눈〔五眼〕은 붙잡을 수가 없으니, 마침내 청정한 까닭이다. 이와 같이 수보리야, 보살마하살은 일체의 모든 것은 붙잡을 수가 없음인 까닭에 이 큰수레〔大乘〕를 타고 삼계를 벗어나 일체지에 머문다."

제22 승출품(勝出品 第二十二)

혜명 수보리가 부처님께 사루어 말씀드렸다.

"세존이시여, 대승〔摩訶衍〕이라고 하셨습니다만, 대승이란 일체의 세간(世間)인 모든 하늘〔諸天〕·인간·아수라(阿修羅)를 훌륭하게 벗어납니다. 세존이시여, 이 대승은 허공과 같아서, 허공이 한량없고 가없어 헤아릴 수조차 없는 많은 중생들을 받아들이는 것처럼 대승도 이와 같이 한량없고 가없어 헤아릴 수조차 없는 많은 중생들을 받아들입니다. 세존이시여, 이 대승은 오는 곳을 볼 수 없고, 가는 곳을 볼 수 없으며, 머무는 곳을 볼 수 없습니다. 이 대승은 지나간 시간〔前際〕에서 붙잡을 수가 없고, 다가오는 시간〔後際〕에서 붙잡을 수가 없으며, 현재의 시간〔中際〕에서 붙잡을 수가 없어서 과거·현재·미래에 평등함이 이 대승입니다. 세존이시여, 이러한 까닭으로 이 수레를 대승이라고 말합니다."

부처님께서 수보리에게 이르셨다.

"그렇다, 정말 그러하다. 보살마하살의 대승이란 소위 육바라밀이니, 보시바라밀·지계바라밀·인욕바라밀·정진바라밀·선정바라밀·반야바라밀이다. 이것을 보살마하살의 대승이라고 말한다.

또한 수보리야, 보살마하살의 대승이란 일체의 다라니문(陀羅尼門)과 일체의 삼매문(三昧門)이니, 소위 수능엄삼매(首楞嚴三昧) 내지 이착허공불염삼매(離著虛空不染三昧)이다. 이것을 보살마하살의 대승이라고 말한다.

또한 수보리야, 보살마하살의 대승이란 소위 여섯 가지 감각기관의 공〔內空〕
내지 사물이 존재하지 않는다는 견해와 존재한다는 견해가 같이 공〔無法有法
空〕이다. 이것을 보살마하살의 대승이라고 말한다.

또한 수보리야, 보살마하살의 대승이란 소위 네 가지 관찰법〔四念處〕 내지
열여덟 가지 부처님만이 갖는 특성〔十八不共法〕이다. 이것을 보살마하살의 대
승이라고 말한다.

수보리야, 말한 것처럼 이 대승은 일체의 세간인 모든 하늘·인간·아수라에서
훌륭하게 벗어난다. 수보리야, 만약 애욕의 세계〔欲界〕가 실다움이 있어서 허
망하지 않고 진리와 다르지 않으며 뒤바뀜이 아니고, 항상되어 무너지지 않는
모양이 있어서 법이 없음이 아니라고 하면, 이 대승은 일체의 세간인 모든 하늘
인간·아수라에서 훌륭하게 벗어나지 못한다. 수보리야, 애욕의 세계는 허망하
고, 억척된 망상과 분별의 화합된 이름으로써 일체가 덧없는 모양이며 법이 없
다. 이러한 까닭으로써 대승은 일체의 세간인 모든 하늘·인간·아수라에서 훌륭
하게 벗어난다.

수보리야, 물질의 세계〔色界〕와 정신만의 세계〔無色界〕가 만약 실다움이 있
어서 허망하지 않고 진리와 다르지 않으며 뒤바뀜이 아니고, 항상되어 무너지지
않는 모양이 있어서 법이 없음이 아니라고 하면, 이 대승은 일체의 세간인 모든
하늘·인간·아수라에서 훌륭하게 벗어나지 못한다. 수보리야, 물질의 세계와 정
신만의 세계는 허망하고, 억척된 망상과 분별의 화합된 이름으로 일체가 덧없는
모양이며 법이 없다. 이러한 까닭으로써 대승은 일체의 세간인 모든 하늘·인간
아수라에서 훌륭하게 벗어난다.

수보리야, 만약 물질적 존재〔色〕가 실다움이 있어서 허망하지 않고 진리와
다르지 않으며 뒤바뀜이 아니고, 항상되어 무너지지 않는 모양이 있어서 법이
없음이 아니라고 하면, 이 대승은 일체의 세간인 모든 하늘·인간·아수라에서
훌륭하게 벗어나지 못한다. 수보리야, 물질적 존재는 허망하고, 억척된 망상과
분별의 화합된 이름으로 일체가 덧없는 모양이며 법이 없다. 이러한 까닭으로
써 대승은 일체의 세간인 모든 하늘·인간·아수라에서 훌륭하게 벗어난다. 감각

표상·의지·인식도 또한 마찬가지이다.

수보리야, 만약 눈 내지 마음·형상 내지 마음의 대상·눈으로 인식하는 것〔眼識〕 내지 마음으로 인식하는 것〔意識〕·눈앞의 상황〔眼觸〕 내지 마음속에 있는 것〔意觸〕·눈앞에 전개되는 것에 대한 느낌 내지 마음속에 있는 것에 대한 느낌이 만약 실다움이 있어서 허망하지 않고 진리와 다르지 않으며 뒤바뀜이 아니고, 항상되어 무너지지 않는 모양이 있어서 법이 없음이 아니라고 하면, 이 대승은 일체의 세간인 모든 하늘·인간·아수라에서 훌륭하게 벗어나지 못한다. 수보리야, 눈 내지 마음속에 있는 모든 것에 대한 느낌은 허망하고, 억척된 망상과 분별의 화합된 이름으로써 일체가 덧없고 파괴되는 모양이며 법이 없다. 이러한 까닭으로써 대승은 일체의 세간인 모든 하늘·인간·아수라에서 훌륭하게 벗어난다.

수보리야, 만약 진실의 본성〔法性〕이 법이 있는 것이어서 법이 없음이 아니면, 이 대승은 일체의 세간인 모든 하늘·인간·아수라에서 훌륭하게 벗어나지 못한다. 수보리야, 진실의 본성은 법이 없음으로써 법이 아니다. 이러한 까닭으로써 대승은 일체의 세간인 모든 하늘·인간·아수라에서 훌륭하게 벗어난다.

수보리야, 만약 사물의 진실된 모습·참된 실상·불가사의한 본성이 법이 있는 것이어서 법이 없음이 아니면, 이 대승은 일체의 세간인 모든 하늘·인간·아수라에서 훌륭하게 벗어나지 못한다. 수보리야, 사물의 진실된 모습·참된 실상·불가사의한 본성은 법이 없음으로써 법이 아니다. 이러한 까닭으로써 대승은 일체의 세간인 모든 하늘·인간·아수라에서 훌륭하게 벗어난다.

수보리야, 만약 보시바라밀이 법이 있는 것이어서 법이 없음이 아니면, 이 대승은 일체의 세간인 모든 하늘·인간·아수라에서 훌륭하게 벗어나지 못한다. 수보리야, 보시바라밀은 법이 없음으로써 법이 아니다. 이러한 까닭으로써 대승은 일체의 세간인 모든 하늘·인간·아수라에서 훌륭하게 벗어난다.

수보리야, 지계바라밀·인욕바라밀·정진바라밀·선정바라밀·반야바라밀이 법이 있는 것이어서 법이 없음이 아니면, 이 대승은 일체의 세간인 모든 하늘·인간·아수라에서 훌륭하게 벗어나지 못한다. 지계바라밀 내지 반야바라밀은 법이 없음으로써 법이 아니다. 이러한 까닭으로써 대승은 일체의 세간인 모든 하늘·인간·아수라에서 훌륭하게 벗어난다.

수보리야, 만약 여섯 가지 감각기관이 공함 내지 사물이 존재하지 않는다는 견해와 존재한다는 견해가 같이 공함이 법이 있는 것이어서 법이 없음이 아니면, 이 대승은 일체의 세간인 모든 하늘·인간·아수라에서 훌륭하게 벗어나지 못한다. 여섯 가지 감각기관이 공함 내지 사물이 존재하지 않는다는 견해와 존재한다는 견해가 같이 공함은 법이 없음으로써 법이 아니다. 이러한 까닭으로써 대승은 일체의 세간인 모든 하늘·인간·아수라에서 훌륭하게 벗어난다.

수보리야, 만약 네 가지 관찰법 내지 열여덟 가지 부처님만이 갖는 특성이 법이 있는 것이어서 법이 없음이 아니면, 이 대승은 일체의 세간인 모든 하늘·인간·아수라에서 훌륭하게 벗어나지 못한다. 네 가지 관찰법 내지 열여덟 가지 부처님만이 갖는 특성은 법이 없음으로써 법이 아니다. 이러한 까닭으로써 대승은 일체의 세간인 모든 하늘·인간·아수라에서 훌륭하게 벗어난다.

수보리야, 만약 수행에 들어갈 수 있는 경지에 있는 사람이라는 것〔性人法〕인 법이 있는 것이어서 법이 없음이 아니면, 이 대승은 일체의 세간인 모든 하늘 인간·아수라에서 훌륭하게 벗어나지 못한다. 수행에 들어갈 수 있는 경지에 있는 사람이라는 것은 법이 없음으로써 법이 아니다. 이러한 까닭으로써 대승은 일체의 세간인 모든 하늘·인간·아수라에서 훌륭하게 벗어난다.

수보리야, 만약 여덟 가지 인(忍)을 얻은 사람이 갖는 경지의 법〔八人法〕·수다원의 법·사다함의 법·아나함의 법·아라한의 법·벽지불의 법·부처님의 법이라는 것인 법이 있는 것이어서 법이 없음이 아니면, 이 대승은 일체의 세간인 모든 하늘·인간·아수라에서 훌륭하게 벗어나지 못한다. 여덟 가지 인을 얻은 사람이 갖는 경지의 법 내지 부처님의 법이라는 것은 법이 없음으로써 법이 아니다. 이러한 까닭으로써 대승은 일체의 세간인 모든 하늘·인간·아수라에서 훌륭하게 벗어난다.

수보리야, 만약 수행에 들어갈 수 있는 경지의 사람〔性地人〕인 법이 있는 것이어서 법이 없음이 아니면, 이 대승은 일체의 세간인 모든 하늘·인간·아수라에서 훌륭하게 벗어나지 못한다. 수행에 들어갈 수 있는 경지의 사람은 법이 없음으로써 법이 아니다. 이러한 까닭으로써 대승은 일체의 세간인 모든 하늘·인간·아수라에서 훌륭하게 벗어난다.

수보리야, 만약 여덟 가지 인을 얻은 경지의 사람〔八人〕이나 수다원 내지 부처님의 법이 있는 것이어서 법이 없음이 아니면, 이 대승은 일체의 세간인 모든 하늘·인간·아수라에서 훌륭하게 벗어나지 못한다. 여덟 가지 인을 얻은 경지의 사람 내지 부처님 법이 없음으로써 법이 아니다. 이러한 까닭으로써 대승은 일체의 세간인 모든 하늘·인간·아수라에서 훌륭하게 벗어난다.

수보리야, 만약 일체의 세간인 모든 하늘·인간·아수라가 법이 있는 것이어서 법이 없음이 아니면, 이 대승은 일체의 세간인 모든 하늘·인간·아수라에서 훌륭하게 벗어나지 못한다. 일체의 세간인 모든 하늘·인간·아수라는 법이 없음으로써 법이 아니다. 이러한 까닭으로써 대승은 일체의 세간인 모든 하늘·인간·아수라에서 훌륭하게 벗어난다.

수보리야, 만약 보살마하살이 처음 마음을 내어서부터 깨달음의 도량에 이를 때까지의 그 중간의 모든 마음에 만약 법이 있는 것이어서 법이 없음이 아니면, 이 대승은 일체의 세간인 모든 하늘·인간·아수라에서 훌륭하게 벗어나지 못한다. 보살이 처음 마음을 내어서부터 깨달음의 도량에 이를 때까지의 그 중간의 모든 마음은 법이 없음으로써 법이 아니다. 이러한 까닭으로써 대승은 일체의 세간인 모든 하늘·인간·아수라에서 훌륭하게 벗어난다.

수보리야, 만약 보살마하살의 금강 같은 지혜가 법이 있는 것이어서 법이 없음이 아니면, 이 보살마하살은 일체의 번뇌〔結使〕 및 습기가 법이 없음으로써 법이 아님을 알아 일체종지를 능히 얻지 못한다. 수보리야, 보살마하살의 금강 같은 지혜는 법이 없음으로써 법이 아니다. 이 까닭에 보살은 일체의 번뇌 및 습기가 법이 없음으로써 법이 아님을 알아 일체종지를 얻는다. 이러한 까닭으로써 대승은 일체의 세간인 모든 하늘·인간·아수라에서 훌륭하게 벗어난다.

수보리야, 만약 모든 부처님의 서른두 가지 거룩한 모습〔三十二相〕이 법이 있는 것이어서 법이 없음이 아니면, 모든 부처님의 위덕의 비춤은 일체의 세간인 모든 하늘·인간·아수라에서 훌륭하게 벗어나지 못한다. 수보리야, 모든 부처님의 서른두 가지 거룩한 모습은 법이 없음으로써 법이 아니다. 이러한 까닭으로써 모든 부처님의 위덕의 비춤은 일체의 세간인 모든 하늘·인간·아수라에서 훌륭하게 벗어난다.

수보리야, 만약 모든 부처님의 광명이 법이 있는 것이어서 법이 없음이 아니면, 모든 부처님의 광명은 널리 항하의 모래알같이 많은 국토를 능히 비추지 못한다. 수보리야, 모든 부처님의 광명은 법이 없음으로써 법이 아니다. 이러한 까닭으로써 모든 부처님은 능히 광명으로써 널리 항하의 모래알같이 많은 국토를 비춘다.

수보리야, 만약 모든 부처님의 예순 가지 장엄한 음성이 법이 있는 것이어서 법이 없음이 아니면, 모든 부처님의 장엄한 음성은 널리 시방의 한량없고 헤아릴 수조차 없는 국토에 능히 이르지 못한다. 수보리야, 모든 부처님의 장엄한 음성은 법이 없음으로써 법이 아니다. 이러한 까닭으로써 모든 부처님은 능히 예순 가지 장엄한 음성으로써 널리 시방의 한량없고 헤아릴 수조차 없는 국토에 이른다.

수보리야, 모든 부처님의 진리의 수레바퀴〔法輪〕가 만약 법이 있는 것이어서 법이 없음이 아니면, 모든 부처님은 진리의 수레바퀴를 능히 굴리지 못하고, 모든 사문(沙門)이나 바라문·혹은 하늘〔天〕·혹은 마(魔)·혹은 범(梵) 및 세간의 나머지 대중도 능히 법과 같이 굴릴 수는 없는 것이다.

수보리야, 모든 부처님의 진리의 수레바퀴는 법이 없음으로써 법이 아니다. 이러한 까닭으로써 모든 부처님은 진리의 수레바퀴를 굴리고, 모든 사문이나 바라문·혹은 하늘·혹은 마·혹은 범 및 세간의 나머지 대중은 법과 같이 굴리지 못하는 것이다.

수보리야, 모든 부처님은 중생을 위해서 진리의 수레바퀴를 굴리시지만, 이 중생이 만약 진실로 있는 것이어서 법이 없음이 아니면, 이 중생을 번뇌의 여진까지 없는 열반〔無餘涅槃〕으로 열반에 들게 하지는 못한다. 수보리야, 모든 부처님이 중생을 위해서 진리의 수레바퀴를 굴리매 이 중생은 법이 없음으로써 법이 아니다. 이러한 까닭으로써 능히 중생을 번뇌의 여진까지 없는 열반으로 이미 멸도했고, 지금 멸도하고 있으며, 마땅히 멸도할 것이다."

제23 등공품(等空品 第二十三)

부처님께서 수보리에게 이르셨다.

"너는 대승과 허공이 같다고 말했는데, 참으로 그러하다. 수보리야, 대승은 허공과 같은 것이다. 수보리야, 허공에 동쪽이 없고 남쪽·서쪽·북쪽·네 간방(間方)·위쪽·아래쪽이 없는 것처럼 수보리야, 대승도 이와 같아서 동쪽이 없고 남쪽·서쪽·북쪽·네 간방·위쪽·아래쪽이 없다.

수보리야, 허공이 길지도 않고 짧지도 않으며, 모나지도 않고 둥글지도 않은 것처럼 수보리야, 대승도 이와 같아서 길지도 않고 짧지도 않으며, 모나지도 않고 둥글지도 않다. 수보리야, 허공이 푸르지도 않고 노랗지도 않으며, 붉지도 않고 희지도 않으며 검지도 않은 것처럼, 대승도 이와 같아서 푸르지도 않고 노랗지도 않으며, 붉지도 않고 희지도 않으며 검지도 않다. 이러한 까닭으로 대승과 허공은 같다고 말한다.

수보리야, 허공이 과거도 아니고 미래도 아니며 현재도 아닌 것처럼, 대승도 이와 같아서 과거도 아니고 미래도 아니며 현재도 아니다. 이러한 까닭으로 대승과 허공은 같다고 말한다.

수보리야, 허공이 늘지도 않고 줄지도 않는 것처럼, 대승도 이와 같아서 늘지도 않고 줄지도 않는다. 수보리야, 허공이 더러움도 없고 깨끗함도 없는 것처럼, 대승도 이와 같아서 더러움도 없고 깨끗함도 없다. 수보리야, 허공이 생김도 없고 없어짐도 없으며, 머묾도 없고 달라짐도 없는 것처럼, 대승도 이와 같아서 생김도 없고 없어짐도 없으며, 머묾도 없고 달라짐도 없다. 수보리야, 허공이 착함도 아니고 착하지 않음도 아니며, 착하고 착하지 않음도 아니고 착하고 착하지 않음의 중간도 아닌 것처럼, 대승도 이와 같아서 착함도 아니고 착하지 않음도 아니며, 착하고 착하지 않음도 아니고 착하고 착하지 않음의 중간도 아니다. 이러한 까닭으로 대승과 허공은 같다고 말한다.

허공은 봄이 없고 들음이 없으며, 깨달음이 없고 인식이 없는 것처럼, 대승도 이와 같아서 봄이 없고 들음이 없으며, 깨달음이 없고 인식이 없다. 허공은 알 수가 없고 인식할 수가 없으며, 볼 수가 없고 끊을 수가 없으며, 증득할 수가 없고 닦을 수가 없는 것처럼, 대승도 이와 같아서 알 수가 없고 인식할 수가 없으며, 볼 수가 없고 끊을 수가 없으며, 증득할 수가 없고 닦을 수가 없다. 이러한 까닭으로 대승과 허공은 같다고 말한다.

허공은 물드는 모양이 아니고 여의는 모양이 아닌 것처럼, 대승도 이와 같아서 물드는 모양이 아니고 여의는 모양이 아니다. 허공은 애욕의 세계〔欲界〕에 묶인 것이 아니고, 물질의 세계〔色界〕에 묶인 것이 아니며, 정신만의 세계〔無色界〕에 묶인 것이 아닌 것처럼, 대승도 이와 같아서 애욕의 세계에 묶인 것이 아니고, 물질의 세계에 묶인 것이 아니며, 정신만의 세계에 묶인 것이 아니다. 허공은 처음으로 내는 마음이 없고, 또한 둘째·셋째·넷째·다섯째·여섯째·일곱째·여덟째·아홉째·열번째 마음이 없는 것처럼, 대승도 이와 같아서 처음으로 내는 마음이 없고, 내지 열번째 마음이 없다. 허공은 진리에 다가서는 경지〔乾慧地〕·수행에 들어갈 수 있는 경지〔性人地〕·여덟 가지 인(忍)을 얻은 경지〔八人地〕·물러나지 않는 경지〔見地〕·번뇌가 엷어진 경지〔薄地〕·욕심을 여읜 경지〔離欲地〕·이미 끝난 경지〔已作地〕가 없는 것처럼, 대승도 이와 같아서 진리에 다가서는 경지 내지 이미 끝난 경지가 없다. 허공은 수다원과(須陀洹果)가 없고 사다함과(斯陀含果)가 없으며, 아나함과(阿那含果)가 없고 아라한과(阿羅漢果)가 없는 것처럼, 대승도 이와 같아서 수다원과가 없고, 내지 아라한과가 없다. 허공은 성문의 경지〔聲聞地〕가 없고 벽지불의 경지〔辟支佛地〕

가 없으며 부처님의 경지〔佛地〕가 없는 것처럼, 대승도 이와 같아서 성문의 경지가 없고, 내지 부처님의 경지가 없다. 이러한 까닭으로 대승과 허공은 같다고 말한다.

허공은 빛깔이 있는 것도 아니고 빛깔이 없는 것도 아니며, 볼 수가 있는 것도 아니고 볼 수가 없는 것도 아니며, 마주할 수가 있는 것도 아니고 마주할 수가 없는 것도 아니며, 합쳐진 것도 아니고 흩어진 것도 아닌 것처럼, 대승도 이와 같아서 빛깔이 있는 것도 아니고 빛깔이 없는 것도 아니며, 볼 수가 있는 것도 아니고 볼 수가 없는 것도 아니며, 마주할 수가 있는 것도 아니고 마주할 수가 없는 것도 아니며, 합쳐진 것도 아니고 흩어진 것도 아니다. 이러한 까닭으로 대승과 허공은 같다고 말한다.

수보리야, 허공은 항상된 것도 아니고 덧없는 것도 아니며, 즐거움도 아니고 괴로움도 아니며, 내〔我〕가 있는 것도 아니고 내가 없는 것도 아닌 것처럼, 대승도 이와 같아서 항상된 것도 아니고 덧없는 것도 아니며, 즐거움도 아니고 괴로움도 아니며, 내가 있는 것도 아니고 내가 없는 것도 아니다. 이러한 까닭으로 대승과 허공은 같다고 말한다.

수보리야, 허공은 모든 것이 공(空)도 아니고 모든 것이 공 아님도 아니며, 어떤 특징이 있음도 아니고 어떤 특징이 없음〔無相〕도 아니며, 원할 것이 있음도 아니고 원할 것이 없음〔無作〕도 아닌 것처럼, 대승도 이와 같아서 모든 것이 공도 아니고 모든 것이 공 아님도 아니며, 어떤 특징이 있음도 아니고 어떤 특징이 없음도 아니며, 원할 것이 있음도 아니고 원할 것이 없음도 아니다. 이러한 까닭으로 대승과 허공은 같다고 말한다.

수보리야, 허공은 영원한 평안〔寂滅〕도 아니고 영원한 평안이 아닌 것도 아니며, 여읨〔離〕도 아니고 여의지 않음도 아닌 것처럼, 대승도 이와 같아서 영원한 평안도 아니고 영원한 평안이 아닌 것도 아니며, 여읨도 아니고 여의지 않음도 아니다. 이러한 까닭으로 대승과 허공은 같다고 말한다.

수보리야, 허공은 어두움도 아니고 밝음도 아닌 것처럼, 대승도 이와 같아서 어두움도 아니고 밝음도 아니다. 이러한 까닭으로 대승과 허공은 같다고 말한다.

수보리야, 허공은 붙잡을 수가 있는 것도 아니고 붙잡을 수가 없는 것도 아닌 것처럼, 대승도 이와 같아서 붙잡을 수가 있는 것도 아니고 붙잡을 수가 없는 것도 아니다. 이러한 까닭으로 대승과 허공은 같다고 말한다.

수보리야, 허공은 말할 수가 있는 것도 아니고 말할 수가 없는 것도 아닌 것처럼, 대승도 이와 같아서 말할 수가 있는 것도 아니고 말할 수가 없는 것도 아니다. 이러한 까닭으로 대승과 허공은 같다고 말한다. 수보리야, 이러한 모든 인연을 가진 까닭으로 대승과 허공은 같다고 말한다.

수보리야, 너는 허공이 한량없고 가없으며 헤아릴 수조차 없는〔阿僧祇〕중생을 받아 들이는 것처럼, 대승도 또한 한량없고 가없으며 헤아릴 수조차 없는 중생을 받아 들인다고 했는데, 정말 그러하다. 수보리야, 중생이 있는 바가 없는 까닭에 허공이 있는 바가 없다고 마땅히 알아야 한다. 허공이 있는 바가 없는 까닭에 대승도 또한 있는 바가 없다고 마땅히 알아야 한다. 이런 인연을 가진 까닭에 대승은 한량없고 가없으며 헤아릴 수조차 없는 중생을 받아 들이는 것이다. 왜냐하면 이 중생과 허공과 대승이라는 것은 모두가 붙잡을 수가 없기 때문이다.

또한 수보리야, 대승이 있는 바가 없는 까닭에 헤아릴 수조차 없음〔阿僧祇〕도 있는 바가 없다고 마땅히 알아야 한다. 헤아릴 수조차 없음이 있는 바가 없는 까닭에 한량없음〔無量〕도 있는 바가 없다고 마땅히 알아야 한다. 한량없음이 있는 바가 없는 까닭에 가없음〔無邊〕도 있는 바가 없다고 마땅히 알아야 한다. 가없음이 있는 바가 없는 까닭에 일체의 모든 것이 있는 바가 없다고 마땅히 알아야 한다. 이 인연을 가진 까닭에 수보리야, 이 대승은 한량없고 가없으며 헤아릴 수조차 없는 중생을 받아들이는 것이다. 왜냐하면 이 중생·허공·대승·헤아릴 수조차 없음·한량없음·가없음이라는 이 일체의 모든 것은 붙잡을 수가 없기 때문이다.

또한 수보리야, 나〔我〕라는 것이 있는 바가 없고, 내지 아는 것〔知者〕과 보는 것〔見者〕이 있는 바가 없는 까닭에 사물의 진실된 모습〔如〕·진실의 본성

〔法性〕·참된 실상〔實際〕도 있는 바가 없다고 마땅히 알아야 한다. 사물의 진실된 모습·진실의 본성·참된 실상이 있는 바가 없는 까닭에 한량없고 가없으며 헤아릴 수조차 없음도 있는 바가 없다고 마땅히 알아야 한다. 한량없고 가없으며 헤아릴 수조차 없음이 있는 바가 없는 까닭에 일체의 모든 것도 있는 바가 없다고 마땅히 알아야 한다. 이 인연을 가진 까닭에 수보리야, 이 대승은 한량없고 가없으며 헤아릴 수조차 없는 중생을 받아들이는 것이다. 왜냐하면 이 중생 내지 아는 것과 보는 것·참된 실상 내지 한량없고 가없으며 헤아릴 수조차 없음이라는 이 일체의 모든 것은 붙잡을 수가 없기 때문이다.

또한 수보리야, 나라는 것이 있는 바가 없고, 내지 아는 것과 보는 것이 있는 바가 없는 까닭에 불가사의한 본성도 있는 바가 없다고 마땅히 알아야 한다. 불가사의한 본성이 있는 바가 없는 까닭에 물질적 존재〔色〕·감각·표상·의지·인식도 있는 바가 없다고 마땅히 알아야 한다. 물질적 존재·감각·표상·의지·인식이 있는 바가 없는 까닭에 허공도 있는 바가 없다고 마땅히 알아야 한다. 허공이 있는 바가 없는 까닭에 대승도 있는 바가 없다고 마땅히 알아야 한다. 대승이 있는 바가 없는 까닭에 헤아릴 수조차 없음도 있는 바가 없다고 마땅히 알아야 한다. 헤아릴 수조차 없음이 있는 바가 없는 까닭에 한량없음도 있는 바가 없다고 마땅히 알아야 한다. 한량없음이 있는 바가 없는 까닭에 가없음도 있는 바가 없다고 마땅히 알아야 한다. 가없음이 있는 바가 없는 까닭에 일체의 모든 것도 있는 바가 없다고 마땅히 알아야 한다. 이 인연을 가진 까닭에 수보리야, 이 대승은 한량없고 가없으며 헤아릴 수조차 없는 중생을 받아들이는 것이라고 마땅히 알아야 한다. 왜냐하면 수보리야, 나라는 것 내지 아는 것과 보는 것 등의 일체의 모든 것은 전부가 붙잡을 수가 없기 때문이다.

또한 수보리야, 나라는 것이 있는 바가 없고, 내지 아는 것과 보는 것이 있는 바가 없는 까닭에 눈도 있는 바가 없고, 내지 귀·코·혀·신체·마음도 있는 바가 없다고 마땅히 알아야 한다. 눈 내지 마음이 있는 바가 없는 까닭에 허공도 있는 바가 없다고 마땅히 알아야 한다. 허공이 있는 바가 없는 까닭에 대승도 있는 바가 없다고 마땅히 알아야 한다. 대승이 있는 바가 없는 까닭에 헤아릴 수조차 없음도 있는 바가 없다고 마땅히 알아야 한다. 헤아릴 수조차 없음이 있는 바가 없는 까닭에 한량없음도 있는 바가 없다고 마땅히 알아야 한다. 한량없음이 있는 바가 없는 까닭에 가없음도 있는 바가 없다고 마땅히 알아야 한다. 가없음이 있는 바가 없는 까닭에 일체의 모든 것도 있는 바가 없다고 마땅히 알아야 한다. 이 인연을 가진 까닭에 수보리야, 대승은 한량없고 가없으며 헤아릴 수조차 없는 중생을 받아들이는 것이다. 왜냐하면 수보리야, 나라는 것 내지 일체의 모든 것은 전부가 붙잡을 수가 없기 때문이다.

또한 수보리야, 나라는 것이 있는 바가 없고, 내지 아는 것과 보는 것이 있는 바가 없는 까닭에 보시바라밀도 있는 바가 없고 지계바라밀·인욕바라밀·정진바라밀·선정바라밀·반야바라밀도 있는 바가 없다고 마땅히 알아야 한다. 반야바라밀이 있는 바가 없는 까닭에 허공도 있는 바가 없다고 마땅히 알아야 한다. 허공이 있는 바가 없는 까닭에 대승도 있는 바가 없다고 마땅히 알아야 한다. 대승이 있는 바가 없는 까닭에 한량없고 가없으며 헤아릴 수조차 없음도 있는 바가 없다고 마땅히 알아야 한다. 이 인연을 가진 까닭에 수보리야, 이 대승은 한량없고 가없으며 헤아릴 수조차 없는 중생을 받아들이는 것이다. 왜냐하면 나와 중생 내지 일체의 모든 것은 전부가 붙잡을 수가 없기 때문이다.

또한 수보리야, 나라는 것이 있는 바가 없고, 내지 아는 것과 보는 것이 있는 바가 없는 까닭에 여섯 가지 감각기관이 공〔內空〕함도 있는 바가 없고, 내지 사물이 존재하지 않는다는 견해와 존재한다는 견해가 같이 공〔無法有法空〕함도 있는 바가 없다고 마땅히 알아야 한다. 사물이 존재하지 않는다는 견해와 존재한다는 견해가 같이 공함이 있는 바가 없는 까닭에 허공도 있는 바가 없다고 마땅히 알아야 한다. 허공이 있는 바가 없는 까닭에 대승도 있는 바가 없다고 마땅히 알아야 한다. 대승이 있는 바가 없는 까닭에 한량없고 가없으며 헤아릴 수조차 없음도 있는 바가 없다고 마땅히 알아야 한다. 한량없고 가없으며 헤아릴 수조차 없음이 있는 바가 없는 까닭에 일체의 모든 것도 있는 바가 없다고 마땅히 알아야 한다. 이 인연을 가진 까닭에 수보리야, 이 대승은 한량없고 가없으며 헤아릴 수조차 없는 중생을 받아들이는 것이다. 왜냐하면 나와 중생 내지 일체의 모든 것은 전부가 붙잡을 수가 없기 때문이다.

또한 수보리야, 나와 중생 내지 아는 것과 보는 것이 있는 바가 없는 까닭에 네 가지 관찰법〔四念處〕도 있는 바가 없다고 마땅히 알아야 한다. 네 가지 관찰법이 있는 바가 없는 까닭에 열여덟 가지 부처님만이 갖는 특성〔十八不共法〕도 있는 바가 없다고 마땅히 알아야 한다. 열여덟 가지 부처님만이 갖는 특성이 있는 바가 없는 까닭에 허공도 있는 바가 없다고 마땅히 알아야 한다. 허공이 있는 바가 없는 까닭에 대승도 있는 바가 없다고 마땅히 알아야 한다. 대승이 있는 바가 없는 까닭에 한량없고 가없으며 헤아릴 수조차 없음도 있는 바가 없다고 마땅히 알아야 한다. 한량없고 가없으며 헤아릴 수조차 없음이 있는 바가 없는 까닭에 일체의 모든 것도 있는 바가 없다고 마땅히 알아야 한다. 이 인연을 가진 까닭에 수보리야, 이 대승은 한량없고 가없으며 헤아릴 수조차 없는 중생을 받아들이는 것이다. 왜냐하면 나와 중생 내지 일체의 모든 것은 전부가 붙잡을 수가 없기 때문이다.

또한 수보리야, 나와 중생이 있는 바가 없고, 내지 아는 것과 보는 것이 있는 바가 없는 까닭에 수행에 들어갈 수 있는 경지〔性地〕도 있는 바가 없고, 내지 이미 끝난 경지〔已作地〕도 있는 바가 없다고 마땅히 알아야 한다. 이미 끝난 경지가 있는 바가 없는 까닭에 허공도 있는 바가 없다고 마땅히 알아야 한다. 허공이 있는 바가 없는 까닭에 대승도 있는 바가 없다고 마땅히 알아야 한다. 대승이 있는 바가 없는 까닭에 한량없고 가없으며 헤아릴 수조차 없음도 있는 바가 없다고 마땅히 알아야 한다. 한량없고 가없으며 헤아릴 수조차 없음이 있는 바가 없는 까닭에 일체의 모든 것도 있는 바가 없다고 마땅히 알아야 한다. 이 인연을 가진 까닭에 이 대승은 한량없고 가없으며 헤아릴 수조차 없는 중생을 받아들이는 것이다. 왜냐하면 나와 중생 내지 일체의 모든 것은 전부가 붙잡을 수가 없기 때문이다.

또한 수보리야, 나와 중생 내지 아는 것과 보는 것이 있는 바가 없는 까닭에 수다원도 있는 바가 없다고 마땅히 알아야 한다. 수다원이 있는 바가 없는 까닭에 사다함도 있는 바가 없다고 마땅히 알아야 한다. 사다함이 있는 바가 없는 까닭에 아나함도 있는 바가 없다고 마땅히 알아야 한다. 아나함이 있는 바가 없는 까닭에 아라한도 있는 바가 없다고 마땅히 알아야 한다. 아라한이 있는 바가 없는 까닭에 일체의 모든 것까지도 있는 바가 없다고 마땅히 알아야 한다. 이 인연을 가진 까닭에 수보리야, 이 대승은 한량없고 가없으며 헤아릴 수조차 없는 중생을 받아들이는 것이다. 왜냐하면 수보리야, 나라는 것 내지 일체의 모든 것은 전부가 붙잡을 수가 없기 때문이다.

또한 수보리야, 나라는 것 내지 아는 것과 보는 것이 있는 바가 없는 까닭에 성문승(聲聞乘)도 있는 바가 없다고 마땅히 알아야 한다. 성문승이 있는 바가 없는 까닭에 벽지불승(辟支佛乘)도 있는 바가 없다고 마땅히 알아야 한다. 벽지불승이 있는 바가 없는 까닭에 불승(佛乘)도 있는 바가 없다고 마땅히 알아야 한다. 불승이 있는 바가 없는 까닭에 성문의 사람도 있는 바가 없다고 마땅히 알아야 한다. 성문의 사람이 있는 바가 없는 까닭에 수다원도 있는 바가 없다고 마땅히 알아야 한다. 수다원이 있는 바가 없는 까닭에 부처까지도 있는 바가 없다고 마땅히 알아야 한다. 부처가 있는 바가 없는 까닭에 일체종지(一切種智)도 있는 바가 없다고 마땅히 알아야 한다. 일체종지가 있는 바가 없는 까닭에 허공도 있는 바가 없다고 마땅히 알아야 한다. 허공이 있는 바가 없는 까닭에 대승도 있는 바가 없다고 마땅히 알아야 한다. 대승이 있는 바가 없는 까닭에 일체의 모든 것까지도 있는 바가 없다고 마땅히 알아야 한다. 이 인연을 가진 까닭에 이 대승은 한량없고 가없으며 헤아릴 수조차 없는 중생을 받아들이는 것이다. 왜냐하면 나라는 것 내지 일체의 모든 것은 전부가 붙잡을 수가 없기 때문이다.

수보리야, 비유컨대 열반의 성품 가운데에 한량없고 가없으며 헤아릴 수조차 없는 중생을 받아들이는 것처럼 이 대승도 또한 한량없고 가없으며 헤아릴 수조차 없는 중생을 받아들이는 것이다. 이 인연을 가진 까닭에 수보리야, 허공이 한량없고 가없으며 헤아릴 수조차 없는 중생을 받아들이는 것처럼 이 대승도 이와 같이 한량없고 가없으며 헤아릴 수조차 없는 중생을 받아들이는 것이다.

수보리야, 너는 이 대승이 오는 곳을 볼 수 없고, 가는 곳을 볼 수 없으며, 머무는 곳을 볼 수 없다고 했는데, 정말 그러하다. 수보리야, 이 대승은 오는 곳을 볼 수 없고, 가는 곳을 볼 수 없으며, 머무는 곳을 볼 수 없다. 왜냐하면 수보리야, 일체의 모든 것은 동요가 없는 모양인 까닭에 이 모든 것은 오는 곳이 없고 가는 곳이 없으며 머무는 곳이 없다.

왜냐하면 수보리야, 물질적 존재는 어디로부터 오는 바도 없고 가는 바도 없으며 머무는 바도 없다. 감각·표상·의지·인식은 어디로부터 오는 바도 없고 가는 바도 없으며 머무는 바도 없다. 수보리야, 물질적 존재라는 것〔色法〕은 어디로부터 오는 바도 없고 가는 바도 없으며 머무는 바도 없다. 감각·표상·의지·인식이라는 것은 어디로부터 오는 바도 없고 가는 바도 없으며 머무는 바도 없다. 수보리야, 물질적 존재의 진실된 모습〔色如〕은 어디로부터 오는 바도 없고 가는 바도 없으며 머무는 바도 없다. 감각·표상·의지·인식의 진실된 모습은 어디로부터 오는 바도 없고 가는 바도 없으며 머무는 바도 없다. 수보리야, 물질적 존재의 성품〔色性〕은 어디로부터 오는 바도 없고 가는 바도 없으며 머무는 바도 없다. 감각·표상·의지·인식의 성품은 어디로부터 오는 바도 없고 가는 바도 없으며 머무는 바도 없다. 수보리야, 물질적 존재의 모양〔色相〕은 어디로부터 오는 바도 없고 가는 바도 없으며 머무는 바도 없다. 감각·표상·의지·인식의 모양은 어디로부터 오는 바도 없고 가는 바도 없으며 머무는 바도 없다.

수보리야, 눈〔眼〕·눈이라는 것〔眼法〕·눈의 진실된 모습〔眼如〕·눈의 성품〔眼性〕·눈의 모양〔眼相〕은 어디로부터 오는 바도 없고 가는 바도 없으며 머무는 바도 없다. 귀·코·혀·신체·마음·마음이라는 것〔意法〕·마음의 진실된 모습〔意如〕·마음의 성품〔意性〕·마음의 모양〔意相〕은 어디로부터 오는 바도 없고 가는 바도 없으며 머무는 바도 없다. 형상·소리·냄새·맛·느낌·마음의 대상도 또한 이와 같다.

수보리야, 땅의 성질〔地種〕·땅의 성질이라는 것〔地種法〕·땅의 성질의 진실된 모습〔地種如〕·땅의 성질의 성품〔地種性〕·땅의 성질의 모양〔地種相〕은 어디로부터 오는 바도 없고 가는 바도 없으며 머무는 바도 없다. 물·불·바람·허공·인식의 성질〔識種〕·인식의 성질이라는 것〔識種法〕·인식의 성질의 진실된 모습〔識種如〕·인식의 성질의 성품〔識種性〕·인식의 성질의 모양〔識種相〕도 또한 이와 같다.

수보리야, 사물의 진실된 모습[如]·사물의 진실된 모양이라는 것[如法]·사물의 진실된 모양이라는 진실된 모양[如如]·사물의 진실된 모양의 성품[如性]·사물의 진실된 모양이라는 모양[如相]은 어디로부터 오는 바도 없고 가는 바도 없으며 머무는 바도 없다.

수보리야, 참된 실상[實際]·참된 실상이라는 것[實際法]·참된 실상이라는 진실된 모양[實際如]·참된 실상이라는 성품[實際性]·참된 실상이라는 모양[實際相]은 어디로부터 오는 바도 없고 가는 바도 없으며 머무는 바도 없다.

수보리야, 불가사의(不可思議)·불가사의라는 것[不可思議法]·불가사의라는 진실된 모양[不可思議如]·불가사의라는 성품[不可思議性]·불가사의라는 모양[不可思議相]은 어디로부터 오는 바도 없고 가는 바도 없으며 머무는 바도 없다.

수보리야, 보시바라밀·보시바라밀이라는 것·보시바라밀이라는 진실된 모양·보시바라밀이라는 성품·보시바라밀이라는 모양은 어디로부터 오는 바도 없고 가는 바도 없으며 머무는 바도 없다. 지계바라밀·인욕바라밀·정진바라밀·선정바라밀·반야바라밀·반야바라밀이라는 것·반야바라밀이라는 진실된 모양·반야바라밀이라는 성품·반야바라밀이라는 모양은 어디로부터 오는 바도 없고 가는 바도 없으며 머무는 바도 없다.

수보리야, 네 가지 관찰법·네 가지 관찰법이라는 것·네 가지 관찰법이라는 진실된 모양·네 가지 관찰법이라는 성품·네 가지 관찰법이라는 모양은 어디로부터 오는 바도 없고 가는 바도 없으며 머무는 바도 없다. 내지 열여덟 가지 부처님만이 갖는 특성도 또한 이와 같다.

수보리야, 보살·보살이라는 것·보살이라는 진실된 모양·보살이라는 성품·보살이라는 모양은 어디로부터 오는 바도 없고 가는 바도 없으며 머무는 바도 없다. 부처님·부처님이라는 것·부처님이라는 진실된 모양·부처님이라는 성품·부처님이라는 모양은 어디로부터 오는 바도 없고 가는 바도 없으며 머무는 바도 없다. 아뇩다라삼먁삼보리·아뇩다라삼먁삼보리라는 것과 진실된 모양과 성품과 모양도 어디로부터 오는 바도 없고 가는 바도 없으며 머무는 바도 없다.

수보리야, 함이 있는 법〔有爲法〕·함이 있는 법이라는 것·함이 있는 법이라는 진실된 모양·함이 있는 법이라는 성품·함이 있는 법이라는 모양은 어디로부터 오는 바도 없고 가는 바도 없으며 머무는 바도 없다.

수보리야, 함이 없는 법〔無爲法〕·함이 없는 법이라는 것·함이 없는 법이라는 진실된 모양·함이 없는 법이라는 성품·함이 없는 법이라는 모양은 어디로부터 오는 바도 없고 가는 바도 없으며 머무는 바도 없다. 이 인연을 가진 까닭에 수보리야, 이 대승은 오는 곳을 볼 수 없고, 가는 곳을 볼 수 없으며, 머무는 곳을 볼 수 없는 것이다.

수보리야, 너는 이 대승이 지나간 시간〔前際〕에서 붙잡을 수 없고, 다가오는 시간〔後際〕에서 붙잡을 수 없으며, 현재의 시간〔中際〕에서 붙잡을 수가 없어서 이 대승은 과거·현재·미래에 평등하다고 이름하며, 이러한 까닭에 말하기를 대승이라 한다고 했는데, 정말 그러하다. 수보리야, 이 대승은 지나간 시간에서도 붙잡을 수 없고, 다가오는 시간에서도 붙잡을 수 없으며, 현재의 시간에서도 붙잡을 수가 없어서 이 대승은 삼세(三世)에 평등하다고 이름하며, 이러한 까닭에 말하기를 대승이라고 한다.

왜냐하면 수보리야, 과거의 세상은 과거의 세상이 공(空)이고, 미래의 세상은 미래의 세상이 공이며, 현재의 세상은 현재의 세상이 공이고, 삼세에 평등함은 삼세에 평등함이 공이며, 대승은 대승이 공이고, 보살은 보살이 공이기 때문이다.

왜냐하면 수보리야, 이 공은 하나가 아니고 둘이 아니며, 셋이 아니고 넷이 아니며, 다섯이 아니고 다름이 아니기 때문이다. 이러한 까닭으로써 말하기를 삼세에 평등하다고 한다. 이것이 보살마하살의 대승이다.

이 대승 가운데서는 평등과 평등하지 않음의 모양을 붙잡을 수가 없는 까닭에 물듦과 물들지 않음을 붙잡을 수가 없고 성냄과 성내지 않음을 붙잡을 수가 없으며, 어리석음과 어리석지 않음을 붙잡을 수가 없고 교만과 교만하지 않음을 붙잡을 수가 없으며, 내지 일체의 훌륭한 법과 훌륭하지 않은 법을 붙잡을 수가 없다. 이 대승 가운데서는 항상됨을 붙잡을 수가 없고 덧없음을 붙잡을 수가 없으며, 즐거움을 붙잡을 수가 없고 괴로움을 붙잡을 수가 없으며, 실다움을 붙잡을 수가 없고 공함을 붙잡을 수가 없으며, 내〔我〕가 있음을 붙잡을 수가 없고 내가 없음을 붙잡을 수가 없으며, 애욕의 세계〔欲界〕를 붙잡을 수가 없고 물질의 세계〔色界〕를 붙잡을 수가 없으며 정신만의 세계〔無色界〕를 붙잡을 수가 없고, 애욕의 세계를 건넌다는 것도 붙잡을 수가 없고 물질의 세계를 건넌다는 것도 붙잡을 수가 없으며 정신만의 세계를 건넌다는 것도 붙잡을 수가 없다. 왜냐하면 이 대승은 자기의 성품을 붙잡을 수가 없기 때문이다.

수보리야, 과거의 물질적 존재는 과거의 물질적 존재가 공이고, 미래와 현재의 물질적 존재는 미래와 현재의 물질적 존재가 공이다. 과거의 감각·표상·의지·인식은 과거의 감각·표상·의지·인식이 공이고, 미래와 현재의 감각·표상·의지·인식은 미래와 현재의 감각·표상·의지·인식이 공이다. 공 가운데서는 과거의 물질적 존재를 붙잡을 수가 없다. 왜냐하면 공 가운데서는 공도 또한 붙잡을 수가 없기 때문이니, 어찌 하물며 공 가운데서 과거의 물질적 존재를 붙잡을 수가 있을까 보냐! 공 가운데서는 미래와 현재의 물질적 존재를 붙잡을 수가 없다. 왜냐하면 공 가운데서는 공도 또한 붙잡을 수가 없기 때문이니, 어찌 하물며 공 가운데서 미래와 현재의 물질적 존재를 붙잡을 수가 있을까 보냐! 공 가운데서는 과거의 감각·표상·의지·인식을 붙잡을 수가 없다. 왜냐하면 공 가운데서는 공도 또한 붙잡을 수가 없기 때문이니, 어찌 하물며 공 가운데서 과거의 감각·표상·의지·인식을 붙잡을 수가 있을까 보냐! 공 가운데서는 미래와 현재의 감각·표상·의지·인식을 붙잡을 수가 없다. 왜냐하면 공 가운데서는 공도 또한 붙잡을 수가 없기 때문이니, 어찌 하물며 공 가운데서 미래와 현재의 감각·표상·의지·인식을 붙잡을 수가 있을까 보냐!

수보리야, 과거의 보시바라밀도 붙잡을 수가 없고 미래의 보시바라밀도 붙잡을 수가 없으며 현재의 보시바라밀도 붙잡을 수가 없다. 과거·현재·미래가 평등한 가운데서는 보시바라밀도 또한 붙잡을 수가 없다. 왜냐하면 평등한 가운데서는 과거의 세상도 붙잡을 수가 없고 미래의 세상도 붙잡을 수가 없으며 현재의 세상도 붙잡을 수가 없고, 평등한 가운데서는 평등함도 또한 붙잡을 수가 없기 때문이니, 어찌 하물며 평등한 가운데서 과거의 세상·미래의 세상·현재의 세상을 붙잡을 수가 있을까 보냐! 지계바라밀·인욕바라밀·정진바라밀·선정바라밀·반야바라밀도 또한 이와 같다.

또한 수보리야, 과거의 세상 가운데서는 네 가지 관찰법도 붙잡을 수가 없고, 내지 과거의 세상 가운데서는 열여덟 가지 부처님만이 갖는 특성도 붙잡을 수가 없다. 미래의 세상과 현재의 세상도 또한 이와 같다.

또한 수보리야, 과거·현재·미래가 평등한 가운데서는 네 가지 관찰법은 붙잡을 수가 없고, 내지 과거·현재·미래가 평등한 가운데서는 열여덟 가지 부처님만이 갖는 특성도 붙잡을 수가 없다. 왜냐하면 평등한 가운데서는 과거 세상의 네 가지 관찰법도 붙잡을 수가 없고, 평등한 가운데서는 미래 세상의 네 가지 관찰법도 붙잡을 수가 없으며, 평등한 가운데서는 현재 세상의 네 가지 관찰법도 붙잡을 수가 없기 때문이니, 내지 열여덟 가지 부처님만이 갖는 특성도 또한 이와 같다. 평등한 가운데서는 평등함도 또한 붙잡을 수가 없으니, 어찌 하물며 평등한 가운데서 과거 세상의 네 가지 관찰법·미래 세상과 현재 세상의 네 가지 관찰법을 붙잡을 수가 있을까 보냐! 평등한 가운데서는 평등함도 또한 붙잡을 수가 없으니, 어찌 하물며 평등한 가운데서 과거 세상의 열여덟 가지 부처님만이 갖는 특성을 붙잡을 수가 있을까 보냐! 미래와 현재 세상의 열여덟 가지 부처님만이 갖는 특성도 또한 이와 같다.

또한 수보리야, 과거 세상 가운데서는 범부(凡夫)들은 붙잡을 수가 없고, 미래 세상과 현재 세상 가운데서는 범부들은 붙잡을 수가 없다. 과거·현재·미래가 평등한 가운데서는 범부들은 붙잡을 수가 없다. 왜냐하면 중생을 붙잡을 수가 없고, 내지 아는 것과 보는 것을 붙잡을 수가 없기 때문이다. 과거의 세상 가운데서는 성문이나 벽지불·보살이나 부처님은 붙잡을 수가 없고, 미래의 세상과 현재의 세상 가운데서는 성문이나 벽지불·보살이나 부처님은 붙잡을 수가 없다. 과거·현재·미래가 평등한 가운데서는 성문이나 벽지불·보살이나 부처님은 붙잡을 수가 없다. 왜냐하면 중생은 붙잡을 수가 없고, 내지 아는 것과 보는 것

260

은 붙잡을 수가 없기 때문이다.

이와 같이 수보리야, 보살마하살은 반야바라밀 가운데에 머물러 과거·현재·미래가 평등한 모양을 배우고, 마땅히 일체종지를 원만히 갖추니, 이것을 보살마하살의 대승이라고 말한다. 소위 과거·현재·미래가 평등한 모양으로 보살마하살은 이 대승 가운데 머물러 일체의 세간인 모든 하늘·사람·아수라에서 벗어나며 일체지[薩婆若]를 성취한다.

그때 수보리가 부처님께 사루어 말씀드렸다.

"세존이시여, 옳습니다, 옳은 말씀입니다. 이것이 보살마하살의 대승입니다. 왜냐하면 과거의 모든 보살마하살도 이 대승 가운데서 배워서 일체종지를 얻었고, 미래의 모든 보살마하살도 또한 이 대승 가운데서 배워서 마땅히 일체종지를 얻습니다. 세존이시여, 지금 시방의 한량없고 헤아릴 수조차 없는 국토 가운데서의 모든 보살마하살도 또한 이 대승 가운데서 배워서 일체종지를 얻으니, 이러한 까닭에 세존이시여, 이 대승은 진실로 보살마하살의 대승입니다."

부처님께서 수보리에게 이르셨다.

"그렇다, 정말 그러하다. 과거·미래·현재의 모든 부처님은 이 대승 가운데서 배워서 이미 일체종지를 얻었고, 마땅히 얻을 것이며, 지금 얻고 있다."

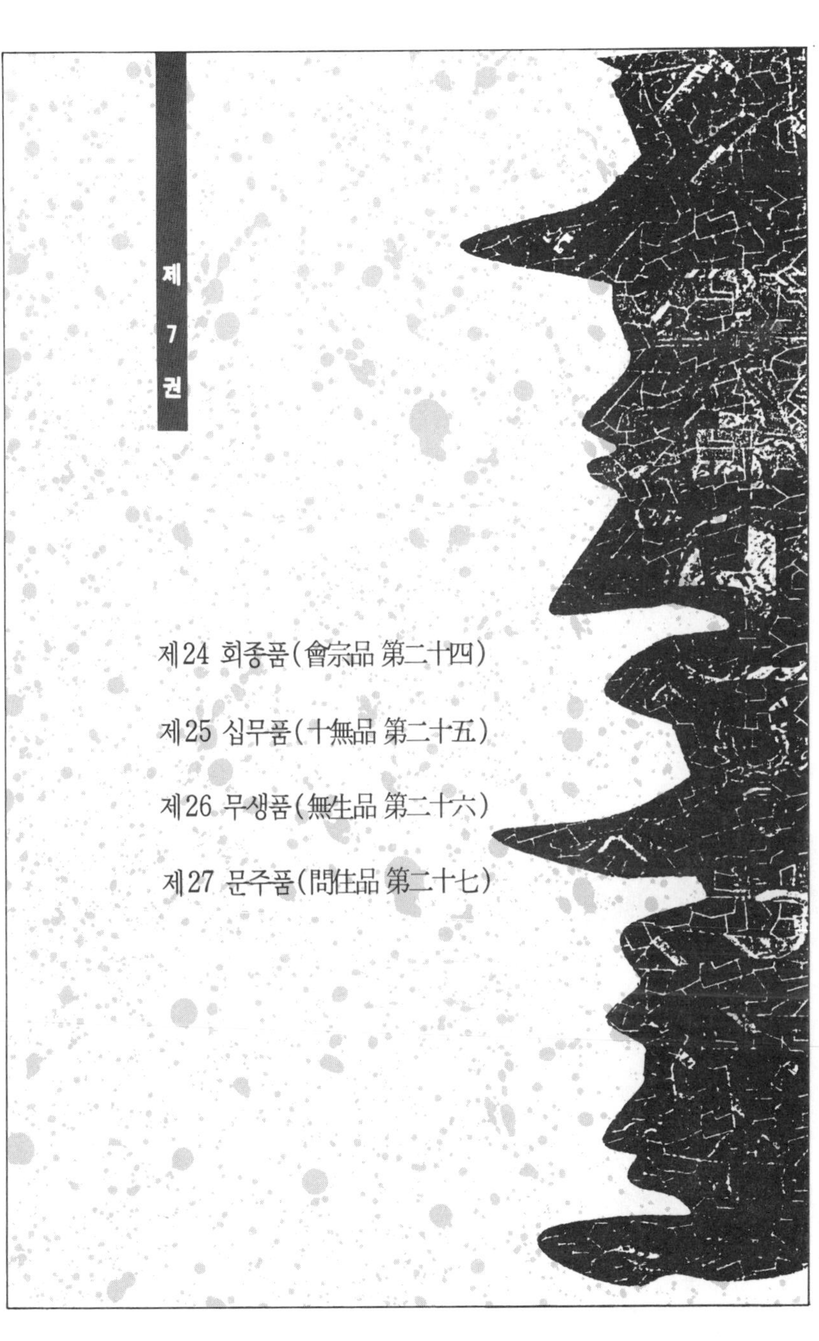

제
7
권

제24 회종품(會宗品 第二十四)

그때 혜명 부루나가 부처님께 사루어 말씀드렸다.

"세존이시여, 부처님께서는 수보리로 하여금 모든 보살마하살을 위해서 반야바라밀을 설하게 하시고, 지금은 왜 대승을 설하십니까?"

수보리가 부처님께 사루어 말씀드렸다.

"세존이시여,제가 말한 대승이 혹시 반야바라밀을 어긋나게 함은 없었습니까?"

부처님께서 말씀하셨다.

"아니다, 수보리야. 네가 말한 대승은 반야바라밀을 따랐고, 반야바라밀에서 어긋나지 않았다. 왜냐하면 일체의 모든 훌륭한 법〔善法〕과 깨달음을 도와주는 법〔助道法〕·혹은 성문의 법·벽지불의 법·보살의 법·부처님의 법 등 이 모든 법은 전부가 반야바라밀 가운데 포함되기 때문이다."

수보리가 부처님께 사루어 말씀드렸다.

"세존이시여, 무엇이 모든 훌륭한 법·깨달음을 도와주는 법·성문의 법·벽지불의 법·보살의 법·부처님의 법이어서, 전부가 반야바라밀 가운데 포함되는 것입니까?"

부처님께서 수보리에게 이르셨다.

"이른바 보시바라밀·지계바라밀·인욕바라밀·정진바라밀·선정바라밀·반야

264

바라밀·네 가지 관찰법〔四念處〕·네 가지 바른 노력〔四正勤〕·네 가지 자재를 얻는 것〔四如意足〕·다섯 가지 뛰어난 능력〔五根〕·다섯 가지 악을 부수는 힘〔五力〕·일곱 가지 깨닫는 지혜를 도와주는 힘〔七覺支〕·여덟 가지 바른 깨달음에 이르는 길〔八聖道分〕·모든 것은 공〔空〕과 어떤 특징도 없음〔無相〕과 원할 것이 없음〔無作〕이라는 해탈문·부처님의 열 가지 지혜의 힘〔十力〕·네 가지 두려움 없는 자신〔四無所畏〕·네 가지 걸림없는 지혜〔四無碍智〕·큰 인자함과 크게 가엾이 여김〔大慈大悲〕·열여덟 가지 부처님만이 갖는 특성〔十八不共法〕은 착각에 의한 잘못됨이 없이 언제나 평등〔捨〕을 행한다.

　수보리야, 이 모든 나머지 훌륭한 법·깨달음을 도와주는 법·성문의 법·벽지불의 법·보살의 법·부처님의 법도 전부가 반야바라밀 가운데 포함되는 것이다. 수보리야, 보살마하살의 대승·반야바라밀·선정바라밀·정진바라밀·인욕바라밀·지계바라밀·보시바라밀·물질적 존재〔色〕·감각·표상·의지·인식·눈이라는 물질적 존재〔眼色〕·눈으로 인식하는 것〔眼識〕·눈앞의 상황〔眼觸〕·눈앞에 전개되는 모든 것에 대한 느낌, 내지 마음이라는 것〔意法〕·마음속으로 인식하는 것〔意識〕·마음속에 있는 것〔意觸〕·마음속에 있는 모든 것에 대한 느낌·땅의 성질〔地種〕 내지 인식의 성질〔識種〕·네 가지 관찰법 내지 여덟 가지 바른 깨달음에 이르는 길·모든 것은 공과 어떤 특징도 없음과 원할 것이 없음이라는 해탈문 및 모든 훌륭한 법·혹은 번뇌가 있음〔有漏〕과 번뇌가 없음〔無漏〕·함이 있음〔有爲〕과 함이 없음〔無爲〕 혹은 고통이라는 진리〔苦諦〕·고통의 원인이라는 진리〔集諦〕·고통을 제거하는 것이라는 진리〔滅諦〕·고통을 제거한 곳에 이르는 길의 진리〔道諦〕·혹은 애욕의 세계〔欲界〕·물질의 세계〔色界〕·정신만의 세계〔無色界〕·혹은 여섯 가지 감각기관은 공〔內空〕 내지 사물이 존재하지 않는다는 견해와 존재한다는 견해가 같이 공〔無法有法空〕·모든 삼매문(三昧門)·모든 다라니문(陀羅尼門)·부처님의 열 가지 지혜의 힘 내지 열여덟 가지 부처님만이 갖는 특성, 혹은 불법(佛法)·불법이라는 성품·사물의 진실된 본성〔如〕·참된 실상〔實際〕·불가사의한 성품〔不可思議性〕·열반이라는 이 일체의 모든 것은 모아진 것도 아니고 흩어진 것도 아니며, 빛깔도 없고 형상도 없으며,

마주할 것도 없고 장애할 것도 없으며 같을 것도 없는 한 모양〔一相〕이어서 소위 모양이 없음〔無相〕이다.

수보리야, 이러한 까닭으로 네가 말한 대승은 반야바라밀에 수순하는 것이다. 왜냐하면 수보리야, 대승은 반야바라밀과 다르지 않고 반야바라밀은 대승과 다르지 않으며, 반야바라밀과 대승은 둘이 없고 다름이 없다. 보시바라밀은 대승과 다르지 않고 대승은 보시바라밀과 다르지 않으며, 보시바라밀과 대승은 둘이 없고 다름이 없다. 내지 선정바라밀도 또한 이와 같다.

수보리야, 네 가지 관찰법은 대승과 다르지 않고 대승은 네 가지 관찰법과 다르지 않으며, 네 가지 관찰법과 대승은 둘이 없고 다름이 없다. 내지 열여덟 가지 부처님만이 갖는 특성도 대승과 다르지 않고 대승은 열여덟 가지 부처님만이 갖는 특성과 다르지 않으며, 열여덟 가지 부처님만이 갖는 특성과 대승은 둘이 없고 다름이 없다. 이러한 까닭으로써 수보리야, 네가 대승을 말함은 바로 이 반야바라밀을 말한 것이다.”

제25 십무품(十無品 第二十五)

혜명 수보리가 부처님께 사루어 말씀드렸다.

"세존이시여, 보살마하살의 지나간 시간은 붙잡을 수가 없고, 다가오는 시간도 붙잡을 수가 없으며, 현재의 시간도 붙잡을 수가 없습니다. 물질적 존재가 가없는〔無邊〕 까닭에 보살마하살도 또한 가없다고 마땅히 알아야 합니다. 감각·표상·의지·인식이 가없는 까닭에 보살마하살도 또한 가없다고 마땅히 알아야 합니다. 물질적 존재로서도 이 보살마하살은 붙잡을 수가 없고, 감각·표상·의지·인식으로서도 이 보살마하살은 붙잡을 수가 없습니다. 이처럼 세존이시여, 어떠한 종류 어떠한 장소에서도 보살을 구함은 붙잡을 수가 없습니다. 세존이시여, 제가 감히 어떻게 보살마하살에게 반야바라밀을 가르치겠습니까?

세존이시여, 보살마하살은 단지 이름만 있을 뿐이고, 나〔我〕라는 이름을 말하지만 나는 결코 생기지 않는 것처럼, 나〔我〕라는 경우처럼 모든 것은 이와 같이 스스로의 성품이 없습니다. 어떠한 물질적 존재도 결코 생기지 않고, 어떠한 감각·표상·의지·인식도 결코 생기지 않습니다.

세존이시여, 이렇게 결코 생기지 않으면 이름하여 물질적 존재라고 할 수 없고, 이렇게 결코 생기지 않으면 이름하여 감각·표상·의지·인식이라고 할 수 없습니다. 세존이시여, 만약 결코 생기지 않는 것이라면, 감히 이 반야바라밀을 가르치겠습니까! 결코 생기지 않음을 여의고서 보살은 아뇩다라삼먁삼보리를 행할 수도 없습니다. 만약 보살이 이러한 말을 하는 것을 듣고서 마음이 침몰하지 않고 후회하지 않으며, 놀라지 않고 겁내지 않고 두려워하지 않으면 이 보살마하살은 훌륭하게 반야바라밀을 행하고 있다고 마땅히 알아야 합니다.”

사리불이 수보리에게 물었다.

“무슨 인연의 까닭으로 보살마하살의 지나간 시간은 붙잡을 수가 없고, 다가오는 시간도 붙잡을 수가 없으며, 현재의 시간도 붙잡을 수가 없다고 말합니까?

수보리여, 무슨 인연의 까닭으로 물질적 존재가 가없기 때문에 보살도 또한 가없다고 마땅히 알아야 하며, 감각·표상·의지·인식이 가없기 때문에 보살도 또한 가없다고 마땅히 알아야 합니까?

수보리여, 무슨 인연의 까닭으로 물질적 존재로서도 이 보살은 붙잡을 수가 없고, 감각·표상·의지·인식으로서도 이 보살은 붙잡을 수가 없다고 말합니까?

수보리여, 무슨 인연의 까닭으로 어떠한 종류 어떠한 장소에서도 보살은 붙잡을 수가 없는데, 감히 어떻게 보살에게 반야바라밀을 가르치느냐고 말합니까?

수보리여, 무슨 인연의 까닭으로 보살마하살은 단지 이름뿐이라고 말합니까?

수보리여, 무슨 인연의 까닭으로 나[我]라는 이름을 말하지만 나는 결코 생기지 않는 것처럼, 나[我]라는 경우처럼 모든 것은 이와 같이 스스로의 성품이 없으며, 어떠한 물질적 존재도 결코 생기지 않고, 어떠한 감각·표상·의지·인식도 결코 생기지 않는다고 말합니까?

수보리여, 무슨 인연의 까닭으로 결코 생기지 않으면 이름하여 물질적 존재라고 할 수 없고, 결코 생기지 않으면 이름하여 감각·표상·의지·인식이라고 할 수 없다고 말합니까?

수보리여, 무슨 인연의 까닭으로 만약 결코 생기지 않는 것이라면, 감히 이 반야바라밀을 가르치겠느냐고 말합니까?

수보리여, 무슨 인연의 까닭으로 결코 생기지 않음을 여의고서 보살은 아뇩다라삼먁삼보리를 행할 수도 없다고 말합니까?

수보리여, 무슨 인연의 까닭으로 만약 보살이 이러한 말을 하는 것을 듣고서 마음이 침몰하지 않고 후회하지 않으며, 놀라지 않고 겁내지 않고 두려워하지 않으면서 만약 이와 같이 훌륭하게 행하면, 이것을 보살마하살의 반야바라밀을 행함이라 한다고 말합니까?"

그러자 수보리가 사리불에게 대답했다.

"중생이 있음이 없는 까닭에 보살의 지나간 시간을 붙잡을 수가 없습니다. 중생이 공(空)한 까닭에 보살의 지나간 시간을 붙잡을 수가 없습니다. 중생이 여읨인 까닭에 보살의 지나간 시간을 붙잡을 수가 없습니다.

사리불이여, 물질적 존재가 있음이 없는 까닭에 보살의 지나간 시간을 붙잡을 수가 없습니다. 감각·표상·의지·인식이 있음이 없는 까닭에 보살의 지나간 시간을 붙잡을 수가 없습니다. 물질적 존재가 공한 까닭에 보살의 지나간 시간을 붙잡을 수가 없습니다. 감각·표상·의지·인식이 공한 까닭에 보살의 지나간 시간을 붙잡을 수가 없습니다. 물질적 존재가 여읨인 까닭에 보살의 지나간 시간을 붙잡을 수가 없습니다. 감각·표상·의지·인식이 여읨인 까닭에 보살의 지나간 시간을 붙잡을 수가 없습니다.

사리불이여, 물질적 존재는 성품이 없는 까닭에 보살의 지나간 시간을 붙잡을 수가 없습니다. 감각·표상·의지·인식은 성품이 없는 까닭에 보살의 지나간 시간을 붙잡을 수가 없습니다.

사리불이여, 보시바라밀이 있음이 없는 까닭에 보살의 지나간 시간을 붙잡을 수가 없습니다. 지계바라밀·인욕바라밀·정진바라밀·선정바라밀·반야바라밀이 있음이 없는 까닭에 보살의 지나간 시간을 붙잡을 수가 없습니다. 왜냐하면 사리불이여, 공 가운데서는 지나간 시간도 붙잡을 수가 없고, 다가오는 시간도 붙잡을 수가 없으며, 현재의 시간도 붙잡을 수가 없기 때문입니다. 공은 보살과 다르지 않고, 보살은 지나간 시간과 다르지 않습니다. 사리불이여, 공과 보살과 지나간 시간의 이 모든 것은 둘이 없고 다름이 없습니다. 이러한 인연을 가진 까닭에 사리불이여, 보살의 지나간 시간을 붙잡을 수가 없습니다.

사리불이여, 보시바라밀이 공인 까닭에, 보시바라밀이 여읨인 까닭에, 보시바라밀은 성품이 없는 까닭에 보살의 지나간 시간을 붙잡을 수가 없습니다. 지계바라밀·인욕바라밀·정진바라밀·선정바라밀·반야바라밀이 공인 까닭에, 반야바라밀이 여읨인 까닭에, 반야바라밀은 성품이 없는 까닭에 보살의 지나간 시간을 붙잡을 수가 없습니다. 왜냐하면 사리불이여, 공 가운데는 지나간 시간도 붙잡을 수가 없고, 다가오는 시간도 붙잡을 수가 없으며, 현재의 시간도 붙잡을 수가 없기 때문입니다. 공은 보살과 다르지 않고, 또한 지나간 시간과도 다르지 않습니다. 사리불이여, 공과 보살과 지나간 시간은 둘이 없고 다름이 없습니다. 이러한 인연을 가진 까닭에 사리불이여, 보살의 지나간 시간을 붙잡을 수가 없습니다.

또한 사리불이여, 여섯 가지 감각기관이 공〔內空〕함은 있음이 없는 까닭에 보살의 지나간 시간을 붙잡을 수가 없습니다. 내지 사물이 존재하지 않는다는 견해와 존재한다는 견해가 같이 공〔無法有法空〕함도 있음이 없는 까닭에 보살의 지나간 시간을 붙잡을 수가 없습니다. 여섯 가지 감각기관이 공함이 공인 까닭에, 여섯 가지 감각기관이 공함이 여읨인 까닭에, 여섯 가지 감각기관이 공함의 성품이 없는 까닭에, 내지 사물이 존재하지 않는다는 견해와 존재한다는 견해가 같이 공함도 공인 까닭에, 여읨인 까닭에, 성품이 없는 까닭에 보살의 지나간 시간을 붙잡을 수가 없습니다. 나머지도 위에서 말한 것과 같습니다.

또한 사리불이여, 네 가지 관찰법〔四念處〕이 있음이 없는 까닭에 보살의 지나간 시간을 붙잡을 수가 없습니다. 네 가지 관찰법이 공인 까닭에, 여읨인 까닭에, 성품이 없는 까닭에 보살의 지나간 시간을 붙잡을 수가 없습니다. 내지 열여덟 가지 부처님만이 갖는 특성〔十八不共法〕도 있음이 없는 까닭에 보살의 지나간 시간을 붙잡을 수가 없습니다. 열여덟 가지 부처님만이 갖는 특성이 공인 까닭에, 여읨인 까닭에, 성품이 없는 까닭에 보살의 지나간 시간을 붙잡을 수가 없습니다. 나머지도 위에서 말한 것과 같습니다. 이러한 인연을 가진 까닭에 사리불이여, 보살의 지나간 시간을 붙잡을 수가 없습니다.

또한 사리불이여, 일체의 삼매문(三昧門)과 일체의 다라니문(陀羅尼門)은 있음이 없는 까닭에 보살의 지나간 시간을 붙잡을 수가 없습니다. 삼매문과 다라니문이 공인 까닭에, 여읨인 까닭에, 성품이 없는 까닭에 보살의 지나간 시간을 붙잡을 수가 없습니다. 나머지도 위에서 말한 것과 같습니다.

또한 사리불이여, 진실의 본성〔法性〕은 있음이 없는 까닭에 보살의 지나간 시간을 붙잡을 수가 없습니다. 진실의 본성이 공인 까닭에, 여읨인 까닭에, 성품이 없는 까닭에 보살의 지나간 시간을 붙잡을 수가 없습니다. 나머지도 위에서 말한 것과 같습니다.

또한 사리불이여, 사물의 진실된 모습〔如〕은 있음이 없는 까닭에, 공인 까닭에, 여읨인 까닭에, 성품이 없는 까닭에, 참된 실상〔實際〕은 있음이 없는 까닭에, 공인 까닭에, 여읨인 까닭에, 성품이 없는 까닭에, 불가사의한 성품〔不可思議性〕은 있음이 없는 까닭에, 공인 까닭에, 여읨인 까닭에, 성품이 없는 까닭에 보살의 지나간 시간을 붙잡을 수가 없습니다. 나머지도 위에서 말한 것과 같습니다.

또한 사리불이여, 성문(聲聞)은 있음이 없는 까닭에, 보살의 지나간 시간을 붙잡을 수가 없습니다. 성문이 공인 까닭에, 여읨인 까닭에, 성품이 없는 까닭에 보살의 지나간 시간을 붙잡을 수가 없습니다. 벽지불(辟支佛)은 있음이 없는 까닭에, 공인 까닭에, 여읨인 까닭에, 성품이 없는 까닭에 보살의 지나간 시간을 붙잡을 수가 없습니다. 부처님은 있음이 없는 까닭에, 공인 까닭에, 여읨인 까닭에, 성품이 없는 까닭에 보살의 지나간 시간을 붙잡을 수가 없습니다. 아뇩다라삼먁삼보리는 있음이 없는 까닭에, 내지 성품이 없는 까닭에 보살의 지나간 시간을 붙잡을 수가 없습니다.

또한 일체종지(一切種智)는 있음이 없는 까닭에, 내지 성품이 없는 까닭에 보살의 지나간 시간을 붙잡을 수가 없습니다. 왜냐하면 사리불이여, 공은 지나간 시간도 붙잡을 수가 없고, 다가오는 시간도 붙잡을 수가 없으며, 현재의 시간도 붙잡을 수가 없고, 보살도 붙잡을 수가 없기 때문입니다. 사리불이여, 공은 보살과 다르지 않고 보살은 지나간 시간과 다르지 않으며, 공과 보살과 지나간 시간의 이 모든 것은 둘이 없고 다름이 없습니다. 이러한 인연을 가진 까닭에 사리불이여, 보살의 지나간 시간을 붙잡을 수가 없고, 다가오는 시간과 현재의 시간도 또한 이와 같습니다.

사리불이 말한 것처럼, 물질적 존재가 가〔邊〕가 없는 까닭에 보살도 가가 없다고 마땅히 알아야 합니다. 감각·표상·의지·인식이 가가 없는 까닭에 보살도 가가 없다고 마땅히 알아야 합니다. 사리불이여, 물질적 존재는 허공과 같고, 감각·표상·의지·인식도 허공과 같습니다. 왜냐하면 사리불이여, 허공에서는 가를 붙잡을 수가 없고 중간을 붙잡을 수가 없으며, 가도 없고 중간도 없는 까닭에 단지 말하기를 허공이라고만 하는 것과 같기 때문입니다.

이와 같이 사리불이여, 물질적 존재는 가를 붙잡을 수가 없고 중간을 붙잡을 수가 없으며, 이 물질적 존재는 공인 까닭에 공 가운데서는 또한 가도 없고 중간이 없습니다. 감각·표상·의지·인식은 가를 붙잡을 수가 없고 중간을 붙잡을 수가 없으며, 인식이 공인 까닭에 공 가운데서는 또한 가가 없고 중간이 없습니다. 이러한 인연을 가진 까닭에 사리불이여, 물질적 존재가 가가 없는 까닭에 보살도 가가 없다고 마땅히 알아야 합니다. 감각·표상·의지·인식이 가가 없는 까닭에 보살도 가가 없다고 마땅히 알아야 합니다. 내지 열여덟 가지 부처님만이 갖는 특성도 이와 같습니다.

사리불이 말한 것처럼, 물질적 존재로서 이 보살은 붙잡을 수가 없고, 감각·표상·의지·인식으로서도 이 보살은 붙잡을 수가 없다고 함은 사리불이여, 물질적 존재는 물질적 존재의 모양이 공이고, 감각·표상·의지·인식은 인식의 모양이 공이며, 보시바라밀은 보시바라밀의 모양이 공입니다. 내지 반야바라밀도 이와 같습니다. 여섯 가지 감각기관이 공함은 여섯 가지 감각기관이 공한 모양이 공이고, 내지 사물이 존재하지 않는다는 견해와 존재한다는 견해가 같이 공함은 사물이 존재하지 않는다는 견해와 존재한다는 견해가 같이 공한 모양이 공이며, 네 가지 관찰법은 네 가지 관찰법의 모양이 공이고, 내지 열여덟 가지 부처님만이 갖는 특성은 열여덟 가지 부처님만이 갖는 특성의 모양이 공이며, 사물의 진실된 모습·진실의 본성·참된 실상·불가사의한 성품은 불가사의한 성품의 모양이 공이고, 삼매문은 삼매문의 모양이 공이며, 다라니문은 다라니문의 모양이 공이고, 일체지(一切智)는 일체지의 모양이 공이며, 도지(道智)는 도지의 모양이 공이고, 일체종지는 일체종지의 모양이 공이며, 성문승(聲聞乘)은 성문승의 모양이 공이고, 벽지불승(辟支佛乘)은 벽지불승의 모양이 공이며, 불승(佛

乘)은 불승의 모양이 공이고, 성문인(聲聞人)은 성문인의 모양이 공이며, 벽지불인은 벽지불인의 모양이 공이고, 부처님은 부처님의 모양이 공이며 공 가운데서는 물질적 존재를 붙잡을 수가 없고, 감각·표상·의지·인식도 붙잡을 수가 없습니다. 이러한 인연을 가진 까닭으로 사리불이여, 물질적 존재로서 이 보살은 붙잡을 수가 없고, 감각·표상·의지·인식으로서도 이 보살은 붙잡을 수가 없습니다.

사리불이 말한 것처럼, 무슨 인연의 까닭으로 어떠한 종류 어떠한 장소에서도 보살은 붙잡을 수가 없는데, 감히 어떻게 보살에게 반야바라밀을 가르치겠느냐고 함은 사리불이여, 물질적 존재는 물질적 존재 가운데서 붙잡을 수가 없고 물질적 존재는 감각 가운데서 붙잡을 수가 없으며, 감각은 감각 가운데서 붙잡을 수가 없고 감각은 물질적 존재 가운데서 붙잡을 수가 없고 감각은 표상 가운데서 붙잡을 수가 없으며, 표상은 표상 가운데서 붙잡을 수가 없고 표상은 물질적 존재나 감각 가운데서 붙잡을 수가 없고 표상은 의지 가운데서 붙잡을 수가 없으며, 의지는 의지 가운데서 붙잡을 수가 없고 의지는 물질적 존재·감각·표상 가운데서 붙잡을 수가 없고 의지는 인식 가운데서 붙잡을 수가 없으며, 인식은 인식 가운데서 붙잡을 수가 없고 인식은 물질적 존재·감각·표상·의지 가운데서 붙잡을 수가 없습니다.

사리불이여, 눈은 눈 가운데서 붙잡을 수가 없고 눈은 귀 가운데서 붙잡을 수가 없으며, 귀는 귀 가운데서 붙잡을 수가 없고 귀는 눈 가운데서 붙잡을 수가 없고 귀는 코 가운데서 붙잡을 수가 없으며, 코는 코 가운데서 붙잡을 수가 없고 코는 눈이나 귀 가운데서 붙잡을 수가 없고 코는 혀 가운데서 붙잡을 수가 없으며, 혀는 혀 가운데서 붙잡을 수가 없고 혀는 눈·귀·코 가운데서 붙잡을 수가 없고 혀는 신체 가운데서 붙잡을 수가 없으며, 신체는 신체 가운데서 붙잡을 수가 없고 신체는 눈·귀·코·혀 가운데서 붙잡을 수가 없고 신체는 생각 가운데서 붙잡을 수가 없으며, 생각은 생각 가운데서 붙잡을 수가 없고 생각은 눈·귀·코·혀·신체 가운데서 붙잡을 수가 없습니다.

여섯 가지 감각기관〔六入〕·여섯 가지 감각기관의 여섯 가지 대상의 인식〔六

識]·여섯 가지 감각기관의 작용〔六觸〕·여섯 가지 감각기관에 일어나는 것에 대한 느낌도 이와 같습니다.

보시바라밀 내지 반야바라밀·여섯 가지 감각기관의 공 내지 사물이 존재하지 않는다는 견해와 존재한다는 견해가 같이 공·네 가지 관찰법 내지 열여덟 가지 부처님만이 갖는 특성·일체의 삼매문·일체의 다라니문·진실의 본성 내지 벽지불의 법·첫째 경지〔初地〕 내지 열번째 경지〔十地〕·일체지·도종지〔道種智〕·일체종지도 이와 같습니다.

수다원(須陀洹) 내지 아라한(阿羅漢)·벽지불·보살·부처님도 이와 같습니다. 보살은 보살 가운데서 붙잡을 수가 없고 보살은 반야바라밀 가운데서 붙잡을 수가 없습니다. 반야바라밀은 반야바라밀 가운데서 붙잡을 수가 없고 반야바라밀은 보살 가운데서 붙잡을 수가 없습니다. 반야바라밀 가운데에 교화(敎化)함은 있음이 없어서 붙잡을 수가 없고 교화하는 가운데에 교화함은 있음이 없어서 붙잡을 수가 없으며, 교화하는 가운데에 보살 및 반야바라밀은 있음이 없어서 붙잡을 수가 없습니다.

사리불이여, 이와 같이 일체 모든 것은 있음이 없어서 붙잡을 수가 없습니다. 이러한 인연을 가진 까닭에 어떠한 종류 어떠한 장소에서도 보살은 붙잡을 수가 없는데, 감히 어떻게 보살에게 반야바라밀을 가르치겠느냐고 한 것입니다.

사리불이 말한 것처럼, 무슨 인연의 까닭으로 보살마하살은 단지 거짓된 이름만 있을 뿐이라고 말하느냐 함은 사리불이여, 물질적 존재는 이것이 거짓된 이름이고, 감각·표상·의지·인식도 이것이 거짓된 이름입니다. 물질적 존재라는 이름은 물질적 존재가 아니고, 감각·표상·의지·인식이라는 이름도 인식이 아닙니다. 왜냐하면 물질적 존재라는 이름의 모양이 공이기 때문입니다. 만약 공이라면 곧 보살이 아닌 것입니다. 이러한 인연을 가진 까닭에 사리불이여, 보살은 단지 거짓된 이름만 있을 뿐입니다.

또한 사리불이여, 보시바라밀은 단지 이름만 있을 뿐이어서, 이름 가운데에 보시바라밀이 있지 않고 보시바라밀 가운데에 이름이 있지 않습니다. 이러한 인연을 가진 까닭에 보살은 단지 거짓된 이름만 있을 뿐입니다. 지계바라밀·인욕바라밀·정진바라밀·선정바라밀·반야바라밀은 단지 이름만 있을 뿐이어서, 이름 가운데에 반야바라밀이 있음이 없고 반야바라밀 가운데 이름이 있음이 없습니다. 이러한 인연을 가진 까닭에 보살은 단지 거짓된 이름만 있을 뿐입니다.

사리불이여, 여섯 가지 감각기관이 공함은 단지 이름만 있을 뿐이고, 내지 사물이 존재하지 않는다는 견해와 존재한다는 견해가 같이 공함은 단지 이름만 있을 뿐이어서, 이름 가운데에 여섯 가지 감각기관이 공함이 없고 여섯 가지 감각기관이 공함 가운데에 이름이 없습니다. 왜냐하면 이름과 여섯 가지 감각기관이 공함은 함께 붙잡을 수가 없기 때문입니다. 내지 사물이 존재하지 않는다는 견해와 존재한다는 견해가 같이 공함도 이와 같습니다. 이러한 인연을 가진 까닭에 사리불이여, 보살은 단지 거짓된 이름만 있을 뿐입니다.

사리불이여, 네 가지 관찰법은 단지 이름만 있을 뿐이고, 내지 열여덟 가지 부처님만이 갖는 특성도 단지 이름만 있을 뿐이며, 일체의 삼매문과 일체의 다라니문 내지 일체종지도 이와 같습니다. 이러한 인연을 가진 까닭에 사리불이여, 내가 보살은 단지 거짓된 이름만 있을 뿐이라고 말합니다.

사리불이 말한 것처럼, 무슨 인연의 까닭으로 나라는 이름을 말하지만 나라는 것은 결코 생기지 않는다 함은 사리불이여, 나라는 것은 결코 붙잡을 수가 없는데 어찌 생김이 있을 수 있으며, 내지 아는 것과 보는 것도 결코 붙잡을 수가 없는데 어찌 생김이 있을 수 있습니까!

사리불이여, 물질적 존재는 결코 붙잡을 수가 없는데 어찌 생김이 있을 수 있으며, 감각·표상·의지·인식도 결코 붙잡을 수가 없는데 어찌 생김이 있을 수 있습니까! 눈은 결코 붙잡을 수가 없고, 내지 마음속에 있는 모든 것들에 대한 느낌도 결코 붙잡을 수가 없는데 어찌 생김이 있을 수 있습니까! 보시바라밀은 결코 붙잡을 수가 없고, 내지 반야바라밀도 결코 붙잡을 수가 없는데 어찌 생김이 있을 수 있습니까! 여섯 가지 감각기관이 공함은 결코 붙잡을 수가 없고, 내지 사물이 존재하지 않는다는 견해와 존재한다는 견해가 같이 공함도 결코 붙잡을 수가 없는데 어찌 생김이 있을 수 있습니까! 네 가지 관찰법은 결코 붙잡을 수가 없고, 내지 열여덟 가지 부처님만이 갖는 특성도 결코 붙잡을 수가 없는데 어찌 생김이 있을 수 있습니까! 모든 삼매문과 모든 다라니문은 결코 붙잡을 수가 없는데 어찌 생김이 있을 수 있습니까! 성문 내지 부처님도 결코 붙잡을 수가 없는데 어찌 생김이 있을 수 있습니까! 이러한 인연을 가진 까닭에 사리불이여, 내가 나라는 이름과 같이 나라는 것도 또한 결코 생기지 않는다고 말하는 것입니다.

사리불이 말한 것처럼, 나라는 것과 같이 모든 것이 이처럼 스스로의 성품이 없다 함은 사리불이여, 모든 것은 화합으로 생긴 까닭에 스스로의 성품이 없다는 것입니다.

사리불이여, 무엇을 화합으로 생긴 까닭에 스스로의 성품이 없다고 하는가? 사리불이여, 물질적 존재는 화합으로 생겼으므로 스스로의 성품이 없고, 감각·표상·의지·인식도 화합으로 생겼으므로 스스로의 성품이 없습니다. 눈은 화합으로 생겼으므로 스스로의 성품이 없고, 내지 생각도 화합으로 생겼으므로 스스로의 성품이 없습니다. 형상〔色〕 내지 마음의 대상〔法〕·눈의 영역〔眼界〕 내지 마음의 대상이라는 것〔法界〕·땅의 성질〔地種〕 내지 인식의 성질〔識種〕·눈앞의 상황〔眼觸〕 내지 마음속에 있는 것〔意觸〕·눈앞에 전개되는 모든 것들에 대한 느낌 내지 마음속에 있는 모든 것들에 대한 느낌도 화합으로 생겼으므로 스스로의 성품이 없습니다. 보시바라밀 내지 반야바라밀도 화합으로 생겼으므로 스스로의 성품이 없습니다. 네 가지 관찰법 내지 열여덟 가지 부처님만이 갖는 특성도 화합으로 생겼으므로 스스로의 성품이 없습니다.

또한 사리불이여, 일체 모든 것〔一切法〕은 항상함〔常〕도 없으며, 또한 잃어버리지도 않습니다.”

사리불이 수보리에게 물었다.

“무슨 법이 항상함도 없으며, 또한 잃어버리지도 않는 것입니까?”

수보리가 말했다.

“물질적 존재는 항상함도 없으며 또한 잃어버리지도 않고, 감각·표상·의지·인식도 항상함도 없으며 또한 잃어버리지도 않습니다. 왜냐하면 법에 만약 항상함이 없다면, 이것은 바로 움직이는 모양〔動相〕이며, 이것은 바로 공한 모양

〔空相〕이기 때문입니다. 이러한 인연을 가진 까닭에 사리불이여, 일체의 함이 있는 법〔有爲法〕은 항상함도 없으며 또한 잃어버리지도 않습니다.

또한 사리불이여, 번뇌가 있는 법〔有漏法〕이나 번뇌가 없는 법〔無漏法〕·착하고 악함이 있는 법〔有記法〕이나 착하고 악함이 없는 법〔無記法〕은 항상함도 없으며 또한 잃어버리지도 않습니다. 왜냐하면 법에 만약 항상함이 없다면, 이 것은 바로 움직이는 모양이며, 이것은 바로 공한 모양이기 때문입니다. 이러한 인연을 가진 까닭에 사리불이여, 일체의 조작된 것은 항상함도 없으며 또한 잃어버리지도 않습니다.

또한 사리불이여, 일체 모든 것은 항상함도 아니고 없어짐도 아닙니다.”

사리불이 말했다.

“무슨 법이 항상함도 아니고 없어짐도 아닌 것입니까?”

수보리가 말했다.

“물질적 존재는 항상함도 아니고 없어짐도 아닙니다. 왜냐하면 성품이 스스로 그러하기 때문입니다. 감각·표상·의지·인식은 항상함도 아니고 없어짐도 아닙니다. 왜냐하면 성품이 스스로 그러하기 때문입니다. 내지 마음속에 있는 모든 것들에 대한 느낌은 항상함도 아니고 없어짐도 아닙니다. 왜냐하면 성품이 스스로 그러하기 때문입니다. 이러한 인연을 가진 까닭에 사리불이여, 모든 것은 화합으로 생겼으므로 스스로의 성품이 없다고 합니다.

사리불이 말한 것처럼, 무슨 인연의 까닭으로 물질적 존재는 결코 생기지 않고, 감각·표상·의지·인식도 결코 생기지 않는다 함은 물질적 존재는 조작된 것이 아니고, 감각·표상·의지·인식도 조작된 것이 아닌 것입니다. 왜냐하면 조작하는 것〔作者〕을 붙잡을 수가 없기 때문입니다. 사리불이여, 눈은 조작된 것이 아니니, 왜냐하면 조작하는 것을 붙잡을 수가 없기 때문입니다. 내지 생각도 이와 같고, 눈의 영역 내지 마음속에 있는 모든 것들에 대한 느낌도 이와 같습니다.

또한 사리불이여, 일체의 모든 것은 전부가 일어남도 아니고 지음도 아니니, 왜냐하면 조작하는 것을 붙잡을 수가 없기 때문입니다. 이러한 인연을 가진 까닭에 사리불이여, 물질적 존재는 결코 생기지 않고 감각·표상·의지·인식도 결코 생기지 않는 것입니다.

사리불이 말한 것처럼, 무슨 인연의 까닭으로 결코 생기지 않으면 이것을 이름하여 물질적 존재라고 할 수 없고, 결코 생기지 않으면 이것을 이름하여 감각·표상·의지·인식이라고 할 수 없다 함은 물질적 존재의 성품은 공이고, 이 공은 생김이 없고 없어짐이 없으며, 머물고 옮김이 없는 것입니다. 감각·표상·의지·인식의 성품은 공이고, 이 공은 생김이 없고 없어짐이 없으며, 머물고 옮김이 없는 것입니다. 눈 내지 일체의 함이 있는 법의 성품은 공이고, 이 공은 생김이 없고 없어짐이 없으며, 머물고 옮김이 없는 것입니다. 이러한 인연을 가진 까닭에 사리불이여, 결코 생기지 않으면 이것을 물질적 존재라고 이름할 수 없고, 결코 생기지 않으면 이것을 감각·표상·의지·인식이라고 이름할 수 없습니다.

사리불이 말한 것처럼, 무슨 인연의 까닭으로 결코 생기지 않는 것이라면, 감히 이 반야바라밀을 가르치겠느냐고 함은 결코 생기지 않는 이것이 바로 반야바라밀이고 반야바라밀이 바로 결코 생기지 않는 것이어서, 반야바라밀과 결코 생기지 않는 것은 둘이 없고 다름이 없는 것입니다. 이러한 인연을 가진 까닭에 사리불이여, 나는 결코 생기지 않는다면 감히 이 반야바라밀을 가르치겠느냐고 말한 것입니다.

사리불이 말한 것처럼, 무슨 인연의 까닭으로 결코 생기지 않음을 여의고서 보살은 아뇩다라삼먁삼보리를 행할 수 없다고 하느냐 함은 보살마하살은 반야바라밀을 행할 때에, 결코 생기지 않는 반야바라밀에서 다름을 보지 않고 또한 결코 생기지 않는 보살에서 다름을 보지 않는 것입니다. 결코 생기지 않음과 보살은 둘이 없고 다름이 없습니다. 왜냐하면 이 결코 생기지 않음 및 물질적 존재는 둘이 없고 다름이 없기 때문입니다. 결코 생기지 않는 감각·표상·의지·인식에서 다름을 보지 않습니다. 왜냐하면 결코 생기지 않음과 감각·표상·의지·인식은 둘이 없고 다름이 없기 때문입니다. 내지 일체종지도 이와 같습니다. 이러한 인연을 가진 까닭에 사리불이여, 결코 생기지 않음을 여의고서 보살은 아뇩다라삼먁삼보리를 행할 수 없다고 한 것입니다.

사리불이 말한 것처럼, 무슨 인연의 까닭으로 보살이 이러한 말을 하는 것을 듣고서 마음이 침몰하지 않고 후회하지 않으며, 놀라지 않고 겁내지 않고 두려워하지 않으면, 이것을 보살마하살의 반야바라밀을 행함이라 하느냐 함은 보살마하살은 모든 것〔諸法〕에 깨닫고 아는 모양이 있음을 보지 않고, 일체 모든 것을 보매 꿈과 같이·메아리같이·허깨비같이·아지랑이같이·그림자같이·변화한 몸과 같이 하는 것입니다. 사리불이여, 이러한 인연을 가진 까닭에 보살은 이러한 말을 하는 것을 듣고서 마음이 침몰하지 않고 후회하지 않으며, 놀라지 않고 겁내지 않고 두려워하지 않습니다."

수보리가 부처님께 사루어 말씀드렸다.

"세존이시여, 보살마하살은 반야바라밀을 행하여 이와 같이 모든 것을 관찰합니다. 이 때, 보살마하살은 물질적 존재를 받아 들이지 않고 물질적 존재를 보지 않으며, 물질적 존재에 머물지 않고 물질적 존재에 집착하지 않으며, 또한 이 물질적 존재를 말하지 않습니다. 감각·표상·의지·인식을 받아 들이지 않고 보지 않으며, 머물지 않고 집착하지 않으며, 또한 이 감각·표상·의지·인식을 말하지 않습니다. 눈을 받아 들이지 않고 보지 않으며, 머물지 않고 집착하지 않으며, 또한 이 눈을 말하지 않습니다. 귀·코·혀·신체·생각을 받아 들이지 않고 보지 않으며, 머물지 않고 집착하지 않으며, 또한 이 생각을 말하지 않습니다. 보시바라밀을 받아 들이지 않고 보지 않으며, 머물지 않고 집착하지 않으며, 또한 이 보시바라밀을 말하지 않습니다. 지계바라밀·인욕바라밀·정진바라밀·선정바라밀·반야바라밀을 받아 들이지 않고 보지 않으며, 머물지 않고 집착하지 않으며, 또한 이 반야바라밀을 말하지 않습니다. 여섯 가지 감각기관이 공함을 받아 들이지 않고 보지 않으며, 머물지 않고 집착하지 않으며, 또한 이 여섯 가지 감각기관이 공함을 말하지 않습니다. 내지 사물이 존재하지 않는다는 견해와 존재한다는 견해가 같이 공함도 이와 같습니다.

또한 세존이시여, 보살마하살은 반야바라밀을 행할 때에 네 가지 관찰법을 받아 들이지 않고 보지 않으며, 머물지 않고 집착하지 않으며, 또한 이 네 가지 관찰법을 말하지 않습니다. 내지 열여덟 가지 부처님만이 갖는 특성도 받아 들이지 않고 보지 않으며, 머물지 않고 집착하지 않으며, 또한 이 열여덟 가지 부처님만이 갖는 특성을 말하지 않습니다. 일체의 삼매문과 일체의 다라니문 내지 일체종지를 받아 들이지 않고 보지 않으며, 머물지 않고 집착하지 않으며, 또한 이 일체종지를 말하지 않습니다.

또한 세존이시여, 보살마하살은 반야바라밀을 행할 때에 물질적 존재를 보지 않고, 내지 일체종지를 보지 않습니다. 왜냐하면 물질적 존재는 생기지 않는 것이어서 이것이 물질적 존재가 아니고, 감각·표상·의지·인식은 생기지 않는 것이어서 이것이 인식이 아니며, 눈은 생기지 않는 것이어서 이것이 눈이 아니고, 귀·코·혀·신체·생각은 생기지 않는 것이어서 이것이 생각이 아니며, 보시바라밀은 생기지 않는 것이어서 이것이 보시바라밀이 아니고, 내지 반야바라밀도 생기지 않는 것이어서 이것이 반야바라밀이 아니기 때문입니다. 왜냐하면 물질적 존재와 생기지 않음은 둘이 아니고 다름이 아니며, 내지 반야바라밀과 생기지 않음은 둘이 아니고 다름이 아니기 때문입니다. 여섯 가지 감각기관이 공함은 생기지 않는 것이어서 이것이 여섯 가지 감각기관이 공함이 아니고, 내지 사물이 존재하지 않는다는 견해와 존재한다는 견해가 같이 공함은 생기지 않는 것이어서 이것이 사물이 존재하지 않는다는 견해와 존재한다는 견해가 같이 공함이 아닙니다. 왜냐하면 여섯 가지 감각기관이 공함 내지 사물이 존재하지 않는다는 견해와 존재한다는 견해가 같이 공함과 생기지 않음은 둘이 아니고 다름이 아니기 때문입니다.

세존이시여, 네 가지 관찰법은 생기지 않는 것이어서 네 가지 관찰법이 아닙니다. 왜냐하면 네 가지 관찰법과 생기지 않음은 둘이 아니고 다름이 아니기 때문입니다. 왜냐하면 세존이시여, 이 생기지 않는 법은 하나가 아니고 둘이 아니며, 셋이 아니고 다름이 아니기 때문입니다. 이러한 까닭으로써 네 가지 관찰법과 생기지 않음은 둘이 아니고 다름이 아닙니다. 내지 열여덟 가지 부처님만이 갖는 특성도 생기지 않는 것이어서 열여덟 가지 부처님만이 갖는 특성이 아닙니다. 왜냐하면 열여덟 가지 부처님만이 갖는 특성과 생기지 않음은 둘이 아니고 다름이 아니기 때문입니다. 왜냐하면 세존이시여, 이 생기지 않는 법은 하나가 아니고 둘이 아니며, 셋이 아니고 다름이 아니기 때문입니다. 이러한 까닭으로써 열여덟 가지 부처님만이 갖는 특성은 생기지 않는 것이어서 열여덟 가지 부처님만이 갖는 특성이 아닙니다.

세존이시여, 사물의 진실된 본성은 생기지 않는 것이어서 이것이 사물의 진실된 본성이 아니고, 내지 불가사의한 성품도 생기지 않는 것이어서 이것이 불가사의한 성품이 아닙니다.

세존이시여, 이 아뇩다라삼먁삼보리는 생기지 않는 것이고, 일체지와 일체종지도 생기지 않는 것이어서 이것이 일체종지가 아닙니다. 왜냐하면 이 아뇩다라삼먁삼보리 내지 일체종지와 생기지 않음은 둘이 아니고 다름이 아니기 때문입니다. 왜냐하면 세존이시여, 이 생기지 않는 법은 하나가 아니고 둘이 아니며, 셋이 아니고 다름이 아니기 때문입니다. 이러한 까닭으로써 내지 일체종지는 생기지 않는 것이어서 일체종지가 아닙니다.

세존이시여, 물질적 존재가 없어지지 않는 모양이면, 이것은 물질적 존재가 아닙니다. 왜냐하면 물질적 존재 및 없어지지 않는 모양은 둘이 아니고 다름이 아니기 때문입니다. 왜냐하면 세존이시여, 이 없어지지 않는 법은 하나가 아니고 둘이 아니며, 셋이 아니고 다름이 아니기 때문입니다. 이러한 까닭으로써 물질적 존재가 없어지지 않는 모양이면, 이것은 물질적 존재가 아닙니다. 감각·표상·의지·인식도 없어지지 않는 모양이면, 이것은 인식이 아닙니다. 왜냐하면 인식 및 없어지지 않음은 둘이 아니고 다름이 아니기 때문입니다. 왜냐하면 세존이시여, 이 없어지지 않는 법은 하나가 아니고 둘이 아니며, 셋이 아니고 다름이 아니기 때문입니다. 이러한 까닭으로써 인식도 없어지지 않는 모양이면, 이것은 인식이 아닙니다. 보시바라밀 내지 반야바라밀·여섯 가지 감각기관이 공함 내지 사물이 존재하지 않는다는 견해와 존재한다는 견해가 같이 공함·네 가지 관찰법 내지 열여덟 가지 부처님만이 갖는 특성도 이와 같습니다.

세존이시여, 이러한 까닭으로써 물질적 존재는 둘이 없는 법의 수〔法數〕에 들고, 감각·표상·의지·인식도 둘이 없는 법의 수에 들며, 내지 일체종지도 둘이 없는 법의 수에 듭니다.”

제26 무생품(無生品 第二十六)

그때 혜명 사리불이 수보리에게 말했다.

"보살마하살은 반야바라밀을 행하여 모든 것〔諸法〕을 관찰한다고 했는데, 무엇이 보살이고 무엇이 반야바라밀이며 무엇이 관찰한다는 것입니까?"

수보리가 사리불에게 말했다.

"그대는 무엇이 보살이냐고 물었는데, 아뇩다라삼먁삼보리를 위해서 이 사람은 큰 마음〔大心〕을 내니 이러한 까닭으로써 이름하여 보살이라 합니다. 또한 일체 모든 것〔一切法〕과 온갖 종류의 모양을 알되 이 가운데 집착하지 않고, 물질적 존재〔色〕의 모양을 알되 집착하지 않으며, 내지 열여덟 가지 부처님만이 갖는 특성〔十八不共法〕을 알되 집착하지 않습니다.

사리불이 수보리에게 물었다.

"무엇을 일체 모든 것의 모양이라고 합니까?"

수보리가 말했다.

"만약 인연의 모임들로 된 이름으로써 모든 것을 알아서, 이것은 형상이고 이것은 소리·냄새·맛·느낌·마음의 대상이며, 이것은 안이고 이것은 밖이며, 이것은 함이 있는 법〔有爲法〕이고 이것은 함이 없는 법〔無爲法〕이라고 하면 이것은 이름의 모양과 언어로써 모든 것을 앎이니, 이것을 모든 것의 모양〔諸法相〕을 안다고 말합니다.

사리불께서는 무엇이 반야바라밀이냐고 물었는데, 멀리 여의는〔遠離〕까닭에 이것을 반야바라밀이라고 말합니다. 어떠한 법을 멀리 여의는가? 다섯 가지 모임〔陰〕·열여덟 가지 요소〔界〕·열두 가지 영역〔入〕을 멀리 여의고 보시바라밀 내지 선정바라밀을 멀리 여의며, 여섯 가지 감각기관이 공함〔內空〕내지 사물이 존재하지 않는다는 견해와 존재한다는 견해가 같이 공함〔無法有法空〕을 멀리 여윕니다. 이러한 까닭으로써 멀리 여윔을 반야바라밀이라고 말합니다.

또한 네 가지 관찰법〔四念處〕을 멀리 여의고, 내지 열여덟 가지 부처님만이 갖는 특성을 멀리 여의며, 일체지(一切智)를 멀리 여윕니다. 이러한 인연을 가진 까닭으로 멀리 여윔을 반야바라밀이라고 말합니다.

사리불께서는 무엇이 관찰함이냐고 물었는데 사리불이여, 보살마하살은 반야바라밀을 행할 때에 물질적 존재를 항상함도 아니고 덧없음도 아니며, 즐거움도 아니고 괴로움도 아니며, 나〔我〕라는 것이 있지도 않고 없지도 않으며, 모든 것이 공〔空〕함도 아니고 공함 아님〔不空〕도 아니며, 어떤 특징이 있는 것도 아니고 어떤 특징이 없는〔無相〕것도 아니며, 원할 어떤 것이 있는 것도 아니고 원할 어떤 것이 없는〔無作〕것도 아니며, 영원한 평안〔寂滅〕도 아니고 영원한 평안이 아님도 아니며, 여윔〔離〕도 아니고 여윔 아님도 아니라고 관찰합니다. 그리고 감각·표상·의지·인식도 이와 같습니다.

보시바라밀 내지 반야바라밀·여섯 가지 감각기관이 공함 내지 사물이 존재하지 않는다는 견해와 존재한다는 견해가 같이 공함·네 가지 관찰법 내지 열여덟 가지 부처님만이 갖는 특징·일체의 삼매문(三昧門)·일체의 다라니문(陀羅尼門)·내지 일체종지(一切種智)를 항상함도 아니고 덧없음도 아니며, 즐거움도 아니고 괴로움도 아니며, 나라는 것이 있지도 않고 없지도 않으며, 모든 것이 공함도 아니고 공함 아님도 아니며, 어떤 특징이 있는 것도 아니고 어떤 특징이 없는 것도 아니며, 원할 어떤 것이 있는 것도 아니고 원할 어떤 것이 없는 것도 아니며, 영원한 평안도 아니고 영원한 평안이 아님도 아니며, 여윔도 아니고 여윔 아님도 아니라고 관찰합니다. 사리불이여, 이것을 보살마하살이 반야바라밀을 행할 때에 모든 것을 관찰하는 것이라고 합니다.”

사리불이 수보리에게 물었다.

"무슨 인연의 까닭으로 물질적 존재가 생기지 않으므로 이것은 물질적 존재가 아니고, 감각·표상·의지·인식도 생기지 않으므로 이것은 인식이 아니며, 내지 일체종지도 생기지 않으므로 이것은 일체종지가 아닙니까?"

수보리가 말했다.

"물질적 존재는 물질적 존재의 모양이 공이고, 물질적 존재가 공한 가운데서는 물질적 존재도 없고 생김도 없습니다. 이러한 인연의 까닭으로 물질적 존재가 생기지 않으므로 물질적 존재가 아니라고 합니다. 감각·표상·의지·인식은 인식의 모양이 공이고, 인식이 공한 가운데서는 인식도 없고 생김도 없습니다. 이러한 인연의 까닭으로 감각·표상·의지·인식도 생기지 않으므로 이것은 감각·표상·의지·인식이 아니라고 합니다.

사리불이여, 보시바라밀은 보시바라밀의 모양이 공이고, 보시바라밀이 공한 가운데서는 보시바라밀도 없고 생김도 없습니다. 지계바라밀·인욕바라밀·정진바라밀·선정바라밀·반야바라밀은 반야바라밀의 모양이 공이고, 반야바라밀이 공한 가운데서는 반야바라밀도 없고 생김도 없습니다. 이러한 인연을 가진 까닭으로 사리불이여, 반야바라밀이 생기지 않으므로 이것은 반야바라밀이 아니고, 여섯 가지 감각기관이 공함 내지 사물이 존재하지 않는다는 견해와 존재한다는 견해가 같이 공함·네 가지 관찰법 내지 열여덟 가지 부처님만이 갖는 특성·일체종지도 이와 같습니다. 이러한 인연을 가진 까닭으로 여섯 가지 감각기관의 공함이 생기지 않음은 이것이 여섯 가지 감각기관의 공함이 아니고, 내지 일체종지가 생기지 않음은 이것이 일체종지가 아닌 것입니다.

사리불이 수보리에게 물었다.

"그대는 어떤 인연의 까닭으로 물질적 존재가 둘이 아니〔不二〕므로 이것은 물질적 존재가 아니고, 감각·표상·의지·인식도 둘이 아니므로 이것은 인식이 아니며, 내지 일체종지도 둘이 아니므로 이것은 일체종지가 아니라고 말합니까?"

수보리가 대답했다.

"온갖 물질적 존재는 모두가 둘이 아니고, 온갖 감각·표상·의지·인식도 모두가 둘이 아니며, 이 일체 모든 것은 전부가 모아진 것도 아니고 흩어진 것도 아니며, 빛깔도 없고 형상도 없고 마주할 수도 없는 한 모양〔一相〕이어서 소위 모양이 없습니다. 눈 내지 일체종지도 이와 같습니다. 이러한 인연을 가진 까닭으로 사리불이여, 물질적 존재가 둘이 아니므로 이것은 물질적 존재가 아니고, 감각·표상·의지·인식도 둘이 아니므로 이것은 인식이 아니며, 내지 일체종지도 둘이 아니므로 이것은 일체종지가 아니라고 합니다."

사리불이 수보리에게 물었다.

"어떤 인연의 까닭으로 물질적 존재가 둘이 없는 법의 수〔法數〕에 들고, 감각·표상·의지·인식이 둘이 없는 법의 수에 들며, 내지 일체종지도 둘이 없는 법의 수에 든다고 말합니까?"

수보리가 대답했다.

"물질적 존재는 생기지 않음과 다르지 않고 생기지 않음은 물질적 존재와 다르지 않으며, 물질적 존재가 이것이 바로 생기지 않음이고 생기지 않음이 이것이 바로 물질적 존재입니다. 감각·표상·의지·인식은 생기지 않음과 다르지 않고 생기지 않음은 인식과 다르지 않으며, 인식이 바로 생기지 않음이고 생기지 않음이 바로 인식입니다. 이러한 인연을 가진 까닭으로 사리불이여, 물질적 존재가 둘이 없는 법의 수에 들고, 감각·표상·의지·인식이 법의 수에 들며, 내지 일체종지도 이와 같습니다."

그때 수보리가 부처님께 사루어 말씀드렸다.

"세존이시여, 만약 보살마하살이 반야바라밀을 행하고 이와 같이 모든 법을 관찰하면, 이 때 물질적 존재가 생기지 않음을 보게되니 본래 청정하기 때문입니다. 감각·표상·의지·인식이 생기지 않음을 보게되니 본래 청정하기 때문입니다. 나〔我〕라는 것이 생기지 않고 내지 아는 것·보는 것이 생기지 않음을 보게되니 본래 청정하기 때문입니다. 보시바라밀이 생기지 않고 내지 반야바라밀이 생기지 않음을 보게되니 본래 청정하기 때문입니다. 여섯 가지 감각기관이 공함이 생기지 않고 내지 사물이 존재하지 않는다는 견해와 존재한다는 견해가 같이 공함이 생기지 않음을 보게되니 본래 청정하기 때문입니다. 네 가지 관찰법이 생기지 않고 내지 열여덟 가지 부처님만이 갖는 특성이 생기지 않음을 보게되니 본래 청정하기 때문입니다. 일체의 삼매와 일체의 다라니가 나지않음을 보게되니 마침내 청정하기 때문입니다. 내지 일체종지가 생기지 않음을 보게되니 본래 청정하기 때문입니다. 수다원(須陀洹)과 수다원의 법·사다함(斯陀含)과 사다함의 법·아나함(阿那含)과 아나함의 법·아라한(阿羅漢)과 아라한의 법·벽지불(辟支佛)과 벽지불의 법·보살(菩薩)과 보살의 법·부처님과 부처님의 법이 생기지 않음을 보게되니 본래 청정하기 때문입니다.

사리불이 수보리에게 말했다.

"나는 수보리께서 말씀한 것의 뜻을 물질적 존재는 이것이 생기지 않는 것이고, 감각·표상·의지·인식도 이것이 생기지 않는 것이며, 내지 부처님이나 부처님의 법도 생기지 않는 것이라고 들었습니다. 만약 그렇다면 이제 수다원은 수다원과(果)를·사다함은 사다함과(果)를·아나함은 아나함과(果)를·아라한은 아라한과(果)를·벽지불은 벽지불도(道)를 붙잡을 수가 없고, 보살마하살은 일체종지를 붙잡을 수가 없으며, 또한 여섯 갈래 윤회의 길〔六道〕이 특별히 다름이 없고, 또한 보살마하살은 깨달음을 위한 다섯 가지 종류〔五種菩提〕를 얻지 않습니다.

수보리여, 만약 일체 모든 것이 생기지 않는 모양이라면, 무슨 까닭에 수다원은 세 가지 번뇌〔三結〕를 끊기 위해서 도를 닦고, 사다함은 음욕과 성냄과 어리석음을 적게하기 위해서 도를 닦으며, 아나함은 아래의 다섯 가지 번뇌〔五下分結〕를 끊기 위해서 도를 닦고 아라한은 위의 다섯 가지 번뇌〔五上分結〕를 끊기 위해서 도를 닦으며, 벽지불은 벽지불의 법을 위해서 도를 닦습니까?

무슨 까닭에 보살마하살은 어려운 수행〔難行〕을 하며 중생을 위해서 갖가지 괴로움을 받습니까?

무슨 까닭에 부처님은 아뇩다라삼먁삼보리를 얻습니까?

무슨 까닭에 부처님은 진리의 수레바퀴를 굴리십니까?"

수보리가 사리불에게 말했다.

“나는 원래 남이 없는 법〔無生法〕으로 하여금 붙잡을 것이 있게 하려고 하지 않고, 나는 또한 원래 남이 없는 법 가운데서 수다원이 수다원과를 얻게 하려고 하지 않으며, 내지 원래 남이 없는 법 가운데서 아라한이 아라한과를·벽지불이 벽지불도를 얻게 하려고 하지 않고, 나는 또한 원래 남이 없는 법 가운데서 보살로 하여금 어려운 수행을 하며 중생을 위해서 갖가지 괴로움을 받게 하려고 하지 않고, 보살도 또한 어려운 수행을 한다는 마음으로 도를 행하지 않습니다. 왜냐하면 사리불이여, 어렵다는 마음과 괴롭다는 마음을 내면 한량없고 헤아릴 수조차 없는〔阿僧祇〕 중생들을 이익되게 할 수 없기 때문입니다.

사리불이여, 이제 보살은 중생을 불쌍히 여기고, 중생을 부모나 형제와 같이 생각하며, 자식 및 자기 몸과 같이 생각하여 한량없고 헤아릴 수조차 없는 중생을 이익되게 하니, 붙잡을 것이 없음인 까닭입니다. 왜냐하면 보살마하살은 이와 같은 마음을 내어야 하기 때문입니다. ‘나〔我〕라는 것은 어느 곳·어느 장소에서도 붙잡을 수가 없는 것처럼 안팎의 법도 이와 같다.’ 만약 이와 같은 마음을 내면 어렵다는 마음과 괴롭다는 마음이 없습니다. 왜냐하면 이 보살은 어떤 곳·어떤 종류·어떠한 것도 받지 않기 때문입니다.

사리불이여, 저는 또한 원래 남이 없는 법 가운데서 부처님으로 하여금 아뇩다라삼먁삼보리를 얻게 하려고 하지 않고, 또한 원래 남이 없는 법 가운데서 진리의 수레바퀴를 굴리게 하려고 하지 않으며, 또한 원래 남이 없는 법으로써 도를 얻게 하려고도 하지 않습니다.”

사리불이 수보리에게 말했다.

“지금 남이 있는 법〔生法〕으로써 도를 얻게 하려고 합니까, 원래 남이 없는 법으로써 도를 얻게 하려고 합니까?”

수보리가 사리불에게 말했다.

“나는 남이 있는 법으로써 도를 얻게 하려고 하지 않습니다.”

사리불이 말했다.

“그러면 수보리여, 원래 남이 없는 법으로써 도를 얻게 하려고 합니까?”

수보리가 말했다.

"나는 또한 원래 남이 없는 법으로도 도를 얻게 하려고 하지 않습니다."

사리불이 말했다.

"수보리께서 말씀한 것은 앎도 없고 얻음도 없다는 것입니까?"

수보리가 말했다.

"앎도 있고 얻음도 있지만 두 법〔二法〕을 가지지 않습니다. 지금 세간의 이름을 가지는 까닭에 앎도 있고 얻음도 있으며, 세간의 이름을 가지는 까닭에 수다원 내지 아라한과 벽지불·모든 부처님이 있지만, 실상의 진리〔第一實義〕가운데서는 앎도 없고 얻음도 없으며 수다원도 없고 내지 부처님도 없습니다."

"수보리여, 만약 세간의 이름인 까닭에 앎도 있고 얻음도 있다면, 여섯 갈래 윤회의 길이 특별히 다름도 또한 세간의 이름인 까닭에 있고, 실상의 진리에서는 그렇지 않습니까?"

수보리가 말했다.

"그렇습니다. 정말 그러합니다. 사리불이여, 세간의 이름인 까닭에 앎도 있고 얻음도 있는 것처럼, 여섯 갈래 윤회의 길이 특별히 다름도 세간의 이름인 까닭에 있는 것이지 진실된 진리에서는 그렇지 않습니다. 왜냐하면 사리불이여, 실상의 진리 가운데서는 업(業)도 없고 과보도 없으며, 생김도 없고 없어짐도 없으며, 깨끗함도 없고 더러움도 없기 때문입니다."

사리불이 수보리에게 말했다.

"생기지 않은 법을 생기게 합니까, 생긴 법을 생기게 합니까?"

수보리가 말했다.

"저는 생기지 않은 법을 생기게 하려고 하지도 않고, 생긴 법을 생기게 하려고 하지도 않습니다."

사리불이 말했다.

"어떠한 생기지 않은 법을 생기게 하려고 하지 않습니까?"

수보리가 말했다.

"물질적 존재는 이것이 생기지 않는 법인데, 스스로의 성품이 공한 까닭이니 생기게 하려고 하지 않습니다. 감각·표상·의지·인식은 이것이 생기지 않는 법인데, 스스로의 성품이 공한 까닭이니 생기게 하려고 하지 않습니다. 아뇩다라 삼먁삼보리는 이것이 생기지 않는 법인데, 스스로의 성품이 공한 까닭이니 생기게 하려고 하지 않습니다.”

사리불이 수보리에게 말했다.

“생긴 것을 생기게 합니까, 생기지 않은 것을 생기게 합니까?”

수보리가 말했다.

“생긴 것을 생기게 하지도 않고, 생기지 않은 것을 생기게 하지도 않습니다. 왜냐하면 사리불이여, 생김과 생기지 않음의 이 두 법은 모아진 것도 아니고 흩어진 것도 아니며, 빛깔도 없고 형상도 없으며 마주할 것도 없는 한 모양〔一相〕이어서 소위 모양이 없기 때문입니다. 사리불이여, 이러한 인연을 가진 까닭에 생긴 것을 생기게 함도 아니고, 또한 생기지 않은 것을 생기게 함도 아닙니다.”

그때 사리불이 수보리에게 말했다.

“수보리께서는 원래 남이 없는 법 및 남이 없는 모양〔無生相〕을 즐기어 말씀합니까?”

수보리가 사리불에게 말했다.

“저는 원래 남이 없는 법을 즐겨 말하고, 또한 남이 없는 모양을 즐겨 말합니다. 왜냐하면 원래 남이 없는 법과 남이 없는 모양 및 즐겨 말한다는 언어의 이 일체 모든 것은 전부는 모아진 것도 아니고 흩어진 것도 아니며, 빛깔도 없고 형상도 없으며 마주할 것도 없는 한 모양이어서 소위 모양이 없기 때문입니다.”

사리불이 수보리에게 말했다.

“그대는 생기지 않은 법을 즐거이 말하고 또한 생기지 않는 모양을 즐거이 말한다는데, 이 즐거이 말한다는 언어도 또한 생기게 하지 않습니까?”

수보리가 말했다.

“그렇습니다. 정말 그러합니다. 사리불이여, 왜냐하면 사리불이여, 물질적 존재는 나지 않고 감각·표상·의지·인식도 나지 않으며, 눈은 나지 않고 내지 생각도 나지 않으며, 땅의 성질은 나지 않고 내지 인식의 성질도 나지 않으며, 몸으로 하는 행위〔身行〕는 나지 않고 입으로 하는 행위도 나지 않고 생각으로 하는 행위도 나지 않으며, 보시바라밀은 나지 않고 내지 일체종지도 나지 않습니다. 이러한 인연을 가진 까닭에 사리불이여, 저는 원래 남이 없는 법을 즐겨 말하고, 또한 남이 없는 모양을 즐겨 말하되, 이 즐기어 말한다는 언어도 또한 나지 않습니다."

그때 사리불이 수보리에게 말했다.

"수보리께서는 법을 설하는 사람 중에서 가장 위에 계십니다. 왜냐하면 수보리께서는 묻는 말에 대하여 전부 훌륭하게 대답하기 때문입니다."

수보리가 말했다.

"모든 것〔諸法〕은 의지한 곳이 없기 때문입니다."

사리불이 수보리에게 말했다.

"무엇이 모든 것은 의지한 곳이 없는 것입니까?"

수보리가 말했다.

"물질적 존재의 성품은 항상 공한 까닭에 안쪽에도 의지하지 않고 바깥 쪽에도 의지하지 않고 양쪽의 중간에도 의지하지 않으며, 감각·표상·의지·인식의 성품도 항상 공한 까닭에 안쪽에도 의지하지 않고 바깥쪽에도 의지하지 않고 양쪽의 중간에도 의지하지 않습니다. 눈·귀·코·혀·신체·생각의 성품은 항상 공한 까닭에 안쪽에도 의지하지 않고 바깥쪽에도 의지하지 않고 양쪽의 중간에도 의지하지 않으며, 형상〔色〕의 성품은 항상 공한 까닭에, 내지 마음의 대상〔法〕의 성품도 항상 공한 까닭에 안쪽에도 의지하지 않고 바깥쪽에도 의지하지 않고 양쪽의 중간에도 의지하지 않습니다. 보시바라밀의 성품은 항상 공한 까닭에, 내지 반야바라밀의 성품도 항상 공한 까닭에 안쪽에도 의지하지 않고 바깥쪽에도 의지하지 않고 양쪽의 중간에도 의지하지 않습니다. 여섯 가지 감각기관이 공함의 성품은 항상 공한 까닭에, 내지 사물이 존재하지 않는다는 견해와 존재한다는 견해가 같이 공함의 성품도 항상 공한 까닭에 안쪽에도 의지하지 않고 바깥쪽에도 의지하지 않고 양쪽의 중간에도 의지하지 않습니다.

사리불이여, 네 가지 관찰법의 성품이 항상 공한 까닭에, 내지 일체종지의 성품도 항상 공한 까닭에 안쪽에도 의지하지 않고 바깥쪽에도 의지하지 않고 양쪽의 중간에도 의지하지 않습니다. 이러한 인연을 가진 까닭에 사리불이여, 일체의 모든 것은 의지한 곳이 없으니, 성품이 항상 공한 까닭입니다. 이와 같이 사리불이여, 보살마하살은 육바라밀을 행할 때에 물질적 존재·감각·표상·의지·인식을 맑게 해야 하고, 내지 일체종지를 맑게해야 합니다.”

사리불이 수보리에게 물었다.

“무엇이 보살마하살이 육바라밀을 행할 때에 보살도(菩薩道)를 맑게하는 것입니까?”

수보리가 말했다.

“세간(世間)의 보시바라밀이 있고, 세간 밖〔出世間〕의 보시바라밀이 있습니다. 지계바라밀·인욕바라밀·정진바라밀·선정바라밀·반야바라밀에도 세간의 것이 있고 세간 밖의 것이 있습니다.”

사리불이 수보리에게 물었다.

“무엇이 세간의 보시바라밀이고, 무엇이 세간 밖의 보시바라밀입니까?”

수보리가 말했다.

“어떤 보살마하살은 시주(施主)가 되어서 능히 사문이나 바라문·빈궁한 걸인에게 보시하니, 밥을 구하면 밥을 주고 물을 구하면 물을 주며, 옷을 구하면 옷을 주고 침구·의자·주택·향·꽃·장신구·약품 등을 구하면 필요한 것을 주며, 혹은 처자(妻子)·국토·머리·손발·신체의 부분 등 안팎의 물건을 남김없이 베풀어 줍니다. 그리고 베풀 때에 이러한 생각을 합니다. ‘나는 베풀고 저들은 받거니와 나는 결코 아끼고 탐내지 않으며, 나는 시주가 되고 일체를 버리며, 나는 부처님의 가르침을 따라서 보시하고 보시바라밀을 행한다.’

이렇게 보시를 하고 나서는 얻어진 법으로, 일체중생과 그것을 함께 하여 아뇩다라삼먁삼보리에 회향하고 이렇게 생각합니다. ‘이 보시의 인연으로 중생들이 금세에는 즐거움을 얻고, 뒷날에 열반의 즐거움에 들게 하리라.’

이 사람의 보시에는 세 가지 걸림이 있습니다. 무엇이 세 가지인가 하면, 나라는 관념〔我相〕과 타인이라는 관념〔他相〕과 베푼다는 관념〔施相〕입니다. 이 세 가지 관념에 집착하는 보시이기 때문에 이것을 세간의 보시바라밀이라고 말합니다. 무슨 까닭에 세간이라고 말하는가? 세간 가운데서 움직이지 않고 벗어나지 않기 때문이니, 이것을 세간의 보시바라밀이라고 말합니다.

무엇을 세간 밖의 보시바라밀이라고 하는가? 소위 세 가지 보시에 필요한 요소의 청정함(三分淸淨)입니다. 무엇을 세 가지라 하는가 하면, 보살마하살은 보시를 할 때에 자기를 붙잡지 않고 받는 이를 붙잡지 않고 베푸는 물건을 붙잡지 않으며, 또한 과보를 바라지도 않으니, 이것을 세 가지 보시에 필요한 요소가 청정한 보시바라밀이라고 말합니다.

또한 사리불이여, 보살마하살은 보시를 할 때에 일체중생에게 베풀어주지만 중생을 붙잡지도 않고, 이 보시로써 아뇩다라삼먁삼보리에 회향하지만 미세한 법의 모양까지도 보지 않습니다. 사리불이여, 이것을 세간 밖의 보시바라밀이라고 말합니다. 무슨 까닭에 이름하여 세간 밖이라 하는가? 세간가운데서 능히 움직이고 능히 벗어나니, 이 까닭에 세간 밖의 보시바라밀이라고 말합니다.

지계바라밀이 의지한 곳이 있으면 이것을 세간의 지계바라밀이라 하고, 의지한 곳이 없으면 이것을 세간 밖의 지계바라밀이라 합니다. 나머지도 보시바라밀에서 말한 것과 같습니다. 인욕바라밀·정진바라밀·선정바라밀·반야바라밀이 의지한 곳이 있으면 이것을 세간이라 말하고, 의지한 곳이 없으면 이것을 세간 밖이라 말합니다. 나머지는 또한 보시바라밀에서 말함과 같습니다. 이와 같이 사리불이여, 보살마하살은 육바라밀을 행할 때에 보살도를 닦습니다."

사리불이 수보리에게 물었다.

"무엇을 보살마하살의 아뇩다라삼먁삼보리의 길〔道〕이라고 합니까?"

수보리가 말했다.

"네 가지 관찰법을 보살마하살의 아뇩다라삼먁삼보리의 길이라 하고, 내지 여덟 가지 바른 깨달음에 이르는 길〔八聖道分〕·모든 것은 공이라는 해탈문〔空解脫門〕·어떤 특징도 없다는 해탈문〔無相解脫門〕·원할 것이 없다는 해탈문〔無作解脫門〕·여섯 가지 감각기관이 공, 내지 사물이 존재하지 않는다는 견해와 존재한다는 견해가 같이 공·일체의 삼매문·일체의 다라니문·부처님의 열 가지 지혜의 힘〔十力〕·네 가지 두려움 없는 자신〔四無所畏〕·네 가지 걸림없는 지혜〔四無碍智〕·열여덟 가지 부처님만이 갖는 특성·큰 인자함과 크게 가엾이 여김〔大慈大悲〕이니 사리불이여, 이것을 보살마하살의 아뇩다라삼먁삼보리의 길이라 합니다.”

그때 사리불이 수보리를 찬탄하여 말했다.

“훌륭합니다, 정말 훌륭합니다. 무슨 바라밀의 힘입니까?”

수보리가 말했다.

“이것은 반야바라밀의 힘입니다. 왜냐하면 반야바라밀은 능히 일체의 모든 훌륭한 법인 성문의 법·벽지불의 법·보살의 법·부처님의 법을 내기 때문입니다. 사리불이여, 반야바라밀은 능히 일체의 모든 훌륭한 법인 성문의 법·벽지불의 법·보살의 법·부처님의 법을 받아들입니다.

사리불이여, 과거의 모든 부처님은 반야바라밀을 행하여 아뇩다라삼먁삼보리를 얻었고, 미래의 모든 부처님도 또한 반야바라밀을 행하여 마땅히 아뇩다라삼먁삼보리를 얻으며, 지금 현재의 시방의 모든 부처님 국토에 계시는 모든 부처님도 또한 이 반야바라밀을 행하여 아뇩다라삼먁삼보리를 얻습니다.

사리불이여, 만약 보살마하살이 반야바라밀을 설함을 듣고서 의심하지 않고 비난하지 않으면, 이 보살마하살은 보살도를 행한다고 마땅히 알아야 합니다. 보살도를 행하는 이는 일체중생들을 구제하는 까닭에 마음으로 일체중생들을 버리지 않습니다. 붙잡을 수가 없는 까닭에 이 보살은 항상 이러한 생각을 하니, 소위 크게 가엾이 여기는〔大悲〕 생각을 여의지 않겠다는 것입니다.”

사리불이 다시 물었다.

“보살마하살로 하여금 항상 이러한 생각, 소위 크게 가엾이 여기는 생각을 여의지 않게 하려고 하여, 만약 보살마하살이 항상 크게 가엾이 여기는 생각을 여의지 않는다면, 일체중생들을 전부 마땅히 보살로 만듭니까? 왜냐하면 수보리여, 일체중생들 또한 모든 생각을 여의기 때문입니다.”

수보리가 말했다.

“좋은 말씀입니다. 정말 좋은 말씀입니다. 사리불이여, 그대는 나를 어렵게하여 나의 뜻을 이루게 합니다. 왜냐하면 중생이 없는 까닭에 생각도 또한 없고 중생의 성품이 없는 까닭에 생각의 성품도 또한 없으며, 중생의 법이 없는 까닭에 생각의 법도 또한 없고, 중생이 여읨인 까닭에 생각도 또한 여읨이고 중생이 공인 까닭에 생각도 또한 공이며, 중생은 알 수가 없는 까닭에 생각도 또한 알 수가 없습니다.

사리불이여, 물질적 존재가 없는 까닭에 생각도 또한 없고 물질적 존재의 성품이 없는 까닭에 생각의 성품도 또한 없으며, 물질적 존재의 법이 없는 까닭에 생각의 법도 또한 없고, 물질적 존재가 여읨인 까닭에 생각도 또한 여읨이고 물질적 존재가 공인 까닭에 생각도 또한 여읨이며, 물질적 존재는 알 수가 없는 까닭에 생각도 또한 알 수가 없습니다. 감각·표상·의지·인식도 이와 같습니다.

눈 내지 마음·형상 내지 마음의 대상·땅의 성질 내지 인식의 성질·보시바라밀 내지 반야바라밀·여섯 가지 감각기관의 공 내지 사물이 존재하지 않는다는 견해와 존재한다는 견해가 같이 공·네 가지 관찰법 내지 열여덟 가지 부처님만이 갖는 특성·일체의 삼매문과 일체의 다라니문·일체지와 일체종지 내지 아뇩다라삼먁삼보리는 알 수가 없는 까닭에 생각도 또한 알 수가 없습니다.

사리불이여, 보살마하살은 이러한 도를 행하니 나는 이러한 생각, 소위 크게 가엾이 여기는 생각을 여의지 않게 하려고 합니다.”

그때 부처님께서 수보리를 칭찬하여 말씀하셨다.

“옳은 말이다, 정말 옳은 말이다. 이것이 보살마하살의 반야바라밀이다. 이것을 말하려는 이는 또한 이와 같이 말해야 하니, 네가 말한 반야바라밀은 전부가 이것이 부처님의 뜻을 이은 것이기 때문이다. 보살마하살로서 반야바라밀을 배우는 이는 마땅히 네가 말한대로 배워야 한다.”

수보리가 이 반야바라밀품을 설할 때에 삼천대천국토(三千大千國土)는 여섯 가지로 진동(震動)하였으니, 동쪽에서 솟아 서쪽으로 잠기고 서쪽에서 솟아 동쪽으로 잠기며, 남쪽에서 솟아 북쪽으로 잠기고 북쪽에서 솟아 남쪽으로 잠기며, 가운데서 솟아 변두리로 잠기고 변두리에서 솟아 가운데로 잠겼다.

그때 부처님께서 미소를 지으셨으니, 수보리가 부처님께 사루어 말씀드렸다.

“부처님께서는 무슨 인연의 까닭으로 미소를 지으십니까?”

부처님께서 수보리에게 이르셨다.

“내가 이 국토에서 반야바라밀을 설함과 같이 동방의 한량없고 헤아릴 수조차 없는 국토에 계시는 모든 부처님도 또한 모든 보살마하살을 위해서 반야바라밀을 설하시고, 남·서·북방과 네 간방(間方)과 상·하의 국토에서도 이 반야바라밀을 설하신다. 이 반야바라밀품을 설할 때에 열두 나유타(那由他)의 모든 하늘과 인간이 진실한 이치를 깨달아 평온한 마음〔無生法忍〕을 얻고, 시방의 모든 부처님이 이 반야바라밀을 설할 때에 한량없고 헤아릴 수조차 없는 중생들이 또한 아뇩다라삼먁삼보리의 마음을 낸다.”

제27 문주품(問住品 第二十七)

그때 삼천대천세계(三千大千世界)의 모든 사천왕천(四天王天)들이 각각 무수한 백천억의 모든 하늘〔諸天〕과 함께 와서 회중에 있었다. 삼천대천세계 모든 석제환인(釋提桓因) 등의 모든 도리천(忉利天)·야마천왕(夜摩天王) 등의 모든 야마천·도솔천왕(兜率天王) 등의 모든 도솔천·화락천왕(化樂天王) 등의 모든 화락천·타화자재천왕(他化自在天王) 등의 모든 타화자재천들이 각각 무수한 백천억의 모든 하늘과 함께 와서 회중에 있었다. 삼천대천세계의 모든 범천왕(梵天王)들 내지 정거(淨居)의 모든 하늘들이 각각 무수한 백천억의 모든 하늘과 함께 와서 회중에 있었다.

이 모든 사천왕천 내지 정거의 모든 하늘들의 업보(業報)로 받은 몸에서 내는 광명은 부처님의 몸에서 나는 광명〔常光〕에는 백분의 일·천분의 일·천만억분의 일에도 미치지 못하고, 내지 숫자로서 비유해서는 비교할 수 없었으며, 세존의 광명은 가장 수승하고 가장 묘하며 위없는 으뜸이어서, 모든 하늘의 업보의 광명은 부처님 광명의 변두리에서 비치지도 않고 나타나지도 않았다. 마치 등잔의 심지를 염부단금(閻浮檀金)에 비교함과 같았다.

그때 석제환인이 대덕(大德) 수보리에게 물었다.

"이 삼천대천세계의 모든 사천왕천 내지 정거천들이 모두 한 마음으로 수보리께서 반야바라밀의 뜻 설함을 듣고자 합니다. 수보리여, 보살마하살은 어떻게 반야바라밀 가운데 머물러야 하고, 무엇이 보살마하살의 반야바라밀이며, 어떻게 보살마하살은 반야바라밀을 행해야 하겠습니까?”

수보리가 석제환인에게 말했다.

“교시가(憍尸迦)여, 제가 이제 부처님의 뜻을 받들어 이으며, 부처님의 위신력을 입어서 모든 보살마하살을 위하여 반야바라밀을 설하겠습니다. 보살마하살은 반야바라밀 가운데 머물기를 이와 같이 해야 합니다.

여러 천자(諸天子)들이여, 지금 아뇩다라삼먁삼보리의 마음을 내지 않은 이는 마땅히 마음을 내어야 합니다. 여러 천자들이여, 만약 성문(聲聞)으로 정해진 지위에 들었다면 이 사람은 아뇩다라삼먁삼보리의 마음을 낼 수가 없습니다. 왜냐하면 나고 죽음에 장애의 벽을 만들었기 때문입니다. 이 사람이 만약 아뇩다라삼먁삼보리의 마음을 낸다면 저도 또한 함께 기뻐하겠습니다. 왜냐하면 훌륭한 사람(上人)은 훌륭한 법(上法)을 구하고, 저는 언제나 그 공덕을 끊지 않기 때문입니다.

교시가여, 무엇이 반야바라밀이냐고 물었습니다만, 보살마하살은 일체지(薩婆若)에 합치하는 마음으로 물질적 존재의 덧없음을 생각하고 물질적 존재가 고통임을 생각하며, 물질적 존재가 공임을 생각하고 물질적 존재에 나라는 것이 없음(無我)을 생각하며, 물질적 존재가 병과 같고 위험한 종기나 상처와 같으며, 몸에 화살을 맞아 아파서 번민하고 쇠약해지며 근심하고 두려워하여 불안한 것처럼 생각하니, 붙잡을 수가 없음인 까닭입니다. 감각·표상·의지·인식도 이와 같습니다.

눈·귀·코·혀·신체·마음, 땅의 성질(地種)·물·불·바람·공중·인식의 성질이 덧없고 내지 근심하고 두려워하여 불안하다고 관찰하니, 이것도 붙잡을 수가 없음인 까닭입니다. 물질적 존재가 영원한 평안(寂滅)임을 관찰하여 나지 않고 없어지지 않으며, 더럽지도 않고 깨끗하지도 않음을 여읩니다. 감각·표상·의지·인식도 이와 같습니다. 땅의 성질 내지 인식의 성질이 영원한 평안임을 관찰하여 나지 않고 없어지지 않으며, 더럽지도 않고 깨끗하지도 않음을 여의니, 붙잡을 수가 없음인 까닭입니다.

또한 교시가여, 보살마하살은 일체지에 합치하는 마음으로 근원적 무지〔無明〕의 인연에 의해서 모든 행위〔行〕가 있고, 내지 늙고 죽음의 인연에 의해서 큰 고통의 모임이 있다고 관찰하니, 붙잡을 수가 없음인 까닭입니다. 근원적 무지가 없어지는 까닭에 모든 행위가 없어지고, 내지 남이 없어지는 까닭에 늙고 죽음이 없어지며, 늙고 죽음이 없어지는 까닭에 근심하고 슬퍼하며 고뇌하는 큰 고통의 모임이 없어진다고 관찰하니, 붙잡을 수가 없음인 까닭입니다.

또한 교시가여, 보살마하살은 일체지에 합치하는 마음으로 네 가지 관찰법〔四念處〕을 닦으니, 붙잡을 수가 없음인 까닭입니다. 내지 부처님의 열 가지 지혜의 힘〔十力〕·열여덟 가지 부처님만이 갖는 특성〔十八不共法〕을 닦으니, 붙잡을 수가 없음인 까닭입니다.

또한 교시가여, 보살마하살은 일체지에 합치하는 마음으로 보시바라밀을 행하니, 붙잡을 수가 없음인 까닭입니다. 지계바라밀·인욕바라밀·정진바라밀·선정바라밀을 행하니, 붙잡을 수가 없음인 까닭입니다.

또한 교시가여, 보살마하살은 반야바라밀을 행할 때에 이렇게 관찰합니다. '다만 이 모든 것〔諸法〕은 모든 것과 서로서로 인연이 되어 더해주고 증장시키며 분별하고 따지지만, 이 가운데는 나라는 것〔我〕도 없고 나의 소유물〔我所〕도 없다.'

보살의 회향(廻向)하는 마음은 아뇩다라삼먁삼보리의 마음 가운데에 있지않고 아뇩다라삼먁삼보리의 마음은 회향하는 마음 가운데에 있지 않으며, 회향하는 마음은 아뇩다라삼먁삼보리의 마음 가운데서 붙잡을 수가 없고 아뇩다라삼먁삼보리의 마음은 회향하는 마음 가운데서 붙잡을 수가 없습니다. 보살이 일체 모든 것〔一切法〕을 관찰한다고 하지만, 또한 모든 것을 붙잡을 수가 없으니, 이것을 보살마하살의 반야바라밀이라고 말합니다."

석제환인이 대덕 수보리에게 물었다.

"무슨 까닭에 보살의 회향하는 마음은 아뇩다라삼먁삼보리의 마음 가운데에 있지 않고, 무슨 까닭에 아뇩다라삼먁삼보리의 마음은 회향하는 마음 가운데에 있지 않으며, 무슨 까닭에 회향하는 마음은 아뇩다라삼먁삼보리의 마음 가운데

298

서 붙잡을 수가 없고, 무슨 까닭에 아뇩다라삼먁삼보리의 마음은 회향하는 마음 가운데서 붙잡을 수가 없습니까?"

수보리가 석제환인에게 말했다.

"교시가여, 회향하는 마음과 아뇩다라삼먁삼보리의 마음은 마음이 아니고 이 것은 마음의 모양도 아니니, 마음이 아닌 모양 가운데에 회향할 수가 없고, 이 마음이 아닌 모양은 항상 마음이 아닌 모양이고, 불가사의한 모양은 항상 불가 사의한 모양이니, 이것을 보살마하살의 반야바라밀이라고 말합니다."

그때 부처님께서 수보리를 칭찬하여 말씀하셨다.

"훌륭하다. 정말 훌륭하다. 수보리야, 너는 모든 보살마하살을 위해서 반야바 라밀을 설하고, 모든 보살마하살의 마음을 편안하게 하였다."

수보리가 부처님께 사루어 말씀드렸다.

"세존이시여, 저는 마땅히 은혜를 갚아야 하니, 은혜 갚음을 붙잡을 수가 없 기 때문입니다. 과거의 모든 부처님 및 여러 제자들은 모든 보살들을 위해 육바 라밀을 설하여 보이고〔示〕 가르치며〔教〕 이익케 하고〔利〕 기쁘게 하며〔喜〕, 세존께서도 저때에 배움이 있어서 아뇩다라삼먁삼보리를 얻으셨고, 저희도 지금 모든 보살들을 위 육바라밀을 설해 보이고 가르치며 이익케 하고 기쁘게 하여 아뇩다라삼먁삼보리를 얻습니다."

그때 수보리가 석제환인에게 말했다.

"교시가여, 그대는 마땅히 들어야 하니, 보살마하살이 반야바라밀 가운데에 머물러야 할 곳과 머물지 않아야 할 곳이 이러합니다. 교시가여, 물질적 존재는 물질적 존재가 공이고 감각·표상·의지·인식은 감각·표상·의지·인식이 공이 며 보살은 보살이 공이니, 이 물질적 존재가 공함과 보살이 공함은 둘이 아니고 다름이 아니며, 감각·표상·의지·인식이 공함과 보살이 공함은 둘이 아니고 다 름이 아닙니다. 교시가여, 보살마하살은 반야바라밀 가운데에 이와 같이 머물러 야 합니다.

또한 눈은 눈이 공이고 내지 마음은 마음이 공이며 보살은 보살이 공이니, 눈 이 공함 내지 보살이 공함은 둘이 아니고 다름이 아니며, 감각기관의 여섯 가지 대상〔六塵〕도 또한 이와 같습니다. 땅의 성질은 땅의 성질이 공이고 내지 인식의 성질〔識種〕은 인식의 성질이 공이며 보살은 보살의 성질이 공이니 교시가여, 땅의 성질이 공함 내지 인식의 성질이 공함과 보살이 공함은 둘이 아니고 다름이 아닙니다. 교시가여, 보살마하살은 반야바라밀 가운데에 이와 같이 머물러야 합니다.

근원적 무지는 근원적 무지가 공이고 내지 늙고 죽음은 늙고 죽음이 공이며, 근원적 무지의 없어짐은 근원적 무지의 없어짐이 공이고 늙고 죽음의 없어짐은 늙고 죽음의 없어짐이 공이며 보살은 보살이 공이니 교시가여, 근원적 무지가 공함 내지 늙고 죽음의 공함·근원적 무지의 없어짐이 공함 내지 늙고 죽음의 없어짐이 공함과 보살이 공함은 둘이 아니고 다름이 아닙니다. 교시가여, 보살마하살은 반야바라밀 가운데에 이와 같이 머물러야 합니다.

보시바라밀 내지 반야바라밀·여섯 가지 감각기관이 공함〔內空〕 내지 사물이 존재하지 않는다는 견해와 존재한다는 견해가 같이 공함〔無法有法空〕·네 가지 관찰법 내지 열여덟 가지 부처님만이 갖는 특성·일체의 삼매문과 일체의 다라니문·성문승과 벽지불승과 불승(佛乘)·성문과 벽지불과 보살과 부처님도 또한 이와 같습니다. 일체종지(一切種智)는 일체종지가 공이고 보살은 보살이 공이니, 일체종지가 공함과 보살이 공함은 둘이 아니고 다름이 아닙니다. 교시가여, 보살마하살은 반야바라밀 가운데에 이와 같이 머물러야 합니다.”

그때 석제환인이 수보리에게 물었다.

“무엇이 반야바라밀 가운데에서 머물지 않아야 할 곳입니까?”

수보리가 말했다.

“교시가여, 보살마하살은 물질적 존재 가운데에 머물지 않아야 하니, 붙잡을 것이 있음인 까닭입니다. 감각·표상·의지·인식 가운데에 머물지 않아야 하니, 붙잡을 것이 있음인 까닭입니다.

눈 가운데에 머물지 않아야 하고 내지 마음 가운데에 머물지 않아야 하며, 형상 가운데에 머물지 않아야 하고 내지 마음의 대상 가운데에 머물지 않아야 하며, 눈으로 인식하는 것〔眼識〕 내지 마음으로 인식하는 것〔意識〕·눈앞의 상황

〔眼觸〕내지 마음속에 있는 것〔意觸〕·눈앞에 전개되는 모든 것에 대한 느낌 내지 마음속에 있는 모든 것에 대한 느낌 가운데에 머물지 않아야 하니, 붙잡을 것이 있음인 까닭입니다.

땅의 성질 내지 인식의 성질 가운데에 머물지 않아야 하니, 붙잡을 것이 있음인 까닭입니다. 보시바라밀 내지 반야바라밀·네 가지 관찰법 내지 열여덟 가지 부처님만이 갖는 특성 가운데에 머물지 않아야 하니, 붙잡을 것이 있음인 까닭입니다. 수다원과(須陀洹果) 가운데에 머물지 않아야 하니, 붙잡을 것이 있음인 까닭입니다. 내지 아라한과·벽지불도·보살도·불도(佛道)·일체종지 가운데에 머물지 않아야 하니, 붙잡을 것이 있음인 까닭입니다.

또한 교시가여, 보살마하살은 물질적 존재라는 것이 항상함에 머물지 않아야 하고 물질적 존재라는 것이 덧없음에 머물지 않아야 하니, 감각·표상·의지·인식도 또한 이와 같습니다. 물질적 존재가 즐겁다거나 괴롭다 하며, 혹은 깨끗하다거나 더럽다 하며, 혹은 나라는 것이 있다거나 나라는 것이 없다 하며, 혹은 공이라거나 공이 아니라 하며, 혹은 영원한 평안이라거나 영원한 평안이 아니라 하며, 혹은 여읨이라거나 여읨이 아니라고 머물지 않아야 하니, 붙잡을 것이 있음인 까닭입니다. 감각·표상·의지·인식도 또한 이와 같습니다.

또한 교시가여, 보살마하살은 수다원과가 함이 없는 모양〔無爲相〕이고 사다함과가 함이 없는 모양이며, 아나함과가 함이 없는 모양이고 아라한과가 함이 없는 모양이라고 머물지 않아야 하고, 벽지불도가 함이 없는 모양이고 불도가 함이 없는 모양이라고 머물지 않아야 합니다. 수다원이 복의 밭〔福田〕이라고 머물지 않아야 하고, 사다함·아나함·아라한·벽지불·부처님이 복의 밭이라고 머물지 않아야 합니다.

또한 교시가여, 보살마하살은 첫째 경지〔初地〕가운데에 머물지 않아야 하니, 붙잡을 것이 있음인 까닭입니다. 내지 열번째 경지〔十地〕가운데에 머물지 않아야 하니, 붙잡을 것이 있음인 까닭입니다.

또한 교시가여, 보살마하살은 처음 마음을 내는 가운데에 머물러서, 나는 마땅히 보시바라밀을 원만히 갖추겠다 함에도 머물지 않아야 하고, 내지 나는 마땅히 반야바라밀을 원만히 갖추겠다 함에도 머물지 않아야 합니다. 육바라밀을 원만히 갖추어서 보살의 지위에 든다 함에도 머물지 않아야 하고, 보살의 지위에 든 다음에 마땅히 보살의 물러나지 않는 경지〔不退轉地〕에 머문다 함에도 머물지 않아야 합니다. 보살은 마땅히 다섯 가지 신통〔五神通〕을 원만히 갖춤에도 머물지 않아야 하니, 붙잡을 것이 있음인 까닭입니다. 보살은 다섯 가지 신통에 머문 다음에, 나는 마땅히 한량없고 헤아릴 수조차 없는 부처님 국토에 노닐면서 모든 부처님을 예경·공양하고 법을 들으며, 법을 들은 다음에 타인을 위해서 설해야 한다와 같은 것에도 보살마하살은 머물지 않아야 하니, 붙잡을 것이 있음인 까닭입니다.

중생을 제도하여 해탈시키고 불도에 들게 함에도 머물지 않아야 하고, 한량없고 헤아릴 수조차 없는 부처님 나라의 모든 부처님의 처소에 나아가 존중·예경 공양하고, 향·꽃·장신구·향수·칠하는 향·깃발·꽃으로 된 일산·백천억 가지의 보배옷으로써 모든 부처님을 공양함에도 머물지 않아야 하니, 붙잡을 것이 있음인 까닭입니다.

나는 마땅히 한량없고 헤아릴 수조차 없는 중생으로 하여금 아뇩다라삼먁삼보리의 마음을 내게 해야 한다와 같은 것에도 보살은 머물지 않아야 하고, 나는 마땅히 다섯 가지 눈〔五眼〕인 육안(肉眼)·천안(天眼)·혜안(慧眼)·법안(法眼)·불안(佛眼)을 나게 해야 한다 함에도 머물지 않아야 하며, 나는 마땅히 일체의 삼매문을 나게 해야 한다 함에도 머물지 않아야 하고, 바라는 바를 따라 모든 삼매에 노니는 것에도 머물지 않아야 하며, 나는 일체의 다라니문을 나게 해야 한다 함에도 머물지 않아야 하고, 나는 마땅히 부처님의 열 가지 지혜의 힘을 얻어야 한다 함에도 머물지 않아야 하며, 나는 마땅히 네 가지 두려움 없는 자신〔四無所畏〕·네 가지 걸림없는 지혜〔四無碍智〕·열여덟 가지 부처님만이 갖는 특성을 얻어야 한다함에도 머물지 않아야 하고, 나는 마땅히 큰 인자함과 크게 가엾이 여김〔大慈大悲〕을 원만히 갖추어야 한다 함에도 머물지 않아야 하며, 나는 마땅히 서른두 가지 거룩한 모습〔三十二相〕을 원만히 갖추어야 한다 함에도 머물지 않아야 하고, 나는 마땅히 여든 가지 잘 생긴 모습〔八十隨形好〕을 원만히 갖추어야 한다 함에도 머물지 않아야 하니, 붙잡을 것이 있음인 까닭입니다.

이것이 여덟 가지 인(忍)을 얻은 사람의 경지〔八人〕이고 이것이 믿음을 따라 행하는 사람〔信行人〕이며, 이것이 법을 따라 행하는 사람〔法行人〕이라는 것에도 머물지 않아야 하고, 수다원의 일곱번째 생애를 다함에도 머물지 않아야 하며, 세번째 생애를 마치고 열반에 듦〔家家〕에도 머물지 않아야 하고, 수다원이 수명이 다하면 번뇌가 다함에도 머물지 않아야 하며, 수다원이 중간에 열반에 든다 함에도 머물지 않아야 하고, 이 사람이 사다함과의 증득을 향함에도 머물지 않아야 하며, 이 사람은 사다함이라 한 번 이 세간에 와서〔一來〕 열반에 든다 함에도 머물지 않아야 하고, 이 사람이 아나함과의 증득을 향함에도 머물지 않아야 하며, 사다함이 여덟째 번뇌를 끊음〔一種〕에도 머물지 않아야 하고, 이 사람은 아나함이라 저곳에 이르러 바야흐로 열반에 든다 함에도 머물지 않아야 하며, 이 사람이 아라한과의 증득을 향함에도 머물지 않아야 하고, 이 사람은 아라한이라 금세에 번뇌의 여진까지 없는 열반〔無餘涅槃〕에 든다 함에도 머물지 않아야 하며, 벽지불에도 머물지 않아야 하고, 성문과 벽지불의 지위를 지나나는 마땅히 보살의 지위에 머물러야 한다 함에도 머물지 않아야 하며, 도종지(道種智) 가운데에 머물지 않아야 하니, 붙잡을 것이 있음인 까닭입니다.

어떠한 종류 어떤 것도 다 알고 난 후에 모든 번뇌와 습기를 끊음에도 머물지 않아야 하고, 부처님이 아뇩다라삼먁삼보리를 얻어 마땅히 진리의 수레바퀴를 굴림에도 머물지 않아야 하며, 나는 불사(佛事)를 지어 한량없고 헤아릴 수조차 없는 중생들을 제도하여 열반에 들게 해야 한다 함에도 머물지 않아야 하고, 네 가지 자재를 얻는 것〔四如意足〕 가운데에 머물지 않아야 하며, 이 삼매에 들어 머물기를 항하의 모래알같이 많은 겁(劫)을 살음에도 머물지 않아야 하고, 나는 마땅히 수명이 그지없는 세월〔無央數〕의 겁을 얻음에도 머물지 않아야 하며, 서른두 가지 거룩한 모습의 하나하나의 모양에 백 가지 복(福)으로써 장엄함에도 머물지 않아야 하고, 나의 한 세계가 항하의 모래알같이 많은 시방세계와 같음에도 머물지 않아야 하며, 나의 삼천대천세계가 오로지 금강처럼 됨에도 머물지 않아야 하고, 내가 깨달은 나무〔菩提樹〕는 이와 같은 향기를 내어야 하니, 즉 중생으로서 들은 이는 음욕과 성냄과 어리석음이 없고 성문과 벽지불의 마음도 없어서 이 일체의 사람들은 반드시 아뇩다라삼먁삼보리를 얻고, 만약 중생으로서 이 향기를 맡은 이는 육신의 병과 마음의 병이 전부 없도록 해야 함에도 머물지 않아야 하며, 나의 세계 가운데는 물질적 존재·감각·표상·의지·인식의 이름조차 없게 해야 한다 함에도 머물지 않아야 하고, 나의 세계 가운데는 보시바라밀의 이름조차 없게 해야 하며 내지 반야바라밀의 이름조차 없게 해야 하고, 나의 세계 가운데는 네 가지 관찰법의 이름조차 없게 해야 하며 내지 열여덟 가지 부처님만이 갖는 특성의 이름조차 없게 해야 하고, 또한 수다원의 이름이 없으며 내지 부처님의 이름조차 없게 해야 한다 함에도 머물지 않아야 하니, 붙잡을 것이 있음인 까닭입니다. 왜냐하면 모든 부처님은 아뇩다라삼먁삼보리를 얻을 때에 일체의 모든 것을 붙잡을 수가 없음인 까닭입니다. 이와 같이 교시가여, 보살은 반야바라밀 가운데에 머물지 않아야 하니, 붙잡을 것이 있음인 까닭입니다.”

그때 사리불이 마음속으로 생각하였다.

“보살은 이제 어떻게 반야바라밀 가운데 머물러야 하는가?”

수보리가 사리불이 생각하는 바를 알고, 사리불에게 말했다.

“당신은 어떻게 생각합니까, 모든 부처님이 어떠한 곳에 머무십니까?”

사리불이 수보리에게 말했다.

“모든 부처님의 법에는 머무는 곳이 있을 수 없으니, 모든 부처님은 물질적 존재 가운데 머물지 않고 감각·표상·의지·인식 가운데 머물지 않으며, 함이 있는 일체현상〔有爲性〕 가운데 머물지 않고 함이 없는 진리〔無爲性〕 가운데 머물지 않으며, 네 가지 관찰법 가운데 머물지 않고 내지 열여덟 가지 부처님만이 갖는 특성 가운데 머물지 않으며 일체종지 가운데 머물지 않습니다.”

“사리불이여, 보살마하살은 반야바라밀 가운데 이와 같이 머물러야 합니다. 모든 부처님이 모든 법 가운데 머무는 것처럼 머뭄이 아니고 머뭄 아님도 아닙니다. 사리불이여, 보살마하살은 반야바라밀 가운데서 이와 같이 배워야 합니다. 우리는 마땅히 머물지 않는 법에 머물러야 하기 때문입니다.”

그때 회중에 있던 모든 천자(天子)가 이렇게 생각하였다.

‘모든 야차(夜叉)들이 말하는 언어나 글자는 모두를 잘 알 수 있는데, 수보리가 말하는 반야바라밀의 언어나 논의(論議)·해석(解釋)은 잘 알 수가 없구나!’

수보리가 모든 천자들의 생각하는 바를 알고, 모든 천자들에게 말했다.

“이해가 되지 않고 알지도 못하겠습니까?”

모든 천자들이 말했다.

“대덕이시여, 이해가 되지 않고 알지도 못하겠습니다.”

수보리가 모든 천자들에게 말했다.

“그대들은 법을 알지 못하고 있습니다. 나는 의론을 말한 바도 없고 내지 나는 한 글자도 말하지 않았으며, 또한 들은 이도 없습니다. 왜냐하면 모든 글자는 반야바라밀이 아니고 반야바라밀 가운데 듣는 이도 없으며, 모든 부처님의 아뇩다라삼먁삼보리에는 글자도 없고 설함도 없기 때문입니다.

여러 천자들이여, 마치 부처님께서 변화한 사람〔化人〕을 만드시고, 이 변화한 사람이 다시 사부중(四部衆)인 비구(比丘)·비구니(比丘尼)·남자신도〔優婆塞〕·여자신도〔優婆夷〕를 만들어서, 변화한 사람이 사부중에게 법을 설함과 같습니다. 그대들은 어떻게 생각합니까. 이 가운데에 설하는 이가 있고 듣는 이가 있으며, 아는 이가 있습니까 없습니까?”

모든 천자들이 말했다.

“없습니다, 대덕이시여.”

수보리가 말했다.

“모든 것은 전부가 요술과 같아서, 이 가운데는 설하는 이도 없고 듣는 이도 없으며, 아는 이도 없습니다. 여러 천자들이여, 마치 사람이 꿈속에서 법을 설하시는 것을 듣는 것과 같습니다. 그대들은 어떻게 생각합니까. 이 가운데에 설하는 이가 있고 듣는 이가 있으며, 아는 이가 있습니까 없습니까?”

모든 천자들이 말했다.

"없습니다, 대덕이시여."

수보리가 모든 천자들에게 말했다.

"일체의 모든 것은 전부가 꿈과 같아서 설함도 없고 들음도 없으며 앎도 없습니다. 여러 천자들이여, 마치 매우 깊은 산골물이 흐르는 곳에 있는 두 사람이 서로 한쪽 면에서 불(佛)·법(法)·중(衆)을 찬탄함에 두 메아리가 울림과 같습니다. 여러 천자들은 어떻게 생각합니까. 이 두 메아리가 울려퍼져 서로 알 수 있습니까 없습니까?"

모든 천자들이 말했다.

"없습니다, 대덕이시여."

수보리가 모든 천자들에게 말했다.

"일체 모든 것도 이와 같이 설함도 없고 들음도 없으며, 아는 이도 없습니다. 여러 천자들이여, 마치 능숙한 요술쟁이〔幻師〕가 사거리 가운데서 부처님 및 사부중을 만들어내고, 그 가운데서 법을 설하게 함과 같습니다. 여러 천자들은 어떻게 생각합니까. 이 가운데에 설하는 이가 있고 듣는 이가 있으며, 아는 이가 있습니까 없습니까?"

모든 천자들이 말했다.

"없습니다, 대덕이시여."

수보리가 모든 천자들에게 말했다.

"일체의 모든 것은 요술과 같아서 설함도 없고 들음도 없으며, 아는 이도 없습니다."

그때 모든 천자들이 마음속으로 생각했다.

'수보리께서는 알기쉽게 말하고자 하지만, 깊고 묘하여 알 수 없구나!'

수보리가 모든 천자들이 마음속으로 생각한 바를 알고, 모든 천자들에게 말했다.

"물질적 존재는 깊지도 않고 묘하지도 않으며, 감각·표상·의지·인식은 깊지도 않고 묘하지도 않습니다. 물질적 존재의 성품은 깊지도 않고 묘하지도 않으며, 감각·표상·의지·인식의 성품은 깊지도 않고 묘하지도 않습니다.

눈의 성품 내지 마음의 성품·형태의 성품 내지 마음의 대상의 성품·눈의 영역〔眼界〕의 성품 내지 마음의 영역〔意界〕의 성품·눈으로 인식하는 것〔眼識〕 내지 마음으로 인식하는 것〔意識〕·눈앞의 상황〔眼觸〕 내지 마음속에 있는 것〔意觸〕·눈앞에 전개되는 모든 것에 대한 느낌 내지 마음속에 있는 모든 것에 대한 느낌·보시바라밀 내지 반야바라밀·여섯 가지 감각기관이 공함 내지 사물이 존재하지 않는다는 견해와 존재한다는 견해가 같이 공함·네 가지 관찰법 내지 열여덟 가지 부처님만이 갖는 특성·일체의 삼매문과 일체의 다라니문 내지 일체종지와 일체종지의 성품은 깊지도 않고 묘하지도 않습니다.”

모든 천자들이 다시 이렇게 생각했다.

‘이 설한 바 법 가운데에 물질적 존재를 말하지 않고 감각·표상·의지·인식을 말하지 않으며, 눈 내지 마음속에 있는 모든 것에 대한 느낌을 말하지 않고, 보시바라밀 내지 반야바라밀을 말하지 않으며, 여섯 가지 감각기관이 공함 내지 사물이 존재하지 않는다는 견해와 존재한다는 견해가 같이 공함을 말하지 않고, 네 가지 관찰법 내지 열여덟 가지 부처님만이 갖는 특성을 말하지 않으며, 다라니문과 삼매문 내지 일체종지를 말하지 않고, 수다원과 내지 아라한과를 말하지 않고, 벽지불의 도를 말하지 않으며, 아뇩다라삼먁삼보리의 도를 말하지 않고, 이 법 가운데에 이름이나 언어를 말하지 않는구나!’

수보리가 모든 천자들이 마음속으로 생각한 바를 알고, 모든 천자들에게 말했다.

“그렇습니다. 정말 그러합니다 여러 천자들이여, 이 법 가운데서 모든 부처님의 아뇩다라삼먁삼보리는 설할 수가 없는 모양이니, 이 가운데는 설하는 이도 없고 듣는 이도 없으며, 아는 이도 없습니다. 이러한 까닭으로 여러 천자들이여, 선남자(善男子)·선여인(善女人)은 수다원과에 머물기를 바라고, 수다원과를 증득하기를 바라는 사람은 이러한 지혜〔忍〕를 여의지 않아야 합니다. 사다함·아나함·아라한과·벽지불의 도에 머물기를 바라고, 증득하기를 바람에 있어서도 이러한 지혜를 여의지 않아야 합니다.

이와 같이 여러 천자들이여, 보살마하살은 처음 마음을 내어서부터 반야바라

밀 가운데에 이와 같이 머묾을 지어야 하니, 설함도 없고 들음도 없음인 까닭입
니다."

제28 환청품(幻聽品 第二十八)

그때 모든 천자들이 마음속으로 생각했다.

'수보리께서는 어떠한 사람들이 듣도록 법을 설하시는가!'

수보리가 모든 천자들이 마음속으로 생각하는 바를 알고, 모든 천자들에게 말했다.

"요술로 만들어진 사람〔幻化人〕이 법을 듣는 것처럼, 나는 이와 같은 사람에게 합니다. 왜냐하면 이와 같은 사람은 들음도 없고 앎도 없으며 증득함도 없기 때문입니다."

모든 천자들이 수보리에게 말했다.

"이 중생은 요술〔幻〕과 같고 법을 듣는 것도 또한 요술과 같으며, 중생은 허깨비〔化〕와 같고 듣는 것도 허깨비와 같습니까?"

"그렇습니다. 정말 그러합니다. 여러 천자들이여, 중생은 요술과 같고 법을 듣는 것도 또한 요술과 같으며, 중생은 허깨비와 같고 듣는 것도 허깨비와 같습니다.

여러 천자들이여, 나〔我〕라는 것은 요술과 같고 꿈과 같으며, 중생 내지 아는 것〔知者〕·보는 것〔見者〕도 요술과 같고 꿈과 같습니다.

여러 천자들이여, 물질적 존재〔色〕는 요술과 같고 꿈과 같으며, 감각·표상·의지·인식도 요술과 같고 꿈과 같습니다. 눈 내지 마음속에 있는 모든 것에 대한 느낌은 요술과 같고 꿈과 같으며, 여섯 가지 감각기관이 공〔內空〕함 내지 사물이 존재하지 않는다는 견해와 존재한다는 견해가 같이 공〔無法有法空〕하며 보시바라밀 내지 반야바라밀은 요술과 같고 꿈과 같습니다.

여러 천자들이여, 네 가지 관찰법〔四念處〕 내지 열여덟 가지 부처님만이 갖는 특성〔十八不共法〕은 요술과 같고 꿈과 같으며, 수다원과(須陀洹果)는 요술과 같고 꿈과 같으며, 사다함과(斯陀含果)·아나함과(阿那含果)·아라한과(阿羅漢果)·벽지불도(辟支佛道)는 요술과 같고 꿈과 같습니다.

여러 천자들이여, 불도(佛道)는 요술과 같고 꿈과 같습니다.”

그때 모든 천자들이 수보리에게 물었다.

“그대는 불도를 요술과 같고 꿈과 같다고 말하는데, 그대가 열반을 말함도 요술과 같고 꿈과 같은 것입니까?”

수보리가 모든 천자들에게 말했다.

“나는 불도를 요술과 같고 꿈과 같다고 말했고, 나는 또한 열반도 요술과 같고 꿈과 같다고 말합니다. 만약 열반보다 더 수승한 법이 있다고 해도 나는 또한 요술과 같고 꿈과 같다고 말할 것입니다. 왜냐하면 여러 천자들이여, 이 요술과 꿈과 열반은 둘이 아니고 다름이 아니기 때문입니다.”

그때 혜명 사리불·마하 목건련(摩訶目犍連)·마하 구희라(摩訶拘絺羅)·마하 가전연(摩訶迦旃延)·부루나(富樓那)·마하 가섭(摩訶迦葉) 및 천 명이 넘는 무수한 보살들이 수보리에게 물었다.

“반야바라밀은 이와 같이 깊고 깊어서 보기 어렵고 이해하기 어렵고 알기 어려우며, 영원한 평안〔寂滅〕이어서 미묘합니다. 어떤 이가 받아들이겠습니까?”

그때 아난(阿難)이 모든 큰 제자들 및 모든 보살들에게 말했다.

“보살의 물러나지 않는 경지〔不退轉地〕에 있는 모든 보살마하살은 능히 이 깊고 깊어서 보기 어렵고 이해하기 어렵고 알기 어려우며, 영원한 평안이어서 미묘한 반야바라밀을 받아들입니다. 바른 지견〔正見〕을 성취한 사람과 소원을 이미 만족하고 번뇌를 다한 아라한이 또한 능히 믿어 받아들입니다. 또한 선남자·선여인은 많은 부처님을 친견하고 여러 부처님의 처소에서 많은 공양을 하여 착한 뿌리〔善根〕를 심었으며, 선지식(善知識)에게 친근하여 영리한 뿌리〔利根〕가 있으므로 이 사람은 능히 받아들이니, 이 법은 법이 아니라고 말하지 않습니다."

수보리가 말했다.

"공으로써 물질적 존재를 분별하지 않고 물질적 존재로써 공을 분별하지 않으며, 감각·표상·의지·인식도 이와 같습니다. 어떤 특징도 없음〔無相〕·원할 것이 없음〔無作〕으로써 물질적 존재를 분별하지 않고 물질적 존재로써 어떤 특징도 없음과 원할 것이 없음을 분별하지 않으며, 감각·표상·의지·인식도 이와 같습니다. 원래 남이 없음〔無生〕·원래 없어짐이 없음〔無滅〕·영원한 평안·여읨〔離〕으로써 물질적 존재를 분별하지 않고 물질적 존재로써 원래 남이 없음·원래 없어짐이 없음·영원한 평안·여읨을 분별하지 않으며, 감각·표상·의지·인식도 이와 같습니다.

눈 내지 마음속에 있는 모든 것에 대한 느낌도 이와 같습니다. 보시바라밀 내지 반야바라밀·여섯 가지 감각기관이 공함 내지 사물이 존재하지 않는다는 견해와 존재한다는 견해가 같이 공함·네 가지 관찰법 내지 열여덟 가지 부처님만이 갖는 특성·일체의 삼매문(三昧門)과 일체의 다라니문(陀羅尼門)·수다원 내지 아라한·벽지불·일체지(一切智)도 공으로써 일체지를 분별하지 않고 일체지로써 공을 분별하지 않습니다. 공으로써 일체종지(一切種智)를 분별하지 않고 일체종지로써 공을 분별하지 않습니다. 어떤 특징도 없음·원할 것이 없음·원래 남이 없음·원래 없어짐이 없음·영원한 평안· 여읨도 이와 같습니다."

수보리가 모든 천자들에게 말했다.

"이 깊고 깊은 반야바라밀을 누가 능히 받아들이느냐고 했는데, 이 반야바라밀 가운데는 법으로서 보일 것도 없고, 법으로서 설할 것도 없습니다. 만약 법으로서 보일 것도 없고, 법으로서 설할 것도 없다면 받아들이는 사람도 또한 붙잡을 수가 없습니다."

그때 사리불이 수보리에게 말했다.

"반야바라밀 가운데는 널리 삼승(三乘)의 가르침 및 보살을 보호하여 가지는〔護持〕 법인 처음 마음을 낸 경지〔初發意地〕로부터 내지 열번째 경지〔十地〕·보시바라밀 내지 반야바라밀·네 가지 관찰법 내지 여덟 가지 바른 깨달음에 이르는 길〔八聖道分〕·부처님의 열 가지 지혜의 힘〔十力〕 내지 열여덟 가지 부처님만이 갖는 특성·보살을 보호하여 가지는 가르침을 설합니다. 보살마하살은 이와 같은 반야바라밀을 행하여 항상 변화하는 몸으로 태어나〔化生〕 신통을 잃지 않고, 모든 부처님의 나라에 노닐며 착한 뿌리를 원만히 갖추고, 그 바라는 바를 따라 모든 부처님을 공양하며, 소원이 바로 이루어짐을 얻습니다. 모든 부처님의 처소를 따라 법의 가르침을 들어 지니며, 내지 일체지에 이를 때까지 처음부터 단절하지 않습니다. 일찍이 삼매를 여의지 않을 때에 마땅히 모든 것을 말하여 걸림이 없고, 깊이 실상에 머물러 둔하지 않으며, 실상을 말하여 다함이 없고, 어려운 물음에도 막힘이 없으며, 중생이 바라는 바를 따라 법을 설하고, 열반에 나아가는 이익을 설하며, 일체 세간에서 제일가는 말재주를 얻습니다.”

수보리가 말했다.

“그렇습니다, 정말 그러합니다. 사리불이 말한 것처럼, 반야바라밀 가운데는 널리 삼승의 가르침 및 보살을 보호하여 가지는 법을 설하고, 내지 보살마하살은 일체 세간에서 제일가는 말재주를 얻으니, 붙잡을 수가 없기 때문입니다. 나라는 것 내지 아는 것·보는 것도 붙잡을 수가 없고, 물질적 존재·감각·표상·의지·인식·보시바라밀 내지 반야바라밀도 붙잡을 수가 없으며, 여섯 가지 감각기관이 공함 내지 사물이 존재하지 않는다는 견해와 존재한다는 견해가 같이 공함도 붙잡을 수가 없고, 네 가지 관찰법 내지 여덟 가지 바른 깨달음에 이르는 길·부처님의 열 가지 지혜의 힘 내지 일체종지도 붙잡을 수가 없기 때문입니다.”

사리불이 수보리에게 말했다.

“무슨 인연의 까닭에, 반야바라밀 가운데 널리 삼승을 설함에도 불구하고 붙잡을 수가 없습니까? 무슨 인연의 까닭에 반야바라밀 가운데 보살을 보호하여 가지며, 무슨 인연의 까닭에 보살마하살이 모든 것을 말하여 걸림이 없음과 내지 일체의 세간에서 제일가는 말재주를 얻지만, 붙잡을 수가 없는 까닭이라고 합니까?”

수보리가 사리불에게 말했다.

“여섯 가지 감각기관이 공한 까닭에 반야바라밀 가운데 널리 삼승을 설함에도 불구하고 붙잡을 수가 없다고 하고, 여섯 가지 감각기관의 여섯 가지 대상이 공〔外空〕하고 내지 사물이 존재하지 않는다는 견해와 존재한다는 견해가 같이 공한 까닭에 널리 삼승을 설함에도 불구하고 붙잡을 수가 없다고 합니다. 여섯 가지 감각기관이 공한 까닭에 보살을 보호하며 가지고, 내지 일체 세간에서 제일가는 말재주를 붙잡을 수가 없기 때문이라고 합니다. 여섯 가지 감각기관의 여섯 가지 대상이 공하고 내지 사물이 존재하지 않는다는 견해와 존재한다는 견해가 같이 공한 까닭에 보살을 보호하며 가지고, 내지 일체 세간에서 제일가는 말재주를 붙잡을 수가 없기 때문이라고 합니다.”

제29 산화품(散花品 第二十九)

그때 석제환인 및 삼천대천세계 가운데의 사천왕천(四天王天) 내지 색구경
(色究竟)의 모든 하늘〔諸天〕들이 이렇게 생각했다.

'혜명 수보리께서 법의 비〔法雨〕를 내리니, 우리들은 꽃을 만들어 부처님과
보살마하살·비구스님·수보리 및 반야바라밀 위에 뿌려야 한다.'

바로 석제환인 및 삼천대천세계 가운데의 모든 하늘이 꽃을 만들어 부처님과
보살마하살·비구스님 및 수보리 위에 뿌리고, 또한 반야바라밀에 공양했다.

이때 삼천대천세계의 꽃이 전부 허공 가운데에 가득했고, 변화하여 화대(花
臺)로 만들어져 단아하고 장엄하기가 수승하고 절묘하였다.

수보리가 마음속으로 생각했다.

'이 모든 천자들이 뿌리는 꽃은 일찍이 천상(天上)에서도 이와 같이 비교되
는 꽃을 본 적이 없다. 이 꽃은 나무에서 생긴 꽃이 아니고, 변화된 꽃〔化花〕
일 것이다. 이 모든 천자들이 뿌리는 꽃은 마음의 나무에서 생긴 것이지 나무에
서 생긴 꽃이 아닐 것이다.'

석제환인은 수보리가 마음속으로 생각한 바를 알고, 수보리에게 말했다.

"대덕이시여, 이 꽃은 생화(生花)도 아니고 마음의 나무에서 생긴 것도 아닙
니다."

수보리가 석제환인에게 말했다.

“교시가여, 그대는 이 꽃이 생화도 아니고 마음의 나무에서 생긴 것도 아니라고 했습니까? 교시가여, 이 꽃이 만약 생긴 것[生法]이 아니라면 꽃이라고 이름할 수 없습니다.”

석제환인이 수보리에게 말했다.

“대덕이시여, 단지 이 꽃만이 생기지 않았습니까, 물질적 존재도 생기지 않았고 감각·표상·의지·인식도 생기지 않았습니까?”

수보리가 말했다.

“교시가여, 단지 이 꽃만이 생기지 않은 것이 아니고, 물질적 존재도 역시 생기지 않았습니다. 만약 생기지 않았다면 이것을 이름하여 물질적 존재라고 할 수 없습니다. 감각·표상·의지·인식도 역시 생기지 않았고, 만약 생기지 않았다면 이것을 이름하여 인식이라고 할 수 없습니다. 여섯 가지 감각기관[六入]·감각기관의 여섯 가지 대상을 인식하는 것[六識]·여섯 가지 감각기관의 작용[六觸]·여섯 가지 감각기관의 작용앞에 전개되는 모든 것에 대한 느낌도 이와 같습니다.

보시바라밀은 생기지 않았고, 만약 생기지 않았다면 이것을 보시바라밀이라고 말하지 않습니다. 내지 반야바라밀도 생기지 않았고, 만약 생기지 않았다면 이것을 반야바라밀이라고 말하지 않습니다. 여섯 가지 감각기관이 공[內空]함은 생기지 않았고, 만약 생기지 않았다면 이것을 여섯 가지 감각기관이 공이라고 말하지 않습니다. 내지 사물이 존재하지 않는다는 견해와 존재한다는 견해가 같이 공[無法有法空]함도 생기지 않았고, 만약 생기지 않았다면 이것을 사물이 존재하지 않는다는 견해와 존재한다는 견해가 같이 공이라고 말하지 않습니다. 네 가지 관찰법[四念處]은 생기지 않았고, 만약 생기지 않았다면 이것을 네 가지 관찰법이라고 말하지 않습니다. 내지 열여덟 가지 부처님만이 갖는 특성[十八不共法]도 생기지 않았고, 만약 생기지 않았다면 이것을 열여덟 가지 부처님만이 갖는 특성이라고 말하지 않습니다. 내지 일체종지(一切種智)도 생기지 않았고, 만약 생기지 않았다면 이것을 일체종지라고 말하지 않습니다.”

그때 석제환인이 마음으로 이렇게 생각했다.

'혜명 수보리는 그 지혜가 심히 깊어서 거짓된 이름을 깨뜨리지 않으면서도 모든 법의 모양을 말하는구나!'

부처님께서 석제환인이 마음속으로 생각한 바를 아시고, 석제환인에게 말씀하셨다.

"그렇다. 정말 그러하다. 교시가여, 수보리는 그 지혜가 심히 깊어서 거짓된 이름을 깨뜨리지 않으면서 모든 법의 모양을 말한다."

석제환인이 부처님께 사루어 말씀드렸다.

"세존이시여, 대덕 수보리는 어떻게 거짓된 이름을 깨뜨리지 않으면서 모든 법의 모양을 말합니까?"

부처님께서 석제환인에게 이르셨다.

"물질적 존재는 단지 거짓된 이름이고, 수보리는 역시 거짓된 이름을 깨뜨리지 않으면서 모든 법의 모양을 말한다. 감각·표상·의지·인식은 단지 거짓된 이름이고, 수보리는 역시 거짓된 이름을 깨뜨리지 않으면서 모든 법의 모양을 말한다. 왜냐하면 이 모든 법의 모양은 깨뜨림과 깨뜨리지 않음이 없는 까닭이니, 수보리가 말한 바도 역시 깨뜨림과 깨뜨리지 않음이 없다. 눈 내지 마음속에 있는 모든 것에 대한 느낌도 이와 같다.

보시바라밀 내지 반야바라밀·여섯 가지 감각기관이 공함 내지 사물이 존재하지 않는다는 견해와 존재한다는 견해가 같이 공함·네 가지 관찰법 내지 열여덟 가지 부처님만이 갖는 특성도 이와 같다.

수다원과(須陀洹果) 내지 아라한과(阿羅漢果)·벽지불도(辟支佛道)·보살도(菩薩道)·불도(佛道)·일체지(一切智)·일체종지도 이와 같다.

수다원 내지 아라한·벽지불·부처님은 이것이 단지 거짓된 이름이고, 수보리는 역시 거짓된 이름을 깨뜨리지 않으면서 모든 법의 모양을 말한다. 왜냐하면 이 모든 법의 모양은 깨뜨림과 깨뜨리지 않음이 없는 까닭이니, 수보리가 말한 바도 역시 깨뜨림과 깨뜨리지 않음이 없다.

이와 같이 교시가여, 수보리는 거짓된 이름을 깨뜨리지 않으면서 모든 법의 모양을 말한다."

수보리가 석제환인에게 말했다.

"그렇습니다. 정말 그러합니다. 교시가여, 부처님께서 말씀하신 것처럼 모든 법은 단지 거짓된 이름뿐입니다. 보살마하살은 마땅히 모든 법이 다만 거짓된 이름뿐이라고, 이렇게 알아야 합니다. 이와 같이 반야바라밀을 배워야 합니다."

교시가여, 보살마하살이 이와 같이 배우는 것을 물질적 존재를 배우지 않고 감각·표상·의지·인식을 배우지 않음이라고 합니다. 왜냐하면 물질적 존재에서 마땅히 배워야 할 것을 보지 않고, 감각·표상·의지·인식에서 마땅히 배워야 할 것을 보지 않기 때문입니다.

보살마하살이 이와 같이 배우는 것을 보시바라밀을 배우지 않음이라고 합니다.내지 반야바라밀을 배우지 않습니다. 왜냐하면 반야바라밀에서 마땅히 배워야 할 것을 보지 않기 때문입니다.

이와 같이 배우는 것을 여섯 가지 감각기관이 공함 내지 사물이 존재하지 않는다는 견해와 존재한다는 견해가 같이 공함을 배우지 않음이라고 합니다. 왜냐하면 여섯 가지 감각기관이 공함 내지 사물이 존재하지 않는다는 견해와 존재한다는 견해가 같이 공함에서 마땅히 배워야 할 것을 보지 않기 때문입니다.

이와 같이 배우는 것을 네 가지 관찰법 내지 열여덟 가지 부처님만이 갖는 특성을 배우지 않음이라고 합니다. 왜냐하면 네 가지 관찰법 내지 열여덟 가지 부처님만이 갖는 특성에서 마땅히 배워야 할 것을 보지 않기 때문입니다.

이와 같이 배우는 것을 수다원과 내지 일체종지를 배우지 않음이라고 합니다. 왜냐하면 수다원과 내지 일체종지에서 마땅히 배워야 할 것을 보지 않기 때문입니다."

그때 석제환인이 수보리에게 말했다.

"보살마하살은 어떠한 인연의 까닭으로 물질적 존재를 보지 않고, 내지 일체종지를 보지 않습니까?"

수보리가 말했다.

"물질적 존재는 물질적 존재가 공이고, 일체종지는 일체종지가 공입니다. 교시가여, 공(空)한 물질적 존재는 공한 물질적 존재를 배울 수 없고, 내지 공한 일체종지는 공한 일체종지를 배울 수 없습니다. 교시가여, 만약 이와 같이 공을 배울 수 없으면 이것을 공을 배운다고 말합니다. 둘이 아님〔不二〕인 까닭에 이 보살마하살은 물질적 존재의 공함을 배웁니다. 둘이 아님인 까닭에 내지 일체종지의 공함을 배웁니다. 둘이 아님인 까닭에 만약 물질적 존재의 공함을 배우면, 둘이 아님인 까닭에 내지 일체종지의 공함을 배웁니다. 둘이 아님인 까닭에 이 보살마하살은 능히 보시바라밀을 배웁니다. 둘이 아님인 까닭에 내지 능히 반야바라밀을 배웁니다. 둘이 아님인 까닭에 능히 네 가지 관찰법을 배웁니다. 둘이 아님인 까닭에 내지 능히 열여덟 가지 부처님만이 갖는 특성을 배웁니다. 둘이 아님인 까닭에 능히 수다원과를 배웁니다. 둘이 아님인 까닭에 능히 일체종지를 배웁니다. 둘이 아님인 까닭에 이 보살은 능히 한량없고 가없으며 헤아릴 수조차 없는 불법을 배웁니다.

만약 능히 한량없고 가없으며 헤아릴 수조차 없는 불법을 배우면, 이 보살은 물질적 존재 때문에 배움을 더하지도 않고, 물질적 존재 때문에 배움을 줄이지도 않으며, 내지 일체종지 때문에 배움을 더하지도 않고, 일체종지 때문에 배움을 줄이지도 않습니다.

만약 물질적 존재 때문에 배움을 더하거나 줄이지 않고, 내지 일체종지 때문에 배움을 더하거나 줄이지 않으면, 이 보살은 물질적 존재 때문에 배움을 받아들이지도 않고, 물질적 존재 때문에 배움을 없애지도 않습니다. 또한 감각·표상·의지·인식 때문에 배움을 받아들이지도 않고, 배움을 없애지도 않습니다. 내지 일체종지 때문에도 배움을 받아들이지 않고, 배움을 없애지 않습니다.”

사리불이 수보리에게 말했다.

“보살마하살은 이와 같이 배우는데, 물질적 존재를 받아들이기 위해서 배우지 않고 물질적 존재를 없애기 위해서 배우지 않으며, 내지 일체종지도 또한 받아들이기 위해서 배우지 않고 없애기 위해서 배우지도 않습니까?

수보리여, 무슨 인연의 까닭에 보살마하살은 물질적 존재를 받아들이기 위해서 배우지 않고 물질적 존재를 없애기 위해서 배우지 않으며, 내지 일체종지도 또한 받아들이기 위해서 배우지 않고 없애기 위해서 배우지도 않습니까?”

수보리가 말했다.

"이 물질적 존재는 받아들일 수가 없고 또한 물질적 존재를 받아들이는 것도 없으며, 내지 일체종지도 받아들일 수가 없고 받아들이는 것이 없으니, 안팎이 공한 까닭입니다. 이와 같이 사리불이여, 보살마하살은 일체 모든 것〔一切法〕을 받아들이지 않는 까닭에 능히 일체종지에 도달합니다."

이때 사리불이 수보리에게 말했다.

"보살마하살은 이와 같이 반야바라밀을 배워서 능히 일체종지에 도달합니까?"

수보리가 말했다.

"보살마하살은 이와 같이 반야바라밀을 배워서 능히 일체종지에 도달하니, 일체 모든 것을 받아들이지 않는 까닭입니다."

사리불이 수보리에게 말했다.

"만약 보살마하살이 일체 모든 것에 있어서 배움을 받아들이지도 않고 없애지도 않으면, 보살마하살은 어떻게 능히 일체종지에 도달합니까?"

수보리가 말했다.

"보살마하살은 반야바라밀을 행하매 물질적 존재의 생김을 보지 않고 물질적 존재의 없어짐을 보지 않으며, 물질적 존재의 받아들임을 보지 않고 물질적 존재의 받아들이지 않음을 보지 않으며, 물질적 존재의 더러움을 보지 않고 물질적 존재의 깨끗함을 보지 않으며, 물질적 존재의 더해짐을 보지 않고 물질적 존재의 줄어짐을 보지 않습니다. 왜냐하면 사리불이여, 물질적 존재는 물질적 존재의 성품이 공한 까닭입니다.

감각·표상·의지·인식도 또한 생김을 보지않고 없어짐을 보지 않으며, 또한 받아들임을 보지 않고 받아들이지 않음을 보지 않으며, 또한 더러움을 보지 않고 깨끗함을 보지 않으며, 또한 더해짐을 보지 않고 줄어짐을 보지 않습니다. 왜냐하면 인식은 인식의 성품이 공한 까닭입니다.

내지 일체종지도 또한 생김을 보지 않고 없어짐을 보지 않으며, 또한 받아들임을 보지 않고 받아들이지 않음을 보지 않으며, 또한 더러움을 보지 않고 깨끗함을 보지 않으며, 또한 더해짐을 보지 않고 줄어짐을 보지 않습니다. 왜냐하면 일체종지는 일체종지의 성품이 공한 까닭입니다.

이와 같이 사리불이여, 보살마하살은 일체 모든 것이 생기지도 않고 없어지지도 않으며, 받아들이지도 않고 버리지도 않으며, 더럽지도 않고 깨끗하지도 않으며, 모아진 것도 아니고 흩어진 것도 아니며, 더해짐도 아니고 줄어짐도 아닌 것으로 반야바라밀을 배워서 능히 일체종지에 도달하니, 배우는 곳이 없고 도달할 곳이 없기 때문입니다."

그때 석제환인이 사리불에게 말했다.

"보살마하살은 반야바라밀을 어디에서 구해야 합니까?"

사리불이 말했다.

"보살마하살은 반야바라밀을 마땅히 수보리품(須菩提品) 가운데서 구해야 합니다."

석제환인이 수보리에게 말했다.

"그대의 위신력〔神力〕으로, 사리불이 보살마하살은 반야바라밀을 마땅히 수보리품 가운데서 배워야 한다고 말합니까?"

수보리가 석제환인에게 말했다.

"나의 위신력이 아닙니다."

석제환인이 수보리에게 말했다.

"이것이 누구의 위신력입니까?"

수보리가 말했다.

"이것은 부처님의 위신력입니다."

석제환인이 말했다.

"일체의 모든 것은 전부가 받아들일 곳이 없습니다. 무슨 까닭에 이것이 부처님의 위신력이라고 합니까? 받아들일 곳이 없는 모양을 여의고서 여래(如來)는 붙잡을 수가 없고, 사물의 진실된 모습〔如〕을 여의고서 여래를 또한 붙잡을 수가 없습니다."

수보리가 석제환인에게 말했다.

"그렇습니다. 정말 그러합니다. 교시가여, 받아들일 곳이 없는 모양을 여의고
서 여래는 붙잡을 수가 없고, 사물의 진실된 모습을 여의고서 여래는 붙잡을 수
가 없으며, 받아들일 곳이 없는 모양 가운데서 여래는 붙잡을 수가 없고, 사물의
진실된 모습 가운데서 여래는 붙잡을 수가 없습니다.

물질적 존재의 진실된 모습 가운데서 여래의 진실된 모습은 붙잡을 수가 없
고, 여래의 진실된 모습 가운데서 물질적 존재의 진실된 모습은 붙잡을 수가 없
습니다. 물질적 존재라는 것〔色法〕의 모양 가운데서 여래라는 것〔如來法〕의
모양은 붙잡을 수가 없고, 여래라는 것의 모양 가운데서 물질적 존재라는 것의
모양은 붙잡을 수가 없습니다. 감각·표상·의지·인식이라는 것의 모양 가운데
서, 내지 일체종지도 이와 같습니다.

교시가여, 여래는 물질적 존재의 진실된 모습 가운데에 모아진 것도 아니고
흩어진 것도 아니며, 감각·표상·의지·인식의 진실된 모습 가운데에 모아진 것
도 아니고 흩어진 것도 아닙니다. 여래는 물질적 존재의 진실된 모습을 여의고
서 모아진 것도 아니고 흩어진 것도 아니며, 감각·표상·의지·인식의 진실된 모
습을 여의고서 모아진 것도 아니고 흩어진 것도 아닙니다. 내지 일체종지도 이
와 같습니다.

여래는 물질적 존재라는 것의 모양 가운데에 모아진 것도 아니고 흩어진 것도
아니며, 감각·표상·의지·인식이라는 것의 모양 가운데에 모아진 것도 아니고
흩어진 것두 아닙니다. 물질적 존재라는 것을 여읜 모양 가운데에 모아진 것도
아니고 흩어진 것도 아니며, 감각·표상·의지·인식이라는 것을 여읜 모양 가운
데에 모아진 것도 아니고 흩어진 것도 아닙니다. 내지 일체종지도 이와 같습니
다.

교시가여, 이와 같이 이러한 일체 모든 것 가운데에 모아진 것도 아니고 흩어
진 것도 아닌 이것을 부처님의 위신력이라 하니, 받아들일 곳이 없는 법인 까닭
입니다.

교시가는 보살마하살은 반야바라밀을 마땅히 어디에서 구해야 하느냐고 말했
는데 교시가여, 물질적 존재 가운데서 반야바라밀을 구할 수가 없고, 또한 물질

324

적 존재를 여의고서 반야바라밀을 구할 수 없습니다. 감각·표상·의지·인식 가운데서 구할 수 없고, 또한 감각·표상·의지·인식을 여의고서 구할 수 없습니다. 왜냐하면 이 반야바라밀과 물질적 존재·감각·표상·의지·인식의 이 일체 모든 것은 전부가 모아진 것도 아니고 흩어진 것도 아니며, 빛깔도 없고 형상도 없으며 마주할 것도 없는 한 모양[一相]이어서, 소위 모양이 없기[無相] 때문입니다.

내지 일체종지 가운데서 반야바라밀을 구할 수가 없고, 또한 일체종지를 여의고서 반야바라밀을 구할 수 없습니다. 왜냐하면 이 반야바라밀과 일체종지의 이 일체 모든 것은 전부가 모아진 것도 아니고 흩어진 것도 아니며, 빛깔도 없고 형상도 없으며 마주할 것도 없는 한 모양이어서, 소위 모양이 없기 때문입니다. 왜냐하면 반야바라밀은 물질적 존재가 아니고, 또한 물질적 존재를 여읨도 아니기 때문입니다. 감각·표상·의지·인식이 아니고, 또한 감각·표상·의지·인식을 여읨도 아니기 때문입니다. 내지 일체종지가 아니고, 또한 일체종지를 여읨도 아니기 때문입니다.

반야바라밀은 물질적 존재의 진실된 모습이 아니고, 또한 물질적 존재의 진실된 모습을 여읨도 아니기 때문입니다. 감각·표상·의지·인식의 진실된 모습이 아니고, 또한 감각·표상·의지·인식의 진실된 모습을 여읨도 아니기 때문입니다.

반야바라밀은 물질적 존재라는 것이 아니고, 또한 물질적 존재라는 것을 여읨도 아니기 때문입니다. 감각·표상·의지·인식이라는 것이 아니고, 또한 감각·표상·의지·인식이라는 것을 여읨도 아니기 때문입니다. 내지 일체종지의 진실된 모습이 아니고, 또한 일체종지의 진실된 모습을 여읨도 아니기 때문입니다.

반야바라밀은 일체종지라는 것이 아니고, 또한 일체종지라는 것을 여읨도 아니기 때문입니다. 왜냐하면 교시가여, 이 일체 모든 것은 전부가 있음이 없고[無所有] 붙잡을 수가 없기[不可得] 때문입니다. 있음이 없고 붙잡을 수가 없는 까닭에 반야바라밀은 물질적 존재가 아니고, 또한 물질적 존재를 여읨도 아닙니다. 물질적 존재의 진실된 모습이 아니고, 또한 물질적 존재의 진실된 모습을 여읨도 아닙니다. 물질적 존재라는 것이 아니고, 또한 물질적 존재라는 것을 여읨도 아닙니다. 내지 일체종지도 아니고, 또한 일체종지를 여읨도 아닙니다. 일체종지의 진실된 모습이 아니고, 또한 일체종지의 진실된 모습을 여읨도 아닙니다. 일체종지라는 것이 아니고, 또한 일체종지라는 것을 여읨도 아닙니다."

석제환인이 수보리에게 말했다.

"이 마하바라밀(摩訶波羅蜜)은 이것이 보살마하살의 반야바라밀이고, 무량바라밀(無量波羅蜜)·무변바라밀(無邊波羅蜜)은 이것이 보살마하살의 반야바라밀입니다. 모든 수다원의 수다원과는 이 반야바라밀 가운데서 배워 성취합니다. 내지 모든 아라한의 아라한과·모든 벽지불의 벽지불도·모든 보살마하살은 전부가 이 반야바라밀 가운데서 배워 성취합니다. 능히 중생을 제도하여 해탈시키고〔成就衆生〕부처님의 국토를 맑히며〔淨佛國土〕, 아뇩다라삼먁삼보리를 얻음도 전부가 여기에서 배워 성취합니다."

수보리가 석제환인에게 말했다.

"그렇습니다. 정말 그러합니다. 교시가여, 이 마하바라밀은 이것이 보살마하살의 반야바라밀이고, 무량바라밀·무변바라밀은 이것이 보살마하살의 반야바라밀이며, 이 가운데서 수다원과 내지 아라한과·벽지불도를 배워 성취합니다. 모든 보살마하살은 이 반야바라밀 가운데서 배워 성취하고, 능히 중생을 제도하여 해탈시키고 부처님의 국토를 맑히며, 아뇩다라삼먁삼보리를 얻으니, 이미 얻었고 지금 얻으며 마땅히 얻을 것입니다.

교시가여, 물질적 존재가 큰 까닭에 반야바라밀도 또한 큰 것입니다. 왜냐하면 이 물질적 존재는 지나간 시간〔前際〕에서도 붙잡을 수가 없고, 다가오는 시간〔後際〕에서도 붙잡을 수가 없으며, 현재의 시간〔中際〕에서도 붙잡을 수가 없기 때문입니다. 감각·표상·의지·인식이 큰 까닭에 반야바라밀도 또한 큰 것입니다. 왜냐하면 감각·표상·의지·인식은 지나간 시간에서도 붙잡을 수가 없고, 다가오는 시간에서도 붙잡을 수가 없으며, 현재의 시간에서도 붙잡을 수가 없기 때문입니다. 내지 일체종지도 이와 같습니다. 이러한 인연을 가진 까닭에 교시가여, 이 마하바라밀은 이것이 보살마하살의 반야바라밀입니다.

교시가여, 물질적 존재가 한량없는 까닭에 반야바라밀도 한량이 없습니다. 왜냐하면 물질적 존재의 양(量)을 붙잡을 수가 없기 때문입니다. 교시가여, 마치 허공의 양을 붙잡을 수가 없는 것처럼, 물질적 존재도 이와 같이 양을 붙잡을 수가 없습니다. 허공이 한량없는 까닭에 물질적 존재도 한량이 없고, 물질적 존재가 한량없는 까닭에 반야바라밀도 한량이 없습니다.

감각·표상·의지·인식, 내지 일체종지가 한량없는 까닭에 반야바라밀도 한량이 없습니다. 왜냐하면 일체종지의 양을 붙잡을 수가 없기 때문입니다. 마치 허공의 양을 붙잡을 수가 없는 것처럼, 일체종지도 이와 같이 양을 붙잡을 수가 없습니다. 허공이 한량없는 까닭에 일체종지도 한량이 없고, 일체종지가 한량없는 까닭에 반야바라밀도 한량이 없습니다. 이러한 인연을 가진 까닭에 교시가여, 이것이 보살마하살의 반야바라밀은 한량이 없습니다.

교시가여, 물질적 존재가 가없는 까닭에 모든 보살마하살의 반야바라밀도 가〔邊〕가 없습니다. 왜냐하면 교시가여, 이 물질적 존재는 지나간 시간에서도 붙잡을 수가 없고, 다가오는 시간에서도 붙잡을 수가 없으며, 현재의 시간에서도 붙잡을 수가 없기 때문입니다. 감각·표상·의지·인식이 가없는 까닭에 반야바라밀도 가가 없습니다. 왜냐하면 감각·표상·의지·인식은 지나간 시간에서도·다가오는 시간에서도·현재의 시간에서도 붙잡을 수가 없기 때문입니다. 내지 일체종지가 가없는 까닭에 반야바라밀도 가가 없습니다. 왜냐하면 일체종지는 지나간 시간에서도·다가오는 시간에서도·현재의 시간에서도 붙잡을 수가 없기 때문입니다. 이러한 인연을 가진 까닭에 교시가여, 이 반야바라밀은 가가 없고, 물질적 존재도 가가 없으며, 내지 일체종지도 가가 없습니다.

또한 교시가여, 반연이 가없는〔緣無邊〕 까닭에 반야바라밀도 가가 없습니다.”

“수보리여, 무엇이 반연이 가없는 까닭에 반야바라밀도 가가 없는 것입니까?”

수보리가 말했다.

“일체가 가없는 법을 반연하는 까닭에 반야바라밀도 가가 없는 것입니다.”

 "무엇이 일체가 가없는 법을 반연하는 까닭에 반야바라밀도 가가 없는 것입니까?"

 수보리가 말했다.

 "가없는 진실의 본성〔無邊法性〕을 반연하는 까닭에 반야바라밀도 가가 없습니다. 또한 교시가여, 가없는 사물의 진실된 모습〔無邊如〕을 반연하는 까닭에 반야바라밀도 가가 없습니다."

 석제환인이 말했다.

 "무엇이 가없는 사물의 진실된 모습을 반연하는 까닭에 반야바라밀도 가없는 것입니까?"

 수보리가 말했다.

 "사물의 진실된 모습〔如〕이 가없는 까닭에 반연도 또한 가가 없습니다. 반연이 가없는 까닭에 사물의 진실된 모습도 또한 가가 없습니다. 이러한 인연을 가진 까닭에 모든 보살마하살의 반야바라밀은 가가 없습니다. 또한 교시가여, 중생이 가없는 까닭에 반야바라밀도 가가 없습니다."

 석제환인이 수보리에게 물었다.

 "무엇이 중생이 가없는 까닭에 반야바라밀도 가가 없는 것입니까?"

 수보리가 말했다.

 "그대는 어떻게 생각합니까. 어떠한 법을 중생이라고 이름합니까?"

 석제환인이 말했다.

 "법에는 중생이라고 이름할 것이 있을 수 없으니, 거짓된 이름인 까닭에 중생이라고 합니다. 이 이름은 근본과 법이 있을 수 없고, 또한 나아갈 곳도 없는데, 억지로 만들어서 이름으로 삼습니다."

 "교시가여, 그대는 어떻게 생각합니까. 이 반야바라밀 가운데에 실다운 중생이 있다고 설하고 있습니까 아닙니까?"

 석제환인이 말했다.

 "아닙니다."

 "교시가여, 만약 반야바라밀 가운데에 실다움을 설하고 있지 않다면, 중생이 가없음도 또한 붙잡을 수가 없습니다. 교시가여, 그대는 어떻게 생각합니까, 모든 부처님께서는 항하의 모래알같이 많은 겁(劫)동안 살면서 중생과 중생의 이름을 설하셨지만, 본래 중생이라는 것이 있어서 살고 죽음이 있습니까 없습니까?"

석제환인이 말했다.

"없습니다. 왜냐하면 중생은 본래로부터 줄곧 언제나 청정하기 때문입니다."

"이러한 인연을 가진 까닭에 교시가여, 중생이 가없는 까닭에 반야바라밀도 또한 가가 없다고 마땅히 알아야 합니다."

제30 삼탄품(三歎品 第三十)

그때 모든 천왕(天王) 및 모든 하늘[諸天]·모든 범왕(梵王) 및 모든 범천(梵天)·자재천(自在天) 및 모든 신선(神仙) 그리고 모든 천녀(天女)가 동시에 세 번 칭찬하여 찬탄하였다.

"훌륭하십니다, 정말 훌륭하십니다. 혜명 수보리가 설한 바 법은 전부가 부처님께서 세간에 나오신 인연이며, 은혜의 힘으로 이러한 가르침을 널리 말씀하십니다. 만약 어떤 보살마하살이 이 반야바라밀을 멀리 여의지 않으면, 저희들은 이 사람을 보기를 부처님처럼 하겠습니다. 왜냐하면 이 반야바라밀 가운데에는 소위 물질적 존재[色]·감각[受]·표상[想]·의지[行]·인식[識] 내지 일체종지(一切種智)인 법은 비록 붙잡을 수가 없다고 해도, 그러나 삼승(三乘)인 소위 성문승(聲聞乘)·벽지불승(辟支佛乘)·불승(佛乘)의 가르침은 있기 때문입니다."

그때 부처님께서 모든 천자(天子)들에게 이르셨다.

"그렇다. 정말 그러하다. 여러 천자들아, 너희들이 말한 것처럼 이 반야바라밀 가운데에는 소위 물질적 존재·감각·표상·의지·인식 내지 일체종지인 법은 비록 붙잡을 수가 없다고 해도, 그러나 삼승인 소위 성문승·벽지불승·불승의 가르침은 있는 것이다.

여러 천자들아, 만약 어떤 보살마하살이 이 반야바라밀을 멀리 여의지 않으면, 이 사람을 보기를 마땅히 부처님처럼 해야 하니, 붙잡을 수가 없음〔無所得〕인 까닭이다.

무슨 까닭에 이 반야바라밀 가운데에 널리 삼승의 가르침인 소위 성문승·벽지불승·불승을 설하는가? 보시바라밀 가운데서 부처님을 붙잡을 수가 없고, 보시바라밀을 여의고서 부처님을 또한 붙잡을 수가 없기 때문이다. 내지 반야바라밀 가운데서도 부처님을 붙잡을 수가 없고, 반야바라밀을 여의고서도 부처님을 또한 붙잡을 수가 없기 때문이다. 여섯 가지 감각기관이 공〔內空〕함 내지 사물이 존재하지 않는다는 견해와 존재한다는 견해가 같이 공〔無法有法空〕함·네 가지 관찰법〔四念處〕 내지 열여덟 가지 부처님만이 갖는 특성〔十八不共法〕·일체종지(一切種智)도 또한 이와 같기 때문이다.”

부처님께서 모든 천자들에게 말씀하셨다.

“보살마하살이 만약 능히 이 일체법(一切法)인 소위 보시바라밀 내지 일체종지를 배우면, 이러한 일 때문에 마땅히 이 보살마하살을 보기를 부처님같이 해야 한다.

여러 천자들아, 내가 옛날 연등불(燃燈佛)이 계실 때, 화엄성(華嚴城) 안에 있는 사거리 가운데서 부처님을 뵙고 법문을 듣고는 바로 보시바라밀을 여의지 않았고, 지계바라밀·인욕바라밀·정진바라밀·선정바라밀·반야바라밀을 여의지 않았으며, 여섯 가지 감각기관이 공함 내지 사물이 존재하지 않는다는 견해와 존재한다는 견해가 같이 공함·네 가지 관찰법 내지 여덟 가지 바른 깨달음에 이르는 길〔八聖道分〕을 여의지 않았고, 네 가지 선정〔四禪〕·네 가지 한량없는 이타(利他)의 마음〔四無量心〕·네 가지 형상을 떠난 선정〔四無色定〕·일체의 삼매문(三昧門)과 일체의 다라니문(陀羅尼門)을 여의지 않았으며, 네 가지 두려움 없는 자신〔四無所畏〕·부처님의 열 가지 지혜의 힘〔十力〕·네 가지 걸림없는 지혜〔四無碍智〕·열여덟 가지 부처님만이 갖는 특성·큰 인자함과 크게 가엾이 여김〔大慈大悲〕 및 한량없는 모든 부처님이 진리대로 수행하는 것〔法行〕의 여의지 않음을 얻었으니, 붙잡을 수가 없었기 때문이다.

이때에 연등불께서는 나에게 기별을 주셨으니, 다가오는 내세〔當來世〕에 하나의 헤아릴 수조차 없는〔一阿僧祇〕겁(劫)을 지나 반드시 부처님이 되어, 석가모니(釋迦牟尼)·여래(如來)·응공(應供)·정변지(正徧知)·명행족(明行足)·선서(善逝)·세간해(世間解)·무상사(無上士)·조어장부(調御丈夫)·천인사(天人師)·불(佛)·세존(世尊)이라고 이름하리라'고 하셨다."

그때 모든 천자들이 부처님께 사루어 말씀드렸다.

"세존이시여, 정말 드문 일입니다. 이 반야바라밀은 능히 모든 보살마하살로 하여금 일체지〔薩婆若〕를 얻게 하니, 물질적 존재〔色〕를 취하지도 않고 버리지도 않는 까닭이고, 감각·표상·의지·인식를 취하지도 않고 버리지도 않는 까닭이며, 내지 일체종지를 취하지도 않고 버리지도 않는 까닭입니다."

그때 부처님께서 화합된 네 부류의 대중인 비구(比丘)·비구니(比丘尼)·남자신도〔優婆塞〕·여자신도〔優婆夷〕및 모든 보살마하살 그리고 사천왕천(四天王天) 내지 색구경천(色究竟天)의 모든 하늘이 전부 자리에 앉아있는 것을 보시고, 이들을 죽 둘러보신 부처님께서 석제환인에게 말씀하셨다.

"교시가야, 혹시 보살마하살 혹은 비구·비구니 혹은 남자신도·여자신도 혹은 모든 천자(天子)나 천녀(天女)가 이 반야바라밀을 만약 듣고 받아지니며〔受持〕, 가까이하고〔親近〕독송(讀誦)하며, 다른 사람을 위하여 설해주고 바르게 사유하여〔正憶念〕일체지(一切智)의 마음을 여의지 않으면 여러 천자들아, 이 사람은 마(魔)나 마의 백성〔魔民〕이 해로움을 끼치려고 해도 그 기회를 얻을 수가 없다. 왜냐하면 이 선남자(善男子)·선여인(善女人)은 분명히 물질적 존재가 공(空)함을 알고 있기 때문이니, 모든 것이 공〔空〕함은 모든 것이 공한 기회를 얻을 수가 없고 어떤 특징도 없음〔無相〕은 어떤 특징도 없는 기회를 얻을 수가 없으며, 원할 것이 없음〔無作〕은 원할 것이 없는 기회를 얻을 수가 없는 것이다. 분명히 감각·표상·의지·인식이 공함을 알고 있기 때문이니, 모든 것이 공함은 모든 것이 공한 기회를 얻을 수가 없고, 내지 원할 것이 없음은 원할 것이 없는 기회를 얻을 수가 없는 것이다.

내지 일체종지가 공함을 알고 있기 때문이니, 모든 것이 공함은 모든 것이 공한 기회를 얻을 수가 없고, 내지 원할 것이 없음은 원할 것이 없는 기회를 얻을 수가 없는 것이다. 왜냐하면 이 모든 법은 자신의 성품〔自性〕을 붙잡을 수가 없고 해치려는 기회를 얻을 수 없기 때문이니, 누가 번뇌를 받아들이겠는가!

또한 교시가여, 이 선남자·선여인은 사람이나 사람이 아닌 것〔非人〕이 해로움을 끼치려고 해도 그 기회를 얻을 수가 없다. 왜냐하면 이 선남자·선여인은 일체중생들 가운데서 훌륭하게 즐거움을 주는 마음〔慈心〕·가엾이 여기는 마음〔悲〕·함께 기뻐하는 마음〔喜〕·온갖 집착을 버리는 마음〔捨心〕을 닦았기 때문이니, 붙잡을 수가 없음인 까닭이다.

교시가야, 이 선남자·선여인은 결코 횡사(橫死)를 당하지 않는다. 왜냐하면 이 선남자·선여인은 보시바라밀을 행하여서 일체중생들을 평등한 마음으로 보살폈기 때문이다.

또한 교시가야, 삼천대천세계의 사천왕천·삼십삼천(三十三天)·야마천(夜摩天)·도솔천(兜率天)·화락천(化樂天)·타화자재천(他化自在天).범천(梵天)·광음천(光音天)·변정천(徧淨天)·광과천(廣果天)인 모든 하늘 가운데 이미 아뇩다라삼먁삼보리의 마음을 내었지만, 아직 이 반야바라밀을 듣지 못하고, 받아지니거나 가까이하지 못한 모든 천자들은 지금 마땅히 듣고 받아 지니며, 가까이하고 독송하며 바르게 사유하여, 일체지의 마음을 여의지 않아야 한다.

또한 교시가야, 모든 선남자·선여인이 이 반야바라밀을 듣고 받아 지니며, 가까이하고 독송하며 바르게 사유하여 일체지의 마음을 여의지 않으면, 이 모든 선남자·선여인은 혼자서 빈 집에 있거나 혹은 무서운 황야를 가거나 혹은 많은 사람이 있는 곳에 있게 되어도 마침내 두려워하거나 겁내지 않는다. 왜냐하면 이 선남자·선여인은 여섯 가지 감각기관이 공함에 있어서 분명한 때문이니, 붙잡을 수가 없음인 까닭이다. 감각기관의 여섯 가지 대상이 공〔外空〕함 내지 사물이 존재하지 않는다는 견해와 존재한다는 견해가 같이 공함에 있어서 분명한 때문이니, 붙잡을 수가 없음인 까닭이다.”

그때 삼천대천세계 가운데의 모든 사천왕천·삼십삼천·야마천·도솔천·화락천·타화자재천 내지 다섯 정거천〔五淨居天〕의 모든 하늘들이 부처님께 사루어 말씀드렸다.

"세존이시여, 이 선남자·선여인이 능히 반야바라밀을 받아 지니고 가까이하며, 독송하고 바르게 사유하여 일체지의 마음을 여의지 않으면, 저희들은 언제나 이들을 반드시 수호하겠습니다. 왜냐하면 세존이시여, 이들은 보살마하살의 인연을 가진 까닭에 세 갈래 나쁜 길〔三惡道〕을 끊고 천인에 있어서도 있는 빈곤〔天人貧〕을 끊으며, 모든 재난과 질병과 기아를 끊기 때문입니다.

보살마하살의 인연을 가진 까닭에 곧 열 가지 착한 행위〔十善道〕가 세간에 나타나고, 네 가지 선정·네 가지 한량없는 이타의 마음·네 가지 형상을 떠난 선정·보시바라밀·지계바라밀·인욕바라밀·정진바라밀·선정바라밀·반야바라밀·여섯 가지 감각기관이 공함 내지 사물이 존재하지 않는다는 견해와 존재한다는 견해가 같이 공함·네 가지 관찰법 내지 일체종지가 있기 때문입니다.

보살의 인연을 가진 까닭에 곧 세간에 왕족이나 귀족·바라문(婆羅門)·대부호·모든 왕(王) 및 전륜성왕(轉輪聖王)·사천왕천 내지 색구경천이 있게 되기 때문입니다.

보살의 인연을 가진 까닭에 수다원(須陀洹)과 수다원과(須陀洹果) 내지 아라한(阿羅漢)과 아라한과(阿羅漢果)·벽지불(辟支佛)과 벽지불도(辟支佛道)가 있게 되기 때문입니다.

보살의 인연을 가진 까닭에 중생을 제도하여 해탈시키고 부처님의 국토를 맑힘이 있으며, 곧 모든 부처님께서 세상에 출현함이 있고, 곧 진리의 수레바퀴〔法輪〕를 굴림이 있으며, 불보(佛寶)·법보(法寶)·비구승보(比丘僧寶)가 있음을 알게 되기 때문입니다.

세존이시여, 이러한 인연을 가진 까닭에 일체 세간의 모든 하늘 및 인간·아수라(阿修羅)는 이 보살마하살을 수호해야 합니다."

부처님께서 석제환인에게 말씀하셨다.

"그렇다. 정말 그러하다. 교시가야, 보살마하살의 인연을 가진 까닭에 세 갈래 나쁜 길을 끊고, 내지 삼보(三寶)가 세상에 출현한다. 이러한 까닭에 모든 하늘 및 인간과 아수라는 언제나 이 보살마하살을 수호해야 하고, 공양·공경·존중·찬탄해야 한다.

교시가야, 이 보살마하살을 공양·공경·존중·찬탄하면, 이것이 바로 나를 공양함이 된다. 이러한 까닭에 이 모든 보살마하살을 모든 하늘 및 인간과 아수라는 항상 이 보살마하살을 수호하고, 공양·공경·존중·찬탄해야 한다.

교시가야, 삼천대천세계 가운데 가득할 정도의 성문과 벽지불이 있되, 마치 대·갈대·벼·삼대·수풀〔叢林〕 같음을 어떤 선남자·선여인이 공양·공경·존중·찬탄한다 해도 처음 마음을 낸 보살마하살이 육바라밀의 소득인 복덕을 여의지 않음을 공양·공경·존중·찬탄함에는 미치지 못한다. 왜냐하면 성문과 벽지불의 인연을 가진 까닭에 보살마하살 및 모든 부처님께서 세상에 출현함이 있음이 아니고, 보살마하살의 인연을 가진 까닭에 성문이나 벽지불·모든 부처님은 세상에 출현함이 있기 때문이다.

이러한 까닭에 교시가야, 이 모든 보살마하살을 일체 세간의 모든 하늘 및 인간과 아수라는 항상 수호해야 하고, 공양·공경·존중·찬탄해야 한다.”

제31 멸쟁품(滅諍品 第三十一)

그때 석제환인이 부처님께 사루어 말씀드렸다.

"세존이시여, 정말 기이하고 드문 일입니다. 모든 보살마하살이 이 반야바라밀을 만약 듣고서, 받아 지니고 가까이하며 독송하고, 타인을 위하여 설하고 바르게 사유할 때에는 이와 같은 현세의 공덕을 얻습니다.

또한 중생을 제도하여 해탈시키고〔成就衆生〕 부처님의 국토를 맑히며〔淨佛國土〕, 한 부처님의 나라에서 다른 부처님의 나라에 이르러서 모든 부처님을 공양함에 바라는 공양의 종류를 마음대로 바로 얻고, 모든 부처님을 따라 법을 듣고 아뇩다라삼먁삼보리를 얻을 때까지 마침내 중간에서 잊지 않습니다.

또한 집안을 성취하고 어머니를 성취하며, 권속을 성취하고 원만한 신체를 성취하며, 광명을 성취하고 눈과 귀를 성취하며, 삼매(三昧)를 성취하고 다라니(陀羅尼)를 성취하게 됩니다.

이 보살은 방편의 힘을 가지는 까닭에 몸을 바꾸어 부처님처럼 한 나라에서 다른 나라에 이르니, 부처님께서 계시지 않는 곳에 이르러 보시바라밀 내지 반야바라밀을 찬탄하고, 네 가지 선정〔四禪〕·네 가지 한량없는 이타의 마음〔四無量心〕·네 가지 형상을 떠난 선정〔四無色定〕을 찬탄하며·네 가지 관찰법〔四念處〕 내지 열여덟 가지 부처님만이 갖는 특성〔十八不共法〕을 찬탄합니다. 방편의 힘으로 법을 설하고 삼승의 법〔三乘法〕으로써 중생을 제도하여 해탈케 하니, 소위 성문(聲聞)·벽지불(辟支佛)·불승(佛乘)입니다.

세존이시여, 정말 거룩하고 드문 일입니다. 반야바라밀을 받아 지니면, 이미 다섯 가지 바라밀[五波羅蜜] 내지 열여덟 가지 부처님만이 갖는 특성을 모두 거두어들임이 됩니까? 또한 수다원과(須陀洹果) 내지 아라한과(阿羅漢果)·벽지불도(道)·불도(佛道)·일체지(一切智)·일체종지(一切種智)를 거두어들임입니까?"

부처님께서 석제환인에게 이르셨다.

"그렇다. 정말 그러하다 교시가야, 반야바라밀을 지니면 이미 다섯 가지 바라밀 내지 열여덟 가지 부처님만이 갖는 특성을 모두 거두어들임이 된다.

또한 교시가야, 이 반야바라밀을 받아지니고, 가까이하고 독송하며, 다른 사람을 위하여 설하고 바르게 사유하는 이 선남자·선여인이 얻게 되는 금세의 공덕을 너는 일심으로 분명히 들어라."

석제환인이 말씀드렸다.

"그렇게 하겠습니다. 세존이시여, 가르침을 받들겠습니다."

부처님께서 석제환인에게 말씀하셨다.

"만약에 어떤 외도(外道)나 모든 범지(梵志)·혹은 마(魔)나 마의 백성[魔民]·혹은 열반을 얻지 못하고서 얻었다고 잘난 체하는 사람[增上慢人]이 보살의 반야바라밀의 마음을 어지럽히고 무너뜨리려 하며, 이 모든 사람들이 자주 이 마음을 낼지라도 바로 없어져버리고 마침내 소원대로 하지 못한다. 왜냐하면 교시가야, 보살마하살은 기나긴 세월[長夜]에 걸쳐서 보시바라밀을 행하고, 지계·인욕·정진·선정·반야바라밀을 행했기 때문이다.

중생들이 기나긴 세월에 걸쳐서 탐내어 다툼을 가진 까닭에, 보살은 안팎의 모든 물건을 희사하여 중생을 보시바라밀 가운데에 일으켜 세운다. 중생들이 기나긴 세월에 걸쳐서 파계함을 가진 까닭에, 보살은 안팎의 모든 물건을 희사하여 중생을 계율 가운데에 일으켜 세운다. 중생들이 기나긴 세월에 걸쳐서 투쟁함을 가진 까닭에, 보살은 안팎의 모든 물건을 희사하여 중생을 인욕 가운데에 일으켜 세운다. 중생들이 기나긴 세월에 걸쳐서 게으름을 가진 까닭에, 보살은 안팎의 모든 물건을 희사하여 중생을 정진 가운데에 일으켜 세운다. 중생들이 기나긴 세월에 걸쳐서 어지러운 마음을 가진 까닭에, 보살은 안팎의 모든 물건을 희사하여 중생을 선정 가운데에 일으켜 세운다. 중생들이 기나긴 세월에 걸쳐서 어리석음을 가진 까닭에, 보살은 안팎의 모든 물건을 희사하여 중생을 반야바라밀 가운데에 일으켜 세운다.

중생들이 기나긴 세월에 걸쳐서 애욕의 번뇌〔愛結〕를 지은 까닭에 나고 죽음에 헤매이니, 이 보살마하살은 방편의 힘으로써 중생의 애욕의 번뇌를 끊고, 중생을 네 가지 선정·네 가지 한량없는 이타의 마음·네 가지 형상을 떠난 선정·네 가지 관찰법 내지 여덟 가지 바른 깨달음에 이르는 길〔八聖道分〕·모든 것은 공(空)과 어떤 특징도 없음〔無相〕과 원할 것이 없음〔無作〕의 삼매에 일으켜 세운다. 중생을 수다원과 내지 아라한과·벽지불도, 불도에 일으켜 세운다.

교시가야, 이것을 보살마하살이 반야바라밀을 행하여 현세의 공덕과 후세의 공덕을 얻음이라고 한다. 아뇩다라삼먁삼보리를 얻어 진리의 수레바퀴〔法輪〕를 굴리고, 소원을 만족히 하고 번뇌의 여진까지 없는 열반〔無餘涅槃〕에 든다. 교시가야, 이것을 보살마하살의 후세의 공덕이라고 한다.

또한 교시가야, 선남자·선여인이 이 반야바라밀을 만약 듣고서 받아 지니고, 가까이하고 독송하며, 다른 사람을 위하여 설하고 바르게 사유하면, 그가 머무는 곳에서는 마(魔)나 마의 백성·혹은 외도나 범지·증상만인이 반야바라밀을 함부로 비방하고 어렵게하여 무너뜨리려고 해도, 결코 이룰 수가 없다. 오히려 그 사람의 나쁜 마음이 차츰 없어지고 공덕을 더하며, 이 반야바라밀을 들은 까닭에 삼승의 도〔三乘道〕로써 온갖 고통이 점점 없어짐을 얻는다.

교시가야, 비유컨대 마기(摩祇)라고 하는 약초가 있다. 뱀이 배가 고파 먹이를 찾아다니다가 어떤 벌레를 발견하고는 그것을 잡아먹으려고 했을 때, 그 벌레가 이 약초 근방에 가버리면 뱀은 약초의 냄새 때문에 더 이상 다가서지 못하고 물러나버리는 것과 같다. 왜냐하면 그 약초에는 독사를 이기는 힘이 있기 때문이다. 교시가야, 마기라는 약초에는 이와 같은 힘이 있다. 만약 선남자·선여인이 이 반야바라밀을 만약 듣고서 받아 지니고, 가까이하고 독송하며, 다른 사

338

람을 위하여 설하고 바르게 사유하면, 가령 가지가지로 투쟁을 일으켜 파괴하려고 찾아온 사람이 있다 해도, 반야바라밀의 위력에 의해서 그 나쁜 마음은 바로 소멸되고, 그 사람은 오히려 착한 마음을 내어서 공덕을 더하게 된다. 왜냐하면 이 반야바라밀은 능히 모든 것〔諸法〕의 쟁란(諍亂)을 없애기 때문이다.

무엇을 모든 것〔諸法〕이라고 하는가. 소위 음욕과 성냄과 어리석음·근원적 무지〔無明〕 내지 온갖 고통·모든 가리움〔蓋〕과 번뇌〔結使〕와 얽매임〔纏〕·나라는 소견〔我見〕·사람이라는 소견〔人見〕·중생이라는 소견〔衆生見〕·없어진다는 소견〔斷見〕·항상 존재한다는 소견〔常見〕·더럽다는 소견〔垢見〕·깨끗하다는 소견〔淨見〕·있다는 소견〔有見〕·없다는 소견〔無見〕의 이와 같은 일체의 모든 소견·아끼고 탐냄〔慳貪〕·계를 범함〔犯戒〕·성냄〔瞋〕·게으름〔懈怠〕·산란한 마음〔亂意〕·어리석음〔無智〕·항상하다는 생각〔常想〕·즐겁다는 생각〔樂想〕·깨끗하다는 생각〔淨想〕·나라는 것이 있다는 생각〔我想〕의 이와 같은 애욕의 행위이다.

물질적 존재에 집착하고 감각·표상·의지·인식에 집착하며, 보시바라밀·지계바라밀·인욕바라밀·정진바라밀·선정바라밀·반야바라밀에 집착하고, 여섯 가지 감각기관이 공〔內空〕·여섯 가지 감각기관의 여섯 가지 대상이 공〔外空〕·여섯 가지 감각기관과 여섯 가지 대상이 같이 공〔內外空〕 내지 사물이 존재하지 않는다는 견해와 존재한다는 견해가 같이 공〔無法有法空〕에 집착하며, 네 가지 관찰법 내지 열여덟 가지 부처님만이 갖는 특성에 집착하고, 일체지와 일체종지에 집착하며, 열반에 집착하는 것이다. 이 일체 모든 것의 쟁란을 전부 다 소멸하고 더 자라나지 않게 하는 것이다.

또한 교시가야, 삼천대천세계 가운데의 모든 사천왕천·모든 석제환인·모든 범천 내지 색구경천은 능히 반야바라밀을 듣고서 받아 지니며, 공양하고 독송하며, 타인을 위하여 설하고 바르게 사유하는 이 선남자·선여인을 항상 수호한다. 시방에 계시는 현재의 모든 부처님께서도 또한 함께 반야바라밀을 듣고서 받아 지니며, 공양하고 독송하며, 타인을 위하여 설하고 바르게 사유하는 이 선남자·선여인을 옹호한다.

이 선남자·선여인은 훌륭하지 않은 법〔不善法〕을 없애고 훌륭한 법〔善法〕을 한층 더한다. 소위 보시바라밀을 한층 더하니, 붙잡을 수가 없음인 까닭이다. 내지 반야바라밀을 한층 더하니, 붙잡을 수가 없음인 까닭이다. 여섯 가지 감각기관이 공함을 한층 더하고 내지 사물이 존재하지 않는다는 견해와 존재한다는 견해가 같이 공함을 한층 더하니, 붙잡을 수가 없음인 까닭이다. 네 가지 관찰법 내지 열여덟 가지 부처님만이 갖는 특성을 한층 더하니, 붙잡을 수가 없음인 까닭이다. 모든 삼매문(三昧門)과 모든 다라니문(陀羅尼門)·일체지와 일체종지를 한층 더하니, 붙잡을 수가 없음인 까닭이다.

이 선남자·선여인이 하는 말은 사람들이 전부 믿고 가져서 좋은 벗과 우의를 돈독히 하고 이익이 없는 말을 하지 않으며, 분노로 마음을 덮지 않고 교만과 아끼고 탐냄과 질투로 마음을 덮지 않는다.

이 사람은 스스로도 살생(殺生)하지 않고 타인을 시켜 살생케 하지 않으며, 살생하지 않는 법을 찬탄하고 또한 살생하지 않는 이를 환희하고 찬탄한다. 스스로도 도둑질〔不與取〕을 멀리 여의고 타인을 시켜 도둑질함을 멀리 여의게 하며, 도둑질을 멀리 여의는 법을 찬탄하고 또한 도둑질을 멀리 여의는 이를 환희하고 찬탄한다. 스스로도 삿된 음행을 하지 않고 타인을 시켜 삿된 음행을 하지 않게 하며, 삿된 음행을 하지 않는 법을 찬탄하고 또한 삿된 음행을 하지 않는 이를 환희하고 찬탄한다. 스스로도 거짓말을 하지 않고 타인을 시켜 거짓말을 하지 않게 하며, 거짓말하지 않는 법을 찬탄하고 또한 거짓말하지 않는 이를 환희하고 찬탄한다. 이간질하는 말〔兩舌〕·저주하는 말〔惡口〕·이익이 없는 말〔無利益語〕도 이와 같다.

스스로도 탐내지 않고 타인을 시켜 탐내게 하지 않으며, 탐내지 않는 법을 찬탄하고 탐내지 않는 이를 환희하고 찬탄한다. 성내지 않음과 삿된 소견을 갖지 않음도 이와 같다. 스스로도 보시바라밀을 행하고 타인을 시켜 보시바라밀을 행하게 하며, 보시바라밀 법을 찬탄하고 또한 보시바라밀을 행하는 이를 환희하고 찬탄한다. 스스로도 지계바라밀을 행하고 타인을 시켜 지계바라밀을 행하게 하며, 지계바라밀 법을 찬탄하고 또한 지계바라밀을 행하는 이를 환희하고 찬탄한다. 스스로도 인욕바라밀을 행하고 타인을 시켜 인욕바라밀을 행하게 하며, 인욕바라밀 법을 찬탄하고 또한 인욕바라밀을 행하는 이를 환희하고 찬탄한다. 스스로도 정진바라밀을 행하고 타인을 시켜 정진바라밀을 행하게 하며, 정진바라밀 법을 찬탄하고 또한 정진바라밀을 행하는 이를 환희하고 찬탄한다. 스스로도 선정바라밀을 행하고 타인을 시켜 선정바라밀을 행하게 하며, 선정바라밀 법을 찬탄하고 또한 선정바라밀을 행하는 이를 환희하고 찬탄한다. 스스로도 반야바라밀을 행하고 타인을 시켜 반야바라밀을 행하게 하며, 반야바라밀 법을 찬탄하고 또한 반야바라밀을 행하는 이를 환희하고 찬탄한다.

스스로도 여섯 가지 감각기관이 공함을 닦고 타인을 시켜 여섯 가지 감각기관이 공함을 닦게하며, 여섯 가지 감각기관이 공한 법을 찬탄하고 여섯 가지 감각기관이 공함을 닦는 이를 환희하고 찬탄한다. 내지 스스로도 사물이 존재하지 않는다는 견해와 존재한다는 견해가 같이 공함을 닦고 타인을 시켜 사물이 존재하지 않는다는 견해와 존재한다는 견해가 같이 공함을 닦게하며, 사물이 존재하지 않는다는 견해와 존재한다는 견해가 같이 공한 법을 찬탄하고 사물이 존재하지 않는다는 견해와 존재한다는 견해가 같이 공함을 닦는 이를 환희하고 찬탄한다.

스스로도 일체의 삼매에 들고 타인을 시켜 일체의 삼매에 들게 하며, 일체의 삼매를 찬탄하고 또한 일체의 삼매를 행하는 이를 환희하고 찬탄한다. 스스로도 다라니를 얻고 타인을 시켜 다라니를 얻게 하며, 다라니의 법을 찬탄하고 또한 다라니 얻은 이를 환희하고 찬탄한다.

스스로도 첫째 선정〔初禪〕에 들고 타인을 시켜 첫째 선정에 들게 하며, 첫째 선정의 법을 찬탄하고 또한 첫째 선정에 든 이를 환희하고 찬탄한다. 둘째 선정〔二禪〕·셋째 선정〔三禪〕·넷째 선정〔四禪〕도 이와 같다.

스스로도 즐거움을 주는 마음〔慈心〕에 들고 타인을 시켜 즐거움을 주는 마음에 들게 하며, 즐거움을 주는 마음에 드는 법을 찬탄하고 또한 즐거움을 주는 마음에 든 이를 환희하고 찬탄한다. 가엾이 여김〔悲〕·함께 기뻐함〔喜〕·온갖 집착을 버리는 마음〔捨心〕도 이와 같다.

스스로도 무변공처(無邊空處)에 들고 타인을 시켜 무변공처에 들게 하며, 무변공처의 법을 찬탄하고 또한 무변공처에 든 이를 환희하고 찬탄한다. 무변식처(無邊識處)·무소유처(無所有處)·비유상비무상처(非有想非無想處)도 이와 같다.

스스로도 네 가지 관찰법을 닦고 타인을 시켜 네 가지 관찰법을 닦게 하며, 네 가지 관찰법의 법을 찬탄하고 또한 네 가지 관찰법을 닦는 이를 환희하고 찬탄한다. 네 가지 바른 노력〔四正勤〕·네 가지 자재를 얻는 것〔四如意足〕·다섯 가지 뛰어난 능력〔五根〕·다섯 가지 악을 부수는 힘〔五力〕·일곱 가지 깨닫는 지혜를 도와주는 힘〔七覺支〕·여덟 가지 바른 깨달음에 이르는 길도 이와 같다.

스스로도 모든 것은 공·어떤 특징도 없음·원할 것이 없음의 삼매를 닦고 타인을 시켜 모든 것은 공·어떤 특징도 없음·원할 것이 없음의 삼매를 닦게 하며, 모든 것은 공·어떤 특징도 없음·원할 것이 없음의 삼매의 법을 찬탄하고 또한 모든 것은 공·어떤 특징도 없음·원할 것이 없음의 삼매를 닦는 이를 환희하고 찬탄한다.

스스로도 여덟 가지 탐착심을 버림〔八背捨〕에 들고 타인을 시켜 여덟 가지 탐착심을 버림에 들게 하며, 여덟 가지 탐착심을 버리는 법을 찬탄하고 또한 여덟 가지 탐착심을 버림에 든 이를 환희하고 찬탄한다.

스스로도 아홉 가지 차례차례의 선정〔九次第定〕에 들고 타인을 시켜 아홉 가지 차례차례의 선정에 들게 하며, 아홉 가지 차례차례의 선정의 법을 찬탄하고 또한 아홉 가지 차례차례의 선정에 든 이를 환희하고 찬탄한다. 스스로 부처님의 열 가지 지혜의 힘〔十力〕·네 가지 두려움 없는 자신〔四無所畏〕·네 가지 걸림없는 지혜〔四無碍智〕·큰 인자함과 크게 가엾이 여김〔大慈大悲〕·열여덟 가지 부처님만이 갖는 특성을 닦음도 이와 같다.

스스로도 착각으로 오류하지 않는 법〔不錯謬法〕을 행하고, 스스로도 항상 평등히 하는 법〔常捨法〕을 행하며, 타인을 시켜 착각으로 오류하지 않는 법과 항상 평등히 하는 법을 행하게 하며, 착각으로 오류하지 않는 법과 항상 평등히 하는 법을 찬탄하고 또한 착각으로 오류하지 않는 법과 항상 평등히 하는 법을 행하는 이를 환희하고 찬탄한다.

스스로도 일체종지를 얻고 타인을 시켜 일체종지를 얻게 하며, 일체종지를 찬탄하고 또한 일체종지를 얻은 이를 환희하고 찬탄한다.

이 보살마하살은 육바라밀을 행할 때에 모든 보시를 중생과 함께 하여 아뇩다라삼먁삼보리에 회향하니, 붙잡을 수가 없음인 까닭이다. 모든 지계·인욕·정진·선정·지혜를 중생과 함께 하여 아뇩다라삼먁삼보리에 회향하니, 붙잡을 수가 없음인 까닭이다.

이 선남자·선여인은 이와 같이 육바라밀을 행할 때에 이렇게 생각한다.

'내가 만약 보시를 하지 않으면 반드시 빈궁한 집안에 태어나게 되고, 중생을 제도하여 해탈시키고 부처님의 국토를 맑히지 못할 것이며, 또한 일체종지를 얻지 못할 것이다. 내가 만약 계를 지키지 않으면 반드시 세 갈래 나쁜 길〔三惡道〕에 태어나게 되고, 또한 사람의 몸도 얻지 못할 것이다. 하물며 어찌 능히 중생을 제도하여 해탈시키고 부처님의 국토를 맑히며, 일체종지를 얻을 수 있을까 보냐. 내가 만약 인욕을 닦지 않으면 반드시 모든 감각기관〔諸根〕이 이지러지고 몸매를 다 갖추지 못하게 되니, 보살이 갖춘 원만한 몸매를 본 중생이 반드시 아뇩다라삼먁삼보리에 도달함을 얻지 못할 것이며, 또한 원만한 몸매로써 중생을 제도하여 해탈시키고 부처님의 국토 맑힘을 얻으며, 일체종지를 얻지 못할 것이다. 내가 만약 게을리하면 보살도를 얻을 수 없게 되고, 또한 중생을 제도하여 해탈시키고 부처님의 국토를 맑히고, 일체종지를 얻을 수 없을 것이다. 내가 만약 산란한 마음을 내면 모든 선정을 생기게 할 수 없게 되고, 이 선정으로써 중생을 제도하여 해탈시키고 부처님의 국토를 맑히며, 일체종지를 얻지 못할 것이다. 내가 만약 지혜가 없으면 방편의 지혜를 얻어서, 이 방편의 지혜로써 성문과 벽지불의 경지를 지나 중생을 제도하여 해탈시키고 부처님의 국토 맑히며, 일체종지를 얻을 수 없을 것이다.'

이 보살은 다시 이와 같이 사유한다.

'내가 아끼고 탐냄을 따르는 까닭에 보시바라밀을 원만히 갖추지 않으면 안 된다. 계 범함을 따르는 까닭에 지계바라밀을 원만히 갖추지 않으면 안 된다. 성냄을 따르는 까닭에 인욕바라밀을 원만히 갖추지 않으면 안 된다. 게으름을 따르는 까닭에 정진바라밀을 원만히 갖추지 않으면 안 된다. 산란한 마음을 따르는 까닭에 선정바라밀을 원만히 갖추지 않으면 안 된다. 어리석은 마음을 따르는 까닭에 반야바라밀을 원만히 갖추지 않으면 안 된다. 만약 보시바라밀·지계바라밀·인욕바라밀·정진바라밀·선정바라밀·반야바라밀을 원만히 갖추지 못하면, 나는 마침내 일체종지를 성취할 수 없을 것이다.'

이와 같이 선남자·선여인이 이 반야바라밀을 받아 지니고 가까이하며, 독송하고 타인을 위하여 설하며, 바르게 사유하고 또한 일체지의 마음을 여의지 않으면, 이러한 금세와 후세의 공덕을 얻는다."

석제환인이 부처님께 사뢰어 말씀드렸다.

"세존이시여, 정말 드문 일이니, 이 보살마하살은 반야바라밀을 일체지의 마음에 회향하는 까닭이며, 또한 마음이 높아지지〔高心〕 않기 때문입니다."

부처님께서 석제환인에게 말씀하셨다.

"무엇을 보살마하살은 반야바라밀을 일체지의 마음에 회향하는 까닭이며, 또한 마음이 높아지지〔高心〕 않기 때문이라고 말하느냐?"

석제환인이 부처님께 사뢰어 말씀드렸다.

"세존이시여, 보살마하살이 만약 세간의 보시바라밀을 행하여 모든 부처님이나 벽지불·성문 및 온갖 빈궁하여 걸식하는 길거리의 사람들에게 보시한다 해도, 이 보살은 방편이 없는 까닭에 높은 마음이 생기게 됩니다. 만약 세간의 지계바라밀을 행한다 해도, 나는 지계바라밀을 행한다든가 나는 지계바라밀을 원만히 갖추었다고 하면, 방편이 없는 까닭에 높은 마음이 생기게 됩니다. 내가 인욕바라밀·정진바라밀·선정바라밀을 행하고, 내가 반야바라밀을 행한다고 해도, 나는 반야바라밀을 닦는다고 말하면 이것은 세간의 반야바라밀로서 방편이 없는 까닭에 높은 마음이 생기게 됩니다.

세존이시여, 보살이 세간의 네 가지 관찰법을 닦을 때는 스스로, '나는 네 가지 관찰법을 닦고, 나는 네 가지 관찰법을 원만히 갖춘다'고 생각하는데, 방편의 힘이 없는 까닭에 높은 마음이 생기게 됩니다.

'네 가지 바른 노력·네 가지 자재를 얻는 것·다섯 가지 뛰어난 능력·다섯 가지 악을 부수는 힘·일곱 가지 깨닫는 지혜를 도와주는 힘·여덟 가지 바른 깨달음에 이르는 길을 닦는다'고 합니다. 스스로 '나는 모든 것은 공·어떤 특징도 없음·원할 것이 없음의 삼매를 닦고, 나는 일체의 삼매문을 닦으며, 일체의 다라니문을 얻어야 한다. 나는 부처님의 열 가지 지혜의 힘·네 가지 두려움 없는 자신·열여덟 가지 부처님만이 갖는 특성을 닦으며, 나는 마땅히 중생을 제도하여 해탈시켜야 하고, 나는 마땅히 부처님의 국토를 맑혀야 하며, 나는 마땅히 일체종지를 얻어야 한다'고 생각하는데, 나라는 것에 집착하는 까닭에 높은 마음이 생기게 됩니다.

세존이시여, 이와 같은 보살마하살은 세간의 착한 법을 행하고 나라는 것에 집착하는 까닭에 높은 마음이 생기게 됩니다.

세존이시여, 만약 보살마하살이 세간 밖의 보시바라밀을 행하면 베푸는 이를 붙잡지 않고, 받는 이를 붙잡지 않으며, 베푸는 물건을 붙잡지 않습니다. 이와 같은 보살마하살은 세간 밖의 보시바라밀을 행하고, 일체지에 회향하는 까닭에 또한 높은 마음을 내지 않습니다. 지계바라밀을 행한다고 해도 지계를 붙잡을 수가 없습니다. 인욕바라밀을 행한다고 해도 인욕을 붙잡을 수가 없습니다. 정진바라밀을 행한다고 해도 정진을 붙잡을 수가 없습니다. 선정바라밀을 행한다고 해도 선정을 붙잡을 수가 없습니다. 반야바라밀을 행한다고 해도 반야를 붙잡을 수가 없습니다.

네 가지 관찰법을 닦는다 해도 네 가지 관찰법을 붙잡을 수가 없습니다. 내지 열여덟 가지 부처님만이 갖는 특성을 닦는다 해도 열여덟 가지 부처님만이 갖는 특성을 붙잡을 수가 없습니다. 큰 인자함과 크게 가엾이 여김을 닦는다 해도 큰 인자함과 크게 가엾이 여김을 붙잡을 수가 없습니다. 내지 일체종지를 닦는다 해도 일체종지를 붙잡을 수가 없습니다.

세존이시여, 이와 같음을 보살마하살은 반야바라밀을 일체지의 마음에 회향하는 까닭이며, 또한 마음이 높아짐을 내지 않는 때문이라고 말합니다."

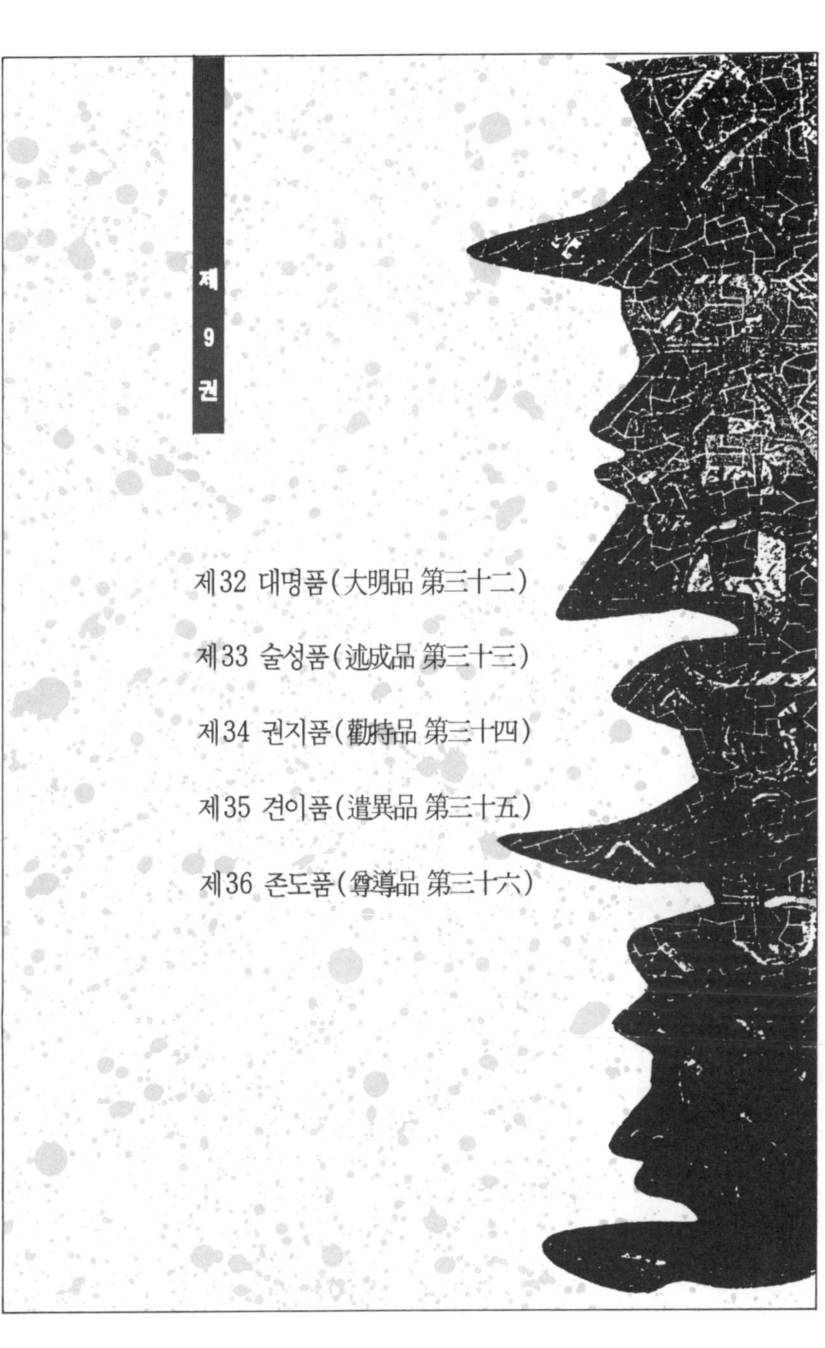

제32 대명품(大明品 第三十二)

그때 부처님께서 석제환인에게 말씀하셨다.

"만약 어떤 선남자·선여인이 이 깊은 반야바라밀을 듣고서 받아 지니며, 가까이하여 독송하고, 바르게 사유하여 일체지〔薩婆若〕의 마음을 여의지 않으면, 두 군대가 싸우고 있을 때에 이 선남자·선여인은 반야바라밀을 외우는 한, 전투에 휩쓸리게 되어도 결코 목숨을 잃는 일이 없고 칼이나 화살에도 다치지도 않는다. 왜냐하면 이 선남자·선여인은 기나긴 세월〔長夜〕 동안 육바라밀을 행하여, 스스로도 음욕(婬欲)이라는 칼이나 화살을 없앰과 함께 타인의 음욕이라는 칼이나 화살까지도 없앴기 때문이다. 또한 스스로도 성냄이라는 칼이나 화살을 없앰과 함께 타인의 성냄이라는 칼이나 화살까지도 없앴기 때문이다. 또한 스스로도 어리석음이라는 칼이나 화살을 없앰과 함께 타인의 어리석음이라는 칼이나 화살까지도 없앴기 때문이다. 또한 스스로도 삿된 소견이라는 칼이나 화살을 없앰과 함께 타인의 삿된 소견이라는 칼이나 화살까지도 없앴기 때문이다. 또한 스스로도 나타나 있는 번뇌〔纏垢〕라는 칼이나 화살을 없앰과 함께 타인의 나타나 있는 번뇌라는 칼이나 화살까지도 없앴기 때문이다. 또한 스스로도 잠재하고 있는 번뇌〔結使〕라는 칼이나 화살을 없앰과 함께 타인의 잠재하고 있는 번뇌라는 칼이나 화살까지도 없앴기 때문이다. 교시가야, 이러한 인연으로 이 선남자·선여인은 칼이나 화살에 의해서 다치는 일이 없는 것이다.

또한 교시가야, 이 선남자·선여인이 이 깊은 반야바라밀을 듣고서 받아 지니며, 가까이하여 독송하고, 바르게 사유하여 일체지의 마음을 여의지 않으면 독약냄새를 맡게해도, 혹은 사악한 요술을 사용해도, 혹은 불구덩이에 떨어뜨려도, 혹은 깊은 물속에 빠뜨려도, 혹은 칼로 죽일려고 해도, 혹은 독약을 먹여도 이와 같은 온갖 나쁜 것들이 다치게 할 수 없다. 왜냐하면 이 반야바라밀은 크게 밝은 주문[大明呪]이며, 위없이 밝은 주문[無上明呪]이기 때문이다. 만약 선남자·선여인이 이 밝은 주문[明呪] 가운데서 배우면 자신을 괴롭힘이 없고 타인을 괴롭히지 않으며, 또한 자타(自他)를 함께 괴롭히지 않는다. 왜냐하면 이 선남자·선여인은 나[我]라는 것에 사로잡히지 않고, 중생(衆生)이라는 것에 사로잡히지 않으며, 오래 산다는 것[壽命]에 사로잡히지 않고, 내지 아는 것이라는 관념[知者]·보는 것이라는 관념[見者] 등 전부에 사로잡히지 않기 때문이다. 그리고 물질적 존재[色]·감각·표상·의지·인식에 사로잡히지 않고, 내지 일체종지(一切種智)에도 사로잡히지 않기 때문이다. 이렇게 사로잡히지 않기 때문에 자신을 괴롭힘이 없고 타인을 괴롭히지 않으며, 또한 자타를 함께 괴롭히지 않는다. 이 크게 밝은 주문을 배우는 까닭에 아뇩다라삼먁삼보리를 얻고, 일체중생들의 마음을 관찰하며, 생각대로 설법할 수가 있다. 왜냐하면 과거의 모든 부처님도 이 크게 밝은 주문을 배워서 아뇩다라삼먁삼보리를 얻었고, 미래의 모든 부처님도 마땅히 이 크게 밝은 주문을 배워서 아뇩다라삼먁삼보리를 얻을 것이며, 지금 현재의 모든 부처님도 이 크게 밝은 주문을 배워서 아뇩다라삼먁삼보리를 얻기 때문이다.

또한 교시가야, 반야바라밀을 단지 서사(書寫)해 책으로 만들어 집에서 공양만 하고 기억도 하지 않고 읽지도 않으며, 외우지도 않고 설하지도 않으며 바르게 사유하지 않는다 하더라도, 이 곳에서는 사람이나 혹은 사람이 아닌 것[非人]이 해로움을 끼칠려고 해도 그 기회를 얻을 수 없다. 왜냐하면 이 반야바라밀은 삼천대천세계 가운데의 모든 사왕천(四王天)의 하늘들 내지 색구경천(色究竟天)의 모든 천자(天子)들 및 시방(十方)의 한량없고 헤아릴 수조차 없는 세계 가운데의 모든 사왕천의 하늘들 내지 색구경천의 모든 천자들이 수호하기 때문이며, 이 반야바라밀이 안치되어 있는 곳에는 모든 하늘〔諸天〕이 찾아와서 공양·공경·존중·찬탄·예배하고 돌아가기 때문이다.

이 선남자·선여인은 반야바라밀을 단지 서사해 책으로 만들어 집에서 공양만 하고 기억도 하지 않고 읽지도 않으며, 외우지도 않고 설하지도 않으며 바르게 사유하지 않는다 하더라도, 현세에 이와 같은 공덕을 얻게 된다. 마치 사람이나 혹은 축생이 보리수(菩提樹)의 밑이나 그 주변의 안팎에 있으면, 사람이나 혹은 사람이 아닌 것이 나쁜 마음을 품고 찾아왔다 해도 해칠 기회를 얻을 수 없는 것과 같다. 왜냐하면 이곳은 과거의 모든 부처님이 그 가운데서 아뇩다라삼먁삼보리를 얻은 곳이고, 미래의 모든 부처님과 현재의 모든 부처님도 마찬가지로 그 가운데서 아뇩다라삼먁삼보리를 얻은 곳이기 때문이다. 그리고 그 장소에서 부처님이 되고 나서는 일체의 중생들에게 공포도 없고 불안도 없는 상태를 주고, 한량없고 헤아릴 수조차 없는 중생들에게 천상(天上)이나 인간의 복덕과 안락을 주며, 또한 한량없고 헤아릴 수조차 없는 중생들에게 수다원과(須陀洹果)로부터 아뇩다라삼먁삼보리까지를 얻게 하시기 때문이다. 이렇게 반야바라밀의 힘이 있는 까닭에 이곳은 공경되고 예배되며, 꽃이나 향·장신구·가루향·향수·깃발·음악 등으로써 공양받는 것이다.”

석제환인이 부처님께 사루어 말씀드렸다.

“세존이시여, 만약 선남자·선여인이 반야바라밀을 서사하고 꽃이나 향·장신구 내지 음악을 가지고 공양함과 어떤 사람이 부처님께서 반열반(般涅槃)하신 후, 사리(舍利)를 공양하거나 혹은 탑을 세워서 공양·공경·존중·찬탄하고, 꽃이나 향·장신구 내지 음악을 가지고 공양한다면, 이 둘 중에 누가 더 많은 복을 얻을 수 있습니까?”

부처님께서 석제환인에게 이르셨다.

“내가 도리어 그대에게 묻겠는데, 그대의 생각대로 나에게 대답해다오. 그대는 어떻게 생각하는가. 부처님은 어떠한 수행을 해서 일체종지와 훌륭한 신체적 특징을 얻었는가?”

석제환인이 부처님께 사루어 말씀드렸다.

"부처님께서는 반야바라밀을 수행하여 일체종지와 훌륭한 신체적 특징을 얻으셨습니다."

부처님께서 석제환인에게 이르셨다.

"그렇다. 정말 그러하다 교시가야, 부처님은 반야바라밀을 수행하여 일체종지를 얻었다. 교시가야, 훌륭한 신체적 특징을 얻었기 때문에 부처님이라 부르는 것이 아니라, 일체종지를 얻은 까닭으로 부처님이라 부르는 것이다. 교시가야, 이 부처님의 일체종지는 반야바라밀 가운데에서 생기는 것이다. 이러한 까닭에 교시가야, 이 부처님의 신체는 일체종지의 근거가 되는 것이어서, 부처님은 이 신체에 의해서 일체종지를 얻는 것이다. 때문에 선남자는 이렇게 사유해야 한다. 이 신체는 일체종지의 근거가 되는 것이다. 이 까닭에 내가 열반한 뒤에 사리가 공양되는 것이다.

또한 교시가야, 선남자·선여인이 만약 이 반야바라밀을 듣고서, 서사하고 받아지니며, 가까이하여 독송하고 바르게 사유하며 꽃이나 향·장신구·가루향·향수·깃발·일산·음악을 가지고 공경·공양·존중·찬탄하면, 이 선남자·선여인은 바로 일체종지를 공양함이 되는 것이다. 이러한 까닭에 교시가야, 만약 어떤 선남자·선여인이 이 반야바라밀을 글로 쓰거나 혹은 받아지니고, 가까이하여 독송하며 설하고 바르게 사유하며, 꽃이나 향·장신구 내지 음악을 가지고 공양·공경·존중·찬탄하거나, 혹은 어떤 선남자·선여인이 부처님께서 반열반한 뒤에 꽃이나 향·장신구 내지 음악을 가지고 사리를 공양하고 탑을 세워서 공경·존중·찬탄하거나, 혹은 어떤 선남자·선여인이 이 반야바라밀을 써서 가지며, 꽃이나 향·장신구 내지 음악을 가지고 공양·공경·존중·찬탄한다면, 이러한 사람은 많은 복을 받는 것이다. 왜냐하면 이 반야바라밀 가운데에서 다섯 가지 바라밀이 생기는 것이고, 여섯 가지 감각기관이 공[內空]함 내지 사물이 존재하지 않는다는 견해와 존재한다는 견해가 같이 공[無法有法空]함·네 가지 관찰법[四念處] 내지 열여덟 가지 부처님만이 갖는 특성[十八不共法]이 생기는 것이며, 일체의 삼매와 일체의 선정(禪定)과 일체의 다라니문이 전부 반야바라밀 가운데에서 생기기 때문이다. 중생을 제도하여 해탈시키고[成就衆生] 부처님의 국토를 맑힘〔淨佛國土〕도 전부 반야바라밀 가운데에서 생기기 때문이다. 보살의 가문을 완성하고 육체를 완성하며, 생명의 양식인 물질을 만족히 하고 권속을 만족히 하며, 큰 인자함과 크게 가엾이 여김〔大慈大悲〕을 성취함도 전부 반야바라밀 가운데에서 생기기 때문이다. 왕족이나 귀족·바라문·대부호도 전부 반야바라밀 가운데에서 생기기 때문이다. 사천왕천 내지 색구경천·수다원 내지 아라한·벽지불·모든 보살마하살·모든 부처님·모든 부처님의 일체종지도 전부 반야바라밀 가운데에서 생기기 때문이다.”

그때 석제환인이 부처님께 사루어 말씀드렸다.

“세존이시여, 염부제(閻浮提)의 사람이 이 반야바라밀을 공양도 하지 않고 공경도 하지 않으며, 존중도 하지 않고 찬탄도 하지 않는 것은 공양하면 많은 이익이 있음을 모르기 때문입니까?”

부처님께서 석제환인에게 이르셨다.

“교시가야, 그대는 어떻게 생각하는가. 염부제 가운데 어느 정도의 사람이 부처님을 믿어 거역하지 않고, 법을 믿어 거역하지 않으며, 스님네를 믿어 거역하지 않느냐? 어느 정도의 사람이 부처님에 대하여 의심을 갖지 않고, 법에 대하여 의심을 갖지 않으며, 스님네에 대하여 의심을 갖지 않느냐? 어느 정도의 사람이 부처님에 대하여 확고한 믿음을 가지고 있고, 법에 대하여 확고한 믿음을 가지고 있으며, 스님네에 대하여 확고한 믿음을 가지고 있느냐?”

석제환인이 부처님께 사루어 말씀드렸다.

“세존이시여, 염부제의 사람으로서 부처님과 법과 스님네를 믿어 거역하지 않는 이는 적습니다. 또한 부처님과 법과 스님네에 대하여 의심을 갖지않고 확고한 믿음을 가지고 있는 이도 적습니다.”

“교시가야, 자네는 어떻게 생각하는가. 염부제에서 어느 정도의 사람이 서른 일곱 가지 깨달음의 도움이 되는 수행방법〔三十七品〕·세 가지 해탈문〔三解脫門〕·여덟 가지 탐착심을 버림〔八背捨〕·아홉 가지 차례차례의 선정〔九次第定〕네 가지 걸림없는 지혜〔四無碍智〕·여섯 가지 신통〔六神通〕을 얻느냐? 염부제에서 어느 정도의 사람이 세 가지 번뇌〔三結〕를 끊음에 의해서 수다원의 길을 얻느냐? 어느 정도의 사람이 세 가지 번뇌를 끊고, 나아가 음욕과 성냄과 어리석음이 적어짐에 의해서 사다함의 길을 얻느냐? 어느 정도의 사람이 아래의 다섯 가지 번뇌〔五下分結〕를 끊음에 의해서 아나함의 길을 얻느냐? 어느 정도의 사람이 위의 다섯 가지 번뇌〔五上分結〕를 끊음에 의해서 아라한의 길을 얻느냐? 염부제에서 어느 정도의 사람이 벽지불을 구하고, 어느 정도의 사람이 아뇩다라삼먁삼보리의 마음을 내느냐?”

석제환인이 부처님께 사루어 말씀드렸다.

“세존이시여, 염부제 가운데의 극히 적은 사람만이 서른 일곱 가지 깨달음의 도움이 되는 수행방법을 얻고, 내지 극히 적은 사람만이 아뇩다라삼먁삼보리의 마음을 낼 따름입니다.”

부처님께서 석제환인에게 이르셨다.

“그렇다. 정말 그러하다 교시가야, 극히 적은 사람만이 부처님을 믿어 거역하지 않고, 법을 믿어 거역하지 않으며, 스님네를 믿어 거역하지 않는다. 극히 적은 사람만이 부처님에 대하여 의심을 갖지 않고, 법에 대하여 의심을 갖지 않으며, 스님네에 대하여 의심을 갖지 않는다. 극히 적은 사람만이 부처님에 대하여 확고한 믿음을 가지고 있고, 법에 대하여 확고한 믿음을 가지고 있으며, 스님네에 대하여 확고한 믿음을 가지고 있다.

교시가야, 극히 적은 사람만이 서른 일곱 가지 깨달음의 도움이 되는 수행방법·세 가지 해탈문·여덟 가지 탐착심을 버림·아홉 가지 차례차례의 선정·네 가지 걸림없는 지혜·여섯 가지 신통을 얻는다.

교시가야, 극히 적은 사람만이 세 가지 번뇌를 끊어서 수다원을 얻고, 세 가지 번뇌를 끊고, 나아가 음욕과 성냄과 어리석음을 적게하여 사다함을 얻으며, 아래의 다섯 가지 번뇌를 끊어서 아나함을 얻고, 위의 다섯 가지 번뇌를 끊어서 아라한을 얻는다. 극히 적은 사람만이 벽지불을 구하고, 이 가운데에서 극히 적은 사람만이 아뇩다라삼먁삼보리의 마음을 낸다. 마음을 낸 가운데에서 극히 적은 사람만이 보살도(菩薩道)를 수행하는 것이다.

왜냐하면 이러한 중생들은 전생에 부처님을 본 적도 없고, 법을 들은 적도 없으며, 스님네를 공양한 적도 없기 때문이다. 보시를 한 일도 없고, 계를 지킨 일도 없으며, 인욕을 한 일도 없고, 정진을 한 일도 없으며, 선정을 한 일도 없고, 지혜도 없었기 때문이다. 여섯 가지 감각기관이 공함과 여섯 가지 감각기관의 여섯 가지 대상이 공〔外空〕함 내지 사물이 존재하지 않는다는 견해와 존재한다는 견해가 같이 공함을 들은 적도 없었기 때문이다. 또한 네 가지 관찰법 내지 열여덟 가지 부처님만이 갖는 특성을 들은 적도 없고, 수행한 적도 없었기 때문이다. 또한 모든 삼매문과 모든 다라니문을 들은 적도 없고 수행한 적도 없으며, 일체지와 일체종지를 들은 적도 없고, 수행한 적도 없었기 때문이다.

교시가야, 이러한 인연이 있는 까닭에 극히 적은 중생만이 부처님을 믿어 거역하지 않고, 법을 믿어 거역하지 않으며, 스님을 믿어 거역하지 않고, 내지 극히 적은 중생만이 벽지불의 길을 구하고, 이 가운데에서 극히 적은 중생만이 아뇩다라삼먁삼보리의 마음을 내며, 마음을 낸 가운데에서 극히 적은 중생만이 보살도를 수행하고, 이 가운데에서 극히 적은 중생만이 아뇩다라삼먁삼보리를 얻는다고 마땅히 알아야 한다.

교시가야, 내가 불안(佛眼)으로써 동방에 있는 한량없고 헤아릴 수조차 없는 중생들이 아뇩다라삼먁삼보리의 마음을 내어 보살도를 수행하는 것을 보니, 이러한 중생은 반야바라밀의 방편의 힘에서 멀리 떨어져 있기 때문에, 한 사람이나 혹은 두 사람 정도가 보살의 물러나지 않는 경지〔不退轉地〕에 머물러 있고, 많은 사람은 성문이나 벽지불의 경지에 떨어져 있다. 남·서·북방과 상·하와 네 간방도 또한 이와 같다.

이러한 까닭에 교시가야, 선남자·선여인으로서 마음을 내어 아뇩다라삼먁삼보리를 구하는 이는 마땅히 반야바라밀을 듣고서 받아 지니며, 가까이하여 독송하고 설하며, 바르게 사유해야 한다. 그리고 받아 지니고, 가까이하여 독송하고 설하며, 바르게 사유하고는 마땅히 글로 써서 경전으로 만들어 꽃이나 향·장신구 내지 음악을 가지고 공경·공양·존중·찬탄해야 한다. 또한 다른 많은 훌륭한 법〔善法〕에 의해서 반야바라밀 가운데에 들어온 사람도 듣고서 받아 지니며, 내지 바르게 사유해야 한다.

무엇이 다른 많은 훌륭한 법인가 하면, 소위 보시바라밀·지계바라밀·인욕바라밀·정진바라밀·선정바라밀, 여섯 가지 감각기관이 공함과 여섯 가지 감각기관의 여섯 가지 대상이 공함 내지 사물이 존재하지 않는다는 견해와 존재한다는 견해가 같이 공함, 모든 삼매문과 모든 다라니문, 네 가지 관찰법 내지 열여덟 가지 부처님만이 갖는 특성, 큰 인자함과 크게 가엾이 여김이다. 이러한 한량없는 모든 훌륭한 법은 전부가 반야바라밀 가운데에 드는 것이니, 이러한 것도 또한 마땅히 듣고서 받아 지니며, 내지 바르게 사유해야 한다. 왜냐하면 이 선남자 선여인은 마땅히 이와 같이 생각해야 하기 때문이다.

부처님께서는 본래 보살로 계실 때에 이와 같이 수행하고, 이와 같이 배우셨다. 즉 반야바라밀·선정바라밀·정진바라밀·인욕바라밀·지계바라밀·보시바라밀, 여섯 가지 감각기관이 공함 내지 사물이 존재하지 않는다는 견해와 존재한다는 견해가 같이 공함, 모든 삼매문과 모든 다라니문, 네 가지 관찰법 내지 열여덟 가지 부처님만이 갖는 특성, 큰 인자함과 크게 가엾이 여김이니, 이러한 한량없는 모든 불법을 수행하고 배우셨다. 그러니 우리들도 마찬가지로 배워야 한다. 왜냐하면 반야바라밀은 우리들이 존경해야 할 법이고, 선정바라밀을 비롯한 한량없는 다른 훌륭한 법도 우리들이 존경해야 할 법이기 때문이다. 이것이야말로 모든 부처님의 법인 증거이고, 모든 벽지불·아라한·아나함·사다함·수다원의 법인 증거이기 때문이다. 모든 부처님은 이 반야바라밀 내지 일체종지를 배워서 깨달음의 언덕〔彼岸〕에 이를 수가 있고, 모든 벽지불·아라한·아나함·사다함·수다원도 또한 이 반야바라밀 내지 일체종지를 배워서 깨달음의 언덕에 이를 수가 있는 것이다.

이러한 까닭에 교시가야, 선남자·선여인은 부처님이 세상에 계시든 혹은 반열반의 후에든 마땅히 반야바라밀을 의지해야 하고, 선정바라밀·정진바라밀·인욕바라밀·지계바라밀·보시바라밀 내지 일체종지에도 또한 의지해야 한다. 왜냐하면 이 반야바라밀 내지 일체종지는 모든 성문이나 벽지불·보살마하살 및 일체세간의 천상이나 인간·아수라가 의지할 곳이기 때문이다.

교시가야, 만약 어떤 선남자·선여인이 부처님이 반열반하신 후, 부처님을 공

양하기 위해서 일곱 가지 보석으로 된 탑을 세우되, 높이가 일 유순(一由旬)이
라고 하자. 그리고 하늘 향·하늘 꽃·하늘 장신구·하늘의 가루향·하늘 향수·
하늘 옷·하늘 깃발·하늘 일산·하늘 음악을 가지고 공양·공경·존중·찬탄한다
면 교시가야, 자네는 어떻게 생각하는가. 이 선남자·선여인은 이러한 인연에 의
해서 복을 얻음이 많겠느냐 아니냐?"

석제환인이 부처님께 말씀드렸다.

"세존이시여, 그것은 대단히 많다고 생각합니다."

부처님께서 말씀하셨다.

"그렇지만 이 선남자·선여인이 이 반야바라밀을 듣고서, 서사하고 받아 지니
며, 가까이하고 바르게 사유하여 일체지〔薩婆若〕의 마음을 여의지 않고, 또한
공경·존중·찬탄하며, 혹은 꽃이나 향·장신구·가루향·향수·깃발·일산·음악
을 가지고 공양한다면 이 선남자·선여인의 복덕이 훨씬 많은 것이다."

부처님께서 교시가에게 이르셨다.

"하나의 일곱 가지 보석으로 된 탑에 관해서는 그렇다고 치고, 만약 선남자·
선여인이 부처님을 공양하기 위해서 부처님이 반열반하신 후, 염부제에 가득차
게 일곱 가지 보석으로 된 탑을 세우되, 높이가 일 유순이라고 하자. 그리고 공
경·존중·찬탄하며, 꽃이나 향·장신구·깃발·일산·음악을 가지고 공양한다면
교시가야, 자네는 어떻게 생각하는가. 이 선남자·선여인은 복을 얻음이 많겠느
냐 아니냐?"

석제환인이 말씀드렸다.

"세존이시여, 그 복은 대단히 많다고 생각합니다."

부처님께서 말씀하셨다.

"이 선남자·선여인이 앞에처럼 반야바라밀을 공양한다고 하면 복덕이 훨씬
많은 것이다."

"교시가야, 다시 하나의 염부제에 가득찬 일곱 가지 보석으로 된 탑에 관해서
는 그렇다고 치고, 만약 선남자·선여인이 부처님을 공양하기 위해서 부처님이
반열반하신 후, 네 개의 천하(天下)에 가득 차게 일곱 가지 보석으로 된 탑을

세우되, 높이가 일 유순이라고 하자. 그리고 앞에처럼 공양한다면 교시가야, 자네는 어떻게 생각하는가. 이 선남자·선여인은 복을 얻음이 많겠느냐 아니냐?"

석제환인이 말씀드렸다.

"많겠습니다. 정말 많다고 생각합니다."

부처님께서 말씀하셨다.

"이 선남자·선여인이 반야바라밀을 글로 써서 지니며, 공경·존중·찬탄하고, 꽃이나 향 내지 음악을 가지고 공양한다고 하면 복덕이 훨씬 많은 것이다.

교시가야, 다시 네 개의 천하에 가득찬 일곱 가지 보석으로 된 탑에 관해서는 그렇다고 치고, 만약 어떤 선남자·선여인이 부처님을 공양하기 위해서 부처님이 반열반하신 후, 소천국토(小千國土)에 가득 차게 일곱 가지 보석으로 된 탑을 세우되, 높이가 일 유순이라고 하자. 그리고 앞에처럼 공양한다면 교시가야, 자네는 어떻게 생각하는가. 이 선남자·선여인은 복을 얻음이 많겠느냐 아니냐?"

석제환인이 말씀드렸다.

"대단히 많다고 생각합니다."

부처님께서 말씀하셨다.

"이 선남자·선여인이 반야바라밀을 글로 써서 받아지니며, 공경·존중·찬탄하고, 꽃이나 향 내지 음악을 가지고 공양한다고 하면 복덕이 훨씬 많은 것이다.

교시가야, 다시 소천국토 가운데 가득찬 일곱 가지 보석으로 된 탑에 관해서는 그렇다고 치고, 만약 어떤 선남자·선여인이 부처님을 공양하기 위해서 부처님이 반열반하신 후, 이천중국토(二千中國土)에 가득 차게 일곱 가지 보석으로 된 탑을 세우되, 높이가 일 유순이라고 하자. 그리고 앞에처럼 공양하면 복덕이 훨씬 많은 것이다. 다시 이천중국토의 일곱 가지 보석으로 된 탑에 관해서는 그렇다고 치고, 만약 어떤 선남자·선여인이 부처님을 공양하기 위해서 부처님이 반열반하신 후, 삼천대천국토(三千大千國土)에 가득 차게 일곱 가지 보석으로 된 탑을 세우되, 높이가 일 유순이라고 하자. 그리고 수명이 다할 때까지 공양하고, 나아가 하늘꽃·하늘 향·하늘 장신구 내지 하늘의 음악을 가지고 공양한다면, 자네는 어떻게 생각하는가. 이 선남자·선여인은 복을 얻음이 많겠느냐, 아니냐?”

석제환인이 말씀드렸다.

“세존이시여, 많겠습니다. 정말 많다고 생각합니다.”

부처님께서 말씀하셨다.

“이 선남자·선여인이 반야바라밀을 글로 써서 받아 지니며, 공경·존중·찬탄하고, 꽃이나 향 내지 음악을 가지고 공양한다고 하면 복덕이 훨씬 많은 것이다.

다시 삼천대천국토 가운데의 일곱 가지 보석으로 된 탑에 관해서는 그렇다고 치고, 만약 삼천대천국토에 있는 중생 한 사람 한 사람이 부처님을 공양하기 위해서 부처님이 반열반하신 후, 각자가 일곱 가지 보석으로 된 탑을 세워서 공경 존중·찬탄하고, 꽃이나 향 내지 음악을 가지고 공양한다고 해도, 만약 어떤 선남자·선여인이 반야바라밀을 써서 지니고, 내지 바르게 사유하여 일체지의 마음을 여의지 않으며, 또한 공경·존중·찬탄하고, 꽃이나 향·장신구 내지 음악을 가지고 공양한다면 이 사람이 훨씬 많은 복을 얻는다.”

석제환인이 부처님께 사루어 말씀드렸다.

“그렇습니다. 정말 그러합니다. 세존이시여, 만약 사람이 이 반야바라밀을 공양·공경·존중·찬탄하면, 곧 과거·미래·현재의 모든 부처님을 공양함이 되는 것입니다. 세존이시여, 만약 항하의 모래알같이 많은 시방국토에 있는 중생 한 사람 한 사람이 부처님을 공양하기 위해서 부처님이 반열반하신 후, 각자가 일곱 가지 보석으로 된 탑을 세우되 높이가 일 유순이라고 하고, 그리고 이 사람들이 일 겁(一劫)이나 혹은 그 정도의 세월동안 공경·존중·찬탄하고, 꽃이나 향 내지 음악을 가지고 공양한다고 하면 세존이시여, 이 선남자·선여인은 복을 얻음이 많겠습니까?”

부처님께서 말씀하셨다.

“대단히 많은 것이다.”

석제환인이 말씀드렸다.

“만약 어떤 선남자·선여인이 반야바라밀을 써서 지니고 내지 바르게 사유하며, 또한 공경·존중·찬탄하고, 꽃이나 향 내지 음악을 가지고 공양한다면 이 사람의 복이 훨씬 많습니다. 왜냐하면 세존이시여, 일체의 훌륭한 법은 모두가 반야바라밀 가운데에 들기 때문입니다. 소위 열 가지 착한 행위〔十善道〕·네 가지 선정〔四禪〕·네 가지 한량없는 이타의 마음〔四無量心〕·네 가지 형상을 떠난 선정〔四無色定〕·서른일곱 가지 깨달음의 도움이 되는 수행방법·세 가지 해탈문인 모든 것은 공(空)·어떤 특징도 없음〔無相〕·원할 것이 없음〔無作〕·네 가지 성스러운 진리〔四諦〕인 고통이라는 진리〔苦諦〕·고통의 원인이라는 진리〔集諦〕·고통을 제거하는 것이라는 진리〔滅諦〕·고통을 제거한 곳에 이르는 길의 진리〔道諦〕·여섯 가지 신통·여덟 가지 탐착심을 버림·아홉 가지 차례차례의 선정·보시바라밀·지계바라밀·인욕바라밀·정진바라밀·선정바라밀·반야바라밀·여섯 가지 감각기관이 공함 내지 사물이 존재하지 않는다는 견해와 존재한다는 견해가 같이 공함·모든 삼매문과 모든 다라니문·부처님의 열 가지 지혜의 힘〔十力〕·네 가지 두려움 없는 자신〔四無所畏〕·네 가지 걸림없는 지혜·큰 인자함과 크게 가엾이 여김·열여덟 가지 부처님만이 갖는 특성·일체지(一切智)·도종지(道種智)·일체종지(一切種智)입니다·세존이시여, 이것을 모든 부처님법의 증거라고 합니다. 그리고 이 법 가운데서 일체의 성문 및 벽지불·과거·미래·현재의 모든 부처님은 이 법을 배워서 깨달음의 언덕〔彼岸〕에 이를 수가 있는 것입니다."

제33 술성품(述成品 第三十三)

그때 부처님께서 석제환인에게 말씀하셨다.

"그렇다. 정말 그러하다 교시가야, 이 모든 선남자·선여인은 이 반야바라밀을 글로 써서 경전을 지니며, 받아 배우고 가까이하여 독송하며, 설하고 바르게 사유해야 하며, 나아가 꽃이나 향·장신구·가루향·향수·깃발·일산·음악으로 공양하여, 마땅히 한량없고 수없으며 생각할 수도 없고 칭량할 수도 없으며 가없는 복덕을 얻어야 한다. 왜냐하면 모든 부처님의 일체지와 일체종지는 전부가 반야바라밀에서 생기고, 모든 보살마하살의 선정바라밀·정진바라밀·인욕바라밀·지계바라밀·보시바라밀도 반야바라밀에서 생기며, 여섯 가지 감각기관이 공함 내지 사물이 존재하지 않는다는 견해와 존재한다는 견해가 같이 공함·네 가지 관찰법 내지 열여덟 가지 부처님만이 갖는 특성도 반야바라밀에서 생기고, 중생을 제도하여 해탈시킴과 부처님의 국토를 맑힘도 도종지와 일체종지와 모든 불법(佛法)도 전부가 반야바라밀에서 생기며, 성문승·벽지불승·불승도 모두가 반야바라밀에서 생기기 때문이다.

이러한 까닭에 교시가야, 선남자·선여인이 이 반야바라밀을 글로 써서 경전을 지니며, 가까이하여 독송하고 설하며, 바르게 사유하고, 나아가 꽃이나 향 내지 음악으로 공양하면 앞의 일곱 가지 보석으로 된 탑을 공양하는 것보다 훨씬 뛰어나니, 그것은 백 분의 일·천 분의 일·만 분의 일·백천만 분의 일에도 미치지 못하고, 내지 숫자로는 비유가 미치지 못하는 것이다.

왜냐하면 교시가야, 만약 반야바라밀이 세상에 있으면 불보(佛寶)·법보(法寶)·비구승보(比丘僧寶)가 결코 없어지지 않기 때문이다. 만약 반야바라밀이 세상에 있으면, 열 가지 착한 행위·네 가지 선정·네 가지 한량없는 이타의 마음·네 가지 형상을 떠난 선정·보시바라밀 내지 반야바라밀·네 가지 관찰법 내지 열여덟 가지 부처님만이 갖는 특성·일체지·일체종지가 전부 세상에 나타나기 때문이다. 만약 반야바라밀이 세상에 있으면, 세간에 왕족이나 귀족·바라문 대부호·사천왕천 내지 색구경천의 모든 하늘·수다원과 내지 아라한과·벽지불도·보살마하살·위없는 불도〔無上佛道〕·진리의 수레바퀴를 굴림〔轉法輪〕·중생을 제도하여 해탈시킴·부처님의 국토를 맑힘이 나타나기 때문이다."

제34 권지품(勸持品 第三十四)

그때 삼천대천국토의 모든 사천왕천 내지 색구경천이 석제환인 모든 하늘[諸天]들에게 말했다.

"이 반야바라밀을 반드시 받아야 하고 지녀야 하며, 가까이하고 독송해야 하며, 남을 위해 설하고 바르게 사유해야 합니다. 왜냐하면 반야바라밀을 받아 지니고, 내지 바르게 사유함에 의해서 닦아 익히는 온갖 훌륭한 법[善法]이 원만히 갖추어지게 되며, 모든 천상의 권속이 더하여 늘어나고 아수라가 줄어들기 때문입니다.

여러 천자(天子)들이여, 반야바라밀을 받아 지니고, 내지 바르게 사유함에 의해서 부처님의 종자[佛種]가 단절되지 않고, 법의 종자[法種]와 승가의 종자[僧種]가 단절되지 않기 때문입니다. 부처님의 종자·법의 종자·승가의 종자가 단절되지 않음으로 해서, 바로 보시바라밀·지계바라밀·인욕바라밀·정진바라밀·선정바라밀·반야바라밀이 전부 세상에 나타나게 되고, 네 가지 관찰법[四念處] 내지 열여덟 가지 부처님만이 갖는 특성[八十不共法], 그리고 보살도(菩薩道)가 세상에 나타나게 되며, 수다원과(須陀洹果)·사다함과(斯陀含果)·아나함과(阿那含果)·아라한과(阿羅漢果)·벽지불도(辟支佛道)·불도(佛道) 수다원 내지 부처님이 전부 세상에 나타나시기 때문입니다."

이때 부처님께서 석제환인에게 말씀하셨다.

“교시가야, 자네는 반드시 이 반야바라밀을 받아 지니고 독송하며, 남을 위하여 설하고 바르게 사유해야 한다. 왜냐하면 모든 아수라가 욕심을 내어서 삼십삼천(三十三天)과 싸우고자 하면 교시가야, 자네는 이때 반드시 반야바라밀을 송념(誦念)해야 하고, 그러면 모든 아수라의 나쁜 마음이 바로 소멸되고 다시는 생기지 않기 때문이다.

교시가야, 만약 모든 천자나 천녀(天女)에게 다섯 가지 죽음의 모양〔五死相〕이 나타날 때는 반드시 나쁜 곳〔不如意處〕에 떨어지게 된다. 그때 자네는 반드시 그들 앞에서 반야바라밀을 송독(誦讀)해야 하니, 이 모든 천자나 천녀가 반야바라밀을 들은 공덕에 의해서 다시 제자리에 태어나기 때문이다. 왜냐하면 반야바라밀을 들으매 큰 이익이 있기 때문이다.

또한 교시가야, 어떤 선남자·선여인이나 혹은 모든 천자나 천녀가 이 반야바라밀경을 들은 것만으로도, 이 공덕에 의해서 언젠가는 반드시 아뇩다라삼먁삼보리를 얻게 된다. 왜냐하면 교시가야, 과거의 모든 부처님과 제자들이 전부 이 반야바라밀을 배워서 아뇩다라삼먁삼보리를 얻고, 번뇌의 여진까지도 없는 열반〔無餘涅槃〕에 들었기 때문이다. 교시가야, 미래의 모든 부처님과 지금 현재 시방의 모든 부처님과 제자들도 전부 이 반야바라밀을 배워서 아뇩다라삼먁삼보리를 얻고, 번뇌의 여진까지도 없는 열반에 들기 때문이다. 왜냐하면 교시가야, 이 반야바라밀은 일체의 훌륭한 법인 성문법(聲聞法)·벽지불법·보살법·불법을 포섭하기 때문이다.”

석제환인이 부처님께 사루어 말씀드렸다.

“세존이시여, 반야바라밀은 크게 밝은 주문〔大明呪〕이고, 위없이 밝은 주문〔無上明呪〕이며, 비교할 수 없이 밝은 주문〔無等等明呪〕입니다. 왜냐하면 세존이시여, 이 반야바라밀은 능히 일체의 좋지 않은 법〔不善法〕을 없애고, 능히 일체의 훌륭한 법〔善法〕을 더하기 때문입니다.”

부처님께서 석제환인에게 말씀하셨다.

“그렇다. 정말 그러하다 교시가야, 반야바라밀은 크게 밝은 주문이고, 위없이 밝은 주문이며, 비교할 수 없이 밝은 주문이다. 왜냐하면 교시가야, 과거의 모든 부처님은 이 밝은 주문〔明呪〕에 의해서 아뇩다라삼먁삼보리를 얻었고, 미래의 모든 부처님과 지금 현재 시방의 모든 부처님도 이 밝은 주문에 의해서 아뇩다라삼먁삼보리를 얻기 때문이다.

이 밝은 주문에 의해서 세간에 곧 열 가지 착한 행위〔十善道〕가 있고, 곧 네 가지 선정〔四禪〕·네 가지 한량없는 이타의 마음〔四無量心〕·네 가지 형상을 떠난 선정〔四無色定〕이 있으며, 곧 보시바라밀 내지 반야바라밀·네 가지 관찰법〔四念處〕 내지 열여덟 가지 부처님만이 갖는 특성〔十八不共法〕이 있고, 곧 진실의 본성〔法性〕·사물의 진실된 모습〔如〕·있는 그대로의 모양〔法相〕·참된 이치의 머무름〔法住〕·모든 것의 변하지 않는 위치〔法位〕·참된 실상〔實際〕이 있으며, 곧 다섯 가지 눈〔五眼〕·수다원과 내지 아라한과·벽지불도·불도·일체지(一切智)·일체종지(一切種智)가 있기 때문이다.

교시가야, 보살마하살의 인연에 의해서 열 가지 착한 행위가 세간에 나오고, 네 가지 선정·네 가지 한량없는 이타의 마음 내지 일체종지·수다원 내지 모든 부처님이 세간에 나오는 것이니, 비유컨대 보름달이 밝게 비추면 별들도 또한 밝게 비춤과 같다.

이와 같이 교시가야, 일체 세간의 훌륭한 법·바른 법〔正法〕·열 가지 착한 행위 내지 일체종지는, 모든 부처님이 나오지 않는 때는 전부가 보살로부터 생긴다. 이 보살마하살의 방편의 힘은 모두가 반야바라밀로부터 생긴다. 이 보살마하살은 방편의 힘을 가지는 까닭에 보시바라밀 내지 선정바라밀·여섯 가지 감각기관이 공〔內空〕함 내지 사물이 존재하지 않는다는 견해와 존재한다는 견해가 같이 공〔無法有法空〕함·네 가지 관찰법 내지 열여덟 가지 부처님만이 갖는 특성을 행하고, 성문이나 벽지불의 지위를 증득하지 않으며, 또한 중생을 제도하여 해탈시키고 부처님의 국토를 맑히며, 수명을 성취하고 국토를 원만히 하며, 보살의 권속을 완성하고 일체종지를 얻으니, 이 모든 것이 반야바라밀로부터 생긴다.

또한 교시가야, 만약 선남자·선여인으로서 반야바라밀을 듣고서, 받아 지니며 가까이하고, 내지 바르게 사유하면 이 사람은 반드시 금세와 후세에 공덕을 성취하게 된다.”

석제환인이 부처님께 사루어 말씀드렸다.

“세존이시여, 무엇을 이 선남자·선여인이 반야바라밀을 받아 지니고 내지 바르게 사유하여 얻게되는 금세와 후세의 공덕이라고 합니까?”

부처님께서 석제환인에게 말씀하셨다.

“만약 어떤 선남자·선여인이 반야바라밀을 받아 지니고 내지 바르게 사유하면 자신의 실수로 독약을 먹고 죽는 일도 없고, 칼에도 다치지 않으며, 물이나 불의 위험에 떨어지지도 않고, 내지 온갖 질병〔四百四病〕도 침범할 수가 없다. 그러나 전생에 지은 업보〔宿命業報〕는 어쩔 수 없다.

또한 교시가야, 혹은 관서(官署)의 일〔官事〕이 벌어짐이 있더라도, 이 선남자·선여인은 이 반야바라밀을 독송하는 까닭에 관서에 도착해도 꾸짖고 나무라는 사람이 없다. 왜냐하면 이 반야바라밀은 위력이 있기 때문이다. 혹은 선남자·선여인이 이 반야바라밀을 독송하고 왕의 처소나 태자·대신의 처소에 이르면, 왕이나 태자·대신은 모두가 환희심으로 심문하고 부드러운 말로 함께 말한다. 왜냐하면 이 모든 선남자·선여인은 언제나 즐거움을 주는 마음〔慈〕·가엾이 여기는 마음〔悲〕·함께 기뻐하는 마음〔喜〕·온갖 집착을 버리는 마음〔捨心〕을 가지고 중생을 대하기 때문이다. 교시가야, 만약 선남자·선여인이 반야바라밀을 받아 지니고, 내지 바르게 사유하면 이와 같은 가지가지 금세의 공덕을 얻게 된다.

교시가야, 무엇이 이 선남자·선여인이 후세에 얻는 공덕인가 하면, 이 선남자·선여인은 마침내 열 가지 착한 행위·네 가지 선정·네 가지 한량없는 이타의 마음·네 가지 형상을 떠난 선정·육바라밀·네 가지 관찰법 내지 열여덟 가지 부처님만이 갖는 특성을 여의지 않는다. 이 사람은 결코 세 갈래 나쁜 길〔三惡道〕에 떨어지지 않고, 신체적으로 결함이 없는 사람의 몸을 받으며, 마침내 빈궁한 집·천한 집·고달픈 직업의 집〔工師〕·비천한 직업의 집〔除廁人〕·사람들이 싫어하는 직업의 집〔擔死人〕에 태어나지 않는다. 항상 서른두 가지 거룩한 모습〔三十二相〕을 얻고, 언제나 변화로 태어남〔化生〕을 얻어서 모든 현재의 부처님 나라에 태어나며, 결코 보살의 신통을 여의지 않는다. 만약 한 부처님 나라에서 다른 부처님 나라로 다니면서 모든 부처님을 공양하고, 모든 부처님 법을 듣고자 하면 곧바로 뜻과 같이 노닐 수 있는 부처님 나라를 만나고, 능히 중생을 제도하여 해탈시키고 부처님의 국토를 맑히며, 언젠가는 아뇩다라삼먁삼보리를 얻게 된다. 교시가야, 이것을 후세의 공덕이라고 부른다.

이러한 까닭에 교시가야, 선남자·선여인은 반드시 이 반야바라밀을 받아 지니고 가까이하며, 독송하고 설하며 바르게 사유해야 하고, 꽃이나 향 내지 음악을 가지고 공양하며, 항상 일체지의 마음을 여의지 않아야 한다. 이 선남자·선여인은 곧 아뇩다라삼먁삼보리에 이르르니, 금세와 후세의 공덕을 성취하게 되는 것이다."

제35 견이품(遣異品 第三十五)

그때 많은 외도(外道)인 범지(梵志)들이 부처님 처소로 다가와 부처님께서 설하시는 반야법문의 허물을 찾으려고 했다. 이때 석제환인이 마음속으로 생각했다.

'이 여러 외도인 범지들이 부처님 처소로 다가와 부처님께서 설하시는 반야법문의 허물을 찾으려고 한다. 나는 이제 마땅히 부처님께 받은 반야바라밀을 송념(誦念)해서, 이 여러 외도인 범지들이 끝까지 장애를 주지 못하게 하여 반야바라밀을 설하시게 해야 한다.'

석제환인은 이렇게 생각하고는 바로 반야바라밀을 외웠다. 그러자 많은 외도인 범지들이 멀리서 부처님의 주위를 맴돌다가 길을 바꿔 돌아갔다.

그때 사리불이 마음속으로 생각했다.

'지금 여기에 무슨 인연이 있어서, 많은 외도인 범지들이 멀리서 부처님의 주위를 맴돌다가 길을 바꿔 돌아갔는가.'

부처님께서 사리불의 마음을 헤아리시고 사리불에게 이르셨다.

"이것은 석제환인이 반야바라밀을 송념했기 때문이다. 이 인연에 의해서 많은 외도인 범지들이 멀리서 나의 주위를 맴돌다가 길을 바꿔 돌아간 것이다. 사리불아, 이 많은 외도인 범지들에게서 나는 착한 마음이라고는 티끌만큼도 보지 못했다. 이 많은 외도인 범지들은 나쁜 마음을 먹고 와서, 나의 반야법문에서 허물을 찾으려고 했다.

사리불아, 내가 반야바라밀을 설할 때에 일체 세간의 하늘〔天〕이나 마(魔)·범(梵)·사문의 무리·바라문의 무리 가운데서 나쁜 마음을 먹고 찾아와 능히 반야법문의 허물을 찾은 자를 본 적이 없다. 왜냐하면 사리불아, 이 삼천대천국토 가운데의 모든 사천왕천 내지 색구경천·모든 성문이나 벽지불·모든 보살마하살이 이 반야바라밀을 수호하기 때문이다. 왜냐하면 이 모든 하늘이나 인간들은 전부가 반야바라밀에서 태어난 까닭이다.

또한 사리불아, 항하의 모래알같이 많은 시방국토 가운데의 모든 부처님이나 성문·벽지불·보살마하살·모든 하늘·용·귀신들은 전부가 이 반야바라밀을 수호하기 때문이다. 왜냐하면 이 모든 부처님 등은 전부가 반야바라밀에서 태어난 까닭이다."

그때 악마가 마음속으로 생각했다.

'지금 부처님의 사부대중〔四衆〕이 모여앉아 집회를 하고, 또한 애욕의 세계〔欲界〕와 물질 세계〔色界〕의 모든 천자(天子)들이 있으니, 이 가운데는 틀림없이 반드시 부처님이 되리라는 보증을 받는〔受記〕 보살마하살이 있어서, 아뇩다라삼먁삼보리를 얻을 것이다. 나는 부처님 처소에 가서 그 마음을 깨뜨려야 한다.'

이렇게 생각한 악마는 네 종류의 군사〔四種兵〕를 만들어내어 부처님 처소에 이르렀다.

그때 석제환인이 마음속으로 생각했다.

'이 네 종류의 군사는 어쩌면 부처님께 다가오려고 악마가 만들어낸 것인지 모른다. 왜냐하면 이 네 종류 군사의 장엄하게 꾸밈이 빈바사라왕(頻婆娑羅王)의 네 종류 군사와도 같지 않고, 파사익왕(波斯匿王)의 네 종류 군사와도 같지 않으며, 모든 석가족〔釋子〕의 네 종류 군사와도 같지 않고, 모든 이창족〔梨昌〕의 네 종류 군사와도 같지 않기 때문이다. 이들은 악마가 만들어낸 네 종류의 군사임에 틀림없다. 이 악마는 기나긴 세월〔長夜〕에 걸쳐서 부처님을 해칠 기회를 찾았고, 중생을 번뇌롭게 하고자 했다. 나는 이들에게 반야바라밀을 송

넘해야 한다.'

석제환인이 바로 반야바라밀을 송념하니, 악마는 그 외우는 소리를 듣고 차츰 차츰 길을 바꿔 돌아갔다.

그때 회중에 있던 사천왕의 모든 천자들 내지 색구경천의 모든 천자들이 하늘꽃을 허공에서 만들어내어 부처님 위에 뿌리면서 이렇게 말했다.

"세존이시여, 원컨대 반야바라밀을 염부제(閻浮提)에 영원히 머물게 해주십시오. 왜냐하면 염부제 사람들이 반야바라밀을 받아지녀서, 이것이 머무를 때는 불보(佛寶)가 또한 머물러 없어지지 않고, 법보(法寶)와 승보(僧寶)도 머물러 없어지지 않기 때문입니다."

그때 항하의 모래알같이 많은 시방세계의 모든 하늘〔諸天〕도 또한 모두가 꽃을 뿌리면서 이렇게 말했다.

"세존이시여, 원컨대 반야바라밀을 염부제(閻浮提)에 영원히 머물게 해주십시오. 만약 반야바라밀이 영원히 머물면 불·법·승도 영원히 머무를 것이고, 또한 보살마하살의 도를 분별하여 알 것입니다. 또한 머물고 있는 곳에서 어떤 선남자·선여인이 반야바라밀경전을 써서 가짐이 있으면, 이곳은 바로 광명의 비춤〔照明〕이 되기 때문에 모든 어둠을 여의게 됩니다."

부처님께서 석제환인 등의 모든 천자들에게 이르셨다.

"그렇다. 정말 그러하다. 교시가야, 그리고 모든 천자들아, 염부제 사람들이 반야바라밀을 받아 지녀서, 이것이 머무를 때는 불보가 이와 같이 머물고, 법보와 승보도 이와 같이 머문다. 그리고 머물고 있는 곳에서 선남자·선여인이 반야바라밀경전을 써서 가짐이 있으면, 이곳은 바로 광명의 비춤이 되기 때문에 모든 어둠을 여의게 된다."

그때 모든 천자들이 하늘꽃을 만들어내어 부처님 위에 뿌리면서 이렇게 말했다.

"세존이시여, 저희들도 반드시 이 선남자·선여인을 옹호하겠습니다. 왜냐하면 만약 선남자·선여인이 반야바라밀을 받아 지니고, 내지 바르게 사유하면 저희들은 이 사람을 부처님같이 보고, 혹은 부처님의 다음가는 사람으로 보기 때문입니다."

이때 석제환인이 부처님께 사루어 말씀드렸다.

"세존이시여, 선남자·선여인으로서 반야바라밀을 받아 지니고, 내지 바르게 사유하는 이는 전생에 부처님 처소에서 공덕을 지음이 많고, 모든 부처님을 가까이 하고 공양했으며, 선지식(善知識)을 보호했다고 마땅히 알아야 합니다.

세존이시여, 모든 부처님의 일체지는 마땅히 반야바라밀 가운데서 구해야 하고, 반야바라밀은 또한 마땅히 일체지 가운데서 구해야 합니다. 왜냐하면 반야바라밀은 일체지와 다르지 않고, 일체지는 반야바라밀과 다르지 않으며, 반야바라밀과 일체지는 둘이 아니고 다름이 아니기 때문입니다. 이러한 까닭에 저희들은 이 사람을 바로 부처님같이 보고, 혹은 부처님 다음가는 사람으로 보는 것입니다."

부처님께서 석제환인에게 이르셨다.

"그렇다. 정말 그러하다. 교시가야, 모든 부처님의 일체지는 이것이 바로 반야바라밀이고, 반야바라밀은 이것이 바로 일체지이다. 왜냐하면 교시가야, 모든 부처님의 일체지는 모두가 반야바라밀에서 생기는 것이어서, 반야바라밀은 일체지와 다르지 않고, 일체지는 반야바라밀과 다르지 않으며, 반야바라밀과 일체지는 둘이 아니고 다름이 아니기 때문이다."

제36 존도품(尊導品 第三十六)

　　그때 혜명 아난(阿難)이 부처님께 사루어 말씀드렸다.

　　"세존이시여, 무엇 때문에 보시바라밀·지계바라밀·인욕바라밀·정진바라밀·선정바라밀 내지 열여덟 가지 부처님만이 갖는 특성〔十八不共法〕을 높이 칭찬하지 않고, 단지 반야바라밀만을 높이 칭찬하십니까?"

　　부처님께서 아난에게 이르셨다.

　　"반야바라밀은 다섯 가지 바라밀〔五波羅蜜〕 내지 열여덟 가지 부처님만이 갖는 특성의 존귀한 인도자〔尊導〕이다. 아난아, 너는 어떻게 생각하느냐. 일체지〔薩婆若〕에 회향(廻向)되지 않는 보시를 보시바라밀이라고 부를 수 있겠느냐 없겠느냐?"

　　"없습니다, 세존이시여."

　　"일체지에 회향되지 않는 지계·인욕·정진·선정·지혜는 이것을 반야바라밀이라고 부를 수 있겠느냐 없겠느냐?"

　　"없습니다, 세존이시여."

　　"이러한 까닭에 알아야 한다. 반야바라밀은 다섯 가지 바라밀 내지 열여덟 가지 부처님만이 갖는 특성의 존귀한 인도자이니, 이 까닭에 높이 칭찬하는 것이다."

　　아난이 부처님께 사루어 말씀드렸다.

"세존이시여, 어떻게 하면 보시가 일체지에 회향되어 보시바라밀이 되고, 내지 반야바라밀이 됩니까?"

부처님께서 아난에게 이르셨다.

"둘이 없는 법〔無二法〕으로써 보시하고 일체지에 회향하면 이것을 보시바라밀이라 이름하고, 나지 않고 붙잡을 수가 없음〔不生不可得〕으로써 일체지에 회향하는 보시를 보시바라밀이라 부른다. 내지 둘이 없는 법의 지혜로써 일체지에 회향하면 이것을 반야바라밀이라 이름하고, 나지 않고 붙잡을 수가 없음으로 일체지에 회향하는 지혜를 반야바라밀이라 부른다."

아난이 부처님께 사루어 말씀드렸다.

"세존이시여, 어찌하여 둘이 아닌 법〔不二法〕으로써 일체지에 회향하는 보시를 보시바라밀이라 이름하고, 내지 둘이 아닌 법으로 일체지에 회향하는 지혜를 반야바라밀이라 이름합니까?"

부처님께서 아난에게 이르셨다.

"물질적 존재〔色〕가 둘이 아닌 법인 까닭이며, 감각·표상·의지·인식이 둘이 아닌 법인 까닭이고, 내지 아뇩다라삼먁삼보리가 둘이 아닌 법인 까닭이다."

"세존이시여, 어찌하여 물질적 존재가 둘이 아닌 법이며, 내지 아뇩다라삼먁삼보리가 둘이 아닌 법입니까?"

부처님께서 말씀하셨다.

"물질적 존재는 물질적 존재의 모양이 공이다. 왜냐하면 보시바라밀과 물질적 존재는 둘이 아니고 다름이 아니며, 내지 아뇩다라삼먁삼보리와 보시바라밀은 둘이 아니고 다름이 아니기 때문이다. 다섯 가지 바라밀도 이와 같다. 이러한 까닭에 아난아, 단지 반야바라밀만을 높이 칭찬하는 것이니, 다섯 가지 바라밀 내지 일체종지(一切種智)의 존귀한 인도자이다.

아난아, 비유컨대 대지에 씨앗을 뿌리매 인연의 화합이 맞으면 바로 싹이 트고, 이 온갖 씨앗은 땅을 의지하여 자라는 것과 같다. 이와 같이 아난아, 다섯 가지 바라밀은 반야바라밀에 의지해서 생기게 되고, 네 가지 관찰법〔四念處〕 내지 일체종지도 반야바라밀에 의지해서 생기게 되는 것이다. 이러한 까닭에 아난아, 반야바라밀은 다섯 가지 바라밀 내지 열여덟 가지 부처님만이 갖는 특성의 존귀한 인도자인 것이다.”

그때 석제환인이 부처님께 사루어 말씀드렸다.

“세존이시여, 부처님께서는 선남자·선여인으로서 반야바라밀을 받아 지니고, 내지 바르게 사유하는 이가 얻는 공덕을 아직 다 말씀하시지 않았습니다. 왜냐하면 반야바라밀을 받아 지니고, 내지 바르게 사유하면 바로 삼세(三世) 모든 부처님의 무상도(無上道)를 받아들이는 것이기 때문입니다. 그 이유는 일체지를 얻고자 하면 마땅히 반야바라밀 가운데서 구해야 하고, 반야바라밀을 얻고자 하면 마땅히 일체지 가운데서 구해야 하기 때문입니다.

세존이시여, 반야바라밀을 받아 지니고, 내지 바르게 사유하는 까닭에 열 가지 착한 행위〔十善道〕가 세간에 나타나고, 네 가지 선정〔四禪〕·네 가지 한량없는 이타의 마음〔四無量心〕·네 가지 형상을 떠난 선정〔四無色定〕 내지 열여덟 가지 부처님만이 갖는 특성도 세간에 나타납니다.

반야바라밀을 받아 지니고, 내지 바르게 사유하는 까닭에 세간에 곧 왕족이나 귀족·바라문·대부호·사천왕천 내지 색구경천이 있습니다.

반야바라밀을 받아 지니고, 내지 바르게 사유하는 까닭에 곧 수다원 내지 아라한·벽지불·보살마하살이 있습니다.

반야바라밀을 받아 지니고, 내지 바르게 사유하는 까닭에 모든 부처님께서 세간에 출현하십니다.”

그때 부처님께서 석제환인에게 이르셨다.

“교시가야, 선남자·선여인이 반야바라밀을 받아 지니고, 내지 바르게 사유하면, 다만 그 정도의 공덕만 있다고 나는 말하지 않는다. 왜냐하면 교시가야, 이 선남자·선여인이 반야바라밀을 받아 지니고, 내지 바르게 사유하여 일체지의 마음을 여의지 않으면 한량없는 계율이라는 덕목(戒衆)을 성취하고, 한량없는 선정이라는 덕목〔定衆〕·지혜라는 덕목〔慧衆〕·해탈이라는 덕목〔解脫衆〕·해탈지견이라는 덕목〔解脫知見衆〕을 성취한다.

또한 교시가야, 이 선남자·선여인이 반야바라밀을 받아 지니고, 내지 바르게 사유하여 일체지의 마음을 여의지 않으면, 이 사람은 부처님과 같이 된다고 마땅히 알아야 한다.

또한 교시가야, 일체의 성문이나 벽지불의 온갖 계율이라는 덕목·선정이라는 덕목·지혜라는 덕목·해탈이라는 덕목·해탈지견이라는 덕목이 이 선남자·선여인의 계율이라는 덕목 내지 해탈지견이라는 덕목에 미칠 수 없음은 백 분·천 분 백천 만억 분 내지 숫자로 비유함은 도저히 미칠 수 없는 것이다. 왜냐하면 이 선남자·선여인은 성문이나 벽지불의 지위 가운데서 마음의 해탈을 얻고, 나아가 대승의 법〔大乘法〕을 구한 것이 아니기 때문이다.

또한 교시가야, 만약 어떤 선남자·선여인이 반야바라밀 경전을 써서 가지거나 공양·공경·존중하며, 꽃이나 향·장신구 내지 음악을 가지고 공양한다고 해도 또한 금세와 후세의 공덕을 얻게 된다."

그때 석제환인이 부처님께 사루어 말씀드렸다.

"세존이시여, 이 선남자·선여인이 반야바라밀을 받아 지니고, 내지 바르게 사유하여 일체지의 마음을 여의지 않으면서 반야바라밀을 공양·공경·존중하고, 꽃이나 향 내지 음악을 가지고 공양한다면, 저희들은 언제나 이 사람을 반드시 수호하겠습니다."

부처님께서 석제환인에게 이르셨다.

"교시가야, 이 선남자·선여인이 이 반야바라밀을 독송하고, 타인을 위해서 설하고자 할 때는 한량없는 백천의 모든 하늘이 전부 와서 법을 듣는다. 그리고 이 선남자·선여인이 반야바라밀법을 설하도록 모든 천자들이 담력(膽力)을 더해 준다. 이 여러 법사(法師)들이 혹시 심히 피로하여 법을 설하지 않으려고 해도, 모든 하늘이 담력을 더해 주는 까닭에 바로 다시 훌륭하게 설하게 된다. 선남자·선여인은 이 반야바라밀을 받아 들이고 내지 바르게 사유하며, 꽃이나 향 내지 음악을 가지고 공양하는 까닭에 또한 이러한 금세의 공덕을 얻는 것이다.

또한 교시가야, 이 선남자·선여인은 많은 사람들〔四部衆〕 가운데서 법을 설할 때에 마음에 겁〔怯弱〕이 없고, 혹은 어려운 질문〔論難〕이 있다고 해도 두려운 생각이 없다. 왜냐하면 이 선남자·선여인은 반야바라밀에 의해 보호되고 지켜지기 때문이다.

반야바라밀 가운데서는 또한 일체의 법을 분별하여 세간이나 혹은 세간 밖·번뇌가 있음〔有漏〕이나 혹은 없음〔無漏〕·착함이나 혹은 착하지 않음·함이 있음〔有爲〕이나 혹은 없음〔無爲〕·성문법이나 혹은 벽지불법·보살법이나 혹은 불법으로 한다.

선남자·선여인은 여섯 가지 감각기관이 공〔內空〕함에 머물고, 내지 사물이 존재하지 않는다는 견해와 존재한다는 견해가 같이 공〔無法有法空〕함에 머물기 때문에 반야바라밀을 비난하는 이가 있음을 보지 않고, 비난을 받아들이는 이를 보지 않으며, 반야바라밀도 보지 않는다. 이와 같이 선남자·선여인은 반야바라밀에 의해서 옹호되는 까닭에 능히 비난하여 무너뜨리는 이가 있을 수 없는 것이다.

또한 선남자·선여인은 반야바라밀을 받아 지니고, 내지 바르게 사유할 때에 마음에 침몰함이 없으며, 두려워하지 않고 겁내지 않는다. 왜냐하면 이 선남자·선여인은 이 법에서 침몰하는 것과 무서워하는 것을 보지 않기 때문이다. 교시가야, 선남자·선여인이 반야바라밀을 받아 지니고 내지 바르게 사유하며, 꽃이나 향 내지 깃발·일산을 가지고 공양하면 또한 이러한 현세의 공덕을 얻게 된다.

또한 교시가야, 선남자·선여인으로서 반야바라밀을 받아 지니고 내지 바르게 사유하며, 경전을 써서 지니고, 꽃이나 향 내지 깃발·일산을 가지고 공양하면, 이 사람은 부모에게 사랑받고, 친척이나 친구에게 기억되며, 모든 사문(沙門)이나 바라문에게 존경받고, 시방의 모든 부처님 및 보살마하살·벽지불·아라한 내지 수다원에게 사랑과 존경을 받으며, 일체 세간의 하늘〔天〕이나 마(魔)·범(梵)·아수라 등이 전부 사랑하고 존경한다.

이 사람은 보시바라밀을 행하여 보시바라밀을 단절할 때가 없고, 지계바라밀·인욕바라밀·정진바라밀·선정바라밀·반야바라밀도 또한 단절할 때가 없다. 여섯 가지 감각기관이 공함을 닦아 중단하지 않고, 내지 사물이 존재하지 않는다는 견해와 존재한다는 견해가 같이 공함을 닦아 중단하지 않으며, 네 가지 관찰법을 닦아 중단하지 않고, 내지 열여덟 가지 부처님만이 갖는 특성을 닦아 중단하지 않으며, 모든 삼매문(三昧門)을 닦아 중단하지 않고, 모든 다라니문(陀羅尼門)을 닦아 중단하지 않으며, 모든 보살의 신통을 닦아 중단하지 않고, 중생을 제도하여 해탈시키고 부처님의 국토 맑힘을 중단하지 않으며, 내지 일체종지를 닦아 중단하지 않는다. 이 사람은 또한 비난하는 질문으로 훼방하는 것을 항복받는다. 선남자·선여인이 반야바라밀을 받아 지니고 내지 바르게 사유하여 일체지의 마음을 여의지 않으며, 경전을 써서 지니고, 꽃이나 향 내지 깃발·일산을 가지고 공양하면 또한 이러한 현세의 공덕을 얻게 된다.

또한 교시가야, 선남자·선여인이 경전을 써서 지니고 어떤 곳에 머물면, 삼천대천세계 가운데 있는 모든 사천왕천으로서 아뇩다라삼먁삼보리의 마음을 낸 이는 전부 이곳에 와서 반야바라밀을 보고서, 잊지 않고 독송하며 설하고, 공양·예배하고 돌아간다. 그리고 삼십삼천(三十三天)·야마천(夜摩天)·도솔천(兜率天)·화락천(化樂天)·타화자재천(他化自在天)·범중천(梵衆天)·범보천(梵輔天)·범회천(梵會天)·대범천(大梵天)·광천(光天)·소광천(少光天)·무량광천(無量光天)·광음천(光音天)·정천(淨天)·소정천(少淨天)·무량정천(無量淨天)·변정천(徧淨天)·음행천(蔭行天)·복덕천(福德天)·광과천(廣果天)으로서 아뇩다라삼먁삼보리의 마음을 낸 이는 전부 이곳에 와서 반야바라밀을 보고서, 잊지 않고 독송하며 설하고, 공양·예배하고 돌아간다. 또한 모든 정거천(淨居天)인 소위 무광천(無誑天)·무열천(無熱天)·묘견천(妙見天)·희견천(喜見天)·색구경천(色究竟天)이 전부 이곳에 와서 이 반야바라밀을 보고서, 잊지 않고 독송하며 설하고, 공양·예배하고 돌아간다.

또한 교시가야, 시방세계 가운데 있는 모든 사천왕천 내지 광과천으로서 아뇩다라삼먁삼보리의 마음을 낸 이와 정거천을 비롯한 나머지 모든 하늘·용(龍)·귀신(鬼神)·건달바(犍闥婆)·아수라(阿修羅)·가루라(迦樓羅)·긴나라(緊那羅)·마후라가(摩侯羅伽)도 또한 와서 반야바라밀을 보고서, 잊지 않고 독송하며 설하고, 공양·예배하고 돌아간다. 이 선남자·선여인은 마땅히 이렇게 생각해야 한다.

'시방세계에 있는 모든 사천왕천 내지 광과천으로서 아뇩다라삼먁삼보리의 마음을 낸 이와 정거천을 비롯한 나머지 모든 하늘·용·귀신·건달바·아수라·가루라·긴나라·마후라가가 와서 반야바라밀을 보고서, 잊지 않고 독송하며 설하고, 공양·예배하니, 내가 바로 법을 완전히 베풀었구나.'

교시가야, 삼천대천세계 가운데 있는 모든 사천왕천 내지 색구경천 및 시방세계 가운데 있는 모든 사천왕천 내지 색구경천으로서 아뇩다라삼먁삼보리의 마음을 낸 이는 이 선남자·선여인을 옹호하여 온갖 악한 것들이 해칠 기회를 얻을 수 없다. 그러나 전생에 지은 죄악이 무거울 때는 제외된다.

교시가야, 이러한 선남자·선여인도 또한 금세의 공덕을 얻을 수 있으니, 소위 모든 천자(天子)가 아뇩다라삼먁삼보리의 마음을 내어 전부 이곳에 찾아온다. 왜냐하면 교시가야, 모든 천자는 아뇩다라삼먁삼보리의 마음을 내어서 일체중생들을 구호하고, 일체중생을 버리지 않으며, 일체중생들을 안락케 하고자 하기 때문이다."

그때 석제환인이 부처님께 사루어 말씀드렸다.

"세존이시여, 선남자·선여인은 모든 사천왕천 내지 색구경천 및 시방세계 가운데 있는 모든 사천왕천 내지 색구경천이 찾아와서 반야바라밀을 보고서, 잊지 않고 독송하며 설하고, 공양·예배하는 때를 어떻게 마땅히 알 수 있겠습니까?"

부처님께서 석제환인에게 말씀하셨다.

"교시가야, 만약 선남자·선여인이 크고 맑은 광명〔大淨光明〕을 보게되면, 반드시 덕 높은 모든 하늘〔諸天〕이 찾아와서 반야바라밀을 보고서, 잊지 않고 독송하며 설하고, 공양·예배하는 때라고 알아야 한다.

또한 교시가야, 선남자·선여인이 기이하고 묘한 향기를 맡으면, 반드시 덕 높은 모든 하늘이 찾아와서 반야바라밀을 보고서, 잊지 않고 독송하며 설하고, 공양·예배하는 때라고 알아야 한다.

또한 교시가야, 선남자·선여인이 깨끗하고 맑음을 행하는 까닭에 모든 하늘이 그곳에 찾아와서 반야바라밀을 보고서, 잊지 않고 독송하며 설하고, 공양·

예배한다. 이러한 속에서는 보잘것없는 나쁜 인연들이 바로 사라지니, 이것은 덕 높은 모든 하늘의 위덕을 감당할 수가 없기 때문이다. 이러한 덕 높은 모든 하늘이 찾아오는 까닭에 선남자·선여인은 광대하고 청정한 마음〔大心〕을 내는 것이다. 이러한 까닭에 반야바라밀이 있는 곳에는 사방에 부정한 것이 있을 수 없도록 하고, 등불을 밝히고 향을 피우며, 온갖 이름난 꽃을 뿌리고 갖가지 향을 땅에 칠하며, 많은 일산과 깃발로써 가지가지로 장엄하게 꾸며야 한다.

또한 교시가야, 선남자·선여인은 법을 설할 때에 절대로 피로해지는 일이 없으니, 스스로 몸이 가볍고 마음이 즐거움을 깨닫게 된다. 법에 따라 누워서 쉬고, 잠잘 때나 깨어있을 때나 안온하니 온갖 악몽(惡夢)이 없고, 설령 꿈을 꾼다해도 서른두 가지 거룩한 모습〔三十二相〕과 여든 가지 잘생긴 모습〔八十隨形好〕을 갖추신 모든 부처님께서 비구스님〔比丘僧〕에게 공경받으며 둘러싸여서 법을 설하는 것만을 본다.

스님들이 모든 부처님의 주위에서 교법(敎法)인 육바라밀과 네 가지 관찰법 내지 열여덟 가지 부처님만이 갖는 특성을 듣고 받아들이며, 육바라밀을 분별하고 네 가지 관찰법 내지 열여덟 가지 부처님만이 갖는 특성을 분별하며, 그 뜻을 이해함을 본다.

그리고 보리수의 수승하고 묘한 장엄을 보고, 모든 보살이 보리수 밑에 나아가 아뇩다라삼먁삼보리 얻음을 보며, 이것을 이룬 모든 부처님께서 진리의 수레바퀴〔法輪〕굴림을 보고, 백천만의 보살들과 함께 법을 논의(論議)하되 이와 같이 마땅히 일체지를 구해야 하고, 이와 같이 마땅히 중생을 제도하여 해탈시켜야 하며, 이와 같이 마땅히 부처님의 나라를 맑혀야 한다고 함을 본다.

또한 시방에 계시는 수없는 백천 만억의 모든 부처님을 보고 그 명호를 들으며, 어느 방향·어느 나라·어느 부처님께서 대략 백천만의 보살과 백천만의 성문들에게 공경받으며 둘러싸여 설법함을 본다.

다시 시방에 계시는 수없는 백천 만억의 모든 부처님의 반열반(般涅槃)을 보고, 수없는 백천 만억의 모든 부처님의 일곱 가지 보배로 된 탑을 보며, 모든 탑을 공양·공경·존중·찬탄하며 꽃이나 향·내지 깃발·일산을 가지고 공양하는 것을 본다.

교시가야, 이 선남자·선여인은 이와 같은 좋은 꿈을 꾸니, 잠을 자도 편안하고 깨어서도 편안하다. 모든 하늘이 담력을 더해 주어서 스스로 신체가 가벼움을 깨달으며, 지나치게 음식·의복·침구·의약을 탐착하지 않아 네 가지 공양물〔四供養〕에 마음을 적게함이, 마치 스님이 좌선(坐禪)을 하다가 좌선에서 일어나매 마음이 선정과 같이 되어 경미(輕微)한 마음으로 음식을 탐착하지 않음과 같다. 왜냐하면 교시가야, 모든 하늘의 법에는 온갖 맛의 정기(精氣)를 가지고 기력을 더하기 때문이니, 시방의 모든 부처님 및 용·귀신·아수라·건달바·가루라·긴나라·마후라가도 또한 기력을 더한다. 이와 같이 교시가야, 선남자선여인이 금세에 이러한 공덕을 얻고자 하면 반야바라밀을 받아 지니고, 가까이 하여 독송하며, 남을 위하여 설하고 바르게 사유하며, 또한 일체지의 마음을 여의지 않아야 한다.

교시가야, 선남자·선여인이 받아 지니고 내지 바르게 사유하지 못한다 해도, 마땅히 경전을 써서 가지며, 공양·공경·존중·찬탄하고, 꽃이나 향·장신구 내지 깃발·일산을 가지고 공양해야 한다.

교시가야, 만약 선남자·선여인이 이 반야바라밀을 듣고서, 받아 지니고 독송하며, 남을 위하여 설하고 바르게 사유하며, 경전을 글로 써서 공양·공경·존중찬탄하고, 꽃이나 향 내지 깃발·일산을 가지고 공양하면 이 선남자·선여인은 대단히 많은 공덕이 있으니, 시방에 계시는 모든 부처님과 제자들을 공양·공경존중·찬탄하고 의복·음식·침구·의약을 가지고 공양하거나, 혹은 모든 부처님과 제자들이 반열반하신 후에 일곱 가지 보배로 된 탑을 세워서 공경·공양·존중·찬탄하고 꽃이나 향 내지 깃발·일산을 가지고 공양하는 것보다 더 수승하다.”

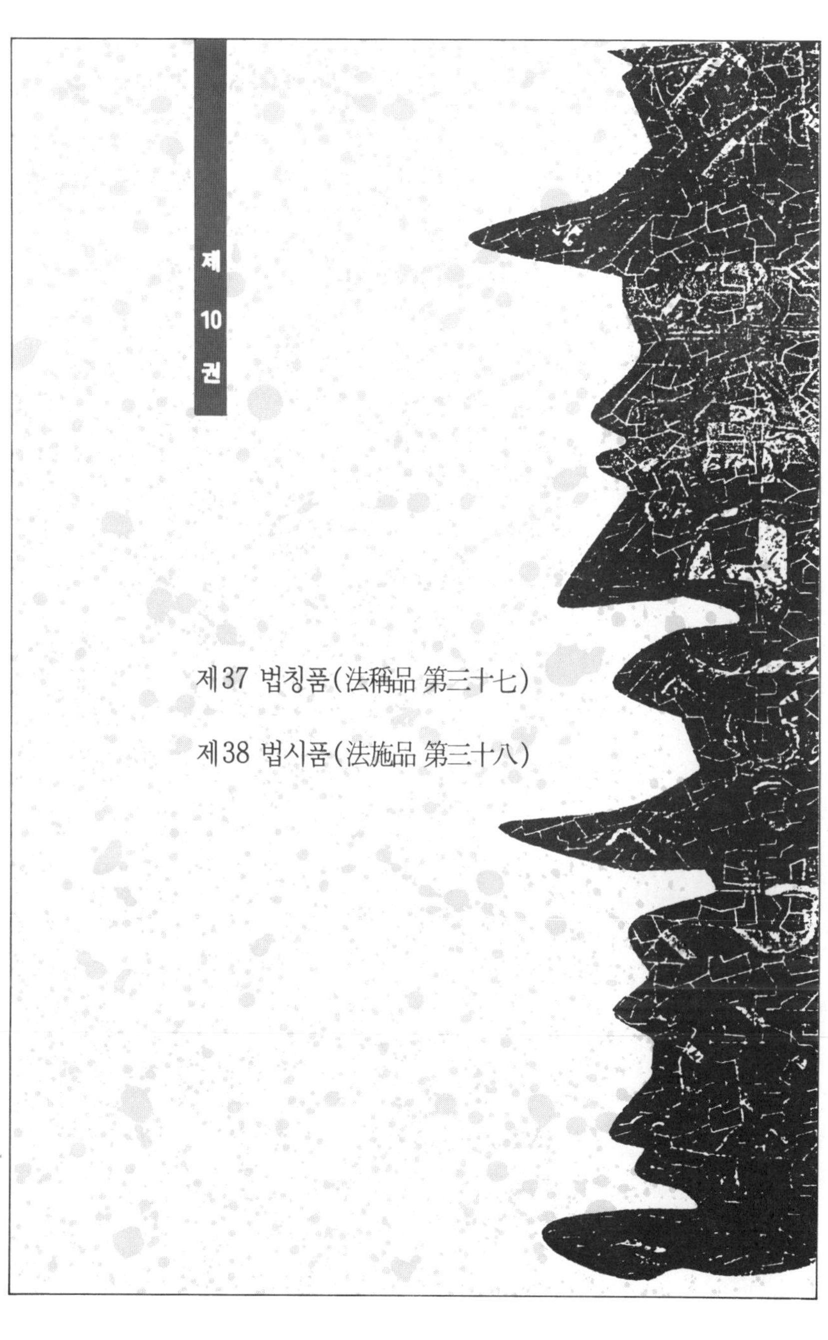

제37 법칭품(法稱品 第三十七)

제38 법시품(法施品 第三十八)

제37 법칭품(法稱品 第三十七)

부처님께서 석제환인에게 말씀하셨다.

"교시가야, 만약 염부제(閻浮提)에 가득찬 부처님 사리(舍利)를 하나로 생각하고, 그리고 어떤 사람이 반야바라밀 경전을 쓴 것을 하나로 생각한다면 너는 이 둘 가운데 어느 것을 취하겠느냐?"

석제환인이 부처님께 사루어 말씀드렸다.

"세존이시여, 만약 염부제에 가득찬 부처님 사리를 하나로 생각하고, 그리고 어떤 사람이 반야바라밀 경전을 쓴 것을 하나로 생각한다면 저는 이 둘 가운데 오히려 반야바라밀 경전을 취하겠습니다. 왜냐하면 세존이시여, 저는 부처님 사리를 공경하지 않는 것도 아니고, 존중하지 않는 것도 아닙니다만 세존이시여, 이 사리는 반야바라밀 가운데서 생기고 반야바라밀에 수훈(修熏)된 까닭에 이 사리는 공양·공경·존중·찬탄되기 때문입니다."

그때 사리불이 석제환인에게 물었다.

"교시가여, 이 반야바라밀은 취할 수가 없는 것이니, 빛깔도 없고 형태도 없으며, 마주할 수도 없는 한 모양이어서 소위 모양이 없기〔無相〕 때문입니다. 그런데 그대는 어떻게 가지려고 합니까?

왜냐하면 이 반야바라밀은 취해지지 않는 것으로써 나오고, 버려지지 않는 것으로써 나오며, 더하고 덜함·모이고 흩어짐·손해와 이익·더러움과 깨끗하지 않는 것으로써 나오기 때문입니다. 이 반야바라밀은 모든 부처님 법을 주지 않고 범인의 법을 버리지 않기 때문입니다. 벽지불의 법이나 아라한의 법·배움이 있는〔有學〕 법을 주지 않고 범인의 법을 버리지 않기 때문입니다. 함이 없는 진리〔無爲性〕를 주지 않고, 함이 있는 일체현상〔有爲性〕을 버리지 않기 때문입니다. 여섯 가지 감각기관이 공〔內空〕함 내지 사물이 존재하지 않는다는 견해와 존재한다는 견해가 같이 공〔無法有法空〕함을 주지 않고, 네 가지 관찰법〔四念處〕 내지 일체종지(一切種智)를 주지 않으며, 범인의 법을 버리지 않기 때문입니다."

석제환인이 사리불에게 말했다.

"그렇습니다. 정말 그러합니다. 사리불이여, 만약 어떤 사람이 이 반야바라밀은 모든 부처님 법을 주지 않고 범인의 법을 버리지 않으며, 내지 일체종지를 주지 않고 범인의 법을 버리지 않는다고 알면, 이 보살마하살은 훌륭하게 반야바라밀을 행하고 훌륭하게 반야바라밀을 닦는 것입니다. 왜냐하면 반야바라밀은 두 가지 모양〔二法相〕으로 행하지 않는 까닭이니, 두 가지가 아닌 모양〔不二法相〕이 바로 반야바라밀이기 때문입니다. 두 가지가 아닌 모양이 바로 선정바라밀 내지 보시바라밀이기 때문입니다."

그때 부처님께서 석제환인을 칭찬하여 말씀하셨다.

"옳다. 정말 옳은 말이다. 교시가야, 자네가 말한 것처럼 반야바라밀은 두 가지 모양으로 행하지 않기 때문에, 두 가지가 아닌 모양이 바로 반야바라밀이다. 두 가지가 아닌 모양이 바로 선정바라밀 내지 보시바라밀이다.

교시가야, 만약 사람이 진실의 본성〔法性〕에서 두 가지 모양〔二相〕을 얻고자 한다면, 이 사람은 반야바라밀에서 두 가지 모양을 얻고자 함이 되는 것이다. 왜냐하면 교시가야, 진실의 본성과 반야바라밀은 둘이 아니고 다름이 아니기 때문이니, 내지 보시바라밀도 이와 같은 것이다.

만약 사람이 참된 실상〔實際〕과 불가사의한 성품〔不可思議性〕에서 두 가지 모양을 얻고자 한다면, 이 사람은 반야바라밀에서 두 가지 모양을 얻고자 함이 되는 것이다. 왜냐하면 반야바라밀과 불가사의한 성품은 둘이 아니고 다름이 아니기 때문이다.”

석제환인이 부처님께 사루어 말씀드렸다.

“세존이시여, 일체세간의 사람이나 모든 하늘〔諸天〕·아수라(阿修羅)들은 마땅히 반야바라밀을 예배하고 공양해야 합니다. 왜냐하면 모든 보살마하살은 반야바라밀을 수행하여 아뇩다라삼먁삼보리를 얻었기 때문입니다.

세존이시여, 저는 항상 선법당(善法堂)의 윗자리에 앉습니다만, 만약 제가 없을 때에 저를 공양하기 위하여 찾아온 모든 천자(天子)들은 저의 자리를 향하여 예(禮)를 표하고 둘러본 다음 돌아갑니다. 그리고 모든 천자들은 이렇게 생각합니다.

‘석제환인은 이곳에 앉으셔서 모든 삼십삼천(三十三天)을 위하여 법을 설하시니 예를 표해야 한다.’

이처럼 세존이시여, 머물고 있는 곳에서 이 반야바라밀을 써서 받아 지니고, 독송하고 타인을 위하여 설하면, 이곳에 시방 세계 가운데의 모든 하늘·용·야차·건달바·아수라·가루라·긴나라·마후라가가 모두 찾아와서 반야바라밀을 예배·공양하고 돌아갑니다. 왜냐하면 이 반야바라밀 가운데서 모든 부처님이 나오고, 그리고 일체중생들의 안락한 도구〔樂具〕가 생기기 때문입니다. 모든 부처님의 사리도 이 일체종지가 깃들어 있는 인연으로 존중을 받을 따름입니다. 이러한 까닭에 세존이시여, 두 가지 가운데서 저는 반야바라밀을 취하는 것입니다.

또한 세존이시여, 제가 만약 반야바라밀을 받아 지니고 독송하여 지극한 마음으로 법 가운데 들면, 저는 이때 두렵고 무서운 모양을 보지 않습니다. 왜냐하면 세존이시여, 이 반야바라밀은 형상이 없고 모양이 없으며, 말할 수도 없고 설명할 수도 없기 때문입니다. 세존이시여, 형상이 없고 모양이 없으며, 말할 수도 없고 설명할 수도 없는 이것이 반야바라밀이고, 내지 이것이 일체종지입니다. 세존이시여, 반야바라밀이 만약 모양이 있는 것이어서 모양이 없는 것이 아니라고 한다면, 모든 부처님께서는 일체의 모든 것〔一切法〕이 형상이 없고 모양이 없으며, 말할 수도 없고 설명할 수도 없다고 알아서 아뇩다라삼먁삼보리를 얻고, 제자들을 위하여 모든 것이 형상이 없고 모양이 없으며, 말할 수도 없고 설명할 수도 없다고 설하시지 않을 것입니다. 세존이시여, 반야바라밀은 진실로 형상이 없고 모양이 없으며, 말할 수도 없고 설명할 수도 없는 까닭에 모든 부처님께서는 일체의 모든 것〔一切諸法〕이 형상이 없고 모양이 없으며, 말할 수도 없고 설명할 수도 없다고 알아서 아뇩다라삼막삼보리를 얻고, 제자들을 위하여 모든 것이 형상이 없고 모양이 없으며, 말할 수도 없고 설명할 수도 없다고 설하십니다. 이러한 까닭에 세존이시여, 이 반야바라밀을 일체세간의 모든 하늘이나 사람·아수라는 반드시 공경·공양·존중·찬탄하고, 꽃이나 향·장신구 내지 깃발·일산을 가지고 공양해야 합니다.

또한 세존이시여, 만약 어떤 사람이 반야바라밀을 받아 지니고, 가까이하여 독송하며, 설하고 바르게 사유하며 글로 써서 꽃이나 향 내지 깃발·일산을 가지고 공양하면, 이 사람은 지옥(地獄)·축생(畜生)·아귀(餓鬼)의 길에 떨어지지 않고, 성문이나 벽지불의 지위에 떨어지지 않습니다. 그리고 아뇩다라삼막삼보리를 얻어 항상 여러 부처님을 친견하고, 한 부처님 나라에서 다른 부처님 나라로 다니면서 꽃이나 향 내지 깃발·일산을 가지고 여러 부처님을 공양·공경·존중·찬탄합니다.

또한 세존이시여, 삼천대천세계에 가득찬 부처님 사리를 하나로 생각하고, 반야바라밀 경전을 쓴 것을 하나로 생각한다면, 이 둘 가운데 저는 이 때문에 반야바라밀을 취하는 것입니다. 왜냐하면 세존이시여, 이 반야바라밀 가운데서 모든 부처님의 사리가 생기기 때문입니다. 이러한 까닭에 사리는 공양·공경·존중·찬탄을 받고, 선남자·선여인이 사리를 공양하고 공경하는 까닭에 천상이나 사람으로서 복락을 받으며 세 갈래 나쁜 길〔三惡道〕에 떨어지지 않고, 소원대로 삼승법(三乘法)으로써 차츰 열반에 들게 됩니다. 이 까닭에 세존이시여, 현재의 부처님을 친견하는 것이나 반야바라밀 경전을 보는 것이 똑같아서 다름이 없습니다. 왜냐하면 세존이시여, 이 반야바라밀과 부처님은 둘이 아니고, 다름이 아니기 때문입니다.

또한 세존이시여, 부처님께서 세 가지 신비로운 것〔三事〕을 보이시면서 십이

부경(十二部經)인 계경(契經)·중송(重頌) 내지 논의경(論議經)을 설하시는 것처럼, 어떤 선남자·선여인이 이 반야바라밀을 받아 지니며 독송하고 설하면 똑같아서 다름이 없습니다. 왜냐하면 세존이시여, 이 반야바라밀 가운데서 세 가지 신비로운 것을 보이고, 그리고 십이부경인 계경 내지 논의경이 생기기 때문입니다.

또한 세존이시여, 시방의 모든 부처님께서 세 가지 신비로운 것을 보이시면서 십이부경인 경 내지 논의경을 설함과 어떤 사람이 반야바라밀을 받아들이고 타인을 위하여 설함은 똑같아서 다름이 없습니다. 왜냐하면 반야바라밀 가운데서 모든 부처님이 나오고, 또한 십이부경인 경 내지 논의경이 생기기 때문입니다.

또한 세존이시여, 항하의 모래알같이 많은 시방세계에 계시는 모든 부처님을 꽃이나 향 내지 깃발·일산을 가지고 공양하고 공경·존중·찬탄하는 것과 어떤 사람이 반야바라밀 경전을 글로 써서, 꽃이나 향 내지 깃발·일산을 가지고 공경·존중·찬탄하는 것은 그 복이 똑같습니다. 왜냐하면 시방에 계시는 모든 부처님께서는 반야바라밀 가운데서 태어났기 때문입니다. 또한 세존이시여, 선남자·선여인이 이 반야바라밀을 듣고서, 받아 지니고 독송하며, 바르게 사유하고 타인을 위하여 말해주면, 이 사람은 지옥이나 축생·지옥에 떨어지지 않고, 성문이나 벽지불의 경지에도 떨어지지 않습니다. 왜냐하면 마땅히 알아야 하니, 이 선남자·선여인은 바로 보살의 물러나지 않는 경지(不退轉地)에 머물고 있는 까닭이며, 이 반야바라밀은 일체의 고뇌와 쇠퇴와 질병을 멀리 여의었기 때문입니다.

또한 세존이시여, 만약 선남자·선여인이 이 반야바라밀 경전을 글로 써서, 받아 지니고 가까이하며, 공양·공경·존중·찬탄하면, 이 사람은 모든 공포를 여의게 됩니다. 세존이시여, 비유컨대 부채인(負債人)이 국왕에게 가까이하여 좌우에서 모시면, 빚을 준 사람이 도리어 이 사람을 공양하고 공경하여, 이 사람은 다시 두려워하지 않는 것과 같습니다. 왜냐하면 세존이시여, 이 사람은 왕에게 의지하는 힘이 있기 때문입니다.

이와 같이 세존이시여, 모든 부처님의 사리는 반야바라밀에 수훈된 까닭에 공양과 공경을 받습니다. 세존이시여 마땅히 알아야 하니, 반야바라밀은 왕과 같고 사리는 부채인과 같습니다. 부채인은 왕을 의지하는 까닭에 공양을 받고, 사리는 반야바라밀의 수훈에 의지하는 까닭에 공양을 받습니다. 세존이시여 마땅히 알아야 하니, 모든 부처님의 일체종지도 반야바라밀에 수훈됨에 의해서 완성되는 것입니다.

이러한 까닭에 세존이시여, 두 가지 가운데 저는 반야바라밀을 취하는 것입니다. 왜냐하면 세존이시여, 반야바라밀 가운데서 모든 부처님의 사리와 서른두 가지 거룩한 모습〔三十二相〕이 생기고, 반야바라밀 가운데서 부처님의 열 가지 지혜의 힘〔十力〕·네 가지 두려움 없는 자신〔四無所畏〕·네 가지 걸림없는 지혜〔四無碍智〕·열여덟 가지 부처님만이 갖는 특성〔十八不共法〕·큰 인자함과 크게 가엾이 여김〔大慈大悲〕이 생기기 때문입니다. 세존이시여, 반야바라밀 가운데서 다섯 가지 바라밀〔五波羅蜜〕이 생겨서 바로 바라밀이라는 이름을 얻고, 반야바라밀 가운데서 모든 부처님의 일체종지가 생기기 때문입니다.

또한 세존이시여, 어느 삼천대천세계 가운데서 만약 반야바라밀을 받아 지니고, 공양·공경·존중·찬탄함이 있으면, 이곳은 사람이나 혹은 사람이 아닌 것이 해치려고 해도 기회를 얻을 수 없고, 이 사람은 차츰 열반에 듦을 얻습니다. 세존이시여, 반야바라밀이 큰 이익을 줌이 이와 같으니, 삼천대천세계 가운데서 훌륭하게 불사(佛事)를 이룹니다. 세존이시여, 머물고 있는 곳에 반야바라밀이 있으면 바로 부처님께서 계심이 됩니다.

세존이시여, 비유컨대 가치를 헤아릴 수 없는 마니주보(摩尼珠寶)가 있는 곳에서는 사람이 아닌 것이 해치려고 해도 기회를 얻을 수 없는 것과 같습니다. 만약 남자나 여인이 열병(熱病)이 있을 때에 이 보배를 몸에 대면 열병이 바로 치유되고, 혹은 냉병(冷病)이 있을 때나 잡열(雜熱)·풍령병(風鈴病)이 있을 때도 보배를 몸에 대면 전부가 치유됩니다. 만약 이 보배가 있으면 어두운 곳은 밝아지고, 더울 때는 시원해지며, 추울 때는 따뜻해져서, 이 보배가 있는 곳은 춥지도 않고 덥지도 않아 항상 온화하고 쾌적합니다. 그곳에는 또한 온갖 독충이 없으니, 만약 남자나 여인이 독사에게 물리더라도 보배를 가까이하면 독이 바로 소멸됩니다.

또한 세존이시여, 만약 남자나 여인이 눈이 아프거나 피부가 마르거나 눈이 멀더라도 보배를 가까이하면 치유되고, 혹은 문둥병이나 나쁜 종창이 있더라도 보배를 몸에 대면 병은 바로 치유됩니다.

또한 세존이시여, 이 마니보를 물속에 넣으면 물이 한가지 색으로 변하니 세존이시여, 이 보배에 만약 푸른 물건을 붙이고 물속에 넣으면 물 색깔이 푸르게 되고, 만약 노랗고 빨갛고 희고 붉고 옥색의 물건을 붙이고 물속에 넣으면 물도 따라서 노랗고 빨갛고 희고 붉고 옥색으로 변합니다. 이와 같이 갖가지 색깔의 물건을 붙이고 물속에 넣으면 물도 따라서 갖가지 색깔로 변합니다. 세존이시여, 만약 탁한 물이라 하더라도 보배를 물속에 넣으면 물이 바로 맑아지니, 이 보배의 위덕이 이와 같습니다."

그때 아난이 석제환인에게 물었다.

"교시가여, 그 마니보가 천상(天上)의 보배입니까, 염부제의 보배입니까?"

석제환인이 아난에게 대답했다.

"이것은 천상의 보배입니다. 염부제 사람에게도 이 보배가 있기는 하지만, 공덕이라는 것이 적고 보잘것 없어서 청정하고 가벼운 천상의 보배에는 비유할 수가 없습니다.

또한 세존이시여, 이 마니보를 만약 상자속에 넣었다가 들어내어도, 그 공덕이 상자에 스며든 까닭에 모든 사람이 상자를 사랑하고 아낍니다. 이와 같이 세존이시여, 머물고 있는 곳에 반야바라밀 경전을 써서 두면, 이곳이 바로 온갖 번뇌와 우환이 없는 것이 마니보가 닿는 곳에 바로 온갖 어려움이 없어짐과 같습니다.

세존이시여, 부처님께서 반열반하신 후에 사리가 공양을 받는 것은 모두가 반야바라밀의 힘이고, 선정바라밀 내지 보시바라밀·여섯 가지 감각기관이 공함 내지 사물이 존재하지 않는다는 견해와 존재한다는 견해가 같이 공함·네 가지 관찰법 내지 열여덟 가지 부처님만이 갖는 특성·일체지·있는 그대로의 모양·참된 이치의 머무름·모든 것의 변하지 않는 위치·진실의 본성·참된 실상·불가사의한 성품·일체종지가 가지는 모든 공덕의 힘입니다. 그래서 선남자·선여인은 이렇게 생각해야 합니다.

'이 부처님의 사리는 일체지·일체종지·큰 인자함과 크게 가엾이 여김·일체의 번뇌〔結使〕와 습기를 끊음·항상 평등을 행함·오류가 없는 법 등의 모든 부처님 공덕이 머무는 곳이다. 이러한 까닭에 사리는 공양을 받는 것이다.'

세존이시여, 사리는 이것이 모든 공덕의 보배 바라밀〔功德寶波羅蜜〕이 머무는 곳이며, 더럽지도 않고 깨끗하지도 않은 바라밀〔不垢不淨波羅蜜〕이 머무는 곳이고, 나지도 않고 없어지지도 않는 바라밀〔不生不滅波羅蜜〕이 머무는 곳이며, 들어오지도 않고 나가지도 않는 바라밀〔不入不出波羅蜜〕이고, 늘지도 않고 줄지도 않는 바라밀〔不增不損波羅蜜〕이며, 오지도 않고 가지도 않으며 머물지도 않는 바라밀〔不來不去不住波羅蜜〕입니다. 이 부처님 사리는 모든 있는 그대로의 모양인 바라밀〔法相波羅蜜〕의 머무는 곳이니, 이 모든 있는 그대로의 모양인 바라밀에 훈수(熏修)된 까닭에 사리는 공양을 받습니다.

또한 세존이시여, 삼천대천세계에 가득찬 사리는 그렇다고 치고, 항하의 모래알같이 많은 모든 세계에 가득찬 사리를 하나로 하고, 어떤 사람이 반야바라밀경전을 글로 쓴 것을 하나로 한다면 이 둘 가운데 저는 반야바라밀을 취하겠습니다. 왜냐하면 이 반야바라밀 가운데서 모든 부처님 사리가 생기고, 이 반야바라밀에 수훈된 까닭에 사리가 공양을 받기 때문입니다.

세존이시여, 만약 어떤 선남자·선여인이 사리를 공양·공경·존중·찬탄하면, 그 공덕의 과보가 한량이 없어서 사람으로서 천상의 복락을 받습니다. 소위 왕족이나 귀족·바라문·대부호·사천왕천처(四天王天處) 내지 타화자재천(他化自在天)에 있는 복락을 받고, 이 복덕의 인연으로써 반드시 고통이 다함을 얻습니다.

만약 이 반야바라밀을 받아서 독송하며 해설하고 바르게 사유하면, 이 사람은 능히 선정바라밀을 원만히 갖추고 내지 보시바라밀을 원만히 갖추며, 능히 네 가지 관찰법을 원만히 갖추고 내지 열여덟 가지 부처님만이 갖는 특성을 원만히 갖추며, 성문이나 벽지불의 경지를 지나 보살의 지위에 머뭅니다. 보살의 지위에 머물고는 보살의 신통을 얻어 한 부처님 나라에서 다른 부처님 나라에 이릅니다. 이 보살은 중생을 위하여 몸을 받아 수준에 따라서 중생들을 제도하니, 혹은 전륜성왕(轉輪聖王)이 되기도 하고 혹은 왕족이나 귀족이 되기도 하며, 혹은 바라문이 되어서 중생을 제도하여 해탈시킵니다. 이러한 까닭에 세존이시여, 제가 가벼이 여기고 공경하지 않는 까닭에 사리를 취하지 않는 것이 아닙니다. 선남자·선여인이 반야바라밀을 공양하면 바로 사리까지도 공양함이 되기 때문입니다.

또한 세존이시여, 어떤 사람이 시방의 한량없고 헤아릴 수조차 없는 모든 세계 가운데서 현재 부처님의 법의 몸〔法身〕과 육체의 몸〔色身〕을 보고자 한다면, 이 사람은 마땅히 반야바라밀을 듣고서, 받아 지니고 독송하며, 바르게 사유하고 타인을 위하여 연설해야 합니다. 이렇게 선남자·선여인은 시방의 한량없고 헤아릴 수조차 없는 모든 세계 가운데서 현재 부처님의 법의 몸과 육체의 몸을 보아야 합니다. 이 선남자·선여인은 반야바라밀을 행하더라도, 또한 있는 그대로의 모양〔法相〕을 가지고 염불삼매(念佛三昧)를 닦아야 합니다. 또한 선남자·선여인이 현재의 모든 부처님을 친견하고자 하면, 마땅히 이 반야바라밀을 받아들이고 내지 바르게 사유해야 합니다.

또한 세존이시여, 두 가지 있는 그대로의 모양이 있으니, 함이 있는〔有爲〕 모든 있는 그대로의 모양과 함이 없는〔無爲〕 모든 있는 그대로의 모양입니다. 무엇이 함이 있는 모든 있는 그대로의 모양인가 하면, 소위 여섯 가지 감각기관이 공한 가운데의 지혜 내지 사물이 존재하지 않는다는 견해와 존재한다는 견해가 같이 공한 가운데의 지혜·네 가지 관찰법 가운데의 지혜 내지 여덟 가지 바른 깨달음에 이르는 길〔八聖道分〕 가운데의 지혜·부처님의 열 가지 지혜의 힘·네 가지 두려움 없는 자신·네 가지 걸림없는 지혜·열여덟 가지 부처님만이 갖는 특성 가운데의 지혜·훌륭한 법〔善法〕 가운데·훌륭하지 않는 법 가운데·함이 있는 법〔有爲法〕 가운데·함이 없는 법〔無爲法〕 가운데·세간 법(世間法) 가운데·세간 밖의 법〔出世間法〕 가운데의 지혜, 이러한 것을 함이 있는 모든 법의 있는 그대로의 모양이라고 말합니다.

무엇을 함이 없는 모든 법의 있는 그대로의 모양이라고 말하는가 하면, 법에 남이 없고 없어짐이 없으며, 머뭄이 없고 다름이 없으며, 깨끗함도 없고 더러움도 없으며, 더함도 없고 늘어남도 없음이 모든 법의 제 성품입니다. 무엇이 모든 법의 제 성품인가 하면, 모든 법에 성품이라는 것이 있음이 없는 이것을 모든 법의 제 성품이라 합니다. 이것을 함이 없는 모든 법의 있는 그대로의 모양이라고 말합니다.”

그때 부처님께서 석제환인에게 이르셨다.

“그렇다. 정말 그러하다 교시가야, 과거의 모든 부처님은 이 반야바라밀에 의해서 아뇩다라삼먁삼보리를 얻으셨고, 과거의 모든 부처님의 제자들도 또한 반야바라밀에 의해서 수다원도(須陀洹道) 내지 아라한·벽지불도를 얻었다. 미래와 현재의 한량없고 헤아릴 수조차 없는 시방의 모든 부처님도 이 반야바라밀에 의해서 아뇩다라삼먁삼보리를 얻고, 미래와 현재의 모든 부처님 제자들도 또한 이 반야바라밀에 의해서 수다원도 내지 벽지불도를 얻는다.

무슨 까닭에 반야바라밀 가운데에 널리 삼승(三乘)의 뜻을 설하는가? 모양이 없는 법〔無相法〕을 의지하는 까닭에·남이 없고 멸함이 없는 법〔無生無滅法〕을 의지하는 까닭에·더러움도 없고 깨끗함도 없는 법〔無垢無淨法〕을 의지하는 까닭에·지음이 없고〔無作〕 일어남이 없고〔無起〕 들어오지도 않고〔不入〕 나가지도 않고〔不出〕 늘지도 않고〔不增〕 줄지도 않고〔不損〕 취하지도 않고〔不取〕 버리지도 않는〔不捨〕 법을 의지하는 까닭에·세속법〔俗法〕을 의지하는 까닭에, 실상의 진리〔第一義〕가 아니기 때문이다.

왜냐하면 이 반야바라밀은 이쪽도 아니고 저쪽도 아니며, 높은 것도 아니고 낮은 것도 아니며, 평등함도 아니고 평등하지 않음도 아니며, 모양이 있음도 아니고 모양이 없음도 아니며, 세간도 아니고 세간 밖도 아니며, 번뇌가 있음도 아니고 번뇌가 없음도 아니며, 함이 있음도 아니고 함이 없음도 아니며, 착함도 아니고 착하지 않음도 아니며, 과거도 아니고 미래도 아니며 현재도 아니기 때문이다.

왜냐하면 교시가야, 반야바라밀은 성문이나 벽지불의 법을 취하지도 않고, 또한 범인의 법을 버리지도 않기 때문이다.”

석제환인이 부처님께 사루어 말씀드렸다.

“세존이시여, 보살마하살은 반야바라밀을 행하여 일체중생들의 마음을 안다고 해도, 중생을 붙잡지 않고 내지 아는 것〔知者〕·보는 것〔見者〕을 붙잡지도 않습니다. 이 보살은 물질적 존재〔色〕를 붙잡지 않고 감각·표상·의지·인식을 붙잡지 않으며, 눈 내지 마음을 붙잡지 않고 형태 내지 마음의 대상을 붙잡지 않으며, 눈앞에 전개되는 모든 것에 대한 느낌 내지 마음속에 있는 모든 것들에 대한 느낌을 붙잡지 않고, 네 가지 관찰법 내지 열여덟 가지 부처님만이 갖는 특성을 붙잡지 않으며, 아뇩다라삼먁삼보리를 붙잡지 않고 모든 부처님 법을 붙잡지 않습니다.

왜냐하면 반야바라밀은 법을 붙잡지 않는 것으로 나오기 때문입니다. 왜냐하면 반야바라밀의 성품은 있을 수도 없고 붙잡을 수도 없으며, 소용되는 법을 붙잡을 수도 없고 장소도 또한 붙잡을 수가 없기 때문입니다.”

부처님께서 석제환인에게 이르셨다.

“그렇다. 정말 그러하다. 교시가야, 네가 말한 것처럼 보살마하살은 기나긴 세월〔長夜〕에 걸쳐서 반야바라밀을 행해도 아뇩다라삼먁삼보리를 붙잡을 수가 없거늘, 어찌 하물며 보살 및 보살법이겠느냐!”

그때 석제환인이 부처님께 사루어 말씀드렸다.

“세존이시여, 보살마하살은 다만 반야바라밀만을 행하고 나머지 바라밀은 행하지 않습니까?”

부처님께서 석제환인에게 이르셨다.

“교시가야, 보살은 육바라밀 법을 다 행하니, 붙잡을 수가 없는 까닭이다. 보시바라밀을 행할지라도 베푸는 이를 붙잡지 않고, 받는 이를 붙잡지 않으며, 재물을 붙잡지 않는다. 지계바라밀을 행할지라도 계를 붙잡지 않고, 지계인(持戒人)을 붙잡지 않으며, 파계인(破戒人)을 붙잡지 않는다. 내지 반야바라밀을 행할지라도 지혜를 붙잡지 않고, 지혜인(智慧人)을 붙잡지 않으며, 지혜가 없는 사람을 붙잡지 않는다.

교시가야, 보살마하살이 보시를 행할 때에 반야바라밀은 현명한 인도자〔明導〕가 되어서, 능히 보시바라밀을 원만히 갖추게 한다. 보살마하살이 지계를 행할 때에 반야바라밀은 현명한 인도자가 되어서, 능히 지계바라밀을 원만히 갖추게 한다. 보살마하살이 인욕를 행할 때에 반야바라밀은 현명한 인도자가 되어서, 능히 인욕바라밀을 원만히 갖추게 한다. 보살마하살이 정진을 행할 때에 반야바라밀은 현명한 인도자가 되어서, 능히 정진바라밀을 원만히 갖추게 한다. 보살마하살이 선정을 행할 때에 반야바라밀은 현명한 인도자가 되어서, 능히 선정바라밀을 원만히 갖추게 한다. 보살마하살이 모든 법을 관할 때에 반야바라밀은 현명한 인도자가 되어서, 능히 반야바라밀을 원만히 갖추게 한다. 일체 모든 것〔一切法〕이 붙잡을 수가 없음인 까닭이니, 소위 물질적 존재 내지 일체종지이다.

교시가야, 비유컨대 염부제의 모든 나무에 온갖 잎·갖가지 꽃·여러 가지 과일·가지가지 색깔이 있지만 그 그늘에는 차별이 없는 것처럼, 모든 바라밀이 반야바라밀 가운데 들어 일체지에 이르면 차별이 없는 것도 이와 같으니, 붙잡을 수가 없음인 까닭이다."

석제환인이 부처님께 사루어 말씀드렸다.

"세존이시여, 반야바라밀은 큰 공덕을 성취합니다. 세존이시여, 반야바라밀은 일체공덕을 성취합니다. 세존이시여, 반야바라밀은 한량없는 공덕을 성취하고, 가없는 공덕을 성취하며, 비교할 수 없는 공덕을 성취합니다.

세존이시여, 만약 어떤 선남자·선여인이 이 반야바라밀 경전을 글로 쓰고, 꽃이나 향 내지 깃발·일산을 가지고 공경·공양·존중·찬탄하며 반야바라밀에 설한 것처럼 바르게 사유함과, 다시 어떤 선남자·선여인이 반야바라밀 경전을 글로 써서 다른 사람에게 주는 것은 어느 쪽이 복이 더 많습니까?"

부처님께서 석제환인에게 이르셨다.

"교시가야, 내가 도리어 너에게 묻겠는데, 네가 생각하는 대로 나에게 대답해다오. 만약 어떤 선남자·선여인이 모든 부처님의 사리를 꽃이나 향 내지 깃발·일산을 가지고 공양·공경·존중·찬탄함과, 다시 어떤 사람이 사리를 겨자씨만큼이라도 나누어서 다른 사람에게 주고 꽃이나 향 내지 깃발·일산을 가지고 공양·공경·존중·찬탄하게 함은 어느 쪽이 복이 더 많겠느냐?"

석제환인이 부처님께 사루어 말씀드렸다.

"세존이시여, 제가 부처님께 들은 법문으로 말씀드리면, 어떤 선남자·선여인이 스스로 깃발이나 일산 등으로 사리를 공양함도, 다시 어떤 사람이 사리를 겨자씨만큼이라도 나누어서 다른 사람에게 주고 공양하게 함도 그 복이 정말 많습니다. 세존이시여, 부처님께서는 이 복이 중생을 이롭게 함을 보시는 까닭에, 금강삼매(金剛三昧) 가운데서 금강의 몸을 부수어 가루 사리〔末舍利〕로 만들었습니다. 왜냐하면 어떤 사람이 부처님께서 멸도(滅度)하신 뒤에 부처님의 사리를 겨자씨만큼이라도 공양하면, 그 복을 받음이 가가 없어서 고통을 다하기 때문입니다."

부처님께서 석제환인에게 이르셨다.

"그렇다. 정말 그러하다. 교시가야, 만약 선남자·선여인이 반야바라밀 경전을 글로 쓰고, 꽃이나 향 내지 깃발·일산을 가지고 공양·공경함에 의해서도, 그리고 어떤 사람이 반야바라밀 경전을 글로 써서 타인에게 주어 배우게함에 의해서도 그 선남자·선여인은 심히 많은 복을 얻는다.

또한 교시가야, 선남자·선여인이 반야바라밀에서 말하는 것처럼 타인을 위하여 설하고 열어 보이며, 분별하고 쉽게 해설하면, 이 선남자·선여인은 앞의 선남자·선여인보다 공덕이 더 수승하다. 따라서 반야바라밀을 들을 때, 그 사람을 부처님처럼 보아야 하고, 또한 고승범행인(高勝梵行人)처럼 여겨야 한다. 왜냐하면 마땅히 알아야 하니, 반야바라밀이 바로 부처님이며, 반야바라밀은 부처님과 다르지 않고 부처님은 반야바라밀과 다르지 않으며, 과거·미래·현재의 모든 부처님은 모두가 반야바라밀을 배워서 아뇩다라삼먁삼보리 및 고승범행인을 얻었기 때문이다. 고승범행인이란 말하자면 보살의 물러나지 않는 경지〔不退轉地〕에 있는 사람이다.

보살마하살도 이 반야바라밀을 배워서 반드시 아뇩다라삼먁삼보리를 얻고, 성문인(聲聞人)은 이 반야바라밀을 배워서 아라한도(阿羅漢道)를 얻으며, 벽지불도를 구하는 사람은 이 반야바라밀을 배워서 벽지불도를 얻고, 보살은 이 반야바라밀을 배워서 보살의 지위에 오르게 된다. 이러한 까닭에 교시가야, 선남자·선여인이 현재의 부처님을 꽃이나 향 내지 깃발·일산을 가지고 공양·공경·존중·찬탄하고자 하면, 마땅히 반야바라밀을 공양해야 한다.

나는 이러한 이익을 보았기 때문에, 처음 아뇩다라삼먁삼보리를 얻었을 때에 이렇게 생각했다. '누가 공양·공경·존중·찬탄하고, 의지하여 머무를 사람인가?'

교시가야, 나는 일체의 세간에서 하늘〔天〕이나 마(摩)·혹은 범(梵)·사문(沙門)·바라문을 막론하고 나와 같은 이를 본 적이 없다. 하물며 어찌 나보다 더 수승한 이를 볼 수 있겠느냐!

나는 또한 스스로 생각했다. '내가 얻은 이 법으로 나는 부처님이 되었으니, 나는 이 법을 공양·공경·존중·찬탄하며 의지하고 머물러야 한다.'

무엇이 이 법인가 하면, 바로 반야바라밀이다. 교시가야, 나는 스스로 이 반야바라밀을 공양·공경·존중·찬탄하고 나서 의지하고 머물었다. 하물며 어찌 아뇩다라삼먁삼보리를 얻으려고 하는 선남자·선여인이 꽃이나 향 내지 깃발·일산을 가지고 공양·공경·존중·찬탄하지 않을 수 있겠느냐!

왜냐하면 반야바라밀 가운데서 모든 보살마하살이 탄생하고, 모든 보살마하살 가운데서 모든 부처님이 탄생하기 때문이다. 이러한 까닭에 교시가야, 선남자·선여인이 불도(佛道)를 구하고, 혹은 벽지불도를 구하며, 혹은 성문도(聲聞道)를 구하고자 하면 모두가 반드시 꽃이나 향 내지 깃발·일산을 가지고 반야바라밀을 공양·공경·존중·찬탄해야 한다."

제38 법시품 (法施品 第三十八)

부처님께서 석제환인에게 이르셨다.

"교시가야, 만약 어떤 선남자·선여인이 한 염부제(閻浮提) 사람을 교화하여 열 가지 착한 행위〔十善道〕를 행하도록 한다면, 너는 어떻게 생각하느냐. 이러한 인연으로써 복을 얻음이 많겠느냐, 많지 않겠느냐?"

대답하여 말씀드렸다.

"대단히 많겠습니다, 세존이시여."

부처님께서 말씀하셨다.

"이 선남자·선여인은 반야바라밀 경전을 써서 지니며, 타인에게 주어 독송하고 설하게 하는 사람이 얻는 많은 복에는 미치지 못한다. 왜냐하면 이 반야바라밀 가운데에 널리 모든 번뇌가 없는 법〔無漏法〕을 설하기 때문이다. 선남자·선여인은 이것에 의지하여 수행하니 이미 수행했고, 지금 수행하고 있으며, 마땅히 수행해야 한다. 번뇌가 없는 진리를 깨친 경지〔正法位〕에 들어가니 이미 들었고, 지금 들고 있으며, 마땅히 들어야 한다. 수다원과(須陀洹果)를 얻으니 이미 얻었고, 지금 얻고 있으며, 마땅히 얻어야 한다. 내지 아라한과와 벽지불도를 구함도 이와 같다. 모든 보살마하살은 아뇩다라삼먁삼보리를 구하여 번뇌가 없는 진리를 깨친 경지에 들어가니 이미 들었고, 지금 들고 있으며, 마땅히 들어야 한다. 아뇩다라삼먁삼보리를 얻으니 이미 얻었고, 지금 얻고 있으며, 마땅히 얻어야 한다.

교시가야, 무엇을 번뇌가 없는 법이라고 하는가? 소위 네 가지 관찰법〔四念處〕 내지 여덟 가지 바른 깨달음에 이르는 길〔八聖道分〕·네 가지 성스러운 진리〔四聖諦〕·여섯 가지 감각기관이 공함〔內空〕 내지 사물이 존재하지 않는다는 견해와 존재한다는 견해가 같이 공함〔無法有法空〕·부처님의 열 가지 지혜의 힘〔十力〕 내지 열여덟 가지 부처님만이 갖는 특성〔十八不共法〕이다. 선남자·선여인은 이 법을 수행하여 아뇩다라삼먁삼보리를 얻으니 이미 얻었고, 지금 얻고 있으며, 마땅히 얻어야 한다.

교시가야, 만약 어떤 선남자·선여인이 한 사람을 가르쳐서 수다원과를 얻게 하면, 이 사람이 얻는 복덕은 한 염부제 사람을 가르쳐서 열 가지 착한 행위를 하도록 하는 것보다 더 수승하다. 왜냐하면 교시가야, 한 염부제 사람을 가르쳐서 열 가지 착한 행위를 하도록 해도 지옥·축생·아귀의 고통을 여의게 하지는 못하지만 그러나 교시가야, 한 사람을 가르쳐서 수다원과를 얻게하면 세 갈래 나쁜 길〔三惡道〕을 여의게 함이 되는 까닭이니, 아라한과나 벽지불도까지도 이와 같다.

교시가야, 만약 선남자·선여인이 한 염부제 사람을 가르쳐서 수다원과·사다함·아나함·아라한·벽지불도를 얻게 해도, 선남자·선여인이 한 사람을 가르쳐서 아뇩다라삼먁삼보리를 얻게하여 얻는 많은 복에는 미치지 못한다. 왜냐하면 교시가야, 보살의 인연으로써 수다원 내지 아라한·벽지불이 나오고, 보살의 인연으로써 모든 부처님이 탄생하기 때문이다. 이러한 인연으로써 교시가야, 선남자·선여인이 반야바라밀 경전을 글로 쓰고, 타인에게 주어 써서 지니게하고 독송하고 설하게하면 많은 복을 얻게 되는 것이다. 왜냐하면 이 반야바라밀 가운데서 널리 모든 훌륭한 법을 설하고, 이 훌륭한 법을 배워서 곧 왕족이나 귀족·바라문·대부호·사천왕천 내지 비유상비무상천(非有想非無想天)이 출생하기 때문이다. 곧 네 가지 관찰법 내지 일체종지가 있고, 수다원 내지 아라한·벽지불이 있으며, 모든 부처님이 계시기 때문이다.

교시가야, 한 염부제 사람은 그렇다 치고, 만약 어떤 선남자·선여인이 네 개

천하〔四天下〕의 국토에 있는 중생들을 가르쳐서 열 가지 착한 행위를 하도록 한다면, 너는 어떻게 생각하느냐. 이 사람이 이러한 인연으로써 얻는 복이 많겠느냐, 그렇지 않겠느냐?"

대답하여 말씀드렸다.

"대단히 많겠습니다, 세존이시여."

부처님께서 말씀하셨다.

"선남자·선여인이 반야바라밀 경전을 글로 쓰고, 타인에게 주어 써서 지니게 하고 독송하고 설하게 하여 얻는 많은 복에는 미치지 못하니, 나머지도 위에서 설함과 같다.

교시가야, 네 개 천하의 국토에 있는 중생들은 그렇다고 치고, 만약 소천국토(小千國土)에 있는 중생들을 가르쳐서 열 가지 착한 행위를 하도록 한다해도 이와 같다.

교시가야, 소천국토에 있는 중생들은 그렇다고 치고, 이천중국토(二千中國土)에 있는 중생들을 가르쳐서 열 가지 착한 행위를 하도록 하는 것보다 만약 어떤 선남자·선여인이 반야바라밀 경전을 글로 쓰고, 타인에게 주어 써서 지니게하고 독송하고 설하게 하면 이 사람이 얻는 복이 더 많으니, 나머지도 위에서 설함과 같다.

교시가야, 이천중국토에 있는 중생들은 그렇다고 치고, 삼천대천국토(三千大千國土)에 있는 모든 중생들을 가르쳐서 열 가지 착한 행위를 하도록 하는 것보다 만약 어떤 사람이 반야바라밀 경전을 글로 쓰고, 타인에게 주어 써서 지니게 하고 독송하고 설하게 하면 이 사람의 복덕이 더 많다.

교시가야, 삼천대천국토에 있는 중생들은 그렇다고 치고, 항하의 모래알같이 많은 국토에 있는 모든 중생들을 가르쳐서 열 가지 착한 행위를 하도록 하는 것보다 만약 어떤 사람이 반야바라밀 경전을 글로 쓰고, 타인에게 주어 써서 지니게하고 독송하게 하면 그 복이 더 많으니, 나머지도 위에서 설함과 같다.

또한 교시가야, 어떤 사람이 한 염부제 중생들을 가르쳐서 네 가지 선정〔四禪〕·네 가지 한량없는 이타의 마음〔四無量心〕·네 가지 형상을 떠난 선정〔四無

色定〕·다섯 가지 신통〔五神通〕에 세운다면, 너는 어떻게 생각하느냐. 이 선남자·선여인은 복덕이 많겠느냐, 많지 않겠느냐?”

석제환인이 말씀드렸다.

“대단히 많겠습니다, 세존이시여.”

부처님께서 말씀하셨다.

“선남자·선여인이 반야바라밀 경전을 글로 쓰고, 타인에게 주어 써서 지니게 하고 독송하고 설하게 하여 얻는 많은 복에는 미치지 못한다. 왜냐하면 이 반야바라밀 가운데에 널리 모든 훌륭한 법을 설하기 때문이니, 나머지도 위에서 설함과 같다.

교시가야, 염부제에 있는 중생들은 그렇다고 치고, 그리고 네 개 천하의 국토에 있는 중생들과 소천국토에 있는 중생들과 이천중국토에 있는 중생들과 삼천대천국토에 있는 중생들은 그렇다고 치고 교시가야, 만약 어떤 사람이 항하의 모래알같이 많은 시방 국토에 있는 중생들을 가르쳐서 네 가지 선정·네 가지 한량없는 이타의 마음·네 가지 형상을 떠난 선정·다섯 가지 신통에 세운다면, 너는 어떻게 생각하느냐. 이 사람은 복덕이 많겠느냐, 많지 않겠느냐?”

대답하여 말씀드렸다.

“대단히 많겠습니다, 세존이시여.”

부처님께서 말씀하셨다.

“선남자·선여인이 반야바라밀 경전을 글로 쓰고, 타인에게 주어 써서 지니게 하고 독송하고 설하게 하여 얻는 많은 복에는 미치지 못한다. 왜냐하면 이 반야바라밀 가운데에 널리 모든 훌륭한 법을 설하기 때문이니, 나머지도 위에서 설함과 같다.

또한 교시가야, 만약 어떤 선남자·선여인이 이 반야바라밀을 받아 지니고 독송하며, 설하고 바르게 사유하면, 이 사람의 복덕은 염부제 사람을 가르쳐서 열 가지 착한 행위를 하도록 하고, 네 가지 선정·네 가지 한량없는 이타의 마음·네 가지 형상을 떠난 선정·다섯 가지 신통에 세우는 것보다 더 수승하다. 그리고 바르게 사유함〔正憶念〕이란 반야바라밀을 받아 지니고 가까이하며 내지 바르게 사유함이니, 두 가지 법〔二法〕에 의지함이 아니고 둘이 아닌 법〔不二法〕에 의지함도 아닌 것이다. 선정바라밀·정진바라밀·인욕바라밀·지계바라밀·보시바라밀을 받아 지니고 가까이하며 내지 바르게 사유함이니, 두 가지 법에 의지함이 아니고 둘이 아닌 법에 의지함도 아닌 것이다. 아뇩다라삼먁삼보리를 위해서 바르게 사유함이며, 여섯 가지 감각기관이 공함 내지 일체종지도 두 가지 법에 의지함이 아니고 둘이 아닌 법에 의지함도 아닌 것이다.

또한 교시가야, 어떤 선남자·선여인은 타인을 위하여 가지가지 인연으로써 반야바라밀의 뜻을 연설하고 열어보이며, 분별하여 쉽게 해석해 준다. 교시가야, 무엇을 반야바라밀의 뜻이라 하는가?

교시가야, 반야바라밀의 뜻이란 두 가지 모양〔二相〕으로도 관찰하지도 않고 둘 아닌 모양〔不二相〕으로써 관찰하지도 않는 것이다. 모양이 있음〔有相〕도 아니고 모양이 없음〔無相〕도 아니며, 들어오는 것도 아니고 나가는 것도 아니며, 늘지도 않고 줄지도 않으며, 더럽지도 않고 깨끗하지도 않으며, 나지도 않고 없어지지도 않으며, 취함도 아니고 버림도 아니며, 머묾도 아니고 머묾 아님도 아니며, 실다움도 아니고 허망함도 아니며, 모아진 것도 아니고 흩어진 것도 아니며, 집착함도 아니고 집착하지 않음도 아니며, 원인도 아니고 원인 아님도 아니며, 법도 아니고 법 아님도 아니며, 사물의 진실된 모습〔如〕도 아니고 사물의 진실된 모습이 아님도 아니며, 참된 실상〔實際〕도 아니고 참된 실상이 아님도 아니다.

교시가야, 만약 선남자·선여인이 타인을 위하여 가지가지 인연으로써 반야바라밀의 뜻을 연설하고 열어 보이며, 분별하여 쉽게 해석해 준다면 이 선남자·선여인은 심히 많은 복덕을 얻으니, 스스로 반야바라밀을 받아 지니고 가까이하여 독송하며, 설하고 바르게 사유하는 것보다 더 수승하다.

또한 교시가야, 선남자·선여인이 스스로 반야바라밀을 받아 지니고 가까이하여 독송하며, 설하고 바르게 사유하면서 또한 타인을 위하여 가지가지 인연으로써 반야바라밀의 뜻을 연설하고 열어 보이며, 분별하여 쉽게 해석해 준다면 이 선남자·선여인은 심히 많은 복덕을 얻는다."

석제환인이 부처님께 사루어 말씀드렸다.

"세존이시여, 선남자·선여인은 반드시 이와 같이 반야바라밀의 뜻을 연설하고 열어 보이며, 분별하여 쉽게 해석해 주어야 합니다."

부처님께서 석제환인에게 말씀하셨다.

"그렇다 교시가야, 선남자·선여인은 이와 같이 반야바라밀의 뜻을 연설하고 열어 보이며, 분별하여 쉽게 해석해 주어야 한다. 교시가야, 선남자·선여인이 이처럼 반야바라밀의 뜻을 연설하고 열어 보이며, 분별하여 쉽게 해석해 준다면 한량없고 가없으며 헤아릴 수조차 없는 복덕을 얻게 된다. 가령 어떤 선남자·선여인이 시방의 한량없고 헤아릴 수조차 없이 많은 부처님을 공양하되, 그 수명이 다할 때까지 원하는 바를 따라 공경·존중·찬탄하고, 꽃이나 향 내지 깃발 일산을 가지고 공양한다 해도, 만약 다시 어떤 선남자·선여인이 가지가지 인연으로써 타인을 위하여 널리 반야바라밀의 뜻을 설하고 열어 보이며, 분별하여 쉽게 해석해 준다면 이 선남자·선여인의 복덕이 더 많은 것이다. 왜냐하면 과거·미래·현재의 많은 부처님은 모두가 이 반야바라밀을 배워서 아뇩다라삼먁삼보리를 얻으니 이미 얻었고, 지금 얻으며, 마땅히 얻기 때문이다.

또한 교시가야, 만약 선남자·선여인이 한량없고 가없으며 헤아릴 수조차 없는 겁(劫) 동안 보시바라밀을 행한다 해도, 선남자·선여인이 반야바라밀로써 타인에게 그 뜻을 연설하고 열어 보이며, 분별하여 쉽게 해석하여 준다면 그 복의 많음에는 미치지 못하니, 붙잡을 수가 없음인 까닭이다.

무엇을 붙잡을 수가 있는 것〔有所得〕이라고 말하는가? 교시가야, 만약 보살마하살이 붙잡을 수가 있는 것으로써 보시한다면, 보시를 할 때에 이러한 생각을 하게된다.

'나는 주고, 상대는 받으며, 그 사이에 베푸는 물건이 있다.'

이것을 보시를 붙잡음〔得布施〕이라 말하니, 바라밀(波羅蜜)이 되지는 못한다.

'나는 계를 지키니, 이것이 계다'라고 하는데, 이것을 계를 붙잡음〔得戒〕이라 말하니, 바라밀이 되지는 못한다.

‘나는 인욕을 하니, 이 사람을 위해서 인욕한다’라고 하는데, 이것을 인욕을 붙잡음〔得忍辱〕이라 말하니, 바라밀이 되지는 못한다.

‘나는 정진을 하니, 이 일을 위해서 힘써 정진한다’라고 하는데, 이것을 정진을 붙잡음〔得精進〕이라 말하니, 바라밀이 되지는 못한다.

‘나는 선정을 닦으니, 닦는 이것이 선정이다’라고 하는데, 이것을 선정 붙잡음〔得禪定〕이라 말하니, 바라밀이 되지는 못한다.

‘나는 지혜를 닦으니, 닦는 이것이 지혜다’라고 하는데, 이것을 지혜를 붙잡음〔得智慧〕이라 말하니, 바라밀이 되지는 못한다.

교시가야, 선남자·선여인이 이렇게 행한다면 보시바라밀·지계바라밀·인욕바라밀·정진바라밀·선정바라밀·반야바라밀을 원만히 갖출 수가 없다.”

석제환인이 부처님께 사루어 말씀드렸다.

“세존이시여, 보살마하살은 어떻게 닦아서 보시바라밀·지계바라밀·인욕바라밀·정진바라밀·선정바라밀·반야바라밀을 원만히 갖추는 것입니까?”

부처님께서 석제환인에게 이르셨다.

“보살마하살은 보시를 할 때에 주는 이를 붙잡지 않고, 받는 이를 붙잡지 않으며, 베푸는 물건을 붙잡지 않으니, 이 사람이 보시바라밀을 원만히 갖추게 되는 것이다. 나아가 반야바라밀을 닦을 때에 지혜를 붙잡지 않고, 닦는 지혜를 붙잡지 않으니, 이 사람이 반야바라밀을 원만히 갖추게 되는 것이다. 교시가야, 이것을 보살마하살이 보시바라밀 내지 반야바라밀을 원만히 갖추는 것이라 한다. 선남자·선여인은 이와 같이 행하면서 마땅히 타인을 위해 그 뜻을 연설하고 열어 보이며, 분별하여 쉽게 해석해 주고, 선정바라밀·정진바라밀·인욕바라밀 지계바라밀·보시바라밀의 뜻을 연설하고 열어 보이며, 분별하여 쉽게 해석해 주어야 한다.

왜냐하면 교시가야, 미래의 세상에는 선남자·선여인이 반야바라밀을 설하고자 하면서도, 뜻이 다른〔相似〕 반야바라밀을 설함이 반드시 있을 것이다. 그래서 어떤 선남자·선여인이 아뇩다라삼먁삼보리의 마음을 내어도, 이 뜻이 다른 반야바라밀을 듣고는 바른 길〔正道〕을 잃게 된다. 선남자·선여인은 마땅히 이 사람들을 위해서 원만히 갖추어진 반야바라밀의 뜻을 연설하고 열어 보이며, 분별하여 쉽게 해석해 주어야 한다.”

석제환인이 부처님께 사루어 말씀드렸다.

“세존이시여, 무엇이 뜻이 다른 반야바라밀입니까?”

부처님께서 말씀하셨다.

“선남자·선여인이 붙잡을 수가 있는〔有所得〕 반야바라밀을 설하니, 이것을 뜻이 다른 반야바라밀이라 한다.”

석제환인이 부처님께 사루어 말씀드렸다.

“세존이시여, 무엇을 선남자·선여인이 붙잡을 수가 있는 반야바라밀을 설하니, 이것을 뜻이 다른 반야바라밀이라 한다고 합니까?”

부처님께서 말씀하셨다.

“선남자·선여인이 붙잡을 수가 있는 반야바라밀을 설하니, 이것을 뜻이 다른 반야바라밀이라 한다. 뜻이 다른 반야바라밀이란 물질적 존재〔色〕가 덧없음을 설하고, 이렇게 말한다. ‘능히 이와 같이 행하면 이것이 반야바라밀을 행함이다.’ 이렇게 수행자가 물질적 존재의 덧없음을 구하는 것을 뜻이 다른 반야바라밀을 행한다고 한다.

감각·표상·의지·인식이 덧없음을 설하고, 이렇게 말한다. ‘능히 이와 같이 행하면 이것이 반야바라밀을 행함이다.’ 이렇게 수행자가 감각·표상·의지·인식의 덧없음을 구하는 것을 뜻이 다른 반야바라밀을 행한다고 한다.

눈의 덧없음을 설하고 내지 마음의 덧없음을 설하며, 형상〔色〕의 덧없음을 설하고 내지 마음의 대상이 덧없음을 설하며, 눈의 영역〔眼界〕이 덧없음과 형태의 영역·눈으로 인식하는 것〔眼識界〕이 덧없음을 설하고, 내지 마음의 영역 마음의 대상이라는 것·마음으로 대상을 인식하는 것이 덧없음을 설하며, 땅의 성질〔地種〕이 덧없음을 설하고 내지 인식의 성질〔識種〕이 덧없음을 설하며, 눈으로 인식하는 것이 덧없음을 설하고 내지 마음으로 대상을 인식하는 것이 덧없음을 설하며, 눈앞의 상황〔眼觸〕이 덧없음을 설하고 내지 마음속에 있는 것이 덧없음을 설하며, 눈앞에 전개되는 모든 것에 대한 느낌이 덧없음을 설하고 내지 마음속에 있는 모든 것들에 대한 느낌이 덧없음을 설한다. 그리고 널리 설함이 다섯 가지 모임〔五陰〕과 같다.

물질적 존재가 고통임을 설하고 내지 마음 속에 있는 모든 것들에 대한 느낌이 고통임을 설하며, 물질적 존재는 나〔我〕라는 것이 없음을 설하고 내지 마음 속에 있는 모든 것들에 대한 느낌도 나라는 것이 없음을 설하니, 모두가 다섯 가지 모임에 설함과 같다.

수행자가 보시바라밀을 행하면서 물질적 존재가 덧없고 고통이며 나라는 것이 없음을 설하고, 내지 마음 속에 있는 모든 것들에 대한 느낌도 덧없고 고통이며 나라는 것이 없음을 설한다. 그리고 지계바라밀 내지 반야바라밀을 행하면서도 마찬가지이다.

네 가지 선정·네 가지 한량없는 이타의 마음·네 가지 형상을 떠난 선정을 행하면서도 덧없고 고통이며 나라는 것이 없음을 설하고, 네 가지 관찰법을 행하면서도 덧없고 고통이며 나라는 것이 없음을 설하며, 내지 일체지를 행하면서도 덧없고 고통이며 나라는 것이 없음을 설한다. 그리고 이와 같이 가르치고, 이와 같이 행하는 것을 반야바라밀을 행한다고 한다. 교시가야, 이것을 뜻이 다른 반야바라밀이라고 말한다.

또한 교시가야, 만약 선남자·선여인이 다가오는 세상에 뜻이 다른 반야바라밀을 설하면서 말하기를, '그대 선남자여, 반야바라밀을 수행하라. 그대가 반야바라밀을 수행할 때는 반드시 첫번째 경지〔初地〕를 얻을 것이며, 내지 반드시 열번째 경지〔十地〕를 얻을 것이다. 그리고 선정바라밀 내지 보시바라밀도 마찬가지이다'라고 하면, 이 수행자는 뜻이 다른 붙잡을 수가 있음을 가지고, 온갖 모양〔總相〕으로써 반야바라밀을 닦는 것이다. 교시가야, 이것을 뜻이 다른 반야바라밀이라 말한다.

또한 교시가야, 선남자·선여인이 반야바라밀을 설하고자 하면서 말하기를, '그대 선남자여, 반야바라밀 수행을 완전히 하라. 그러면 성문이나 벽지불의 경지를 벗어날 것이다'라고 하면, 이것을 뜻이 다른 반야바라밀이라 말한다.

또한 교시가야, 선남자·선여인이 불도(佛道)를 구하는 이를 위하여 말하기를, '그대 선남자·선여인이여, 반야바라밀 수행을 완전히 하라. 그러면 보살의 지위에 들어 진실한 이치를 깨달아 평온한 마음〔無生法忍〕을 얻으며, 진실한 이치를 깨달아 평온한 마음을 완전히 얻고는 바로 보살의 신통에 머물고, 한 부처님 나라에서 다른 부처님 나라로 다니면서 여러 부처님을 공양·공경·존중·찬탄하게 된다'라고 하는데, 이와 같이 말하는 이것을 뜻이 다른 반야바라밀이라 말한다.

또한 교시가야, 선남자·선여인이 불도를 구하는 이를 위하여 말하기를, '그대 선남자·선여인이여, 이 반야바라밀을 배우고, 받아 지니고 독송하며 설하고 바르게 사유하면, 반드시 한량없고 가없으며 헤아릴 수조차 없는 공덕을 얻을 것이다'라고 하는데, 이와 같이 말하는 이것을 뜻이 다른 반야바라밀이라 말한다.

또한 선남자·선여인이 불도를 구하는 이를 위하여 말하기를, '과거·현재·미래의 모든 부처님이 지은 근본 공덕인, 처음 마음을 내어서부터 부처님을 이룰 때까지의 모두를 모아서 아뇩다라삼먁삼보리에 회향하라'고 하는데, 이와 같이 말하는 이것을 뜻이 다른 반야바라밀이라 말한다."

석제환인이 부처님께 사루어 말씀드렸다.

"세존이시여, 무엇을 선남자·선여인이 불도를 구하는 이를 위하여 뜻이 다른 반야바라밀을 설하지 않는다고 합니까?"

부처님께서 말씀하셨다.

"가령 선남자·선여인이 불도를 구하는 이를 위하여 반야바라밀을 설하되, 선남자여, 그대는 반야바라밀을 수행하면서 물질적 존재가 덧없다고 보지 말라. 왜냐하면 물질적 존재는 물질적 존재의 성품이 공이고, 이 물질적 존재의 성품은 법이 아니며, 법이 아닌 이것을 이름하여 반야바라밀이라 하니, 반야바라밀 가운데서 물질적 존재는 항상함도 아니고 덧없음도 아니기 때문이다. 왜냐하면 이 가운데서는 물질적 존재까지도 오히려 붙잡을 수가 없기 때문이니, 하물며 항상함과 덧없음일까 보냐! 라고 하면, 교시가야, 선남자·선여인이 이와 같이 설하는 이것을 뜻이 다른 반야바라밀을 설하지 않는다고 말한다. 감각·표상·의지·인식도 또한 마찬 가지이다.

또한 교시가야, 선남자·선여인이 불도를 구하는 이를 위하여 설하되, '그대 선남자여, 반야바라밀을 수행하면서 모든 법[諸法]을 벗어나는 곳이 있다고 하지 말고, 머무는 곳이 있다고 하지 말라. 왜냐하면 반야바라밀 가운데는 법으로서 벗어날 수 있고 머무를 수 있는 곳이 있을 수 없기 때문이다. 왜냐하면 일체 모든 것[一切法]의 제 성품[自性]은 공이고, 제 성품이 공한 이것은 법이 아니며, 법이 아닌 이것을 이름하여 반야바라밀이라 하니, 반야바라밀 가운데서는 들어갈 수 있고 나올 수 있으며, 생길 수 있고 없어질 수 있는 것이 있을 수 없기 때문이다'라고 하면, 교시가야, 선남자·선여인이 이와 같이 설하는 이것을 뜻이 다른 반야바라밀을 설하지 않는다고 말한다. 널리 이와 같이 설하여 뜻이 다른[相似] 것과는 서로 틀리는 이것을 뜻이 다른 반야바라밀을 설하지 않는다고 말한다.

이와 같이 교시가야, 선남자·선여인은 반야바라밀의 뜻을 마땅히 이렇게 연설해야 하니, 만약 이렇게 반야바라밀 뜻을 설하면 앞의 사람보다 더 수승한 공덕을 얻는다.

또한 교시가야, 염부제에 있는 모든 중생들을 전부 가르쳐서 수다원이 되게한다면, 자네는 어떻게 생각하는가. 이 사람이 복을 얻음이 많겠느냐, 많지 않겠느냐?"

대답하여 말씀드렸다.

"대단히 많겠습니다, 세존이시여."

부처님께서 말씀하셨다.

"그러나 선남자·선여인이 타인을 위하여 가지가지 인연으로써 반야바라밀 뜻을 연설하고 열어 보이며, 분별하여 알기 쉽게 해석해 주고, '선남자·선여인이여, 그대는 와서 이 반야바라밀을 받아들이고, 힘써 독송하고 설하며 바르게 사유하여 반야바라밀 가운데서 설하는 것처럼 수행하라'고 하는 이러한 말에는 미치지 못한다. 왜냐하면 이 반야바라밀 가운데서 모든 수다원이 출생하기 때문이다.

교시가야, 염부제에 있는 중생들은 그렇다고 치고, 다시 네 개의 천하에 있는 중생·소천국토·이천중국토·삼천대천국토에 있는 중생들은 그렇다고 치고, 만약 어떤 사람이 항하의 모래알같이 많은 시방국토에 있는 중생들을 전부 다 가르쳐서 수다원이 되게한다면, 자네는 어떻게 생각하는가. 이 사람이 복을 얻음이 많겠느냐, 많지 않겠느냐?”

대답하여 말씀드렸다.

“대단히 많겠습니다, 세존이시여.”

부처님께서 말씀하셨다.

“그러나 선남자·선여인이 타인을 위하여 가지가지 인연으로써 반야바라밀 뜻을 연설하고 열어 보이며, 분별하여 알기 쉽게 해석해 주고, ‘선남자·선여인이여, 그대는 와서 이 반야바라밀을 받아들이고, 힘써 독송하고 설하며 바르게 사유하여 반야바라밀 가운데서 설하는 것처럼 수행하라’고 하는 이러한 말에는 미치지 못한다. 왜냐하면 이 반야바라밀 가운데서 모든 수다원이 출생하기 때문이다.

또한 교시가야, 만약 어떤 선남자·선여인이 염부제에 있는 사람을 가르쳐서 사다함·아나함·아라한이 되게한다면, 자네는 어떻게 생각하는가. 이 사람이 복을 얻음이 많겠느냐, 많지 않겠느냐?”

대답하여 말씀드렸다.

“대단히 많겠습니다, 세존이시여.”

부처님께서 말씀하셨다.

“그러나 선남자·선여인이 타인을 위하여 가지가지 인연으로써 반야바라밀 뜻을 연설하고 열어 보이며, 분별하여 알기 쉽게 해석해 주고, ‘선남자여, 그대는 와서 이 반야바라밀을 받아들이고, 힘써 독송하고 설하며 바르게 사유하여 반야바라밀 가운데서 설하는 것처럼 수행하라’고 하는 이러한 말에는 미치지 못한다. 왜냐하면 이 반야바라밀 가운데서 모든 사다함·아나함·아라한이 출생하는 까닭이니, 항하의 모래알같이 많은 시방국토에 있는 중생들까지도 이와 같다.

또한 교시가야, 만약 선남자·선여인이 한 염부제에 있는 중생들을 가르쳐서 벽지불도를 얻게 한다면, 자네는 어떻게 생각하는가. 이 사람이 복을 얻음이 많겠느냐, 많지 않겠느냐?"

대답하여 말씀드렸다.

"대단히 많겠습니다, 세존이시여."

부처님께서 말씀하셨다.

"그러나 선남자·선여인이 타인을 위하여 가지가지 인연으로써 반야바라밀 뜻을 연설하고 열어 보이며, 분별하여 알기 쉽게 해석해 주고, '선남자여, 그대는 와서 이 반야바라밀을 받아들이고, 힘써 독송하고 설하며 바르게 사유하여 반야바라밀 가운데서 설하는 것처럼 수행하라'고 하는 이러한 말에는 미치지 못한다. 왜냐하면 이 반야바라밀 가운데서 모든 벽지불도가 출생하는 까닭이니, 네 개의 천하 내지 항하의 모래알같이 많은 시방국토에 있는 중생들까지도 이와 같다.

또한 교시가야, 선남자·선여인이 한 염부제에 있는 중생들을 가르쳐서 아뇩다라삼먁삼보리의 마음을 내게 한다면, 자네는 어떻게 생각하는가. 이 사람이 복을 얻음이 많겠느냐, 많지 않겠느냐?"

대답하여 말씀드렸다.

"대단히 많겠습니다, 세존이시여."

부처님께서 말씀하셨다.

"그러나 선남자·선여인이 타인을 위하여 가지가지 인연으로써 반야바라밀 뜻을 연설하고 열어 보이며, 분별하여 알기 쉽게 해석해 주고, '그대는 마땅히 반야바라밀을 따라 배워서, 반드시 일체지의 법을 얻어야 한다. 그대가 만약 일체지의 법을 얻으면, 그대는 바로 반야바라밀을 수행하여 더욱 늘리며, 원만히 갖춤을 얻을 것이다. 만약 반야바라밀을 수행하여 더욱 늘리며, 원만히 갖춤을 얻으면, 그대는 마땅히 아뇩다라삼먁삼보리를 얻을 것이다'고 하는 이러한 말에는 미치지 못한다. 왜냐하면 교시가야, 반야바라밀에서 모든 처음 마음을 낸 보살마하살이 출생하는 까닭이니, 항하의 모래알같이 많은 시방국토까지도 이와 같다.

또한 교시가야, 선남자·선여인이 한 염부제에 있는 중생들을 가르쳐서 보살의 물러나지 않는 경지〔不退轉地〕에 머물게 한다면, 자네는 어떻게 생각하는가. 이 사람이 복을 얻음이 많겠느냐, 많지 않겠느냐?”

대답하여 말씀드렸다.

“대단히 많겠습니다, 세존이시여.”

부처님께서 말씀하셨다.

“그러나 선남자·선여인이 타인을 위하여 가지가지 인연으로써 반야바라밀 뜻을 연설하고 열어 보이며, 분별하여 알기 쉽게 해석해 주고, 선남자여, 그대는 와서 이 반야바라밀을 받아들이고, 내지 반야바라밀에서 설한 것처럼 수행하라. 그러면 그대는 바로 일체지의 법을 얻고, 일체지의 법을 얻고는 아뇩다라삼먁삼보리까지를 얻는다’고 하는 이러한 말에는 미치지 못한다. 왜냐하면 교시가야, 반야바라밀에서 모든 보살마하살의 물러나지 않는 경지가 생기는 까닭이니, 항하의 모래알같이 많은 시방국토까지도 이와 같다.

또한 교시가야, 만약 어떤 선남자·선여인이 아뇩다라삼먁삼보리를 구하기 위해서 마음을 낸 한 염부제 중생을 위하여 널리 반야바라밀 및 그 뜻을 설하고 해석하며, 열어보이고 분별하면서 말하기를, ‘어서 오라. 그대 선남자여, 이 반야바라밀을 받아들이고, 내지 반야바라밀에서 설한 것처럼 행하여 다 배우면, 그대는 반드시 아뇩다라삼먁삼보리를 얻을 것이다’라고 하고, 다시 어떤 사람이 보살의 물러나지 않는 경지에 있는 한 보살을 위해서 반야바라밀 및 그 뜻을 연설하고 해석하며, 열어보이고 분별하면서 말하기를, ‘그대여 어서 오라. 이 반야바라밀을 받아들이고, 내지 반야바라밀에서 설한 것처럼 행하여 다 배우면, 그대는 반드시 아뇩다라삼먁삼보리를 얻을 것이다’라고 한다면, 이 선남자가 얻는 공덕은 심히 많으니, 항하의 모래알같이 많은 시방국토까지도 이와 같다.

또한 교시가야, 가령 한 염부제에 있는 중생들이 모두 보살의 물러나지 않는 경지와 아뇩다라삼먁삼보리를 얻고자 하매, 어떤 선남자·선여인이 이 사람을 위하여 반야바라밀 뜻을 연설하는데, 이 중에 어떤 한 보살이 빨리 아뇩다라삼먁삼보리를 얻고자 한다. 만약 어떤 선남자·선여인이 이 보살을 위하여 반야바라밀 및 그 뜻을 해석하여 설해주면, 이 사람의 공덕이 가장 많으니, 항하의 모래알같이 많은 시방국토까지도 이와 같다.”

석제환인이 부처님께 사루어 말씀드렸다.

“세존이시여, 보살마하살로서 차츰차츰 아뇩다라삼먁삼보리에 다가서려는 이는 이와 같이 차츰차츰 가르쳐서 보시바라밀·지계바라밀·인욕바라밀·정진바라밀·선정바라밀·반야바라밀을 행하도록 해야 하고, 여섯 가지 감각기관이 공함 내지 사물이 존재하지 않는다는 견해와 존재한다는 견해가 같이 공함·네 가지 관찰법 내지 여덟 가지 바른 깨달음에 이르는 길·부처님의 열 가지 지혜의 힘·네 가지 두려움 없는 자신·네 가지 걸림없는 지혜·열여덟 가지 부처님만이 갖는 특성을 가르쳐야 합니다. 그리고 그 원하는 바를 따라서 마땅히 의복·침구·음식·의약을 공양해야 합니다. 이 선남자·선여인이 법 보시〔法施〕와 재물 보시〔財施〕로써 이 보살에게 공양하면, 공덕을 얻음이 앞 사람보다 훨씬 수승합니다. 왜냐하면 세존이시여, 이 보살마하살은 속히 아뇩다라삼먁삼보리를 얻기 때문입니다.”

그때 혜명 수보리가 석제환인에게 말했다.

“훌륭합니다. 정말 훌륭합니다 교시가여, 그대를 도를 얻은 제자〔聖弟子〕라고 하겠습니다. 아뇩다라삼먁삼보리를 위하는 모든 보살마하살을 법보시와 재물보시로써 평안히 하면, 이익되는 것이 그와 같습니다. 왜냐하면 보살 가운데서 모든 부처님과 성자들〔聖衆〕이 탄생하기 때문입니다. 만약 보살로서 아뇩다라삼먁삼보리의 마음을 내지 않는 이는 육바라밀 내지 열여덟 가지 부처님만이 갖는 특성을 배울 수가 없습니다. 만약 육바라밀 내지 열여덟 가지 부처님만이 갖는 특성을 배우지 못하면 아뇩다라삼먁삼보리를 얻을 수가 없습니다. 만약 아뇩다라삼먁삼보리를 얻지 못한다고 하면, 바로 성문과 벽지불도 없습니다.

이러한 까닭에 교시가여, 모든 보살마하살은 육바라밀 내지 열여덟 가지 부처님만이 갖는 특성을 배우고, 육바라밀 내지 열여덟 가지 부처님만이 갖는 특성을 배울 때에 아뇩다라삼먁삼보리를 얻으며, 아뇩다라삼먁삼보리를 얻는 까닭에 지옥·축생·아귀의 길을 끊고, 세간에 바로 왕족이나 귀족·바라문·대부호·사천왕천 내지 비유상비무상천이 있으며, 내지 보시바라밀·지계바라밀·인욕바라밀·정진바라밀·선정바라밀·반야바라밀·여섯 가지 감각기관이 공함 내지 사물이 존재하지 않는다는 견해와 존재한다는 견해가 같이 공함·네 가지 관찰법 내지 열여덟 가지 부처님만이 갖는 특성이 세상에 출현하고, 성문승(聲聞乘)·벽지불승(辟支佛乘)·불승(佛乘)이 전부 세상에 나타납니다."

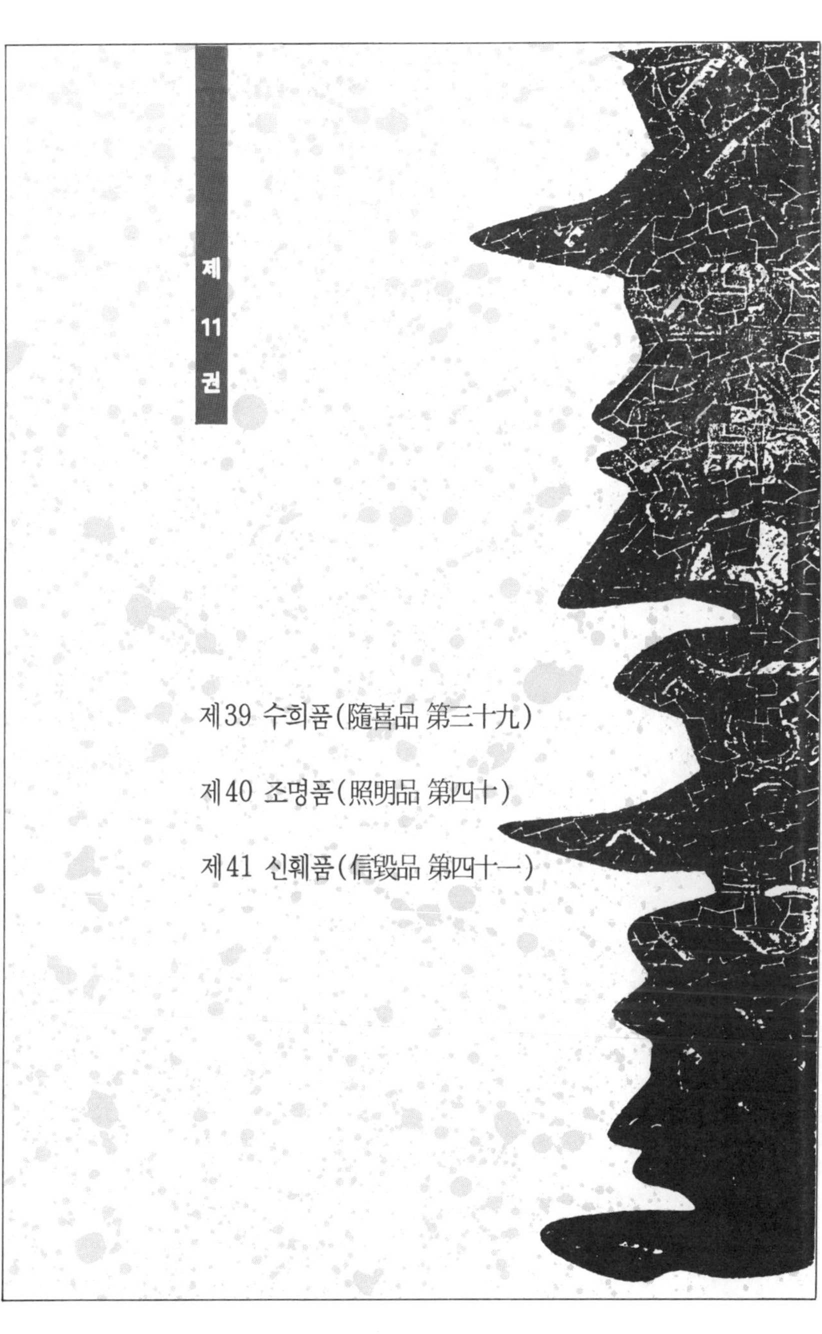

제
11
권

제39 수희품(隨喜品 第三十九)

그때 미륵(彌勒) 보살마하살이 혜명 수보리에게 말했다.

"보살마하살은 타인의 복덕(福德)을 함께 기뻐하고〔隨喜〕 일체중생들과 이것을 함께 하여 아뇩다라삼먁삼보리에 회향(廻向)하니, 붙잡을 수가 없음〔無所得〕인 까닭입니다. 성문·벽지불의 복덕이나 혹은 일체중생들의 복덕인 보시(布施)나 지계(持戒) 혹은 선정의 수행〔修定〕이나 함께 기뻐함〔隨喜〕보다, 보살마하살이 타인의 복덕을 함께 기뻐하고 일체중생들과 이것을 함께 하여 아뇩다라삼먁삼보리에 회향하는 복덕이 최상이고, 제일이며, 가장 절묘하고 위없는 것이어서 비교할 수가 없는 것입니다.

왜냐하면 성문이나 벽지불 및 일체중생들의 보시·지계·선정의 수행·함께 기뻐함은 스스로를 조정하기 위한 것이고, 스스로를 맑히기 위한 것이며, 스스로를 제도하기 위해서 하는 것이기 때문입니다. 소위 네 가지 관찰법〔四念處〕 내지 여덟 가지 바른 깨달음에 이르는 길〔八聖道分〕·모든 것이 공〔空〕·어떤 특징도 없음〔無相〕·원할 것이 없음〔無作〕 등입니다. 그러나 보살이 타인의 복덕을 함께 기뻐하여 아뇩다라삼먁삼보리에 회향하는 것은, 이 공덕으로 일체중생들을 조정하기 위함이고, 일체중생들을 맑히기 위함이며, 일체중생을 제도하기 위한 것이기 때문입니다."

그때 혜명 수보리가 미륵보살에게 사루어 말씀드렸다.

"많은 보살마하살은 시방의 한량없고 가없으며 헤아릴 수조차 없는 국토에 계시는 한량없고 가없으며 헤아릴 수조차 없이 많은 깨달음을 얻은[滅度] 부처님을 생각하여, 처음 마음을 내어서부터 아뇩다라삼먁삼보리를 얻을 때까지, 번뇌의 여진까지도 없는 열반[無餘涅槃]에 들어 의식의 대상[法]이 전부 소멸함에 이르기까지, 그 중간에 있어서 모든 착한 뿌리[善根]인 육바라밀에 상응하는 착한 뿌리 및 성문인(聲聞人)들의 착한 뿌리, 즉 보시라는 복덕·지계나 선정의 수행이라는 복덕 및 수행 중에 있는 사람[有學]들의 번뇌가 없는 착한 뿌리[無漏善根]·수행을 끝마친 사람[無學]들의 번뇌가 없는 착한 뿌리·모든 부처님의 계라는 덕목[戒衆]·선정이라는 덕목[定衆]·지혜라는 덕목[慧衆]·해탈이라는 덕목[解脫衆]·해탈지견이라는 덕목[解脫知見衆]·일체지(一切智)·큰 인자함과 크게 가없이 여김[大慈大悲], 그리고 그밖의 한량없고 헤아릴 수조차 없는 많은 부처님 법과 여러 부처님께서 설한 가르침, 이 가르침을 배워서 수다원과를 얻고 내지 아라한과·벽지불도를 얻으며, 보살마하살의 지위에 들어가는 등의 중생들이 짓는 많은 착한 뿌리, 이 온갖 착한 뿌리를 전부 모아서 이러한 복덕을 함께 기뻐하고 아뇩다라삼먁삼보리에 회향하면, 이것은 최상이고, 제일이며, 가장 절묘하고 위없는 것이어서 비교할 수가 없는 것입니다. 이와 같이 함께 기뻐하고 나서, 이 함께 기뻐한 공덕을 아뇩다라삼먁삼보리에 회향하는 것입니다.

만약 보살승(菩薩乘)을 행하는 어떤 선남자가 생각하기를, '나의 이 마음이 아뇩다라삼먁삼보리에 회향한다'고 한다면, 이것은 마음이 대상[緣]이나 사물[事]에 붙잡힌 것이 됩니다. 만약 선남자가 모양을 취하여 아뇩다라삼먁삼보리에 회향하면, 생각대로 회향된 것입니까 아닙니까?"

미륵보살이 수보리에게 말했다.

"이 선남자는 보살승을 행하여 아뇩다라삼먁삼보리에 회향한다 해도, 그 마음은 대상이나 사물에 붙잡힘에 지나지 않습니다. 만약 선남자가 모양을 취하면, 생각대로 회향되었다고 할 수 없습니다."

수보리가 미륵보살에게 말씀드렸다.

"만약 온갖 대상이나 사물에 마음이 붙잡힘이 없으면, 가령 보살승을 행하는 선남자가, 시방의 많은 부처님께서 처음 마음을 내어서부터 의식의 대상〔法〕이 전부 소멸함에 이르기까지 심었던 모든 착한 뿌리 및 성문의 모든 착한 뿌리·수행하고 있는 사람과 수행을 마친 사람의 착한 뿌리를 취하여 그것을 전부 모아서, 공덕을 함께 기뻐함을 아뇩다라삼먁삼보리에 회향한다 해도, 대상이 없음인 까닭에 이 보살은 잘못된〔顚倒〕 것은 없습니다.

덧없음〔無常〕을 항상하다〔常〕고 말함이 잘못된 생각〔想顚倒〕이고, 잘못된 마음〔心顚倒〕이며, 잘못된 견해〔見顚倒〕입니다. 부정한 것을 깨끗하다고 말하고, 고통을 즐거움이라 말하고, 나라는 것이 없음〔無我〕을 나라는 것이 있다〔我〕고 말함이 잘못된 생각이고, 잘못된 마음이며, 잘못된 견해입니다. 만약 아뇩다라삼먁삼보리를 마음의 대상이나 사물로 붙잡으면 이것도 또한 잘못된 것이고, 회향심(廻向心)도 또한 마찬가지입니다.

보시바라밀·지계바라밀·인욕·정진·선정·반야바라밀·내지 열여덟 가지 부처님만이 갖는 특성도 또한 마찬가지입니다. 만약 그렇다면 무엇을 대상이라고 하고, 무엇을 사물이라고 하며, 무엇을 아뇩다라삼먁삼보리라고 하고, 무엇을 착한 뿌리라 하며, 무엇을 함께 기뻐하는 마음〔隨喜心〕으로써 아뇩다라삼먁삼보리에 회향한다고 합니까?"

미륵보살이 수보리에게 말했다.

"만약 많은 보살마하살이 오랜 세월 육바라밀을 행하고, 자주 여러 부처님을 공양하고 착한 뿌리를 심으며, 선지식(善知識)을 가까이하고 훌륭하게 사물의 고유형태가 공〔自相空〕이라는 가르침을 배우면, 이 많은 보살은 이 대상과 이 사물·여러 부처님의 온갖 착한 뿌리·공덕을 함께 기뻐함을 마음에 붙잡지 않고 아뇩다라삼먁삼보리에 회향합니다. 대립하는 두 가지 법〔二法〕으로써도 아니고 둘이 없는 법〔不二法〕도 아니며, 모양도 아니고 모양 아님도 아니며, 붙잡을 수 있는 것도 아니고 붙잡을 수 없는 것도 아니며, 깨끗함도 아니고 더러움도 아니며, 생김도 아니고 없어짐도 아니라는 이것을 아뇩다라삼먁삼보리에 회향한다고 하는 것입니다.

만약 많은 보살마하살이 오랜 세월 육바라밀을 행하지 않고, 자주 여러 부처님을 공양하지도 않으며, 착한 뿌리를 심지도 않고, 선지식을 가까이하지도 않으며, 훌륭하게 사물의 고유형태가 공이라는 가르침을 배우지도 않는다고 하면, 이 많은 보살은 이 온갖 대상과 이 온갖 사물·여러 부처님의 온갖 착한 뿌리·공덕을 함께 기뻐함을 마음에 붙잡아서 아뇩다라삼먁삼보리에 회향함이 되니, 이것은 회향이라고 말할 수 없습니다.

수보리여, 이와 같이 반야바라밀의 의미 내지 일체종지(一切種智)의 의미, 소위 여섯 가지 감각기관이 공함〔內空〕 내지 사물이 존재하지 않는다는 견해와 존재한다는 견해가 같이 공함〔無法有法空〕을 처음 마음을 낸 보살〔新學菩薩〕에게 말해서는 안 됩니다. 왜냐하면 이 보살은 작게 믿고 원하는〔信樂〕 마음·존경하는 마음·청정한 마음이 있긴 하지만, 이 말을 들으면 전부 잊어버리기 때문입니다. 마땅히 보살의 물러나지 않는 경지〔不退轉地〕에 있는 보살마하살 앞에서 설해야 할 것입니다. 혹은 선지식에게 보호되고, 혹은 오랜 세월 여러 부처님을 공양하고 많은 착한 뿌리를 심은 이러한 사람을 위하여 이와 같은 반야바라밀의 의미 내지 일체종지의 의미, 소위 여섯 가지 감각기관이 공함 내지 사물이 존재하지 않는다는 견해와 존재한다는 견해가 같이 공함을 설해야 합니다. 이 사람은 이러한 법을 듣고서도 마음이 침몰하지 않고 놀라지 않으며, 두려워하지 않고 떨지 않기 때문입니다.

수보리여, 보살마하살은 복덕을 함께 기뻐하여 마땅히 이와 같이 아뇩다라삼먁삼보리에 회향해야 하니, 소위 보살은 마음을 다하여 함께 기뻐한 복덕을 아뇩다라삼먁삼보리에 회향해야 합니다. 이 마음은 전부가 없어지고 변화하여 사라지며, 이 대상·이 사물·이 많은 착한 뿌리도 또한 전부가 없어지고 변화하여 사라집니다. 그렇다면 이 가운데서 무엇을 함께 기뻐하는 마음이라 하고, 무엇을 온갖 대상이라 하며, 무엇을 온갖 사물이라 하고, 무엇을 온갖 착한 뿌리라고 하여 아뇩다라삼먁삼보리에 함께 기뻐하면서 회향하겠습니까? 두 개의 마음은 동시에 존재하지 않고, 이 마음이라는 것〔心性〕도 또한 회향을 얻을 수 없습니다.

그렇다면 보살은 어떻게 함께 기뻐하는 마음을 아뇩다라삼먁삼보리에 회향하는 것일까요. 가령 보살마하살은 반야바라밀을 행할 때는 이렇게 생각해야 합니다. 이 반야바라밀에는 반야바라밀이라는 법이 있는 것이 아니고, 보시바라밀에도 또한 그 자체가 있는 것이 아니며, 물질적 존재에도 그 자체가 있는 것이 아니고 감각·표상·의지·인식, 나아가 아뇩다라삼먁삼보리에도 그 자체가 있는 것이 아니다.

보살마하살은 마땅히 이와 같이 공덕을 함께 기뻐하고 아뇩다라삼먁삼보리에 회향해야 합니다. 만약 능히 이와 같이 회향하면, 이것을 공덕을 함께 기뻐하여 아뇩다라삼먁삼보리에 회향한다고 말합니다."

그때 석제환인이 수보리에게 말했다.

"새로 마음을 낸 보살〔新發意菩薩〕이 이것을 듣고서 놀라고 두려워하며, 무서워 겁내는 일은 없겠습니까? 수보리여, 어떻게 새로 마음을 낸 보살은 온갖 착한 뿌리를 심어 아뇩다라삼먁삼보리에 회향하고, 다시 어떻게 복덕을 함께 기뻐하고 아뇩다라삼먁삼보리에 회향합니까?"

수보리가 석제환인에게 말했다.

"가령 새로 마음을 낸 보살은 반야바라밀을 행한다고 해도, 이 반야바라밀을 의식하지 않아야 하니 붙잡을 수가 없음인 까닭이며, 고유의 모습이 없음인 까닭입니다. 나아가 보시바라밀도 마찬가지입니다. 언제나 여섯 가지 감각기관이 공함을 믿고 이해하며, 나아가 언제나 사물이 존재하지 않는다는 견해와 존재한다는 견해가 같이 공함을 믿고 이해하며, 언제나 네 가지 관찰법 내지 열여덟 가지 부처님만이 갖는 특성을 믿고 의지하며, 언제나 선지식을 가까이해야 합니다.

이 선지식은 새로 마음을 낸 보살에게 육바라밀의 가르침을 설하고 열어보이며 분별하여 이와 같이 교수하니, 항상 반야바라밀에서 멀어지지 않게 하여 바로 보살의 지위에 들어감을 얻을 때까지 마침내 반야바라밀을 여의지 않고, 내지 보시바라밀을 여의지 않으며, 네 가지 관찰법 내지 열여덟 가지 부처님만이 갖는 특성을 여의지 않게 합니다. 또한 악마의 장난〔魔事〕을 말하고, 갖가지

418

악마의 장난을 듣고서도 더하거나 줄게하지 않습니다.

왜냐하면 이 보살마하살은 일체 모든 것에 대하여 의식하지 않기 때문입니다. 이 보살은 또한 항상 많은 부처님을 여의지 않고, 보살의 지위를 얻을 때까지 그 사이에 착한 뿌리를 심으며, 이 착한 뿌리로써 보살의 집에 태어나고, 바로 아뇩다라삼먁삼보리를 얻을 때까지 결코 이 착한 뿌리를 여의지 않습니다.

또한 새로 마음을 낸 보살마하살은 과거의 한량없고 헤아릴 수조차 없는 시방 국토에 계셨던 모든 부처님께서 미혹의 길[生死道]을 끊고, 모든 무익한 논의 [戲論道]를 끊으며, 모든 무거운 짐을 버리고, 마음의 가시덤불을 없애며, 모든 속박[有結]을 끊고, 바른 지혜로써 해탈시킴과 나아가 제자들이 지은 공덕과 그 가르침에 의해서 왕족이나 귀족·바라문·대부호·사천왕천 내지 정거천(淨居 天)이 심은 착한 뿌리, 이러한 일체를 모아서 추측함에 있어서 최상이고 제일이 며, 가장 절묘하여 위가 없으며 비교할 수가 없는 함께 기뻐하는 마음으로써 함 께 기뻐하고 아뇩다라삼먁삼보리에 회향해야 하는 것입니다."

그때 미륵보살이 수보리에게 말했다.

"만약 새로 마음을 낸 보살마하살이 많은 부처님 및 제자들의 온갖 착한 뿌리 를 생각하고, 최상이고 제일이며, 가장 절묘하여 위가 없으며 비교할 수가 없는 함께 기뻐하는 복덕으로써 함께 기뻐하고, 함께 기뻐함이 끝난 뒤에 마땅히 아 뇩다라삼먁삼보리에 회향해야 한다고 하면, 어찌하면 보살이 잘못된 생각·잘못 된 마음·잘못된 견해에 떨어지지 않겠습니까?"

수보리가 말씀드렸다.

"만약 보살마하살이 모든 부처님 및 스님네를 생각한다면, 이 가운데서는 부 처님이라는 생각을 내지 않고, 스님네란 생각을 내지 않으며, 착한 뿌리라는 생 각을 내지도 않는 것입니다. 이러한 마음으로서 아뇩다라삼먁삼보리에 회향한다 면, 이 마음 가운데 있어서도 또한 마음이라는 생각을 내지 않는 것입니다. 보살 이 이렇게 회향한다면, 잘못된 생각을 내는 것이 아니고, 잘못된 마음을 내는 것 이 아니며, 잘못된 견해를 내는 것도 아닌 것입니다.

만약 보살마하살이 모든 부처님 및 스님네의 착한 뿌리를 생각하여 모양을 취하고, 모양을 취한 다음에 아뇩다라삼먁삼보리에 회향한다면, 보살의 이러한 회향을 잘못된 생각·잘못된 마음·잘못된 견해라고 하는 것입니다. 만약 보살마하살이 이러한 집착이 없는 마음을 가지고 모든 부처님 및 스님네의 많은 착한 뿌리를 생각한다면, 이러한 마음으로서 생각하고 있는 때는 바로 전부가 소멸되어 버립니다. 만약 전부가 소멸되어 버린다면, 회향한다고 하는 것조차 붙잡을 수 없습니다. 회향하는 그 마음도 또한 전부가 소멸되기 때문입니다. 회향되는 곳도, 회향하는 것도 모양은 마찬가지입니다. 만약 이와 같은 모양으로 회향한다면, 이것을 바른 회향이라고 말하니, 삿된 회향이 아닙니다. 보살마하살은 마땅히 이와 같이 아뇩다라삼먁삼보리에 회향해야 하는 것입니다.

또한 보살마하살은 과거 모든 부처님의 착한 뿌리 및 제자들의 착한 뿌리와 착한 뿌리 가운데서도 범부인 사람들이 가르침을 듣고서 심은 착한 뿌리 혹은 여러 하늘과 용·야차·건달바·아수라·가루라·긴나라·마후라가가 가르침을 듣고서 심은 착한 뿌리 혹은 왕족이나 귀족·바라문·대부호·사천왕천 내지 색구경천이 가르침을 듣고서 심은 착한 뿌리와 아뇩다라삼먁삼보리의 마음을 낸 것, 이러한 일체의 복덕을 모아서 추측하매 최상이고 제일이며, 가장 절묘하여 위가 없으며 비교할 수가 없는 함께 기뻐하는 마음으로써 함께 기뻐하고 아뇩다라삼먁삼보리에 회향하는 것입니다. 이때 보살이 만약 이렇게 모든 것은 전부가 소멸하여 회향되는 곳도, 회향하는 것도 그 고유형태가 공이라고 알아서 능히 이와 같이 회향한다면, 이것을 참으로 아뇩다라삼먁삼보리에 회향한다고 하는 것입니다.

또한 만약 보살이 이렇게 모든 것은 실체로서 있음이 없다고 안다면, 능히 법을 회향하는 것입니다. 왜냐하면 일체 모든 것은 그 고유형태가 공이기 때문입니다. 만약 이와 같이 회향한다면, 이것을 참으로 아뇩다라삼먁삼보리에 회향한다고 하는 것입니다.

이와 같이 보살마하살이 반야바라밀 내지 보시바라밀을 행하면, 잘못된 생각·잘못된 마음·잘못된 견해에 떨어지지 않습니다. 왜냐하면 보살은 이 회향한다는 것에 집착하지 않고, 또한 온갖 착한 뿌리를 가지고 아뇩다라삼먁삼보리에 회향하는 마음과 장소를 보지 않기 때문입니다. 이것을 보살마하살의 위없는 회향〔無上廻向〕이라고 합니다.

또한 만약 보살마하살이 지은 바 복덕이 다섯 가지 모임〔五陰〕·열두 가지 영역〔十二入〕·열여덟 가지 요소〔十八界〕를 여의어 있다고 알고, 또한 반야바라밀도 이것을 여읜 모양이고, 내지 보시바라밀도 이것을 여읜 모양이며, 여섯 가지 감각기관이 공함 내지 사물이 존재하지 않는다는 견해와 존재한다는 견해가 같이 공함도 이것을 여읜 모양이고, 네 가지 관찰법 내지 열여덟 가지 부처님만이 갖는 특성도 이것을 여읜 모양이라고 알아서, 이와 같이 보살마하살이 함께 기뻐하는 마음을 가지고 복덕을 일으키면, 아뇩다라삼먁삼보리에 회향한다고 말합니다.

또한 만약 보살마하살이 함께 기뻐하는 복덕은 함께 기뻐하는 복덕이라는 고유의 성품을 여의어 있다고 알고, 또한 모든 부처님은 부처님이라는 성품을 여의었고, 온갖 착한 뿌리도 착한 뿌리라는 성품을 여의었으며, 깨달음을 향한 마음〔菩提心〕도 깨달음을 향한 마음이라는 성품을 여의었고, 회향은 회향이라는 성품을 여의었으며, 보살도 보살이라는 성품을 여의었고, 반야바라밀도 반야바라밀이라는 성품을 여의었으며, 선정바라밀·정진바라밀·인욕바라밀·지계바라밀·보시바라밀도 보시바라밀이라는 성품을 여의었고, 나아가 열여덟 가지 부처님만이 갖는 특성도 열여덟 가지 부처님만이 갖는 특성이라는 성품을 여의었다고 알아서, 보살마하살이 마땅히 이와 같이 집착〔相〕을 여읜 반야바라밀을 행한다면, 이것을 보살마하살은 반야바라밀 가운데서 함께 기뻐한다는 복덕을 낸다고 말하는 것입니다.

또한 만약 보살마하살이 과거에 깨달으신〔滅度〕 모든 부처님의 온갖 착한 뿌리를 회향하고자 한다면, 마땅히 이와 같은 생각을 가지고 회향해야 합니다.

'모든 부처님께서 열반〔滅度〕에 드신 모습과 같이, 온갖 착한 뿌리의 모습도 또한 이처럼 적적〔滅度〕하다. 법의 모습도 또한 마찬가지이다. 내 마음을 가지고 회향할 경우, 이 마음의 모습도 또한 마찬가지이다.'

만약 이와 같이 회향한다면, 이것을 아뇩다라삼먁삼보리에 회향한다고 알아야 합니다. 이와 같이 회향한다면, 잘못된 생각·잘못된 마음·잘못된 견해에 떨어지지 않는 것입니다.

만약 보살마하살이 반야바라밀을 행할 때에 많은 부처님의 온갖 착한 뿌리에 집착하여 아뇩다라삼먁삼보리에 회향한다면, 이것을 회향이라고 말할 수는 없습니다. 왜냐하면 많은 과거의 부처님 및 착한 뿌리는 형상이 있는 대상도 아니고, 형상이 없는 대상도 아니기 때문입니다. 만약 보살마하살이 이와 같이 형상에 집착한다면, 이것은 착한 뿌리를 가지고 아뇩다라삼먁삼보리에 회향한다고 말할 수 없습니다. 이러한 보살마하살은 잘못된 생각·잘못된 마음·잘못된 견해에 떨어져 버립니다.

만약 보살마하살이 많은 부처님 및 온갖 착한 뿌리 그리고 여러 가지 마음에 집착하지 않는다면, 이것을 착한 뿌리를 가지고 아뇩다라삼먁삼보리에 회향한다고 말합니다. 이러한 보살마하살은 잘못된 생각·잘못된 마음·잘못된 견해에 떨어지지 않는 것입니다.”

그때 미륵보살이 수보리에게 물었다.

“어찌하면 보살마하살이 온갖 착한 뿌리에 집착하지 않고 아뇩다라삼먁삼보리에 회향할 수가 있겠습니까?”

수보리가 말씀드렸다.

“이것에 관해서는, 보살마하살이 배우는 반야바라밀 가운데에 반야바라밀의 방편의 힘〔方便力〕이 있음을 반드시 알아야 합니다. 만약 이 복덕이 반야바라밀을 여의면, 아뇩다라삼먁삼보리에 회향할 수가 없습니다. 왜냐하면 반야바라밀 가운데서는 많은 부처님도 붙잡을 수가 없고, 온갖 착한 뿌리도 붙잡을 수가 없으며, 아뇩다라삼먁삼보리에 회향하는 마음도 붙잡을 수가 없기 때문입니다. 이 가운데 있어서 보살마하살이 반야바라밀을 행할 때는 마땅히 이와 같이 사유해야 합니다.

‘과거의 모든 부처님 및 제자들의 신체는 모두가 소멸하고, 온갖 착한 뿌리도 또한 소멸한다. 내가 지금 형상에 집착하여 많은 부처님의 온갖 착한 뿌리 및 여러 가지 마음을 분별하고, 이 집착한 형상을 가지고 아뇩다라삼먁삼보리에 회향

422

한다면, 결코 많은 부처님께서 허락하지 않을 것이다.'

왜냐하면 형상에 집착한다는 것은 붙잡을 수가 있음인 까닭입니다. 소위 과거의 모든 부처님에 관해서 형상에 집착하여 분별하는 것입니다. 이러한 까닭에 보살마하살이 온갖 착한 뿌리를 가지고 아뇩다라삼먁삼보리에 회향하고자 하면, 붙잡힘이 없고 형상에 집착함이 없이 회향해야 합니다. 만약 붙잡히고 형상에 집착하여 회향하는 것이라면, 부처님께서 회향에 큰 이익이 있다고 설하시지 않았을 것입니다.

왜냐하면 이러한 회향은 독(毒)을 섞은 것이기 때문입니다. 비유컨대 좋은 음식에 독을 섞어 둔 것과 같습니다. 아름다운 빛깔과 향긋한 냄새의 음식을 사람들이 먹고싶어 하지만, 그 가운데는 독이 들어있는 것입니다. 어리석은 사람들이 그것을 먹고 기뻐하며, 아름다운 빛깔과 향긋한 냄새를 욕심껏 먹지만, 음식이 소화되면 죽든지 혹은 죽을 정도의 고통을 받는 것입니다.

만약 선남자·선여인이 바르게 받아들이지 않고, 바르게 관찰하지 않으며, 바르게 독송하지 않고, 그 의미를 이해하지 않고서, '그대 선남자여, 과거·미래·현재에 시방의 많은 부처님께서 처음 마음을 낸 때로부터 줄곧 아뇩다라삼먁삼보리를 얻을 때까지, 번뇌의 여진까지도 없는 열반에 들어 의식의 대상〔法〕이 전부 소멸하기까지의 그 중간에 있어서 반야바라밀을 행할 때에 심었던 온갖 착한 뿌리와 선정바라밀·정진바라밀·인욕바라밀·지계바라밀·보시바라밀을 행할 때에 심었던 온갖 착한 뿌리와 네 가지 선정〔四禪〕·네 가지 한량없는 이타의 마음〔四無量心〕·네 가지 형상을 떠난 선정〔四無色定〕·네 가지 관찰법 내지 여덟 가지 바른 깨달음에 이르는 길·부처님의 열 가지 지혜의 힘〔十力〕을 수행하고 나아가 열여덟 가지 부처님만이 갖는 특성을 수행할 때에 심었던 온갖 착한 뿌리와 부처님의 국토를 맑히고 중생을 제도하여 해탈시키며 심었던 온갖 착한 뿌리와 그리고 모든 부처님의 계라는 덕목·선정이라는 덕목·지혜라는 덕목·해탈이라는 덕목·해탈지견이라는 덕목·일체종지·착각으로 오류함이 없는 법〔無錯謬法〕·항상 평등히 하는 행위〔常捨行〕와 그리고 제자들이 심었던 온갖 착한 뿌리 및 많은 부처님께서 반드시 벽지불이 되리라는 약속을 준 이들, 즉 여러 하늘과 용·야차·건달바·아수라·가루라·긴나라·마후라가 등이 심었던 온갖 착한 뿌리와 이러한 모든 복덕을 추측하고 모아서 함께 기뻐하고 아뇩다라삼먁삼보리에 회향합니다.' 이와 같이 다른 사람에게 가르쳐서 말한다면, 이러한 회향은 형상에 집착하고 사물에 붙잡힘인 까닭에 독을 섞은 음식과 같습니다. 사물에 붙잡힌 사람에게는 결코 바른 회향이 없는 것입니다.

왜냐하면 이 사물에 붙잡혀 있다는 것은 독이 섞여있는 것이고, 모양이 있음이며, 마음에 동요가 있음이고, 진실하지 않은 말이 있기 때문입니다. 만약 이와 같이 회향한다면, 바로 부처님을 비방하는 것이고, 부처님의 가르침에 따르지 않는 것이며, 부처님이 설해 보인 진리에 어긋나 버립니다. 이렇게 선남자·선여인이 불도를 구하고자 하면, 마땅히 이와 같이 배워야 합니다. 즉 과거·미래·현재의 모든 부처님께서 처음 마음을 내어서부터 나아가 의식의 대상이 전부 소멸함에 이르기까지, 그리고 제자들이 반야바라밀을 행할 때에 심었던 착한 뿌리 내지 일체종지를 수행하는 등에 관해서도 위에서 말한 것과 같습니다.

그렇다면 어떻게 온갖 착한 뿌리를 아뇩다라삼먁삼보리에 회향함이 바른 회향이겠습니까? 불도를 구하고자 하는 어떤 선남자·선여인이 반야바라밀을 행하면서 많은 부처님을 비방하지 않으려고 한다면, 온갖 복덕을 반드시 이와 같이 회향해야 합니다.

'많은 부처님께서는 위없는 지혜로써 이 온갖 착한 뿌리의 모양과 이 온갖 착한 뿌리의 본질을 깨달아 아는 것처럼, 나도 또한 이와 같이 함께 기뻐하고, 그리고 많은 부처님께서 아시는 것처럼 나도 또한 이와 같이 아뇩다라삼먁삼보리에 회향한다.'

보살도를 구하는 선남자·선여인은 마땅히 이와 같이 아뇩다라삼먁삼보리에 회향해야 합니다. 만약 이와 같이 회향한다면, 부처님을 비방함이 아니고, 부처님께서 가르친 대로 그리고 부처님께서 설해 보인 진리대로 함이 됩니다. 이 보살마하살의 회향에는 독이 섞여 있지 않습니다.

또한 불도를 구하는 선남자·선여인이 반야바라밀을 행할 때는 온갖 착한 뿌리를 이와 같이 회향해야 합니다. 물질적 존재가 애욕의 세계〔欲界〕에 속박되지 않고, 물질의 세계〔色界〕에 속박되지 않으며, 정신만의 세계〔無色界〕에 속박되지 않은 것처럼, 속박되지 않은 것은 과거라고 말할 수 없고, 미래라고 말할 수 없으며, 현재라고 말할 수도 없습니다. 감각·표상·의지·인식도 또한 애욕의 세계에 속박되지 않고, 물질의 세계에 속박되지 않으며, 정신만의 세계에 속박되지 않은 것처럼, 속박되지 않은 것은 과거·미래·현재라고 말할 수 없습니다. 열두 가지 영역·열여덟 가지 요소도 또한 이와 같습니다.

반야바라밀이 애욕의 세계에 속박되지 않고, 물질의 세계에 속박되지 않으며, 정신만의 세계에 속박되지 않은 것처럼, 속박되지 않은 것은 과거·미래·현재라고 말할 수 없습니다. 선정바라밀 내지 보시바라밀도 이와 같고, 여섯 가지 감각기관이 공함 내지 사물이 존재하지 않는다는 견해와 존재한다는 견해가 같이 공함도 또한 이와 같습니다.

네 가지 관찰법이 애욕의 세계에 속박되지 않고, 물질의 세계에 속박되지 않으며, 정신만의 세계에 속박되지 않은 것처럼, 속박되지 않은 것은 과거·미래·현재라고 말할 수 없습니다. 나아가 여덟 가지 바른 깨달음에 이르는 길도 이와 같고, 부처님의 열 가지 지혜의 힘 내지 열여덟 가지 부처님만이 갖는 특성도 또한 이와 같습니다.

사물의 진실된 모습〔如〕·진실의 본성〔法性〕·있는 그대로의 모양〔法相〕·참된 이치의 머무름〔法住〕·모든 것의 변하지 않는 위치〔法位〕·참된 실상〔實際〕·불가사의한 본성〔不可思議性〕·지계·선정·지혜·해탈·해탈지견이라는 덕목·일체종지·착각으로 오류함이 없는 법·항상 평등히 하는 행위가 애욕의 세계에 속박되지 않고, 물질의 세계에 속박되지 않으며, 정신만의 세계에 속박되지 않은 것처럼, 속박되지 않은 것은 과거·미래·현재라고 말할 수 없습니다. 이러한 회향이나 회향되는 곳·회향하는 것이 속박되지 않은 것은 전부가 또한 이와 같습니다.

이 많은 부처님도 속박되지 않고, 온갖 착한 뿌리도 속박되지 않으며, 많은 성문이나 벽지불의 착한 뿌리가 속박되지 않은 것처럼, 속박되지 않은 것은 과거·미래·현재라고 말할 수 없습니다.

만약 보살마하살이 반야바라밀을 행할 때에는 이렇게 물질적 존재는 삼계(三界)에 속박되지 않고, 속박되지 않은 것은 과거·미래·현재라고 말할 수 없다고 아는 것입니다. 그래서 만약 어떤 것이든 과거·미래·현재라고 말할 수 없다고 하면, 형상에 집착하고 붙잡혀서 아뇩다라삼먁삼보리에 회향한다는 것은 있을 수 없는 것입니다. 왜냐하면 이 물질적 존재는 생긴다는 것이 없기 때문입니다. 만약 어떤 것이든 생긴다는 것이 없다고 하면, 아무 것도 존재할 수 없고, 아무 것도 없는 가운데서는 회향할 수가 없는 것입니다. 감각·표상·의지·인식도 이와 같습니다.

보시바라밀 내지 반야바라밀·네 가지 관찰법 내지 착각으로 오류함이 없는 법 항상 평등히 하는 행위도 또한 삼계에 속박되지 않고, 속박되지 않은 것은 과거 미래·현재라고 말할 수 없습니다. 만약 과거·미래·현재가 아니라고 하면, 형상에 집착하고 붙잡혀서 아뇩다라삼먁삼보리에 회향한다는 것은 있을 수 없는 것입니다. 왜냐하면 어떤 것이든 생긴다는 것이 없기 때문입니다. 만약 생긴다는 것이 없다고 하면, 아무 것도 존재할 수 없고, 아무 것도 없는 가운데서는 회향할 수가 없는 것입니다. 보살마하살이 이와 같이 회향한다면, 바로 독을 섞음이 없는 것입니다.

만약 불도를 구하는 선남자·선여인이 형상에 집착하고 붙잡혀서 온갖 착한 뿌리를 가지고 아뇩다라삼먁삼보리에 회향한다고 하면, 이것을 삿된 회향이라고 말합니다. 만약 삿된 회향을 한다면, 많은 부처님으로부터 칭찬을 받을 수 없습니다. 이 삿된 회향에 의해서는 보시바라밀 내지 반야바라밀을 원만히 갖출 수 없습니다. 네 가지 관찰법 내지 여덟 가지 바른 깨달음에 이르는 길·여섯 가지 감각기관이 공함 내지 사물이 존재하지 않는다는 견해와 존재한다는 견해가 같이 공함·부처님의 열 가지 지혜의 힘·착각으로 오류함이 없는 법·항상 평등히 하는 행위를 원만히 갖출 수 없습니다. 부처님의 국토를 맑히고 중생을 제도하여 해탈시킴을 원만히 갖출 수 없습니다. 만약 부처님의 국토를 맑히고 중생을 제도하여 해탈시킴을 원만히 갖출 수 없다고 하면, 곧 아뇩다라삼먁삼보리를 얻을 수 없습니다. 왜냐하면 이 회향은 독을 섞고 있기 때문입니다.

또한 보살마하살이 반야바라밀을 행할 때는 마땅히 이렇게 생각해야 합니다. 많은 부처님께서 알고 계시는 온갖 착한 뿌리로써 회향하는 것이 참된 회향이다. 나도 또한 이러한 진실한 모습으로써 회향해야 한다.'

이것을 바른 회향이라고 말합니다."

그때 부처님께서 수보리를 칭찬하여 말씀하셨다.

"훌륭하다 정말 훌륭한 말이다. 네가 말하고 있는 것은 부처님이 해야 할 일〔佛事〕을 행하고 있는 것이고, 많은 보살마하살을 위해서 꼭 맞는 회향의 법을 설하고 있는 것이다. 모양이 없고 붙잡음이 없으며, 나옴도 없고, 더러움도 없고 깨끗함도 없으며, 진실의 본성도 없고 자신의 고유형태가 없으며, 항상 그 자신의 본질은 공이고, 그대로가 진실의 본성이며, 그대로가 참된 실상인 까닭이다.

수보리야, 만약 삼천대천세계 가운데 있는 중생들이 전부 열 가지 착한 행위〔十善道〕·네 가지 선정·네 가지 한량없는 이타의 마음·네 가지 형상을 떠난 선정·다섯 가지 신통〔五神通〕을 행한다면 수보리야, 너는 어떻게 생각하느냐. 이 중생들이 얻는 복이 많겠느냐, 많지 않겠느냐?"

"정말 많겠습니다, 세존이시여."

부처님께서 말씀하셨다.

"그러나 이 선남자·선여인이 온갖 착한 뿌리를 가지고 마음에 집착함이 없이 아뇩다라삼먁삼보리에 회향함에는 미치지 못한다. 수보리야, 이 선남자·선여인의 복덕은 최상이고 제일이며, 가장 절묘하고 위가 없는 것이어서 비교할 수가 없는 것이다.

또한 수보리야, 만약 삼천대천세계 가운데 있는 중생들이 전부 수다원 내지 아라한·벽지불을 얻고, 혹은 어떤 선남자·선여인이 생명이 다할 때까지 공양·공경·존중·찬탄하고, 의복·음식·침구·의약 등의 필요한 것을 바친다면 수보리야, 너는 어떻게 생각하느냐. 이 선남자·선여인이 이 인연으로써 얻는 복이 많겠느냐 많지 않겠느냐?"

"정말 많겠습니다, 세존이시여."

부처님께서 말씀하셨다.

"그러나 이 선남자·선여인이 온갖 착한 뿌리를 가지고 마음에 집착함이 없이 아뇩다라삼먁삼보리에 회향함에는 미치지 못하니, 최상이고 제일이며, 가장 절묘하고 위가 없는 것이어서 비교할 수가 없는 것이다.

또한 수보리야, 만약 삼천대천세계 가운데 있는 중생들이 전부 아뇩다라삼먁삼보리의 마음을 내어서, 항하의 모래알같이 많은 시방국토에 있는 낱낱 중생이 항하의 모래알같이 많은 겁(劫)동안 보살을 공경·존중·찬탄·공양하고, 의복·음식·침구·의약 등의 필요한 것을 바친다면 수보리야, 너는 어떻게 생각하느냐. 이 선남자·선여인이 이 인연으로써 얻는 복이 많겠느냐, 많지 않겠느냐?"

"정말 많겠습니다, 세존이시여, 한량없고 가없으며 헤아릴 수조차 없어서 비유할 수가 없습니다. 세존이시여, 만약 이 복덕에 형상이 있다고 하면, 항하의 모래알같이 많은 시방 국토로도 받아들일 수가 없을 것입니다."

부처님께서 수보리에게 이르셨다.

"훌륭하다 정말 훌륭한 말이다. 네가 말한 그대로다. 그렇지만 선남자·선여인이 온갖 착한 뿌리를 가지고 마음에 집착함이 없이 아뇩다라삼먁삼보리에 회향함에는 미치지 못하니, 최상이고 제일이며, 가장 절묘하고 위가 없는 것이어서 비교할 수가 없는 것이다. 이 집착없이 회향하는 공덕을 앞에서 말한 공덕과 비교하면, 백 배 천 배 백천 만억 배 내지 숫자로는 도저히 비유하여 미칠 수가 없는 것이다.

왜냐하면 이 선남자·선여인은 형상에 집착하고 사물에 붙잡혀서 열 가지 착한 행위·네 가지 선정·네 가지 한량없는 이타의 마음·네 가지 형상을 떠난 선정·다섯 가지 신통을 행하고, 형상에 집착하고 사물에 붙잡혀서 수다원을 공양·공경·존중·찬탄하고, 의복·음식·침구·의약 등의 필요한 것을 바쳤으며, 나아가 형상에 집착하여 보살을 공양했기 때문이다."

그때 사천왕천이 이만(二萬)이나 되는 여러 천자(天子)들과 함께 합장하고 부처님을 예배하면서 이렇게 말씀드렸다.

"세존이시여, 보살마하살의 최대의 회향은 방편의 힘이 있고, 붙잡힘이 없으며, 모양이 없는 것이고, 의식조차 없는 것이기 때문에 온갖 착한 뿌리를 아뇩다라삼먁삼보리에 회향할 수가 있는 것입니다. 이러한 회향은 결코 상대의 세계〔二法〕에 떨어지지 않습니다.”

그때 석제환인도 또한 무수한 백천억의 삼십삼천(三十三天) 및 나머지 많은 천자들과 함께 천상의 꽃·장신구·바르는 향·향수·천상의 옷·깃발·일산·북·천상 음악을 가지고 부처님을 공양하고 이렇게 말씀드렸다.

“세존이시여, 보살마하살의 최대의 회향은 방편의 힘이 있고, 붙잡힘이 없으며, 모양이 없는 것이고, 의식조차 없는 것이기 때문에 온갖 착한 뿌리를 아뇩다라삼먁삼보리에 회향할 수가 있는 것입니다. 이러한 회향은 결코 상대의 세계에 떨어지지 않습니다.”

수야마천왕(須夜摩天王)도 천(千)의 천자들과 함께, 도솔천왕·화락천왕·타화자재천왕도 각각 천의 천자들과 함께 부처님을 공양하고 나서, 이렇게 말씀드렸다.

“세존이시여, 보살마하살의 최대의 회향은 방편력이 있고, 붙잡힘이 없으며, 모양이 없는 것이고, 의식조차 없는 것이기 때문에 온갖 착한 뿌리를 아뇩다라삼먁삼보리에 회향할 수가 있는 것입니다. 이러한 회향은 결코 상대의 세계에 떨어지지 않습니다.”

그때 많은 범천(梵天)이 각각 무수한 백천이 넘는〔那由他〕 여러 하늘과 함께 부처님 처소에 와서, 머리를 대어 부처님 발에 예배하고 큰소리로 이렇게 말씀드렸다.

“정말 일찍이 없었던 일입니다, 세존이시여, 보살마하살은 반야바라밀에 보호되며, 방편의 힘이 있는 까닭에 형상에 집착하고 붙잡힘이 있는 앞의 선남자·선여인에 비해서 훨씬 수승합니다.”

광음천 내지 색구경천도 무수한 백천이 넘는 여러 하늘과 함께 부처님 처소에 와서, 머리를 대어 부처님 발에 예배하고 큰소리로 이렇게 말씀드렸다.

“정말 일찍이 없었던 일입니다, 세존이시여, 보살마하살은 반야바라밀에 보호되며, 방편의 힘이 있는 까닭에 형상에 집착하고 붙잡힘이 있는 앞의 선남자·

선여인에 비해서 훨씬 수승합니다.”

그때 부처님께서 사천왕천 내지 색구경천의 여러 천자들에게 이르셨다.

“만약 삼천대천세계 가운데 있는 모든 중생들이 전부 아뇩다라삼먁삼보리의 마음을 일으키고, 이 일체의 보살들이 과거·미래·현재의 모든 부처님 및 성문이나 벽지불의 온갖 착한 뿌리를 생각하며, 처음 마음을 내어서부터 참된 이치에 머무를 때까지의 그 중간에 심었던 온갖 착한 뿌리 및 나머지 일체중생들의 온갖 착한 뿌리, 소위 보시·지계·인욕·정진·선정〔一心〕·지혜·보시바라밀 내지 반야바라밀·지계라는 덕목·선정이라는 덕목·지혜라는 덕목·해탈이라는 덕목·해탈지견이라는 덕목과 이러한 그 나머지 한량없는 모든 부처님 가르침을 전부 모아서 함께 기뻐하고, 함께 기뻐한 후에 아뇩다라삼먁삼보리에 회향한다고 해도, 형상에 집착하고 붙잡힘이 있으면 바른 회향은 될 수 없다.

다시 어떤 선남자·선여인이 아뇩다라삼먁삼보리의 마음을 일으키고, 과거·미래·현재의 모든 부처님 및 성문이나 벽지불의 온갖 착한 뿌리를 생각하며, 처음 마음을 내어서부터 참된 이치에 머무를 때까지의 그 중간에 심었던 온갖 착한 뿌리 및 나머지 일체중생들의 온갖 착한 뿌리, 소위 보시·지계·인욕·정진·선정〔一心〕·지혜·보시바라밀 내지 반야바라밀과 그 나머지 한량없는 모든 부처님 가르침을 전부 모아서 추측하매, 붙잡힘이 없고, 대립하는 두 가지가 없으며, 어떠한 특질도 없고, 집착하는 것도 없으며, 대상에 대한 의식조차 없으면, 이것이 최상의 함께 기뻐하는 것이다. 제일이고 가장 절묘하며 위가 없는 것이어서 비교할 수가 없는 함께 기뻐하는 것이다. 함께 기뻐한 후에 아뇩다라삼먁삼보리에 회향한다면, 이 선남자·선여인의 공덕은 앞의 선남자·선여인의 공덕에 비해서 백 배 천 배 백천 만억 배 수승하여 숫자의 비유로는 도저히 미칠 수 없는 것이다.”

그때 수보리가 부처님께 사루어 말씀드렸다.

“세존이시여, 세존께서는 선남자·선여인이 온갖 착한 뿌리를 모아서 추측하고, 함께 기뻐하여 회향함이 최상이고 제일이며, 가장 절묘하고 위가 없는 것이어서 비교할 수가 없는 것이라고 말씀하셨습니다. 세존이시여, 어떻게 함께 기뼈함을 최상이고, 나아가 비교할 수가 없는 것이라고 말씀하십니까?"

부처님께서 말씀하셨다.

"만약 선남자·선여인이 과거·미래·현재의 모든 것에 대하여 취하지도 않고 버리지도 않으며, 생각하지도 않고 생각하지 않지도 않으며, 붙잡지도 않고 붙잡지 않지도 않으며, 이 모든 것 가운데서도 또한 모든 것이 생기는 것도 없고 소멸하는 것도 없으며, 더러움도 없고 깨끗함도 없으며, 또한 모든 것이 늘지도 않고 줄지도 않으며, 오지도 않고 가지도 않으며, 합해짐도 아니고 흩어짐도 아니며, 들어오는 것도 아니고 나가는 것도 아니며, 과거·미래·현재 모든 것의 모습은 그대로 진실의 모습〔如如相〕이고, 진실의 본성이며, 참된 이치의 머무름이고, 모든 것의 변하지 않는 위치인 것처럼, 나도 또한 이와 같이 함께 기뻐하고, 함께 기뻐한 후에 아뇩다라삼먁삼보리에 회향한다고 하면, 이와 같은 회향이 최상이고 제일이며, 가장 절묘하고 위가 없는 것이어서 비교할 수가 없는 것이다.

수보리야, 이러한 함께 기뻐하는 법은 다른 함께 기뻐하는 것에 비해서 백 배 천 배 백천만억 배 수승하여 숫자의 비유로는 도저히 미칠 수 없는 것이다.

또한 수보리야, 불도를 구하는 선남자·선여인이 과거·미래·현재의 모든 부처님 및 성문이나 벽지불이 처음 마음을 내어서부터 참된 이치에 머무를 때까지의 그 중간에 심었던 온갖 착한 뿌리·보시 내지 지혜·보시바라밀 내지 한량없는 많은 부처님의 가르침·다른 일체중생들이 심었던 온갖 착한 뿌리, 이러한 것을 만약 함께 기뻐하고자 하면, 이와 같이 함께 기뻐하고 이렇게 생각해야 한다.

'보시는 해탈과 같은 것이다. 지계·인욕·정진·선정·지혜도 해탈과 같은 것이다. 물질적 존재는 해탈과 같은 것이다. 감각·표상·의지·인식도 해탈과 같은 것이다. 여섯 가지 감각기관이 공함은 해탈과 같은 것이다. 나아가 사물이 존재하지 않는다는 견해와 존재한다는 견해가 같이 공함도 해탈과 같은 것이다. 네 가지 관찰법은 해탈과 같은 것이고, 내지 여덟 가지 바른 깨달음에 이르는 길도 해탈과 같은 것이다. 부처님의 열 가지 지혜의 힘은 해탈과 같은 것이고, 내지 일체종지도 해탈과 같은 것이다. 지계라는 덕목·선정이라는 덕목·지혜라는 덕목·해탈이라는 덕목·해탈지견이라는 덕목은 해탈과 같은 것이다. 함께 기뻐함은 해탈과 같은 것이다. 과거·미래·현재의 모든 부처님은 해탈과 같은 것이다. 시방의 많은 부처님은 해탈과 같은 것이다. 많은 부처님의 회향은 해탈과 같은 것이다. 많은 부처님은 해탈과 같은 것이다. 많은 부처님의 깨달음〔滅度〕은 해탈과 같은 것이다. 많은 부처님의 제자 및 성문이나 벽지불은 해탈과 같은 것이다. 많은 부처님 제자들의 깨달음은 해탈과 같은 것이다. 많은 부처님의 모습〔法相〕은 해탈과 같은 것이다. 많은 성문이나 벽지불의 모습은 해탈과 같은 것이다. 일체의 모든 모습은 해탈과 같은 것이다.

내가 이러한 온갖 착한 뿌리의 모습을 함께 기뻐하고, 이 함께 기뻐한 공덕을 가지고 아뇩다라삼먁삼보리에 회향함도 해탈과 같은 것이니, 나지도 않고 없어지지도 않기 때문이다.'

수보리야, 이러한 많은 보살마하살의 함께 기뻐한 공덕을 최상이고 제일이며, 가장 절묘하고 위가 없는 것이어서 비교할 수가 없다고 말하는 것이다. 수보리야, 보살이 이렇게 함께 기뻐한 공덕을 완성하면, 반드시 빨리 아뇩다라삼먁삼보리를 얻게 된다.

또한 수보리야, 시방세계 항하의 모래알같이 많은 현재의 모든 부처님과 그 제자들을, 만약 현재 불도를 구하고 있는 어떤 선남자·선여인이 생명이 다할 때까지 이 모든 부처님과 제자들을 공양하되, 일체의 필요한 것인 의복·음식·침구·의약 등을 가지고 공양·공경·존중·찬탄하며, 이 모든 부처님이 열반한 후에도 밤낮을 가리지 않고 힘써 수행하고, 꽃이나 향 내지 깃발·일산·음악으로써 공양·공경·존중·찬탄한다 해도 형상에 집착하고 붙잡힘이 있는 까닭에, 그리고 지계·인욕·정진·선정·지혜에도 형상에 집착하고 붙잡힘이 있는 까닭에 바른 회향은 되지 않는 것이다.

다시 어떤 선남자·선여인이 마음을 내어 아뇩다라삼먁삼보리를 구하고, 보시바라밀·지계바라밀·인욕바라밀·정진바라밀·선정바라밀·반야바라밀을 행하되, 형상에 집착하지 않고 붙잡힘이 없으며, 방편력으로써 온갖 착한 뿌리를 아뇩다라삼먁삼보리에 회향한다면, 이 복덕은 최상이고 제일이며, 가장 절묘하고 위가 없는 것이어서 비교할 수가 없는 것이고, 앞의 복덕에 비해서 백 배 천 배 백천 만억 배 수승하여 숫자의 비유로는 도저히 미칠 수 없는 것이다.

이와 같이 수보리야, 보살마하살은 보시바라밀·지계바라밀·인욕바라밀·정진바라밀·선정바라밀·반야바라밀을 행할 때에 방편력을 가지고 온갖 착한 뿌리를 아뇩다라삼막삼보리에 회향해야 하니, 형상에 집착하지 않고 붙잡힘이 없는 까닭이다.”

제40 조명품(照明品 第四十)

그때 혜명 사리불이 부처님께 사루어 말씀드렸다.

"세존이시여, 이러한 것이 반야바라밀입니까?"

부처님께서 말씀하셨다.

"이러한 것이 반야바라밀이다."

"세존이시여, 반야바라밀은 능히 모든 것〔一切法〕을 비추니, 본래〔畢竟〕 청정하기 때문입니다.

세존이시여, 마땅히 반야바라밀을 예배해야 합니다. 세존이시여, 반야바라밀은 삼계(三界)에 집착하지 않습니다. 세존이시여, 반야바라밀은 모든 어두움을 없애니, 일체의 번뇌와 온갖 소견을 없애기 때문입니다.

세존이시여, 반야바라밀은 모든 깨달음의 도움이 되는 수행방법〔助道法〕 가운데 최상입니다. 세존이시여, 반야바라밀은 편안하고 조용하니, 능히 일체의 두려움과 고뇌를 끊었기 때문입니다.

세존이시여, 반야바라밀은 능히 광명을 주니, 다섯 가지 눈〔五眼〕을 화려하게 장식하기 때문입니다.

세존이시여, 반야바라밀은 능히 삿된 길에 떨어진 중생을 보살펴 인도하니, 상대가 있는 두 변〔二邊〕을 여의었기 때문입니다.

세존이시여, 반야바라밀은 일체종지(一切種智)이니, 일체의 번뇌 및 습기를 끊었기 때문입니다.

세존이시여, 반야바라밀은 모든 보살마하살의 어머니이니, 부처님의 모든 가르침이 나오기 때문입니다.

세존이시여, 반야바라밀은 생기지도 않고 없어지지도 않으니, 사물의 고유형태가 공〔自相空〕이기 때문입니다.

세존이시여, 반야바라밀은 생사(生死)를 멀리 여의니, 항상함도 아니고 소멸함도 아니기 때문입니다.

세존이시여, 반야바라밀은 도와주는 이가 없는 사람의 보호자가 되니, 온갖 진귀한 보배를 베풀기 때문입니다.

세존이시여, 반야바라밀은 힘을 원만히 갖추었다고 하니, 능히 파괴할 것이 없기 때문입니다.

세존이시여, 반야바라밀은 능히 세 가지 굴림의 열두 가지 법〔三轉十二行相〕인 진리의 수레바퀴를 굴리니, 일체의 모든 법이 굴러가지도 않고 돌아오지도 않기 때문입니다.

세존이시여, 반야바라밀은 능히 모든 것의 성품을 보여주니, 사물이 존재하지 않는다는 견해와 존재한다는 견해가 같이 공〔無法有法空〕하기 때문입니다.

세존이시여, 어떻게 반야바라밀을 공양해야 하겠습니까?”

부처님께서 말씀하셨다.

“세존을 공양하듯이 해야 한다. 반야바라밀 예배하기를 마땅히 세존을 예배하듯이 해야 한다. 왜냐하면 세존은 반야바라밀과 다르지 않고 반야바라밀은 세존과 다르지 않으며, 세존이 바로 반야바라밀이고 반야바라밀이 바로 세존이기 때문이다.

이 반야바라밀 가운데서 많은 부처님·보살·벽지불·아라한·아나함·사다함·수다원이 출생하기 때문이다.

이 반야바라밀 가운데서 열 가지 착한 행위〔十善道〕·네 가지 선정〔四禪〕·네 가지 한량없는 이타의 마음〔四無量心〕·네 가지 형상을 떠난 선정〔四無色定〕·다섯 가지 신통〔五神通〕·여섯 가지 감각기관이 공함〔內空〕 내지 사물이

존재하지 않는다는 견해와 존재한다는 견해가 같이 공함·네 가지 관찰법〔四念
處〕 내지 여덟 가지 바른 깨달음에 이르는 길〔八聖道分〕이 나오기 때문이다.

이 반야바라밀 가운데서 부처님의 열 가지 지혜의 힘〔十力〕·열여덟 가지 부
처님만이 갖는 특성〔十八不共法〕·큰 인자함과 크게 가엾이 여김〔大慈大悲〕·
일체종지가 나오기 때문이다.”

그때 석제환인이 마음속으로 생각했다.

‘무슨 인연의 까닭으로 사리불이 이러한 것을 묻는가!’

이렇게 생각한 후에 사리불에게 물었다.

“무슨 인연의 까닭으로 이러한 것을 묻습니까?”

사리불이 석제환인에게 말했다.

“교시가여, 많은 보살마하살은 반야바라밀에 수호되어 교묘한 방편〔善巧方
便〕의 힘을 가지는 까닭에, 과거·미래·현재의 모든 부처님께서 처음 마음을 내
어서부터 참된 이치에 머무를 때까지의 그 중간에 심었던 착한 뿌리를 전부 모
아서 함께 기뻐하고 아뇩다라삼먁삼보리에 회향하는 것입니다. 이런 인연으로
저는 이러한 것을 여쭈었습니다.

교시가여, 보살마하살의 반야바라밀이 보시바라밀·지계바라밀·인욕바라밀·
정진바라밀·선정바라밀보다 수승한 것은, 비유컨대 태어나면서 눈이 먼 사람은
가령 백 명 천 명 백천 명이 있다고 해도, 앞에서 인도하는 사람이 없으면 능히
길을 나서서 성(城)에 들어갈 수 없는 것과 같습니다.

교시가여, 다섯 가지 바라밀〔五波羅蜜〕도 이와 같아서 반야바라밀을 여의면,
맹인이 안내없이 길을 나설 수 없는 것처럼 일체지(一切智)를 얻을 수 없는 것
입니다.

교시가여, 만약 다섯 가지 바라밀이 반야바라밀이라는 인도자를 얻으면, 이때
다섯 가지 바라밀을 이름하여 눈이 있다〔有眼〕라고 합니다. 반야바라밀이라는
인도자가 바라밀(波羅蜜)의 이름을 얻게 하는 것입니다.”

석제환인이 사리불에게 말했다.

“말씀한 것처럼, 반야바라밀이 다섯 가지 바라밀을 인도하는 까닭에 바라밀

이란 이름을 얻는다고 하지만 사리불이여, 만약 보시바라밀의 도움이 없다고 하면 다섯 가지 바라밀은 바라밀이란 이름을 얻지 못하고, 만약 지계바라밀·인욕바라밀·정진바라밀·선정바라밀의 도움이 없다고 하면 다섯 가지 바라밀은 바라밀이란 이름을 얻지 못합니다. 만약 그렇다면 무슨 까닭에 오직 반야바라밀만을 칭찬합니까?”

사리불이 말했다.

“그렇습니다. 정말 그러합니다. 교시가여, 보시바라밀의 도움없이는 다섯 가지 바라밀은 바라밀이란 이름을 얻지 못하고, 지계바라밀·인욕바라밀·정진바라밀·선정바라밀의 도움없이는 다섯 가지 바라밀은 바라밀이란 이름을 얻지 못합니다. 다만 보살마하살은 반야바라밀 가운데 머무를 때만이 보시바라밀·지계바라밀·인욕바라밀·정진바라밀·선정바라밀을 원만히 갖추게 됩니다. 이러한 까닭에 교시가여, 반야바라밀은 다섯 가지 바라밀 가운데서 최상이고 제일이며, 가장 절묘하고 위가 없어서 무엇과도 비교할 수 없는 것입니다.”

사리불이 부처님께 사루어 말씀드렸다.

“세존이시여, 어떻게 마땅히 반야바라밀을 생기게 합니까?”

부처님께서 사리불에게 이르셨다.

“물질적 존재를 내지 않는〔不生〕 것으로 반야바라밀을 생기게 하고, 감각·표상·의지·인식을 내지 않는 것으로 반야바라밀을 생기게 해야 한다. 보시바라밀을 내지 않는 것으로 반야바라밀을 생기게 하고, 나아가 선정바라밀을 내지 않는 것으로 반야바라밀을 생기게 해야 한다. 여섯 가지 감각기관이 공함 내지 사물이 존재하지 않는다는 견해와 존재한다는 견해가 같이 공함·네 가지 관찰법 내지 여덟 가지 바른 깨달음에 이르는 길·부처님의 열 가지 지혜의 힘 내지 일체지·일체종지를 내지 않는 것으로 반야바라밀을 생기게 해야 한다. 이와 같이 모든 것을 내지 않는 것으로 반야바라밀을 생기게 해야 한다.”

사리불이 말씀드렸다.

“세존이시여, 어떻게 물질적 존재를 내지 않는 것으로 반야바라밀을 생기게 하고, 나아가 일체의 모든 것을 내지 않는 것으로 마땅히 반야바라밀을 생기게 합니까?”

부처님께서 말씀하셨다.

“물질적 존재는 일어나지도 않고 생기지도 않으며, 얻음도 아니고 잃음도 아닌 것으로, 나아가 일체의 모든 것은 일어나지도 않고 생기지도 않으며, 얻음도 아니고 잃음도 아닌 것으로 반야바라밀을 생기게 한다.”

사리불이 부처님께 사루어 말씀드렸다.

“이와 같이 생긴 반야바라밀은 어떠한 것과 합(合)합니까?”

부처님께서 말씀하셨다.

“함께 합하는 것이 없으니, 이러한 까닭에 반야바라밀이라는 이름을 얻게 된다.”

“세존이시여, 어떠한 것과 합하지 않습니까?”

부처님께서 말씀하셨다.

“훌륭하지 않는 법과도 합하지 않고, 훌륭한 법과도 합하지 않는다. 세간법과도 합하지 않고, 세간 밖의 법과도 합하지 않는다. 번뇌가 있는 법〔有漏法〕과도 합하지 않고, 번뇌가 없는 법〔無漏法〕과도 합하지 않는다. 죄가 있는 법과도 합하지 않고, 죄가 없는 법과도 합하지 않는다. 함이 있는 법〔有爲法〕과도 합하지 않고, 함이 없는 법〔無爲法〕과도 합하지 않는다. 왜냐하면 반야바라밀은 모든 것을 붙잡지 않음으로써 생기기 때문이다. 이러한 까닭에 모든 것에 있어서 합하는 것이 없다.”

그때 석제환인이 부처님께 사루어 말씀드렸다.

“세존이시여, 이 반야바라밀은 또한 일체지와도 합하지 않습니까?”

부처님께서 말씀하셨다.

“그렇다 교시가야, 반야바라밀은 또한 일체지와도 합하지 않으니, 붙잡히지 않는 까닭이다.”

석제환인이 말씀드렸다.

“세존이시여, 무엇이 반야바라밀은 일체지와 합하지 않는 것이고, 또한 붙잡히지 않는 것입니까?”

부처님께서 말씀하셨다.

"반야바라밀은 이름같은 것이 아니고, 형상같은 것이 아니며, 일어나고 짓는 것과 합해지는 어떤 것이 아니다."

석제환인이 말씀드렸다.

"이제 어떻게 합해야 합니까?"

부처님께서 말씀하셨다.

"보살마하살은 취하지도 않고 받아들이지도 않으며, 머물지도 않고 집착하지도 않으며, 단절하지도 않는 것같이, 이와 같이 합해도 또한 합한 곳이 없다. 이와 같이 교시가야, 반야바라밀은 모든 것과 합해도 또한 합한 곳이 없다."

그때 석제환인이 부처님께 사루어 말씀드렸다.

"일찍이 없었던 일입니다 세존이시여, 이 반야바라밀은 모든 것이 일어나지도 않고 생기지도 않으며, 얻음도 아니고 잃음도 아닌 것으로 생기는 것입니다."

수보리가 부처님께 사루어 말씀드렸다.

"세존이시여, 만약 보살마하살이 반야바라밀을 행할 때에, 반야바라밀은 모든 것과 혹은 합하고, 혹은 합하지 않는다라고 생각한다면, 이 보살마하살은 바로 반야바라밀을 버린 것이고, 반야바라밀을 멀리 여읜 것입니다."

부처님께서 수보리에게 이르셨다.

"또 어떤 인연으로 보살마하살은 반야바라밀을 버리고, 반야바라밀을 멀리 여의게 된다. 만약 보살마하살이 이 반야바라밀은 있는 것이 아니며, 공허해서 견고하지 않다 라고 생각한다면, 이 보살마하살은 바로 반야바라밀을 버린 것이고, 반야바라밀을 멀리 여읜 것이다. 수보리야, 이러한 인연으로써 반야바라밀을 버리고 여의게 된다."

수보리가 부처님께 사루어 말씀드렸다.

"세존이시여, 반야바라밀을 믿을 때는 어떤 것을 믿지 않게 됩니까?"

부처님께서 수보리에게 이르셨다.

"반야바라밀을 믿으면 물질적 존재를 믿지 않고, 감각·표상·의지·인식을 믿지 않는다. 눈 내지 마음을 믿지 않고, 형상 내지 마음의 대상을 믿지 않으며, 눈으로 인식하는 것 내지 마음으로 대상을 인식하는 것을 믿지않는다. 보시바라밀·지계바라밀·인욕바라밀·정진바라밀·선정바라밀을 믿지 않고, 여섯 가지 감각기관이 공함 내지 사물이 존재하지 않는다는 견해와 존재한다는 견해가 같이 공함을 믿지 않는다. 네 가지 관찰법 내지 여덟 가지 바른 깨달음에 이르는 길을 믿지 않고, 부처님의 열 가지 지혜의 힘 내지 열여덟 가지 부처님만이 갖는 특성을 믿지 않는다. 수다원과·사다함과·아나함과·아라한과·벽지불도를 믿지 않고, 보살도를 믿지 않으며, 아뇩다라삼먁삼보리 내지 일체종지를 믿지 않는다.”

수보리가 부처님께 사루어 말씀드렸다.

“세존이시여, 어찌하여 반야바라밀을 믿을 때에 물질적 존재 내지 일체종지를 믿지 않습니까?”

부처님께서 수보리에게 이르셨다.

“물질적 존재는 붙잡을 수가 없는 까닭에 반야바라밀을 믿고, 물질적 존재를 믿지 않는다. 나아가 일체종지는 붙잡을 수가 없는 까닭에 반야바라밀을 믿고, 일체종지를 믿지 않는다. 이러한 까닭에 수보리야, 반야바라밀을 믿을 때에 물질적 존재를 믿지 않고, 일체종지를 믿지 않는 것이다.”

수보리가 부처님께 사루어 말씀드렸다.

“세존이시여, 이 반야바라밀을 이름하여 마하바라밀(摩訶波羅蜜)이라 합니다.”

“수보리야, 무슨 인연의 까닭으로 이 반야바라밀을 이름하여 마하바라밀이라 하느냐?”

수보리가 말씀드렸다.

“세존이시여, 이 반야바라밀은 물질적 존재를 크다고도 하지 않고 물질적 존재를 작다고도 하지 않으며, 감각·표상·의지·인식을 크다고도 하지 않고 작다고도 하지 않습니다. 눈 내지 마음·형상 내지 마음의 대상·눈으로 인식하는 것 내지 마음으로 대상을 인식하는 것을 크다고도 하지 않고 작다고도 하지 않습니다. 보시바라밀 내지 선정바라밀을 크게 하지도 않고 작게 하지도 않습니다. 여섯 가지 감각기관이 공함 내지 사물이 존재하지 않는다는 견해와 존재한다는 견해가 같이 공함을 크다고도 하지 않고 작다고도 하지 않습니다. 네 가지 관찰법 내지 아뇩다라삼먁삼보리를 크다고도 하지 않고 작다고도 하지 않습니다. 많은 부처님의 가르침을 크다고도 하지 않고 작다고도 하지 않으며, 많은 부처님을 크다고도 하지 않고 작다고도 하지 않습니다.

이 반야바라밀은 물질적 존재를 합한 것이라고도 하지 않고 흩어진 것이라고도 하지 않으며, 감각·표상·의지·인식을 합한 것이라고도 하지 않고 흩어진 것이라고도 하지 않습니다. 나아가 많은 부처님을 합한 것이라고도 하지 않고 흩어진 것이라고도 하지 않습니다.

물질적 존재를 무량(無量)하다고도 하지 않고 무량하지 않다고도 하지 않으며, 나아가 많은 부처님을 무량하다고도 하지 않고 무량하지 않다고도 하지 않습니다. 물질적 존재를 넓다고도 하지 않고 물질적 존재를 좁다고도 하지 않으며, 나아가 많은 부처님을 넓게 하지도 않고 좁게 하지도 않습니다. 물질적 존재를 힘이 있다고도 하지 않고 물질적 존재를 힘이 없다고도 하지 않으며, 나아가 많은 부처님을 힘이 있다고도 하지 않고 힘이 없다고도 하지 않습니다.

세존이시여, 이러한 인연으로써 이 반야바라밀을 마하바라밀이라고 말합니다.

세존이시여, 만약 처음 마음을 낸 보살마하살이 반야바라밀을 멀리 여의지 않고·선정바라밀을 멀리 여의지 않고·정진바라밀을 멀리 여의지 않고·인욕바라밀을 멀리 여의지 않고·지계바라밀을 멀리 여의지 않고·보시바라밀을 멀리 여의지 않고서 생각하기를, 이 반야바라밀은 물질적 존재를 크다고도 하지 않고 물질적 존재를 작다고도 하지 않으며, 나아가 많은 부처님을 크다고도 하지 않고 작다고도 하지 않는다. 물질적 존재를 합한 것이라고도 하지 않고 흩어진 것이라고도 하지 않으며, 물질적 존재를 무량(無量)하다고도 하지 않고 무량하지 않다고도 하지 않는다. 물질적 존재를 힘이 있다고도 하지 않고 물질적 존재를 힘이 없다고도 하지 않으며, 나아가 많은 부처님을 힘이 있다고도 하지 않고 힘이 없다고도 하지 않는다라고 한다면, 세존이시여, 보살마하살이 만약 이와 같이 안다면, 이것을 반야바라밀을 행하지 않는다고 합니다.

왜냐하면 이 반야바라밀은 모양이 아니기 때문입니다. 소위 물질적 존재를 크다 혹은 작다라고 하고 나아가 많은 부처님을 크다 혹은 작다라고 하며, 물질적 존재를 힘이 있다 혹은 힘이 없다라고 하고 나아가 많은 부처님을 힘이 있다 혹은 힘이 없다라고 합니다.

세존이시여, 이러한 보살마하살은 붙잡혀 있는 까닭에 큰 허물이 있으니, 소위 반야바라밀을 행할 때에 물질적 존재를 크다고도 하고 물질적 존재를 작다고도 하며, 나아가 많은 부처님을 힘이 있다고도 하고 힘이 없다고도 합니다. 왜냐하면 형상에 붙잡혀 있는 이는 아뇩다라삼먁삼보리를 얻을 수 없기 때문입니다.

이유가 무엇인가 하면, 중생이 생기지 않는 까닭에 반야바라밀도 생기지 않고, 물질적 존재가 생기지 않는 까닭에 반야바라밀도 생기지 않으며, 나아가 많은 부처님이 생기지 않는 까닭에 반야바라밀도 생기지 않기 때문입니다. 중생이 본성이 없는 까닭에 반야바라밀도 본성이 없고, 물질적 존재가 본성이 없는 까닭에 반야바라밀도 본성이 없으며, 나아가 부처님이 본성이 없는 까닭에 반야바라밀도 본성이 없기 때문입니다. 중생이 사물〔法〕이 아닌 까닭에 반야바라밀도 사물이 아니고, 물질적 존재가 사물이 아닌 까닭에 반야바라밀도 사물이 아니며, 나아가 부처님이 사물이 아닌 까닭에 반야바라밀도 사물이 아니기 때문입니다. 중생이 공(空)인 까닭에 반야바라밀도 공이고, 물질적 존재가 공인 까닭에 반야바라밀도 공이며, 나아가 부처님이 공인 까닭에 반야바라밀도 공이기 때문입니다. 중생이 여읨인 까닭에 반야바라밀도 여읨이고, 물질적 존재가 여읨인 까닭에 반야바라밀도 여읨이며, 나아가 부처님이 여읨인 까닭에 반야바라밀도 여읨이기 때문입니다. 중생이 있지 않은 까닭에 반야바라밀도 있지 않고, 물질적 존재가 있지 않은 까닭에 반야바라밀도 있지 않으며, 나아가 부처님이 있지 않은 까닭에 반야바라밀도 있지 않기 때문입니다. 중생이 불가사의한 까닭에 반야바라밀도 불가사의하고, 물질적 존재가 불가사의한 까닭에 반야바라밀도 불가사의하며, 나아가 부처님이 불가사의한 까닭에 반야바라밀도 불가사의하기 때문입니다. 중생이 없어지지 않은 까닭에 반야바라밀도 없어지지 않고, 물질적 존재가 없어지지 않은 까닭에 반야바라밀도 없어지지 않으며, 나아가 부처님이 없어지지 않은 까닭에 반야바라밀도 없어지지 않기 때문입니다. 중생은 알 수가 없는 까닭에 반야바라밀도 알 수가 없고, 물질적 존재는 알 수가 없는 까닭에 반야바라밀도 알 수가 없으며, 나아가 부처님은 알 수가 없는 까닭에 반야바라밀도 알 수가 없기 때문입니다. 중생의 힘은 완성될 수가 없는 까닭에 반야바라밀도 완성될 수가 없고, 물질적 존재의 힘은 완성될 수가 없는 까닭에 반야바라밀도 완성될 수가 없으며, 나아가 부처님의 힘은 완성될 수가 없는 까닭에 반야바라밀도 완성될 수가 없기 때문입니다.

세존이시여, 이러한 인연을 가진 까닭에 많은 보살마하살의 반야바라밀을 이름하여 마하바라밀이라 하는 것입니다.”

제41 신훼품(信毀品 第四十一)

그때 혜명 사리불이 부처님께 사루어 말씀드렸다.

"세존이시여, 이 반야바라밀을 믿어 이해하는 보살마하살은 어디에서 죽어서 이 세간에 와서 태어났고, 아뇩다라삼먁삼보리의 마음을 낸지가 얼마나 되었으며, 몇 분의 부처님을 공양하였고, 보시바라밀·지계바라밀·인욕바라밀·정진바라밀·선정바라밀·반야바라밀을 행하면서 몇 분의 부처님을 공양하여 왔으며, 얼마 동안 능히 중생을 수순하고 이 깊은 반야바라밀의 의미를 이해하였습니까?"

부처님께서 사리불에게 이르셨다.

"이 보살마하살은 시방의 많은 부처님을 공양하고 이 세간에 와서 태어났으며, 이 보살이 아뇩다라삼먁삼보리의 마음을 낸지도 한량없고 가없으며 헤아릴 수조차 없는 백천억 겁이나 되었다. 이 보살마하살은 처음 마음을 내어서부터 육바라밀을 행하였으며, 한량없고 가없으며 불가사의한 헤아릴 수조차 없는 많은 부처님을 공양하고 이 세간에 와서 태어났다.

사리불아, 이 보살마하살은 이 반야바라밀을 보고 들으면 이렇게 생각한다. '나는 부처님을 친견하고, 부처님을 따라서 가르침을 들었다.'

사리불아, 이 보살마하살은 능히 중생을 수순하고 깊은 반야바라밀의 의미를 이해하였으니, 형상이 없고 대립하는 두 가지가 없으며 붙잡을 수가 없음인 까닭이다.”

수보리가 부처님께 사루어 말씀드렸다.

“세존이시여, 이 반야바라밀은 듣고 볼 수가 있습니까?”

부처님께서 수보리에게 이르셨다.

“이 반야바라밀은 듣는 이가 있을 수 없고 보는 이가 있을 수 없으나, 반야바라밀을 듣지 못하고 보지 못함도 모든 것〔諸法〕이 둔한 까닭이다. 선정바라밀·정진바라밀·인욕바라밀·지계바라밀·보시바라밀도 듣지 못하고 보지 못하니, 모든 것이 둔한 까닭이다. 여섯 가지 감각기관이 공함〔內空〕은 듣지 못하고 보지 못하니 모든 것이 둔한 까닭이고, 나아가 사물이 존재하지 않는다는 견해와 존재한다는 견해가 같이 공함〔無法有法空〕도 듣지 못하고 보지 못하니 모든 것이 둔한 까닭이다. 네 가지 관찰법〔四念處〕은 듣지 못하고 보지 못하니 모든 것이 둔한 까닭이고, 나아가 여덟 가지 깨달음에 이르는 길〔八聖道分〕도 듣지 못하고 보지 못하니 모든 것이 둔한 까닭이다. 부처님의 열 가지 지혜의 힘〔十力〕 내지 열여덟 가지 부처님만이 갖는 특성도 듣지 못하고 보지 못하니 모든 것이 둔한 까닭이다.

수보리야, 부처님 및 불도(佛道)를 듣지 못하고 보지도 못하니 모든 것이 둔한 까닭이다.”

수보리가 부처님께 사루어 말씀드렸다.

“세존이시여, 이 보살은 얼마 동안 불도를 수행하여 능히 이같은 깊은 반야바라밀을 익히고 행하게 되었습니까?”

부처님께서 수보리에게 이르셨다.

“이러한 것은 분별해서 말해야 할 것 같다. 수보리야, 어떤 보살마하살은 처음 마음을 내어서 깊은 반야바라밀·선정바라밀·정진바라밀·인욕바라밀·지계바라밀·보시바라밀을 익히고 행하니, 방편의 힘을 가진 까닭이다. 가르침을 파괴함이 없고, 모든 것에 대하여 소용되지 않는 것이 있다고 보지 않는다. 또한 마침내 육바라밀을 멀리 여의지 않고, 많은 부처님을 멀리 여의지 않는다. 한 부처님 나라에서 다른 부처님 나라로 다니면서, 가령 착한 뿌리의 힘〔善根力〕으로써 많은 부처님을 공양하고자 하면 마음대로 이루어진다. 마침내 어머니 태안에서 태어나지 않고, 여러 가지 신통을 여의지 않는다. 마침내 온갖 번뇌 및 성문이나 벽지불의 마음을 내지 않고, 한 부처님 나라에서 다른 부처님 나라로 다니면서 중생을 제도하여 해탈시키고, 부처님의 국토를 맑힌다. 수보리야, 이와 같이 많은 보살마하살은 능히 깊은 반야바라밀을 익히고 행한다.

수보리야, 어떤 보살마하살은 여러 부처님을 친견하기가 한량없는 백천 만억 정도로 많지만, 여러 부처님을 따라서 행한 보시·지계·인욕·정진·선정·지혜가 전부 붙잡을 수가 있음인 까닭에, 이 보살은 깊은 반야바라밀을 말하는 것을 듣게 되면 바로 대중 가운데서 일어나 가버리고, 깊은 반야바라밀 및 많은 부처님을 공경하지 않는다.

이 보살은 당장 대중 가운데 앉아서, 이 심히 깊은 반야바라밀을 듣게 되더라도 즐겁지 않는 까닭에 바로 자리를 박차고 가버리는 것이다. 왜냐하면 이 선남자·선여인 등은 전생에 깊은 반야바라밀을 듣게 되었을 때에 자리를 박차고 가버렸기 때문에, 금생에도 깊은 반야바라밀을 듣게 되었지만 자리를 박차고 가버리는 것이다. 몸과 마음이 반야바라밀과 조화를 이루지 못한 이 사람은 어리석은 인연의 업(業)을 심었고, 이러한 어리석은 인연의 죄(罪)를 심은 까닭에 깊은 반야바라밀을 말하는 것을 듣고는 비방하고 헐뜯는 것이다. 깊은 반야바라밀을 비방하고 헐뜯는 까닭에 곧 과거·미래·현재의 모든 부처님의 일체지(一切智)와 일체종지(一切種智)를 비방하고 헐뜯게 되었다. 이 사람이 삼세(三世) 많은 부처님의 일체지를 비방하고 헐뜯는 까닭에 바른 법을 파괴한 업〔破法業〕을 일으키고, 바른 법을 파괴한 업의 인연이 모이는 까닭에 한량없는 백천 만억 년 동안 대지옥(大地獄)에 떨어지는 것이다.

이 바른 법을 파괴한 사람들은 하나의 대지옥에서 다른 대지옥으로 옮겨다닌다. 가령 화겁(火劫)이 일어날 때는 다른 곳에 있는 대지옥에 가서 태어나 그곳에서 하나의 대지옥에서 다른 대지옥으로 옮겨다니고, 그곳에서 화겁이 일어날 때는 다시 다른 곳에 있는 대지옥으로 옮겨져 태어나 그곳에서 하나의 대지옥에서 다른 대지옥으로 옮겨다니는 것이다.

이와 같음을 시방 세계에서 두루하게 되니, 저 곳에서 만약 화겁이 일어나 죽었다 해도 바른 법을 파괴한 업의 인연이 아직 다하지 않은 까닭에 오히려 이곳의 대지옥에 와서 태어나 또한 하나의 대지옥에서 다른 대지옥으로 옮겨다니면서 한량없는 고통을 받게 되는 것이다. 이곳에서 화겁이 일어날 때는 다시 시방의 다른 국토에 이르러 축생으로 태어나 바른 법을 파괴한 죄업(罪業)의 고통을 받게 되니, 지옥 가운데서 설함과 같다.

무거운 죄가 점점 가벼워져서 혹은 사람의 몸을 받는다 해도 맹인의 집에 태어나고, 백정의 집에 태어나며, 빈천한 직업의 집〔除厠〕·사람들이 싫어하는 직업의 집〔擔死人〕·갖가지 하천한 집안에 태어나니, 혹은 눈이 없거나 한 개인 집·눈병으로 보지 못하는 집·혀가 없고 귀가 없으며 손이 없는 집안이다.

태어난 곳에는 부처님이 계시지 않고, 가르침이 없으며, 부처님의 제자들이 없다. 왜냐하면 바른 법을 파괴한 업을 심어서 모은 것이 무겁게 누르기 때문이니, 이 까닭에 이러한 과보(果報)를 받는 것이다."

그때 사리불이 부처님께 사루어 말씀드렸다.

"세존이시여, 다섯 가지 가장 큰 죄〔五逆罪〕와 바른 법을 파괴한 죄〔破法罪〕는 서로 같습니까?"

부처님께서 사리불에게 이르셨다.

"서로 같다고 말할 수 없다. 왜냐하면 만약 어떤 사람이 이 심히 깊은 반야바라밀을 말하는 것을 듣고는, 비방하고 헐뜯으며 반야바라밀을 믿지 않고서 말하기를, '이 가르침을 배우지 말라. 이것은 바른 법이 아니고 선(善)이 아니며 부처님의 가르침이 아니다. 많은 부처님께서는 이러한 말을 설하시지 않았다'고 한다면, 이 사람은 스스로도 반야바라밀을 비방하고 헐뜯으며 또한 타인을 시켜서 반야바라밀을 비방하고 헐뜯은 것이기 때문이다. 스스로 그 몸을 파괴하고 타인의 몸을 파괴하며, 스스로 독을 마셔 몸을 죽이고 타인에게도 독을 마시게 하며, 스스로도 몸을 잃고 타인의 몸을 잃게 하며, 스스로도 깊은 반야바라밀을 알지 못하고 믿지 못하여 비방하고 헐뜯으며, 타인으로 하여금 믿지 못하고 알지 못하게 하기 때문이다.

사리불아, 나는 이와 같은 사람들의 이름조차 듣지 않는데, 어찌 하물며 눈으로 보거나 같이 머물겠느냐! 왜냐하면 마땅히 알아야 하니, 이러한 사람을 이름하여 바른 법을 더럽힌 사람이라 하고, 쇠약하고 혼탁함에 떨어진 나쁜 사람〔黑性〕이라 하기 때문이다. 어떤 사람이 만약 이러한 사람의 말을 듣고서 신용한다면, 그 사람 역시 이러한 고통을 받게 된다.

사리불아, 어떤 사람이고 반야바라밀을 파괴하면, 이 사람을 이름하여 바른 법을 파괴한 사람〔破法人〕이라 한다고 마땅히 알아야 한다.”

사리불이 부처님께 사루어 말씀드렸다.

“세존이시여, 세존께서는 바른 법을 파괴한 사람이 받는 무거운 죄를 설하시고, 왜 이 사람이 받는 신체에 관해서〔大小〕는 말씀하지 않으십니까?”

부처님께서 사리불에게 이르셨다.

“이 사람이 받는 신체에 관해서는 말할 수가 없다. 왜냐하면 이 바른 법을 파괴한 사람이 만약 자신이 받게 되는 신체에 관하여 듣게된다면, 바로 뜨거운 피를 토하고 죽거나 혹은 죽는 만큼의 고통을 당하기 때문이다. 혹은 이 바른 법을 파괴한 사람이 이같은 신체로 이같은 무거운 죄를 받게 됨을 듣는다면, 이 사람은 바로 크게 근심하고 괴로워하며 화살이 심장에 꽂힌 것처럼 점점 몸이 마르게 되어 이렇게 생각한다. ‘바른 법을 파괴한 죄 때문에 이처럼 크게 추악한 몸을 받게 되었고, 이러한 한량없는 고통을 받게 되었다.’

이러한 이유로 나〔佛〕는 사리불이 물은 이 사람이 받는 신체에 관해서는 대답하지 않는 것이다.”

사리불이 부처님께 사루어 말씀드렸다.

“원컨대 부처님께서는 이것을 설하셔서, 미래의 중생에게 조심함을 확실히 해주십시오. 바른 법을 파괴한 업이 모이는 까닭에 이와 같이 크게 추악한 몸을 받고, 이와 같은 고통을 받게 되는 것을 알게하여 주십시오.”

부처님께서 사리불에게 이르셨다.

“이렇게 바른 법을 파괴한 업이 모여 무겁게 누르면 대지옥 가운데서 오랜 세월 한량없는 고통을 받게 된다는 것을 만약 후세의 사람들이 듣는다면, 오랜 세

448

월 한량없는 고통을 받게 된다는 것을 듣는 이것으로 미래의 중생에게 조심함을
확실히 함에 부족함이 없다.”

사리불이 부처님께 사루어 말씀드렸다.

“세존이시여, 만약 복덕이 있는 착한〔白淨性〕선남자·선여인이 이러한 사실
을 듣는다면, 조심함〔依止〕에 부족함이 없겠습니다. 오히려 신명을 잃을지라도
바른 법을 파괴하지 않고, 스스로 ‘내가 만약 바른 법을 파괴하면 반드시 이러
한 고통을 받을 것이다’라고 생각할 것입니다.”

그때 수보리가 부처님께 사루어 말씀드렸다.

“세존이시여, 선남자·선여인은 마땅히 몸과 말과 생각으로 짓는 업을 잘 가
다듬어서, 이와 같은 많은 고통인 부처님을 친견할 수 없고, 가르침을 들을 수
없으며, 스님네를 가까이할 수 없고, 혹은 부처님이 계시지 않는 국토에 태어나
고, 사람으로 태어난다 해도 빈궁한 집에 떨어지며, 혹은 사람들이 그 말을 믿지
않는 고통을 받지 않게 해야 하겠습니다.”

수보리가 거듭 부처님께 사루어 말씀드렸다.

“세존이시여, 말로 짓는 업〔口業〕이 모이는 까닭에 이와 같은 바른 법을 파
괴한 무거운 죄가 있는 것입니까?”

부처님께서 수보리에게 이르셨다.

“말로 짓는 업이 모이는 까닭에 이러한 바른 법을 파괴한 무거운 죄가 있는
것이다. 수보리야, 이러한 어리석은 사람은 불법(佛法) 가운데에 출가하여 계
(戒)를 받는다 해도, 깊은 반야바라밀을 파괴하고, 비방하고 헐뜯으며 받아들
이지 않는다.

수보리야, 반야바라밀을 파괴하고, 반야바라밀을 비방하고 헐뜯으면 바로 시
방 모든 부처님의 일체지를 파괴함이 된다. 일체지를 파괴하는 까닭에 바로 불
보(佛寶)를 파괴함이 되고, 불보를 파괴하는 까닭에 법보(法寶)를 파괴하고,
법보를 파괴하는 까닭에 승보(僧寶)를 파괴한다. 삼보(三寶)를 파괴하는 까닭
에 바로 세간의 바른 견해〔正見〕를 파괴하고, 세간의 바른 견해를 파괴하는 까
닭에 바로 네 가지 관찰법을 파괴하고 나아가 일체종지의 법을 파괴한다. 일체

종지의 법을 파괴하는 까닭에 바로 한량없고 가없으며 헤아릴 수조차 없는 죄를 짓고, 한량없고 가없으며 헤아릴 수조차 없는 죄를 짓고 나면, 바로 한량없고 가없으며 헤아릴 수조차 없는 근심과 고통을 받게 되는 것이다.”

수보리가 부처님께 사루어 말씀드렸다.

“세존이시여, 이러한 어리석은 사람이 이 깊은 반야바라밀을 비방하고 헐뜯으며 파괴함에는 몇 가지 인연이 있습니까?”

부처님께서 수보리에게 이르셨다.

“네 가지 인연이 있어서 이러한 어리석은 사람이 이 깊은 반야바라밀을 비방하고 헐뜯으며 파괴한다.”

수보리가 말씀드렸다.

“세존이시여, 무엇을 네 가지라 합니까?”

부처님께서 말씀하셨다.

“이 어리석은 사람은 악마의 시킴을 받아서 깊은 반야바라밀을 비방하고 헐뜯으며 파괴하고자 하니, 이것을 첫째의 인연이라 말한다. 이 어리석은 사람은 깊은 법을 믿지 않는다. 믿지 않고 알지 못하면 마음에 청정함을 얻을 수 없으니, 이러한 두번째 인연에 의해서 이 어리석은 사람은 깊은 반야바라밀을 비방하고 헐뜯으며 파괴하고자 한다. 이 어리석은 사람은 악지식(惡知識)과 어울려 마음을 침몰하고 게으르며, 다섯 가지 모임〔五受陰〕에 몹시 집착하니, 이러한 세번째 인연에 의해서 이 어리석은 사람은 깊은 반야바라밀을 비방하고 헐뜯으며 파괴하고자 한다. 이 어리석은 사람은 자주 화를 내고, 스스로 높은 체하여 다른 사람을 깔보니, 이러한 네번째 인연에 의해서 이 어리석은 사람은 깊은 반야바라밀을 비방하고 헐뜯으며 파괴하고자 한다.

수보리야, 이 네 가지 인연에 의해서 어리석은 사람은 깊은 반야바라밀을 파괴하려고 한다.”

수보리가 부처님께 사루어 말씀드렸다.

“세존이시여, 이 깊은 반야바라밀은 힘써 정진하지 않고 착하지 않은 뿌리〔不善根〕를 심으며, 나쁜 벗과 서로 어울리는 사람은 믿기 어렵고 알기 어렵겠

450

습니다.”

부처님께서 말씀하셨다.

“그렇다. 정말 그러하다. 수보리야, 이 깊은 반야바라밀은 힘써 정진하지 않고 착하지 않은 뿌리를 심으며, 나쁜 벗과 서로 어울리는 사람은 믿기 어렵고 알기 어렵다.”

수보리가 부처님께 사루어 말씀드렸다.

“세존이시여, 이 반야바라밀은 심히 깊어서 믿기 어렵고 알기 어렵습니까?”

“물질적 존재〔色〕는 묶인 것도 아니고 풀린 것도 아니다. 왜냐하면 있을 것이 없는 성품이 물질적 존재이기 때문이다. 감각·표상·의지·인식은 묶인 것도 아니고 풀린 것도 아니다. 왜냐하면 있을 것이 없는 성품이 감각·표상·의지·인식이기 때문이다.

보시바라밀은 묶인 것도 아니고 풀린 것도 아니다. 왜냐하면 있을 것이 없는 성품이 보시바라밀이기 때문이다. 지계바라밀은 묶인 것도 아니고 풀린 것도 아니다. 왜냐하면 있을 것이 없는 성품이 지계바라밀이기 때문이다. 인욕바라밀은 묶인 것도 아니고 풀린 것도 아니다. 왜냐하면 있을 것이 없는 성품이 인욕바라밀이기 때문이다. 정진바라밀은 묶인 것도 아니고 풀린 것도 아니다. 왜냐하면 있을 것이 없는 성품이 정진바라밀이기 때문이다. 선정바라밀은 묶인 것도 아니고 풀린 것도 아니다. 왜냐하면 있을 것이 없는 성품이 선정바라밀이기 때문이다. 반야바라밀은 묶인 것도 아니고 풀린 것도 아니다. 왜냐하면 있을 것이 없는 성품이 반야바라밀이기 때문이다.

수보리야, 여섯 가지 감각기관이 공함은 묶인 것도 아니고 풀린 것도 아니다. 왜냐하면 있을 것이 없는 성품이 여섯 가지 감각기관이 공함이기 때문이다. 나아가 사물이 존재하지 않는다는 견해와 존재한다는 견해가 같이 공함은 묶인 것도 아니고 풀린 것도 아니다. 왜냐하면 있을 것이 없는 성품이 사물이 존재하지 않는다는 견해와 존재한다는 견해가 같이 공함이기 때문이다. 네 가지 관찰법은 묶인 것도 아니고 풀린 것도 아니다. 왜냐하면 있을 것이 없는 성품이 네 가지 관찰법이기 때문이다. 나아가 일체지와 일체종지는 묶인 것도 아니고 풀린 것도 아니다. 왜냐하면 있을 것이 없는 성품이 일체지와 일체종지이기 때문이다.

수보리야, 물질적 존재의 지나간 시간〔本際〕은 묶인 것도 아니고 풀린 것도 아니다. 왜냐하면 지나간 시간에 있을 것이 없는 성품이 물질적 존재이기 때문이다. 감각·표상·의지·인식 내지 일체종지의 지나간 시간은 묶인 것도 아니고 풀린 것도 아니다. 왜냐하면 지나간 시간에 있을 것이 없는 성품이 일체종지이기 때문이다.

수보리야, 물질적 존재의 다가오는 시간〔後際〕은 묶인 것도 아니고 풀린 것도 아니다. 왜냐하면 다가오는 시간에 있을 것이 없는 성품이 물질적 존재이기 때문이다. 감각·표상·의지·인식 내지 일체종지의 지나간 시간은 묶인 것도 아니고 풀린 것도 아니다. 왜냐하면 다가오는 시간에 있을 것이 없는 성품이 일체종지이기 때문이다.

수보리야, 현재의 물질적 존재는 묶인 것도 아니고 풀린 것도 아니다. 왜냐하면 현재에 있을 것이 없는 성품이 물질적 존재이기 때문이다. 감각·표상·의지·인식 내지 현재의 일체종지는 묶인 것도 아니고 풀린 것도 아니다. 왜냐하면 현재에 있을 것이 없는 성품이 일체종지이기 때문이다.”

수보리가 부처님께 사루어 말씀드렸다.

“세존이시여, 이 깊은 반야바라밀은 힘써 정진하지 않고 착한 뿌리를 심지 않으며, 나쁜 벗과 서로 어울리고 게을러서 정진함이 적으며, 잘 잊어버리고 교묘한 방편의 지혜가 없는 이러한 사람은 진실로 믿기 어렵고 알기 어렵겠습니다.”

부처님께서 말씀하셨다.

“그렇다. 정말 그러하다 수보리야, 이 깊은 반야바라밀은 힘써 정진하지 않고 착한 뿌리를 심지 않으며, 나쁜 벗과 서로 어울리고 악마의 권속이 되며, 게을러서 정진함이 적고 잘 잊어버리며, 교묘한 방편의 지혜가 없는 이러한 사람은 진실로 믿기 어렵고 알기 어렵다. 왜냐하면 물질적 존재가 청정하면 과보도 또한 청정하고, 감각·표상·의지·인식이 청정하면 과보도 또한 청정하기 때문이다. 나아가 아뇩다라삼먁삼보리가 청정하면 과보도 또한 청정하기 때문이다.

또한 수보리야, 물질적 존재가 청정한 까닭에 바로 반야바라밀이 청정하고,

반야바라밀이 청정하면 바로 물질적 존재가 청정하다. 감각·표상·의지·인식이 청정하면 바로 반야바라밀이 청정하고, 반야바라밀이 청정하면 바로 감각·표상·의지·인식이 청정하다. 나아가 일체종지가 청정하면 바로 반야바라밀이 청정하고, 반야바라밀이 청정하면 바로 일체종지가 청정하다. 물질적 존재가 청정함과 반야바라밀이 청정함은 둘이 없고 차별이 없으며, 끊임이 없고 무너짐이 없는 것이다. 나아가 일체종지가 청정함과 반야바라밀이 청정함은 둘이 없고 차별이 없으며, 끊임이 없고 무너짐이 없는 것이다.

또한 수보리야, 둘 아님〔不二〕이 청정한 까닭에 물질적 존재가 청정하고, 둘 아님이 청정한 까닭에 나아가 일체종지가 청정하다. 왜냐하면 이 둘 아님이 청정함과 물질적 존재가 청정함 내지 일체종지가 청정함은 둘이 없고 차별이 없기 때문이다.

나〔我〕라는 것이 청정하고 중생이 청정하며, 나아가 안다는 관념〔知者〕·본다는 관념〔見者〕이 청정한 까닭에 물질적 존재가 청정하고, 감각·표상·의지·인식이 청정하며, 나아가 일체종지가 청정하다. 물질적 존재가 청정하고, 나아가 일체종지가 청정한 까닭에 나라는 것이 청정하고 중생이 청정하며, 나아가 안다는 관념·본다는 관념이 청정하다. 왜냐하면 이 나라는 것·중생 내지 안다는 관념·본다는 관념이 청정함과 물질적 존재가 청정함 내지 일체종지가 청정함은 둘이 아니고 차별이 아니며, 끊임이 없고 무너짐이 없기 때문이다.

또한 수보리야, 음욕(婬欲)이 청정한 까닭에 물질적 존재가 청정하고, 나아가 일체종지가 청정하다. 왜냐하면 음욕이 청정함과 물질적 존재가 청정함 내지 일체종지가 청정함은 둘이 아니고 차별이 아니기 때문이다. 성냄과 어리석음이 청정한 까닭에 물질적 존재가 청정하고, 나아가 일체종지가 청정하다. 왜냐하면 성냄과 어리석음의 청정함과 물질적 존재가 청정함 내지 일체종지가 청정함은 둘이 아니고 차별이 아니기 때문이다.

또한 수보리야, 근원적 무지〔無明〕가 청정한 까닭에 온갖 지어가는 행위〔行〕가 청정하고, 온갖 지어가는 행위가 청정한 까닭에 분별하는 의식〔識〕이 청정하다. 분별하는 의식이 청정한 까닭에 마음과 신체〔名色〕가 청정하고, 마음과 신체가 청정한 까닭에 여섯 가지 감각기관〔六入〕이 청정하다. 여섯 가지 감각기관이 청정한 까닭에 접촉〔觸〕이 청정하고, 접촉이 청정한 까닭에 느낌의 받아 들임〔受〕이 청정하다. 느낌의 받아 들임이 청정한 까닭에 욕망〔愛〕이 청정하고, 욕망이 청정한 까닭에 집착〔取〕이 청정하다. 집착이 청정한 까닭에 존재하게 하는 힘〔有〕이 청정하고, 존재하게 하는 힘이 청정한 까닭에 태어남〔生〕이 청정하다. 태어남이 청정한 까닭에 늙고 죽음〔老死〕이 청정하고, 늙고 죽음이 청정한 까닭에 반야바라밀이 청정하다.

반야바라밀이 청정한 까닭에 나아가 보시바라밀이 청정하고, 보시바라밀이 청정한 까닭에 여섯 가지 감각기관의 공함이 청정하다. 여섯 가지 감각기관의 공함이 청정한 까닭에 사물이 존재하지 않는다는 견해와 존재한다는 견해가 같이 공함이 청정하고, 사물이 존재하지 않는다는 견해와 존재한다는 견해가 같이 공함이 청정한 까닭에 네 가지 관찰법이 청정하다. 네 가지 관찰법이 청정한 까닭에 나아가 일체지가 청정하고, 일체지가 청정한 까닭에 일체종지가 청정하다. 왜냐하면 이 일체지가 청정함과 일체종지가 청정함은 둘이 아니고 차별이 아니며, 끊임이 없고 무너짐이 없기 때문이다.

또한 수보리야, 반야바라밀이 청정한 까닭에 물질적 존재가 청정하고, 나아가 반야바라밀이 청정한 까닭에 일체지가 청정하니, 이 반야바라밀의 청정함과 일체지가 청정함이 둘이 아니고 차별이 아닌 까닭이다.

수보리야, 선정바라밀이 청정한 까닭에, 나아가 일체지가 청정하다. 정진바라밀·인욕바라밀·지계바라밀·보시바라밀이 청정한 까닭에, 나아가 일체지가 청정하다. 여섯 가지 감각기관의 공함이 청정한 까닭에, 나아가 일체지가 청정하다. 네 가지 관찰법이 청정한 까닭에, 나아가 일체지가 청정하다.

또한 수보리야, 일체지가 청정한 까닭에, 나아가 반야바라밀이 청정하다. 이와 같이 하나하나가 앞에서 설한 것과 같다.

또한 수보리야, 함이 있음〔有爲〕이 청정한 까닭에 함이 없음〔無爲〕이 청정하다. 왜냐하면 함이 있음의 청정함과 함이 없음의 청정함은 둘이 아니고 차별이 아니며, 끊임이 없고 무너짐이 없기 때문이다.

　또한 수보리야, 과거가 청정한 까닭에 미래와 현재가 청정하고, 미래가 청정한 까닭에 과거와 현재가 청정하며, 현재가 청정한 까닭에 과거와 미래가 청정하다. 왜냐하면 현재가 청정함과 과거와 미래가 청정함은 둘이 아니고 차별이 아니며, 끊임이 없고 무너짐이 없기 때문이다."

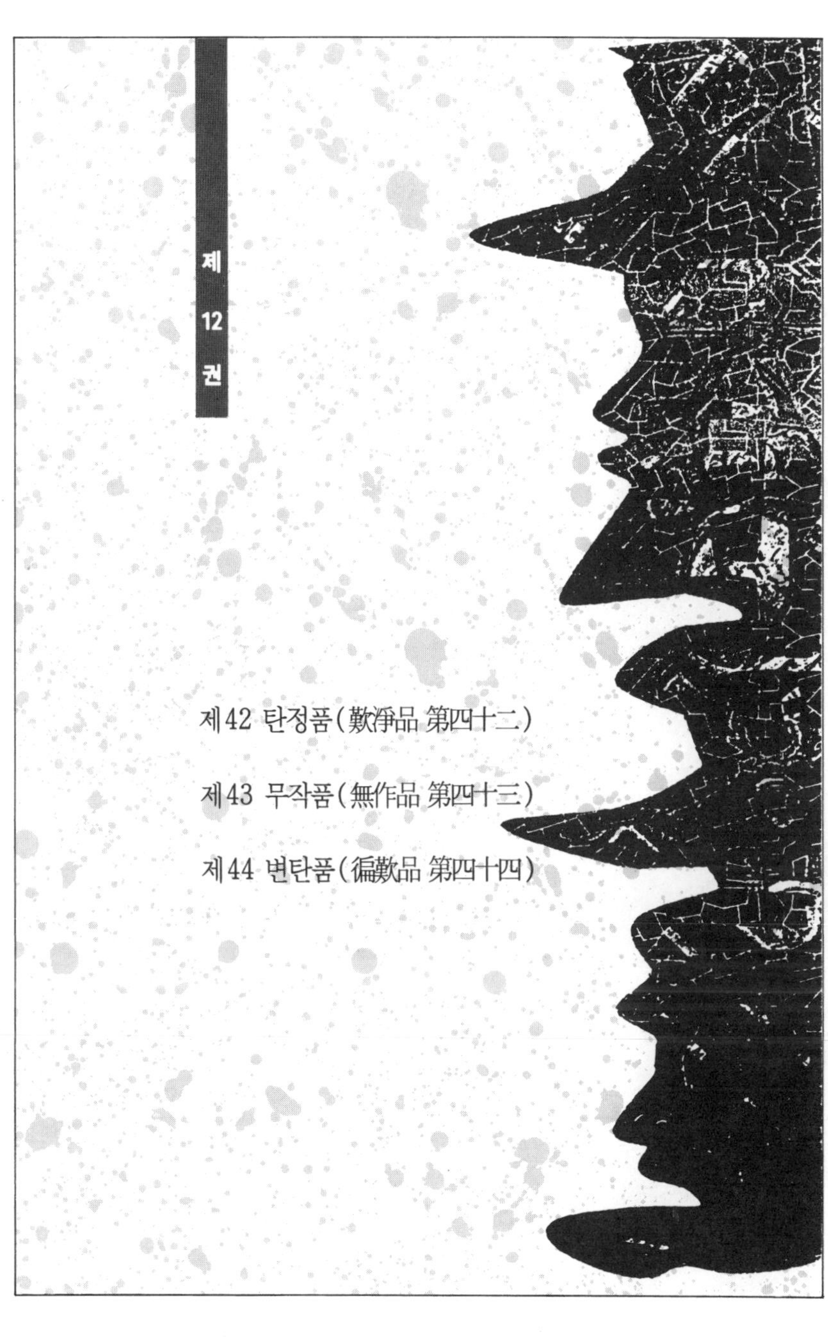

제42 탄정품(歎淨品 第四十二)

그때 사리불이 부처님께 사루어 말씀드렸다.

"세존이시여, 이 청정함은 심히 깊은 것입니까?"

부처님께서 말씀하셨다.

"그래, 본래 청정하기 때문이다."

사리불이 말씀드렸다.

"어떤 것이 청정하기 때문에 이 청정함이 심히 깊습니까?"

부처님께서 말씀하셨다.

"물질적 존재〔色〕가 청정하기 때문에 이 청정함이 심히 깊다고 한다. 감각·표상·의지 인식이 청정하기 때문에·네 가지 관찰법〔四念處〕이 청정하기 때문에·나아가 여덟 가지 바른 깨달음에 이르는 길〔八聖道分〕이 청정하기 때문에·부처님의 열 가지 지혜의 힘〔十力〕이 청정하기 때문에·나아가 열여덟 가지 부처님만이 갖는 특성〔十八不共法〕이 청정하기 때문에·보살이 청정하고 부처님이 청정하기 때문에·일체지(一切智)와 일체종지(一切種智)가 청정하기 때문에 이 청정함이 심히 깊다고 한다."

"세존이시여, 이 청정함은 밝은 것입니까?"

부처님께서 말씀하셨다.

"그래, 본래 청정하기 때문이다."

사리불이 말씀드렸다.

"어떤 것이 청정하기 때문에 이 청정함이 밝습니까?"

부처님께서 말씀하셨다.

"반야바라밀이 청정하기 때문에 이 청정함을 밝다고 하고, 나아가 보시바라밀이 청정하기 때문에 이 청정함을 밝다고 한다. 네 가지 관찰법 내지 일체종지가 청정하기 때문에 이 청정함을 밝다고 한다."

"세존이시여, 이 청정함은 이어주지〔相續〕 않습니까?"

부처님께서 말씀하셨다.

"그래, 본래 청정하기 때문이다."

사리불이 말씀드렸다.

"어떤 것이 이어주지 않기 때문에 이 청정함이 이어지지 않습니까?"

부처님께서 말씀하셨다.

"물질적 존재는 가지도 않고 이어주지도 않기 때문에 이 청정함을 이어주지 않는다고 하고, 나아가 일체종지는 가지도 않고 이어주지도 않기 때문에 이 청정함을 이어주지 않는다고 한다."

"세존이시여, 이 청정함은 더러움이 없습니까?"

부처님께서 말씀하셨다.

"그래, 본래 청정하기 때문이다."

사리불이 말씀드렸다.

"어떤 것이 더러움이 없기 때문에 이 청정함이 더러움이 없습니까?"

부처님께서 말씀하셨다.

"물질적 존재의 성품은 항상 청정하기 때문에 이 청정함을 더러움이 없다고 하고, 나아가 일체종지의 성품은 항상 청정하기 때문에 이 청정함을 더러움이 없다고 한다."

"세존이시여, 이 청정함은 붙잡을 것도 없고, 집착할 것도 없습니까?"

부처님께서 말씀하셨다.

"그래, 본래 청정하기 때문이다."

사리불이 말씀드렸다.

“어떤 것이 붙잡을 것도 없고, 집착할 것도 없기 때문에 이 청정함이 붙잡을 것도 없고, 집착할 것도 없습니까?”

부처님께서 말씀하셨다.

“물질적 존재는 붙잡을 것도 없고, 집착할 것도 없기 때문에 이 청정함을 붙잡을 것도 없고, 집착할 것도 없다고 하고, 나아가 일체종지는 붙잡을 것도 없고, 집착할 것도 없기 때문에 이 청정함을 붙잡을 것도 없고, 집착할 것도 없다고 한다.”

“세존이시여, 이 청정함은 생김이 없습니까?”

부처님께서 말씀하셨다.

“그래, 본래 청정하기 때문이다.”

사리불이 말씀드렸다.

“어떤 것이 생김이 없기 때문에 이 청정함이 생김이 없습니까?”

부처님께서 말씀하셨다.

“물질적 존재는 생김이 없기 때문에 이 청정함을 생김이 없다고 하고, 나아가 일체종지는 생김이 없기 때문에 이 청정함을 생김이 없다고 한다.”

“세존이시여, 이 청정함은 애욕의 세계〔欲界〕 가운데서 생기지 않습니까?”

부처님께서 말씀하셨다.

“그래, 본래 청정하기 때문이다.”

사리불이 말씀드렸다.

“어찌하여 이 청정함은 애욕의 세계 가운데서 생기지 않습니까?”

부처님께서 말씀하셨다.

“애욕 세계의 성품은 붙잡을 수가 없기 때문에 이 청정함을 애욕의 세계 가운데서 생기지 않는다고 한다.”

“세존이시여, 이 청정함은 물질의 세계〔色界〕 가운데서 생기지 않습니까?”

부처님께서 말씀하셨다.

“그래, 본래 청정하기 때문이다.”

사리불이 말씀드렸다.

"어찌하여 이 청정함은 물질의 세계 가운데서 생기지 않습니까?"

부처님께서 말씀하셨다.

"물질 세계의 성품은 붙잡을 수가 없기 때문에 이 청정함을 물질의 세계 가운데서 생기지 않는다고 한다."

"세존이시여, 이 청정함은 정신만의 세계〔無色界〕 가운데서 생기지 않습니까?"

부처님께서 말씀하셨다.

"그래, 본래 청정하기 때문이다."

사리불이 말씀드렸다.

"어찌하여 이 청정함은 정신만의 세계 가운데서 생기지 않습니까?"

부처님께서 말씀하셨다.

"정신만의 세계의 성품은 붙잡을 수가 없기 때문에 이 청정함을 정신만의 세계 가운데서 생기지 않는다고 한다."

"세존이시여, 이 청정함은 앎〔知〕이 없습니까?"

부처님께서 말씀하셨다.

"그래, 본래 청정하기 때문이다."

사리불이 말씀드렸다.

"어찌하여 이 청정함은 앎이 없습니까?"

부처님께서 말씀하셨다.

"모든 것〔諸法〕이 둔하기 때문에 이 청정함을 앎이 없다고 한다."

"세존이시여, 물질적 존재는 앎이 없는 것이어서 이 청정함은 청정합니까?"

부처님께서 말씀하셨다.

"그래, 본래 청정하기 때문이다."

사리불이 말씀드렸다.

"어찌하여 물질적 존재는 앎이 없는 것이어서 이 청정함은 청정합니까?"

부처님께서 말씀하셨다.

“물질적 존재의 본 성품이 공하기 때문에 물질적 존재는 앎이 없는 것이어서 이 청정함을 청정하다고 한다.”

“세존이시여, 감각·표상·의지·인식은 물질적 존재는 앎이 없는 것이어서 이 청정함은 청정합니까?”

부처님께서 말씀하셨다.

“그래, 본래 청정하기 때문이다.”

사리불이 말씀드렸다.

“어찌하여 감각·표상·의지·인식은 앎이 없는 것이어서 이 청정함은 청정합니까?”

부처님께서 말씀하셨다.

“감각·표상·의지·인식의 본 성품이 공하기 때문에 물질적 존재는 앎이 없는 것이어서 이 청정함을 청정하다고 한다.”

“세존이시여, 일체의 모든 것〔一切法〕이 청정하기 때문에 이 청정함은 청정합니까?”

부처님께서 말씀하셨다.

“그래, 본래 청정하기 때문이다.”

사리불이 말씀드렸다.

“어찌하여 일체의 모든 것이 청정하기 때문에 이 청정함은 청정합니까?”

부처님께서 말씀하셨다.

“일체의 모든 것은 붙잡을 수가 없는 까닭에, 일체의 모든 것은 청정한 것이어서 이 청정함을 청정하다고 한다.”

“세존이시여, 이 반야바라밀은 일체지에 있어서 더함도 없고 덜함도 없습니까?”

부처님께서 말씀하셨다.

“그래, 본래 청정하기 때문이다.”

사리불이 말씀드렸다.

“어찌하여 반야바라밀은 일체지에 있어서 더함도 없고 덜함도 없습니까?”

부처님께서 말씀하셨다.

“법은 항상 머무는 모양인 까닭에, 반야바라밀은 일체지에 있어서 더함도 없고 덜함도 없다고 한다.”

“세존이시여, 이 반야바라밀의 청정함은 모든 것에 있어서 받아 들일 곳이 없습니까?”

부처님께서 말씀하셨다.

“그래, 본래 청정하기 때문이다.”

사리불이 말씀드렸다.

“어찌하여 반야바라밀의 청정함은 모든 것에 있어서 받아 들일 곳이 없습니까?”

부처님께서 말씀하셨다.

“진실의 본성〔法性〕은 움직이지 않는 까닭에, 이 반야바라밀의 청정함은 모든 것에 있어서 받아 들일 곳이 없다고 한다.”

그때 혜명 수보리가 부처님께 사루어 말씀드렸다.

“세존이시여, 나〔我〕라는 것이 청정한 까닭에, 물질적 존재가 청정합니까?”

부처님께서 말씀하셨다.

“그래, 본래 청정하기 때문이다.”

수보리가 말씀드렸다.

“무슨 인연으로써 나라는 것이 청정한 까닭에, 물질적 존재의 청정함은 본래 청정함입니까?”

부처님께서 말씀하셨다.

“나라는 것은 있을 곳이 없는 까닭에, 물질적 존재는 있을 곳이 없어서 본래 청정하다.”

“세존이시여, 나라는 것이 청정한 까닭에, 감각·표상·의지·인식이 청정합니까?”

부처님께서 말씀하셨다.

“그래, 본래 청정하기 때문이다.”

수보리가 말씀드렸다.

“무슨 인연으로써 나라는 것이 청정한 까닭에, 감각·표상·의지·인식의 청정함은 본래 청정함입니까?”

부처님께서 말씀하셨다.

“나라는 것은 있을 곳이 없는 까닭에, 감각·표상·의지·인식은 있을 곳이 없어서 본래 청정하다.”

“세존이시여, 나라는 것이 청정한 까닭에 보시바라밀이 청정하고, 나라는 것이 청정한 까닭에 지계바라밀이 청정하고, 나라는 것이 청정한 까닭에 인욕바라밀이 청정하고, 나라는 것이 청정한 까닭에 정진바라밀이 청정하고, 나라는 것이 청정한 까닭에 선정바라밀이 청정합니까?

세존이시여, 나라는 것이 청정한 까닭에 네 가지 관찰법이 청정합니까?

세존이시여, 나라는 것이 청정한 까닭에 나아가 여덟 가지 바른 깨달음에 이르는 길이 청정합니까?

세존이시여, 나라는 것이 청정한 까닭에 부처님의 열 가지 지혜의 힘이 청정합니까?

세존이시여, 나라는 것이 청정한 까닭에 나아가 열여덟 가지 부처님만이 갖는 특성이 청정합니까?”

부처님께서 말씀하셨다.

“그래, 본래 청정하기 때문이다.”

수보리가 말씀드렸다.

“무슨 인연의 까닭으로 나라는 것이 청정하여서 보시바라밀이 청정하고, 나라는 것이 청정하여서 나아가 열여덟 가지 부처님만이 갖는 특성이 청정합니까?”

부처님께서 말씀하셨다.

“나라는 것은 있을 곳이 없는 까닭에·보시바라밀은 있을 곳이 없는 까닭에 청정하고, 나아가 열여덟 가지 부처님만이 갖는 특성은 있을 곳이 없는 까닭에 청정하다.”

“세존이시여, 나라는 것이 청정한 까닭에 수다원과가 청정하고, 나라는 것이 청정한 까닭에 사다함과가 청정하며, 나라는 것이 청정한 까닭에 아나함과가 청정하고, 나라는 것이 청정한 까닭에 아라한과가 청정하며, 나라는 것이 청정한 까닭에 벽지불도가 청정하고, 나라는 것이 청정한 까닭에 불도(佛道)가 청정합니까?”

부처님께서 말씀하셨다.

“그래, 본래 청정하기 때문이다.”

수보리가 말씀드렸다.

“무슨 인연의 까닭으로 나라는 것이 청정하여서 수다원과가 청정하고, 사다함과가 청정하며, 아나함과가 청정하고, 아라한과가 청정하며, 벽지불도가 청정하고, 불도가 청정합니까?”

부처님께서 말씀하셨다.

“사물의 고유형태가 공〔自相空〕이기 때문이다.”

“세존이시여, 나라는 것이 청정한 까닭에 일체지가 청정합니까?”

부처님께서 말씀하셨다.

“그래, 본래 청정하기 때문이다.”

수보리가 말씀드렸다.

“무슨 인연의 까닭으로 나라는 것이 청정한 까닭에 일체지가 청정합니까?”

부처님께서 말씀하셨다.

“모양이 없고 생각이 없기 때문이다.”

“세존이시여, 두 가지가 청정〔二淨〕한 까닭에 붙잡힘이 없고 집착함이 없습니까?”

부처님께서 말씀하셨다.

“그래, 본래 청정하기 때문이다.”

수보리가 말씀드렸다.

“무슨 인연의 까닭으로 두 가지가 청정하기 때문에 붙잡힘이 없고 집착함이 없는 이것이 본래 청정합니까?”

부처님께서 말씀하셨다.

"더러움도 없고 깨끗함도 없기 때문이다."

"세존이시여, 나라는 것이 가가 없는〔無邊〕 까닭에 물질적 존재가 청정하고, 감각·표상·의지·인식이 청정합니까?"

부처님께서 말씀하셨다.

"그래, 본래 청정하기 때문이다."

수보리가 말씀드렸다.

"무슨 인연의 까닭으로 나라는 것이 가가 없기 때문에 물질적 존재가 청정하고, 감각·표상·의지·인식이 청정합니까?"

부처님께서 말씀하셨다.

"하나도 남김이 없이 공〔畢竟空〕이고, 비롯함이 없이 나고 죽는 모든 것이 공〔無始空〕이기 때문이다."

수보리가 부처님께 사루어 말씀드렸다.

"세존이시여, 만약 보살마하살이 능히 이와 같이 알면, 이것을 보살마하살의 반야바라밀이라 합니까?"

부처님께서 말씀하셨다.

"그래, 본래 청정하기 때문이다."

수보리가 말씀드렸다.

"무슨 인연의 까닭으로 보살마하살이 능히 이와 같이 알면, 이것을 보살마하살의 반야바라밀이라 합니까?"

부처님께서 말씀하셨다.

"도종지(道種智)를 알기 때문이다."

"세존이시여, 방편의 힘을 가진 보살마하살이 반야바라밀을 행할 때는, '물질적 존재는 물질적 존재를 알지 못하고, 감각·표상·의지·인식은 인식을 알지 못하며, 과거라는 것은 과거라는 것을 알지 못하고, 미래라는 것은 미래라는 것을 알지 못하며, 현재라는 것은 현재라는 것을 알지 못한다'고, 이렇게 생각합니까?"

부처님께서 말씀하셨다.

"보살마하살이 반야바라밀을 행할 때는 방편의 힘을 가지는 까닭에 이러한 생각을 하지 않는다."

'나는 저 사람에게 베푼다. 나는 계를 가지매 이와 같이 계를 가진다. 나는 인욕을 닦음에 이와 같이 인욕을 닦는다. 나는 정진하매 이와 같이 정진한다. 나는 선정에 들어가매 이와 같이 선정에 든다. 나는 지혜를 닦으매 이와 같이 지혜를 닦는다. 나는 복덕을 얻으매 이와 같이 복덕을 얻는다. 나는 마땅히 보살의 변하지 않는 위치〔法位〕 가운데 들어야 한다. 나는 마땅히 부처님의 국토를 맑히고, 중생을 제도하여 해탈시켜야 한다. 나는 마땅히 일체종지를 얻어야 한다.'

수보리야, 이 보살마하살은 반야바라밀을 행하매 방편의 힘을 가지는 까닭에 온갖 생각과 분별이 없으니, 여섯 가지 감각기관은 공〔內空〕·여섯 가지 감각기관의 여섯 가지 대상은 공〔外空〕·여섯 가지 감각기관과 여섯 가지 대상이 같이 공〔內外空〕·공 그 자체는 공〔空空〕·시방 세계가 공〔大空〕·실상의 진리도 공〔第一義空〕·함이 있는 공〔有爲空〕·함이 없는 공〔無爲空〕·하나도 남김이 없는 공〔畢竟空〕·비롯함이 없이 나고 죽는 모든 것은 공〔無始空〕·모든 것을 분리하는 공〔散空〕·모든 것의 본질은 공〔性空〕·모든 존재가 공〔諸法空〕·사물의 고유형태가 공〔自相空〕인 까닭이다.

수보리야, 이것을 방편의 힘을 가진 보살마하살이 반야바라밀을 행하매 걸림이 없다고 말한다."

그때 석제환인이 수보리에게 물었다.

"무엇이 보살도를 구하는 선남자의 걸림이 있는 것〔碍〕입니까?"

수보리가 석제환인에게 대답했다.

"교시가여, 보살도를 구하는 어떤 선남자·선여인은 마음이라는 관념〔心相〕에 집착합니다. 소위 보시바라밀이라는 관념에 집착하고, 지계바라밀이라는 관념·인욕바라밀이라는 관념·정진바라밀이라는 관념·선정바라밀이라는 관념·반야바라밀이라는 관념에 집착합니다.

여섯 가지 감각기관이 공이라는 관념·여섯 가지 감각기관의 여섯 가지 대상이 공·여섯 가지 감각기관과 여섯 가지 대상이 같이 공·내지 사물이 존재하지 않는다는 견해와 존재한다는 견해가 같이 공이라는 관념에 집착합니다.

네 가지 관찰법이라는 관념 내지 여덟 가지 바른 깨달음에 이르는 길이라는 관념에 집착하고, 부처님의 열 가지 지혜의 힘이라는 관념 내지 열여덟 가지 부처님만이 갖는 특성이라는 관념에 집착합니다.

많은 부처님이라는 관념에 집착하고, 많은 부처님에게 착한 뿌리를 심었다는 관념에 집착합니다. 그리고 이러한 일체의 복덕을 합한다는 관념에 집착하여 아뇩다라삼먁삼보리에 회향합니다.

교시가여, 이것을 보살도를 구하는 선남자·선여인의 걸림이 있는 것이라 말합니다. 이렇게 하기 때문에 걸림이 없이 반야바라밀을 행하지 못하는 것입니다. 왜냐하면 교시가여, 이 물질적 존재라는 관념은 회향할 수가 없고, 감각·표상·의지·인식이라는 관념도 회향할 수가 없으며, 나아가 일체종지라는 관념도 회향할 수가 없기 때문입니다.

또한 교시가여, 만약 보살마하살이 타인에게 아뇩다라삼먁삼보리를 가르쳐서 이롭고 기쁘게 하고자 하면, 마땅히 일체 모든 것의 실상〔諸法實相〕을 가르쳐서 이롭고 기쁘게 해야 합니다. 보살도를 구하는 선남자·선여인은 보시바라밀을 행할 때에 이렇게 분별을 일으켜서 말해서는 안 됩니다.

'나는 베푼다. 나는 계를 가진다. 나는 인욕한다. 나는 정진한다. 나는 선정에 든다. 나는 지혜를 닦는다. 나는 여섯 가지 감각기관이 공함·여섯 가지 감각기관의 여섯 가지 대상이 공함·여섯 가지 감각기관과 여섯 가지 대상이 같이 공함을 행하고, 나아가 사물이 존재하지 않는다는 견해와 존재한다는 견해가 같이 공함을 행한다. 나는 네 가지 관찰법을 닦고, 나아가 나는 아뇩다라삼먁삼보리를 행한다.'

선남자·선여인은 마땅히 이와 같이 타인에게 아뇩다라삼먁삼보리를 가르쳐서 이롭고 기쁘게 해야 합니다. 만약 이와 같이 아뇩다라삼먁삼보리를 가르쳐서 이롭고 기쁘게 하면 스스로 잘못됨이 없고, 또한 부처님께서 설하신 가르침과 같으니, 가르쳐서 이롭고 기쁘게 하면 이 선남자·선여인으로 하여금 일체의 걸림이 있는 것을 멀리 여의게 합니다.”

그때 부처님께서 수보리를 칭찬하며 말씀하셨다.

“훌륭하다, 정말 훌륭하다. 네가 여러 보살들을 위해서 온갖 걸림이 있는 것을 설함과 같다. 수보리야, 너는 이제 다시 내가 설하는 걸림이 있는 세밀한 모양을 들어라. 너 수보리야, 마음을 오로지 해서 자세히 들어라.”

부처님께서 수보리에게 이르셨다.

“어떤 선남자·선여인은 아뇩다라삼먁삼보리의 마음을 내되, 모양에 집착하여 여러 부처님을 생각한다. 수보리야, 있을 수 있는 것인 모양은 전부가 이것이 걸림이 있는 모양이다.

또한 많은 부처님에 있어서의 처음 마음을 내어서부터 참된 이치에 머무를 때까지, 그 중간에 심었던 온갖 착한 뿌리를 모양에 집착하여 기억하고, 모양에 집착하여 기억한 후에 아뇩다라삼먁삼보리에 회향한다. 수보리야, 있을 수 있는 것인 모양은 전부가 이것이 걸림이 있는 모양이다.

또한 많은 부처님 및 제자들에 있어서의 온갖 착한 뿌리 및 다른 중생들의 착한 뿌리를 모양에 집착하여 아뇩다라삼먁삼보리에 회향한다. 수보리야, 있을 수 있는 것인 모양은 전부가 이것이 걸림이 있는 모양이다. 왜냐하면 마땅히 모양에 집착하여 많은 부처님을 기억하지 말아야 하고, 마땅히 모양에 집착하여 많은 부처님의 착한 뿌리를 기억하지 말아야 하기 때문이다.”

수보리가 부처님께 사루어 말씀드렸다.

“세존이시여, 이 반야바라밀은 심히 깊습니다.”

부처님께서 말씀하셨다.

“모든 것은 항상 모양을 여읜 까닭이다.”

수보리가 말씀드렸다.

“세존이시여, 저는 반드시 반야바라밀을 예배하겠습니다.”

부처님께서 수보리에게 이르셨다.

“이 반야바라밀은 일어남도 없고 지음도 없는 까닭에, 능히 붙잡을 이가 있을 수 없다.”

수보리가 말씀드렸다.

“세존이시여, 일체의 모든 것도 또한 알 수가 없고, 붙잡을 수가 없습니까?”

부처님께서 말씀하셨다.

“모든 것은 하나의 성품이어서 두 가지 성품이 아니다. 수보리야, 이 하나라는 진실한 본성은 이것 또한 성품이 없는 것이다. 이 성품이 없는 이것이 바로 성품이다. 이 성품은 일어남도 아니고 없어짐도 아니다. 이와 같이 수보리야, 보살마하살이 만약 모든 것이 하나의 성품이어서, 소위 성품이 없고, 일어남이 없으며, 지음이 없음을 알면, 바로 일체의 걸림이 있는 모양을 멀리 여의게 된다.”

수보리가 부처님께 사루어 말씀드렸다.

“세존이시여, 이 반야바라밀은 알기 어렵고 이해하기 어렵습니다.”

부처님께서 말씀하셨다.

“말한 것처럼, 이 반야바라밀은 보는 이가 없고 듣는 이가 없으며, 아는 이가 없고 인식하는 이가 없으며 붙잡을 이가 없다.”

“세존이시여, 이 반야바라밀은 불가사의합니다.”

부처님께서 말씀하셨다.

“말한 것처럼, 이 반야바라밀은 마음에서 생기지 않고, 물질적 존재·감각·표상·의지·인식에서 생기지 않으며, 나아가 열여덟 가지 부처님만이 갖는 특성에서 생기지 않는다.”

제43 무작품(無作品 第四十三)

수보리가 부처님께 사루어 말씀드렸다.

"이 반야바라밀은 지음이 없는 것입니까?"

부처님께서 말씀하셨다.

"그래, 짓는 것은 붙잡을 수가 없기 때문이다. 물질적 존재는 붙잡을 수가 없고, 나아가 모든 것은 붙잡을 수가 없기 때문이다."

"세존이시여, 만약 보살마하살이 반야바라밀을 행하고자 하면, 마땅히 어떻게 행해야 하겠습니까?"

부처님께서 수보리에게 이르셨다.

"보살마하살이 반야바라밀을 행하고자 한다면 물질적 존재를 행하지 않아야 하니, 이것이 반야바라밀을 행하는 것이다. 감각·표상·의지·인식을 행하지 않아야 하니, 이것이 반야바라밀을 행하는 것이다. 나아가 일체종지를 행하지 않아야 하니, 이것이 반야바라밀을 행하는 것이다.

물질적 존재의 항상함〔常〕과 덧없음〔無常〕을 행하지 않아야 하니, 이것이 반야바라밀을 행하는 것이다. 나아가 일체종지의 항상함과 덧없음을 행하지 않아야 하니, 이것이 반야바라밀을 행하는 것이다. 물질적 존재의 고통이나 혹은 즐거움을 행하지 않아야 하니, 이것이 반야바라밀을 행하는 것이다. 나아가 일체종지의 고통이나 혹은 즐거움을 행하지 않아야 하니, 이것이 반야바라밀을 행하는 것이다. 물질적 존재는 곧 나〔我〕다 내가 아니〔非我〕다라고 행하지 말아야 하니, 이것이 반야바라밀을 행하는 것이다. 나아가 일체종지는 곧 나다 내가 아니다라고 행하지 말아야 하니, 이것이 반야바라밀을 행하는 것이다. 물질적 존재의 깨끗하고 깨끗하지 않음을 행하지 않아야 하니, 이것이 반야바라밀을 행하는 것이다. 나아가 일체종지의 깨끗하고 깨끗하지 않음을 행하지 않아야 하니, 이것이 반야바라밀을 행하는 것이다.

왜냐하면 물질적 존재는 가지고 있는 본성이 없기 때문이니, 어찌 항상함·덧없음·고통·즐거움·내가 있음·내가 없음·깨끗함·깨끗하지 않음이 있겠느냐! 감각·표상·의지·인식도 또한 가지고 있는 본성이 없기 때문이니, 어찌 항상함 덧없음·고통·즐거움·내가 있음·내가 없음·깨끗함·깨끗하지 않음이 있겠느냐!

또한 수보리야, 보살마하살은 반야바라밀을 행할 때에 물질적 존재의 완전히 갖추어지지 않음을 행하지 않아야 하니, 이것이 반야바라밀을 행하는 것이다. 감각·표상·의지·인식의 완전히 갖추어지지 않음을 행하지 않아야 하니, 이것이 반야바라밀을 행하는 것이다. 나아가 일체종지의 완전히 갖추어지지 않음을 행하지 않아야 하니, 이것이 반야바라밀을 행하는 것이다.

왜냐하면 물질적 존재의 완전히 갖추어지지 않음을 물질적 존재라고 말할 수 없기 때문이니, 이와 같이 또한 행하지 않음을 반야바라밀을 행한다고 한다. 감각·표상·의지·인식의 완전히 갖추어지지 않음을 인식이라고 말할 수 없으니, 이와 같이 또한 행하지 않음을 반야바라밀을 행한다고 한다. 나아가 일체종지의 완전히 갖추어지지 않음을 일체종지라고 말할 수 없기 때문이니, 이와 같이 또한 행하지 않음을 반야바라밀을 행한다고 한다.”

수보리가 부처님께 사루어 말씀드렸다.

“일찍이 없었던 일입니다 세존이시여, 부처님께서는 보살도를 구하는 선남자 선여인의 걸림이 있고 걸림이 없는 모양을 자상하게 말씀해 주셨습니다.”

부처님께서 말씀하셨다.

“그렇다, 정말 그러하다 수보리야. 부처님은 보살도를 구하는 선남자·선여인의 걸림이 있고 걸림이 없는 모양을 자세하게 설한다.

또한 수보리야, 만약 보살마하살이 반야바라밀을 행할 때는 물질적 존재의 걸리지 않음을 행하지 않아야 하니, 이것이 반야바라밀을 행하는 것이다. 감각·표상·의지·인식의 걸리지 않음을 행하지 않아야 하니, 이것이 반야바라밀을 행하는 것이다.

눈의 걸리지 않음을 행하지 않아야 하니, 이것이 반야바라밀을 행하는 것이다. 귀·코·혀·신체의 걸리지 않음을 행하지 않아야 하니, 이것이 반야바라밀을 행하는 것이다. 생각의 걸리지 않음을 행하지 않아야 하니, 이것이 반야바라밀을 행하는 것이다.

보시바라밀의 걸리지 않음을 행하지 않아야 하니, 이것이 반야바라밀을 행하는 것이다. 지계바라밀의 걸리지 않음을 행하지 않아야 하니, 이것이 반야바라밀을 행하는 것이다. 인욕바라밀의 걸리지 않음을 행하지 않아야 하니, 이것이 반야바라밀을 행하는 것이다. 정진바라밀의 걸리지 않음을 행하지 않아야 하니, 이것이 반야바라밀을 행하는 것이다. 선정바라밀의 걸리지 않음을 행하지 않아야 하니, 이것이 반야바라밀을 행하는 것이다. 반야바라밀의 걸리지 않음을 행하지 않아야 하니, 이것이 반야바라밀을 행하는 것이다. 나아가 일체종지의 걸리지 않음을 행하지 않아야 하니, 이것이 반야바라밀을 행하는 것이다.

수보리야, 보살마하살은 이와 같이 반야바라밀을 행할 때에 물질적 존재는 걸리지 않음이라고 알고, 감각·표상·의지·인식은 걸리지 않음이라고 알며, 나아가 일체종지는 걸리지 않음이라고 아는 것이다. 수다원과는 걸리지 않음이라고 알고, 사다함과는 걸리지 않음이라고 알며, 아나함과는 걸리지 않음이라고 알고, 아라한과는 걸리지 않음이라고 아는 것이다. 벽지불도는 걸리지 않음이라고 알고, 아뇩다라삼먁삼보리의 도가 걸리지 않음이라고 아는 것이다.”

그때 혜명 수보리가 부처님께 사루어 말씀드렸다.

“일찍이 없었던 일입니다. 세존이시여, 이 심히 깊은 법은 가령 설한다고 해도 늘지 않고 줄지 않으며, 가령 설하지 않는다고 해도 늘지 않고 줄지 않습니다.”

부처님께서 수보리에게 이르셨다.

"그렇다, 정말 그러하다. 이 심히 깊은 법은 가령 설한다고 해도 늘지 않고 줄지 않으며, 가령 설하지 않는다고 해도 늘지 않고 줄지 않는다. 비유컨대 부처님이 생명이 다할 때까지 허공을 칭찬하거나 비방하매, 칭찬할 때도 또한 늘지 않고 줄지 않으며, 비방할 때도 또한 늘지 않고 줄지 않음과 같다. 수보리야, 요술쟁이가 만든 사람〔幻人〕이 칭찬할 때도 늘지 않고 줄지 않으며, 비방할 때도 또한 늘지 않고 줄지 않음과 같다.

수보리야, 모든 것의 있는 그대로의 모양도 이와 같다. 가령 설한다고 해도 근본은 그대로여서 달라지지 않고, 설하지 않는다고 해도 근본은 그대로여서 달라지지 않는 것이다."

수보리가 부처님께 사루어 말씀드렸다.

"세존이시여, 많은 보살마하살이 반야바라밀을 행함은 정말 어렵겠습니다. 이 반야바라밀을 수행할 때에 근심하지도 않고 기뻐하지도 않지만, 능히 반야바라밀을 익히고 아뇩다라삼먁삼보리에서도 물러나지 않습니다. 왜냐하면 세존이시여, 반야바라밀을 수행한다는 것은 허공을 수행함과 같고, 허공 가운데 반야바라밀이 없고 선정이 없으며, 정진이 없고 인욕이 없으며, 지계가 없고 보시바라밀이 없음과 같기 때문입니다.

허공 가운데 물질적 존재가 없고 감각·표상·의지·인식이 없으며, 여섯 가지 감각기관이 공함·여섯 가지 감각기관의 여섯 가지 대상이 공함·여섯 가지 감각기관과 여섯 가지 대상이 같이 공함·내지 사물이 존재하지 않는다는 견해와 존재한다는 견해가 같이 공함이 없으며 네 가지 관찰법이 없고, 나아가 여덟 가지 바른 깨달음에 이르는 길이 없으며, 부처님의 열 가지 지혜의 힘이 없고, 나아가 열여덟 가지 부처님만이 갖는 특성이 없으며, 수다원과·사다함과·아나함과·아라한과가 없고 벽지불도가 없으며, 아뇩다라삼먁삼보리가 없음과 같기 때문입니다. 반야바라밀을 수행함도 이와 같습니다.

세존이시여, 마땅히 이 여러 보살마하살이 능히 큰 서원으로써 화려하게 장식〔大誓莊嚴〕함을 예배해야 합니다. 세존이시여, 이 사람이 중생들을 위해서 큰 서원으로써 화려하게 장식하고 힘써 정진하는 것과 허공을 위해서 큰 서원으로써 화려하게 장식하고 힘써 정진함은 같은 것입니다. 세존이시여, 이 사람이 중생들을 제도하고자 함은 허공을 제도하고자 함과 같은 것입니다. 세존이시여, 이 여러 보살마하살이 큰 서원으로써 화려하게 장식하는 것은 허공과 같은 중생들을 위해서 큰 서원으로써 화려하게 장식함과 같은 것입니다. 세존이시여, 이 사람이 큰 서원으로써 화려하게 장식하여 중생들을 제도하고자 함은 허공을 들어올림과 같은 것이 됩니다.

세존이시여, 많은 보살마하살은 큰 정진력(精進力)을 얻어 중생들을 제도하고자 하기 때문에 아뇩다라삼먁삼보리의 마음을 냅니다. 많은 보살마하살은 큰 서원으로써 화려하게 장식하여 중생들을 제도하고자 하기 때문에 아뇩다라삼먁삼보리의 마음을 냅니다. 세존이시여, 많은 보살마하살은 크게 용맹하여 허공과 같은 중생들을 제도하고자 하기 때문에 아뇩다라삼먁삼보리의 마음을 냅니다.

왜냐하면 세존이시여, 가령 삼천대천세계 가운데에 가득한 많은 부처님이 대갈대·감자·벼·삼의 숲과 같고, 이 많은 부처님의 한 분 한 분께서 일 겁(劫)이나 혹은 일 겁이 조금 모자라는 동안 설법하여 한량없고 가없으며 헤아릴 수조차 없는 중생들을 제도하여 열반에 들게 해도 세존이시여, 이 중생들의 성품은 줄지도 않고 늘지도 않기 때문입니다. 왜냐하면 중생은 있는 곳이 없기 때문이며, 중생은 여읨이기 때문입니다. 나아가 시방세계 가운데 계시는 많은 부처님께서 제도하는 중생들도 이와 같습니다.

세존이시여, 이러한 인연을 가진 까닭에, 저는 이와 같이 말합니다.

'이 사람이 중생을 제도하고자 하는 까닭에 아뇩다라삼먁삼보리의 마음을 일으킴은 허공을 제도하고자 함이다.'"

이때 어떤 한 스님이 이렇게 말했다.

"저는 마땅히 반야바라밀을 예배하겠습니다. 반야바라밀 가운데는 법이 생김도 없고, 법이 없어짐도 없다고 하지만, 그러나 계라는 덕목[戒衆]·선정이라는 덕목[定衆]·지혜라는 덕목[慧衆]·해탈이라는 덕목[解脫衆]·해탈지견이라는 덕목[解脫知見衆]이 있고, 많은 수다원·사다함·아나함·아라한·많은 벽지불·

많은 부처님이 계시며, 불보(佛寶)·법보(法寶)·승보(僧寶)가 있고, 진리의
수레바퀴를 굴림이 있기 때문입니다.

그때 석제환인이 수보리에게 말했다.

"만약 보살마하살이 반야바라밀을 익히고자 하면, 무슨 법을 익혀야 하겠습
니까?"

수보리가 석제환인에게 말했다.

"교시가여, 이 보살마하살이 반야바라밀을 익히고자 한다면, 공한 법〔空法〕
을 익혀야 합니다."

석제환인이 부처님께 사루어 말씀드렸다.

"세존이시여, 만약 선남자·선여인이 이 반야바라밀을 받아 지니고, 가까이하
여 독송하며, 설하고 바르게 사유하면, 저는 어떻게 마땅히 보호해야 하겠습니
까?"

그때 수보리가 석제환인에게 말했다.

"교시가여, 그대는 이 법에서 수호할 것을 봅니까, 보지 못합니까?"

석제환인이 말했다.

"아닙니다. 수보리여, 나는 이 법에서 수호할 것을 보지 못합니다."

수보리가 말했다.

"교시가여, 만약 선남자·선여인이 반야바라밀 가운데서 설한 것처럼 행한다
면, 이것이 곧 수호인 것이다. 소위 항상 멀리 여의지 않고서 설한 것처럼 반야
바라밀을 행하면, 이 선남자·선여인은 사람이나 혹은 사람이 아닌 것〔非人〕이
해치려고 해도 그 기회를 얻을 수 없는 것이다. 마땅히 알아야 하니, 이 선남자
선여인은 반야바라밀을 멀리 여의지 않은 것이다.

교시가여, 사람이 반야바라밀을 행하는 보살을 보호하고자 한다면, 허공을 보
호하고자 함이 됩니다. 교시가여, 그대는 어떻게 생각합니까. 그대가 능히 꿈이
나 아지랑이·그림자·메아리·환상·변화한 몸을 보호할 수 있습니까, 없습니
까?"

석제환인이 말했다.

"보호할 수가 없습니다."

"사람이 반야바라밀을 행하는 많은 보살마하살을 보호하고자 함도 이와 같아서 단지 스스로 피곤할 따름입니다. 교시가여, 그대는 어떻게 생각합니까. 부처님께서 변화로 만든 사람을 보호할 수 있습니까, 없습니까?"

석제환인이 말했다.

"보호할 수가 없습니다."

"사람이 반야바라밀을 행하는 많은 보살마하살을 보호하고자 함도 또한 이와 같습니다. 교시가여, 그대는 어떻게 생각합니까. 능히 진실의 본성〔法性〕·참된 실상〔實際〕·사물의 진실된 모습〔如〕·불가사의한 본성〔不可思議性〕을 보호할 수 있습니까, 없습니까?"

석제환인이 말했다.

"보호할 수가 없습니다."

"사람이 반야바라밀을 행하는 많은 보살마하살을 보호하고자 함도 이와 같습니다."

그때 석제환인이 수보리에게 물었다.

"어찌하면 보살마하살이 반야바라밀을 행하여 모든 것을 보되, 꿈과 같고 아지랑이와 같으며, 그림자 같고 메아리 같으며, 환상과 같고 변화한 몸과 같다고 알겠습니까? 많은 보살마하살은 아는 것처럼 보기 때문에 꿈을 생각하지 않고, 이것이 꿈이라고 생각하지 않으며, 꿈에 관해서 생각하지 않고, 내가 꿈에 의지한다고 생각하지 않으니, 아지랑이·그림자·메아리·환상·변화한 몸도 이와 같습니까?"

수보리가 말했다.

"교시가여, 만약 보살마하살이 반야바라밀을 행하여 물질적 존재를 생각하지 않고, 이것이 물질적 존재라고 생각하지 않으며, 물질적 존재에 관해서 생각하지 않고, 내가 물질적 존재에 의지한다고 생각하지 않으면, 이 보살마하살도 또한 능히 꿈을 생각하지 않고, 이것이 꿈이라고 생각하지 않으며, 꿈에 관해서 생각하지 않고, 내가 꿈에 의지한다고 생각하지 않습니다. 나아가 변화한 몸에 있어서도 또한 변화한 몸을 생각하지 않고, 이것이 변화한 몸이라고 생각하지 않으며, 변화한 몸에 관해서 생각하지 않고, 내가 변화한 몸에 의지한다고 생각하지 않습니다.

그리고 나아가 일체지에 있어서도 일체지를 생각하지 않고, 이것이 일체지라고 생각하지 않으며, 일체지에 관해서 생각하지 않고, 내가 일체지에 의지한다고 생각하지 않으면, 이 보살마하살도 또한 능히 꿈을 생각하지 않고, 이것이 꿈이라고 생각하지 않으며, 꿈에 관해서 생각하지 않고, 내가 꿈에 의지한다고 생각하지 않습니다. 나아가 변화한 몸에 있어서도 또한 이와 같습니다.

이와 같음을 교시가여, 보살마하살은 모든 것이 꿈과 같고 아지랑이와 같으며, 그림자 같고 메아리 같으며, 환상과 같고 변화한 몸과 같음을 안다고 합니다.”

그때 부처님의 위신력에 의해서 삼천대천세계 가운데의 많은 사천왕천·삼십삼천·야마천·도솔천·화락천·타화자재천·범신천·범보천·범중천·대범천·소광천·내지 정거천인 이 일체의 모든 하늘들이 하늘의 전단향과 꽃을 가지고 멀리서 부처님 위에 뿌리고 부처님 처소에 이르러, 이마를 부처님 발 아래에 대어 예배한 후, 물러나 한쪽에 머물렀다.

그때 사천왕천·석제환인 및 삼십삼천·범천왕 내지 많은 정거천이 부처님의 위신력으로 동방(東方)의 천(千) 부처님께서 설법함을 보았으니, 그 모양이 이와 같고, 그 이름들이 이와 같았다. 이 반야바라밀품(品)을 설하는 스님을 전부 수보리라 이름했고, 반야바라밀품을 묻는 이를 전부 석제환인이라 했다. 남·서·북방과 네 간방(間方)과 상·하에서도 마찬가지로 각각 천 분의 부처님께서 나타나셨다.

그때 부처님께서 수보리에게 이르셨다.

“미륵보살마하살이 아뇩다라삼먁삼보리를 얻을 때도 또한 마땅히 이곳에서 반야바라밀을 설하고, 현재의 겁〔賢劫〕 중에 많은 보살마하살이 아뇩다라삼먁삼보리를 얻을 때도 또한 마땅히 이곳에서 반야바라밀을 설하신다.”

수보리가 부처님께 사루어 말씀드렸다.

"세존이시여, 미륵보살마하살은 아뇩다라삼먁삼보리를 얻을 때에 어떤 모양, 어떤 인연, 어떤 뜻을 가지고 이 반야바라밀의 의미를 설하십니까?"

부처님께서 수보리에게 이르셨다.

"미륵보살마하살이 아뇩다라삼먁삼보리를 얻을 때에, 물질적 존재는 항상하지도 않고 덧없지도 않다고, 마땅히 이렇게 설법하신다. 물질적 존재는 고통도 아니고 즐거움도 아니며, 물질적 존재는 나〔我〕라는 것이 있는 것도 아니고 나라는 것이 없는 것도 아니며, 물질적 존재는 깨끗하지도 않고 더럽지도 않다고, 마땅히 이렇게 설법하신다. 물질적 존재는 묶인 것도 아니고 풀린 것도 아니라고, 마땅히 이렇게 설법하신다. 감각·표상·의지·인식은 항상하지도 않고 덧없지도 않으며, 나아가 묶인 것도 아니고 풀린 것도 아니라고, 마땅히 이렇게 설법하신다. 물질적 존재는 과거도 아니고, 물질적 존재는 미래도 아니며, 물질적 존재는 현재도 아니라고, 마땅히 이렇게 설법하신다. 감각·표상·의지·인식도 이와 같다고, 마땅히 이렇게 설법하신다. 물질적 존재는 마침내 청정한 것이라고, 마땅히 이렇게 설법하신다. 감각·표상·의지·인식은 청정한 것이라고, 본래 이렇게 설법하신다. 나아가 일체지는 본래 청정한 것이라고, 마땅히 이렇게 설법하신다."

수보리가 부처님께 사뤄어 말씀드렸다.

"세존이시여, 이 반야바라밀은 청정합니까?"

부처님께서 말씀하셨다.

"물질적 존재가 청정한 까닭에 반야바라밀이 청정하다. 감각·표상·의지·인식이 청정한 까닭에 반야바라밀이 청정하다."

"세존이시여, 어찌하여 물질적 존재가 청정한 까닭에 반야바라밀이 청정합니까? 어찌하여 감각·표상·의지·인식이 청정한 까닭에 반야바라밀이 청정합니까?"

부처님께서 말씀하셨다.

"만약 물질적 존재가 생기지도 않고 없어지지도 않으며, 더럽지도 않고 깨끗하지도 않다면, 이것을 물질적 존재가 청정하다고 말한다. 감각·표상·의지·인식이 생기지도 않고 없어지지도 않으며, 더럽지도 않고 깨끗하지도 않다면, 이것을 감각·표상·의지·인식이 청정하다고 말한다.

또한 수보리야, 허공이 청정한 까닭에 반야바라밀이 청정하다.”

“세존이시여, 어찌하여 허공이 청정한 까닭에 반야바라밀이 청정합니까?”

부처님께서 말씀하셨다.

“허공은 생기지도 않고 없어지지도 않는 까닭에 청정하다. 반야바라밀도 이와 같다.

또한 수보리야, 물질적 존재가 더럽혀지지 않는 까닭에 반야바라밀이 청정하다. 감각·표상·의지·인식이 더럽혀지지 않는 까닭에 반야바라밀이 청정하다.”

“세존이시여, 어찌하여 물질적 존재가 더럽혀지지 않는 까닭에 반야바라밀이 청정합니까? 어찌하여 감각·표상·의지·인식이 더럽혀지지 않는 까닭에 반야바라밀이 청정합니까?”

부처님께서 말씀하셨다.

“허공이 더럽혀질 수가 없는 까닭에 허공이 청정함과 같다.”

“세존이시여, 어찌하여 허공이 더럽혀질 수가 없는 까닭에 허공이 청정함과 같습니까?”

부처님께서 말씀하셨다.

“허공은 취할 수가 없는 까닭에 허공이 청정하고, 허공이 청정한 까닭에 반야바라밀이 청정하다.

또한 수보리야, 허공은 말을 하는 까닭에 반야바라밀이 청정하다.”

“세존이시여, 어찌하여 허공이 말을 하는 까닭에 반야바라밀이 청정합니까?”

부처님께서 말씀하셨다.

“허공 가운데로부터 메아리와 음성〔二聲〕이 나오기 때문이다. 반야바라밀도 또한 허공처럼 말을 하는 까닭에 청정하다.

수보리야, 허공은 말을 하지 않는 까닭에 반야바라밀이 청정하다.”

“세존이시여, 어찌하여 허공이 말을 하지 않는 까닭에 반야바라밀이 청정합니까?”

부처님께서 말씀하셨다.

"허공이 말할 수가 없는 것처럼, 이러한 까닭에 반야바라밀이 청정하다.

또한 수보리야, 허공은 붙잡을 수가 없는 것처럼, 이러한 까닭에 반야바라밀이 청정하다."

"세존이시여, 어찌하여 허공이 붙잡을 수가 없는 것처럼, 이러한 까닭에 반야바라밀이 청정합니까?"

부처님께서 말씀하셨다.

"허공은 붙잡을 모양이 없는 것처럼, 반야바라밀도 허공이 붙잡을 수가 없는 것과 같기 때문에 청정하다.

또한 수보리야, 모든 것은 생기지도 않고 없어지지도 않으며, 더럽지도 않고 깨끗하지도 않은 까닭에 반야바라밀이 청정하다."

"세존이시여, 어찌하여 모든 것이 생기지도 않고 없어지지도 않으며, 더럽지도 않고 깨끗하지도 않은 까닭에 반야바라밀이 청정합니까?"

부처님께서 말씀하셨다.

"모든 것이 본래 청정한 까닭에 반야바라밀이 청정하다."

수보리가 부처님께 사루어 말씀드렸다.

"세존이시여, 만약 선남자·선여인이 이 반야바라밀을 받아 지니며, 가까이하고 바르게 사유하면 내내 눈이 병들지 않고, 귀·코·혀·신체도 또한 내내 병들지 않습니다. 몸을 다쳐 불구가 되지 않고, 쇠약하게 늙지도 않으며, 결코 횡사(橫死)를 당하지 않습니다. 무수한 백천 만이나 되는 많은 하늘인 사천왕천 내지 정거천들이 따라 다니면서 듣고 받아 들입니다.

육재일(六齋日)인 매월의 8일·23일·14일·29일·15일·30일에는 많은 하늘이 같이 모여서, 법사(法師)가 된 선남자·선여인이 자리에서 반야바라밀을 설하는 곳에 전부가 찾아옵니다.

이 선남자·선여인은 대중 가운데서 이 반야바라밀을 설하고, 한량없고 가없으며 헤아릴 수조차 없는, 생각할 수도 없고 칭량할 수도 없는 복덕을 얻는 것입니다."

부처님께서 수보리에게 이르셨다.

"그렇다, 정말 그러하다. 이 선남자·선여인이 만약 육재일인 매월의 8일·23일·14일·29일·15일·30일에 많은 하늘들 앞에서 이 반야바라밀의 의미를 설한다면, 이 선남자·선여인은 한량없고 가없으며 헤아릴 수조차 없는, 생각할 수도 없고 칭량할 수도 없는 복덕을 얻게 된다.

왜냐하면 수보리야, 반야바라밀은 이것이 크고 진귀한 보배[大珍寶]이기 때문이다. 어찌하여 이것을 크고 진귀한 보배라고 하는가? 이 반야바라밀은 능히 지옥·축생·아귀 및 빈궁한 사람을 없애고, 능히 왕족이나 귀족·바라문·대부호를 있도록 하기 때문이다. 능히 사천왕천처(四天王天處) 내지 비유상비무상천처(非有想非無想天處)를 부여하고, 능히 수다원과·사다함과·아나함과·아라한과·벽지불도·아뇩다라삼먁삼보리를 부여하기 때문이다.

왜냐하면 이 반야바라밀 가운데 열 가지 착한 행위[十善道]·네 가지 선정[四禪]·네 가지 한량없는 이타의 마음[四無量心]·네 가지 형상을 떠난 선정[四無色定]·네 가지 관찰법[四念處] 나아가 여덟 가지 바른 깨달음에 이르는 길[八聖道分], 보시바라밀·지계바라밀·인욕바라밀·정진바라밀·선정바라밀·반야바라밀을 널리 설하기 때문이다. 여섯 가지 감각기관이 공함 내지 사물이 존재하지 않는다는 견해와 존재한다는 견해가 같이 공함을 널리 설하고, 부처님의 열 가지 지혜의 힘[十力] 나아가 일체종지(一切種智)를 널리 설하기 때문이다.

이 안에서 배워 왕족이나 귀족·바라문·대부호로 태어나게 되고, 사천왕천·삼십삼천·아마천·도솔천·화락천·타화자재천·범신천·범보천·범중천·대범천·광천·소광천·무량광천·광음천·정천·소정천·무량정천·변정천·무운천·득복천·광과천·무상천·무번천·하열천·쾌견천·묘견천·색구경천·허공무변처천·식무변처천·무소유처천·비유상비무상처천으로 태어나기 때문이다.

이 안에서 배워 수다원과·사다함과·아나함과·아라한과를 얻고, 벽지불도를 얻으며, 아뇩다라삼먁삼보리를 얻기 때문이다.

이러한 까닭에 수보리야, 반야바라밀을 이름하여 크고 진귀한 보배라고 한다.

진귀한 보배 바라밀〔珍寶波羅蜜〕 가운데는 붙잡을 수 있는 것인 생기거나 혹은 없어짐·더럽거나 혹은 깨끗함·취하거나 혹은 버림이 없는 것이다. 진귀한 보배 바라밀은 또한 착하거나 혹은 착하지 않음·세간이나 혹은 세간 밖·번뇌가 있거나〔有漏〕 혹은 번뇌가 없음〔無漏〕·함이 있거나〔有爲〕 혹은 함이 없다〔無爲〕는 것이 있을 수 없다.

이러한 까닭에 수보리야, 이것을 붙잡을 수가 없는 진귀한 보배 바라밀이라 말한다. 수보리야, 이 진귀한 보배 바라밀에는 능히 오염되는 것이 있을 수 없다. 왜냐하면 오염되는 어떤 것도 붙잡을 수가 없기 때문이다. 수보리야, 이러한 까닭에 물듦이 없는〔無染〕 진귀한 보배 바라밀이라 말한다.

수보리야, 만약 보살마하살이 반야바라밀을 행할 때도 이와 같이 알지 않고, 이와 같이 분별하지 않으며, 이와 같이 붙잡지 않고, 이와 같이 이익이 없는 말을 하지 않으면, 이것을 능히 반야바라밀을 수행한다고 한다. 또한 많은 부처님을 뵙고 예배하며, 한 부처님 나라에서 다른 부처님 나라에 이르러 많은 부처님을 공양·공경·존중·찬탄한다. 많은 부처님 나라에서 노닐며 중생을 제도하여 해탈시키고, 부처님 나라를 맑힌다.

수보리야, 이 반야바라밀은 모든 것에 있어서 힘이 있음도 없고, 힘이 아님도 없다. 또한 받는 것도 없고 주는 것도 없으며, 생기지도 않고 없어지지도 않으며, 더럽지도 않고 깨끗하지도 않으며, 늘지도 않고 줄지도 않는다. 이 반야바라밀은 또한 과거도 아니고, 미래도 아니며, 현재도 아니다. 애욕의 세계〔欲界〕를 버리지도 않고 애욕의 세계에 머물지도 않으며, 물질의 세계〔色界〕를 버리지도 않고 물질의 세계에 머물지도 않으며, 정신만의 세계〔無色界〕를 버리지도 않고 정신만의 세계에 머물지도 않는다.

이 반야바라밀은 보시바라밀을 주지도 않고 버리지도 않으며, 지계바라밀을 주지도 않고 버리지도 않으며, 인욕바라밀을 주지도 않고 버리지도 않으며, 정진바라밀을 주지도 않고 버리지도 않으며, 선정바라밀을 주지도 않고 버리지도 않으며, 반야바라밀을 주지도 않고 버리지도 않는다. 여섯 가지 감각기관이 공함을 주지도 않고 버리지도 않으며, 사물이 존재하지 않는다는 견해와 존재한다는 견해가 같이 공함을 주지도 않고 버리지도 않으며, 네 가지 관찰법을 주지도 않고 버리지도 않으며, 나아가 여덟 가지 바른 깨달음에 이르는 길을 주지도 않고 버리지도 않는다. 부처님의 열 가지 지혜의 힘을 주지도 않고 버리지도 않으며, 나아가 열여덟 가지 부처님만이 갖는 특성을 주지도 않고 버리지도 않는다. 수다원과를 주지도 않고 버리지도 않으며, 나아가 아라한과를 주지도 않고 버리지도 않으며, 벽지불도를 주지도 않고 버리지도 않으며, 나아가 일체종지를 주지도 않고 버리지도 않는다.

이 반야바라밀은 아라한의 법을 주지도 않고, 범인의 법을 버리지도 않는다. 벽지불의 법을 주지도 않고, 아라한의 법을 버리지도 않는다. 불법을 주지도 않고, 벽지불의 법을 버리지도 않는다. 이 반야바라밀은 또한 함이 없는 법을 주지도 않고, 함이 있는 법을 버리지도 않는다. 왜냐하면 많은 부처님이 계시든, 혹은 많은 부처님이 계시지 않든 이 모든 것의 모양은 항상 머무는 것이어서 다름이 없고, 있는 그대로의 모양·참된 이치의 머무름·모든 것의 변하지 않는 위치는 항상 머무는 것이어서 잘못됨이 없고, 잃음이 없기 때문이다.”

그때 많은 천자(天子)들이 허공 가운데 서서, 큰 음성을 내어 춤을 추며 기뻐하고, 청련화(靑蓮華)·홍련화(紅蓮華)·황련화(黃蓮華)·백련화(白蓮華)를 가지고 부처님 위에 뿌리면서 이와 같이 말했다.

“저희들은 염부제(閻浮提)에서 두번째 진리의 수레바퀴〔第二法輪〕가 구르는 것을 봅니다.”

이러한 가운데서 한량없는 백천의 천자들이 진실한 이치를 깨달아 평온한 마음〔無生法忍〕을 얻었다.

부처님께서 수보리에게 이르셨다.

“이 진리의 수레바퀴는 첫번째 구르는 것도 아니고, 두번째 구르는 것도 아니다. 이 반야바라밀은 굴러 가지도 않고 도로 오지도 않으면서 나타나는 것이니, 사물이 존재하지 않는다는 견해와 존재한다는 견해가 같이 공한 까닭이다.”

수보리가 부처님께 사루어 말씀드렸다.

“세존이시여, 어찌하여 사물이 존재하지 않는다는 견해와 존재한다는 견해가 같이 공한 까닭에, 반야바라밀은 굴러 가지도 않고 도로 오지도 않으면서 나타나는 것입니까?”

부처님께서 말씀하셨다.

“반야바라밀은 반야바라밀의 모양이 공이고, 나아가 보시바라밀은 보시바라밀의 모양이 공이다. 여섯 가지 감각기관이 공함은 여섯 가지 감각기관이 공한 모양이 공이고, 나아가 사물이 존재하지 않는다는 견해와 존재한다는 견해가 같이 공함은 사물이 존재하지 않는다는 견해와 존재한다는 견해가 같이 공한 모양이 공이다. 네 가지 관찰법은 네 가지 공한 모양이 공이고, 나아가 열여덟 가지 부처님만이 갖는 특성은 열여덟 가지 부처님만이 갖는 특성이 공이다. 수다원과는 수다원과의 모양이 공이고, 사다함과는 사다함과의 모양이 공이며, 아나함과는 아나함과의 모양이 공이고, 아라한과는 아라한과의 모양이 공이다. 벽지불도는 벽지불도의 모양이 공이고, 일체종지는 일체종지의 모양이 공이다.”

수보리가 부처님께 사루어 말씀드렸다.

“세존이시여, 많은 보살마하살의 반야바라밀은 이것이 마하바라밀(摩訶波羅蜜)입니다. 왜냐하면 모든 것은 그 고유형태가 공〔自相空〕이라고는 하지만, 많은 보살마하살은 반야바라밀에 의해서 아뇩다라삼먁삼보리를 얻기 때문입니다.

또한 붙잡을 수 있는 법도 없고, 진리의 수레바퀴를 굴림도 굴러 가게 할 수 있는 법도 없고, 또한 도로 굴러 오게 할 수 있는 법도 없습니다. 이 마하바라밀 안에서도 볼 수 있는 법이 있을 수 없습니다. 왜냐하면 이 법은 붙잡을 수가 없는 까닭이니, 굴러 간다거나 혹은 도로 오는 모든 것이 본래 생기지 않는 것이기 때문입니다.

왜냐하면 이 모든 것이 공이라는 것〔空相〕은 굴러갈 수도 없고 도로 올 수도 없으며, 어떤 특징도 없다는 것〔無相相〕은 굴러갈 수도 없고 도로 올 수도 없으며, 원할 것이 없다는 것〔無作相〕은 굴러갈 수도 없고 도로 올 수도 없기 때문입니다.

만약 능히 이와 같이 반야바라밀을 설하고, 가르쳐 밝게 하며, 열어 보이고 분별하며, 나타내고 해석하여 쉽게하는, 능히 이렇게 가르치는 사람이 있다면, 이것을 청정하게 반야바라밀을 설한다고 말합니다. 또한 설하는 이도 없고 받아 들이는 이도 없으며, 증득하는 이도 없습니다. 만약 설하는 이도 없고 받아 들이는 이도 없으며 증득하는 이도 없다면, 또한 없어지는 이도 없고, 이 설법 가운데는 반드시 정해진 복전〔畢定福田〕도 없습니다."

제44 변탄품(偏歎品 第四十四)

그때 혜명 수보리가 부처님께 사루어 말씀드렸다.

"세존이시여, 가없는 바라밀〔無邊波羅蜜〕은 이것이 반야바라밀입니다."

부처님께서 말씀하셨다.

"그래, 허공처럼 가가 없기 때문이다."

"세존이시여, 평등한 바라밀〔等波羅蜜〕은 이것이 반야바라밀입니다."

부처님께서 말씀하셨다.

"그래, 모든 것은 평등하기 때문이다."

"세존이시여, 여읨인 바라밀〔離波羅蜜〕은 이것이 반야바라밀입니다."

부처님께서 말씀하셨다.

"그래, 본래가 공이기 때문이다."

"세존이시여, 무너지지 않은 바라밀〔不壞波羅蜜〕은 이것이 반야바라밀입니다."

부처님께서 말씀하셨다.

"그래, 모든 것은 붙잡을 수가 없기 때문이다."

"세존이시여, 저 언덕이 없는 바라밀〔無彼岸波羅蜜〕은 이것이 반야바라밀입니다."

부처님께서 말씀하셨다.

"그래, 이름도 없고 몸도 없기 때문이다."
"세존이시여, 허공 성질인 바라밀〔空種波羅蜜〕은 이것이 반야바라밀입니다."
부처님께서 말씀하셨다.
"그래, 숨의 들어가고 나옴은 붙잡을 수가 없기 때문이다."
"세존이시여, 설할 수 없는 바라밀〔不可說波羅蜜〕은 이것이 반야바라밀입니다."
부처님께서 말씀하셨다.
"그래, 머트러운 생각〔覺〕과 세밀한 생각〔觀〕은 붙잡을 수가 없기 때문이다."
"세존이시여, 이름이 없는 바라밀〔無名波羅蜜〕은 이것이 반야바라밀입니다."
부처님께서 말씀하셨다.
"그래, 감각·표상·의지·인식은 붙잡을 수가 없기 때문이다."
"세존이시여, 가지 않는 바라밀〔不去波羅蜜〕은 이것이 반야바라밀입니다."
부처님께서 말씀하셨다.
"그래, 모든 것은 오지 않기 때문이다."
"세존이시여, 옮김이 없는 바라밀〔無移波羅蜜〕은 이것이 반야바라밀입니다."
부처님께서 말씀하셨다.
"그래, 모든 것은 굴복시킬 수가 없기 때문이다."
"세존이시여, 다한 바라밀〔盡波羅蜜〕은 이것이 반야바라밀입니다."
부처님께서 말씀하셨다.
"그래, 모든 것은 본래 다한 것이기 때문이다."
"세존이시여, 생기지 않는 바라밀〔不生波羅蜜〕은 이것이 반야바라밀입니다."
부처님께서 말씀하셨다.

“그래, 모든 것은 없어지지 않기 때문이다.”

“세존이시여, 없어지지 않는 바라밀〔不滅波羅蜜〕은 이것이 반야바라밀입니다.”

부처님께서 말씀하셨다.

“그래, 모든 것은 생기지 않기 때문이다.”

“세존이시여, 지음이 없는 바라밀〔無作波羅蜜〕은 이것이 반야바라밀입니다.”

부처님께서 말씀하셨다.

“그래, 짓는 이를 붙잡을 수가 없기 때문이다.”

“세존이시여, 앎이 없는 바라밀〔無知波羅蜜〕은 이것이 반야바라밀입니다.”

부처님께서 말씀하셨다.

“그래, 아는 이를 붙잡을 수가 없기 때문이다.”

“세존이시여, 이르지 않는 바라밀〔不到波羅蜜〕은 이것이 반야바라밀입니다.”

부처님께서 말씀하셨다.

“그래, 나고 죽음을 붙잡을 수가 없기 때문이다.”

“세존이시여, 잃지 않는 바라밀〔不失波羅蜜〕은 이것이 반야바라밀입니다.”

부처님께서 말씀하셨다.

“그래, 모든 것은 잃지 않기 때문이다.”

“세존이시여, 꿈 바라밀〔夢波羅蜜〕은 이것이 반야바라밀입니다.”

부처님께서 말씀하셨다.

“그래, 나아가 꿈속에서 보는 것은 붙잡을 수가 없기 때문이다.”

“세존이시여, 메아리 바라밀〔響波羅蜜〕은 이것이 반야바라밀입니다.”

부처님께서 말씀하셨다.

“그래, 소리 듣는 이를 붙잡을 수가 없기 때문이다.”

“세존이시여, 그림자 바라밀〔影波羅蜜〕은 이것이 반야바라밀입니다.”

부처님께서 말씀하셨다.

“그래, 거울에 비침〔鏡面〕은 붙잡을 수가 없기 때문이다.”
“세존이시여, 아지랑이 바라밀〔焰波羅蜜〕은 이것이 반야바라밀입니다.”
부처님께서 말씀하셨다.
“그래, 흐르는 물은 붙잡을 수가 없기 때문이다.”
“세존이시여, 환상 바라밀〔幻波羅蜜〕은 이것이 반야바라밀입니다.”
부처님께서 말씀하셨다.
“그래, 요술은 붙잡을 수가 없기 때문이다.”
“세존이시여, 더럽지 않은 바라밀〔不垢波羅蜜〕은 이것이 반야바라밀입니다.”
부처님께서 말씀하셨다.
“그래, 모든 번뇌는 붙잡을 수가 없기 때문이다.”
“세존이시여, 깨끗함이 없는 바라밀〔無淨波羅蜜〕은 이것이 반야바라밀입니다.”
부처님께서 말씀하셨다.
“그래, 번뇌는 헛된 것이기 때문이다.”
“세존이시여, 물들지 않는 바라밀〔不汚波羅蜜〕은 이것이 반야바라밀입니다.”
부처님께서 말씀하셨다.
“그래, 장소는 붙잡을 수가 없기 때문이다.”
“세존이시여, 이익이 없는 말을 하지 않는 바라밀〔不戱論波羅蜜〕은 이것이 반야바라밀입니다.”
부처님께서 말씀하셨다.
“그래, 일체의 이익이 없는 말을 부수기 때문이다.”
“세존이시여, 생각하지 않는 바라밀〔不念波羅蜜〕은 이것이 반야바라밀입니다.”
부처님께서 말씀하셨다.
“그래, 일체의 생각을 부수기 때문이다.”

"세존이시여, 움직이지 않는 바라밀〔不動波羅蜜〕은 이것이 반야바라밀입니다."

부처님께서 말씀하셨다.

"그래, 진실의 본성〔法性〕은 항상 머물기 때문이다."

"세존이시여, 물듦이 없는 바라밀〔無染波羅蜜〕은 이것이 반야바라밀입니다."

부처님께서 말씀하셨다.

"그래, 모든 것을 알되, 거짓된 이해가 없기 때문이다."

"세존이시여, 일어나지 않는 바라밀〔不起波羅蜜〕은 이것이 반야바라밀입니다."

부처님께서 말씀하셨다.

"그래, 모든 것은 분별이 없기 때문이다."

"세존이시여, 영원히 편안한 바라밀〔寂滅波羅蜜〕은 이것이 반야바라밀입니다."

부처님께서 말씀하셨다.

"그래, 모든 것의 모양은 붙잡을 수가 없기 때문이다."

"세존이시여, 탐욕이 없는 바라밀〔無欲波羅蜜〕은 이것이 반야바라밀입니다."

부처님께서 말씀하셨다.

"그래, 탐욕은 붙잡을 수가 없기 때문이다."

"세존이시여, 성냄이 없는 바라밀〔無瞋波羅蜜〕은 이것이 반야바라밀입니다."

부처님께서 말씀하셨다.

"그래, 성냄은 실다움이 아니기 때문이다."

"세존이시여, 어리석음이 없는 바라밀〔無痴波羅蜜〕은 이것이 반야바라밀입니다."

부처님께서 말씀하셨다.

“그래, 근원적 무지인 어둠을 없애기 때문이다.”

“세존이시여, 번뇌가 없는 바라밀〔無煩惱波羅蜜〕은 이것이 반야바라밀입니다.”

부처님께서 말씀하셨다.

“그래, 분별하여 생각함은 허망하기 때문이다.”

“세존이시여, 중생이 없는 바라밀〔無衆生波羅蜜〕은 이것이 반야바라밀입니다.”

부처님께서 말씀하셨다.

“그래, 중생은 있을 것이 없기 때문이다.”

“세존이시여, 끊어짐이 없는 바라밀〔無斷波羅蜜〕은 이것이 반야바라밀입니다.”

부처님께서 말씀하셨다.

“그래, 모든 것은 일어나지 않기 때문이다.”

“세존이시여, 두 변이 없는 바라밀〔無二邊波羅蜜〕은 이것이 반야바라밀입니다.”

부처님께서 말씀하셨다.

“그래, 두 변을 여의었기 때문이다.”

“세존이시여, 무너지지 않는 바라밀〔不壞波羅蜜〕은 이것이 반야바라밀입니다.”

부처님께서 말씀하셨다.

“그래, 일체 모든 것은 모양을 여의지 않기 때문이다.”

“세존이시여, 집착하지 않는 바라밀〔不取波羅蜜〕은 이것이 반야바라밀입니다.”

부처님께서 말씀하셨다.

“그래, 성문이나 벽지불의 경지를 지나기 때문이다.”

“세존이시여, 분별하지 않는 바라밀〔不分別波羅蜜〕은 이것이 반야바라밀입니다.”

부처님께서 말씀하셨다.

“그래, 모든 망상은 붙잡을 수가 없기 때문이다.”

“세존이시여, 한량없는 바라밀〔無量波羅蜜〕은 이것이 반야바라밀입니다.”

부처님께서 말씀하셨다.

“그래, 모든 것의 양(量)은 붙잡을 수가 없기 때문이다.”

“세존이시여, 허공 바라밀(虛空波羅蜜)은 이것이 반야바라밀입니다.”

부처님께서 말씀하셨다.

“그래, 일체 모든 것은 있을 것이 없기 때문이다.”

“세존이시여, 덧없는 바라밀〔無常波羅蜜〕은 이것이 반야바라밀입니다.”

부처님께서 말씀하셨다.

“그래, 일체 모든 것을 파괴하기 때문이다.”

“세존이시여, 고통인 바라밀〔苦波羅蜜〕은 이것이 반야바라밀입니다.”

부처님께서 말씀하셨다.

“그래, 일체 모든 것은 고뇌의 모양이기 때문이다.”

“세존이시여, 나라는 것이 없는 바라밀〔無我波羅蜜〕은 이것이 반야바라밀입니다.”

부처님께서 말씀하셨다.

“그래, 일체 모든 것을 집착하지 않기 때문이다.”

“세존이시여, 공한 바라밀〔空波羅蜜〕은 이것이 반야바라밀입니다.”

부처님께서 말씀하셨다.

“그래, 일체 모든 것은 붙잡을 수가 없기 때문이다.”

“세존이시여, 모양이 없는 바라밀〔無相波羅蜜〕은 이것이 반야바라밀입니다.”

부처님께서 말씀하셨다.

“그래, 일체 모든 것은 생기지 않기 때문이다.”

“세존이시여, 여섯 가지 감각기관이 공한 바라밀〔內空波羅蜜〕은 이것이 반야바라밀입니다.”

부처님께서 말씀하셨다.

“그래, 여섯 가지 감각기관〔內法〕은 붙잡을 수가 없기 때문이다.”

“세존이시여, 여섯 가지 감각기관의 여섯 가지 대상이 공한 바라밀〔外空波羅蜜〕은 이것이 반야바라밀입니다.”

부처님께서 말씀하셨다.

“그래, 여섯 가지 감각기관의 여섯 가지 대상은 붙잡을 수가 없기 때문이다.”

“세존이시여, 여섯 가지 감각기관과 여섯 가지 대상이 같이 공한 바라밀〔內外空波羅蜜〕은 이것이 반야바라밀입니다.”

부처님께서 말씀하셨다.

“그래, 여섯 가지 감각기관과 여섯 가지 대상은 모두가 붙잡을 수가 없기 때문이다.”

“세존이시여, 공 그 자체가 공한 바라밀〔空空波羅蜜〕은 이것이 반야바라밀입니다.”

부처님께서 말씀하셨다.

“그래, 공 그 자체가 공한 것은 붙잡을 수가 없기 때문이다.”

“세존이시여, 시방세계가 공한 바라밀〔大空波羅蜜〕은 이것이 반야바라밀입니다.”

부처님께서 말씀하셨다.

“그래, 일체 모든 것은 붙잡을 수가 없기 때문이다.”

“세존이시여, 실상의 진리가 공한 바라밀〔第一義空波羅蜜〕은 이것이 반야바라밀입니다.”

부처님께서 말씀하셨다.

“그래, 열반은 붙잡을 수가 없기 때문이다.”

“세존이시여, 함이 있는 공 바라밀〔有爲空波羅蜜〕은 이것이 반야바라밀입니다.”

부처님께서 말씀하셨다.

“그래, 함이 있는 법〔有爲法〕은 붙잡을 수가 없기 때문이다.”

“세존이시여, 함이 없는 공 바라밀〔無爲空波羅蜜〕은 이것이 반야바라밀입니다.”

부처님께서 말씀하셨다.

“그래, 함이 없는 법〔無爲法〕은 붙잡을 수가 없기 때문이다.”

“세존이시여, 하나도 남김이 없이 공한 바라밀〔畢竟空波羅蜜〕은 이것이 반야바라밀입니다.”

부처님께서 말씀하셨다.

“그래, 모든 것은 본래 붙잡을 수가 없기 때문이다.”

“세존이시여, 비롯함이 없이 나고 죽는 모든 것이 공한 바라밀〔無始空波羅蜜〕은 이것이 반야바라밀입니다.”

부처님께서 말씀하셨다.

“그래, 비롯함이 없는 모든 것은 붙잡을 수가 없기 때문이다.”

“세존이시여, 모든 것을 분리하여 공한 바라밀〔散空波羅蜜〕은 이것이 반야바라밀입니다.”

부처님께서 말씀하셨다.

“그래, 분리되는 것은 붙잡을 수가 없기 때문이다.”

“세존이시여, 모든 것의 본질이 공한 바라밀〔性空波羅蜜〕은 이것이 반야바라밀입니다.”

부처님께서 말씀하셨다.

“그래, 함이 있고 함이 없는 성품은 붙잡을 수가 없기 때문이다.”

“세존이시여, 모든 존재가 공한 바라밀〔諸法空波羅蜜〕은 이것이 반야바라밀입니다.”

부처님께서 말씀하셨다.

“그래, 일체 모든 것은 붙잡을 수가 없기 때문이다.”

“세존이시여, 사물에 사로잡힘이 공한 바라밀〔無所得空波羅蜜〕은 이것이 반야바라밀입니다.”

부처님께서 말씀하셨다.

“그래, 있을 것이 없기 때문이다.”

“세존이시여, 사물의 고유형태가 공한 바라밀〔自相空波羅蜜〕은 이것이 반야바라밀입니다.”

부처님께서 말씀하셨다.

“그래, 모든 것은 본래의 모양을 여의었기 때문이다.”

“세존이시여, 사물이 존재하지 않는다는 견해가 공한 바라밀〔無法空波羅蜜〕은 이것이 반야바라밀입니다.”

부처님께서 말씀하셨다.

“그래, 존재하지 않는 것은 붙잡을 수가 없기 때문이다.”

“세존이시여, 사물이 존재한다는 견해가 공한 바라밀〔有法空波羅蜜〕은 이것이 반야바라밀입니다.”

부처님께서 말씀하셨다.

“그래, 존재하는 사물을 붙잡을 수가 없기 때문이다.”

“세존이시여, 사물이 존재하지 않는다는 견해와 존재한다는 견해가 같이 공한 바라밀〔無法有法空波羅蜜〕은 이것이 반야바라밀입니다.”

부처님께서 말씀하셨다.

“그래, 존재하지 않는 사물과 존재하는 사물의 모양을 붙잡을 수가 없기 때문이다.”

“세존이시여, 네 가지 관찰법인 바라밀〔念處波羅蜜〕은 이것이 반야바라밀입니다.”

부처님께서 말씀하셨다.

“그래, 몸〔身〕·감각〔受〕·마음〔心〕·존재〔法〕를 잡을 수가 없기 때문이다.”

“세존이시여, 네 가지 바른 노력인 바라밀〔正勤波羅蜜〕은 이것이 반야바라밀입니다.”

부처님께서 말씀하셨다.

“그래, 훌륭하고 훌륭하지 않는 법을 붙잡을 수가 없기 때문이다.”

“세존이시여, 네 가지 자재를 얻는 바라밀〔如意足波羅蜜〕은 이것이 반야바라밀입니다.”

부처님께서 말씀하셨다.

“그래, 네 가지 자재를 얻는 것을 붙잡을 수가 없기 때문이다.”

“세존이시여, 다섯 가지 뛰어난 능력인 바라밀〔根波羅蜜〕은 이것이 반야바라밀입니다.”

부처님께서 말씀하셨다.

“그래, 다섯 가지 뛰어난 능력을 붙잡을 수가 없기 때문이다.”

“세존이시여, 다섯 가지 악을 부수는 힘인 바라밀〔力波羅蜜〕은 이것이 반야바라밀입니다.”

부처님께서 말씀하셨다.

“그래, 다섯 가지 악을 부수는 힘을 붙잡을 수가 없기 때문이다.”

“세존이시여, 일곱 가지 깨닫는 지혜를 도와주는 힘인 바라밀〔覺波羅蜜〕은 이것이 반야바라밀입니다.”

부처님께서 말씀하셨다.

“그래, 일곱 가지 깨닫는 지혜를 도와주는 힘을 붙잡을 수가 없기 때문이다.”

“세존이시여, 여덟 가지 바른 깨달음에 이르는 길인 바라밀〔道波羅蜜〕은 이것이 반야바라밀입니다.”

부처님께서 말씀하셨다.

“그래, 여덟 가지 바른 깨달음에 이르는 길을 붙잡을 수가 없기 때문이다.”

“세존이시여, 원할 것이 없는 바라밀〔無作波羅蜜〕은 이것이 반야바라밀입니다.”

부처님께서 말씀하셨다.

“그래, 원할 것이 없는 것을 붙잡을 수가 없기 때문이다.”

“세존이시여, 모든 것이 공인 바라밀〔空波羅蜜〕은 이것이 반야바라밀입니다.”

부처님께서 말씀하셨다.

“그래, 모든 것이 공한 모양을 붙잡을 수가 없기 때문이다.”

“세존이시여, 어떤 특징도 없는 바라밀〔無相波羅蜜〕은 이것이 반야바라밀입니다.”

부처님께서 말씀하셨다.

“그래, 영원히 평안한〔寂滅〕 모양은 붙잡을 수가 없기 때문이다.”

“세존이시여, 여덟 가지 탐착심을 버리는 바라밀〔背捨波羅蜜〕은 이것이 반야바라밀입니다.”

부처님께서 말씀하셨다.

“그래, 여덟 가지 탐착심을 버림〔八背捨〕을 붙잡을 수가 없기 때문이다.”

“세존이시여, 아홉 가지 차례차례의 선정인 바라밀〔定波羅蜜〕은 이것이 반야바라밀입니다.”

부처님께서 말씀하셨다.

“그래, 아홉 가지 차례차례의 선정〔九次第定〕을 붙잡을 수가 없기 때문이다.”

“세존이시여, 보시바라밀은 이것이 반야바라밀입니다.”

부처님께서 말씀하셨다.

“그래, 아끼고 탐냄을 붙잡을 수가 없기 때문이다.”

“세존이시여, 지계바라밀은 이것이 반야바라밀입니다.”

부처님께서 말씀하셨다.

“그래, 계를 파함은 붙잡을 수가 없기 때문이다.”

“세존이시여, 인욕바라밀은 이것이 반야바라밀입니다.”

부처님께서 말씀하셨다.

“그래, 참음과 참지 않음은 붙잡을 수가 없기 때문이다.”

“세존이시여, 정진바라밀은 이것이 반야바라밀입니다.”

부처님께서 말씀하셨다.

“그래, 게으름과 정진은 붙잡을 수가 없기 때문이다.”

“세존이시여, 선정바라밀은 이것이 반야바라밀입니다.”

부처님께서 말씀하셨다.

“그래, 선정과 산란함을 붙잡을 수가 없기 때문이다.”

“세존이시여, 반야바라밀은 이것이 반야바라밀입니다.”

부처님께서 말씀하셨다.

“그래, 어리석음과 지혜를 붙잡을 수가 없기 때문이다.”

“세존이시여, 부처님의 열 가지 지혜의 힘인 바라밀〔十力波羅蜜〕은 이것이 반야바라밀입니다.”

부처님께서 말씀하셨다.

“그래, 일체 모든 것은 굴복시킬 수가 없기 때문이다.”

“세존이시여, 네 가지 두려움 없는 자신인 바라밀〔四無所畏波羅蜜〕은 이것이 반야바라밀입니다.”

부처님께서 말씀하셨다.

“그래, 도종지(道種智)는 침몰하지 않기 때문이다.”

“세존이시여, 네 가지 걸림없는 지혜인 바라밀(無碍智波羅蜜)은 이것이 반야바라밀입니다.”

부처님께서 말씀하셨다.

“그래, 일체의 모든 것은 지장이 없고 걸림이 없기 때문이다.”

“세존이시여, 불법인 바라밀〔佛法波羅蜜〕은 이것이 반야바라밀입니다.”

부처님께서 말씀하셨다.

“그래, 일체 모든 것을 초월하기 때문이다.”

“세존이시여, 여실히 말하는 바라밀〔如實說波羅蜜〕은 이것이 반야바라밀입니다.”

부처님께서 말씀하셨다.

“그래, 모든 언어가 여실하기 때문이다.”

“세존이시여, 스스로 그러한 바라밀〔自然波羅蜜〕은 이것이 반야바라밀입니다.”

부처님께서 말씀하셨다.

"그래, 일체 모든 것 안에 스스로 존재하기 때문이다."
"세존이시여, 부처님인 바라밀〔佛波羅蜜〕은 이것이 반야바라밀입니다."
부처님께서 말씀하셨다.
"그래, 일체 모든 것과 일체종지(一切種智)를 알기 때문이다."

제
13
권

제45 문지품(聞持品 第四十五)

그때 석제환인이 이렇게 생각했다.

'가령 반야바라밀경을 들어 귓전에 스친 선남자·선여인일지라도 이 사람은 지난 세상에서 부처님께 공덕을 지었고, 선지식(善知識)과 서로 가까이 했는데, 하물며 어찌 받아 지니고 가까이하며, 독송하고 바르게 사유하며, 설한 대로 수행한 사람일까 보냐! 이 선남자·선여인은 여러 부처님을 많이 가까이 하였고 능히 듣고서 받아들였으며, 나아가 바르게 사유하고 설한 대로 수행하였고 능히 묻고 대답했다고 마땅히 알아야 하리라.

이 선남자·선여인은 전세에 여러 부처님을 많이 공양하고 가까이한 까닭에, 이 깊은 반야바라밀을 듣고서 놀라지도 않고 겁내지도 않으며, 두려워하지도 않는다고 마땅히 알아야 하리라.

이 사람은 또한 한량없는 억겁(億劫) 동안 보시바라밀·지계바라밀·인욕바라밀·정진바라밀·선정바라밀·반야바라밀을 수행했다고 마땅히 알아야 하리라.'

그때 사리불이 부처님께 사루어 말씀드렸다.

"세존이시여, 만약 어떤 선남자·선여인이 이 깊은 반야바라밀을 듣고서, 놀라지도 않고 겁내지도 않으며 두려워하지도 않고, 듣고 나서는 받아 지니고 가까이하며 설한 대로 익히고 행한다고 하면, 이 선남자·선여인은 보살의 물러나지 않는 경지〔不退轉地〕에 있는 보살마하살과 같다고 마땅히 알아야 할 것입니다. 왜냐하면 세존이시여, 이 반야바라밀은 심히 깊은 것이기 때문입니다. 만약 지난 세상에서 오래도록 보시바라밀·지계바라밀·인욕바라밀·정진바라밀·선정바라밀·반야바라밀을 수행하지 않았다면, 마침내 깊은 반야바라밀을 믿어 알지 못했을 것입니다.

세존이시여, 만약 어떤 선남자·선여인이 깊은 반야바라밀을 비방하고 헐뜯는다면, 이 사람은 지난 세상에서도 또한 깊은 반야바라밀을 비방하고 헐뜯었다고 마땅히 알아야 합니다. 왜냐하면 이 선남자·선여인은 깊은 반야바라밀 설함을 들을 때에 믿고 기뻐함이 없고, 마음이 청정하지 않기 때문입니다.

이 선남자·선여인은 지난 세상에서 많은 부처님 및 제자들에게 어떻게 마땅히 보시바라밀·지계바라밀·인욕바라밀·정진바라밀·선정바라밀·반야바라밀을 행할 것인가를 질문하지 않았습니다. 어떻게 마땅히 여섯 가지 감각기관이 공함〔內空〕을 닦고, 나아가 어떻게 마땅히 사물이 존재하지 않는다는 견해와 존재한다는 견해가 같이 공함〔無法有法空〕을 닦을 것인가를 질문하지 않았습니다. 어떻게 마땅히 네 가지 관찰법〔四念處〕을 닦고, 나아가 어떻게 마땅히 여덟 가지 바른 깨달음에 이르는 길〔八聖道分〕을 닦을 것인가를 질문하지 않았습니다. 어떻게 마땅히 부처님의 열 가지 지혜의 힘〔十力〕을 닦고, 나아가 어떻게 마땅히 열여덟 가지 부처님만이 갖는 특성〔十八不共法〕을 닦을 것인가를 질문하지 않았습니다."

석제환인이 사리불에게 말했다.

"이것은 깊은 반야바라밀입니다. 가령 어떤 선남자·선여인이 오래도록 보시바라밀·지계바라밀·인욕바라밀·정진바라밀·선정바라밀·반야바라밀을 행하지 않고, 여섯 가지 감각기관이 공함·여섯 가지 감각기관의 여섯 가지 대상이 공함〔外空〕 나아가 사물이 존재하지 않는다는 견해와 존재한다는 견해가 같이 공함을 행하지 않으며, 네 가지 선정〔四禪〕·네 가지 한량없는 이타의 마음〔四無量心〕·네 가지 형상을 떠난 선정〔四無色定〕을 행하지 않고, 네 가지 관찰법 나아가 여덟 가지 바른 깨달음에 이르는 길을 행하지 않으며, 부처님의 열 가지 지혜의 힘 나아가 열여덟 가지 부처님만이 갖는 특성을 행하지 않았다면, 이러한 사람이 이 반야바라밀을 믿어 알지 못하는 것이 무슨 괴이한 일이겠습니까!

대덕(大德) 사리불이여, 저는 반야바라밀을 예배하니, 반야바라밀을 예배함이 일체지(一切智)를 예배하는 것입니다.”

부처님께서 석제환인에게 말씀하셨다.

“그렇다. 정말 그러하다. 교시가야, 반야바라밀을 예배함은 일체지를 예배하는 것이다. 왜냐하면 교시가야, 모든 부처님의 일체지는 전부가 반야바라밀에서 나기 때문이다. 일체지가 바로 반야바라밀이기 때문이다.

이러한 까닭에 교시가야, 선남자·선여인이 일체지에 머물고자 하면, 마땅히 반야바라밀에 머물러야 한다. 만약 선남자·선여인이 도종지(道種智)를 내고자 하면, 마땅히 반야바라밀을 익히고 행해야 한다. 일체의 모든 번뇌 및 습기를 끊고자 하면, 마땅히 반야바라밀을 익히고 행해야 한다. 선남자·선여인이 진리의 수레바퀴를 굴리고자 하면, 마땅히 반야바라밀을 익히고 행해야 한다. 선남자·선여인이 수다원과·사다함과·아나함과·아라한과를 얻고자 하면, 마땅히 반야바라밀을 익히고 행해야 한다. 벽지불도를 얻고자 하면, 마땅히 반야바라밀을 익히고 행해야 한다. 중생을 가르쳐서 수다원과·사다함과·아나함과·아라한과·벽지불도를 얻게 하고자 하면, 마땅히 반야바라밀을 익히고 행해야 한다. 만약 선남자·선여인이 중생들을 가르쳐서 아뇩다라삼먁삼보리를 얻게 하고자 하고, 만약 스님네를 전부 거두어주고자 하면, 마땅히 반야바라밀을 익히고 행해야 한다.”

석제환인이 부처님께 사루어 말씀드렸다.

“세존이시여, 보살마하살이 반야바라밀을 행하고자 할 때에, 어떻게 하면 반야바라밀·선정바라밀·정진바라밀·인욕바라밀·지계바라밀·보시바라밀에 머문다고 말합니까? 무엇이 여섯 가지 감각기관이 공함·여섯 가지 감각기관의 여섯 가지 대상이 공함·나아가 사물이 존재하지 않는다는 견해와 존재한다는 견해가 같이 공함에 머뭄입니까? 무엇이 네 가지 선정·네 가지 한량없는 이타의 마음·네 가지 형상을 떠난 선정·다섯 가지 신통(五神通)에 머뭄입니까? 무엇이 네 가지 관찰법 내지 여덟 가지 바른 깨달음에 이르는 길에 머뭄입니까? 무엇이 부처님의 열 가지 지혜의 힘 내지 열여덟 가지 부처님만이 갖는 특성에 머뭄입니까?

세존이시여, 보살마하살은 어떻게 반야바라밀 내지 보시바라밀·여섯 가지 감각기관이 공함 내지 열여덟 가지 부처님만이 갖는 특성을 익히고 행합니까?"

부처님께서 석제환인에게 말씀하셨다.

"훌륭하다. 정말 훌륭한 말이다. 교시가야, 그대는 솔선하여 잘도 이 일을 물었는데, 이 모두가 부처님의 위신력이다.

교시가야, 보살마하살이 반야바라밀을 행할 때에, 만약 물질적 존재 가운데 머물지 않으면 반야바라밀을 익히고 행함이 된다. 만약 감각·표상·의지·인식 가운데 머물지 않으면 반야바라밀을 익히고 행함이 된다. 눈·귀·코·혀·몸·생각·형상·소리·냄새·맛·촉각·마음의 대상·눈의 영역 내지 마음으로 대상을 의식하는 것도 또한 이와 같다.

교시가야, 보살마하살이 반야바라밀 가운데 머물지 않는 것을 반야바라밀을 익힌다고 하고, 선정바라밀 가운데 머물지 않는 것을 선정바라밀을 익힌다고 한다. 정진바라밀 가운데 머물지 않는 것을 정진바라밀을 익힌다고 하고, 인욕바라밀 가운데 머물지 않는 것을 인욕바라밀을 익힌다고 한다. 지계바라밀 가운데 머물지 않는 것을 지계바라밀을 익힌다고 하고, 보시바라밀 가운데 머물지 않는 것을 보시바라밀을 익힌다고 한다. 이와 같이 교시가야, 이렇게 보살마하살이 반야바라밀 가운데 머물지 않음을 반야바라밀을 익힘이 된다고 말한다.

교시가야, 여섯 가지 감각기관이 공한 가운데 머물지 않는 것을 여섯 가지 감각기관이 공함을 익힌다고 하고, 나아가 사물이 존재하지 않는다는 견해와 존재한다는 견해가 같이 공한 가운데 머물지 않는 것을 사물이 존재하지 않는다는 견해와 존재한다는 견해가 같이 공함을 익힌다고 한다. 네 가지 선정 가운데 머물지 않는 것을 네 가지 선정을 익힌다고 하고, 네 가지 한량없는 이타의 마음 가운데 머물지 않는 것을 네 가지 한량없는 이타의 마음을 익힌다고 한다. 네 가지 형상을 떠난 선정 가운데 머물지 않는 것을 네 가지 형상을 떠난 선정을 익힌다고 하고, 다섯 가지 신통 가운데 머물지 않는 것을 다섯 가지 신통을 익힌다고 한다. 네 가지 관찰법 가운데 머물지 않는 것을 네 가지 관찰법을 익힌다고 하고, 나아가 여덟 가지 바른 깨달음에 이르는 길 가운데 머물지 않는 것을 여덟 가지 바른 깨달음에 이르는 길을 익힌다고 한다. 부처님의 열 가지 지혜의 힘 가운데 머물지 않는 것을 부처님의 열 가지 지혜의 힘을 익힌다고 하고, 나아가 열여덟 가지 부처님만이 갖는 특성 가운데 머물지 않는 것을 열여덟 가지 부처님만이 갖는 특성을 익힌다고 한다.

왜냐하면 교시가야, 이 보살은 물질적 존재에서 머물 수 있고 익힐 수 있는 곳을 붙잡을 수 없고, 나아가 열여덟 가지 부처님만이 갖는 특성에서 열여덟 가지 부처님만이 갖는 특성의 머물 수 있고 익힐 수 있는 곳을 붙잡을 수 없기 때문이다.

또한 교시가야, 보살마하살은 물질적 존재를 익히지 않으니, 만약 물질적 존재를 익히지 않으면 이것을 물질적 존재를 익힌다고 말한다. 감각·표상·의지·인식 내지 열여덟 가지 부처님만이 갖는 특성도 이와 같다. 왜냐하면 이 보살마하살은 물질적 존재의 지나간 시간을 붙잡을 수가 없고, 현재의 시간을 붙잡을 수가 없으며, 다가오는 시간을 붙잡을 수가 없기 때문이다. 나아가 열여덟 가지 부처님만이 갖는 특성도 또한 이와 같다.”

사리불이 부처님께 사루어 말씀드렸다.

“세존이시여, 이 반야바라밀은 심히 깊은 것입니다.”

부처님께서 말씀하셨다.

“그래, 물질적 존재의 진실된 모습이 심히 깊은 까닭에 반야바라밀이 심히 깊고, 감각·표상·의지·인식의 진실된 모습이 심히 깊은 까닭에 반야바라밀이 심히 깊다. 나아가 열여덟 가지 부처님만이 갖는 특성도 또한 이와 같다.”

사리불이 말씀드렸다.

“세존이시여, 이 반야바라밀은 헤아리기가 어려운 것입니다.”

부처님께서 말씀하셨다.

“그래, 물질적 존재가 헤아리기 어려운 까닭에 반야바라밀이 헤아리기 어렵고, 감각·표상·의지·인식 나아가 열여덟 가지 부처님만이 갖는 특성이 헤아리기 어려운 까닭에 반야바라밀이 헤아리기 어렵다.”

“세존이시여, 이 반야바라밀은 한량없는 것입니다.”

부처님께서 말씀하셨다.

“그래, 물질적 존재가 한량없는 까닭에 반야바라밀이 한량없고, 감각·표상·의지·인식 내지 열여덟 가지 부처님만이 갖는 특성이 한량없는 까닭에 반야바라밀이 한량이 없다.”

부처님께서 사리불에게 이르셨다.

“보살마하살이 반야바라밀을 행할 때에 물질적 존재의 심히 깊음을 행하지 않음을 반야바라밀을 행한다고 한다. 감각·표상·의지·인식의 심히 깊음을 행하지 않고, 나아가 열여덟 가지 부처님만이 갖는 특성의 심히 깊음을 행하지 않음을 반야바라밀을 행한다고 한다. 왜냐하면 물질적 존재의 심히 깊은 모양을 물질적 존재가 아니라 하고, 감각·표상·의지·인식 내지 열여덟 가지 부처님만이 갖는 특성의 심히 깊은 모양을 열여덟 가지 부처님만이 갖는 특성이 아니라고 하기 때문이다. 이와 같이 행하지 않음을 반야바라밀을 행한다고 한다.

사리불아, 보살마하살이 반야바라밀을 행할 때에 물질적 존재의 헤아리기 어려움을 행하지 않음을 반야바라밀을 행한다고 한다. 감각·표상·의지·인식의 헤아리기 어려움을 행하지 않고, 나아가 열여덟 가지 부처님만이 갖는 특성의 헤아리기 어려움을 행하지 않음을 반야바라밀을 행한다고 한다. 왜냐하면 물질적 존재의 헤아리기 어려운 모양을 물질적 존재가 아니라 하고, 감각·표상·의지·인식 내지 열여덟 가지 부처님만이 갖는 특성의 헤아리기 어려운 모양을 열여덟 가지 부처님만이 갖는 특성이 아니라고 하기 때문이다.

사리불아, 보살마하살이 반야바라밀을 행할 때에 물질적 존재의 한량없음을 행하지 않음을 반야바라밀을 행한다고 한다. 감각·표상·의지·인식의 한량없음을 행하지 않고, 나아가 열여덟 가지 부처님만이 갖는 특성의 한량없음을 행하지 않음을 반야바라밀을 행한다고 한다. 왜냐하면 물질적 존재의 한량없는 모양을 물질적 존재가 아니라 하고, 감각·표상·의지·인식 내지 열여덟 가지 부처님만이 갖는 특성의 한량없는 모양을 열여덟 가지 부처님만이 갖는 특성이 아니라고 하기 때문이다.”

사리불이 부처님께 사루어 말씀드렸다.

“세존이시여, 이 반야바라밀은 심히 깊어서, 심히 깊은 모양은 보기도 어렵고 알기도 어려우며 생각할 수도 없습니다. 그래서 처음으로 마음을 낸 보살〔新發意菩薩〕 앞에서는 설하지 않아야 합니다. 왜냐하면 처음으로 마음을 낸 보살이 이 심히 깊은 반야바라밀을 들으면, 반드시 놀라고 두려워하거나 마음에 의심을 품어 이 깊은 반야바라밀을 믿지 않거나 행하지 않기 때문입니다. 반드시 보살의 물러나지 않는 경지에 있는 보살마하살 앞에서 설해야 합니다. 이 보살은 이 심히 깊은 반야바라밀을 듣고서 놀라지도 않고 두려워하지도 않으며, 마음에 의심을 품지도 않아 바로 능히 믿어 행합니다.”

석제환인이 사리불에게 물었다.

“만약 처음으로 마음을 낸 보살마하살 앞에서 이 깊은 반야바라밀을 설한다면, 어떠한 허물이 있습니까?”

사리불이 석제환인에게 대답했다.

“교시가여, 만약 처음으로 마음을 낸 보살 앞에서 이 깊은 반야바라밀을 설하면, 그곳에 있는 이 처음으로 마음을 낸 보살은 반드시 놀라고 두려워하거나 비방하고 헐뜯으며 믿지 않을 것입니다. 만약 처음으로 마음을 낸 보살이 이 깊은 반야바라밀을 듣고서, 비방하며 헐뜯고 믿지 않으면 세 갈래 나쁜 길〔三惡道〕의 업(業)을 짓게 되고, 이러한 업 인연의 까닭에 오래고 오래도록 아뇩다라삼먁삼보리를 얻기 어렵습니다.”

석제환인이 사리불에게 물었다.

“아직도 반드시 부처님이 되리라는 보증〔受記〕을 받지 못한 보살마하살중에 이 깊은 반야바라밀을 듣고서, 놀라지도 않고 두려워하지도 않는 이가 있겠습니까?”

사리불이 말했다.

“그렇습니다 교시가여, 만약 어떤 보살마하살이 이 깊은 반야바라밀을 듣고서 놀라지도 않고 두려워하지도 않는다면, 이 보살은 아뇩다라삼먁삼보리의 기별을 얻을 날이 멀지 않았으니, 한 부처님이나 두 부처님을 지나지 않는다고 반드시 알아야 합니다.”

부처님께서 사리불에게 이르셨다.

“그렇다. 정말 그러하다. 이 보살마하살은 오래도록 마음을 내어 육바라밀을 행하였고, 여러 많은 부처님을 공양했으며, 이 깊은 반야바라밀을 듣고서 놀라지도 않고 두려워하지도 않으며 겁내지도 않고, 듣고서는 바로 받아 지니며, 반야바라밀 가운데서 설한 것처럼 수행했다.”

그때 사리불이 부처님께 사루어 말씀드렸다.

“세존이시여, 제가 비유를 말씀드리고자 합니다. 보살도를 구하는 선남자·선여인이 꿈속에서 반야바라밀을 수행하고 선정에 들며, 힘써 정진하고 인욕을 원만히 하며, 계를 지키고 보시를 행하며, 여섯 가지 감각기관이 공함과 여섯 가지 감각기관의 여섯 가지 대상이 공함을 수행하고, 나아가 깨달음의 장소〔道場〕에 앉아있는 것처럼 되면, 이 선남자·선여인은 아뇩다라삼먁삼보리에 가깝다고 마땅히 알아야 합니다. 어찌 하물며 보살마하살이 아뇩다라삼먁삼보리를 얻고자 하여, 깨어있을 때에 반야바라밀을 수행하고 선정에 들며, 힘써 정진하고 인욕을 원만히 하며, 계를 지키고 보시를 행하면서 빨리 아뇩다라삼먁삼보리를 이루어 깨달음의 장소에 앉지 않겠습니까!

세존이시여, 선남자·선여인이 착한 뿌리를 성취하여 반야바라밀을 듣게 되고, 받아 지니고 나아가 설한 대로 수행한다면, 이 보살마하살은 오래도록 마음을 내어 착한 뿌리를 심었고, 많은 여러 부처님을 공양하고 선지식과 서로 가까이 했다고 마땅히 알아야 합니다. 이 사람이 능히 반야바라밀을 받아 지니고 나아가 바르게 사유하면, 이 사람은 얼마 있지 않아 아뇩다라삼먁삼보리의 기별을 받는다고 마땅히 알아야 합니다. 이 선남자·선여인은 보살의 물러나지 않는 경지에 있는 보살마하살처럼 아뇩다라삼먁삼보리에서 빗나가지 않고 능히 깊은 반야바라밀을 얻으며, 얻고 나서는 능히 받아 지니고 독송하며, 나아가 바르게 사유한다고 마땅히 알아야 합니다.

세존이시여, 비유컨대 백 유순(由旬)이나 혹은 이백·삼백·사백 유순의 위험한 광야(曠野)의 길을 지나가고자 함에, 먼저 많은 모습인 목동이나 혹은 경계, 정원의 숲과 같은 것의 많은 모습을 보고서 비로소 성읍(城邑)이나 마을이 가깝다고 아는 것과 같습니다. 이 사람은 이러한 모습을 보고 나서는, '내가 바라본 모습대로라면 성읍이나 마을이 멀지 않았음이 틀림없다'고 이렇게 생각하고, 마음에 평온을 얻고 도적이나 악충·기갈을 겁내지 않습니다.

세존이시여, 보살마하살도 또한 이와 같습니다. 만약 이 깊은 반야바라밀을 얻어서 받아 지니며 독송하고, 나아가 바르게 사유하면 아뇩다라삼먁삼보리의 기별을 받음이 멀지 않았다고 마땅히 알아야 합니다. 이 보살마하살은 성문이나 벽지불의 경지에 떨어지는 두려움이 없다고 마땅히 알아야 합니다. 이 많은 먼저 본 모습이 소위 심히 깊은 반야바라밀이니, 듣는 것을 얻고, 보는 것을 얻으며, 받아 지니고 나아가 바르게 사유함을 얻기 때문입니다."

부처님께서 사리불에게 이르셨다.

"그렇다. 정말 그러하다. 네가 더 설하고 싶다면 바로 말하도록 해라."

"세존이시여, 비유컨대 사람이 큰 바다를 보고싶어서 마음을 내어 나아가매, 나무들이 보이지 않고 산들이 보이지 않는다면, 이 사람이 아직 큰 바다를 보지 못했다고 해도 큰 바다에 멀지 않았음을 아는 것과 같습니다. 왜냐하면 큰 바다가 있는 곳은 평평하여져서 나무들이 없고 산들이 없기 때문입니다.

이와 같이 세존이시여, 보살마하살은 이 깊은 반야바라밀을 듣고서, 받아 지니고 나아가 바르게 사유할 때에, 부처님 앞에서 백 겁이나 천 겁·백천 만억 겁이라는 겁(劫)의 숫자에 대한 기별은 받지 못했다고 해도, 이 보살은 스스로 아뇩다라삼먁삼보리의 기별을 받을 날이 가까와서 멀지 않았다고 아는 것입니다. 왜냐하면 제가 이 깊은 반야바라밀을 듣고서, 받아 지니며 독송하고 나아가 바르게 사유함을 얻었기 때문입니다.

세존이시여, 비유컨대 이른 봄날 나무마다 잎은 떨어져 앙상하지만, 이 나무에 새로운 잎과 꽃과 과일이 나오는 날이 멀지 않음을 아는 것과 같습니다. 왜냐하면 이 모든 나무에 물기가 오른 것을 보기 때문이니, 이제 멀지 않아 꽃과 잎과 과일이 나옴을 아는 것입니다. 이때 염부제(閻浮提)의 사람들은 나무에 물기가 오른 것을 보고 전부가 기뻐하는 것입니다.

세존이시여, 보살마하살이 이 깊은 반야바라밀을 듣게 되어, 받아 지니고 독송하며 나아가 바르게 사유하고 설한 대로 행한다면, 이 보살은 착한 뿌리를 성취하고 많은 여러 부처님을 공양했다고 마땅히 알아야 합니다. 이 보살은 마땅히, '지나간 세상의 착한 뿌리가 있어서 아뇩다라삼먁삼보리에 나아가는구나!' 라고, 이렇게 생각해야 합니다.

이러한 인연을 가지는 까닭에 이 깊은 반야바라밀을 보게 되고 듣게 되며, 받아 지니고 독송하며 나아가 바르게 사유하고 설한 대로 행한다면, 이 가운데 있는 많은 천자(天子)중에 일찍이 부처님을 친견한 이는 기뻐 날뛰면서 이렇게 생각합니다.

'지나간 많은 보살마하살도 이와 같이 하여 반드시 부처님이 되리라는 보증을 받은 일이 있다. 지금 이 보살마하살도 아뇩다라삼먁삼보리의 기별을 받을 날이 또한 멀지 않았다.'

세존이시여, 비유컨대 어미가 임신함과 같습니다. 신체의 고통이 심하여 걸음도 불편하고 앉고 일어남도 편안하지 않으며, 수면과 음식도 적어지고, 말하기를 즐기지 않으며, 본래 하던 일을 싫어하니, 고통을 받기 때문입니다. 다른 어떤 어미가 이러한 모습을 보고는 마땅히 산일(產日)이 멀지 않았다고 아는 것입니다. 보살마하살도 또한 이와 같습니다. 착한 뿌리를 심고 많은 여러 부처님을 공양하며, 오래도록 육바라밀을 행하고 선지식과 서로 가까이하며, 착한 뿌리를 성취하여 깊은 반야바라밀을 듣게 되고, 받아 지니고 독송하며 나아가 바르게 사유하고 설한 대로 행한다면, 많은 사람들이 또한 이 보살마하살은 아뇩다라삼먁삼보리의 기별을 얻을 날이 멀지 않았다고 아는 것입니다."

부처님께서 사리불에게 이르셨다.

"훌륭하다, 정말 훌륭한 말이다. 네가 즐겨 말한 전부가 이것이 부처님의 위신력이다."

그때 수보리가 부처님께 사루어 말씀드렸다.

"드문 일입니다. 세존이시여, 여래(如來)·응공(應供)·정변지(正徧知)께서는 많은 보살마하살의 일을 잘 부촉하십니다.”

부처님께서 수보리에게 이르셨다.

“많은 보살마하살이 아뇩다라삼먁삼보리의 마음을 내는 것은 많은 중생들을 편안하게 하고, 한량없는 중생들로 하여금 즐거움을 얻게 하며, 많은 하늘과 사람들을 불쌍히 여겨 이익을 주기 위함이다. 이 많은 보살들은 보살도(菩薩道)를 행할 때에 네 가지 행동〔四事〕으로써 한량없는 백천(百千)의 중생들을 거두어들이니, 소위 보시(布施)·부드러운 말〔愛語〕·도움이 되는 행동〔利行〕·협력하는 일〔同事〕이다. 또한 열 가지 착한 행위〔十善道〕로써 중생을 제도하여 해탈케 한다.

스스로도 첫째 선정〔初禪〕을 행하고 타인을 가르쳐서 첫째 선정을 행하게 하며, 나아가 스스로도 비유상비무상처(非有想非無想處)를 행하고 타인을 가르쳐서 비유상비무상처를 행하게 한다.

스스로도 보시바라밀을 행하고 타인을 가르쳐서 보시바라밀을 행하게 한다. 스스로도 지계바라밀을 행하고 타인을 가르쳐서 지계바라밀을 행하게 한다. 스스로도 인욕바라밀을 행하고 타인을 가르쳐서 인욕바라밀을 행하게 한다. 스스로도 정진바라밀을 행하고 타인을 가르쳐서 정진바라밀을 행하게 한다. 스스로도 선정바라밀을 행하고 타인을 가르쳐서 선정바라밀을 행하게 한다. 스스로도 반야바라밀을 행하고 타인을 가르쳐서 반야바라밀을 행하게 한다.

이 보살은 반야바라밀을 얻어 방편의 힘으로써 중생을 가르쳐 수다원과를 얻게 하되, 자신은 증득하지 않는다. 중생을 가르쳐 사다함과·아나함과·아라한과를 얻게 하되, 자신은 증득하지 않는다. 중생을 가르쳐 벽지불도를 얻게 하되, 자신은 증득하지 않는다.

스스로도 육바라밀을 행하고, 한량없는 백천 만의 많은 보살을 가르쳐서 육바라밀을 행하게 한다. 스스로도 보살의 물러나지 않는 경지〔不退轉地〕에 머물고, 타인으로 하여금 보살의 물러나지 않는 경지에 머물게 한다. 스스로도 부처님의 국토를 맑히고, 타인으로 하여금 부처님의 국토를 맑히게 한다. 스스로도 중생을 제도하여 해탈시키고, 타인으로 하여금 중생을 제도하여 해탈시키게 한다. 스스로도 보살의 신통을 얻고, 타인으로 하여금 보살의 신통을 얻게 한다. 스스로도 다라니문(陀羅尼門)을 맑히고, 타인으로 하여금 다라니문을 맑히게 한다. 스스로도 즐기어 설하는 말재주를 원만히 갖추고, 타인으로 하여금 즐기어 설하는 말재주를 원만히 갖추게 한다. 스스로도 물질적 존재의 완성을 받고, 타인으로 하여금 물질적 존재의 완성을 받게 한다. 스스로도 서른두 가지 거룩한 모습〔三十二相〕을 성취하고, 타인으로 하여금 서른두 가지 거룩한 모습을 성취하게 한다. 스스로도 동진의 지위〔童眞地〕를 성취하고, 타인으로 하여금 동진의 지위를 성취하게 한다. 스스로도 부처님의 열 가지 지혜의 힘을 성취하고, 타인으로 하여금 부처님의 열 가지 지혜의 힘을 성취하게 한다. 스스로도 네 가지 두려움 없는 자신〔四無所畏〕을 행하고, 타인으로 하여금 네 가지 두려움 없는 자신을 행하게 한다. 스스로도 열여덟 가지 부처님만이 갖는 자신을 행하고, 타인으로 하여금 열여덟 가지 부처님만이 갖는 자신을 행하게 한다. 스스로도 큰 인자함과 크게 가엾이 여김〔大慈大悲〕을 행하고, 타인으로 하여금 큰 인자함과 크게 가엾이 여김을 행하게 한다. 스스로도 일체종지를 얻고, 타인을 가르쳐서 일체종지를 얻게 한다. 스스로도 일체의 번뇌〔結使〕 및 습기를 여의고, 타인을 가르쳐서 일체의 번뇌 및 습기를 여의게 한다. 스스로도 진리의 수레바퀴〔法輪〕를 굴리고, 타인으로 하여금 진리의 수레바퀴를 굴리게 한다.”

수보리가 부처님께 사루어 말씀드렸다.

“드문 일입니다 세존이시여, 많은 보살마하살은 큰 공덕을 성취하니, 소위 일체중생들을 위해서 반야바라밀을 행하고, 아뇩다라삼먁삼보리를 얻고자 하는 것입니다. 세존이시여, 무엇이 보살마하살이 반야바라밀을 원만히 갖추는 수행입니까?”

부처님께서 수보리에게 이르셨다.

“보살마하살이 반야바라밀을 행할 때에 물질적 존재의 늘어나는 모양을 보지 않고 또한 줄어드는 모양도 보지 않으며, 감각·표상·의지·인식의 늘어나는 모양을 보지 않고 또한 줄어드는 모양도 보지 않으며, 나아가 일체종지의 늘어나는 모양을 보지 않고 또한 줄어드는 모양도 보지 않으면, 많은 보살마하살은 이

때 반야바라밀을 원만히 갖추게 된다.

 또한 수보리야, 보살마하살이 반야바라밀을 행할 때에 이것은 법이고 이것은 법이 아니다〔非法〕라고 보지 않는다. 이것은 과거라는 것이고 이것은 미래·현재라는 것이라고 보지 않는다. 이것은 훌륭한 법·훌륭하지 않은 법·선악(善惡)에 속해 있는 법〔有記法〕·선악에 속해 있지 않은 법〔無記法〕이라고 보지 않는다. 이것은 함이 있는 법〔有爲法〕·함이 없는 법〔無爲法〕이라고 보지 않는다. 애욕의 세계〔欲界〕·물질의 세계〔色界〕·정신만의 세계〔無色界〕라고 보지 않는다. 보시바라밀·지계바라밀·인욕바라밀·정진바라밀·선정바라밀·반야바라밀이라고 보지 않고, 나아가 일체종지라고 보지 않는다. 이렇게 보살마하살은 반야바라밀을 원만히 갖추는 수행을 하는 것이다. 왜냐하면 모든 것은 모양이 없기 때문이다. 모든 것이 헛되고 진실되지 않아서 견고함이 없고, 깨달을 중생이 없으며, 목숨이라는 것이 없기 때문이다.”

 수보리가 말씀드렸다.

 “세존이시여, 세존께서 말씀하신 것은 불가사의(不可思議)합니다.”

 부처님께서 수보리에게 이르셨다.

 “그래, 물질적 존재가 불가사의한 까닭에 설한 것이 불가사의하다. 감각·표상·의지·인식이 불가사의한 까닭에 설한 것이 불가사의하다. 육바라밀이 불가사의한 까닭에 설한 것이 불가사의하다. 나아가 일체종지가 불가사의한 까닭에 설한 것이 불가사의하다.

 수보리야, 그러나 만약 보살마하살이 반야바라밀을 행할 때에 물질적 존재가 불가사의하고 감각·표상·의지·인식이 불가사의하다고 알며, 나아가 일체종지가 불가사의하다고 앎이 있으면, 이 보살은 곧 반야바라밀을 원만히 갖출 수가 없는 것이다.”

 수보리가 부처님께 사루어 말씀드렸다.

 “세존이시여, 이 깊은 반야바라밀을 누가 마땅히 믿고 이해하겠습니까?”

 부처님께서 말씀하였다.

 “만약 어떤 보살마하살이 오래도록 육바라밀을 행하여 착한 뿌리를 심었고,

여러 부처님을 많이 가까이하여 공양하고 선지식을 섬기었으면, 이 보살은 능히 깊은 반야바라밀을 믿고 이해할 것이다.”

수보리가 부처님께 사루어 말씀드렸다.

“세존이시여, 무엇을 보살마하살이 오래도록 육바라밀을 행하여 착한 뿌리를 심었고, 여러 부처님을 많이 가까이하여 공양하고 선지식을 섬기었다고 합니까?”

부처님께서 말씀하셨다.

“보살마하살은 물질적 존재를 분별하지 않고, 물질적 존재의 모양을 분별하지 않으며, 물질적 존재의 성품을 분별하지 않는다. 감각·표상·의지·인식을 분별하지 않고, 인식의 모양을 분별하지 않으며, 인식의 성품을 분별하지 않는다. 눈·귀·코·혀·몸·마음·형태·소리·냄새·맛·촉각·마음의 대상·눈의 영역 나아가 마음으로 대상을 인식하는 것도 이와 같다.

애욕의 세계·물질의 세계·정신만의 세계를 분별하지 않고, 삼계(三界)의 모양과 성품을 분별하지 않는다. 보시바라밀 내지 반야바라밀·여섯 가지 감각기관이 공함 내지 사물이 존재하지 않는다는 견해와 존재한다는 견해가 같이 공함·네 가지 관찰법 내지 여덟 가지 바른 깨달음에 이르는 길·부처님의 열 가지 지혜의 힘 내지 열여덟 가지 부처님만이 갖는 특성을 분별하지 않고, 열여덟 가지 부처님만이 갖는 특성의 모양을 분별하지 않으며, 열여덟 가지 부처님만이 갖는 특성의 성품을 분별하지 않는다. 도종지를 분별하지 않고, 도종지의 모양과 성품을 분별하지 않는다. 일체종지를 분별하지 않고, 일체종지의 모양을 분별하지 않으며, 일체종지의 성품을 분별하지 않는다.

왜냐하면 수보리야, 물질적 존재가 불가사의하고, 감각·표상·의지·인식이 불가사의하며, 나아가 일체종지가 불가사의하기 때문이다.

이와 같이 수보리야, 이러한 것을 보살마하살이 오래도록 육바라밀을 행하여 착한 뿌리를 심었고, 여러 부처님을 많이 가까이하여 공양하고 선지식을 섬겼다고 말한다.”

수보리가 부처님께 사루어 말씀드렸다.

“세존이시여, 물질적 존재가 심히 깊은 까닭에 반야바라밀이 심히 깊고, 감각·표상·의지·인식이 심히 깊고 나아가 일체종지가 심히 깊은 까닭에 반야바라밀이 심히 깊습니다.

세존이시여, 이 반야바라밀은 진귀한 보배의 무더기입니다.”

“그래, 수다원과의 보배가 있기 때문이다. 사다함과·아나함과 아라한과·벽지불도·아뇩다라삼먁삼보리의 보배가 있기 때문이다. 네 가지 선정·네 가지 한량없는 이타의 마음·네 가지 형상을 떠난 선정·다섯 가지 신통·네 가지 관찰법 나아가 여덟 가지 바른 깨달음에 이르는 길·부처님의 열 가지 지혜의 힘·네 가지 두려움 없는 자신·네 가지 걸림없는 지혜·큰 인자함과 크게 가엾이 여김·열여덟 가지 부처님만이 갖는 특성·일체지·일체종지가 있기 때문이다.”

“세존이시여, 이 반야바라밀은 청정의 무더기입니다.”

“그래, 물질적 존재가 청정한 까닭에 반야바라밀은 청정의 무더기이다. 감각·표상·의지·인식이 청정하고, 나아가 일체종지가 청정한 까닭에 반야바라밀은 청정의 무더기이다.”

수보리가 말씀드렸다.

“정말 이상한 일입니다. 이 반야바라밀을 설할 때에 많은 장애가 있겠습니다.”

부처님께서 말씀하셨다.

“그렇다. 수보리야, 이 심히 깊은 반야바라밀에는 많은 장애가 따른다. 이런 일이 있기 때문에, 선남자·선여인이 만약 이 반야바라밀을 글로 쓰고자 할 때는 마땅히 서둘러서 써야 한다. 만약 독송하고 생각하며, 설하고 바르게 사유하며 수행할 때도 또한 마땅히 서둘러서 수행해야 한다. 왜냐하면 이 심히 깊은 반야바라밀을 독송하고 생각하며, 설하고 바르게 사유하며 수행할 때에 많은 장애가 일어나지 않게 하기 위해서이다.

선남자·선여인이 만약 능히 한 달에 다 쓰고자 하면, 마땅히 힘써 써야 한다. 만약 두 달·석 달·넉 달·다섯 달·여섯 달·일곱 달·혹은 일 년에 다 쓰고자 하면, 마땅히 힘써 써야 한다. 독송하고 생각하며, 설하고 바르게 사유하며 수행함을 만약 한 달에 완성하고자 하고, 나아가 일 년에 완성하고자 하면, 마땅히 힘써 완성시켜야 한다.

왜냐하면 수보리야, 이 진귀한 보배 가운데는 많은 장애가 일어날 수 있기 때문이다.”

수보리가 말씀드렸다.

“세존이시여, 이 심히 깊은 반야바라밀 가운데는 악마가 악착같이 장애를 주려고 하기 때문에 글로 쓸 수가 없고, 독송하고 생각하며, 설하고 바르게 사유하며 수행할 수가 없게 됩니까?”

부처님께서 수보리에게 이르셨다.

“악마가 비록 이 깊은 반야바라밀을 장애하여 글로 쓰고, 독송하고 생각하며, 설하고 바르게 사유하며 수행할 수 없게 하고자 해도, 그러나 이 보살마하살이 반야바라밀을 글로 쓰고, 나아가 수행함을 파괴할 수는 없다.”

그때 사리불이 부처님께 사루어 말씀드렸다.

“세존이시여, 누구의 힘 때문에 악마는 보살마하살이 깊은 반야바라밀을 글로 쓰고, 나아가 수행함을 장애할 수 없게 됩니까?”

부처님께서 말씀하셨다.

“부처님의 힘 때문에 악마는 보살마하살이 깊은 반야바라밀을 글로 쓰고, 나아가 수행함을 장애할 수가 없는 것이다.

사리불아, 또한 이것은 시방국토에 현재 계시는 많은 부처님의 힘 때문이다. 이 많은 부처님이 이 보살을 옹호하여 생각하는 까닭에, 악마는 보살마하살을 장애하여 반야바라밀을 다 쓰고, 나아가 수행하지 못하게 할 수는 없다. 왜냐하면 시방국토에 현재 계시는 한량없고 가없으며 헤아릴 수조차 없는 많은 부처님이 이 보살이 깊은 반야바라밀을 쓰고, 나아가 수행함을 옹호하여 생각하는데, 법의 이치가 이러하여 능히 장애를 지을 수가 없기 때문이다.

사리불아, 선남자·선여인은 마땅히 자신이 이 깊은 반야바라밀을 글로 쓰고, 나아가 수행함은 모두가 시방의 많은 부처님의 힘이라고 생각해야 한다.”

사리불이 말씀드렸다.

“세존이시여, 그렇다면 어떤 선남자·선여인이 이 깊은 반야바라밀을 글로 쓰고, 나아가 수행하는 이 모두가 부처님의 힘 때문이고, 이 사람은 마땅히 많은 부처님의 옹호를 받고 있다고 알아야 하겠습니까?”

부처님께서 말씀하셨다.

“그렇다. 정말 그러하다. 사리불아, 만약 어떤 선남자·선여인이 이 깊은 반야바라밀을 글로 쓰고, 나아가 수행하는 이 모두는 부처님의 힘 때문이라고 마땅히 알아야 하고, 또한 많은 부처님의 옹호를 받고 있기 때문이라고 마땅히 알아야 한다.”

사리불이 말씀드렸다.

“세존이시여, 시방에·현재 계시는 한량없고 가없으며 헤아릴 수조차 없는 많은 부처님은 모든 것을 알며, 모두가 부처님 눈〔佛眼〕으로써 이 선남자·선여인이 깊은 반야바라밀을 글로 쓰는 때와 나아가 수행하는 때를 보고 계십니다.”

부처님께서 말씀하셨다.

“그렇다. 정말 그러하다. 사리불아, 시방에 현재 계시는 한량없고 가없으며 헤아릴 수조차 없는 많은 부처님은 모든 것을 알며, 모두가 부처님 눈〔佛眼〕으로써 이 선남자·선여인이 깊은 반야바라밀을 글로 쓰는 때와 나아가 수행하는 때를 보고 있다.

사리불아, 이러한 가운데서 보살도를 구하는 선남자·선여인이 만약 이 깊은 반야바라밀을 글로 쓰고 받아 지니며, 독송하고 바르게 사유하며, 설한 대로 수행한다면, 이 사람은 아뇩다라삼막삼보리에 가까이 있음이 멀지 않았다고 마땅히 알아야 한다.

사리불아, 선남자·선여인이 이 깊은 반야바라밀을 글로 쓰고 받아 지니며 독송하고, 나아가 바르게 사유하면 이 사람은 깊은 반야바라밀에 대하여 믿고 이해함이 많은 것이고, 또한 이 깊은 반야바라밀을 공양·공경·존중·찬탄하고 꽃이나 향·장신구 내지 깃발·일산으로써 공양을 한다.

사리불아, 많은 부처님은 전부를 알며, 모두가 부처님 눈으로 이 선남자·선여인이 공양의 공덕으로 마땅히 큰 이익과 큰 과보 얻음을 보고 있다. 사리불아,

520

이 선남자·선여인은 이 공양의 공덕인연에 의하여 결코 악도(惡道)에 떨어지지 않고, 나아가 보살의 물러나지 않는 경지에 이를 때까지 마침내 많은 부처님을 멀리 여의지 않게 된다.

사리불아, 이 선남자·선여인은 이 착한 뿌리의 인연에 의하여 아뇩다라삼먁삼보리에 이를 때까지 마침내 육바라밀을 멀리 여의지 않고, 마침내 여섯 가지 감각기관이 공함 내지 사물이 존재하지 않는다는 견해와 존재한다는 견해가 같이 공함을 멀리 여의지 않게 된다. 마침내 네 가지 관찰법 내지 여덟 가지 바른 깨달음에 이르는 길을 멀리 여의지 않고, 마침내 부처님의 열 가지 지혜의 힘 내지 아뇩다라삼먁삼보리를 여의지 않게 된다.

사리불아, 이 깊은 반야바라밀은 부처님이 열반〔般涅槃〕한 후에 반드시 남방의 국토에 도달하니, 그곳의 비구·비구니·남자신도·여자신도들은 이 깊은 반야바라밀을 글로 쓰고 받아 지니며, 독송하고 생각하며, 설하고 바르게 사유하며 수행할 것이다. 그리고 이러한 착한 뿌리의 인연에 의하여 마침내 악도에 떨어지지 않고 천상이나 인간으로 태어나 즐거움을 누리며, 육바라밀을 더욱 늘게 하고 많은 부처님을 공양·공경·존중·찬탄할 것이며, 성문이나 벽지불·불승(佛乘)을 거쳐서 열반을 얻을 것이다.

사리불아, 이 깊은 반야바라밀은 남방에서 다시 서방에 도달하니, 그곳에 있는 비구·비구니·남자신도·여자신도들도 이 깊은 반야바라밀을 글로 쓰고 받아 지니며, 독송하고 생각하며, 설하고 바르게 사유하며 수행할 것이다. 그리고 이러한 착한 뿌리의 인연에 의하여 마침내 악도에 떨어지지 않고 천상이나 인간으로 태어나 즐거움을 누리며, 육바라밀을 더욱 늘게 하고 많은 부처님을 공양·공경·존중·찬탄할 것이며, 성문이나 벽지불·불승을 거쳐서 열반을 얻을 것이다.

사리불아, 이 깊은 반야바라밀은 서방에서 다시 북방에 도달하니, 그곳에 있는 비구·비구니·남자신도·여자신도들도 이 깊은 반야바라밀을 글로 쓰고 받아 지니며, 독송하고 생각하며, 설하고 바르게 사유하며 수행할 것이다. 그리고 이러한 착한 뿌리의 인연에 의하여 마침내 악도에 떨어지지 않고 천상이나 인간으로 태어나 즐거움을 누리며, 육바라밀을 더욱 늘게하고 많은 부처님을 공양·공경·존중·찬탄할 것이며, 성문이나 벽지불·불승을 거쳐서 열반을 얻을 것이다.

사리불아, 이 깊은 반야바라밀은 이때 북방에서 반드시 불사(佛事)를 할 것이다. 왜냐하면 사리불아, 나의 가르침이 성할 때는 바른 법이 없어지는 모양이 없기 때문이다.

사리불아, 나는 이미 이 선남자·선여인이 이 깊은 반야바라밀을 받아 들이고 나아가 수행함을 생각하고 있으니, 이 선남자·선여인이 능히 이 깊은 반야바라밀을 글로 쓰고, 꽃이나 향 내지 깃발·일산으로써 공경·공양·존중·찬탄한다면 사리불아, 이 선남자·선여인은 이러한 착한 뿌리의 인연에 의하여 마침내 악도에 떨어지지 않고 천상이나 인간으로 태어나 즐거움을 누리며, 육바라밀을 더욱 늘게 하고 많은 부처님을 공양·공경·존중·찬탄할 것이며, 성문이나 벽지불·불승을 거쳐서 열반을 얻을 것이다.

왜냐하면 사리불아, 나는 부처님의 눈으로 이 사람들을 보고, 또한 칭찬하고 찬탄하기 때문이다. 시방국토에 계시는 한량없고 가없으며 헤아릴 수조차 없는 많은 부처님도 부처님의 눈으로 이 사람들을 보고, 또한 칭찬하고 찬탄하기 때문이다.”

사리불이 부처님께 사루어 말씀드렸다.

“세존이시여, 이 깊은 반야바라밀은 훗날 북방에서 반드시 널리 행해지겠습니까?”

부처님께서 말씀하셨다.

“그렇다. 정말 그러하다. 사리불아, 이 깊은 반야바라밀은 훗날 북방에서 반드시 널리 행해질 것이다. 사리불아, 훗날 북방에서 이 선남자·선여인이 가령 이 깊은 반야바라밀을 듣고서, 글로 쓰고 받아 지니며, 독송하고 생각하며, 설하고 바르게 사유하며, 설한 대로 수행함이 있다면, 이 선남자·선여인은 오래도록 대승의 마음을 내었고, 여러 부처님을 많이 공양하여 착한 뿌리를 심었으며, 오래도록 선지식과 서로 가까이 했다고 마땅히 알아야 한다.”

사리불이 부처님께 사루어 말씀드렸다.

"세존이시여, 후날 북방에서 불도를 구하는 선남자·선여인이 얼마만큼 있어서 이 깊은 반야바라밀을 글로 쓰고, 나아가 설한 대로 수행하겠습니까?"

부처님께서 사리불에게 이르셨다.

"훗날 북방에서 불도를 구하는 선남자·선여인이 많이 있다고는 해도, 이 깊은 반야바라밀을 듣고서 침몰하지 않고 놀라지 않으며, 두려워하지 않고 겁내지 않는 이는 적을 뿐이다. 왜냐하면 이 적은 사람들이 여러 부처님을 많이 가까이하고 공양하였으며, 여러 부처님에게 많이 청하여 물었기 때문이다. 이 사람들은 반드시 반야바라밀·선정바라밀·정진바라밀·인욕바라밀·지계바라밀·보시바라밀을 원만히 갖추고, 네 가지 관찰법을 원만히 갖추며, 나아가 열여덟 가지 부처님만이 갖는 특성을 원만히 갖출 것이다.

사리불아, 이 선남자·선여인은 착한 뿌리가 맑게 익었기 때문에 아뇩다라삼막삼보리를 위하여 능히 많은 중생들을 이롭게 할 것이다. 왜냐하면 내가 지금 이 선남자·선여인을 위하여 일체지에 상응하는 법을 설하기 때문이다. 과거의 많은 부처님도 또한 이 선남자·선여인을 위하여 일체지에 상응하는 법을 설하셨기 때문이다.

이러한 인연을 가진 까닭에 이 사람들은 훗날 태어나 계속하여 아뇩다라삼막삼보리의 마음을 얻고, 또한 타인을 위하여 아뇩다라삼막삼보리의 법을 설하는 것이다. 이 선남자·선여인은 모두가 일심(一心)이 되어 있어서, 마(魔)나 혹은 마의 백성이 아뇩다라삼막삼보리의 마음을 저해하고 파괴할 수가 없다. 어찌 하물며 나쁜 행동을 일삼는 사람이 깊은 반야바라밀을 행하는 사람을 비방하고 헐뜯으며, 능히 아뇩다라삼막삼보리의 마음을 파괴할 수 있겠느냐!

사리불아, 이렇게 보살도를 구하는 많은 선남자·선여인은 이 깊은 반야바라밀을 듣고서 큰 법의 기쁨과 법의 즐거움을 얻고, 또한 아뇩다라삼막삼보리를 위하여 많은 사람들을 착한 뿌리에 세우는 것이다.

이 선남자·선여인은 내 앞에서 서원을 세우되, '나는 보살도를 행할 때에 마땅히 한량없는 백천 만억의 중생들을 제도하여 아뇩다라삼막삼보리의 마음을 내게 하며, 보이고 가르치며 이롭게 하고 기쁘게 하며, 나아가 보살의 물러나지 않는 경지에 도달한다는 보증을 받게 해야 한다'고 하면, 나는 그 마음을 알고, 또한 함께 기뻐한다.

이 선남자·선여인은 또한 과거의 많은 부처님 앞에서도 서원을 세우되, '나는 보살도를 행할 때에 마땅히 한량없는 백천 만억의 중생들을 제도하여 아뇩다라삼먁삼보리의 마음을 내게 하며, 보이고 가르치며 이롭게 하고 기쁘게 하며, 나아가 보살의 물러나지 않는 경지에 도달한다는 보증을 받게 해야 한다'고 했는데, 많은 과거의 부처님도 그 마음을 알고, 함께 기뻐하셨다.

사리불아, 이 선남자·선여인은 행하는 마음이 크고, 받아 들이는 형태·소리·냄새·맛·촉각·마음도 또한 크다. 능히 크게 베풀고, 크게 베풀고 나서는 큰 착한 뿌리를 심는다. 큰 착한 뿌리를 심고 나서는 큰 과보를 얻는다. 중생을 섬기기 위하여 몸을 받고, 능히 중생들 속에서 안팎의 가진 물건을 희사한다. 이러한 착한 뿌리의 인연으로써 현재 많은 부처님이 깊은 반야바라밀을 설하는 곳인 다른 국토에 태어나기를 발원한다. 많은 부처님 앞에서 이 깊은 반야바라밀을 듣고 나서는, 그곳에서 또한 백천 만억의 중생들에게 보이고 가르치며 이롭게 하고 기쁘게 하며, 아뇩다라삼먁삼보리의 마음을 내게 한다."

사리불이 부처님께 사루어 말씀드렸다.

"드문 일입니다 세존이시여, 부처님께서는 과거·미래·현재의 법에 대하여 알지 못하는 법이 없으시고, 알지 못하는 사물의 참된 모습〔法如相〕이 없으시며, 중생의 모든 행에 대하여 알지 못하는 일이 없으십니다. 지금 부처님께서는 낱낱 과거의 많은 부처님 및 보살·성문을 아시고, 또한 지금 현재 시방의 많은 국토에 계시는 보살 및 성문을 아시며, 미래의 많은 부처님 및 보살·성문을 아십니다.

세존이시여, 미래세에 어떤 선남자·선여인이 힘써 육바라밀을 구하고, 받아지니며 독송하고 나아가 수행한다면, 얻겠습니까 얻지 못하겠습니까?"

부처님께서 사리불에게 이르셨다.

"만약 선남자·선여인이 일심으로 정진하고 힘써 구한다면, 반드시 육바라밀에 상응하는 많은 경전을 얻을 것이다."

사리불이 부처님께 사루어 말씀드렸다.

"이와 같이 힘써 행하는 선남자·선여인은 반드시 육바라밀에 상응하는 깊은 경전을 얻겠습니까?"

부처님께서 사리불에게 이르셨다.

"이 선남자·선여인은 육바라밀에 상응하는 깊은 경전을 얻는다. 왜냐하면 선남자·선여인은 아뇩다라삼먁삼보리를 위하는 까닭에 중생들을 위해서 법을 설하고, 보이고 가르치며 이롭게 하고 기쁘게 하여 육바라밀에 머물게 한다. 이러한 인연을 가진 까닭에 선남자·선여인은 후생에 태어나 쉽게 육바라밀에 상응하는 깊은 경전을 얻고, 얻고 나서는 육바라밀에 설한 대로 수행하고 힘써 정진하여 쉬지 않으며, 나아가 부처님의 국토를 맑히고 중생을 제도하여 해탈시키며, 아뇩다라삼먁삼보리를 얻게 하는 것이다."

제46 마사품(魔事品 第四十六)

그때 혜명 수보리가 부처님께 사루어 말씀드렸다.

"세존이시여, 이 선남자·선여인은 아뇩다라삼먁삼보리의 마음을 내어 육바라밀을 행하며, 중생을 제도하여 해탈시키고〔成就衆生〕 부처님의 국토를 맑히니〔淨佛國土〕, 부처님께서는 이미 찬탄하여 그 공덕을 설하셨습니다. 세존이시여, 무엇을 선남자·선여인이 불도(佛道)를 구하매 많은 장애가 생겼다고 합니까?"

부처님께서 수보리에게 이르셨다.

"법을 설하고자 하는데도 즉석에서 말이 나오지 않는다면, 이것이 보살에게 마의 장애가 생긴 것〔魔事〕이라고 마땅히 알아야 한다."

수보리가 말씀드렸다.

"세존이시여, 무슨 인연의 까닭에 법을 설하고자 하는데도 즉석에서 말이 나오지 않는다면, 이것이 보살에게 마의 장애가 생긴 것입니까?"

부처님께서 말씀하셨다.

"어떤 보살마하살이 반야바라밀을 행할 때에 육바라밀을 원만히 갖추기란 어려운 것이다. 이러한 인연을 가지는 까닭에 법을 설하고자 하는데도 즉석에서 말이 나오지 않는다면, 이것이 보살에게 마의 장애가 생긴 것이다.

또한 수보리야, 법을 설하고자 하는데 돌연히 말이 튀어나온다면, 이것 역시 보살에게 마의 장애가 생긴 것이라고 마땅히 알아야 한다."

"세존이시여, 무슨 인연의 까닭에 법을 설하고자 하는데 돌연히 말이 튀어나온다면, 이것이 또한 마의 장애가 생긴 것입니까?"

부처님께서 말씀하셨다.

"보살마하살이 보시바라밀 내지 반야바라밀을 행하되, 설법함을 즐겨 집착한다. 이러한 인연을 가진 까닭에 법을 설하고자 하는데 돌연히 말이 튀어나온다면, 이것이 마의 장애가 생긴 것이라고 마땅히 알아야 한다.

또한 수보리야, 이 반야바라밀경을 글로 쓸 때에 잘난 척하여 오만하다면, 이것은 보살에게 마의 장애가 생긴 것이라고 마땅히 알아야 한다.

또한 수보리야, 이 경전을 쓸 때에 까닭없이 웃으면서 마음을 어지럽힌다면, 이것은 보살에게 마의 장애가 생긴 것이라고 마땅히 알아야 한다.

또한 수보리야, 가령 이 경전을 쓸 때에 가벼이 웃고 경건하지 않다면, 이것은 보살에게 마의 장애가 생긴 것이라고 마땅히 알아야 한다.

또한 수보리야, 가령 이 경전을 쓸 때에 마음을 어지럽혀 안정됨이 없다면, 이것은 보살에게 마의 장애가 생긴 것이라고 마땅히 알아야 한다.

또한 수보리야, 이 경전을 쓸 때에 서로가 화합하지 않는다면, 이것은 보살에게 마의 장애가 생긴 것이라고 마땅히 알아야 한다.

또한 수보리야, 선남자·선여인이 생각하기를, '나는 이 경전에서 재미를 얻지 못하면 바로 버리고 가리라'고 한다면, 이것은 보살에게 마의 장애가 생긴 것이라고 마땅히 알아야 한다.

또한 수보리야, 반야바라밀을 받아 지니고 독송하며, 설하고 혹은 바르게 사유할 때에 잘난 척하여 오만하다면, 이것은 보살에게 마의 장애가 생긴 것이라고 마땅히 알아야 한다.

또한 수보리야, 가령 반야바라밀경을 받아 지닐 때나 가까이하고 바르게 사유할 때에 서로 보고 웃는다면, 이것은 보살에게 마의 장애가 생긴 것이라고 마땅히 알아야 한다.

또한 수보리야, 가령 반야바라밀경을 받아 지니고 독송하며, 바르게 사유하고 수행할 때에 서로가 서로를 업신여긴다면, 이것은 보살에게 마의 장애가 생긴 것이라고 마땅히 알아야 한다. 가령 반야바라밀을 받아 지니고 독송하며, 나아가 바르게 사유할 때에 마음을 어지럽힌다면, 이것은 보살에게 마의 장애가 생긴 것이라고 마땅히 알아야 한다. 가령 반야바라밀을 받아 지니고 독송하며, 나아가 바르게 사유할 때에 마음이 모아지지 않는다면, 이것은 보살에게 마의 장애가 생긴 것이라고 마땅히 알아야 한다.”

수보리가 부처님께 사루어 말씀드렸다.

“세존이시여, 세존께서는 선남자·선여인이 생각하기를, ‘나는 경전 가운데서 재미를 얻지 못하면 바로 버리고 가리라’고 한다면, 이것은 보살에게 마의 장애가 생긴 것이라고 마땅히 알아야 한다고 말씀하셨습니다. 세존이시여, 무슨 인연의 까닭에 보살은 경전 가운데서 재미를 얻지 못하면 바로 버리고 가는 것입니까?”

부처님께서 말씀하셨다.

“이 보살마하살은 지난 세상에서 오래도록 반야바라밀·선정바라밀·정진바라밀·인욕바라밀·지계바라밀·보시바라밀를 행하지 않았다. 이 사람은 이 반야바라밀 설함을 듣고서 자리를 박차고 일어나 생각하기를, ‘나는 반야바라밀 가운데서 부처님이 되리라는 보증을 받지 못했다’고 하니, 마음이 청정하지 않기 때문에 바로 자리에서 일어나 가버리는 것이다. 이것을 보살에게 마의 장애가 생긴 것이라고 마땅히 알아야 한다.”

수보리가 부처님께 사루어 말씀드렸다.

“세존이시여, 무슨 인연의 까닭에 반드시 부처님이 되리라는 보증을 주지 않아, 이 반야바라밀 설함을 들을 때에 자리를 박차고 일어나 가게 합니까?”

부처님께서 수보리에게 이르셨다.

“만약 보살이 아직 모든 것의 변하지 않는 위치〔法位〕 가운데 들지 못했다면, 모든 부처님은 아뇩다라삼먁삼보리의 기별을 주지 않는다.

또한 수보리야, 반야바라밀 설함을 들을 때에 보살은 생각하기를, ‘이 가운데는 내 이름이 없다’고 하니, 마음이 청정하지 않기 때문이다. 이것을 보살에게 마의 장애가 생긴 것이라고 마땅히 알아야 한다.”

수보리가 말씀드렸다.

“무슨 인연의 까닭에 이 깊은 반야바라밀 가운데에 이 보살의 이름을 말하지 않습니까?”

부처님께서 말씀하셨다.

“아직 반드시 부처님이 되리라는 보증을 받지 못한 보살에게는 모든 부처님이 이름을 말하지 않는다.

또한 수보리야, 이 보살마하살은 생각하기를, ‘이 반야바라밀 가운데는 내가 태어날 곳의 이름인 마을과 성읍(城邑)이 없다’고 한다. 이 사람은 반야바라밀을 들으려고 하지 않고, 바로 회중(會中)에서 일어나 가버린다. 이 사람은 반야바라밀을 듣지 않겠다는 생각을 낸 시간만큼 한 생각에 일 겁을 후퇴하게 되니, 처음부터 마땅히 다시 힘써 정진하여 아뇩다라삼먁삼보리를 구해야 하는 것이다.

또한 수보리야, 보살이 다른 경전을 배우고 반야바라밀경을 버리면, 마침내 일체지〔薩婆若〕에 도달할 수가 없다. 이것은 선남자·선여인이 그 근본을 버리고 가지나 잎을 더듬는 것이니, 이것을 보살에게 마의 장애가 생긴 것이라고 마땅히 알아야 한다.”

수보리가 부처님께 사루어 말씀드렸다.

“세존이시여, 무엇이 다른 경전이어서 선남자·선여인이 배워서는 일체지에 도달할 수가 없습니까?”

부처님께서 말씀하셨다.

“이것은 성문들이 행하기에 어울리는 경전이니, 소위 네 가지 관찰법〔四念處〕·네 가지 바른 노력〔四正勤〕·네 가지 자재를 얻는 것〔四如意足〕·다섯 가지 뛰어난 능력〔五根〕·다섯 가지 악을 부수는 힘〔五力〕·일곱 가지 깨닫는 지혜를 도와주는 힘〔七覺支〕·여덟 가지 바른 깨달음에 이르는 길〔八聖道分〕·모든 것은 공이라는 해탈문〔空〕·어떤 특징도 없다는 해탈문〔無相〕·원할 것이 없다는 해탈문〔無作解脫門〕이다. 선남자·선여인이 이 안에 머무르면 수다원과·사다함과·아나함과·아라한과는 얻지만, 이러한 성문의 소행으로는 일체지에 도달할 수는 없는 것이다. 그런데도 이렇게 선남자·선여인이 반야바라밀을 버리고 이러한 다른 경전을 가까이한다.

왜냐하면 수보리야, 이 반야바라밀 가운데서 많은 보살마하살이 출생하고, 세간과 세간 밖의 법이 완성되기 때문이다. 수보리야, 보살마하살이 반야바라밀을 배울 때는 또한 세간과 세간 밖의 법도 배워야 한다. 수보리야, 비유컨대 개가 주인에게는 음식을 구하지 않고, 오히려 심부름꾼에게 바라는 것과 같다. 이와 같이 수보리야, 미래의 세상에서 어떤 선남자·선여인은 깊은 반야바라밀을 버리고서 가지나 잎을 더듬으니, 성문이나 벽지불이 마땅히 행할 경전을 취하는 것이다. 이것을 보살에게 마의 장애가 생긴 것이라고 마땅히 알아야 한다.

수보리야, 비유컨대 어떤 사람이 코끼리를 보고자 하면서, 이미 보고 나서 오히려 그 발자국을 보는 것과 같다. 수보리야, 너는 어떻게 생각하느냐. 이 사람이 총명한 것이냐 아니냐?"

수보리가 말씀드렸다.

"총명하지 못합니다."

부처님께서 말씀하셨다.

"많은 불도를 구하는 선남자·선여인도 또한 이와 같아서 깊은 반야바라밀을 얻었지만 그것을 버리고 가며, 성문이나 벽지불이 마땅히 행할 경전을 취하는 것이다. 수보리야, 이것을 보살에게 마의 장애가 생긴 것이라고 마땅히 알아야 한다.

수보리야, 비유컨대 사람이 '큰 바다를 보고자 하면서, 오히려 소발자국에 고인 물을 보고는 생각하기를, 큰 바다의 물이 이것과 같은가 같지 않은가'라고 하는 것과 같다. 수보리야, 너는 어떻게 생각하느냐. 이 사람이 총명한 것이냐 아니냐?"

수보리가 말씀드렸다.

"총명하지 못합니다."

부처님께서 말씀하셨다.

"미래의 세상에서 불도를 구하는 선남자·선여인도 또한 이와 같아서 깊은 반야바라밀을 얻었지만 그것을 버리고 가며, 성문이나 벽지불이 마땅히 행할 경전을 취하는 것이다. 수보리야, 이것을 보살에게 마의 장애가 생긴 것이라고 마땅히 알아야 한다.

수보리야, 비유컨대 목수〔工匠〕나 그 제자들이 제석(帝釋)의 수승한 궁전을 본떠 짓고자 하면서, 일월(日月)의 궁전을 측량하는 것과 같다. 수보리야, 너는 어떻게 생각하느냐. 이 사람이 총명한 것이냐 아니냐?”

수보리가 말씀드렸다.

“총명하지 못합니다.”

“이와 같이 수보리야, 미래의 세상에서 복덕이 얇은 어떤 선남자·선여인은 이 깊은 반야바라밀을 얻었지만 바로 버리고 가며, 성문이나 벽지불이 마땅히 행할 경전 가운데서 일체지를 구하는 것이다. 수보리야, 너는 어떻게 생각하느냐. 이 사람이 총명한 것이냐 아니냐?”

수보리가 말씀드렸다.

“총명하지 못합니다.”

부처님께서 말씀하셨다.

“마땅히 알아야 하니, 이것이 보살에게 마의 장애가 생긴 것이다. 수보리야, 비유컨대 어떤 사람이 전륜성왕(轉輪聖王)을 보고자 하면서, 보고 나서도 알지 못하고, 후에 많은 작은 나라의 왕을 보고는 그 모습을 가지고, ‘전륜성왕과 이것이 무엇이 다른가’라고 말하는 것과 같다. 수보리야, 너는 어떻게 생각하느냐. 이 사람이 총명한 것이냐 아니냐?”

수보리가 말씀드렸다.

“총명하지 못합니다.”

“수보리야, 미래의 세상에서 복덕이 얇은 어떤 선남자·선여인은 이 깊은 반야바라밀을 얻었지만 버리고 가며, 성문이나 벽지불이 마땅히 행할 경전을 가지고서 일체지를 구하는 것이다. 수보리야, 너는 어떻게 생각하느냐. 이 사람이 총명한 것이냐 아니냐?”

수보리가 말씀드렸다.

"총명하지 못합니다."

"마땅히 알아야 하니, 이것도 또한 보살에게 마의 장애가 생긴 것이다. 수보리야, 비유컨대 굶주린 사람이 좋은 음식〔百味〕을 얻어서 버리고는 오히려 맛이 없는 밥〔六十日穀〕을 먹는 것과 같다. 수보리야, 너는 어떻게 생각하느냐. 이 사람이 총명한 것이냐 아니냐?"

수보리가 말씀드렸다.

"총명하지 못합니다."

부처님께서 말씀하셨다.

"미래의 세상에서 불도를 구하는 어떤 선남자·선여인은 깊은 반야바라밀을 듣고서는 버리고 가며, 성문이나 벽지불이 마땅히 행할 경전을 가지고서 일체지를 구하는 것이다. 수보리야, 너는 어떻게 생각하느냐. 이 사람이 총명한 것이냐 아니냐?"

수보리가 말씀드렸다.

"총명하지 못합니다."

"마땅히 알아야 하니, 이것도 또한 보살에게 마의 장애가 생긴 것이다. 수보리야, 비유컨대 사람이 가치를 알 수 없는 마니주(摩尼珠)를 얻어 가지고는 오히려 수정주(水精珠)와 비교함과 같다. 수보리야, 너는 어떻게 생각하느냐. 이 사람이 총명한 것이냐 아니냐?"

수보리가 말씀드렸다.

"총명하지 못합니다."

부처님께서 말씀하셨다.

"미래의 세상에서 불도를 구하는 어떤 선남자·선여인은 깊은 반야바라밀을 듣고서는 버리고 가며, 성문이나 벽지불이 마땅히 행할 경전을 가지고서 일체지를 구하는 것이다. 이 사람이 총명한 것이냐 아니냐?"

수보리가 말씀드렸다.

"총명하지 못합니다."

"마땅히 알아야 하니, 이것도 또한 보살에게 마의 장애가 생긴 것이다.

또한 수보리야, 이 불도를 구하는 선남자·선여인이 이 깊은 반야바라밀을 글로 쓸 때에 즐겨 설함을 법답지 않게 하면, 반야바라밀을 글로 씀을 완성할 수 없다. 소위 형태·소리·냄새·맛·촉각·마음을 즐겨 설하고, 지계·선정·형상을 떠난 선정〔無色定〕을 즐겨 설하며, 보시바라밀 내지 반야바라밀을 즐겨 설하고, 네 가지 관찰법 내지 아뇩다라삼먁삼보리를 즐겨 설하는 것이다.

왜냐하면 수보리야, 이 반야바라밀 가운데는 즐겨 설할 모양이 없기 때문이다. 수보리야, 반야바라밀은 불가사의한 모양이다. 반야바라밀은 생기지도 않고 없어지지도 않는 모양이다. 반야바라밀은 더럽지도 않고 깨끗하지도 않는 모양이다. 반야바라밀은 어지럽지도 않고 산만하지도 않는 모양이다. 반야바라밀은 설할 수도 없고 보일 수도 없는 모양이다. 반야바라밀은 말이 없고 뜻이 없는 모양이다. 반야바라밀은 붙잡을 수가 없는 모양이다.

왜냐하면 수보리야, 반야바라밀 가운데는 이러한 모든 것이 없기 때문이다. 수보리야, 만약 불도를 구하는 어떤 선남자·선여인이 이 반야바라밀을 글로 쓸 때에 이 모든 것으로 마음을 산란하게 하면, 이것도 보살에게 마의 장애가 생긴 것이라고 마땅히 알아야 한다.”

수보리가 부처님께 사루어 말씀드렸다.

“세존이시여, 이 반야바라밀은 쓸 수가 있습니까?”

부처님께서 말씀하셨다.

“쓸 수가 없다. 왜냐하면 반야바라밀은 제 성품〔自性〕이 없기 때문이다. 선정바라밀·정진바라밀·인욕바라밀·지계바라밀·보시바라밀, 나아가 일체종지는 제 성품이 없기 때문이다. 만약 제 성품이 없다고 하면 이것을 이름하여 법이라 할 수 없고, 법이 없음〔無法〕이 법이 없음을 쓸 수는 없기 때문이다.

수보리야, 만약 보살도를 구하는 선남자·선여인이 생각하기를, ‘법이 없음이 깊은 반야바라밀이다’라고 하면, 바로 이것이 보살에게 마의 장애가 생긴 것이라고 마땅히 알아야 한다.

“세존이시여, 이 보살도를 구하는 선남자·선여인은 글자를 가지고 반야바라밀을 쓰고 스스로 생각하기를, ‘나는 이 반야바라밀을 쓴다’라고 하여, 글자로써 반야바라밀에 집착합니다. 이것 역시 보살에게 마의 장애가 생긴 것이라고 마땅히 알아야 하겠습니다.

왜냐하면 세존이시여, 이 반야바라밀은 문자가 없고, 선정바라밀·정진바라밀·인욕바라밀·지계바라밀·보시바라밀도 문자가 있을 수 없기 때문입니다. 세존이시여, 물질적 존재는 문자가 없고, 감각·표상·의지·인식도 문자가 없고, 나아가 일체종지도 문자가 없기 때문입니다.

세존이시여, 만약 보살도를 구하는 선남자·선여인이 문자가 없는 반야바라밀에 집착하고, 나아가 문자가 없는 일체종지에 집착한다면, 이것도 역시 보살에게 마의 장애가 생긴 것이라고 마땅히 알아야 하겠습니다. 그리고 독송하고 설하며,바르게 사유하고 설한 대로 수행함도 역시 이와 같겠습니다."

"또한 수보리야, 불도를 구하는 선남자·선여인이 이 반야바라밀을 쓸 때에 국토에 대한 생각을 일으키고 취락에 대한 생각을 일으키며, 성읍에 대한 생각을 일으키고 방위에 대한 생각을 일으키며, 스승을 비방하고 헐뜯는 것을 듣고서 생각을 일으키거나 혹은 부모·형제·자매나 많은 다른 친척을 생각하며, 도적을 생각하거나 혹은 천민을 생각하며, 많은 여인들을 생각하거나 음탕한 여인을 생각하는 등 이러한 여러 가지 많은 다른 이상한 생각은 장애가 있는 것이어서, 악마가 다시 생각을 더하여 반야바라밀을 글로 씀을 파괴하고, 독송하고 설하며, 바르게 사유하고 설한 대로 수행함을 파괴한다. 수보리야, 이것도 역시 보살에게 마의 장애가 생긴 것이라고 마땅히 알아야 한다.

또한 수보리야, 불도를 구하는 선남자·선여인은 명예를 얻고 공경을 받으며, 의복·음식·침구·약품·갖가지 안락한 도구〔樂具〕를 얻게 되는데, 선남자·선여인이 이 반야바라밀경을 써서 지니고 독송하며, 나아가 바르게 사유할 때에 이러한 일에 애착하면 반야바라밀을 써서 완성하고, 나아가 바르게 사유함을 얻을 수 없으니, 이것도 역시 보살에게 마의 장애가 생긴 것이라고 마땅히 알아야 한다.

또한 수보리야, 불도를 구하는 선남자·선여인이 반야바라밀을 쓰고, 나아가 설한 대로 수행할 때에 악마는 교묘한 수단〔方便〕으로 많은 다른 깊은 경전을 가지고 와서 이 보살마하살에게 주는 수가 있다. 이때 방편의 힘이 있는 이는 악마가 주는 많은 다른 깊은 경전에 탐착하지 않는다. 왜냐하면 이 경전은 사람으로 하여금 일체지에 다다르게 할 수가 없기 때문이다. 이 가운데서 방편이 없는 보살마하살은 이 많은 다른 깊은 경전을 듣고서 바로 깊은 반야바라밀을 버린다.

수보리야, 나는 이 반야바라밀 가운데서 많은 보살마하살의 방편도(方便道)를 널리 설하니, 많은 보살마하살은 마땅히 이 가운데서 구해야 할 것이다. 수보리야, 만약 선남자·선여인이 보살도를 구하매, 이 깊은 반야바라밀을 버리고 악마가 준 성문이나 벽지불의 깊은 경전 안에서 방편도를 구한다면, 이것도 보살에게 마의 장애가 생긴 것이라고 마땅히 알아야 한다.”

가루라 범어 Garuḍa의 음사·독수리 같이 사납게 생긴 새로 용(龍)을 잡아먹는다고 함. 금시조(金翅鳥) 혹은 묘시조(妙翅鳥)라고 번역함.

가섭(迦葉) 범어 Mahākāśyapa. 부처님의 십대제자 중의 한 사람으로 두타 제일. 음을 따서 마하가섭이라 하며, 대음광(大飮光) 혹은 대귀씨(大龜氏)라고 번역함.

가전연(迦旃延) 범어 Kātyāyana. 부처님의 십대제자 중의 한 사람으로 논의 제일. 불공(不空) 혹은 문식(文飾)이라 번역함.

감각기관의 여섯 가지 대상〔六塵〕 색·성·향·미·촉·법이 인신(人身)에 들어가서 청정한 마음을 혼탁하게 하므로 티끌〔塵〕이라 한다.

감각기관의 여섯 가지 대상을 인식하는 것〔六識〕 눈으로 보는 것·귀로 듣는 것·코로 냄새를 맡는 것·혀로 맛보는 것·신체로 느끼는 것·마음으로 의식하는 것의 총칭.

감로문(甘露門) 감로란 불사(不死)·천주(天酒)의 뜻이며, 또한 하늘에서 내리는 단 이슬이라하여 감로라 한다. 흔히 부처님의 교법이 중생을 잘 제도함에 비유하고, 열반에 도달하는 문호를 감로문이라 한다.

감로의 땅〔甘露地〕 감로의 열반에 도달한 곳.

감로의 성품〔甘露性〕 감로의 열반에 도달하는 성품.

건달바(犍闥婆) 범어 Gandharva의 음사. 심향(心香)·식향(食香)이라 번역. 술과 고기는 일체 먹지 않고 향기만 먹고 살므로 이렇게 말함. 노래를 담당하는 신.

건달바성(犍闥婆城) 심향성(尋香城)이라고 번역하며, 건달바신에 의하여 허공에 보이는 환상처럼 변화로 만들어진 도성을 말하는데, 신기루를 말하는 것 같다.

겁(劫) 범어 Kalpa의 음역. 무한의 시간을 말한다. 고대 인도인이 생각했던 시간의 수량으로서, 이 겁의 대표적인 설명에 사방 사십리나 되는 큰 성에 겨자씨를 채우고 그 겨자씨를 백 년마다 한 알씩 꺼내어 그것이 전부 없어져도 겁은 다하지 않는다고 하는 겨자 겁의 비유와 사방 사십리의 바위를 백 년에 한 번씩 얇은 옷깃으로 스쳐 지나가서 마침내 그 바위가 마멸되어 없어져도 겁은 다하지 않는다는 반석 겁의 비유가 있다.

결과를 낳는 바로 그 원인의 연〔因緣〕 네 가지 연(緣)의 하나로 직접의 자과(自果)를 인(因)으로 하고 인(因)을 연(緣)으로 함으로 인연이라 한다.

계율이라는 덕목〔戒衆〕 등 오분법신(五分法身)이라 말하며, 최고의 깨달음의 자리에 이른 사람이 구비해야 할 다섯 가지 덕목이다.

고락을 느끼는 마음〔有受心〕 삼계의 모든 것에 접해서 고락을 느끼는 마음.

고요한 곳〔阿蘭若〕 범어 Araṇya의 번역. 적정처라고 한역. 시끄러움이 없고 한적해서 수행하기에 좋은 곳을 가리킴.

공후 오늘날의 하프와 비슷한 악기의 이름.

교시가(憍尸迦) 범어 Kausika의 음역. 제석(帝釋)의 성.

구희라(拘絺羅) 범어 Kausthila. 사리불의 외삼촌으로 제자중 문답 제일로 불린다.

그지없는 세월〔無央數〕 아승지와 같은 뜻으로 헤아릴 수 없는 것.

글자의 문〔字門〕 글자를 문으로 하여 제법의 이치에 깨달아 들어가게 되므로 글자를 깨닫는 문이라 하며, 하나하나의 글자에 일정한 뜻을 붙인 것.

기사굴산(山) 범어 Gṛdhrakūṭa의 음사. 왕사성 동북쪽에 있는 산이름. 영취산〔靈鷲山〕이라고도 함.

긴나라 범어 Kiṁnara의 음사. 의인(疑人)·인비인(人非人)이라 번역. 생긴 모양이 사람인지 짐승인지 구별하기 어렵기 때문에 이같이 말하며, 노래를 담당하는 신.

깨달음〔菩提〕 범어 Bodhi의 번역. 부처님이 깨달은 지혜.

깨달음을 위한 다섯 가지 종류〔五種菩提〕 보살의 수도를 다섯 종류의 계위로 나눈 것. 발심보리(發心菩提) 복심보리(伏心菩提) 명심보리(明心菩提) 출도보리(出到菩提) 무상보리(無上菩提).

깨달음의 나무〔菩提樹〕 부처님이 그 나무 아래에서 성도를 했다고 하여 보리수라고 하며, 깨닫는 장소에 나아감을 비유하여 말하고 있다.

깨달음의 언덕〔彼岸〕 범어 Paramita의 번역. 중생들의 미혹된 세계를 차안(此岸)이라 하는데 대한 깨달음의 세계를 말함.

끊어짐이 없는 연〔次第緣〕 네 가지 연(緣)의 하나로 앞 생각이 없어지면서 뒤 생각을 이끌어 내는 것.

나라는 관념〔我相〕 사상(四相)의 하나로 오온이 화합하여 조직된 것을 실제적인 나라는 것이 있다고 하고 또 내것이 있는 줄로 생각하는 것.

나유타(那由他) 범어 Nayuta의 음사. 인도에서 아주 많은 수를 나타내는 단위. 천만 혹은 천억에 해당한다고 함.

나의 소유물〔我所〕 나에게 소속된 것으로 나에게 집착되는 사물.

나찰(羅刹) 범어 Rākṣasa의 음역. 사람의 육혈을 먹으며, 공중을 날아다니는데 아주 빠르며 무섭고 포악한 귀신이다.

남자신도〔優婆塞〕 범어 Upāsaka의 번역으로 세속의 남자신도.

내권속(內眷屬) 부처님의 혈족제자인 아난 등.

네 가지 자재를 얻는 것〔四如意足〕 사신족(四神足)이라고도 하며, 욕여의족(欲如意足)·정진여의족(精進如意足)·심여의족(心如意足)·사유여의족(思惟如意足)의 네 가지를 말한다. 이것은 각기 서원과 노력과 심념과 관혜의 힘에 의하여 일어난 정(定)으로, 그 정을 소의로 해서 여러 가지의 신변(神變)을 나타내므로 이렇게 부른다.

네 가지 거두어주는 법〔四攝法〕 중생들을 제도하기 위해 사용하는 네 가지 방법으로서 보시(布施)와 애어(愛語)와 이행(利行)과 동사(同事)이다.

네 가지 걸림없는 지혜〔四無碍智〕 자유자재하며 거리낌없는 이해능력 및 언어적 표현능력을 말하는 네 가지로서 온갖 교법에 통달한 법에 걸림이 없음〔法無碍〕·온갖 교법의 요의(要義)를 아는 뜻에 걸림이 없음〔義無碍〕·여러 가지 말

을 알아 통달치 못함이 없는 말에 걸림
이 없음[辭無碍]·일체 교법을 말하는데
자재하여 걸림이 없는 것[樂說無碍]이
다.

네 가지 공양물[四供養] 일상생활에
소비되는 음식·의복·의약·침구.

네 가지 관찰법[四念處] 몸과 감각과
마음과 법에 있어 마음을 모아 관하는
법으로 육신은 부정하다고 관찰함[身念
處] 감각은 모두가 고통이라고 관찰함
(受念處) 우리의 마음은 무상한 것이라
고 관찰함[心念處] 모든 존재는 확정적
인 아(我)의 체(體)가 없다고 관찰함
[法念處]의 네 가지이다.

네 가지 두려움 없는 자신[四無所畏]
설법함에 있어 두려움이 없이 자신있게
할 수 있는 네 가지로 부처님의 네 가지
두려움 없는 자신과 보살의 네가지 두려
움 없는 자신으로 구분한다. 첫째 부처님
의 네 가지 두려움 없는 자신이란 일체
모든 것을 평등하게 깨달아 다른 이의
힐난을 두려워하지 않음[正等覺無畏]·
온갖 번뇌를 다 끊었노라고 하여 두려워
하지 않음[漏永盡無畏]·수행에 장애가
되는 것을 말하되 다른 이의 비난을 두
려워하지 않음[說障法無畏]·고통세계를
벗어나는 요긴한 일을 표시해서 다른 이
의 비난을 두려워하지 않는[說出道無畏]
것이다. 둘째 보살의 네 가지 두려움 없
는 자신이란 교법을 잘 기억하여 잊지
않고 뜻을 설함에 있어 두려움이 없는
것[能持無畏]·중생의 근기를 알고 그에
대한 적절한 설법을 하는 것에 대한 두
려움이 없는 것[知根無畏]·중생의 의문
을 해결하는데 대한 두려움이 없는 것
[決疑無畏]·모든 물음에 대해 자유자재

로 대답할 수 있어 두려움이 없는 것[答
報無畏]이다.

네 가지 뒤바뀐 소견[四顚倒] 두 가지
종류가 있으니, 첫째는 범부의 네 가지
뒤바뀐 소견으로 생사계가 무상(無常)·
무락(無樂)·무아(無我)·무정(無淨)인
것을 상(常)·락(樂)·아(我)·정(淨)이
라고 망령되이 집착하는 것. 둘째는 이승
(二乘)의 네 가지 뒤바뀐 소견으로 열반
계가 상(常)·락(樂)·아(我)·정(淨)인
것을 무상(無常)·무락(無樂)·무아(無
我)·무정(無淨)이라고 망령되이 집착하
는 것.

네 가지 바른 노력(四正勤) 사정단
(四正斷)·사의단(四意斷)이라고 하며 서
른 일곱 가지의 깨달음을 돕는 덕목(37
道品)중의 두번째 항목으로, 아직 나타
나지 않은 악(惡)을 끊기 위하여 힘쓰는
것[律儀斷]·이미 생긴 악을 끊기위해 노
력하는 것[斷斷]·아직 나타나지 않은 선
(善)을 나타내기 위해 힘쓰는 것[隨護
斷]·이미 나타난 선을 증대하도록 힘쓰
는 것[修斷].

네 가지 사회계급[四姓] 고대 인도의
사회계급·바라문(婆羅門). 범어 brāh-
maṇa의 음역으로 바라문교의 승려·학자
로 사제계급(司祭階級)·찰제리(刹帝
利). 범어 kaṣtriya의 음역으로 왕족과
무사로 사족계급(士族階級). 비사(毘
舍). 범어 vaiśya의 음역으로 농공상(農
工商)에 종사하는 평민계급(平民階級)·
수드라(首陀羅). 범어 sūdra의 음역으
로 피정복자인 노예계급. 부처님은 이 사
성(四性)의 구별을 중요시 하지 않고 사
성의 사람들도 불교에 귀의하면 모두 세
존의 제자로서 평등하게 되는 것이 흡사

사대하(四大河)의 물이 하나의 바다로 흘러 들어가는 것과 같다고 설하였다.

네 가지 선정〔四禪〕 애욕세계〔色界〕의 선정을 첫번째 선정·두번째 선정·세번째 선정·네번째 선정으로 구분한 것으로 이를 닦는 바에 따라 각기 애욕세계의 사선천(四禪天)에 태어나는 과보를 받는다·

네 가지 성스러운 진리〔四聖諦〕 인생문제에 대한 네 가지 진리·인생은 괴로움이라는 진리〔苦聖諦〕·괴로움의 원인이 집착이라는 진리〔集聖諦〕·괴로움의 원인을 없애는 진리〔滅聖諦〕·깨달음에 이르기 위한 실천의 진리〔道聖諦〕.

네 가지 요소〔四大〕 지·수·화·풍(地·水·火·風)을 말하는 것으로 만유(萬有)의 물질을 구성하는 4대원소. 견고한 것을 본질로 하고 그 본질을 보존하여 유지하는 작용을 가진 지대(地大)·습성(濕性)을 본질로 하는 작용을 가진 수대(水大)·열을 본질로 하고 태우는 작용을 하는 화대(火大)·움직이는 성질이 있고 만물의 성장작용을 하는 풍대(風大).

네 가지 태어나는 형태〔四生〕 모든 생명체가 태어나는 방식에 따라 네 가지로 분류한 것. 사람과 같이 태로 태어나는 것〔胎生〕·새와 같이 알에서 태어나는 것〔卵生〕·벌레같이 축축하고 습한 곳에서 태어나는 것〔濕生〕·의탁함이 없이 홀연히 태어나는 것, 즉 천상이나 지옥에 태어나는 중생들〔化生〕

네 가지 한량없는 이타의 마음〔四無量心〕 한량없는 중생에게 즐거움을 주고, 고의 미혹함을 없애주기 위해 일으키는 마음으로 자무량심(慈無量心)·비무량심(悲無量心)·희무량심(喜無量心)·사무량심(捨無量心)의 넷. 이 가운데 즐거움을 주는 것을 자(慈), 고를 없애는 것을 비(悲), 다른 사람이 즐거워하는 것을 보고 즐거워하는 것은 희(喜), 타인에게 애증친원(愛憎親怨)의 마음이 없이 마음이 평등한 것이 사(捨)이다.

네 가지 형상을 떠난 선정〔四無色定〕 물질의 경계를 없앤 영역을 무색이라하며 이는 공간은 무한대라고 사유하는 정〔空無邊處定〕·공간을 초탈하여 아는 것은 무한대라고 사유하는 정〔識無邊處定〕·아는 것을 초탈하여 무엇이나 없다라고 사유하는 정〔無所有處定〕·무엇이나 없다라는 것을 초월하여 거의 무상에 가까운 정〔非想非非想處定〕을 말한다.

네 부류 네 중〔四部衆〕 출가 승려인 비구·비구니와 재가신도인 남자신도·여자신도.

다라니(陀羅尼) 범어 dhāraṇī의 음역으로서 총지(總持)·능지(能持)·능차(能遮)라고 번역한다. 능히 모든 사물을 섭해 가져서 잊어버리지 않는 염혜(念慧)의 힘을 말한다. 보살이 중생을 교화하기 위해서는 반드시 다라니를 얻어야 한다. 이 힘을 얻으면 무량의 불법을 잊지 않고 무리 가운데 있어서도 두려움이 없으며, 또한 자유자재로 가르침을 설할 수 있다.

다른 법이 생기는 연〔增上緣〕 다른 법을 일으키는데 강한 힘이 되는 것.

다섯 정거천〔五淨居天〕 물질세계〔色界〕의 네번째 선정에 불환과(不還果)를 깨달은 자가 태어나는 곳으로, 무번천(無煩天)·무열천(無熱天)·선현천(善現天)·선견천(善見天)·색구경천(色究竟天)인데 성자(聖者)만이 있는 곳이다.

다섯 가지 계율〔五戒〕 재가 불자가 지켜야 할 다섯 가지 계. 중생을 죽이지 말라, 남의 것을 훔치지 말라, 음행하지 말라, 거짓말을 하지 말라, 술을 마시지 말라.

다섯 가지 가리움〔五蓋〕 마음을 덮어서 착한 법을 내지 못하게 하는 다섯 가지 번뇌로, 탐욕·성냄·혼침과 수면·도거와 악작(마음이 어지럽고 들뜨거나 거꾸로 근심이나 걱정하며 후회하는 것)·의심이 깊은 것이다.

다섯 가지 눈〔五眼〕 육체가 소유하고 있는 눈〔肉眼〕·색계의 천인이 가지고 있는 눈〔天眼〕·지혜의 눈〔慧眼〕·보살이 일체의 중생을 제도하기 위해 일체법문을 보는 눈〔法眼〕. 이상의 네 가지 눈을 지닌 부처의 눈〔佛眼〕.

다섯 가지 뛰어난 능력〔五根〕 번뇌를 누르고 올바른 깨달음의 도에 나가게 하는데 대해서 뛰어난 다섯 가지 작용으로 신(信)·정진(精進)·염(念)·정(定)·혜(慧)이다.

다섯 가지 모임〔五陰〕 사람을 포함한 모든 존재는 다섯 가지 요소로 성립되었다고 보는 견해. 물질적 존재·사람에게서의 신체〔色〕·감각작용〔受〕·표상작용〔想〕·의지 혹은 충동적 욕구〔行〕·인식작용〔識〕 다섯 가지 바라밀〔五波羅蜜〕 육바라밀 가운데서 반야바라밀을 제외한 보시·지계·인욕·정진·선정바라밀을 말한다.

다섯 가지 신통〔五神通〕 다섯 가지 뛰어난 능력·보통사람이 보지 못하는 것을 보는 능력〔天眼通〕·보통사람이 못듣는 것을 듣는 능력〔天耳通〕·남의 마음을 꿰뚫어 보는 능력〔他心通〕·전생의 일을 전부 아는 능력〔宿命通〕·걸림없이 어디든지 오갈 수 있는 능력〔神足通〕.

다섯 가지 악을 부수는 힘〔五力〕 서른 일곱 가지 깨달음을 돕는 덕목 중의 하나로 신(信)·근(勤)·염(念)·정(定)·혜(慧)의 다섯 가지인데, 이것은 악을 물리치는 힘을 가지고 있음으로 오력이라 한다.

다섯 가지 욕락〔五欲〕 모든 욕구의 대상이 되는 색(色)·성(聲)·향(香)·미(味)·촉(觸), 또는 재물욕·성욕·음식욕·명예욕·수면욕.

다섯 가지 죽음의 모양〔五死相〕 제천(諸天)의 목숨이 다할 때에 나타나는 다섯 가지 모양. 화관이 시든다, 겨드랑이에 땀이 난다, 파리가 몸에 앉는다, 옷에 때가 낀다, 제자리가 즐겁지 않다.

다섯 갈래 윤회의 길〔五道〕 중생이 업에 따라 생사윤회하는 다섯 갈래의 길, 즉 지옥도·아귀도·축생도·인도(人道)·천도(天道)를 말한다.

담무갈보살(曇無竭菩薩) 범어 Dharmodgata의 음역. 법상(法上)·법용(法湧)·법성(法盛)·법상(法尙)이라고 번역된다. 살타파륜보살의 구법에 있어서 선지식이다. 이처럼 보살의 구법에는 반드시 특정의 선지식이 관련되어 있고, 생사를 거듭하는 중에 가르침을 주고 수행을 도와준다.

대권속(大眷屬) 사리불·목건련 등과 같이 혈족이 아닌 제자.

대뇌음불(大雷音佛) 이 부처님께서 처음으로 진리의 수레바퀴를 굴리실 때, 시방의 중생은 모두 발심하고 외도 사견의 무리는 모두 공포심에서 조복되었다고 한다. 설법의 음성이 우뢰와 같았다는 의미에서 붙여진 부처님 명호이다.

대승〔摩訶衍〕 범어 mahāyāna의 번역으로 부처님 입멸 후 그의 언행(言行)을 계승하며 보살도를 행하는 것으로 미혹(迷惑)의 차안(此岸)으로부터 깨달음의 피안(彼岸)으로 가는 교법을 말함.

도종지(道種智) 삼지(三智)의 하나로 여러 가지 차별이 있는 온갖 도법을 배워서 중생을 제도하는 온갖 지혜.

도종혜(道種慧) 모든 진리의 실상에 계합하여 온갖 차별이 없음을 아는 것.

동요가 없는 마음〔不動心〕 금강의 마음처럼 다시 동요가 없는 마음.

동진의 지위〔童眞地〕 초발심부터 음욕을 끊고 보살도를 행하는 것.

둘이 아닌 법〔不二法〕 상대적 차별적인 것을 모두 초월하고 떠나서 절대적 평등적 진리를 나타내는 가르침.

땅의 성질〔地種〕 사대종(四大種:땅·물·불·바람)의 하나로 땅〔地〕의 성질을 말하며, 사대(四大)중 가장 굳은 성질이다.

루(漏) 번뇌를 말하는 것. 번뇌가 있는 것을 유루(有漏)·번뇌가 없는 것을 무루(無漏)라고 한다.

마·마의 백성〔魔·魔民〕 범어 māra의 음역인 마라(魔羅)의 약어가 마이며, 수행을 방해하는 마군(魔軍)이 마의 백성이다. 사람의 생명을 빼앗고 선사(善事)를 방해하는 악귀신(惡鬼神).

마니주보(摩尼珠寶) 마니란 범어 mani의 음역으로 주옥(珠玉)의 총칭이다. 일반으로 마니에는 불행·재난을 없애고 탁수를 맑히는 등의 덕이 있다고 한다. 특히 무엇이든지 하고자 하는 대로 가지가지의 덕이 있는 보주를 여의보주라 하며, 이것을 마니보주라 하기도 한다.

마음에 작용하는 갖가지 정신작용〔心數法〕 마음과 상응하여 마음과 동시에 존재하고 마음에 종속하는 가지가지의 정신작용을 말함.

마음을 집중하는 열 가지 생각〔十念〕 마음을 집중하여 열 가지의 일에 생각을 골똘히 하는 것. 여기의 열 가지 생각이란 염불(念佛)·염법(念法)·염승(念僧)·염계(念戒)·염시(念施)·염천(念天)·염휴식(念休息)·염안반(念安般)·염신비상(念身非常)·염사(念死)이다.

마음의 해탈〔心解脫〕 마음이 여러 가지 속박에서 풀리는 것을 말하고,선정(禪定)과 결부하여 무탐(無貪)과 상응하는 것을 마음의 해탈이라 함.

마의 장애〔魔事〕 마란 목숨을 빼앗는다는 뜻이며, 번뇌·오온·죽음. 천자(天子)의 네 종류가 있다. 이 마가 수행을 장애하는 것.

마후라가 범어 Mahoraga의 음사. 머리는 뱀같고 몸은 사람과 같은 음악의 신.

만다라꽃〔曼陀羅華〕 색이 아름답고 좋은 향기가 나며, 이것을 보는 사람은 마음속에서부터 환희심이 난다는 하늘세계의 꽃이다.

모든 것〔諸法〕 여러 가지 법. 우주에 있는 형상이 있는 것과 없는 것의 모든 사물.

모든 것은 공〔空〕·**어떤 특징도 없음**〔無相〕·**원할 것이 없음**〔無作〕 삼해탈문(三解脫門)이라고 하며, 해탈에 들어가는 방법이 되는 세 가지 선정이다.

모든 것을 초월하여 자재로 출입하는

선정〔超越定〕 제불보살이 모든 경지를 초월하여 자재로 출입하는 선정.

모든 것의 변하지 않는 위치〔法位〕 진여(眞如)의 다른 이름. 진여는 만유제법(萬有諸法)의 안주하는 위치이므로 법위(法位)라 함.

모든 것이 본래 공임을 아는 인욕〔法忍〕 인(忍)은 인허(忍許)의 뜻이며 지금까지 믿기 어려웠던 이치를 잘 받아들이고, 의혹이 생기지 않도록 하는 것.

모든 법문을 들어 그 진리를 이해함〔法眼淨〕 모든 것〔諸法〕을 관하는 눈을 열어서 제법의 실상을 알고 중생을 제도하는 것.

모든 의식이 사라져 고요한 선정〔滅盡定〕 마음과 마음의 작용을 단절한 정(定)으로 무소유처(無所有處)의 번뇌를 떠난 성자가 그 정의 경지를 무여열반의 고요함에 견주어 무심(無心)의 적정경(寂靜境)을 즐기기 위해 들어가는 정(定).

모든 하늘〔諸天〕 애욕세계〔欲界〕의 여섯 하늘〔六欲天〕과 물질세계〔色界〕의 열여덟 하늘〔十八天〕 정신만의 세계〔無色界〕의 네 하늘〔四天〕 등이 있는데, 그 여러 하늘은 마음을 수양하는 경계를 따라서 나뉘어 있음.

목건련(目犍連) 범어 Maudgalyāyana의 번역으로 부처님 십대제자 중의 한 사람. 바라문의 아들로 처음엔 사리불과 함께 도를 배웠으나 후에 불법에 귀의하여 부처님의 교화를 펼치고, 신통이 제일이라 함.

물러나지 않는 경지의 보살〔不退轉菩薩〕 불퇴의 법을 증득하여 법륜을 굴리므로 불퇴전이라 하며, 중생으로 하여금 퇴전치 못하게 하므로 불퇴보살이라고도 함.

물질의 세계〔色界〕 삼계(三界)의 하나이다. 정묘(淨妙)한 물질로 이루어진 세계로 네번째 선정(四禪)을 닦은 사람이 사후에 태어나는 세계.

물질적 존재·감각·표상·의지·인식〔色受想行識〕 오온이라고 하며 일체의 유위법(有爲法)을 가리킨다. 육신은 이상의 오온이 잠정적으로 모여서 이루어진 것에 지나지 않는다.

바라문(婆羅門) 인도의 네 가지 계급 중 가장 높은 계급. 힌두교의 제사를 주관함.

반드시 부처님이 되리라는 보증을 받는 것〔受記〕 부처님으로부터 당래(當來)에 반드시 부처가 된다는 기별을 받는 것을 말한다.

반드시 열반에 드는 무리〔必定〕 대도(大道)에서 물러나지 않고 반드시 열반에 들어가는 것이 정해진 무리.

반연하는 연〔緣緣〕 네 가지 연〔四緣〕의 하나. 심식(心識)은 그 대상을 연(緣)으로 삼는 능연(能緣)이고 대상은 심식에 의해 연이 된다.

반열반(般涅槃) 범어 Parinirvāṇa의 음사. 입멸(入滅)·멸도(滅度)·원적(圓寂)이라 번역. 완전한 열반·부처님의 죽음.

밝은 주문〔明呪〕 광명을 놓아 중생의 미혹을 부수는 다라니로서, 깨달음의 진언을 의미한다.

방편의 힘〔方便力〕 중생을 제도하기 위하여 행하는 여러 가지 수단과 방법.

백호상(白毫相) 서른 두 가지 거룩한 모습의 하나. 부처님의 두 눈썹 사이에

있는 희고 빛나는 가는 터럭. 깨끗하고
부드러워 세향(細香)과 같으며, 오른쪽
으로 말린 데서 끝임없이 광명을 놓음.

**번뇌가 있는 법·번뇌가 없는 법〔有漏
法 無漏法〕** 번뇌가 수반되는 것을 유루
법(有漏法)이라 하고, 그렇지 않은 것을
무루법(無漏法)이라 한다. 곧 네 가지
성스러운 진리〔四諦〕 중에서 미혹한 과
(果)와 인(因)인 고집(苦集)의 두 가지
진리는 유루법이고, 깨달음의 과(果)와
인(因)인 멸도(滅道)의 두 가지 진리는
무루법이다.

번뇌의 여진까지 없는 열반〔無餘涅槃〕
완전한 열반. 깨달은 사람이 죽음으로써
몸마저 없어져 다시는 태어나지 않는 상
태가 되는 것.

범지(梵志) 바라문이 처음으로 스승에
게 가서 수행하는 동안을 말함.

법에 들어가는 지위〔入法位〕 발심하여
바른 성품으로 생을 여읜 보살로 나아가
최상의 진리에 들어가는 것.

보살도(菩薩道) 대승의 보살이 성불을
목표로 닦는 길, 즉 자리와 이타를 겸한
육도만행(六道萬行).

보살의 물러나지 않는 경지〔不退轉地〕
악취·성문·벽지불에 떨어진다거나 혹은
깨달은 보살의 지위나 깨달은 법을 퇴실
하지 않게 되는 경지.

보살의 정수리〔頂〕 유순인(柔順忍)과
무생법인(無生法忍)의 중간을 정수리라
고 하며, 이 정수리에 떨어짐을 보살의
생(生)이라고 한다.

본래의 뜻〔淨義〕 네 가지 관찰법 등에
집착함이 없으면 깨끗함도 없고 더러움
도 없다.

부루나(富樓那) 범어 Pūrṇamai

trāyaṇi-putra의 음역. 부루나는 인도
코살라국 바라문 종족의 출신으로 부처
님이 성도하여 녹야원에서 설법할 때 친
구들과 함께 부처님께 귀의하여 아라한
과를 얻었다. 말을 잘하여 남을 교화시키
는 것이 훌륭해서 부처님 십대제자중 설
법 제일이라는 호칭으로 부른다.

부정하다고 관찰하는 것〔不淨觀〕 인간
의 육체가 추하고 더러운 것임을 관하여
탐욕의 번뇌를 멸하는 관법.

부처님과 같은 마음〔無等等心〕 비할
수 없는 깨달음의 마음을 말하는 것.

부처님의 국토를 맑히는 것〔淨佛國土〕
보살이 성불할 때에 감득(感得)하는 국
토이며, 대체로 다음에 올 세상에 자신이
머물 국토를 청정하게 하고자 한다면 반
드시 먼저 자기 마음을 청정하게 해야하
며 자신의 마음이 청정하면 그 국토도
청정함을 얻는다. 즉 보살이 큰 원력의
마음을 발하여 다음에 올 세상에 자기의
정토를 성취하려고 심행(心行)을 청정하
게 함을 정불국토(淨佛國土)라 한다.

부처님의 열 가지 지혜의 힘〔十力〕 도
리(道理)·비도리(非道理)를 판별하는
힘·업과 그 과보의 관계를 아는 힘·가지
가지 선정에 통달하는 힘·중생의 근기를
아는 힘·중생의 욕구나 이해의 정도를
아는 힘·중생의 성격을 아는 힘·업에 응
해서 나타나는 세계를 아는 힘·과거세의
일을 기억하는 힘·미래의 일을 아는 힘·
번뇌가 다 없어진 것을 자각하는 힘.

불도를 향함〔向佛道〕 물러나지 않고
성불을 향하여 나아가는 보살.

불법을 듣지 못하는 여덟 곳〔八難處〕
지옥·아귀·축생·변지(邊地:즐거움이 지
나쳐서 법을 들을려고 않는다.)·장수천

(長壽天 : 오래 살고 안온하기 때문에 구도심이 일어나지 않는다.)·세지변총(世智辯聰 : 세속지만 있어서 바른 도리에 따르지 않는다.)·맹농음아(盲聾瘖瘂 : 감각기관에 결함이 있다.)·불전불후(佛前佛後 : 부처님이 안 계시는 세상)

비유상비무상처(非有想非無想處) 정신만의 세계의 네번째 하늘이며 삼계의 가장 높은 곳에 있어 유정천(有頂天)이라고도 한다. 이 하늘에 사는 이는 하지(下地)와 같은 거치른 생각이 없으므로 비상(非常)·비유상(非有想)이다. 그러나 자세한 생각이 없지 않으므로 비비상(非非想)·비무상(非無想)이라 한다.

빈비사라왕 범어 Bimbisāra의 음역. 중인도 마갈타국 임금이다. 부처님이 성도한 뒤에 죽림정사를 지어 바쳤다. 또 부처님이 오래 계시며 설법하시던 영축산 꼭대기에 오르내리기 쉽도록 돌 층대를 쌓았다 한다.

사다함(斯陀含) 범어 Sakṛdāgāmin의 음역. 성문4과의 두번째 단계. 죽어서 한번만 이 세상에 다시 태어나는 도. 그래서 일래과(一來果)라고 한역함

사람이 아닌 것〔非人〕 사람에 상대한 말로 천(天)·용(龍)·팔부(八部)·악귀(惡鬼) 등을 말한다.

사물의 진실된 모습〔如〕 모든 사물의 진실하고도 변하지 않는 본성 또는 평등하여 차별이 없는 것.

사바(娑婆) 범어 Sabha의 음사. 인토(忍土)·감인토(堪忍土)라 번역함. 우리가 사는 이 세상을 말함. 괴로움이 많아 참지 않으면 안 되는 곳의 뜻.

사자좌(師子座) 부처님이 앉는 자리.

사천하(四天下) 수미산의 사방에 있는 네 개의 대주(大洲)·남섬부주(南瞻部洲)·동승신주(東勝身洲)·서우화주(西牛貨洲)·북구로주(北瞿盧洲).

살타파륜(薩陀波崙) 범어 Sadāpralapa의 음역. 상제(常啼) 또는 상비(常悲)라고 한역. 본문에서는 일관해서 살타파륜의 이름으로 설해지기 때문에 이것을 품명으로 하고 있지만, 일반적으로는 상제품이라고 알려져 있다.

삼계(三界) 미혹의 세계를 세 가지 영역으로 나누어, 최하층을 중생이 욕망에 많이 속박되는 영역인 욕계라 하고, 그 위는 욕망에는 그다지 속박되지 않지만 역시 육체적 생존의 영역인 색계라 하며, 보다 훌륭한 영역으로서 육체적 생존이 없이 순수하게 정신적 생존의 세계를 무색계라 한다.

삼매(三昧) 범어 Samādhi의 음역. 산란한 마음을 가라앉혀 망념에서 벗어나는 것. 선정에 드는 것.

삼승(三乘) 중생들의 근기에 따라 깨달음으로 이끄는 세 가지 가르침. 성문승·연각승·보살승.

삼천대천국토(三千大千國土) 고대 인도인이 믿었던 세계관으로서 불교도 이것을 취하고 있다. 즉 수미산을 중심으로 해서 그 주위에 사대주(四大洲)·구산팔해(九山八海)가 있고, 이것을 하나의 소세계(小世界)라 한다. 이것이 우리들이 살고 있는 세계이다. 이 소세계가 천 개 모여서 소천세계, 소천세계가 천 개 모이면 중천세계, 중천세계가 천 개 모이면 대천세계가 된다. 이 대천세계는 천을 승한 세계이기 때문에 삼천대천세계라고 부른다. 이 하나의 삼천대천세계가 한 부처님의 교화가 미치는 범위이다.

삼천석(三千石) 석이란 부피의 단위. 주로 쌀 등을 재는 것에 쓰며, 1석은 10말, 약 180리터.

상광명(常光明) 부처님의 서른 두 가지 거룩한 모습의 하나로서 석가모니 부처님의 신체 사방에 한 길의 광명이 있는 것.

생각하는 길〔思惟道〕 초과(初果)를 보아 증득한 후에 실천상의 죄장을 끊은 것.

서른 두 가지 거룩한 모습〔三十二相〕 부처님과 전륜성왕이 가지고 있는 32 가지의 신체적인 특징. 32 가지 특징의 종류에 관해서는 각 경론마다 다소의 차이가 있다.

석제환인(釋提桓因) 범어 Śakra-devānām indra의 음역. 제석천을 말한다. 도리천에 있는 범왕(梵王)과 함께 불법을 옹호하는 신이다. 원래 인도신화에 등장하는 인드라가 불교에 그대로 들어와서 된 것이다.

선남자·선여인(善男子·善女人) 불법을 듣고 신행(信行)하는 공덕을 짓는 남·녀라는 뜻이며 또는 도덕심이 강한 남녀, 불보살의 명호를 듣고 신심을 내어 염불하는 남녀를 말하기도 한다.

선법당(善法堂) 제석천의 강당을 말함. 수미산의 정상에 있는 희견성(喜見城) 밖의 서남각(西南角)에 있으며 이곳에서 인간의 선악을 논한다고 함.

선지식·악지식(善知識·惡知識) 지식은 친우를 말하며, 악지식은 사람에게 몽환을 보여서 유혹하고 선지식은 인생의 실상을 보여서 불도에 나아가게 하는 사람이다.

성문·벽지불(聲聞·辟支佛) 성문이란 부처님의 말〔가르침〕을 듣고 깨치는 사람을 말하고 제자라고도 번역한다. 벽지불이란 부처님의 가르침에 의하지 않고 스스로 도를 깨달아 적적한 고독을 즐기는 일종의 성자로서 연각·독각이라고도 번역한다. 성문·벽지불·보살을 삼승이라고 하며 성문·벽지불은 소승불교에 속하고, 대승불교에 속하는 보살보다 열등하다고 되어 있다.

세 가지 굴림의 열두 가지 법〔三轉十二行相〕 부처님이 네 가지 성스러운 진리〔四諦〕에 대해 시(示)·권(勸)·증(證)의 세 단계로 나누어 고찰한 것. 시전(示轉):이것이 바로 고(苦)·집(集)·멸(滅)·도(道)라고 사제를 나타내 보이는 것. 권전(勸轉):고는 알아야 한다. 집은 끊어야 한다. 멸은 증득해야 한다. 도는 닦아야 한다고 권하는 것. 증전(證轉):스스로 고를 알아 집을 끊고, 멸을 증득하기 위하여 도를 닦는 것을 보여 다른 사람들로 하여금 깨닫도록 밝힌 것.

세 가지 근본〔三根〕 탐진치의 삼독을 말하며 이는 능히 악업을 낳기에 근(根)이라고 한다. 상,중,하의 삼근. 이는 중생 선근의 강약(強弱)에서 말한 것.

세 가지 독소〔三毒〕 탐욕·진에·우치의 세 가지 번뇌. 탐심과 성냄과 어리석음의 세 가지가 사람을 해침이 마치 독사나 독충과 같으므로 이같이 말함.

세 가지 번뇌〔三結〕 예류과(預流果)를 증득한 사람이 끊는 세 가지 번뇌로 견결(見結)·계취결(戒取結)·의결(疑結) 등이다.

세 가지 보시에 필요한 요소의 청정함〔三分淸淨〕 보시의 세 가지 요소인 주는 이·받는 이·주는 물건의 세 가지에 걸림이 없는 것.

세 가지 해탈문〔三解脫門〕 해탈에 들어가는 문호가 되고, 방법이 되는 세 종류의 선정. 즉 사람과 법이 空한 것을 관하는 것〔空解脫門〕. 차별의 상을 떠나는 것〔無相解脫門〕·무원해탈문〔無願解脫門〕이라고 하며 원구(願求)의 생각을 버리는 것〔無作解脫門〕.

세 갈래 나쁜 곳〔三惡趣〕 세 갈래 나쁜 길(三惡道)과 같은 말.

세 갈래 나쁜 길〔三惡道〕 나쁜 짓을 한 사람이 태어나게 되는 세 가지 악한 세계. 지옥과 아귀와 축생을 말함.

세속의 진리〔世諦〕 진제의 반대어로 세간의 사실, 세속사람이 아는 도리를 말한다.

소천국토(小千國土) 삼천대천세계 참조.

수다원(須陀洹) 범어 Srotāpanna의 음역. 성문4과의 첫단계로 깨달음에 처음 들어간 지위.

수미산(須彌山) 불교의 세계설에서 세계의 한가운데에 높이 솟아있다는 산이며, 높이는 물위로 8만 유순. 물속으로 8만 유순이며 가로의 길이도 이와 동일하다.

수보리(須菩提) 범어 Subhuti의 음역. 선현(善現)·선길(善吉)·선실(善實)·묘생(妙生)이라고도 한역된다. 부처님의 10대 제자의 한 사람으로서 해공제일(解空第一)이라고 칭한다. 이 때문에 수보리는 반야경에서는 거의 언제나 등장하는 대표자로 되어 있다.

수선다 부처님〔須扇多佛〕 범어 Suśānta의 음역으로 심정(甚淨)이라고 번역. 부처님의 명호

수유(須臾) 짧은 시간을 말하며, 잠시·잠깐의 뜻. 본래는 중국어였는데 범어 muchūrta의 번역에 쓰였다. muchūrta는 일주야의 30분의 1에 해당하는 시간으로 지금의 48분에 해당한다.

승가리(僧伽梨) 범어 saṁghāṭi의 음역. 삼의(三衣)의 하나로 중의(重衣), 합의(合意), 대의(大義)라 번역하며 설법할 때나 마을에 나가 걸식할 때 입는 옷이다.

신도〔檀越〕 범어 dānapati의 번역으로 시주를 말한다. 보시를 행하는 사람을 뜻한다.

실상의 진리〔第一義諦〕 세속제(世俗諦)에 대한 승의제(勝義諦)를 가리킴. 열반(涅槃), 진여(眞如), 실상(實相), 중도(中道) 등의 불교 구경의 진리는 그 뜻이 깊고 넓어 모든 것 가운데 제일이라고 한다.

십이부경(十二部經) 십이분교, 십이분성교, 십이분경이라고 한다. 경전의 형태를 형식과 내용에 따라 12종으로 구분한 것. 곧 修多羅(經), 祇夜(重訟), 和伽羅那(授記), 伽陀(孤起頌), 優陀那(無問自說), 尼陀那(因緣), 阿波陀那(警喩), 伊帝日多伽(如是語. 本事), 陀迦(본생), 毗佛略(方等, 方廣), 阿浮陀達磨(未曾有), 優波提舍(論議)의 총칭.

아나함(阿那含) 범어 Anāgāmin의 음역. 성문4과의 세번째 단계. 욕계에서 죽어 색계·무색계에 태어나 다시 돌아오지 아니하는 경지. 그래서 불래(不來)라고 한역함.

아난(阿難) 범어 Ānanda의 음역. 부처님 십대제자의 한분으로 다문 제일(多聞第一)이다. 부처님의 사촌동생이며 부

처님 멸도하신 후에 대가섭을 중심으로 제 1차 결집 때에 중요한 위치를 차지하게 됨.

아뇩다라삼먁삼보리 범어 Anuttara-samyak-sambodhi의 음사. 무상정등정각(無上正等正覺)이라 번역함. 위없이 바른 깨달음.

아라한(阿羅漢) 범어 Arhan의 음역. 응공(應供)·살적(殺賊)·불생(不生)·이악(離惡)이라 번역. 존경받을 만한 성자. 대승불교에서 소승의 성자를 이렇게 부름.

아사리(阿闍梨) 범어 acarya의 음역. 제자를 교수(敎授)하고 제자의 행위를 바르게 하여, 그 모범(模範)이 될 수 있는 스승을 말한다.

아수라(阿修羅) 범어 Asura의 음역. 비천(非天)·부단정(不端正)이라 번역. 싸우기를 좋아하는 귀신.

아촉 불국 (阿閦佛國) 아 촉 (Aksobhya) 부처님이 계시는 국토. 이 세계에서 동방으로 1천 불국을 지나서 있는 아비라제국이며,. 대일여래가 주불로 계신다.

아홉 가지 차례차례의 선정〔九次第定〕 무간선(無間禪)·연선(鍊禪)이라고도 하며, 차례로 닦는 아홉 가지 선정.

악마에게 수기를 받고 잘난 체하는 보살(菩薩跋陀羅) 악마가 찾아와서 그 이름을 칭하고 수기 줌을 듣고서 함부로 자만심을 내는 사람.

애욕에 목말라하는 마음〔渴愛心〕 탐욕의 마음.

애욕의 번뇌〔愛結〕 애(愛)를 탐하는 번뇌. 사랑을 탐하면 사람을 속박하므로 결이라 함.

애욕의 세계〔欲界〕 삼계의 하나이다. 일종의 중생 생존상태이며 그 중생이 사는 세계. 이 세계의 중생에게는 식욕·음욕·수면욕의 세 가지 욕망이 있으며, 지옥·아귀·축생·아수라·인간·육욕천이다.

야차(夜叉) 범어 yaksa의 음역으로 위덕(威德)·포악(暴惡)으로 번역된다. 여기에는 천야차(天夜叉), 지야차(地夜叉), 허공야차(虛空夜叉)의 삼종이 있다.

어떤 특징도 없음〔無相〕 진여(眞如)·법성(法性)은 미한 생각으로 인식하는 것과 같은 현상의 모양이 없는 것. 또는 생멸 변천하는 모양이 없는 무루법, 모든 집착을 여읜 경계.

없어진다는 소견〔斷見〕 만유(萬有)는 무상한 것이어서 실재하지 않는 것과 같이, 인간도 죽으면 심신이 모두 없어져서 공무(空無)에 돌아간다고 고집하는 그릇된 소견을 말함.

여덟 가지 계율〔八戒齊〕 집에 있는 이가 하룻 밤 하루 낮 동안 받아 지키는 계율. 중생을 죽이지 말라·훔치지 말라·음행하지 말라·거짓말 하지 말라·술 먹지 말라·꽃다발을 쓰거나 향바르고 노래하고 춤추며 가서 구경하지 말라·높고 넓고 크며 잘 꾸민 평상에 앉지 말라·때 아닌 적에 먹지 말라의 여덟 가지 계(戒)이다. 이 중 여덟번째는 재(齊)이며 나머지 일곱은 계(戒)이다.

여덟 가지 바른 깨달음에 이르는 길〔八聖道分〕 불교의 실천 수행하는 중요한 덕목으로 욕락과 고행 등의 극단을 떠난 중도(中道)이며 올바른 깨침에 인도하기 위한 가장 합리적인 올바른 방법으로 중도의 완전한 수행 방법이다. 바른 견해〔正見〕·행위 이전의 바른 의사 결의〔正思惟〕·바른 언어적 행위〔正語〕·바른 신체적 행위〔正業〕·바른 생활〔正命〕·용기를 가지고 바르게 노력하는 것〔正精進〕·바른 의식을 가지고 이상과 목적을 언제나 잊지 않는 것〔正念〕·정신의 통일을 말하며 사선정(四禪定)을 가리킨다〔正定〕.

여덟 가지 수승한 곳〔八勝處〕 욕계의 볼 수 있는 대상을 관하고 이것을 이겨내서 탐심을 제거하는 8단계의 과정이다.

여덟 가지 탐착심을 버림〔八背捨〕 팔해탈이라고도 하며, 여덟 가지 정(定)의 힘으로 탐착심을 버리는 것.

여든 가지 잘 생긴 모습〔八十隨形好〕 불보살의 몸에 갖추고 있는 특수한 용모 형상 중에서 현저하게 알 수 있는 32가지를 32상이라고 하고, 미세하여 알 수 없는 것 80을 80종호라 한다. 두 가지를 합쳐서 상호라 일컬으며 전륜성왕에도 있으나 80종호는 불보살만이 가지고 있다.

여래(如來)·응공(應供) 등 부처님의 열 가지 명호.

여래법(如來法) 과거의 모든 부처님처럼 육바라밀을 행하여 제법의 실상을 얻어, 불도에 나아감이 지금의 부처님과 같은 것.

여섯 가지 감각기관〔六入〕 정신활동이 그것을 통하여 일어나는 여섯 가지 영역(領域), 즉 대상으로 포착할 수 있는 여섯개의 장(場)·눈·귀·코·혀·몸·뜻을 가리킨다.

여섯 가지 감각기관의 받아들임〔六受〕 눈〔眼〕·귀〔耳〕·코〔鼻〕·혀〔舌〕·몸〔身〕·뜻〔意〕의 육근이 응하는 것을 수(受)라 한다. 즉 색깔·소리·향기·맛·감촉·마음의 대상이다.

여섯 가지 신통〔六神通〕 다섯 가지 신통에 누진통을 더한 것.

여섯 가지 요소〔六大〕 사대(四大)에 공(空)과 식(識)을 더한 것. 이는 중생을 구성하는 요소로, 공대(空大)는 안팍의 공간을 말하는 것으로 생장의 인(因)이 되는 것이며 식대(識大)는 유정이 생존하는데 의지할 곳이 되는 곳을 말한다.

여섯 가지 윤회의 길〔六道〕 중생들이 윤회하는 지옥·아귀·축생·아수라·인간·천상의 여섯 가지 세계.

여자신도〔優婆夷〕 범어 upāsika의 번역으로 재가의 여자 신도.

열 가지 착한 행위〔十善道〕 몸과 말과 뜻의 세 가지 행위로 열 가지 착함을 행하는 것. 열 가지 악한 행위인 살생·도둑질·사음·거짓말·이간질하는 말·저주하는 말·비단결 같은 말·탐욕·성냄·어리석음을 여읜 행위를 말한다.

연등불(然燈佛) 석가모니 부처님이 과거세 보살로 있을 때 이 부처님에게서 다음 세상에 성불하리라는 수기를 받았다고 함.

열 가지 착한 행위〔十善道〕 열 가지 좋은 행위가 좋은 곳에 이르는 길이란 뜻으로 열 가지 악한 행위〔十惡〕를 하지 않는 것.

열두 가지 두타〔十二頭陀〕 두타(dhuta)는 차치(羞恥)라 번역하며, 번뇌의 띠끌을 제거하고, 의·식·주를 간편히 하여 수도 정진하는데 12 가지의 행법을 말한다. 인가를 멀리 떠나 깊은 산숲과 넓은 광야의 한적한 곳에 있는 것〔在阿

蘭苦處〕·항상 밥을 걸식하여 생활함〔常行乞食〕·가난한 집과 부잣집을 가리지 않고, 차례로 걸식함〔次第乞食〕·한자리에서 먹고 거듭 먹지 아니함〔受一食法〕·발우 안에 든 음식으로 만족 함〔節量食〕·정오가 지나면 과일즙이나 꿀물 같은 것도 마시지 아니함〔中後不得飮漿〕·헌옷을 빨아 기워입음〔著幣衲衣〕·삼의(三衣) 밖에는 쌓아두지 아니함〔但三衣〕·무덤 곁에 있으면서 무상관(無常觀)을 생각함〔塚間住〕·주하는 것에 애착을 여의기 위하여 나무 밑에 있는 것〔樹下止〕·나무 아래서 자면 습기 새똥 독충의 해가 있으므로 노지(露地)에 앉는 것〔露地座〕·앉기만 하고, 눕지 않음〔坐不臥〕이다.

열두 가지 영역〔十二入〕 마음이 작용을 일으킬 의지처가 되어 그것을 기르고 생장시키는 열두 가지 영역으로 여섯 가지 감각기관〔六根〕과 여섯 가지 감각기관의 받아들임〔六境〕이다. 이 열두 가지 영역이 일체법을 총섭한다.

열두 가지 인연〔十二因緣〕 범부로서의 중생의 생존이 12가지의 조건에 의해서 성립되어 있는 것을 말한다. "이것이 있으므로 저것이 있고, 이것이 생기므로 저것이 생기며, 이것이 없으므로 저것이 없고, 이것이 멸하므로 저것이 멸한다."라고 하는 상의상대적(相依相對的)인 관계를 설하는 것이 12인연이다.

열반(涅槃) 범어 nirvāṇa의 음사. 멸(滅)·적멸(寂滅)이라 번역. 모든 번뇌의 속박에서 벗어나 절대적인 편안을 얻은 깨달음의 경지.

열반을 얻지 못하고서 얻었다고 잘난 체하는 사람〔增上慢人〕 거만하여 남을 깔보는 사람.

열여덟 가지 부처님만이 갖는 특성〔十八不共法〕 십팔불공불법(十八不共佛法)이라 하며, 부처님의 열 가지 지혜의 힘〔十力〕·네 가지 두려움 없는 자신〔四無所畏〕·세 가지 생각 두는 곳〔三念住〕과 부처님의 대비(大悲)를 합한 것이다.

열여덟 가지 요소〔十八界〕 18가지의 경계. 종류를 나타내는 것으로, 여섯 가지 감각기관(六根)과 여섯 가지 감각기관의 받아들임〔六境〕과 이것을 연(緣)하여 생긴 여섯 가지 인식(六識)을 합한 것이다.

열 가지 온갖 대상의 관법〔十一切處〕 일체 만유를 총합하는 하나의 대상으로서 관하는 방법에 10가지의 종류가 있음을 말하며, 지(地)·수(水)·화(火)·풍(風)·청(靑)·황(黃)·적(赤)·백(白)·공(空)·식(識)의 열 가지이다.

열한 가지 지혜〔十一智〕 소승교에서 세운 열 가지 지혜〔世俗智·法智·有智·苦智·集智·滅智·道智·他心智·盡智·無生智〕에 여실지(如實智)를 더한 것이다.

염부단금(閻浮檀金) 염부수의 삼림을 흐르는 시냇가에서 생산되는 사금.

염부제(閻浮提) 사대주(四大洲)의 하나. 수미산 남쪽의 대륙으로 섬부주(贍部洲)라고도 하며, 사바세계를 말함.

영원한 평안〔寂滅〕 번뇌를 완전히 끊은 경지, 즉 열반의 다른 이름.

예순 두 가지 소견(六十二見) 예순 두 가지의 그릇된 견해. 부처님 당시 이교도들의 사상을 종합해서 부르던 말.

옥녀보(玉女寶) 일곱 가지 보배의 하나.

온갖 모임의 법〔集法〕 인연과 같은 미

혹의 법.

온갖 법〔一切法〕 일체 제법(一切諸法)·만법(萬法)이라고 하며, 모든 것·일체의 사물·모든 현상·정신적 물질적인 것 등의 일체 현상적 존재를 말한다. 원래는 연기로된 모든 존재〔有爲法〕를 가리키는 것이 었으나 이와 대립하는 무위법(無爲法)도 추가되었다.

온갖 질병〔四百四病〕 사람의 병을 모두 합하여 4백 4가지로 말한 것. 사람의 몸은 지, 수, 화, 풍의 네 가지 원소로 구성되어 있고 이 네 가지의 조화가 맞지 않는 것이 병인데 네 가지에 각각 백한 가지의 병이 있기에 4백 4병이 된다는 것이다. 지대(地大)가 치성해서 일어나는 황병(黃病)이 백 한가지. 화대(火大)가 왕성해서 일어나는 열병(熱病)이 백한 가지. 수대(水大)가 많이 모여서 일어나는 담병(痰病)이 백한 가지. 풍대(風大)로 해서 일어나는 병이 백한 가지이다.

외도(外道) 인도에서 불교 이외의 종교와 사상 또는 이것을 따르는 무리들.

원래 남이 없는 법〔無生法〕 진여의 이치로 열반의 체(體)를 말한다. 이는 생멸(生滅)을 떠난 법을 말하는 것이기도 하다.

원래 남이 없는 진리〔無生忍〕 일체가 생함도 없고 멸함도 없음을 깨달아 안주하는 것.

위의(아래의) 다섯 가지 번뇌〔五上(下)分結〕 중생에게 5가지의 번뇌가 있어 물질세계〔色界〕와 정신만의 세계〔無色界〕에 결박됨으로 해탈할 수 없게 하는 것이 위의 다섯 가지 번뇌이고, 애욕세계〔欲界〕의 다섯 가지의 번뇌가 아래

의 다섯 가지 번뇌이다.

유순(由旬) 범어 yojana의 음역. 인도의 거리 단위로서 멍에를 황소 수레에 걸고 하루의 길을 가는 여정을 말한다.

육계〔肉髻〕 부처님의 서른 두 가지 거룩한 모습 중의 하나로, 부처님의 정수리가 솟아 상투모양의 모습을 이룬 것.

육바라밀 보살이 생사의 고해를 건너 열반에 이르기 위해서 실천해야 할 여섯 가지 덕목으로서 보시·지계·인욕·정진·선정·반야바라밀이다.

윤보(輪寶) 제왕의 표식으로 사용하는 보배로운 기구. 전륜성왕(轉輪聖王)은 우주를 통일하는 제왕으로 숙세(宿世)에 닦은 복력으로 윤보를 얻는데, 성왕이 나아가는 곳에는 이 윤보가 앞에서 땅을 평정케 하는 한편 적군을 굴복 평정한다고 한다.

의발(衣鉢) 스님들이 사용하는 옷〔法衣〕과 식기를 말한다. 이는 승려의 중요한 지참물로, 출가 수계할 때는 세 벌의 옷과 하나의 식기〔三衣一鉢〕를 지참한다.

일곱 가지 깨닫는 지혜를 도와주는 힘〔七覺支〕 불도를 수행하는데, 지혜로써 참되고 거짓되고 선하고 악한 것을 살펴서 선별하는데 7가지가 있음을 말한다. 지혜로 모든 법을 살펴서 선악의 진위를 아는 것〔釋法覺支〕, 수행할 때에 용맹한 마음으로 쓸데없는 사행(邪行)을 여의고 바른 도에 전력하여 게으르지 않는 것〔精進覺支〕, 마음에 선법을 얻어서 기뻐하는 것〔喜覺支〕, 그릇된 견해나 번뇌를 끊어버릴 때에 능히 참되고 거짓됨을 알아서 올바른 선근(善根)을 생하는 것〔除覺支〕, 외경(外境)에 집착하던 마음

을 여읠 적에 거짓되고 참되지 못한 것을 추억(追憶)하는 마음을 버리는 것〔捨覺支〕, 정에 들어서 번뇌 망상을 일으키지 않는 것〔定覺支〕, 불도를 수행함에 있어서 항상 잘 생각하여 定慧를 한결 같게 하는 것〔念覺支〕이다.

일체에 통하는 마음〔大心〕 위대한 마음, 깨달음을 구하는 마음 또는 선종에서 말하는 일체에 통하는 마음을 말함.

일체종지(一切種智) 삼지(三智)의 하나로서 부처님이 지니고 있는 지혜. 모든 존재에 대하여 평등의 처지에서 다시 차별의 모양을 세밀히 알아내는 지혜.

일체지〔薩婆若〕 범어 Sarvajñatā를 살파야라고 음역하고 일체지라 한역한다. 제불의 최상의 지혜.

일체지(一切智) 범어 Sarvajñatā의 번역으로 그 지혜가 넓고 깊은 것을 바다에 비유해서 살파야해(薩婆若海)라고도 한다. 모든 존재에 관해서 포괄적으로 아는 지혜가 일체지(一切智)이고, 보살이 중생을 교화하기 위해서 도(道)의 종류를 구별하는 지혜가 도종지(道種智)이고, 모든 존재에 관해서 평등의 상에 즉하여 차별의 상을 다시 자세히 아는 지혜가 일체종지(一切種智)로서 각기 성문, 연각, 보살, 불의 지혜로 한다.

일체지인법(一切智人法) 벽지불은 자연히 얻지만 다른 이로부터 듣지 않는다. 이런 이유에서 부처님을 일체지인이라 부른다.

있는 그대로의 모양〔法相〕 만상(萬象)이 가지고 있는 본질의 모양〔體相〕 또는 그 의미 내용을 말함.

자연인법(自然人法) 성문과 같이 다른 이로부터 듣지 않고 스스로 깨달아 스스로 아는 것.

잘난 체함〔慢〕 자기와 남을 비교해서 남을 경멸하고 스스로를 믿어 마음이 우쭐거리는 것. 여기에는 7가지가 있는데, 자기보다 못한 사람을 대하면 자기가 낫다고 주장하고, 동등한 사람에 대해서는 동등하다고 마음속으로 우쭐거리는 잘난 체함〔慢〕·자기와 동등한 자에 대해서는 자기가 낫다고 하고 자기보다 나은 사람을 보고는 자신이 그 사람과 동등하다고 생각하는 잘난 체함〔過慢〕·자기보다 나은 사람에 대해 오히려 자기가 낫다고 생각하는 잘난 체함〔慢過慢〕·오온가화합(五蘊假和合)의 육신을 집착하여 아(我)라 하고 아소(我所)라고 하여, 그것을 참나로 믿음으로써 생기는 잘난 체함〔我慢〕·아직 깨달음을 얻지 못했으면서 이미 깨달음을 얻었다고 하는 잘난 체함〔增上慢〕·자기보다 월등하게 나은 자에 대하여 자기는 조금 못할 뿐이라고 하는 잘난 체함〔卑慢〕·덕이 없음에도 불구하고 자기가 덕이 있다고 내세우는 잘난 체함〔邪慢〕이다.

장애를 벗어난 해탈〔俱解脫〕 혜(慧)와 정(定)에 대하는 두 가지 장애, 곧 번뇌장(煩惱障)과 해탈장(解脫障)을 함께 벗어나는 것으로 멸진정(滅盡定)에 들기 위한 장애를 해탈하는 것.

전륜성왕(轉輪聖王) 윤보(輪寶)를 굴리는 왕이란 뜻으로 칠보(輪·象·馬·珠·女·居士·主兵臣)를 가지고 사덕(四德: 장수하여 번민이 없고 얼굴이 뛰어나며 보배가 가는 곳에 그윽한 것)을 갖추었으며 정법(正法)으로 전세계를 다스린다는 신화적이고 이상적인 왕.

정신만의 세계〔無色界〕 삼계의 하나이

다. 곧 물질을 초월한 세계로 물질적 비중이 큰 것〔色想〕을 떠나 네 가지 형상을 떠난 선정〔四無色定〕을 닦은 이가 사후에 태어나는 천계(天界), 또 그와 같은 중생의 생존을 말한다.

제법의 실상〔諸法實相〕 모든 존재의 참다운 모습의 뜻, 또는 모든 존재의 있는 그대로의 모습을 가리킴.

중생을 결박하는 네 가지 번뇌〔四縛·四結〕 네 가지의 번뇌로 욕계의 중생이 사랑하는 오욕(汚辱) 경계에 집착하여 가지가지 번뇌 악업을 일으켜 삼계에 유전(流轉)하는 고통에서 벗어나지 못하는 것〔欲受身縛〕·욕계의 중생이 자기의 마음에 들지 않아 성을 내고, 또한 번뇌 악업을 일으켜 삼계에 몸이 얽매어 고행을 벗어나지 못하는 것〔瞋身縛〕·외도(外道)가 계율이 아닌 것을 계율이라 고집하고, 그 때문에 죄를 범하여 삼계에서 벗어나지 못하는 것〔戒盜身縛〕·아견을 위하여 번뇌 악업을 더하여 삼계에서 벗어나지 못하는 것〔我見身縛〕의 네 가지이다.

중생이 본래 공임을 아는 인욕〔生忍〕 중생인(衆生忍)이라고 하며, 중생의 박해나 천대를 받더라도 그러한 마음에 거슬리는 대상과 마음에 흡족한 대상에 걸리지 않고 참으며, 또 중생이 본래 공한 줄 알아 사견에 떨어지지 않는 것이다

중생이라는 관념〔衆生相〕 네 가지 관념〔四相〕의 하나로 중생의 몸은 오온법이 집합되어 생겨난 것이라고 생각하는 것, 또는 생존하고 있는 것이라고 생각하는 것.

지혜의 해탈〔慧解脫〕 지혜에 의하여 무명(無明) 즉 무지(無智)에서 벗어나는 것.

진리에 따르는 지혜〔順忍〕 대지도론은 이것을 소승의 순인이라고 하고, 소승의 순인도 없는데 하물며 어찌 대승일까보냐고 해석하고 있다.

진실의 본성〔法性〕 법의 체성 즉 우주의 모든 형상이 지니고 있는 진실 불변한 본성.

진실한 이치를 깨달아 평온한 마음〔無生法忍〕 불생불멸의 진여를 깨달아 알고, 거기에 안주하여 움직이지 않는 것.

착한 뿌리〔善根〕 좋은 결과를 낳게 하는 착한 일. 온갖 선을 낳는 근본.

참된 실상〔無生際〕 무생의 이치가 법의 근원이 되므로 無生際라 함.

참된 실상〔實際〕 허망을 떠난 열반(涅槃)의 깨달음.

참된 아(我)가 항상 머묾〔神常〕 참된 아(我)가 상주한다고 설하는 수론파(數論派)와 같은 것.

참된 이치의 머무름〔法住〕 법성(法性)의 열두 가지 이름의 하나로 진여(眞如)의 묘한 이치는 일체 제법(一切諸法) 중에 주하고 있으므로 법주라고 한다.

천 둘레의 바퀴 몸매〔千輻相輪〕 부처님의 서른 두 가지 거룩한 모습 가운데 하나로서 여래의 발 밑에 천 둘레의 바퀴무늬가 있는 것.

천마(天魔) 네 가지 마〔四魔〕의 하나로 천자마(天子魔)의 준말이며 마왕(魔王)·마천(魔天)이라고도 하고 제6천의 천주(天主)를 가리키며 그의 이름을 파순(波旬)이라 한다. 이는 정법의 수행을 못하게 하는 마(魔)로서 부처님이 보리수 아래서 성도할 때에도 마왕을 항복받

고 나서 대각을 이루었다.

천상(天上) 여섯 갈래 윤회의 길〔六道〕의 하나로 삼계를 통털어 28천이 있다. 살아서 닦은 선업의 경중(輕重) 차이를 따라 태어나는 하늘의 차이가 다양하다.

청정한 행〔梵行〕 맑고 깨끗한 행실, 정행(淨行).

크나큰 진리〔大忍〕 평등한 진리에 나아가 원래 남이 없는 진리를 얻어 시방의 모든 부처님이 현전함을 보는 것.

큰 인자함과 크게 가엾이 여김〔大慈大悲〕 부처님의 광대무변한 자비. 『대지도론』권 제27에는 "큰 인자함이란 일체중생들에게 즐거움을 주는 것이고, 크게 가엾이 여김이란 일체중생들의 괴로움을 제거해 주는 것이다"라고 논하고 있다.

파사익왕 범어 Prasenajit의 음역이며, 사위국의 왕 이름.

평등한 진리〔等忍〕 일체중생에 있어서 평등한 마음과 생각으로 평등히 이롭게 함을 얻어 선악의 모든 것에 둘이 없는 실상에 들어가는 것.

함이 있고 함이 없는 법〔有爲無爲法〕 유위는 위작(爲作)·조작(造作)의 뜻으로 인연의 화합에 의하여 조작된 현상적 존재를 말하는 것이며, 무위는 인연에 의하여 조작된 것이 아니고 생멸변화를 여읜 상주절대(常住絕對)의 법을 말한다.

항상 존재한다는 소견〔常見〕 인간은 죽지만 자아는 없어지지 않으며, 오온은 과거나 미래에 항상 머물러 불변하여 끊어지는 일이 없다고 고집하는 그릇된 견해.

헤아릴 수조차 없는〔阿僧祇〕 범어 Asaṁkhya의 음역으로 무수(無數)라고 한역하고, 헤아릴 수 없을 정도로 많은 수량을 나타낸다.

현재의 겁〔賢劫〕 현재의 대겁(大劫)을 말하며, 이 기간에 천불(千佛)이 나타난다고 함.

화상(和上) 본래는 아사리와 함께 수계사인 스님을 말하는 것이나, 후세에는 덕이 높은 스님을 가리키는 말로 사용되었다.

화생(化生) 중생이 태어나는 네 종류의 하나로 어머니의 태를 거치지 않고 홀연히 태어나는 것.

화적세계(華積世界) 불국토의 이름으로 지도론(智度論) 十에는 "그 세계는 항상 정화(淨華)하다. 아미타불의 세계는 화적세계만 같지 못하다"라고 적고 있다.

훌륭한 법〔善法〕 다섯 가지 계율(五戒)·열 가지 착한 행위〔十善〕·삼학(三學)·육바라밀 등 선한 교법을 가리키는 말.

희론의 마음〔戲論心〕 부질없이 희롱하는 아무 뜻도 이익도 없는 마음.

佛書와의 만남, 부처님과의 만남

大品 摩訶般若波羅蜜經 (上)

1992년 7월 31일 초판 발행
1999년 4월 15일 초판 2쇄

번역인/慧潭 至常

펴낸이/봉화영

펴낸곳/불광출판부

138 · 190 서울 송파구 석촌동 160 - 1
대표전화 420 · 3200
편 집 부 420 · 3300
팩시밀리 420 · 3400
등록번호 제 1 - 183호(1979. 10. 10)
ISBN 89 - 7479 - 509 - 4

● 잘못된 책은 바꾸어 드립니다.
값 20,000원